U0620744

ཇོ་མོ་གླང་མ།

珠穆朗瑪峰

ལྷ་སྤྲང་པོ་ཏ་ལ།

拉薩布達拉宮

ལྷ་སའི་ཇོ་ཁང་གི་གསེར་གྱི་རྒྱ་ཕིབས།

拉薩大昭寺金頂

# 英國國家圖書館藏
# 敦煌西域藏文文獻

①

IOL.Tib.J.VOL.1—6

主 編

金雅聲 趙德安 沙 木

編 纂

西北民族大學

上海古籍出版社

英國國家圖書館

上海古籍出版社

上海 2010

**監 製**

馬景泉 王興康

**學術顧問**

王 堯 多 識 陳 踐 華 侃（中國）

吴芳思 Burkhard Quessel（英國）

**主 編**

金雅聲 赵德安（中國）

沙 木（英國）

**副主編**

才 讓 束錫紅 嘎藏陀美 塔哇扎西當知 府憲展

**責任編輯**

吕瑞鋒

**裝幀設計**

李曄芳

# དབྱིན་ཇིའི་རྒྱལ་གཉེར་དཔེ་མཛོད་ཁང་དུ་ཉར་བའི་ཏུན་ཧོང་དང་ནུབ་ལྷོངས་ཀྱི་བོད་ཡིག་ཡིག་ཚགས།

①

IOL.Tib.J.VOL.1—6


གཙོ་སྒྲིག་པ།

ཙིན་ཡཱ་ཧྲིན། ཀྲའོ་དྷེ་ཨཱན། ཞེམ་བན་ཤི་ཀེ་ཁྲུ།



སྒྲིག་སྒྱུར་སྡེ་ཁག

ནུབ་བྱང་མི་རིགས་སློབ་གྲྭ་ཆེན་མོ།

ཧྲང་ཧེ་དཔེ་རྙིང་དཔེ་སྐྲུན་ཁང་།

དབྱིན་ཇིའི་རྒྱལ་གཉེར་དཔེ་མཛོད་ཁང་།

ཧྲང་ཧེ་དཔེ་རྙིང་དཔེ་སྐྲུན་ཁང་།

༢༠༡༠ལོར་ཧྲང་ཧེ་ནས།

ལྟ་ཞིབ་པ།
སྣ་ཅིན་ཆོན། ཤང་ཞིན་ཁང་།
སྒྲ་འདྲི་ས།
དབང་རྒྱལ། དོར་ཞི་གདོང་དྲུག་སྙེམས་གྲོ། བསོད་ནམས་སྐྱིད། ཧྭ་ཁན། (ཀྲུང་གོ)
བའུ་ཟེ་ཧྲང་། ཕུར་ཁུ་ཏར་ཧྲི་·ཁིའུ་ཟེའོ། (དབྱིན་ཇི)

གཙོ་སྒྲིག་པ།
ཅིན་ཡྭ་ཧྲིན། ཀའོ་ཏྲི་ཨན། (ཀྲུང་གོ)
ཟེམ་བན་སི་ཀེ་ཁྲུ།(དབྱིན་ཇི)
གཙོ་སྒྲིག་པ་གཞོན་པ།
ཚེ་རིང་། ཧྲའུ་ཞི་ཧྲུང་། སྐལ་བཟང་ཐོགས་མེད། མཐའ་བ་བཀྲ་ཤིས་དོན་འགྲུབ། ཧྲའུ་ཞན་ཀྲན།

དཔེ་སྒྲིག་འགན་འཁུར་པ།
ལའེ་རོས་སྒྲུན།
མཛེས་རིས་ཇུས་འགོད་པ།
ལི་དབྱེ་ཧྲང་།

# TIBETAN DOCUMENTS FROM DUNHUANG AND OTHER CENTRAL ASIAN IN THE BRITISH LIBRARY

IOL.Tib.J.VOL.1—6

**EDITORS IN CHIEF**

Jin Yasheng Zhao De'an Sam van Schaik

**PARTICIPATING INSTITUTION**

The British Library

Northwest University for Nationalities

Shanghai Chinese Classics Publishing House

SHANGHAI CHINESE CLASSICS PUBLISHING HOUSE

Shanghai 2010

**SUPERVISORS**

Ma Jingquan Wang Xingkang

**CONSULTANTS**

Wang Yao Dorzhigdongdrugsnyemsblo Chen Jian Hua Kan (China)

Frances Wood Burkhard Quessel (British)

**EDITORS IN CHIEF**

Jin Yasheng Zhao De'an (China)

Sam van Schaik (British)

**VICE EDITORS IN CHIEF**

Tshering Shu Xihong Skalbzangthogsmed Mthababkrashisdonvgrub Fu Xianzhan

**EDITORS IN CHARGE**

Lü Ruifeng

**COVER DESIGNERS**

Li Yefang

# 序　言

金雅聲　趙德安　束錫紅

1900年，當整個中國的目光都彙聚在八國聯軍入侵北京皇城的時候，河西走廊西部的敦煌藏經洞已經悄然開啓，數萬件珍貴的古代文獻和藝術品結束了千年沉睡，在喧囂的亂世中甦醒，重新啓動了歷史悠遠的回憶。此後，到1907年英國探險家斯坦因首先捆載了藏經洞的資料，然後是1908年法國的伯希和、1911年日本的吉川小一郎、1914年俄國的奧登堡，等等。他們在獲取了大量漢文文獻、繪畫、雕塑的同時，也得到了大量珍貴的藏文文獻。在此前後，英國斯坦因、俄國奧登堡、馬洛夫等，還在新疆（古代西域）的古代遺址發掘、采集了其他一些古藏文簡牘、寫本資料。

自敦煌、新疆流散的古藏文文獻，在英國，首先是分藏於大英博物館和印度事務部圖書館；最終併藏於英國國家圖書館東方和印度事務部；法國藏品一直保管在巴黎法國國家圖書館；俄國部分藏於今俄羅斯科學院東方文獻研究所；而日本所藏則比較稀少和分散。遺存國内的敦煌古藏文文獻流散、收藏情況，基本和敦煌漢文文獻的命運相似，現集中於中國國家圖書館和甘肅各地。

## 一、獲取和收藏情況

以敦煌藏經洞所藏爲主體，以及新疆、甘肅等地的古藏文文獻的獲取、收藏情況大體如下：

**流失國外的敦煌西域古藏文文獻**（約8413號）

**1.英國國家圖書館**（約3500號）

英國國家圖書館收藏的中國藏文文獻，主要出自敦煌藏經洞和新疆米蘭、麻扎塔格三處，是最具研究價值的藏品之一。

**2.法國國家圖書館**（約4450號）

法國國家圖書館收藏的主要是伯希和1908年從敦煌藏經洞獲取的，包括漢文文獻約4038號，藏文文獻4450號，[1]還有其他粟特、龜兹、回鶻、西夏文文獻等。文獻一部分是來自藏經洞，即8～10世紀寫本；另部分來自敦煌北區石窟，約爲11～13世紀寫本。

**3.俄羅斯科學院東方文獻研究所**（216＋57＋120號）

今俄羅斯科學院東方文獻研究所所藏藏文文獻，根據亞歷山大•卓林（Alexander V.Zorin）的調查，到1975年爲止，總量達到20500件，其中大多數來自西伯利亞、蒙古、北京、拉薩、安多地區。[2]

敦煌藏文文獻則是奧登堡考察隊收集的。1991年出版薩維斯基編著的《列寧格勒東方學研究所收藏的敦煌藏文寫本注記目録》，[3]包括214件寫本。其中《般若波羅蜜多心經》10件；中亞竪體婆羅迷文字音表1件，不知名佛經1件。[4]其中保留了不少題記，包括97個抄經人和62個校對者的名單。

1914 年6月15日，學者馬洛夫購買了57件小木簡，上有藏文題字。這些木簡出自羅布泊附近的米蘭藏人邊塞。

東方寫本部藏文藏品最後一個構成是來自科兹洛夫從黑水城購買的藏文寫本和木版印本，是所有藏文藏品中最重要的部分，約120件。[5]

**4.日本龍谷大學**（70號）

龍谷大學圖書館編號6001—6070，"主要是藏文文書、佛典、八思巴字文書及藏文字母拼寫的梵文佛典"。[6]

**留存國内的敦煌西域古藏文文獻**（9821號）

**5.中國國家圖書館**（6378號）

據該館"國際敦煌項目IDP"網站公布，擁有藏文文獻6378號，其中已經數字化的1142號。對於其來源和内容則缺少進一步的介紹。[7]黄維忠"據《國家圖書館藏文敦煌遺書目録》，國家圖書館藏敦煌藏文文獻單獨編號的共計291件（卷），另有29件（卷）背面有藏文文獻。單獨編號的291件藏文文獻由兩部分組成，一部分爲'大谷收集品'，計209件，收録在（《中國國家圖書館藏敦煌遺書》）第124—126册中；其餘82件爲後期收購或由社會人士私人收藏者捐贈給國家圖書館收藏的，其中有16件爲殘片"。[8]網站公布和目録中公布的差距甚遠，應當説，網站公布的可能是屬於"國際敦煌項目"範圍内的全部館藏，而目録公布的是《中國國家圖書館藏文敦煌遺書》中收録的藏文文獻。

**6.甘肅各地收藏**（3410件）

藤枝晃於1966年發表《敦煌寫本概述》，追踪了藏經洞流出的其餘敦煌藏文寫本。他寫道："直到1919年，甘肅地方官府聽到有一遊客買到了很多藏文佛教經典後，便派手下的督察員考察深入實地進行查驗。督察員在那座三層建築南側的佛窟中，找到了94捆重約405斤的藏文卷軸寫本，以及重1744斤的11套夾在木板中的紙本。他留下了90捆，並且把3捆卷軸本和10套貝葉經遷移到敦煌的一所學校，只將1捆卷軸和1套貝葉經帶往蘭州，保存在省圖書館中。這裏再强調的一點是，敦煌留存寫本的重量可能要超過1噸，毫無疑問要超過任何其他各處的藏品數量。"[9]

1978年，黄文焕發表了甘肅省藏敦煌吐蕃文文獻的調查結果，[10]統計甘肅各地總藏量達到10000件之多。[11]

根據2004年以來敦煌研究院敦煌文獻研究所的調查，甘肅省各地收藏敦煌藏文文獻共計3410件。[12]也許是敦煌研究院調查範圍僅限於"敦煌莫高窟藏經洞所出"或其他原因，其最終統計數字和黄文焕的調查差距較大，和藤枝晃認爲的僅在敦煌就有"一噸以上"的差距更大。由此可以推斷，除了損壞以外，還有不少流散於民間或者轉移到其他公私藏家。

**7.臺北"中央圖書館"**（5號）

其中《大乘無量壽宗要經》4件和敦煌地區"寅年"藏文帳目1件。[13]

**8.國内其他散藏**（28件）

根據黄維忠調查，國内還有上海博物館2件，北京大學圖書館3件，天津市藝術博物館6件，上海圖書館8件，浙江省博物館6件，中國書店3件。以上是根據已經出版的數量統計。[14]

綜上所述，按照比較保守的統計，敦煌、西域傳世的吐蕃文獻，總量約爲18234件，其中國外部分8413件，國内部分9821件。而由於各種原因藏之名山不爲人知的實際總量將大大超過這個數字。這樣，我們就大體了解，吐蕃時期遺留的藏文寫本大致有20000件以上。

關於藏品的"件"和"號"，是不同的、有時重疊的概念。一個編號也許包括了很多件(頁)，也許只包括了1件。而各家著録用語的語義不盡相同，所以最終的統計數字仍然不能確定。

所有這些敦煌、西域的吐蕃文獻，應當作爲一個整體來看待，來研究。包括來源於敦煌和來源於新疆的文獻的關係，英國藏品和法國藏品的關係，[15]國外和國内各藏館藏品之間的關係，單行佛經和大藏經的關係，吐蕃文獻和藏經洞漢文文獻的關係，和同期回鶻文、西夏文的關係；從時間序列來看，則應包括前弘期和後弘期文獻的關係，敦煌、西域和黑水城文獻的關係，碑銘、簡牘和寫本的關係，等等。而所有錯綜復雜的關係，共同形成了我們引以自傲的悠久歷史、多彩文化。所有關係的核心則是這批藏文文獻，無論從内容、規模、形式，都是世界罕見、中國獨有的。

**二、整理出版的意義**

1.歷史意義

首先，敦煌西域藏文文獻産生和記録了一個特殊的年代。敦煌西域藏文文獻，形成於吐蕃占領敦煌時期（786—848）的前後，並在相當一段時間内爲藏語人羣所延續。

公元842年，隨着最後一代贊普朗達瑪的被殺，吐蕃王朝崩潰，進入了將近百年的混亂和黑暗時期。期間雖然在西藏的邊遠地區，“毁佛滅佛”的號令並没有得到實質性的貫徹；從衛藏地區逃逸的僧人，繼續在中心地帶以外的地區進行佛事活動；許多佛教經典被藏匿而逃過劫難。但是，從整體上來説，創建於7世紀而僅歷百餘年的年輕的藏傳佛教，畢竟經受不起這種强力的摧殘而瀕臨滅絶。到了公元11世紀時，藏族社會逐漸得到安定，佛教開始在西藏復興。寧瑪、噶舉、噶當、薩迦等派迅速發展，並開始了大規模的佛教經典的翻譯、搜集和整理，使藏傳佛教的文獻得以重建。

後來，藏傳佛教將吐蕃時期的佛教稱之爲“前弘期”，而將11世紀後的佛教稱爲“後弘期”。出於敦煌、西域的材料，大多屬於吐蕃佛教時期。是我們研究西藏文明史、漢藏關係及吐蕃統治時期各個方面的重要文獻。

由於“前弘期”基本文獻資料的缺失，後期的許多西藏歷史的著作，比如最爲著名的《青史》、《布頓史》、《賢者喜宴》等著作，都相對缺少對於“前弘期”政教社會的記述，時時陷入浪漫的謳歌，或者神異的傳説。現代治西藏史者，也由於缺少可靠的文獻資料，經常只能以簡約而空泛的文筆來帶過“前弘期”的歷史真實。而敦煌、西域以及藏區出土的“前弘期”的史料，特别是碑銘、官私文書、簡牘、信函、契約等，是當時藏漢官方和民間的真實記録，顯然比後期形成的即使是最經典的歷史書籍準確得多。即以王堯、陳踐先生等譯著的《敦煌本吐蕃歷史文書》的各個版本的遞進研究而言，[16]其資料的確鑿和研究的深入，顯然是後弘期形成的史學論著無法企及的。又如圍繞“吐蕃僧諍記”專題開展的討論，由於大量運用了敦煌出土的漢藏文資料，使得其歷史真相以前所未有的明晰程度呈現在人們面前。

作爲藏漢文化交流的體現，藏族學者從漢籍中翻譯了許多儒家典籍，並編纂有藏漢詞彙對照，爲學習漢、藏文提供了方便。在一些重要經卷、贊頌或者童蒙識字課本中都標注了藏文音譯。藏文文獻中有不少西藏苯教或者薩滿教的寫卷，有民族、民俗日常生活的文書；尤其有大量當時流行而後弘期已經湮没的密教典籍。這些材料對於9世紀以前藏漢等民族文化的交流滲透、藏傳佛教的早期形成、中原和印度佛教的論諍、藏漢佛教文獻的互相轉譯和相互影響等許多方面，都是獨一無二的原始資料，是我們研究西藏文明史、漢藏關係及吐蕃統治時期各個方面的主要參考文獻。這些材料和後弘期流傳至今的藏文文獻既有聯繫，又有着無可替代的獨特意義。

2.現實意義

近年來，國家十分重視藏學研究和藏學文獻的出版。整理出版流失海外敦煌西域藏文和其他文種如回鶻文、梵文、于闐文、龜兹文、粟特文等文獻資料，更有其重要的戰略價值和深遠意義。

敦煌西域的古藏文文獻，記載了漢藏文化交流的悠久歷史。這種交流是通過戰爭與和平的形式，通過世俗和宗教的媒介，或疾風暴雨、或潤物無聲地進行的。歷史通過碑銘、簡牘、文書、寫經等等，重構了中世紀漢藏民族的緊密聯繫和文化融合，對於國家認同具有重大的意義。對於藏民族吐蕃時期開始有文字記載的史料的研究，可以充分論證西藏自古以來是中國的一部分，藏族人民是中華民族大家庭的重要成員；西藏和内地的在政治、文化、經濟等多方面的雙向交流和學習，是藏漢民族關係的主旋律。

藏文文獻在現存中國各民族古籍文獻中數量僅次於漢文古籍而居第二位。英法藏藏文文獻具有很高的學術價值和出版價值。英藏敦煌藏文文獻與法藏敦煌藏文文獻互相補充、相輔相成、相映成輝，是中華民族文化不可或缺的重要組成部分。從整體上説，同宗同源的材料，是一個完整的整體；只有完整的發表，才能促成、促進完整的材料駕馭。而從更廣泛的意義來説，藏經洞的藏文文獻，和與之數量相當的漢文文獻，以及其他回鶻文、粟特文、龜玆文、于闐文等文種的材料來説，也是一個完整的整體和相關的系統。所以，只有發表公布所有的材料，並且使得各文種的研究都達到相當的水準以資相互證明、相互溝通，敦煌和西域文獻的價值才真正能得到完整的體現。

由於種種原因，敦煌和新疆出土的藏文文獻，分散流布於世界各地，爲完整、系統研究這些材料帶來了很多困難。歐洲和日本學者既得地利、人和便利，做了不少比較、綴合、研究的工作，在古藏文和吐蕃歷史文化研究領域，在相當長的時間裏佔據領先地位。中國的前輩學者很少能够親臨觀摩，或是在閱讀機上對縮微膠卷進行仔細的辨認，或是按照西方學者已經發表的編號進行比對；少數專家有機會奔走於歐洲各家藏館之間，屈辱勞頓，糾結低效，奔命於材料的采集而無暇深入學術的研究。而今以法藏、英藏材料的出版爲標志的吐蕃文獻的全面出版，是繼敦煌漢文文獻之後最大宗的流失海外文獻的出版，將爲中國藏學的振興和各相關學科的發展提供最直接最根本的資料；將基本終結學術研究初期的“材料學”階段，使得無數的藏學和歷史學專家，可以不出家門而伏案工作。

在全球範圍内搜尋、挖掘、整理出版流失海外或者瀕於滅絶的西藏歷史文化資料，整理出版流失海外的藏文文獻，是重大的傳統文化保護工程，展示了我國對西藏民族傳統文化的保護政策，有力反擊境外反華勢力、分裂主義分子在西藏傳統文化保護方面對我國的污蔑和不實之詞，因此具有更爲重要的現實意義；敦煌古藏文文獻的史料價值是多元的、豐富的。隨着我們對這些文獻研究的深入，其價值會以日益燦爛的面貌發掘出來。對此可以説，其意義怎么估計都不會過高。我們特别期盼分藏於世界各地的總量約20000件的吐蕃文獻都有機會整理出版，化身數百，不僅是藏漢先民創造輝煌文化的榮耀，也是整個中華民族對全人類歷史文化的重大貢獻。

西北民族大學建校伊始，就十分重視藏學研究和人才隊伍的培養，取得了顯著的成績。自2005年起，西北民族大學同時和英國國家圖書館和法國國家圖書館聯絡，得到了兩國圖書館中國部負責人吴芳思（Dr.Frances Wood）和郭恩（Dr.Monique Cohen）女士的支持（此後又分别有Dr.Sam van Schaik和Dr.Nathalie Monnet具體負責此項工作）。學校調集了藏學院和歷史文化學院的研究力量，吸收了藏傳佛教界人士，組成了“海外民族文獻研究所”，具體進行古藏文文獻的編纂工作。在前人成果的支持下，進一步開掘和準確定位，進行了更深層次、更完整的比定、編目和研究。和前輩專家到外國圖書館查看吐蕃文獻不同，作爲新時期、新條件、新技術下的研究者，以藏族學者爲主體的編纂人員，他們能够看到清晰的圖版，察看遺書的細節；可以利用電腦來檢索、查閲資料；可以同時調閲不同的遺書來進行比定。而最終成果是以藏文、漢文雙語定名的、完整收録除簡單重復以外的全部藏文文獻的大型文獻資料叢書，在國内外都開創了先例。

早在2006年5月，《法藏敦煌藏文文獻》開始出版，同年9月在蘭州召開了發布會。與會的藏學研究專家，大多數是首次看到長期流失海外的敦煌藏文文獻的清晰圖版，並爲這批文獻的完整出版前景而鼓舞。王堯先生説，這是藏學研究的里程碑；今枝由郎先生説，其意義怎么估計都不會過高。對我們的工作給予了高度的評價和熱心的鼓舞。從那時開始至今，《法藏敦煌藏文文獻》已經出版了1—11册；而目前《英藏敦煌西域藏文文獻》也開始出版。流失海外最大宗的、最重要的吐蕃時期的藏文文獻資料，將通過中國學術界、民族教育界的藏、漢專家的共同努力而得到完整出版，這是足以告慰幾代學術前輩的“千古壯觀”！[17]

我們的目標，是首先整理出版最大宗、最集中的法、英所藏敦煌西域藏文文獻，然後聯合國内其他科研教學單位，開展散藏材料的整理工作。在當前集中精力整理出版的同時，抓住重點開展研究；並且同步做好數據庫的資料采集彙編工作。我們力爭通過發掘新材料，研究新對象，培養新人才，獲取新成果。

我們將繼續以編纂、出版流失海外的敦煌藏文文獻爲契機，聯絡團結更多的藏家，聯絡國内各高校、科研單位，開展區域的、專題的多種形式的合作。努力把英藏、法藏敦煌藏文文獻以較高的水準整理出版；同時，不失時機地搜尋更多散佚的、未公布的資料，使之化身百千，爲學術研究、爲民族歷史教學、爲服務當代所用。

金雅聲（西北民族大學黨委書記）
趙德安（西北民族大學校長）
束錫紅（西北民族大學海外民族文獻研究所所長）

1 按照拉露女士（M. Lalou）《巴黎國家圖書館所藏敦煌藏文寫本目録》（Inventaire des manuscrits tibétains de Touen-houang conservés à la Bibliothèque Nationale）（Fonds Pelliot Tibétain），爲2216個編號；王堯主編，陳踐、褚俊杰、王維强、熊文彬參編《法藏敦煌藏文文獻解題目録》（北京：民族出版社，1999年），在《拉露目録》基礎上重新調查了原卷和膠卷，著録編號4450個，含3375個膠卷號。

2 亞歷山大·卓林（Alexander V.Zorin）著，趙大瑩、薩仁高娃譯《俄羅斯科學院東方學研究所藏藏文古籍》，見《文津流觴》2009年第2期（總第二十六期），中國國家圖書館古籍部内部刊物，第36—37頁。

3 薩維斯基（Lev S. Savitsky）《列寧格勒東方學研究所收藏的敦煌藏文寫本注記目録》（Tunhuang Tibetan manuscripts in Collection of the Leningrad Institute of Oriental Studies）。

4 榮新江《海外敦煌吐魯番文獻知見録》，南昌：江西人民出版社，1996年6月，第125頁。

5 亞歷山大·卓林（Alexander V.Zorin）著，趙大瑩、薩仁高娃譯《俄羅斯科學院東方學研究所藏藏文古籍》。

6 榮新江《海外敦煌吐魯番文獻知見録》，第160、163頁。

7 見中國國家圖書館IDP網頁：http://idp.nlc.gov.cn/pages/collections_ch.a4d.

8 黄維忠《國内藏敦煌藏文文獻的整理與研究回顧》，第二屆海峽兩岸藏學研討會發言，北京，2010年7月，載《敦煌學輯刊》2010年第3輯。

9 藤枝晃（Fujieda Akira）《敦煌寫本概述》（一）（The Tunhuang Manuscripts: a general description），《人文》（Zibun）第9號，1966年，第13～16頁。

10 黄文焕《河西吐蕃文書簡述》，《文物》1978年第12期，第59～63頁。黄文焕調查結果如下：敦煌縣文化館（現敦煌市博物館）：貝葉經8780件、卷軸224件；敦煌文物研究所（現敦煌研究院）：貝葉經42件、卷軸43件；酒泉縣文化館（現酒泉市博物館）：卷軸19件；張掖縣文化館（張掖市博物館）：卷軸1件；武威縣文管會（現武威市博物館）：貝葉經7件；蘭州圖書館（應爲甘肅省圖書館）：貝葉經1117件，卷軸30件。

11 [英]散·瑪·謝克（Sam van Schaik）著，楊富學、許娜譯《中國收藏的敦煌吐蕃文文獻》，譯自《倫敦大學東方與非洲學院院刊》(Bulletin of the School of Oriental and African Studies) 2002年第1期，第129～139頁，譯文刊《隴右文博》2007年第2期。

12 馬德《甘肅藏敦煌藏文文獻概述》，《敦煌研究》2006年第3期。

13 吴其昱《臺北"中央圖書館"敦煌蕃文寫本佛經四卷考》，《敦煌學》第2輯，香港，1975年，第56～69頁。

14 黄維忠《國内藏敦煌藏文文獻的整理與研究回顧》。

15 比如A. 麥克唐納與今枝由郎編《敦煌藏文選集》（Choix de documents tibétains conservés à la Bibliothèque nationale : complété par quelques manuscrits de l'India office et du British Museum, par A. Macdonald et Yoshiro Imaeda）。其全名作《（法國）國立圖書館所藏藏文文獻選，并以印度事務部和大英博物館所藏文獻補充者》，已經綴合了法國、英國的部分寫本。

16 此書的第三版爲"慶賀王堯先生八十華誕"專集，用漢藏雙語出版，更名爲《敦煌古藏文文獻研究探索集》，上海古籍出版社，2008年8月。

17 王國維《讀史二十首》句："千古壯觀君知否，黑海西頭望大秦。"

# 序　言

沙 木

二十世紀初，大量古文獻由西域古絲綢之路被英國、法國、德國、俄國和瑞典的考古探測者和冒險家們帶到了歐洲。最近，中國的考古學者在該地帶還發現了更多的文獻。這些分散的文字和藝術品，記録了西域不同時期繁榮的多種文化。它們被帶到了上述國家的博物館和圖書館。

西域文獻最大且最有名的一個貯藏地是一個密閉的圖書室，發現於敦煌寺院洞窟。文獻有卷軸裝、貝葉裝、裝訂書籍和木版多種形式，手寫，少數印刷，語言多樣，包括梵文、漢文、藏文、于闐文、西夏文和回鶻文。這些文獻時代都在藏經洞封閉的11世紀初以前。

洞内的大多數藏文文獻流散到英國、法國和俄國的國家圖書館，還剩下一部分重要的在中國甘肅。英國收藏的敦煌文獻現今在倫敦國家圖書館保管，來源於探險者英籍匈牙利人斯坦因先生的探險隊。20世紀初，斯坦因在西域進行了四次探險，除了最後一次，每次旅行都帶回數百件物品。除了敦煌藏經洞的文獻，斯坦因在西域周圍其他遺址找到了藏文文獻。這些遺址最重要的是安得悦、米蘭和麻扎塔格、額濟納河和黑水城。

斯坦因從西域獲得的物品最初分藏在幾個不同的機構中。文獻材料給了英國博物館、印度事務部圖書館和印度政府。到1982年，大多數文獻材料已經從英國博物館和印度事務部圖書館轉移到了英國圖書館。英國博物館收集品現在主要由斯坦因帶回的圖畫和立體品組成。印度政府的材料現收藏在印度國家博物館，主要也是圖畫和立體材料。斯坦因紡織品是維多利亞和阿爾伯特博物館從印度國家博物館長期借用的。

許多藏文文獻是松散的貝葉裝形式。當這些藏文寫卷在敦煌藏經洞被發現的時候，是和其他語言的（包括梵語、于闐語和回鶻語）寫卷捆綁在一起的。在印度事務部圖書館，不同語言的寫卷被分開並且放置的地方不同，以藏文爲例，排架號是IOL.Tib。這些藏文散葉也包括數百個卷軸，主要是一種佛經《大乘無量壽經》的抄寫件。

比利時流亡者威利普散和印度事務部圖書館員托馬斯把這些散落的藏文頁分類。那時印度事務部圖書館管理人使用最新的保護手段維護損壞的和易碎的寫卷，以紙爲背襯，用絲網覆蓋。自從20世紀90年代以來，繼承了印度事務部圖書館收藏品的英國圖書館，一直在對以前的保護進行再評估。

這些散葉已經去除了皮革裝訂和舊紙背襯，正逐漸從所有頁中去除絲網；對撕毁和易碎的頁，在必要的地方代之以最小限度的修補。因此，寫卷現今更接近它們的原始形式。

**寫卷編號**

上述提及的幾乎所有由斯坦因發現的藏文寫卷現在保存在英國圖書館。那些來自印度事務部圖書館的寫卷，以前綴“IOL.Tib”編號；而那些來自英國博物館的東方收藏品，以前綴“Or”編號。

“IOL.Tib”的編號更進一步分類如下：

IOL.Tib.J：敦煌藏經洞藏文寫卷。

IOL.Tib.N：不同遺址的藏文木片，特別是米蘭和麻扎塔格的。

IOL.Tib.M：不同遺址的藏文寫卷，特別是額濟納河和黑水城（斯坦因第三次探險）的。

“Or”編號的斯坦因藏文材料包含的是：

Or.15000：不同遺址的藏文寫卷，特別是米蘭和麻扎塔格的。

Or.8210/S：敦煌的漢文手卷和片段，包括大約80號藏文文本。

Or.8211：敦煌以外的漢文和其他語言的寫卷。

Or.8212：不同語言的寫卷，一些來自敦煌。

浩繁的敦煌藏文寫卷大多數屬於IOL.Tib.J序列。該序列起初由威利普散目録的全部編號組成，也就是IOL.Tib.J.1–765。但是由於威利普散的目録是不完整的，許多條没有被編號。威利普散没給編號的寫卷（大多數是片段），由沙木在2001年編號爲IOL.Tib.J，數字從766到1774。於是，最初印度事務部收藏的斯坦因敦煌藏文寫卷現在被編號爲IOL.Tib.J.1–1774。

威利普散目録涉及的寫卷多樣，其編號已經進一步區分到小數點以後的一個數字。因而，威利普散的編號310，包含一千多個《大乘無量壽經》寫卷，被細分成IOL.Tib.J.310.1 到IOL.Tib.J.310.1207。

關於這些寫卷的另一種編號方式是斯坦因的遺址編號，它們是斯坦因分配給他的全部掘獲物的代碼，這些代碼指出物品被發現的具體遺址。編號直接寫在這些物品上。敦煌發現物都被給予以字母“Ch”開頭的代碼，即是“千佛洞”（也稱莫高窟）的英文縮寫。代碼按照數字、字母和羅馬數字順序組合。藏經洞寫卷起初發現時是成捆的，這些代碼大多標識了原始包裹。

斯坦因藏文寫卷的第三種編號方式被托馬斯和其他人使用，與卷數和頁數有關，這些卷號從1到73。印度事務部圖書館最初保存這些寫卷時設定，每卷内的每一頁給定一個頁數。以後，寫卷未捆綁，放置在保留舊卷號的箱子裏。卷號分類延伸應用到新的箱子，以至於現在卷號從1到156。

**編目**

1951年，托馬斯出版了藏文文學文本和文書第二部分——關於中國和西域專輯，書中對一些印度事務部圖書館收藏品中的敦煌世俗材料進行了編目。最近，武内紹人又在他的著作《西域古藏文契約》研究了這部分材料。

1962年，保存在印度事務部圖書館收藏品中的敦煌藏文佛教寫卷目録出版了。該目録是威利普散的成果，他是一戰期間逃亡在倫敦的比利時學者。除了一些編輯校訂工作外，該目録包含了威利普散戰後返回歐洲大陸時留下來的工作成果。儘管它涉及了不少藏文佛教寫卷，但許多被遺漏了。即便如此，這是一部令人印象深刻的傑作，帶有主題結構、索引和詞彙索引，顯示了威利普散對印度-藏傳佛教的深邃見解。

接下來的十年，在山口瑞鳳的指導下，東洋文庫編寫了一個斯坦因收集品的敦煌藏文寫卷目録。該目録在1977年和1988年之間出版了12册。編目團隊有系統地進行所有材料的編目，記録每一條的標題、開頭和結尾。他們把那些未被威利普散編目的寫卷指派了新的編號。遺憾的是，這些編號不同於英國圖書館定的“IOL.Tib.J”編號，所以這些編號僅在東洋文庫目録自身範圍内有用。

1998年，武内紹人出版了斯坦因第二次探險所得藏文寫卷目録，主要是來自米蘭和麻扎塔格的。武内當前正在進一步對斯坦因第二次探險所得藏文木片（也主要是來自米蘭和麻扎塔格的）以及斯坦因第三次探險所得藏文寫卷（主要是11世紀到17世紀的黑水城和額濟納河的）編目。

作爲一個三年項目的成果，Jacob Dalton和沙木編寫了一個目録，充分描寫斯坦因收集品裏藏文部分的密教寫卷。此項目得到英國藝術和人文研究理事會資助，他們認識到這材料對理解西藏金剛乘早期發展的重要以及威利普散論述這些材料的不足，這種不足威利普散欣然認可。2005年，“國際敦煌項目在綫”公布了該目録。2006

年，E.J.Brill出版了該目録的增訂印刷版。

最後，Or.8210/S.序列中80多個藏文文本的目録，由岩男一志、武内紹人和沙木編寫，正在準備中且很快將出版。

**研究**

敦煌藏文寫卷在不同的研究領域裏意義都很重大。它們是了解藏傳佛教早期發展的主要史料，包括一些論題如：被認爲“正經”的典範文本的早期譯本，西藏密教的發展，佛教儀式是怎樣實踐的，佛教和佛教之前的宗教活動之間的關係。除了碑銘史料之外，這些寫卷也是藏文書面文字的最早實例，而且告訴我們更多有關藏文的發展情況。

最初，隨着20世紀40年代《吐蕃年表》和《吐蕃編年史》譯本的公布，敦煌寫卷對於研究早期西藏歷史的重要性顯而易見。這兩個文本明顯早於以前看到的吐蕃歷史記載。兩者都屬於吐蕃帝國時期，都一定寫於藏經洞封閉之前的11世紀初期，並且包含了甚至更早的事件。確實是這樣的，比如説在《吐蕃年表》中，似乎利用了帝國歷史學家的年表。

隨後的研究着眼於更廣範圍的帶有歷史重要性的寫卷，包括法律文書，有關占卜的活動，官員的任命和派遣，私人個體間的契約以及私人信件和官方公文。學者們已經開始研究藏文寫卷，和其他語言如漢語、于闐語和回鶻語的寫卷齊頭並進，從而闡明了藏族和其他民族文化之間的關係。吐蕃帝國占領的其他西域遺址（如米蘭和麻扎塔格）的藏文寫卷的研究工作也已經進行。

上一個世紀，歐洲、日本、中國和美國的學者們做了大量的工作，已經真正地革新了我們對早期西藏的歷史、風俗和宗教活動的認識。由於寫卷被保存在世界各個機構，這些成績的取得，面臨着直接翻閲寫卷的困難。但是，最近幾年來，這種情況已經開始改變。

“國際敦煌項目”(英文International Dunhuang Project，簡稱“IDP”)成形於1994年，在英國圖書館建立了理事會。保存敦煌寫卷和藝術品的各個機構，渴望共同工作，憑借高優質的數碼影像技術，將起初的收藏品重聚在一起。“IDP”如今在中國、俄羅斯、日本和德國都有中心。“IDP”1997年開始寫卷的數字化，它的網站(http://idp.bl.uk)於1998年10月在綫，允許免費進入數萬張高優質的寫卷圖像庫。“IDP”是當前同類項目規模最大和最成功的，提供數十萬張繪畫、藝術品、紡織品、寫本、歷史相片和地圖的信息，同時還有編目和原文的信息。

另一項“吐蕃文獻在綫項目”（英文簡稱“OTDO”）最近也已經開展，網站(http://otdo.aa.tufs.ac.jp)爲所有重要的斯坦因和伯希和的藏文歷史文本提供了轉寫。像“IDP”一樣，“OTDO”網站實際上使分離的收藏品重聚，克服了文獻的機構分割，這些文獻原本是同一個收藏地的一部分。這些項目使學者更容易接近敦煌文獻。

目前，上海古籍出版社出版的本書影印圖像，將使全套的斯坦因敦煌藏文文獻以新的形式得到利用。這將使學者們比以前更容易接觸到全部材料。憑借現今可利用的資源，我們期待更清晰地了解早期西藏的歷史和文化。

沙木 Sam van Schaik（英國圖書館“國際敦煌項目”）

（英文—中文翻譯：張秀清）

# 總目録

# 編　例

1．本書收録英國國家圖書館藏斯坦因歷次中亞探險所獲全部藏文收集品，主要來自敦煌、米蘭、麻扎塔格和黑水城等地。

2．爲簡省篇幅且不影響研究，對於大量重複的通行佛經，將視具體情况作“存目”處理，即不出圖版，保留編號並予以説明；對其中具有題記、寫經人署名、批校等特别内容和形式者則照常刊印。

3．本書所收文獻的定名，由編者依據内容並參考歷史文獻和現有研究成果考訂。
本書圖版標題用藏文、漢文雙語編寫。

4．本書按照館藏編號編排，編號情况如下：
前綴IOL.Tib編號——來自印度事務圖書館的寫卷。IOL Tib編號的進一步分類是：
IOL.Tib.J: 敦煌藏經洞藏文寫卷。
IOL.Tib.N: 不同遺址的藏文木片，特别是米蘭和麻札塔克的。
IOL.Tib.M: 不同遺址的藏文寫卷，特别是黑水河和黑水城（斯坦因第三次探險）的。
前綴 Or 編號——來自英國博物館的東方收藏品。Or.編號的進一步分類是：
Or.15000: 不同遺址的藏文寫卷，特别是米蘭和麻札塔克的。
Or.8210/S:敦煌的漢文手卷和片段，包括大約80號藏文文本。
Or.8211: 敦煌以外的漢文和其他語言的寫卷。
Or.8212:不同語言的寫卷，一些來自敦煌。

5．本書圖版説明文字的含意如下：
例：英 IOL.Tib.J.VOL.3　　3.大寶積經第三十妙慧童女所問經 4.一百羯摩 （101—72）
其字符意義依次爲：
IOL.Tib.J —— 英國國家圖書館藏文搜集品代號
VOL.3 —— 館藏編號；
3.大寶積經第三十妙慧童女所問經 4.一百羯摩——本卷内容的第3項和第4項及其標題或者擬題。
（101—72）——本编号文献IOL. Tib. J. VOL. 3的图版总数和本图版的序数，说明本号共有101幅图版，该图版是第72幅。
R —— 表示正面（Recto）。没有背面項目時省略。
V —— 表示背面（Verso）。

6．本書最後一册將編製《附録》，包括《敍録》、《年表》、《分類目録》、《索引》等。

# འགོ་བརྗོད།

ཅིན་ཡཱ་ཧིན། ཀཱའོ་དྷི་ཨཱན། ཧྲའུ་ཞི་ཧྲུང་།

༡༩༠༠ལོར་རྒྱལ་ཁབ་བརྒྱད་ཀྱི་མཉམ་འབྲེལ་དམག་གིས་པེ་ཅིང་གྲོང་ཁྱེར་མའི་གདན་སར་དཔུང་འཇུག་བྱས་རྗེན་ཀྲུང་གོའི་རྒྱལ་ཁབ་ཡོངས་ཀྱིས་བློ་རྩེ་དེ་ལ་གཏོད་བཞིན་པའི་སྐབས་དེར། རྨ་ནུབ་བགྲོད་ལམ་གྱི་ནུབ་ཕྱོགས་ཏུན་ཧོང་དཔེ་མཛོད་བྲག་ཕུག་གི་སྒོ་ག་ལེར་ཕྱེ་བྱུང་། རིན་ཐང་ཆེ་བའི་གནའ་རབས་ཡིག་ཚགས་དང་སྒྱུ་རྩལ་ཐོན་རྫས་ཁྲི་ཕྲག་མང་པོའི་མི་ལོ་སྟོང་གི་རྗེ་ལམ་རྟོག་འཛིང་ཆེ་བའི་ཟང་ཟིང་གི་འུར་སྒྲས་ཡོངས་སུ་དཀྲུགས་ཏེ། ཡུན་རིང་པོའི་ལོ་རྒྱུས་ལ་ཕྱི་མིག་གི་དྲ་སྒོ་ཡང་བསྐྱར་ཕྱེ། དེ་ནས་༡༩༠༧ལོར་དབྱིན་ཇིའི་སྐུལ་དཔྱད་པ་སི་ཐན་དབྱིན་(Sir Aurel Stein)གྱིས་དཔེ་མཛོད་བྲག་ཕུག་ནང་གི་རྒྱུ་རྫས་ཐོག་མར་ཕྱིར་་ཏུ་འཁྱེར། དེའི་རྗེས་ཀྱི་༡༩༠༨ལོར་ཧྥ་རན་སིའི་པོ་ཞིས་ཧེ་(Paul Pelliot)དང་། ༡༩༡༡ལོར་ལྗར་པན་གྱི་ཡོ་བྱིས་ཁྲ་བ་ཁོ་ཡིས་ཆས་རོད(Yosuikava Koichiro)། ༡༩༡༤ལོར་ཨུ་རུ་སུའི་ཨོ་ཏུན་པུག་(S.F.Odenburg)སོགས་སྔ་ཕྱིར་ཐོན་པས། གྲངས་འབོར་མང་པོའི་རྒྱ་ཡིག་ཡིག་ཚགས་དང་། རི་མོ། འཇིམ་སྐུ་སོགས་འཁྱེར་བའི་དུས་མཚུངས་སུ། གལ་འགང་ཆེ་བའི་བོད་ཡིག་ཡིག་ཚགས་མང་པོ་ཡང་ཕྱི་རྒྱལ་དུ་འཁྱེར། ད་དུང་དུས་སྐབས་དེ་དག་ཏུ། དབྱིན་ཇིའི་སི་ཐན་དབྱིན་དང་། ཨུ་རུ་སུའི་ཨོ་ཏུན་པུག་དང་མ་ལོ་ཕུ་(S.F.Malov)སོགས་ཀྱིས། ཞིན་ཅང་སྣེ་གནའ་པོའི་ནུབ་ལྷོངས་ཀྱི་གནའ་ཤུལ་ནས་བོད་ཡིག་ཁྲམ་བྱང་དང་ཡིག་ཚགས་ཁག་ཅིག་སྟོག་འདོན་འཚོལ་བསྡུ་བྱས།

ཏུན་ཧོང་དང་ཞིན་ཅང་ནས་ཕྱི་རྒྱལ་དུ་ཤོར་བའི་གནའ་རབས་ཀྱི་བོད་ཡིག་ཡིག་ཚགས་འབོར་ཆེན་ལས། དབྱིན་ཇིར་དྲངས་པ་རྣམས་ནི་དང་ཐོག་རྒྱལ་ཁབ་ཆེན་པོའི་དངོས་མང་བཤམས་སྟོན་ཁང་དང་ཧིན་རྡུ་དོན་གཅོད་ཁང་གི་དཔེ་མཛོད་ཁང་ལ་བཀོས་པ་དང་། རྗེས་སོར་ཡིག་ཚགས་རྣམས་ཕྱོགས་གཅིག་ཏུ་དྲིལ་ཏེ་དབྱིན་ཇིའི་རྒྱལ་གཉེར་དཔེ་མཛོད་ཁང་གི་ཧྲུན་རྡུ་དང་ཤར་ཕྱོགས་དོན་གཅོད་ཁང་གིས་ཉར་ཚགས་བྱས། ཧྥ་རན་སི་ལ་དྲངས་པ་རྣམས་ནི་ཧྥ་རན་སིའི་རྒྱལ་གཉེར་དཔེ་མཛོད་ཁང་གིས་ཉར་ཚགས་བྱས། ཨུ་རུ་སུར་དྲངས་པ་རྣམས་ནི་ད་ལྟའི་ཨུ་རུ་སུའི་ཚན་རིག་གླིང་ཤར་ཕྱོགས་ཡིག་ཚགས་ཞིབ་འཇུག་ཁང་གིས་ཉར་ཚགས་བྱས། ལྗར་པན་ལ་ཐོབ་པ་ནི་རྫུང་ཞུང་ལ་དུ་མར་བཀོས་ནས་ཉར་ཚགས་བྱས་ཡོད། ཀྲུང་གོར་ཡོད་པའི་ཏུན་ཧྲུང་གི་གནའ་རབས་བོད་ཡིག་ཡིག་ཚགས་རྣམས་ཁ་ཐོར་དུ་སོང་བ་དང་ཉར་ཚགས་བྱས་པའི་གནས་ཚུལ་ནི་རྒྱ་ཡིག་ཡིག་ཚགས་ཀྱི་ལས་དབང་གཅིག་མཚུངས་སུ་སྣང་སྟེ། ད་ལྟ་ཀྲུང་གོའི་རྒྱལ་གཉེར་དཔེ་མཛོད་ཁང་དང་ཀན་སུའུ་ཡི་ས་གནས་སོ་སོས་ཉར་ཚགས་བྱེད་བཞིན་ཡོད།

དང་པོ། ཡིག་ཚགས་ཉར་ཚགས་བྱས་པའི་གནས་ཚུལ།

ཏུན་ཧོང་དཔེ་མཛོད་བྲག་ཕུག་ནས་ཐོན་པ་གཙོ་བྱས་པ་ལས་གཞན། ཞིན་ཅང་དང་ཀན་སུའུ་སོགས་ནས་ཐོན་པའི་གནའ་བོའི་བོད་ཡིག་ཡིག་ཚགས་ཉར་ཚགས་བྱས་པའི་གནས་ཚུལ་མདོ་ཙམ་ངོ་སྤྲོད་བྱེད་པ་ལ། གཤམ་ལྟར་ཏེ།

ཕྱི་རྒྱལ་དུ་ཤོར་བའི་ཏུན་ཧོང་དང་ནུབ་ལྷོངས་ཀྱི་བོད་ཡིག་ཡིག་ཚགས། (ཕལ་ཆེར་ཨང་རྟགས་ཅན་༨༩༡༣ལྷག་ཡོད།)

༡. དབྱིན་ཇིའི་རྒྱལ་གཉེར་དཔེ་མཛོད་ཁང་ན་ཨང་རྟགས་ཅན་༣༥༠༠ལྷག་ཡོད།

དབྱིན་ཇིའི་རྒྱལ་གཉེར་དཔེ་མཛོད་ཁང་དུ་ཉར་ཚགས་བྱས་པའི་ཀྲུང་གོའི་བོད་ཡིག་ཡིག་ཚགས་རྣམས་ནི། ཏུན་ཧོང་དཔེ་མཛོད་བྲག་

ཕྱུག་དང་། རང་རྒྱལ་ཞིན་ཅང་གི་མི་རན་དང་མ་དྲ་ཐ་ཁྲུ་ནས་ཐོན་པ་ཡིན་ལ། ཞིབ་འཇུག་གི་རིན་ཐང་ཆེས་ཆེར་ལྡན་པའི་ཡིག་ཚགས་གལ་ཆེན་གྱི་གྲས་ཡིན།

༢. ཧྥ་རན་སིའི་རྒྱལ་གཉེར་དཔེ་མཛོད་ཁང་ན་ཡང་རྟགས་ཅན་༤༤༥༠ལྷག་ཡོད།

ཧྥ་རན་སིའི་རྒྱལ་གཉེར་དཔེ་མཛོད་ཁང་གིས་ཞིས་ཧེ་ཡིས་༡༩༠༨ལོར་ཏུན་ཧོང་དཔེ་མཛོད་བྲག་ཕུག་ནས་འཁྱེར་སོང་བའི་རང་རྒྱལ་གནའ་རབས་ཡིག་ཚགས་ཉར་ཚགས་བྱས་ཡོད་ལ། དེར་རྒྱ་ཡིག་ཡིག་ཚགས་ཨང་རྟགས་༤༠༣༨ལྷག་དང་། བོད་ཡིག་ཡིག་ཚགས་༤༤༥༠ལྷག་འདུས་པར་མ་ཟད། ད་དུང་སའོ་ཁྲུ་དང་། ཆེག་ཀོ། ཧེ་ཏུའུ། མི་ཉག་སོགས་ཀྱི་ཡིག་ཚགས་ཀྱང་འདུས་ཡོད། དེ་དག་ལས་ཡིག་ཚགས་ཁག་ཅིག་ནི་ཏུན་ཧོང་དཔེ་མཛོད་བྲག་ཕུག་ནས་ཐོན་པ་ཡིན་ལ། དེ་རིགས་ནི་སྤྱི་ལོའི་དུས་རབས་༨ནས་༩ཡི་བར་གྱི་ལག་བྲིས་རེད། ཡིག་ཚགས་ཁག་གཞན་ཞིག་ནི་ཏུན་ཧོང་གི་བྱང་ཕྱོགས་བྲག་ཕུག་ནས་ཐོན་པ་ཡིན་ལ། དེ་རིགས་ནི་སྤྱི་ལོ་དུས་རབས་༡༡ནས་༡༣བར་གྱི་ལག་བྲིས་རེད།

༣. ཨུ་རུ་སུའི་ཚན་རིག་གླིང་ཤར་ཕྱོགས་ཡིག་ཚགས་ཞིབ་འཇུག་ཁང་ན་ཡང་རྟགས་ཅན་༣༩༣ཡོད།

དེང་སྐབས་ཨུ་རུ་སུའི་ཚན་རིག་གླིང་ཤར་ཕྱོགས་ཡིག་ཚགས་ཞིབ་འཇུག་ཁང་གིས་ཉར་ཚགས་བྱས་ཡོད་པའི་བོད་ཡིག་ཡིག་ཚགས་ཀྱི་གནས་ཚུལ་ནི། ཨ་ལེ་ཧྲན་དར་ · ཛོ་རིན་(Alexander V.Zorin)གྱིས་ «ཨུ་རུ་སུའི་ཚན་རིག་གླིང་ཤར་ཕྱོགས་ཞིབ་འཇུག་ཁང་གིས་ཉར་ཚགས་བྱས་པའི་བོད་ཡིག་གནའ་རབས་ཡིག་ཚགས་» ཞེས་པར་བརྟག་དཔྱད་བྱས་པ་ལྟར་ན། སྤྱི་ལོ་༡༩༧༥ལོའི་བར་དུ། བོད་ཡིག་ཡིག་ཚགས་བསྡོམས་པས་༢༠༥༠༠ལྷག་ཉར་ཚགས་བྱས་ཡོད་ལ། དེ་དག་ལས་མང་ཆེ་ཤོས་ནི་ཞི་པུ་རི་ཡ་དང་། སོག་པོ། པེ་ཅིང་། ལྷ་ས། ཨ་མདོ་སོགས་ནས་འཚོལ་བསྡུ་བྱས་པར་བཤད་ཡོད།

དེར་ཉར་ཚགས་བྱས་པའི་ཏུན་ཧོང་བོད་ཡིག་ཡིག་ཚགས་རྣམས་ནི་ཨོ་ཏུན་ཕུག་མྱུལ་ཞིབ་རུ་ཁག་གིས་འཚོལ་བསྡུ་བྱས་པ་རེད། ༡༩༩༡ལོར་སེ་བི་ཛྲུ་ཁྲུ་(Lev S.Savitsky)ཡིས་སྒྲིག་རྩོམ་བྱས་པའི་ «ལེ་ཉིན་གུ་རུད་ཀྱི་ཤར་ཕྱོགས་ཞིབ་འཇུག་ཁང་གིས་ཉར་ཚགས་བྱས་པའི་ཏུན་ཧོང་བོད་ཡིག་ལག་བྲིས་མའི་དཀར་ཆག་ཞིབ་འགྲེལ» (Tunhuang Tibetan manuscripts in Collection of the Leningrad Institute of Oriental Studies)དཔར་དུ་བསྐྲུན། དེར་ལག་བྲག་མ་ཁག་༢༡༩ངོ་སྤྲོད་བྱས་ཡོད་པ་ལས། ཤེས་རབ་ཀྱི་ཕ་རོལ་ཏུ་ཕྱིན་པའི་སྙིང་པོ་ཁག་བཅུ་དང་། ཡ་གླིང་དཀྱིལ་འདུས་ཀྱི་བྲཧྨའི་ཡི་གེ(Brahma)གོང་ནས་མར་བྲིས་པའི་དབྱངས་ཡིག་རེའུ་མིག་ཁག་གཅིག མིང་མ་ཐོགས་པའི་དམ་ཆོས་ཁག་བཞི་སོགས་འདུས་ལ། ཡིག་ཚགས་དེ་དག་ལ་མཇུག་བྱང་མང་པོ་ལྡན་པར་མ་ཟད། ཡིག་མཁན་༡༧ཀྱི་མིང་ཐོ་དང་ཞུ་མཁན་༤༢ཀྱི་མཚན་བྱང་བཀོད་ཡོད།

༡༩༡༤ལོ་ཟླ་༤ཚེས་༩ཉིན། ཨུ་རུ་སུ་བ་ཨླ་ལོ་ཕས་བོད་ཡིག་ཁྲམ་ཤིང་༥༧ཐོབ། ཁྲམ་ཤིང་དེ་དག་ནི་ནོབ་ཀྱི་ཉེ་འཁོར་མི་རན་ཏེ་བོད་ཀྱི་མཐའ་མཚམས་ནས་ཐོན་པ་རེད།

ཤར་ཕྱོགས་ལག་བྲིས་ཕུའུ་ཡིས་ཉར་ཚགས་བྱས་པའི་བོད་ཡིག་ཡིག་ཚགས་ཁག་གཞན་ཞིག་ནི། ཁུ་ཙི་ལའུ་ཧྥུ་ཡིས་རྒྱ་ནག་མཁར་ནས་རྙེད་པའི་བོད་ཡིག་ལག་བྲིས་མ་དང་དཔར་མའི་སྐོར་རེད། དེ་ནི་བོད་ཡིག་ཉར་ཚགས་ཁྲོད་ཀྱི་ཆེས་གལ་ཆེ་བའི་གྲས་ཡིན་ལ། ཕལ་ཆེར་ཁག་༡༢༠ཡས་མས་ཡོད།

༤. ཇར་པན་གྱི་རའུ་ཁོ་ཁུ་སློབ་གྲྭ་ཆེན་མོ་ (Ryukoku University) ན་ཡང་རྟགས་ཅན་༧༠ཡོད།

རའུ་ཁོ་ཁུ་སློབ་གྲྭ་ཆེན་མོའི་དཔེ་མཛོད་ཁང་གི་དཔེ་མཛོད་ཨང་རྟགས་༤༠༠༡ནས་༤༠༧༠བར་ནི་བོད་ཡིག་གི་ཡིག་ཚགས་ཡིན་ལ། དེ་དག་ནི་གཞུང་ཡིག་དང་། ཆོས་གཞུང་། འཕགས་པའི་སོག་ཡིག ལེགས་སྦྱར་ཡི་གེ་ཐུགས་ཡིག་ཏུ་བྲིས་པའི་སངས་རྒྱས་ཆོས་གཞུང་སོགས་ཡིན།

རྒྱལ་ནང་དུ་ཉར་བའི་ཏུན་ཧོང་དང་ནུབ་ཕྱོགས་ཀྱི་གནའ་རབས་བོད་ཡིག་ཡིག་ཚགས། (ཨང་རྟགས་ཅན་༡༨༢༡ཡོད།)

༥. ཀྲུང་གོའི་རྒྱལ་གཉེར་དཔེ་མཛོད་ཁང་ན་ཡང་རྟགས་ཅན་༤༣༧༨ཡོད།

ཀྲུང་གོའི་རྒྱལ་གཉེར་དཔེ་མཛོད་ཁང་གི་རྒྱལ་སྤྱིའི་ཏུན་ཧོང་ལས་གཞིའི་དྲ་ཚིགས་སུ་ཁྱབ་བསྒྲགས་བྱས་པ་ལྟར་ན། བོད་ཡིག་ཡིག་ཚགས་ཨང་རྟགས་ཅན་༤༣༧༨ཡོད་པ་དང་། དེ་དག་ལས་ཨང་རྟགས་ཅན་༡༡༤༢ཨང་གྲངས་ཅན་ལ་བསྒྱུར་ཟིན་པར་བཤད་ཀྱང་། ཡིག་ཚགས་དེ་དག་གི་འབྱུང་ཁུངས་དང་ནང་དོན་གསལ་པོར་བཤད་མེད། ཧོང་ཨུ་ཀྲུང་ (黃維忠) གི་དཔྱད་རྩོམ་ «རྒྱལ་ནང་ཏུན་ཧོང་བོད་

ཡིག་ཡིག་ཚགས་ཀྱི་ལེགས་སྒྲིག་དང་ཞིབ་འཇུག་གནས་ཚུལ་ཕྱིར་དྲན》 ཞེས་པར། “《རྒྱལ་གཉེར་དཔེ་མཛོད་ཁང་གི་ཏུན་ཧོང་བོད་ཡིག་ཡིག་ཚགས་ཀྱི་དཀར་ཆག》 གཞིར་བཟུང་ན། རྒྱལ་གཉེར་དཔེ་མཛོད་ཁང་དུ་ཉར་བའི་ཏུན་ཧོང་བོད་ཡིག་ཡིག་ཚགས་ལ་ཆེད་དུ་ཨང་རྟགས་བཀོད་ཡོད་པ་ཁག་༢༩༡ཡོད་པ་དང་། གཞན་པའི་ཡིག་ཚགས་ཁག་༢༩ཡི་རྒྱབ་ངོས་སུ་བོད་ཡིག་བྲིས་ཡོད། ཆེད་བཀོད་ཨང་རྟགས་ཅན་༢༩༡ཡོད་པ་དེ་ནི་ཁག་གཉིས་ཀྱིས་གྲུབ་པ་ཡིན་ཏེ། ཁག་གཅིག་ནི་ “ཨོད་ཏྭ་ནི་ར་(大谷)ཉར་ཚགས་བྱས་པ་” ཡིན་ལ། དེར་ཡིག་ཚགས་༢༠༩ཡོད་པ་དང་། 《གྲུང་གོའི་རྒྱལ་གཉེར་དཔེ་མཛོད་ཁང་དུ་ཉར་བའི་ཏུན་ཧོང་ཡིག་ཚགས》 ཀྱི་དེབ་༡༢༣ནས་༡༢༦བར་བཀོད་འདུག གཞན་གྱི་ཡིག་ཚགས་ཁག་༨༢ནི་རྗེས་ནས་ཉོས་པ་དང་སྦྱིར་གྱིས་ངོ་དམ་བྱས་ནས་རྒྱལ་གཉེར་དཔེ་མཛོད་ཁང་ལ་སྤྲད་པའི་གྲས་ཡིན་ལ། དེ་ལས་ཁག་༡༦ནི་རུལ་ལྷག་རེད།” ཅེས་གསལ་བཤད་བྱས་པ་དང་། དཔེ་མཛོད་ཁང་ཉིད་ནས་དྭ་ཚོགས་སུ་བཀོད་པའི་ཁ་གྲངས་ལ་བར་ཆད་ཤིན་ཏུ་ཆེ། དེ་བས། དྭ་ཚོགས་སུ་བཀོད་པ་ནི་དཔེ་མཛོད་ཁང་དུ་ཉར་ཚགས་བྱས་པའི་རྒྱལ་སྤྱིའི་ཏུན་ཧོང་ལས་གཞིའི་ཁྱབ་ཁོངས་ལ་གཏོགས་པ་མཐའ་དག་གི་སྡོམ་གྲངས་ཡིན་པ་དང་། བགྲམས་ཟིན་པའི་དཀར་ཆག་ནི་ 《གྲུང་གོའི་རྒྱལ་གཉེར་དཔེ་མཛོད་ཁང་དུ་ཉར་བའི་ཏུན་ཧོང་ཡིག་ཚགས》 སུ་ཚུད་པའི་བོད་ཡིག་ཡིག་ཚགས་ཀྱི་དཀར་ཆག་དང་ཁ་གྲངས་ཡིན་པར་སེམས།

༦. ཀན་སུའུ་ཡི་ས་གནས་སོ་སོ་ན་ཨང་རྟགས་ཅན་༣༣༡༠ཡོད།

ཧྥུ་ཀྱི་འེ་ཏ་ཨ་ཁི་ར་(Fujieda Akira)ཡིས་༡༩༦༦ལོར་ 《ཏུན་ཧོང་ལག་བྲིས་མའི་སྤྱི་དོན》 འགྲེམས་སྤེལ་བྱས་པ་དེར། ཏུན་ཧོང་དཔེ་མཛོད་བྲག་ཕུག་ནས་ཐོན་པའི་བོད་ཡིག་ལག་བྲིས་མ་སྟོང་ལྷག་གི་གནས་ཚུལ་ལ་བརྟག་དཔྱད་བྱས་ཡོད་དེ། “སྤྱི་ལོ་༡༩༡༩ལོར་སླེབས་དུས། ཀན་སུའུ་ཡི་ས་གནས་དཔོན་པོ་ཞིག་གིས་སྦྱོངས་རྒྱུ་བ་ཞིག་གིས་བོད་ཡིག་དམ་ཆོས་ཀྱི་གནའ་རབས་ཡིག་ཚགས་མང་པོ་ཉོས་སོང་ཞེས་པའི་གཏམ་ཐོས་རྗེས། ལག་འོག་གི་ལྟ་ཞིབ་པ་ཏུན་ཧོང་ལ་མངགས་ནས་ཡིག་ཚགས་ཀྱི་གནས་ཚུལ་ལ་ལྟ་ཞིབ་བྱེད་དུ་བཅུག ལྟ་ཞིབ་པ་དེས་ཐོག་ཁང་སུམ་བརྩེགས་ཅན་དེའི་སྟེ་ཟུར་གྱི་བྲག་ཕུག་ཅིག་ཏུ། བོད་ཡིག་ཡིག་ཚགས་དེ་པོ་༩༣ཞིང་ཚད་ལ་རྒྱ་མ་༣༠༥ཙམ་ཡོད་པ་དང་། ཞིང་ཚད་ལ་རྒྱ་མ་༡༧༣༣ཡོད་ལ་གླེགས་ཤིང་བར་དུ་བསྡམས་ཡོད་པའི་གླེགས་བམ་ཆེན་པོ་༡༡ཆེད་བྱུང་། དེ་ནས་ཁོ་བོས་དེ་པོ་༩༠གནས་དེ་ནས་བསྐྱར་པ་དང་། ཤོག་དྲིལ་དེ་པོ་༤དང་སྣ་རིང་བམ་པོ་༡༠བཅས་ཏུན་ཧོང་གི་སློབ་གྲྭ་ཞིག་ཏུ་གནས་སྤར་རྗེས། རང་ཉིད་ཀྱིས་དེ་པོ་གཅིག་དང་སྣ་རིང་བམ་པོ་གཅིག་འཁྱེར་ནས་ཕྱིར་ལན་ཀྲུ་ལ་འཁོར། རྗེས་སོར་ལན་ཀྲུ་ལ་འཁོར་བ་དེ་དག་ཀན་སུའུ་ཞིང་ཆེན་དཔེ་མཛོད་ཁང་གིས་ཉར་ཚགས་བྱས། སྐབས་འདིར་གསལ་བཤད་བྱེད་རྒྱུ་ཞིག་ནི། ཏུན་ཧོང་ནས་ལུས་པའི་ལག་བྲིས་མ་སྤྱིའི་ཞིང་ཚད་ཕ་ལམ་ཏུན་༡ལས་བརྒལ་བར་སེམས་ལ། རྒྱལ་ཁབ་གཞན་དང་ས་གནས་གང་གིས་ཉར་ཚགས་བྱས་ཡོད་པའི་ཁ་གྲངས་ལས་བརྒལ་བ་ཁག་ཐེག་རེད།” ཅེས་ཞིབ་ཏུ་སྨྲིང་ཡོད།

༡༩༧༨ལོར། ཧོང་བུན་ཧྭན་ (黄文焕) གྱིས་ཀན་སུའུ་ཞིང་ཆེན་དུ་ཉར་ཚགས་བྱས་པའི་ཏུན་ཧོང་བོད་ཡིག་ཡིག་ཚགས་ཀྱི་གནས་ཚུལ་རྩད་གཅོད་བྱས་པའི་དཔྱད་འབྲས་འགྲེམས་སྤེལ་བྱས།① དེང་སྐབས་ཀྱི་ཁ་གྲངས་གསར་པ་ལྟར་ན། ཀན་སུའུ་ཞིང་ཆེན་གྱི་ས་གནས་སོ་སོར་ཉར་ཚགས་བྱས་པའི་ཏུན་ཧོང་བོད་ཡིག་ཡིག་ཚགས་ཁག་༡༠༠༠༠ལྷག་ཡོད།②

༢༠༠༣ལོ་ནས་བཟུང་ཏུན་ཧོང་ཞིབ་འཇུག་གླིང་ཏུན་ཧོང་ཡིག་ཚགས་ཞིབ་འཇུག་ཁང་གིས་བརྟག་དཔྱད་བྱས་པ་ལྟར་ན། ཀན་སུའུ་ཞིང་ཆེན་གྱི་ས་གནས་སོ་སོར་ཉར་ཚགས་བྱས་པའི་ཏུན་ཧོང་བོད་ཡིག་ཡིག་ཚགས་ཁག་༤༣༡༠ཡོད་པར་བཤད། ཏུན་ཧོང་ཞིབ་འཇུག་གླིང་གིས་བརྟག་དཔྱད་ཁྱབ་ཁོངས་ནི་ཏུན་ཧོང་དཔེ་མཛོད་བྲག་ཕུག་ཁོ་ན་ནས་ཐོན་པ་ཡིན་པའི་རྐྱེན་ནམ་ཡང་ན་རྐྱེན་ཅི་ཡིན་མི་ཤེས་སོད། ཁོང་ཚོས་བསྡོམས་རྩིས་བླངས་པའི་ཁ་གྲངས་དང་ཧོང་བུན་ཧྭན་གྱི་ཁ་གྲངས་ལ་བར་ཆད་ཆེ་བ་དང་། ཧྥུ་ཀྱི་འེ་ཏ་ཨ་ཁི་ར་ཡིས་བཤད་པའི་ཏུན་ཧོང་ས་གནས་སུ་ཡིག་ཚགས་ཞིང་ཚད་ཏུན་གཅིག་ལྷག་ཡོད་པ་དང་བར་ཆད་ཤིན་ཏུ་ཆེ། དེ་བས། ཡིག་ཚགས་ཁག་ཅིག་ཧྲུལ་རལ་དུ་སོང་བ་ལས་གཞན། ད་དུང་དམངས་ཁྲོད་དུ་མང་པོ་ཐོར་བའམ་སྦེར་ཉར་པའི་ལག་ཏུ་ཤོར་བའང་ཡོད་པར་སེམས།

༧. ཐེ་ལྷན་ “ཀྲུང་དབྱང་དཔེ་མཛོད་ཁང་” ན་ཨང་རྟགས་ཅན་༥ཡོད་པ།

ཐེ་ལྷན་ “ཀྲུང་དབྱང་དཔེ་མཛོད་ཁང་” དུ་དེ་བཞིན་གཤེགས་པ་ཚེ་དཔག་ཏུ་མེད་ཀྱི་བཀོད་པ་བསྟན་པའི་མདོ་ཁག་བཞི་དང་། ཏུན་ཧོང་ས་ཁུལ་གྱི་སྟག་གི་ལོའི་རྩིས་ཐོ་ཁག་གཅིག་བཅས་ཡོད།

༨. རྒྱལ་ནང་ས་གནས་སོ་སོར་ཨང་རྟགས་ཅན་༢༨ཡོད།

ཧོང་ཨུ་ཀྲུང་གི་དཔྱད་འབྲས་ལྟར་ན། ཐང་ཏེ་དངོས་མང་བཤམས་སྟོན་ཁང་དུ་ཁག་༢དང་། པེ་ཅིན་སློབ་གྲྭ་ཆེན་མོའི་དཔེ་མཛོད་

ཁང་དུ་ཁག་༣། ཐེན་ཅིན་གྲོང་ཁྱེར་སྒྱུ་རྩལ་དངོས་མང་བཤམས་སྟོན་ཁང་ན་ཁག་༦། ཧྲང་ཧེ་དཔེ་མཛོད་ཁང་དུ་ཁག་༨། ཀྲའེ་ཅིང་ཞིང་ཆེན་དངོས་མང་བཤམས་སྟོན་ཁང་ན་ཁག་༦། ཀྲུང་གོ་དཔེ་ཁང་དུ་ཁག་༣་བཅས་ཡོད་ལ།[③] དེ་དག་ནི་དཔར་དུ་བསྐྲུན་ཟིན་པ་གཞིར་བཟུང་ནས་བསྡོམས་རྩིས་བླངས་པ་རེད།

གོང་བརྗོད་དེ་དག་བསྡོམས་ན། ཏུན་ཧོང་དང་ནུབ་སྟོངས་ནས་ཐོན་པའི་གནའ་རབས་བོད་ཡིག་ཡིག་ཚགས་མ་མཐའ་ཡང་ཁག་༡༨༢༣༤ཡོད་ལ། ཕྱི་རྒྱལ་དུ་ཉར་ཚགས་བྱས་པ་ཁག་༨༤༡༣དང་རང་རྒྱལ་དུ་ཉར་ཚགས་བྱས་པ་ཁག་༩༨༢༡ཡོད། ད་དུང་རྒྱིན་དབང་གིས་ཡུལ་སོ་སོར་ཐོར་བ་དང་སྡོམ་གྲངས་ལེན་མ་ཐུབ་པ་ཤིན་ཏུ་མང་པོ་ཡོད་ངེས་པས། ད་ལྟ་ཡུལ་སོར་སོའི་གཞུང་སྒེར་གཉིས་ཀྱིས་དངོས་སུ་ཉར་ཚགས་བྱེད་བཞིན་ཡོད་པའི་བོད་ཡིག་གནའ་རབས་ཡིག་ཚགས་ཀྱི་ཁ་གྲངས་གོང་བརྗོད་ཀྱི་སྡོམ་གྲངས་དེ་ལས་མང་ཐག་ཆོད་རེད། དེ་བས། ང་ཚོས་བོད་བཙན་པོའི་རྒྱལ་རབས་སྐབས་ཀྱི་ཤུལ་བཞག་བོད་ཡིག་ལག་བྲིས་མ་ཁག་༢༠༠༠༠ཡན་ཆད་ཡོད་པ་ཤེས་ཐུབ།

ཨང་རྟགས་དང་ཁག་ཞེས་པའི་ཐ་སྙད་གཉིས་ལ་ཁྱད་པར་ཡོད་ལ་གཞི་གཅིག་ལ་གོ་བའང་ཡོད། ཨང་རྟགས་གཅིག་གི་ནང་དུ་ཁག་མང་པོ་ཡོད་སྲིད་ལ། ཁག་གཅིག་ལས་མེད་པའང་སྲིད། དེ་བས་བདག་གཉེར་པ་སོ་སོ་དང་ཞིབ་འཇུག་པ་སོ་སོའི་གཏན་འཁེལ་བྱས་ཚུལ་དང་ཐ་སྙད་བཀོད་ཚུལ་མི་འདྲ་བས་དངོས་ཡོད་ཡིག་ཚགས་ཀྱི་ཁ་གྲངས་གཏན་འཁེལ་བྱེད་དཀའ་བ་རེད།

ཏུན་ཧོང་དང་ནུབ་སྟོངས་ནས་ཐོན་པའི་བོད་ཡིག་ཡིག་ཚགས་ཐམས་ཅད་ནི་གཞི་གཅིག་ལ་བཟུང་ནས་ཞིབ་འཇུག་བྱེད་འོས་ཏེ།ཏུན་ཧོང་ནས་ཐོན་པ་དང་ཞིན་ཅང་ནས་ཐོན་པའི་ཡིག་ཚགས་བར་གྱི་འབྲེལ་བ་དང་། དབྱིན་ཇིར་ཉར་བ་དང་ཧྥ་རན་སིར་ཉར་བའི་ཡིག་ཚགས་བར་གྱི་འབྲེལ་བ། ཕྱི་རྒྱལ་དང་རྒྱལ་ནང་གིས་གནས་སོ་སོར་ཉར་བའི་ཡིག་ཚགས་བར་གྱི་འབྲེལ་བ། དམ་ཆོས་ལག་བྲིས་མ་དང་བཀའ་བསྟན་བར་གྱི་འབྲེལ་བ། བོད་ཡིག་གནའ་རབས་ཡིག་ཚགས་དང་ཏུན་ཧོང་དཔེ་མཛོད་བྲག་ཕུག་ནས་ཐོན་པའི་རྒྱ་ནག་ཡིག་ཚགས་བར་གྱི་འབྲེལ་བ་དང་། དེ་དང་དུས་མཉམ་གྱི་ཧེ་ཧུའུ་ཡི་གེ་དང་མི་ཉག་ཡི་གེའི་བར་གྱི་འབྲེལ་བ་སོགས་དང་། དུས་རིམ་གྱི་ཐད་ནས་བཤད་ན།བསྟན་པ་སྔ་དར་དང་ཕྱི་དར་གྱི་ཡིག་ཚགས་བར་གྱི་འབྲེལ་བ་དང་། ཏུན་ཧོང་དང་ནུབ་སྟོངས། ཚུ་ནག་མཁར་བཅས་ཀྱི་ཡིག་ཚགས་བར་གྱི་འབྲེལ་བ། རྗེ་རིངས་ཡི་གེ་དང་། ཁྲམ་བྱང་། ལག་བྲིས་ཡིག་ཚགས་བར་གྱི་འབྲེལ་བ་སོགས་འགལ་འབྲེལ་སྣ་ཚོགས་ལས་ང་ཚོས་གཟི་བརྗིད་དུ་ངོམ་པའི་དུས་ཡུན་རིང་པོའི་ལོ་རྒྱུས་དང་ཕུན་སུམ་ཚོགས་པའི་རིག་གནས་གྲུབ་པ་རེད་ལ། འབྲེལ་བ་སྣ་ཚོགས་ཀྱི་སྙིང་པོ་ནི་བོད་ཡིག་ཡིག་ཚགས་འདི་རིགས་ཡིན་ཏེ། དེའི་བརྗོད་དོན་ནམ། རྣམ་པ། འཁོར་གྲངས་བཅས་ཕྱོགས་གང་ནས་བླྀང་ཡང་ཀྲུང་གོ་ཁོ་ནས་ལས་འཛམ་གླིང་ཡུལ་གྲུ་གཞན་ནས་རྙེད་དཀའ་བ་ཞིག་ཡིན་ནོ། །

གཉིས་པ། ལེགས་སྒྲིག་དཔེ་སྐྲུན་གྱི་དོན་སྙིང་།

༡. ལོ་རྒྱུས་ཀྱི་དོན་སྙིང་།

ཐོག་མར། ཏུན་ཧོང་དང་ནུབ་སྟོངས་ནས་བོད་ཡིག་ཡིག་ཚགས་ཐོན་པ་དེས་ཁྱད་པར་ཅན་གྱི་ལོ་རྒྱུས་དུས་རིམ་ཞིག་གསལ་བཤད་བྱས་ཡོད། ཏུན་ཧོང་དང་ནུབ་སྟོངས་ཀྱི་བོད་ཡིག་ཡིག་ཚགས་ནི་བོད་བཙན་པོས་ཏུན་ཧོང་ལ་ཁ་ལོ་བསྒྱུར་བའི་དུས་སྐབས་(༧༨༦ནས༨༤༨)ཀྱི་སྔ་རྗེས་སུ་གྲུབ་པར་མངོན་ལ། དུས་ཡུན་ངེས་ཅན་གྱི་ནང་དུ་བོད་སྐད་ཡིག་སྤྱོད་པའི་མི་རྣམས་ཀྱི་བཀོལ་སྤྱོད་བྱས་པ་རེད།

ཕྱི་ལོ་༨༤༢ཡས་མས་སུ། ཆེས་མཐའ་མཇུག་གི་བཙན་པོ་དར་མ་འུ་དུམ་བཙན་བཀྲོངས་པ་ལ་བརྟེན་ནས། བོད་གཅིག་གྱུར་གྱི་བཙན་པོའི་རྒྱལ་ཁབ་ཐོར་ཞིག་ཏུ་སོང་བ་དང་། ལོ་བརྒྱ་ཕྲག་གི་མུན་ནག་དུས་རབས་ཀྱི་འགོ་བརྩམས། དར་མས་བསྟན་པ་བསྣུབས་རྒྱའི་སྲིད་ཇུས་དེ་བོད་ཀྱི་མཐའ་མཚམས་སུ་ལག་བསྟར་བྱེད་མ་ཐུབ་པས། དབུ་གཙང་གི་རབ་བྱུང་བ་མང་པོ་མཐའ་མཚམས་སུ་བྲོས་ནས་སངས་རྒྱས་ཀྱི་བསྟན་པ་མུ་མཐུད་དུ་སྤེལ་བཞིན་པ་དང་། བཀའ་བསྟན་མང་པོ་ཕྱོགས་སུ་འཁྱེར་བའམ་སྒྲིག་ལ་སྦས་པས་བསྣུབས་མ་ཐུབ་མོད། འོན་ཀྱང་། བསྟན་པ་ཕྱིའི་ཆ་ནས་བཤད་ན། དུས་རབས་བདུན་པར་བོད་ལ་དར་བ་ནས་ལོ་བརྒྱ་ཕྲག་ལས་མ་འདས་པའི་སངས་རྒྱས་བསྟན་པས། གཞི་རྒྱ་ཆེ་ལ་ཤུགས་དྲག་པོའི་དམ་ཆོས་བསྣུབས་པའི་དུས་འགྱུར་དེ་དངོས་ལེན་བྱས་དཀའ་བར་གྱུར། དེ་ནས་ཕྱི་ལོའི་དུས་རབས་བཅུ་གཅིག་པར། བོད་ཁུལ་གྱི་སྤྱི་ཚོགས་རིམ་གྱིས་བདེ་འཇགས་བྱུང་བ་དང་བསྟུན་ནས། ནང་བའི་བསྟན་པ་བསྐྱར་དར་གྱི་དབུ་བརྙེས་ཏེ་སྙིང་མ་དང་། བཀའ་བརྒྱུད། བཀའ་བདམས། ས་སྐྱ་སོགས་གྲུབ་མཐའ་མང་པོ་དར་རྒྱས་སུ་སོང་བར་མ་ཟད། གཞི་རྒྱ་ཆེན་པོའི་ནང་བསྟན་ཆོས་གཞུང་བསྒྱུར་བ་དང་། འཚོལ་བསྡུ། ལེགས་སྒྲིགས་བཅས་ཀྱིས་བོད་བརྒྱུད་ནང་བསྟན་གྱི་ཡིག་ཚགས་མ་ལག་བསྐྲུར་གསོ་བྱས་པ་རེད།

རྗེས་སོར་བོད་བརྒྱུད་ནང་བསྟན་པས་བོད་བཙན་པོའི་དུས་སྐབས་ཀྱི་ནང་བསྟན་དར་འཕེལ་ལ་བསྟན་པ་སྔ་དར་དང་། ཕྱི་ལོ་དུས་རབས་བཅུ་གཅིག་པ་ནས་དར་བའི་ནང་བསྟན་ལ་བསྟན་པ་ཕྱི་དར་ཞེས་པའི་དབྱེ་བ་བྱུང་།སྐབས་འདིར་གླེང་གཞིར་གྱུར་བའི་ཏུན་ཧོང་དང་ནུབ་ལྷོངས་ཀྱི་ཡིག་ཚགས་ལས་ཆེས་མང་ཤོས་ནི་བསྟན་པ་སྔ་དར་དུས་ཀྱི་ཡིག་ཆ་ཡིན་པསགནའ་བོའི་དུས་རབས་བར་མར་མི་རིགས་རིག་གནས་དར་རྒྱས་བྱུང་བ་མཚོན་པའི་ཡིག་ཚགས་གལ་ཆེན་ཡིན་པར་མ་ཟད། ང་ཚོས་བོད་ཀྱི་དཔལ་ཡོན་ལོ་རྒྱུས་དང་། རྒྱ་བོད་འབྲེལ་བ། བོད་བཙན་པོའི་དུས་སྐབས་ཀྱི་ཕྱོགས་སོ་སོར་ཞིབ་འཇུག་བྱེད་པའི་དཔྱད་གཞི་གལ་ཆེན་ཡིན།

བསྟན་པ་སྔ་དར་གྱི་ཡིག་ཚགས་བོར་བརླགས་སུ་སོང་རྐྱེན། ཕྱི་དར་སྐབས་སུ་བྱུང་བའི་དེབ་ཐེར་སྔོན་པོ་དང་། བུ་སྟོན་ཆོས་འབྱུང་། ཆོས་འབྱུང་མཁས་པའི་དགའ་སྟོན་སོགས་ལོ་རྒྱུས་དེབ་ཐེར་གྲགས་ཆེན་རྣམས་ཀྱིས་ཀྱང་བསྟན་པ་སྔ་དར་གྱི་ལོ་རྒྱུས་བརྗོད་སྐབས་ངག་རྒྱུན་དང་ལྷ་སྒྲུང་མི་བཀོལ་ཐབས་མེད་བྱུང་། དེར་མ་ཟད་དེང་རབས་སུ་ཕྲིས་པའི་བོད་ཀྱི་ལོ་རྒྱུས་དཔེ་དེབ་མང་པོས་ཀྱང་ཁུངས་ཐུབ་ཀྱི་གནའ་རབས་ཡིག་ཚགས་ལ་རྒྱབ་རྟེན་བྱེད་མ་ཐུབ་པས་བསྟན་པ་སྔ་དར་གྱི་ལོ་རྒྱུས་བྱུང་བ་བརྗོད་དུས་བསྡུས་ཆེ་བའམ་བརྗོད་དོན་ཁ་མི་ཚང་བར་གྱུར། དེ་བས། ཏུན་ཧོང་དང་ནུབ་ལྷོངས། བོད་ས་གནས་བཅས་ནས་ཐོན་པའི་བསྟན་པ་སྔ་དར་གྱི་ལོ་རྒྱུས་ཡིག་ཚགས་ཏེ། རྫ་རིངས་ཡི་གེ་དང་། གཞུང་ཡིག ཁྲམ་བྱང་། འཕྲིན་ཡིག རྗེས་ཐོ། གན་རྒྱ་སོགས་ཀྱིས་སྐབས་དེའི་བོད་རྒྱའི་སྲིད་གཞུང་དང་དམངས་ཁྲོད་ཀྱི་གནས་ཚུལ་ངོ་མ་ཟིན་ཐོར་ཕབ་ཡོད་པས། བསྟན་པ་ཕྱི་དར་དུ་བྱུང་བའི་ལོ་རྒྱུས་དེབ་ཐེར་ལས་ཡང་དག་ཡིན་པ་སྨོས་མེད་རེད། དཔེར་ན། དབང་རྒྱལ་དང་བསོད་ནམས་སྐྱིད་གཉིས་ཀྱིས་སྒྱུར་རྩོམ་བྱས་པའི་ «ཏུན་ཧོང་ནས་ཐོན་པའི་བོད་ཀྱི་ལོ་རྒྱུས་ཡིག་ཆ» ཐེངས་དུ་མར་དཔར་བ་དང་རིམ་ལྡན་ཞིབ་འཇུག་བྱས་པར་བལྟས་ན། དྲངས་པའི་ཡིག་ཚགས་ཁུངས་ཐུབ་དང་ཞིབ་འཇུག་གཏིང་ཟབ་ཡིན་པས་ཕྱི་དར་དུ་བྱུང་བའི་ལོ་རྒྱུས་བཟམས་ཆོས་གཞན་དང་བསྡུར་ཐབས་བྲལ། གཞན་ཡང་། བོད་བཙན་པོའི་དུས་ཀྱི་གཅིག་ཙར་པ་དང་རིམ་གྱིས་པའི་རྩོད་པ་དེ་ལ་ཞིབ་འཇུག་གཏིང་ཟབ་བྱེད་སྐབས། ཏུན་ཧོང་ནས་ཐོན་པའི་རྒྱ་ཡིག་དང་བོད་ཡིག་ཡིག་ཚགས་མང་པོ་བཀོལ་ཡོད་པས། སྐབས་དེའི་ལོ་རྒྱུས་གསལ་ལེར་མཚོན་པར་བྱས་ཡོད།

བོད་རྒྱ་རིག་གནས་བརྗེ་རེས་ཀྱི་དགོས་མཁོ་ལྟར། རོའུ་ལུགས་ཀྱི་བསྟན་བཅོས་མང་པོ་རྒྱ་ནག་ནས་བོད་ཡིག་ལ་བསྒྱུར་བ་དང་། ཁྱད་པར་དུ་རྒྱ་བོད་ཤན་སྦྱར་གྱི་ཚིག་མཛོད་ཀྱང་བསྒྲིགས་ཡོད། གཞན་ཡང་། དམ་ཆོས་གལ་ཆེན་དང་། བསྟོད་འབུལ། ཡང་ན་ཐོག་མའི་བསླབ་དེབ་སོགས་སུ་བོད་ཡིག་སྒྲ་བསྒྱུར་དུ་བྲིས་འདུག་པ་དང་། བོན་ཆོས་ཀྱི་ཡིག་ཚགས་ཁག་མང་པོར་མི་རིགས་དང་དམངས་སྲོལ་རིག་གནས་འདུས་ཡོད་དེ་རྒྱུན་ལྡན་འཚོ་བ་དང་འབྲེལ་བའི་གནས་ཚུལ་མང་པོ་བཀོད་ཡོད། ད་དུང་སྐབས་དེར་དར་ཆེ་ལ་བསྟན་པ་ཕྱི་དར་སྐབས་སུ་བཙལ་ནས་མ་རྙེད་པའི་གསང་སྔགས་ཀྱི་བསྟན་བཅོས་མང་པོ་ཡོད། ཡིག་ཚགས་འདི་དག་ནི་ཕྱི་ལོའི་དུས་རབས་དགུ་བའི་ཡར་སྟོན་གྱི་བོད་རྒྱ་སོགས་མི་རིགས་རིག་གནས་ཀྱི་འབྲེལ་འདྲིས་དང་། བོད་བརྒྱུད་ནང་བསྟན་གྱི་ཐོག་མའི་གྲུབ་ཚུལ། རྒྱ་ནག་པ་དང་རྒྱ་གར་བའི་དམ་ཆོས་རྩོད་གླེང་། བོད་རྒྱ་གཉིས་ནས་ནང་བསྟན་གཞུང་ལུགས་ཕན་ཚུན་བསྒྱུར་བ་ནང་ཕན་ཚུན་ལ་ཤུགས་རྐྱེན་ཐེབས་ཚུལ་སོགས་ཕྱོགས་མང་པོའི་ཞིབ་འཇུག་ལ་རྙེད་དཀའ་བའི་མ་གཞིའི་ཡིག་ཚགས་ཡིན་པར་མ་ཟད། ང་ཚོས་བོད་ཀྱི་དཔལ་ཡོན་ལོ་རྒྱུས་དང་། རྒྱ་བོད་འབྲེལ་བ། བོད་བཙན་པོའི་དུས་སྐབས་ཀྱི་ཕྱོགས་སོ་སོར་ཞིབ་འཇུག་བྱེད་པའི་དཔྱད་གཞི་གལ་ཆེན་ཡིན། ཡིག་ཚགས་འདི་དག་ནི་བསྟན་པ་ཕྱི་དར་ནས་ད་བར་དུ་བརྒྱུད་པའི་བོད་ཡིག་ཡིག་ཚགས་གཞན་དག་དང་འབྲེལ་བ་ཡོད་ལ། གཞན་གྱིས་ཚབ་བྱེད་མི་ཐུབ་པའི་ཁྱད་ཆོས་ཐུན་མོང་མ་ཡིན་པའི་དོན་སྙིང་ཡང་ལྡན་ནོ། །

༢. དངོས་ཡོད་ཀྱི་དོན་སྙིང་།

ཉེ་བའི་ལོ་འགའི་སྔོན་ནས་རྒྱལ་ཁབ་ཀྱིས་བོད་རིག་པའི་ཞིབ་འཇུག་དང་བོད་རིག་པའི་ཡིག་ཚགས་པར་སྐྲུན་ལ་མཐོང་ཆེན་གནང་བཞིན་ཡོད། དེ་བས་ཕྱི་རྒྱལ་ཏུ་ཐོར་བའི་ཏུན་ཧོང་བོད་ཡིག་ཡིག་ཚགས་དང་ཧེ་ཧྲའུ་ཡི་གེ ལེགས་སྦྱར་གྱི་ཡི་གེ ལི་ཡུལ་གྱི་ཡི་གེ ཆིག་ཚོའི་ཡི་གེ སའོ་ཐྲིའི་ཡི་གེ་སོགས་ཀྱི་ཡིག་ཚགས་ལེགས་སྒྲིག་པར་སྐྲུན་བྱེད་པར་གལ་ཆེའི་ཐབས་ཇུས་རིན་ཐང་དང་རྒྱང་རིང་པོའི་དོན་སྙིང་ལྡན།

ཏུན་ཧོང་དང་ནུབ་ལྷོངས་ཀྱི་བོད་ཡིག་གནའ་རབས་ཡིག་ཚགས་ཀྱིས་རྒྱ་བོད་རིག་གནས་འབྲེལ་འདྲིས་ཀྱི་ཡུན་རིང་པོའི་ལོ་རྒྱུས་གསལ་བཤད་བྱས་ཡོད་དེ། འབྲེལ་འདྲིས་འདི་རིགས་ནི་འཐབ་འཁྲུག་དང་ཞི་བདེའི་རྣམ་པ་བརྒྱུད་པ་དང་། འཛིག་རྟེན་དང་ཆོས་ལུགས་ཀྱིས་ངོ་སྤྲོད་བརྒྱུད་དེ་གཞན་དབང་ངམ་རང་བཞིན་གྱིས་ཕན་ཚུན་འབྲེལ་འདྲིས་བྱུང་བ་རེད། རྫ་རིང་དང་། ཁྲམ་བྱང་། ཡིག་ཀ། དམ་ཆོས་བཤུ་འབྲི་སོགས་བརྒྱུད་ནས་དུས་རབས་དཀྱིལ་མར་རྒྱ་བོད་མི་རིགས་ཀྱི་མཛའ་བརྩེའི་འབྲེལ་བ་དང་རིག་གནས་མཉམ་འདྲེས་བྱུང་བ་ཡང་

བསྒྱུར་མངོན་དུ་བཙུག་པ་ཡིན་པས། རྒྱལ་ཁབ་ངོས་ལེན་གྱི་ཐད་ལ་དོན་སྙིང་གལ་ཆེན་ལྡན། བོད་བཙན་པོའི་རྒྱལ་རབས་དུས་ནས་བཟུང་ཡི་གེར་བཀོད་ཡོད་པའི་ལོ་རྒྱུས་ཡིག་ཚགས་ལ་ཞིབ་འཇུག་བྱས་པ་བརྒྱུད། བོད་ལྟོངས་ནི་གནའ་ནས་བཟུང་ཀྲུང་གོའི་ཆ་ཤས་ཤིག་ཡིན་པ་དང་བོད་མི་རིགས་ནི་ཀྲུང་ཧྭ་མི་རིགས་ཁྱིམ་ཚང་ཆེན་པོའི་གྲུབ་ཆ་ཡིན་པ་ར་སྤྲོད་བྱེད་ཐུབ་པར་མ་ཟད། བོད་དང་རྒྱ་ནག་གཉིས་ཀྱི་ཆབ་སྲིད་དང་། རིག་གནས། དཔལ་འབྱོར་སོགས་ཕྱོགས་མང་པོའི་ཕན་ཚུན་འབྲེལ་འདྲིས་དང་ཕན་ཚུན་སློབ་སྦྱོང་བྱས་པ་ནི་བོད་རྒྱ་མི་རིགས་འབྲེལ་འདྲིས་ཀྱི་སྙིང་པོ་ཡིན་པའང་གསལ་པོར་ཤེས་ཐུབ།

དེང་སྐབས་ཉར་ཚགས་བྱས་ཡོད་པའི་ཀྲུང་གོའི་མི་རིགས་ཡིག་རིགས་སོ་སོའི་གནའ་རབས་ཡིག་ཚགས་ལས་བོད་ཡིག་ནི་རྒྱ་ཡིག་ཕུད་བོད་ཡིག་ཆེས་མང་པོ་ཡིན་པས་ཨང་གཉིས་པར་གནས། དབྱིན་ཇི་དང་ཧྥ་རན་སིར་ཉར་བའི་བོད་ཡིག་ཡིག་ཚགས་ལ་ཟླ་ན་མེད་པའི་རིག་གཞུང་རིན་ཐང་དང་པར་སྐྲུན་རིན་ཐང་ལྡན། དབྱིན་ཇིར་ཉར་བའི་བོད་ཡིག་ཡིག་ཚགས་དང་ཧྥ་རན་སིར་ཉར་བའི་བོད་ཡིག་ཡིག་ཚགས་ནི་གཅིག་ལ་གཅིག་བརྟེན་དང་། ཕན་ཚུན་ཁ་གསབ་ཀྱི་ཚུལ་ཡིན་ལ། ཀྲུང་ཧྭ་མི་རིགས་རིག་གནས་ཁྲིད་མེད་དུ་མི་རུང་བའི་གྲུབ་ཆ་གཙོ་བོར་གྱུར་འདུག ཡིག་ཚགས་སྤྱིའི་ཆ་ནས་བཤད་ན། འབྱུང་ཁུངས་གཅིག་ལ་བྱུང་རིམ་མཐུན་པའི་རྒྱུ་ཆ་ཁག་ནི། མ་ལག་གཅིག་གི་ཆ་རྐྱལ་པོ་ཡིན་འོས། དེ་བས་ཆ་ཚང་པར་སྐྲུན་བྱས་ན་ད་གཟོད་རྒྱུ་ཆ་ཁ་ཚང་བེད་སྤྱོད་ཐུབ་པར་གྱུར་པ་རེད། ཁྱབ་ཆེ་བའི་དོན་སྙིང་ཡང་ཡོད་དེ། དཔེ་མཛོད་བྲག་ཕུག་ནས་ཐོན་པའི་གྲངས་འབོར་མང་པོའི་བོད་ཡིག་ཡིག་ཚགས་དང་རྒྱ་ཡིག་ཡིག་ཚགས། ད་དུང་ཧེ་ཧུའུ་ཡི་གེ་དང་། སའོ་ཐུའི་ཡི་གེ ཆིག་ཆེའི་ཡི་གེ ལི་ཡུལ་ཡི་གེ་སོགས་ཡིག་ཚགས་ཐམས་ཅད་ནི་ཚོགས་སྤྱིའམ་མ་ལག་ཆ་ཚང་ཞིག་ཡིན། དེ་བས་ཡིག་ཚགས་ཐམས་ཅད་པར་སྐྲུན་བྱས་པར་མ་ཟད། ཡིག་རིགས་སོ་སོའི་ཡིག་ཚགས་ལ་ཞིབ་འཇུག་ངེས་ཅན་བྱས་རྗེས་ད་གཟོད་ཕན་ཚུན་ར་སྤྲོད་དང་། ཕན་ཚུན་ཁ་གསབ་བྱེད་ཐུབ་ལ། དེ་དུས་ད་གཟོད་གཞི་ནས་ཏུན་ཧོང་དང་ནུབ་ལྟོངས་ཡིག་ཚགས་ཀྱི་རིན་ཐང་ངོ་མ་ཕྱིར་ངོམ་ཐུབ་པ་རེད།

རྒྱ་རྐྱེན་མང་པོའི་དབང་གིས་ཏུན་ཧོང་དང་ཞིན་ཅང་ནས་ཐོན་པའི་བོད་ཡིག་ཡིག་ཚགས་རྣམས་འཛམ་གླིང་ཡུལ་གྲུ་སོ་སོར་ཐོར་བས། ཕྱོགས་ཡོངས་ནས་ཡིག་ཚགས་དེ་དག་ལ་ཞིབ་འཇུག་བྱེད་རྒྱུར་དཀའ་ངལ་མང་པོར་བཟོས་ཡོད། ཨོ་གླིང་དང་ལྷོར་པན་གྱི་ཞིབ་འཇུག་པ་ཚོས་ཁོར་ཡུག་དང་མི་སྣ། གོ་སྐབས་བཅས་ལ་བརྟེན་ནས་ཡིག་ཚགས་རྣམས་ཞིབ་བསྡུར་དང་། གྲུང་སྒྲིག ཞིབ་འཇུག་བཅས་ཀྱི་བྱ་བ་མང་པོ་བསྒྲུབས་པས། དུས་ཡུན་རིང་པོར་བོད་ཡིག་གནའ་རབས་ཡིག་ཚགས་དང་བོད་བཙན་པོའི་དུས་ཀྱི་ལོ་རྒྱུས་རིག་གནས་ཞིབ་འཇུག་གི་ཁྱབ་ཁོངས་སུ་སྔོན་འགྲོའི་གོ་གནས་བཟུང་བ་རེད། ཀྲུང་གོའི་མཁས་པ་མང་པོས་ཡིག་ཚགས་མང་པོར་དངོས་སུ་མཇལ་མ་ཐུབ་པས། པར་རིས་ཆུང་བསྡུས་ཀྱི་སྒྲིན་ཤོག་ལ་བརྟེན་ནས་ཡི་གེ་ངོས་འཛིན་པའམ། ཡང་ན་ནུབ་ཕྱོགས་མཁས་པས་བཀོད་ཟིན་པའི་ཨང་རྟགས་ལྟར་ཞིབ་བསྡུར་བྱེད་དགོས་བྱུང་། ཆེད་མཁས་ཤུང་གྲུས་ཨོ་གླིང་གི་དཔེ་མཛོད་ཁང་སོ་སོར་བསྐྱོད་པའི་སྐབས་ལྡན་ཡང་། ཡིག་ཚགས་ལྷ་ཀློག་ལ་བཀག་རྒྱ་ཆེ་རྐྱེན་ཡིག་ཚགས་འཚོལ་བསྡུའི་ལས་ཀ་ནས་དུས་འདའ་བས་ཞིབ་འཇུག་གཏིང་ཟབ་བྱེད་མ་ཐུབ། འོན་ཀྱང་། དེང་སྐབས་ཧྥ་རན་སི་དང་དབྱིན་ཇིར་ཉར་བའི་རྒྱུ་ཆ་པར་སྐྲུན་གྱི་མཚོན་བྱར་གྱུར་པ་བོད་ཡིག་གནའ་རབས་ཡིག་ཚགས་ཡོངས་རྫོགས་པར་སྐྲུན་བྱེད་པ་འདི་ནི། ཏུན་ཧོང་རྒྱ་ཡིག་ཡིག་ཚགས་པར་སྐྲུན་བྱས་རྗེས་ཀྱི་གཞི་རྒྱ་ཆེ་བའི་ཕྱི་རྒྱལ་དུ་ཐོར་བའི་ཡིག་ཚགས་པར་སྐྲུན་བྱེད་པའི་ལས་གཞི་ཆེན་པོ་ཞིག་ཡིན་ཏེ། དེས་ཀྲུང་གོའི་བོད་རིག་པའི་ཞིབ་འཇུག་དང་འབྲེལ་ཡོད་རིག་ཚན་གྱི་འཕེལ་རྒྱས་ལ་ཆེས་མཐོ་བའི་རྨང་གཞིའི་རྒྱུ་ཆ་མཐོ་འདོན་བྱས་པས། རིག་གཞུང་ཞིབ་འཇུག་གི་ཐོག་མའི་དུས་རིམ་སྟེ་རྒྱུ་ཆ་འཚོལ་བསྡུའི་དུས་རིམ་གྱི་མཇུག་རྫོགས་པ་དང་། བོད་རིག་པའི་ཞིབ་འཇུག་པ་དང་ལོ་རྒྱུས་ཞིབ་འཇུག་པ་མང་པོ་ཕྱི་ལ་འགྲོ་མི་དགོས་པར་རང་ཁྱིམ་ནས་ཞིབ་འཇུག་བྱེད་རྒྱུའི་སྐལ་བ་བསྐྲུན་པ་རེད།

ཕྱི་རྒྱལ་དུ་ཤོར་བ་དང་འཛིགས་ལ་ཉེ་བའི་བོད་ཀྱི་ལོ་རྒྱུས་རིག་གནས་ཀྱི་རྒྱུ་ཆ་འཛམ་གླིང་ཡོངས་ནས་འཚོལ་བསྡུ་དང་ སྡོམ་འདོན་གྱི་ལམ་ནས། ཕྱི་རྒྱལ་དུ་ཉར་བའི་བོད་ཡིག་གནའ་རབས་ཡིག་ཚགས་ལེགས་སྒྲིག་པར་སྐྲུན་བྱེད་རྒྱུ་ནི། གཞི་རྒྱ་ཆེ་བའི་སྲོལ་རྒྱུན་རིག་གནས་སྲུང་སྐྱོབ་ཀྱི་ལས་གཞི་གལ་ཆེན་ཞིག་ཡིན་པས། རང་རྒྱལ་གྱིས་བོད་རིགས་སྲོལ་རྒྱུན་རིག་གནས་སྲུང་སྐྱོབ་བྱས་པ་མཚོན་ལ། རྒྱལ་ཕྱིའི་ཀྲུང་གོར་ངོ་རྒོལ་བྱེད་མཁན་དང་། ཁ་བྲལ་རིང་ལུགས་པས་བོད་ཀྱི་སྲོལ་རྒྱུན་རིག་གནས་ཀྱི་སྲུང་སྐྱོབ་ཐད་རང་རྒྱལ་ལ་བསྙོན་བཙུགས་པར་ཤུགས་དྲག་པོས་རྒོལ་ལན་སྲད་པ་ཡིན་པས། དགོས་གལ་ཆེ་བའི་དངོས་ཡོད་ཀྱི་དོན་སྙིང་ལྡན་པ་རེད། ཏུན་ཧོང་གནའ་རབས་བོད་ཡིག་ཡིག་ཚགས་ཀྱི་ལོ་རྒྱུས་རིན་ཐང་ནི་སྣ་མང་ཞིང་ཕུན་སུམ་ཚོགས། ང་ཚོས་ཡིག་ཚགས་འདི་དག་ལ་གཏིང་ཟབ་མོའི་ཞིབ་འཇུག་བྱས་པ་ལ་བསྟུན་ནས། ཡིག་ཚགས་དེའི་རིན་ཐང་ཡང་དང་དེ་གིས་ཕྱོགས་ཡོངས་ནས་ཇེ་ཆེར་མངོན་སྲིད། དེ་བས། ཡིག་ཚགས་དེ་དག་གི་རིན་ཐང་ནི་ཇི་ལྟར་བཤད་ཀྱང་མཐོ་མི་སྲིད་པར་འདོད། འཛམ་གླིང་ཡུལ་གྲུ་སོ་སོ་ན་ཉར་ཚགས་བྱས་ཡོད་པའི་བོད་ཡིག་གནའ་རབས་ཡིག་ཚགས་ཁག

༤༠༠༠༠ལྷག་ཡོད་པ་ཁ་ཚང་ལེགས་སྒྲིག་པར་སྐྲུན་གྱི་གོ་སྐབས་ཐོབ་པར་ང་ཚོས་རེ་འདུན་བླ་ལྷག་བཅངས་ཡོད་དེ། ཡིག་ཚགས་འདི་དག་ནི་བོད་རྒྱའི་མེས་པོ་རྣམས་ཀྱིས་གསར་དུ་བརྟོད་པའི་དཔལ་འབར་རིག་གནས་ཀྱི་གཟི་བརྗིད་ཡིན་པར་མ་ཟད། ཀྲུང་ཧྭ་མི་རིགས་ཀྱིས་མིའི་རིགས་ཡོངས་ཀྱི་ལོ་རྒྱུས་རིག་གནས་ཐད་བཞག་པའི་རླབས་ཆེན་གྱི་ཕྱག་བརྗེ་ཡིན།

ནུབ་བྱང་མི་རིགས་སློབ་ཆེན་དཔྱད་བརྟེན་པ་ནས་བཟུང་། བོད་རིག་པའི་ཞིབ་འཇུག་དང་ཤེས་ལྡན་མི་སྣའི་སྐྱིད་སྡུག་ལ་མཐོང་ཆེན་གནང་བས། མངོན་གསལ་གྱི་གྲུབ་འབྲས་མང་པོ་བླངས་ཡོད་དེ། ༢༠༠༥ཡི་ལོ་ནས་བཟུང་། ནུབ་བྱང་མི་རིགས་སློབ་ཆེན་གྱིས་དབྱིན་ཇིའི་རྒྱལ་གཉེར་དཔེ་མཛོད་ཁང་དང་ཧྥ་རན་སིའི་རྒྱལ་གཉེར་དཔེ་མཛོད་ཁང་ལ་འབྲེལ་བ་བཙུགས་པ་དང་། དེ་ནས་རྒྱལ་ཁབ་དེ་གཉིས་ཀྱི་ཤར་ཕྱོགས་སྡེ་ཚན་གྱི་འགན་འཛིན་པ་བཝུ་ཟེ་ཧྥང་（Dr.Frances Wood）དང་ཁོ་ཤིན་（Dr.Monique Cohen）གཉིས་ཀྱི་རྒྱབ་སྐྱོར་ཐོབ། (རྗེས་སུ་རྒྱལ་ཁབ་དེ་གཉིས་ནས་སོ་སོརDr.Sam van SchaikདངDr.Nathalie Monnetགཉིས་ཀྱིས་ལས་གཞིའི་འདི་འགན་འཁུར་བ་རེད།) སློབ་གྲྭ་ནས་བོད་ཀྱི་སྐད་ཡིག་རིག་གནས་སློབ་གླིང་དང་ལོ་རྒྱུས་རིག་གནས་སློབ་གླིང་སོགས་ནས་ཞིབ་འཇུག་མི་སྣ་གཅིག་སྤྱད་བྱས་པ་དང་། སངས་རྒྱས་ཆོས་ལུགས་ཀྱི་དགེ་བཤེས་གདན་དྲངས་པ་བཅས་ཀྱིས་རྒྱལ་ཕྱིའི་མི་རིགས་ཡིག་ཚགས་ཞིབ་འཇུག་ཁང་གསར་དུ་བཙུགས་དང་། མི་རིགས་ཡིག་ཚགས་ལེགས་སྒྲིག་གི་ལས་འགོ་བརྩམས་པ་རེད། རྫོན་ཕྱོན་མཁས་པའི་དཔྱད་འབྲས་ལ་གཞི་བྱས་ནས། སྔར་ལས་ལྷག་པར་ནན་ཏན་སྒྲོས་ཡང་དག་པར་གཏན་ལ་ཕབ་ནས་དཀར་ཆག་བཀོད་པར་མ་ཟད། ཆེས་གཏིང་ཟབ་པ་དང་ཁ་ཚང་བའི་སྒོ་ནས་ཞིབ་བསྡུར་དང་ཞིབ་འཇུག་བྱེད་བཞིན་ཡོད། དེ་ཡང་རྫོན་ཕྱོན་མཁས་པ་རྒྱལ་ཕྱིའི་དཔེ་མཛོད་ཁང་དུ་ཕེབས་ནས་གནའ་རབས་ཡིག་ཚགས་ལྷ་སྒྲིག་བྱས་པའི་ཚུལ་དང་མི་འདྲ་སྟེ། དུས་རབས་གསར་པ་དང་ཆ་རྐྱེན་གསར་པ། ལག་རྩལ་གསར་པའི་མཐུན་རྐྱེན་ལྡན་པའི་ཞིབ་འཇུག་མི་སྣ་ནི། བོད་རིགས་མཁས་པ་གཙོ་གྱུར་གྱི་རྩོམ་སྒྲིག་ཚོགས་པ་ཡིན་ཏེ། ཁོང་ཚོས་པར་རིས་གསལ་པོར་ལྷ་ཐུབ་པས་ཡིག་ཚགས་ལ་ཞིབ་དཔྱད་ཐུབ་པ་དང་། སྒྲིག་རྩིས་ལ་བརྟེན་ནས་རྒྱུ་ཆ་འཚོལ་བསྡུ་དང་ལྷ་སྒྲིག་ཐུབ་པ། དུས་མཚུངས་སུ་ཡིག་ཚགས་ཁག་མི་འདྲ་བ་བླངས་ནས་གཤིབ་བསྡུར་ཐུབ་པ་རེད། ཆེས་མཐའ་མཇུག་གི་དཔྱད་འབྲས་གཙོ་བོ་ནི་བོད་ཡིག་དང་རྒྱ་ཡིག་གཉིས་ཀྱི་མིང་བྱང་གཏན་འཁེལ་བྱས་པའི་ཕྱིར་ཤར་བོད་ཡིག་གནའ་རབས་ཡིག་ཚགས་དང་རྒྱུ་ཆ་ཁ་ཚང་འདུས་པའི་དཔེ་ཚོགས་ཆེན་མོ་ཡིན་ལ། དེ་ཡིས་རྒྱལ་ཁབ་ཕྱི་ནང་གཉིས་སུ་ཐབས་ལམ་གསར་པ་བཏོད་ཡོད།

དེ་ཡང་༢༠༠༨ལོའི་ཟླ་༥པ་ནས་བཟུང་《ཧྥ་རན་སིར་ཉར་བའི་ཏུན་ཧོང་བོད་ཡིག་ཡིག་ཚགས》པར་སྐྲུན་གྱི་འགོ་བརྩམས་པ་དང་། ལོ་དེའི་ཟླ་དགུ་བར་གྲོང་ཁྱེར་ལན་ཀྲུ་ནས་དྲིལ་བསྒྲགས་གྲོས་ཚོགས་ཚོགས་དུས། གྲོས་ཚོགས་སུ་ཕེབས་པའི་བོད་རིག་པར་ཞིབ་འཇུག་པ་དང་ཆེད་མཁས་མང་པོས་ཐེངས་དང་པོར་ཕྱི་རྒྱལ་ཏུ་ཉར་བའི་ཏུན་ཧོང་བོད་ཡིག་ཡིག་ཚགས་ཀྱི་པར་རིས་གསལ་པོ་མཐོང་བས། ཡིག་ཚགས་འདི་རིགས་ཁ་ཚང་བར་པར་དུ་བསྐྲུན་རྒྱུར་སྐུལ་མ་ཡང་ཡང་བཏང་། སྐུ་ཞབས་དབང་རྒྱལ་ལགས་ཀྱིས་བྱ་གཞག་འདི་ནི་བོད་རིག་པ་ཞིབ་འཇུག་གི་རྫོ་རིངས་ཡིན་པར་གསུངས་པ་དང་། ལྷོར་པན་གྱི་བོད་རིག་པ་ཞིབ་འཇུག་པ་ཡེ་མྣ་འིད་ཟ་ཡོ་ཞིས་རོད（今枝由郎）ལགས་ཀྱིས་བྱ་གཞག་འདིའི་དོན་སྙིང་ཇི་ལྟར་བརྗོད་ཀྱང་མཐོ་མི་སྲིད་ཅེས་གསུངས་པ་སོགས་ང་ཚོའི་བྱ་གཞག་ལ་ཚད་མཐོན་པོའི་གདེང་འཛོག་གནང་ཞིང་སྐུལ་མ་བཏང་། ལོ་དེ་ནས་བཟུང་ད་ལྟའི་བར་དུ། 《ཧྥ་རན་སིར་ཉར་བའི་ཏུན་ཧོང་བོད་ཡིག་ཡིག་ཚགས》དེབ་༡ནས་༡༡བར་པར་སྐྲུན་འགྲེམས་སྤེལ་བྱས་ཤིང་། ད་ལྟ《དབྱིན་ཇིར་ཉར་བའི་ཏུན་ཧོང་དང་ནུབ་ལྗོངས་ཀྱི་བོད་ཡིག་ཡིག་ཚགས》པར་སྐྲུན་གྱི་འགོ་བརྩམས། ཕྱིའི་རྒྱལ་ཁབ་སོ་སོར་ཐོར་བའི་འབོར་གྲངས་མང་ལ་ཆེས་གལ་ཆེ་བའི་བོད་ཀྱི་གནའ་རབས་ཡིག་ཚགས་རྣམས་ནི་ཀྲུང་གོའི་རིག་གཞུང་ཞིབ་འཇུག་ལས་རིགས་དང་། མི་རིགས་སློབ་གསོ་ལས་རིགས་ཀྱི་བོད་རྒྱ་ཆེད་མཁས་རྣམ་པའི་ཐུན་མོང་དུ་འབད་བརྩོན་བྱས་པ་ལས་པར་སྐྲུན་བྱེད་ཐུབ་པར་གྱུར་པ་དང་། དེ་ཡིས་རྫོན་ཕྱོན་མཁས་དབང་དུ་མས་རེ་འདུན་བསྐོང་བ་དང་སྨོན་ལམ་མངོན་འགྱུར་བྱས་ཡོད།

ང་ཚོའི་དམིགས་འབེན་ནི། ཐོག་མར་འབོར་གྲངས་ཆེས་མང་ལ་གཅིག་སྤྱད་ཡིན་པའི་ཧྥ་རན་སི་དང་དབྱིན་ཇིར་ཉར་བའི་ཏུན་ཧོང་དང་ནུབ་ལྗོངས་ཀྱི་བོད་ཡིག་ཡིག་ཚགས་ལེགས་སྒྲིག་དཔེ་སྐྲུན་བྱེད་རྒྱུ་དང་། དེ་ནས་རྒྱལ་ནང་གི་ཞིབ་འཇུག་དང་སློབ་གསོ་སྡེ་ཁག་གཞན་དག་ལ་མཉམ་འབྲེལ་གྱིས་སོ་སོར་ཐོར་བའི་ཡིག་ཚགས་རྣམས་ལེགས་སྒྲིག་དཔེ་སྐྲུན་བྱེད་རྒྱུ་ཡིན། དེང་སྐབས་བློ་རྩེ་གཅིག་སྒྲིམ་གྱིས་ནུས་ཤུགས་ཡོད་དགུ་བཀོལ་ནས་ལེགས་སྒྲིག་པར་སྐྲུན་ལ་གཞོལ་བའི་དུས་མཚུངས་སུ། གཙོ་གནད་དམ་དུ་བཟུང་ནས་ཞིབ་འཇུག་གཏིང་ཟབ་ཏུ་གཏོང་པ་དང་། གཞི་གྲངས་མཛོད་ཀྱི་རྒྱུ་ཆ་འཚོལ་བསྡུ་དང་ལེགས་སྒྲིག་གི་བྱ་བ་སྒྲུབ་བཞིན་ཡོད། ང་ཚོས་རྒྱུ་ཆ་གསར་པ་སྤྱོག་འདོན་གྱིས་ཁ་ཕྱོགས་གསར་པར་ཞིབ་འཇུག་བྱེད་པ་དང་། མི་སྣ་གསར་པ་གསོ་སྐྱོང་བྱས་ནས་གྲུབ་འབྲས་གསར་པ་ལེན་རྒྱུར་འབད་བརྩོན་བྱེད་

བཞིན་ཡོད།

ང་ཚོས་མུ་མཐུད་དུ་ཕྱི་རྒྱལ་དུ་དར་བའི་ཏུན་ཧོང་བོད་ཡིག་ཡིག་ཚགས་སྒྲིག་སྒྱུར་པར་སྐྲུན་གྱི་ལས་གཞིའི་གོ་སྐབས་དང་བསྟུན་ནས། བོད་རིག་པ་སློབ་མང་པོར་མཇལ་བརྗེའི་འབྲེལ་བ་བཙུགས་པ་དང་། རྒྱལ་ནང་གི་སློབ་ཆེན་དང་ཞིབ་འཇུག་སྡེ་ཁག་མང་པོར་འབྲེལ་པ་ཟབ་མོ་བཙུགས་ནས་ས་གནས་ཁྱད་ཆོས་ཅན་ནམ་ཆེད་དོན་ལས་གཞི་སོགས་རྣམ་པ་མང་པོའི་མཉམ་འབྲེལ་བྱས་པ་བརྒྱུད། དབྱིན་ཇི་དང་ཧྥ་རན་སིར་ཉར་བའི་ཏུན་ཧོང་བོད་ཡིག་ཡིག་ཚགས་ཚད་གཞི་མཐོན་པོའི་སྒོ་ནས་པར་སྐྲུན་བྱེད་རྒྱུ་གཞིར་བྱས། ད་དུང་དེ་དང་དུས་མཚུངས་སུ། གོ་སྐབས་དམ་འཛིན་གྱིས་སོ་སོར་ཐོར་བ་དང་ད་དུང་འགྲེམས་སྤེལ་བྱས་མེད་པའི་གནའ་རབས་ཡིག་ཚགས་མང་པོ་འཚོལ་བསྡུ་བྱས་ནས། རིག་གཞུང་ཞིབ་འཇུག་དང་། མི་རིགས་ལོ་རྒྱུས་ཀྱི་སློབ་ཁྲིད། དེང་རབས་ལ་ཞབས་འདེགས་ཞུ་བ་བཅས་ཀྱི་ཆེད་དུ་ཚང་མའི་མཐོང་ལམ་དུ་འགྲེམས་རྒྱུ་ཡིན། །

（མཐའ་པ་བཀྲ་ཤིས་དོན་འགྲུབ་ཀྱིས་རྒྱ་ཡིག་ནས་བསྒྱུར།）

① ཧོང་བྱུན་ཧྭན་གྱི་བརྩམས་པའི་《རྨ་ནུབ་ཀྱི་གནའ་རབས་བོད་ཀྱི་ཡིག་ཚགས་ངོ་སྤྲོད་མདོར་བསྡུས》ཞེས་པ་སྤྱི་ལོ་༡༩༧༨ལོའི་《རིག་རྩོམ》དེབ་༡༢པར་བཀོད། ཁོང་གི་དཔྱད་འབྲས་ནི། ཏུན་ཧོང་རྫོང་རིག་གནས་ཁང་（ད་ལྟའི་ཏུན་ཧོང་གྲོང་ཁྱེར་དངོས་མང་བཤམས་སྟོན་ཁང）ཏུ། སྣ་རིང་ཁག་༨༧༨༠དང་། ཤོག་དྲིལ་ཁག་༢༢༥ཡོད། ཏུན་ཧོང་རིག་དངོས་ཞིབ་འཇུག་ཁང་（ད་ལྟའི་ཏུན་ཧོང་ཞིབ་འཇུག་གླིང）ཏུ། སྣ་རིང་ཁག་༦༢དང་། ཤོག་དྲིལ་ཁག་༦༣ཡོད། ཇུག་ཆོན་རྫོང་རིག་གནས་ཁང་（ད་ལྟའི་ཅིག་ཆོན་གྲོང་ཁྱེར་དངོས་མང་བཤམས་སྟོན་ཁང）ཏུ། ཤོག་དྲིལ་ཁག་༡༩ཡོད། ཀྲང་དབེ་རྫོང་རིག་གནས་ཁང་（ད་ལྟའི་ཀྲང་དབེ་གྲོང་ཁྱེར་དངོས་མང་བཤམས་སྟོན་ཁང）ཏུ། ཤོག་དྲིལ་ཁག་༡ཡོད། ལྷུ་ལེ་རྫོང་རིག་གནས་ནོ་དམ་ཁང་（ད་ལྟའི་ལྷུ་ལེ་གྲོང་ཁྱེར་དངོས་མང་བཤམས་སྟོན་ཁང）ཏུ། སྣ་རིང་ཁག་༧ཡོད། ལན་ཀྲུ་གྲོང་ཁྱེར་དཔེ་མཛོད་ཁང་（ད་ལྟའི་གན་སུའུ་ཞིང་ཆེན་དཔེ་མཛོད་ཁང་ཡིན་འོས）ཏུ། སྣ་རིང་ཁག་༡༡༡༧དང་། ཤོག་དྲིལ་ཁག་༣༠ཡོད།

② དབྱིན་ཇིའི་ཐེམ་བན་སི་ཀེ་ཁྲུ་ཡིས་བརྩམས་ལ། དབྱང་ཕྲུ་ཞའོ་དང་ཞི་ནྲ་གཉིས་ཀྱིས་རྒྱ་ཡིག་ཏུ་བསྒྱུར་བའི་《ཀྲུང་གོར་ཉར་བའི་ཏུན་ཧོང་གནའ་རབས་བོད་ཡིག་ཡིག་ཚགས》སྤྱི་ལོ་༢༠༠༧ལོའི་《隴右文博》དེབ་གཉིས་པར་བཀོད་ཡོད།

③ ཧོང་ཨུ་ཀྲུང་གི་དཔྱད་རྩོམ་《རྒྱལ་ནང་ཏུན་ཧོང་བོད་ཡིག་ཡིག་ཚགས་ཀྱི་ལེགས་སྒྲིག་དང་ཞིབ་འཇུག་གནས་ཚུལ་ཕྱིར་དྲན》སྤྱི་ལོ་༢༠༡༠ལོའི་《敦煌學輯刊》དེབ་གསུམ་པར་བཀོད་ཡོད།

# འགོ་བརྗོད།

ཟེམ་བན་སི་ཀེ་ཁྲོ།

དུས་རབས་ཉི་ཤུ་བའི་དུས་འགོར། ཡ་གླིང་དཀྱིལ་མའི་གནའ་རབས་ཡིག་ཚགས་མང་པོ་དབྱིན་ཇི་དང་། ཧྥ་རན་སི། འཇར་མན། ཨུ་རུ་སུ། སུའེ་ཏེན་(Sweden)བཅས་ཀྱི་གནའ་རྫས་རྟོག་ཞིབ་པ་དང་ཉེན་མཚོང་མཁན་རྣམས་ཀྱིས་དར་གོས་ཚོང་ལམ་བརྒྱུད་ཨོ་གླིང་དུ་དྲངས། ཉེ་ཆར། ཀྲུང་གོའི་གནའ་རྫས་རྟོག་ཞིབ་པས་ཀྱང་ས་གནས་དེ་དག་ནས་གནའ་རབས་ཡིག་ཚགས་ཤིན་ཏུ་མང་པོ་རྙེད་བྱུང་། ད་ལྟ་འཛམ་གླིང་ས་གནས་སོ་སོར་སིལ་བར་ཐོར་བའི་གནའ་རབས་ཀྱི་ཡིག་ཚགས་དང་སྒྱུ་རྩལ་ཐོན་རྫས་དེ་དག་གིས་ཨ་གླིང་དཀྱིལ་མའི་དུས་རབས་མི་འདྲ་བའི་རིག་གནས་ཕུན་སུམ་ཚོགས་པ་མཚོན་འདུག དེ་བས་གནའ་རབས་ཀྱི་ཡིག་ཚགས་དང་རྫས་དངོས་དེ་དག་གོང་བརྗོད་ཀྱི་རྒྱལ་ཁབ་སོ་སོའི་དངོས་མང་བཤམས་སྟོན་ཁང་དང་དཔེ་མཛོད་ཁང་དུ་ཉར་ཚགས་བྱས་ཡོད།

མཚན་སྙན་རབ་ཏུ་འབར་བའི་ཡ་གླིང་དཀྱིལ་མའི་ཡིག་ཚགས་འཕོར་ཆེན་ནི་གསང་རྒྱའི་དཔེ་མཛོད་ཁང་ཞིག་སྟེ། ཏུན་ཧོང་གི་བྲག་ཕུག་ཅིག་ནས་རྙེད་བྱུང་། ཡིག་ཚགས་རྣམས་ནི་ཤོག་དྲིལ་དང་། སྐ་རིང་། མགོ་ཚེམ། ཤིང་བཀོས་བཅས་ཀྱི་རྣམ་པར་བཞུགས་ལ། ཕལ་ཆེར་ལག་བྲིས་དང་དཔར་མ་ཞུང་ཤོས་ཀྱང་ཡོད། ཡིག་རིགས་ཀྱང་སྣ་མང་ལགས་ཏེ། ལཱ་དང་། རྒྱ་ནག་ཡི་གེ བོད་ཡིག ལི་ཡུལ་ཡི་གེ ཧེ་ཧུའུ་ཡི་གེ་སོགས་མང་དུ་སྣང་། ཡིག་ཚགས་འདི་དག་བྱུང་བའི་དུས་རིམ་ནི་ཏུན་ཧོང་དཔེ་མཛོད་བྲག་ཕུག་གི་སྒོ་མ་གཏན་པའི་སྤྱི་ལོའི་སྟེ་སྤྱི་ལོ་དུས་རབས་བཅུ་གཅིག་པའི་དུས་འགོའི་ཡན་ཆད་ཡིན་ངེས།

ཏུན་ཧོང་དཔེ་མཛོད་བྲག་ཕུག་ནང་གི་བོད་ཡིག་ཡིག་ཚགས་ཕལ་མོ་ཆེ་ནི་དབྱིན་ཇི་དང་། ཧྥ་རན་སི། ཨུ་རུ་སུ་བཅས་ཀྱི་རྒྱལ་གཉེར་དཔེ་མཛོད་ཁང་དུ་དྲངས་པ་དང་། ཤུལ་དུ་ལུས་པའི་ཡིག་ཚགས་གལ་ཆེན་རྣམས་ཀྲུང་གོའི་ཀན་སུའུ་རུ་ཉར་ཚགས་བྱས་ཡོད། དབྱིན་ཇི་ནས་ཉར་ཚགས་བྱས་པའི་ཏུན་ཧོང་ཡིག་ཚགས་རྣམས་ནི་ད་ལྟ་ལུན་ཏུན་རྒྱལ་གཉེར་དཔེ་མཛོད་ཁང་གིས་དོ་དམ་བྱས་ལ། དེ་དག་ནི་ཧང་ག་རི་(Hungarian)འམ་དབྱིན་ཇིའི་སྐྱོལ་དཔྱད་པ་སྐུ་ཞབས་སི་ཐན་དབྱིན་གྱི་སྐྱོལ་དཔྱད་རུ་ཁག་གི་ལག་སོན་རེད། དུས་རབས་ཉི་ཤུ་བའི་དུས་འགོར། སི་ཐན་དབྱིན་གྱིས་ཡ་གླིང་དཀྱིལ་དབུས་སུ་ཐེངས་བཞིར་སྐྱོལ་དཔྱད་བྱས་པ་ཡིན་ལ། ཐེངས་རྗེས་མ་མ་གཏོགས་ཐེངས་རེར་ལག་སོན་རྒྱུ་དངོས་བརྒྱ་ཕྲག་མང་པོ་འཁྱེར་ནས་སླེབས། སི་ཐན་དབྱིན་ལགས་ཀྱིས་ཏུན་ཧོང་དཔེ་མཛོད་བྲག་ཕུག་ལས་གཞན། ད་དུང་ཡ་གླིང་དཀྱིལ་དབུས་ཀྱི་གནའ་ཤུལ་ཁ་ཤས་ནས་ཀྱང་བོད་ཡིག་ཡིག་ཚགས་རྙེད་ཡོད་དེ། གནའ་ཤུལ་དེ་དག་ལས་གལ་ཆེ་ཤོས་ནི་ཨན་དེ་རེས(Endere)། མི་རན(Miran)། མ་ཛཱ་ཐ་ཁྲུ(Mazar Tagh)། ཚ་ནག་དང་ཚ་ནག་མཁར་བཅས་ཡིན།

སི་ཐན་དབྱིན་གྱི་ལག་སོན་རྒྱུ་དངོས་རྣམས་ཐོག་མར་རྩ་འཛུགས་མི་འདྲ་དུ་མར་བགོས་ལ། ཡིག་ཚགས་རྣམས་ནི་དབྱིན་ཇི་བཤམས་སྟོན་ཁང་དང་། ཧིན་རྡུ་དོན་གཅོད་ཁང་། ཧིན་རྡུ་སྲིད་གཞུང་བཅས་ལ་ཐོབ། དེ་ནས་སྤྱི་ལོ་༡༩༤༢ལོར་སླེབས་དུས། ཡིག་ཚགས་རྣམས་ནི་དབྱིན་ཇི་བཤམས་སྟོན་ཁང་དང་ཧིན་རྡུ་དོན་གཅོད་ཁང་གི་དཔེ་མཛོད་ཁང་ནས་དབྱིན་ཇི་རྒྱལ་གཉེར་དཔེ་མཛོད་ཁང་དུ་གནས་སྤོར་བྱས་ཚར། ད་ལྟ་དབྱིན་ཇི་བཤམས་སྟོན་ཁང་གིས་གཙོ་བོ་སི་ཐན་དབྱིན་ནས་འཁྱེར་ཡོང་བའི་རི་མོ་དང་རྫས་དངོས་ཉར་ཚགས་བྱེད་བཞིན་པ་དང་། ཧིན་རྡུ་སྲིད་གཞུང་ལ་ཐོབ་པའི་རྒྱུ་ཆ་རྣམས་ནི་ད་ལྟ་ཧིན་རྡུ་རྒྱལ་གཉེར་བཤམས་སྟོན་ཁང་དུ་ཉར་ཚགས་བྱས་ཡོད་ལ། དེ་ཡང་

གཙོ་བོ་རི་མོ་དང་རྫས་དངོས་ཀྱི་རིགས་རེད། སི་ཐན་དབྱིན་གྱི་ལག་སོན་ཐགས་འཐག་ཐོན་རྫས་རྣམས་ནི་ཧིན་རྡུ་རྒྱལ་གཉེར་བཤམས་སྟོན་ཁང་ནས་བི་ཁྲུ་ཐོར་ཡ་དང་ཨར་པེར་ཐོ་བཤམས་སྟོན་ཁང་(Victoria and Albert Museum)གིས་ཡུན་རིང་གཡར་ནས་འགྲེམས་སྟོན་བྱས་བཞིན་མཆིས།

བོད་ཡིག་ཡིག་ཚགས་མང་པོ་ནི་སྣ་རིང་ཁ་ཐོར་གྱི་རྣམ་པར་འདུག་ལ། བོད་ཡིག་ཡིག་ཚགས་དེ་དག་ཏུན་ཧོང་དཔེ་མཛོད་བྲག་ཕུག་ནས་རྙེད་དུས་ཡིག་རིགས་གཞན་དག(ཧིན་རྡུའི་ཡི་གེ་དང་། ལི་ཡུལ་ཡི་གེ ཧེ་ཧུའུ་ཡི་གེ་སོགས་)གི་ཡིག་ཚགས་དང་ལྷན་དུ་བསྡམས་ནས་བཞག་ཡོད། ཧིན་རྡུ་དོན་གཅོད་ཁང་གི་དཔེ་མཛོད་ཁང་གིས་ཡིག་རིགས་མི་གཅིག་པ་རྣམས་སོ་སོར་ཕྱེ་ནས་ཨང་རྟགས་མི་འདྲ་བ་རེ་བཀོད་དེ་ཉར་ཚགས་བྱས། དཔེར་ན། བོད་ཡིག་ཡིག་ཚགས་ལ་ཨང་རྟགས་ནི་IOL Tibབཀོད་ཡོད། ཁ་ཐོར་དུ་གནས་པའི་བོད་ཡིག་ཡིག་ཚགས་འདི་དག་ལ་བམ་པོ་བརྒྱ་ཕྲག་དུ་མ་མཆིས་ཏེ། མང་ཤོས་ནི་སངས་རྒྱས་ཆོས་གཞུང་《ཚེ་དཔག་ཏུ་མེད་པ་ཞེས་བྱ་བ་ཐེག་པ་ཆེན་པོའི་མདོ》ཞེས་བྱ་བ་རེད།

པེ་ཀྲོམ་རྒྱལ་ཁབ་(Belgian)ཀྱི་ཡུལ་འཁྱུར་བ་ལའུ་ཟི་དེ་ལ་ཕྲེ་ལི་ཕུ་སན་(Louis de la Vallée Poussin)དང་ཧིན་རྡུ་དོན་གཅོད་ཁང་གི་དཔེ་མཛོད་ཀྱི་དོ་དམ་པ་ཐོ་མ་ཟི་(F. W. Thomas)གཉིས་ཀྱིས་བོད་ཡིག་ཡིག་ཚགས་ཁ་ཐོར་རྣམས་ལེགས་སྒྲིག་བྱས་པ་དང་། སྐབས་དེའི་ཧིན་རྡུ་དོན་གཅོད་ཁང་གི་དཔེ་མཛོད་དོ་དམ་པས་སྲུང་སྐྱོབ་བྱེད་ཐབས་གསར་བ་སྟེ། ཤོག་བུས་རྒྱབ་རྟེན་དང་ལྕགས་སྐུད་ཕྲ་མོས་གཡོག་པའི་ཐབས་བཀོལ་ནས་ལག་བྲིས་མ་ཧྲུལ་ཞིག་ཏུ་སོང་བ་དང་ཧྲུལ་ཉེ་བ་རྣམས་སྲུང་སྐྱོབ་བྱས། དུས་རབས་ཉི་ཤུ་བའི་ལོ་རབས་དགུ་བཅུ་བ་ནས་བཟུང་། ཧིན་རྡུ་དོན་གཅོད་ཁང་གི་ཡིག་ཚགས་རྣམས་ཉར་ཚགས་ཀྱི་ལས་རྒྱུན་འཛིན་པའི་དབྱིན་ཇི་རྒྱལ་གཉེར་དཔེ་མཛོད་ཁང་གིས། ད་དུས་ཀྱི་སྲུང་སྐྱོབ་བྱ་བཞག་དེ་དག་ལ་ཡང་བསྐྱར་གདེང་འཇོག་བྱེད་བཞིན་མཆིས།

ད་ལྟ། ཁ་ཐོར་ཡིག་ཚགས་ཀྱི་གོ་ཐུམ་དང་སྔོན་གྱི་ཤོག་བུའི་རྒྱབ་རྟེན་ཕྱིར་བླངས་པ་དང་། ལྕགས་སྐུད་ཕྲ་མོའང་ཤོག་ངོས་རེ་རེ་ནས་ཕྱིར་ལེན་བཞིན་ཡོད་ལ། ཧྲིལ་ཞིག་ཏུ་སོང་བ་དང་ཐོར་ཉེ་བ་རྣམས་ལ་དགོས་ངེས་ཀྱི་ཁྱོན་ཚད་དུ་ཞིག་གསོ་བྱས་པས་ལག་བྲིས་མ་རྣམས་ཐོག་མའི་རྣམ་པ་དང་ཤིན་ཏུ་ཉེ་མཚུངས་སུ་སྣང་།

ལག་བྲིས་མར་ཨང་རྟགས་བཀོད་ཚུལ།

གོང་ནས་གླེང་ཟིན་པའི་སི་ཐན་དབྱིན་ལགས་ཀྱིས་ལག་སོན་བྱུང་བའི་བོད་ཡིག་ཡིག་ཚགས་ཕལ་མོ་ཆེ་ནི་ད་ལྟ་དབྱིན་ཇི་རྒྱལ་གཉེར་དཔེ་མཛོད་ཁང་དུ་ཉར་ཚགས་བྱེད་བཞིན་ཡོད་ལ། དེ་དག་ལས་ཧིན་རྡུ་དོན་གཅོད་ཁང་དཔེ་མཛོད་ཁང་ནས་འཕྲོར་བ་རྣམས་ལ། དང་ཐོག IOL.Tib ཞེས་ཨང་རྟགས་བཀོད་འདུག་པ་དང་། དབྱིན་ཇི་བཤམས་སྟོན་ཁང་ནས་འཕྲོར་བའི་ཤར་ཕྱོགས་ཡིག་ཚགས་རྣམས་ལ། དང་ཐོག Or ཞེས་ཨང་རྟགས་བཀོད་འདུག

ཨང་རྟགས་ IOL.Tib ཅན་ལའང་ནང་གསེས་དུ་མ་ཡོད་དེ།

IOL.Tib.J ཡིས་ཏུན་ཧོང་དཔེ་མཛོད་བྲག་ཕུག་ནས་ཐོན་པའི་བོད་ཡིག་ལག་བྲིས་མཚོན།

IOL.Tib.N ཡིས་གནའ་ཤུལ་ཁ་ཤས་ནས་ཐོན་པའི་བོད་ཡིག་ཁྲམ་བྱང་མཚོན། ཁྱད་པར་དུ་མི་རན། མ་དྲ་ཐ་ཁྲུ་ནས་ཐོན་པ་མཚོན།

IOL.Tib.M ཡིས་གནའ་ཤུལ་ཁ་ཤས་ནས་ཐོན་པའི་བོད་ཡིག་ལག་བྲིས་མཚོན། ཁྱད་པར་དུ་ཚུ་ནག་དང་ཚུ་ནག་མཁར་(སི་ཐན་དབྱིན་ནས་ཐེངས་གསུམ་པར་སྐྱུལ་དཔྱད་བྱས་པ)ནས་ཐོན་པ་མཚོན།

སི་ཐན་དབྱིན་གྱི་ལག་སོན་བོད་ཡིག་ཡིག་ཚགས་འདུས་པའི་ཨང་རྟགས་ Or. ཅན་ལའང་དབྱེ་བ་ཡོད་དེ།

Or.15000 ཡིས་གནའ་ཤུལ་མི་འདྲ་བ་ནས་ཐོན་པའི་བོད་ཡིག་ལག་བྲིས་མཚོན་ལ། ཁྱད་པར་དུ་མི་རན། མ་དྲ་ཐ་ཁྲུ་ནས་ཐོན་པ་མཚོན།

Or.8210/S ཡིས་ཏུན་ཧོང་རྒྱ་ཡིག་ལག་བྲིས་དང་ཁ་ཐོར་མཚོན། དེར་བོད་ཡིག་ལག་བྲིས་ཨང་རྟགས་༤༠ལྷག་བསྡུས་ཡོད།

Or.8211 ཡིས་ཏུན་ཧོང་ལས་གཞན་གྱི་ས་ནས་ཐོན་པའི་རྒྱ་ཡིག་དང་ཡིག་རིགས་གཞན་པའི་ལག་བྲིས་མཚོན།

Or.8212 ཡིས་སྐད་རིགས་མི་འདྲ་བའི་ལག་བྲིས་མཚོན་ལ། ཏུན་ཧོང་ནས་ཐོན་པ་ཁ་ཤས་འདུས།

གྲངས་འབོར་མང་པོའི་ཏུན་ཧོང་བོད་ཡིག་ཡིག་ཚགས་ཕལ་མོ་ཆེ་ནི་ཨང་རྟགས་ IOL.Tib ཡི་ཁོངས་སུ་འདུ། ཨང་རྟགས་འདི་ནི་དང་ཐོག་ཕྲེ་ལི་ཕུ་སན་ལགས་ཀྱིས་ལེགས་སྒྲིག་བྱས་ནས་དཀར་ཆག་བཀོད་པའི་ཨང་རྟགས་ཡིན་ཏེ། དེ་ནི་ IOL.Tib J.1 ནས་ 765 ཡི་བར་

རེད། འོན་ཀྱང་ལྷེ་ལི་ཕུ་སན་ལགས་ཀྱིས་བསྒྲིགས་པའི་དཀར་ཆག་ཁ་མི་ཚང་སྟེ། ཡིག་ཚགས་མང་དག་ཅིག་དཀར་ཆག་ཏུ་ཚུད་མེད། དེ་བས་སྤྱི་ལོ་༢༠༠༡ལོར་ལྷེ་ལི་ཕུ་སན་ལགས་ཀྱི་ལས་འཕྲོ་ཐེམ་བན་སི་ཀེ་ཁེ་(Sam van Schaik)ཡིས་བསྐྱངས་ནས། ཨང་རྟགས་ནི་IOL.Tib.J.766 ནས་ 1774 ཡི་བར་བསྒྲིགས། དེ་བས། དང་ཐོག་ཧྲིན་ཧྲུ་དོན་གཙོད་ཁང་གིས་ཉར་ཚགས་བྱས་པའི་སི་ཐན་དབྱིན་ཀྱི་ལག་སོན་ཏུན་ཧོང་བོད་ཡིག་ལག་བྲིས་རྣམས་ཀྱི་ད་ལྟའི་ཨང་རྟགས་ནི་ IOL.Tib.J. 1ནས་ 1774 ཡི་བར་ཡིན།

ལྷེ་ལི་ཕུ་སན་ལགས་ཀྱིསབཀོད་པའི་ཨང་རྟགས་ལ་ལར་ལག་བྲིས་མ་ཤིན་ཏུ་མང་པོ་བསྡུས་པས། ཨང་རྟགས་དང་ཚོག་རྗེས་ཀྱི་ཨང་གི་གཉིས་ཀྱིས་མཚོན་པའི་ཐབས་སྤྱད། དཔེར་ན། ལྷེ་ལི་ཕུ་སན་ལགས་ཀྱིས་བསྒྲིགས་པའི་ཨང་རྟགས་ IOL.Tib.J. 310 ཅན་གྱི་ནང་དུ་ «ཚེ་དཔག་ཏུ་མེད་པ་ཞེས་བྱ་བ་ཐེག་པ་ཆེན་པོའི་མདོ།» ཆིག་སྟོང་ལྷག་བསྡུས་ཡོད་པས། དེ་དག་ཞིབ་ཏུ་དབྱེ་ནས་ IOL.Tib.J.310.1༡ནས་IOL.Tib.J. 310.1207 གྱི་བར་གྱི་ཨང་རྟགསདང་ཨང་གིས་མཚོན།

སི་ཐན་དབྱིན་གྱི་ལག་སོན་ཡིག་ཚགས་རྣམས་ལ་ཨང་རྟགས་རིགས་གཞན་ཞིག་བཀོད་ཡོད་དེ། དེ་ནི་སི་ཐན་དབྱིན་གྱིས་བཀོད་པའི་གནའ་ཞུལ་མཚོན་རྟགས་རེད། ཨང་རྟགས་དེ་རིགས་ནི་སི་ཐན་དབྱིན་གྱི་ལག་སོན་ཐམས་ཅད་ཀྱི་མཚོན་རྟགས་ཡིན་ལ། ཨང་རྟགས་ཐད་ཀར་རྫས་དངོས་ཀྱི་སྟེང་དུ་བྲིས་འདུག་པས་རྫས་དངོས་དེ་དག་ཐོབ་སའི་གནའ་ཞུལ་ས་གནས་མཚོན། ཏུན་ཧོང་ནས་རྙེད་པའི་རིགས་ལ་ཨང་རྟགས་ Ch. ཡིས་འགོ་བརྩམས་པ་དང་། གསལ་བྱེད་དེ་ནི་སྟོང་སྐུའི་བྲག་ཕུག(མའོ་ཀོ་བྲག་ཕུག་ཀྱང་ཟེར)གི་བསྡུས་འབྲི་རེད། ཨང་རྟགས་དེ་དག་ནི་ཨང་རིམ་དང་། གསལ་བྱེད་ཡི་གེའི་གོ་རིམ། རོ་མའི་ཨང་རིམ་བཅས་ཀྱི་གྲུབ་པ་ཡིན་ལ། དཔེ་མཛོད་བྲག་ཕུག་ནས་ཐོག་མར་ལག་སོན་བྱུང་དུས་ཡིག་ཚགས་ཁག་དུ་མ་ལྷན་དུ་དོ་པོར་བསྡམས་འདུག་པས། ཨང་རྟགས་དེ་དག་གིས་ཐོག་མའི་དོ་པོའང་མཚོན་ཡོད།

ད་དུང་། སི་ཐན་དབྱིན་གྱི་ལག་སོན་བོད་ཡིག་ཡིག་ཚགས་ལ་ཨང་རྟགས་རིགས་གསུམ་པ་བཀོད་ཡོད་དེ། རིགས་དེ་ནི་ཐོ་མ་ཐེ་སོགས་ཀྱིས་བཀོལ་སྤྱོད་བྱས་པ་རེད། ཨང་རྟགས་དེ་ནི་བམ་གྲངས་དང་ཤོག་གྲངས་ལ་འབྲེལ་ཞིང་། བམ་པོར་ཨང་རྟགས་ 1 ནས་ 73 བར་བཀོད་ཡོད། ཧྲིན་ཧྲུ་དོན་གཙོད་ཁང་གི་དཔེ་མཛོད་ཁང་གིས་དང་ཐོག་ཡིག་ཚགས་དོ་དམ་བྱེད་དུས་བཀོད་པ་ཡིན་ལ། བམ་པོ་རེ་རེའི་ཤོག་གྲངས་རེ་རེ་ལ་ཨང་གི་རེ་བཀོད། རྗེས་སོར། ལག་བྲིས་མ་དེ་དག་མ་བསྡམས་པར་སྤྲ་སོར་བཀོད་པའི་ཨང་རྟགས་ཀྱི་སྒྲོམ་བུའི་ནང་བཞག་པ་དང་། ཨང་རྟགས་ཀྱི་དབྱེ་བ་ཇེ་མང་དུ་སོང་བ་ལ་བསྟུན་ནས་སྒྲོམ་བུ་གསར་བ་ཁ་བསྣན། དེ་བས་ད་ལྟ་བམ་གྲངས་བསྐྱེད་དེ་ 1 ནས་ 156 བར་མཆིས།

དཀར་ཆག་བསྒྲིགས་ཚུལ།

༡༩༥༡ལོར། ཐོ་མ་ཐེ་ལགས་ཀྱིས་བོད་ཀྱི་གནའ་རབས་རྩོམ་རིག་གི་ཡིག་ཆ་དང་ཡིག་ཚགས་ཁག་གཉིས་པ་སྟེ། ཀྲུང་གོའི་ནུབ་སྟོངས་ཀྱི་ཆེད་བསྒྲིགས་དཔེ་དེབ་དཔར་དུ་བསྐྲུན། དཔེ་དེབ་དེ་ནང་ཁོང་གིས་ཧྲིན་ཧྲུ་དོན་གཙོད་ཁང་གི་དཔེ་མཛོད་དུ་ཉར་པའི་ཡིག་ཚགས་ཁྲོད་ཀྱི་ཏུན་ཧོང་ཐུན་མོང་རིག་གནས་ཀྱི་རྒྱུ་ཆ་རྣམས་དཀར་ཆག་ཏུ་བཀོད་ཡོད། ཉེ་ཆར། ཐ་ཁད་བཙུ་ཆས་ཚུ་ཏྲ་ཏེ་ཐོད(武内紹人)ཀྱིས་བརྩམས་པའི་ «ཡ་གླིང་དཀྱིལ་མའི་བོད་གནའ་རབས་ཀྱི་གན་རྒྱ» ཞེས་པ་ལས་རྒྱུ་ཆ་དེ་དག་ལ་ཞིབ་འཇུག་བྱས་འདུག

༡༩༦༢ལོར། ཧྲིན་ཧྲུ་དོན་གཙོད་ཁང་གི་དཔེ་མཛོད་དུ་ཉར་བའི་ཏུན་ཧོང་བོད་ཡིག་དམ་ཆོས་ལག་བྲིས་མའི་དཀར་ཆག་དཔར་དུ་བསྐྲུན། དཀར་ཆག་དེ་ནི་ལྷེ་ལི་ཕུ་སན་ལགས་ཀྱི་དཔྱད་འབྲས་རེད། ལྷེ་ལི་ཕུ་སན་ནི་འཛམ་གླིང་འཁྲུག་ཆེན་ཐེངས་དང་པོའི་སྐབས་སུ་ལུན་ཏུན་ལ་བྲོས་བྱོལ་དུ་ཕེབས་པའི་པེ་ཀྲུམ་རྒྱལ་ཁབ་ཀྱི་མཁས་པའི་དབང་པོ་སྟེ། ཁོང་གིས་རྩོམ་སྒྲིག་དང་ཞུ་དག་གི་ལས་གཉེར་པ་ལས་གཞན། དཀར་ཆག་དེ་ཏྲ་འཁྲུག་ཆེན་རྗེས་སུ་ཁོ་རང་སྐམ་ས་ཆེན་པོར་ཕྱིར་ཕེབས་ཚུན་ཆད་ཀྱི་དཔྱད་འབྲས་གལ་ཆེན་འདུས་ཡོད། དཀར་ཆག་དེ་ནི་བོད་ཡིག་དམ་ཆོས་ལག་བྲིས་མ་མང་པོ་དང་འབྲེལ་ཡོད་ཀྱང་། ད་དུང་ཡིག་ཚགས་མང་པོ་ཆད་འདུག ཡིན་ནའང་། དཔྱད་འབྲས་དེ་ནི་མི་རྣམས་ལ་བག་ཆགས་ཆེས་ཟབ་པའི་དཔྱད་འབྲས་ཕུལ་ཏུ་བྱུང་བ་ཞིག་ཡིན་པ་སྨོས་མེད་རེད། བརྗོད་སྙིང་དང་སྒྲིག་གཞི་གསལ་པོ་ཡིན་པར་མ་ཟད། དཀར་ཆག་ཞིབ་རྒྱས་དང་ཐ་སྙད་འཚོལ་བདེའི་དཀར་ཆག་ཀྱང་བཀོད་ཡོད་པས། ལྷེ་ལི་ཕུ་སན་ཁོང་ཉིད་ནས་ཧྲིན་ཧྲུ་དང་བོད་ཀྱི་སངས་རྒྱས་ཆོས་ལུགས་ལ་མཁྱེན་རྒྱ་ཡངས་པ་མངོན་པར་མཚོན།

དེའི་རྗེས་ཀྱི་ལོ་བཅུའི་རིང་དུ། ཡ་མ་ཊུ་ཆུས་རྫུ་ཡེ་ཧོད་(山口瑞鳳)ཀྱི་མཛུབ་ཁྲིད་འོག ཤར་ཕྱོགས་རིག་མཛོད་ཀྱིས་སི་ཐན་དབྱིན་གྱི་ལག་སོན་ལས་ཏུན་ཧོང་བོད་ཡིག་ལག་བྲིས་མར་དཀར་ཆག་བསྒྲིགས། སྤྱི་ལོ་༡༩༧༧ནས་༡༩༨༨བར་དུ་དཀར་ཆག་དེབ་བཅུ་གཉིས་དཔར་དུ་བསྐྲུན། དཀར་ཆག་ལེགས་སྒྲིག་ཅོགས་པ་ནས་གོ་རིམ་ཡོད་པའི་སྒོ་ནས་དུམ་ཚན་རེ་རེའི་ཁ་བྱང་དང་། དབུ་མཇུག་གཉིས་ཀྱི་ཡིག་ཕྲེང་བཅས་གསལ་བར་བཀོད་ནས་ཁ་ཚང་དུ་བསྒྲིགས་ཏེ། ལྷེ་ལི་ཕུ་སན་གྱི་དཀར་ཆག་ཏུ་མ་ཆུད་པ་རྣམས་ལ་ཨང་རྟགས་གསར་པ་བརྒྱབ་

འདུག ཅོན་ཀྱང་། ཡིད་ཕངས་པ་ཞིག་ལ། དཀར་ཆག་གི་ཨང་རྟགས་དེ་དག་ནི་དབྱིན་ཇི་རྒྱལ་གཉེར་དཔེ་མཛོད་ཁང་གིས་གཏན་འཁེལ་ཟིན་པའི་ཨང་རྟགས་ IOL.Tib དང་མི་འདྲ་བས། དཀར་ཆག་དེ་ནི་ཤར་ཕྱོགས་རིག་མཛོད་ཕོ་ནའི་ཁྱབ་ཁོངས་སུ་བཀོལ་དགོས་བྱུང་།

༡༩༩༨ལོར། ཐ་ཁེད་བཙུ་ཆས་ཚུ་དུ་ཧེ་ཐོད་ཡིས་སི་ཐན་དབྱིན་གྱི་ཐེངས་གཉིས་པའི་སྙུལ་དཔྱོད་ལག་སོན་བོད་ཡིག་ཡིག་ཚགས་ཀྱི་དཀར་ཆག་དཔར་དུ་བསྐྲུན། གཙོ་བོ་ནི་མི་རན་དང་མ་དྲ་ཐ་ཁུ་ནས་ཐོན་པའི་རིགས་རེད། ད་ལྟ་ཐ་ཁེད་བཙུ་ཆས་(竹内)ཀྱིས་སི་ཐན་དབྱིན་སྙུལ་དཔྱོད་ཐེངས་གཉིས་པའི་ལག་སོན་ལས་ཁྲམ་བྱང་(མི་རན་དང་མ་དྲ་ཐ་ཁུ་ནས་ཐོན་པ་གཙོར་བྱས)དང་སི་ཐན་དབྱིན་སྙུལ་དཔྱོད་ཐེངས་གསུམ་པའི་ལག་སོན་བོད་ཡིག་ཡིག་ཚགས་(དུས་རབས་བཅུ་གཅིག་པ་ནས་བཅུ་བདུན་པའི་བར་གྱི་ཚུ་ནག་དང་ཚུ་ནག་མཁར་གྱི་ལག་བྲིས་གཙོར་བྱས)ལ་དཀར་ཆག་འགོད་བཞིན་པའི་སྐད་ཡིན།

ཡ་ཁུ་པུ་རྡོ་ཐོན་(Jacob Dalton)དང་ཟེམ་བན་སི་ཀེ་ཁུ་གཉིས་ཀྱིས་དཀར་ཆག་ཅིག་བསྒྲིགས་ལ། དེར་སི་ཐན་དབྱིན་གྱི་ལག་སོན་བོད་ཡིག་ལག་བྲིས་མ་ལས་གསང་སྔགས་སྐོར་གྱི་དཀར་ཆག་ཞིབ་རྒྱས་སུ་བཀོད་ཡོད། དཀར་ཆག་བསྒྲིགས་པའི་ལས་གཞི་དེ་ནི་དབྱིན་ཇིའི་སྐྱུ་རྩལ་དང་མི་ཆོས་ཞིབ་འཇུག་ལས་འཛིན་ཚོགས་པས་མ་དངུལ་མཐོ་སྤྲོད་ལ་བརྟེན་པ་དང་། དུས་ཡུན་ལོ་གསུམ་རིང་གི་དཔྱད་འབྲས་རེད། ཁོང་ཚོས་ཡིག་ཚགས་དེ་དག་གིས་བོད་སྔ་དར་གྱི་རྡོ་རྗེ་ཐེགས་པར་གོ་བ་ལེན་པར་དགེ་མཚན་ཆེན་པོ་ལྡན་པར་མཐོང་ནས། ཞེ་ལི་ཕུ་སན་གྱི་ལས་འཕྲོའི་ཁ་བསྐོང་བའང་རེད། ༢༠༠༥ལོར། རྒྱལ་སྤྱིའི་ཏུན་ཧོང་ལས་གཞི་ཡིས་དྲ་ཐོག་ནས་དཀར་ཆག་འདི་ཁྱབ་བསྒྲགས་བྱས་པ་དང་། ༢༠༠༨ལོར། དཀར་ཆག་འདིའི་ཁ་གསབ་དང་བཅས་འེ་བེར་ཐྲུ་ཅན་པུ་རོ་(E.J. Brill)ཡིས་དཔར་དུ་བསྐྲུན།

ད་དུང་། Or.8210/S ཡི་དཀར་ཆག་ཏུ་བསྡུས་པའི་བོད་ཡིག་ཡིག་ཚགས་ཨང་རྟགས་༤༠ལྷག་ཡོད་པ་དེ། ཡེ་བ་འོད་ཡེ་ཆས་ཤས་ (岩男一志) དང་ཐ་ཁེད་བཙུ་ཆས་ཚུ་དུ་ཧེ་ཐོད། ཟེམ་བན་སི་ཀེ་ཁུ་བཅས་ཀྱིས་ལེགས་སྒྲིག་གི་འགོ་རྩོམ་བཞིན་ཡོད་ལ། དཔྱད་འབྲས་དེ་མི་འགྱངས་པར་དཔར་སྐྲུན་བྱེད་ཐུབ་ངེས་རེད།

ཞིབ་འཇུག་གནས་ཚུལ།

ཏུན་ཧོང་བོད་ཡིག་ལག་བྲིས་མར་ཞིབ་འཇུག་གི་ཁྱབ་ཁོངས་སོ་སོ་ནས་ཐུན་མོང་མ་ཡིན་པའི་དོན་སྙིང་གལ་ཆེན་ལྡན་ཏེ། དེ་དག་ནི་བོད་བརྒྱུད་ནང་བསྟན་སྤྱ་དར་གྱི་ཡིག་ཚགས་གལ་ཆེན་ཡིན་པས། སངས་རྒྱས་ཀྱི་བཀའ་རྣམ་དག་ཡིན་པར་ངག་མཐུན་པའི་བཀའ་བསྟན་ཐོག་མར་བསྒྱུར་ཚུལ་དང་། བོད་བརྒྱུད་གསང་སྔགས་ཀྱི་དར་ཚུལ། ནང་བསྟན་གྱི་ཆོ་ག་ལག་ལེན་བྱེད་ཚུལ། བོན་ཆོས་དང་ནང་བསྟན་བར་གྱི་འགལ་འབྲེལ་སོགས་དཔྱད་གཞི་མང་པོ་འདུས་ལ། རྡོ་རིང་ཡི་གེ་ཕུད་ལག་བྲིས་འདི་རིགས་ནི་བོད་ཡིག་ཡི་གེར་བཀོད་སྤྱ་པའི་དཔེ་མཚོན་གཙོ་གྲས་ཡིན་སྟབས། ང་ཚོར་བོད་ཡིག་སྤྱ་དར་གྱི་གནས་ཚུལ་མང་པོ་གསལ་བཤད་བྱེད་བཞིན་ཡོད།

དུས་རབས་ཉི་ཤུ་བའི་ལོ་རབས་བཞི་བཅུ་བར་བོད་བཙན་པོའི་ལོ་རྒྱུས་མདོར་བསྡུས་དང་ལོ་རྒྱུས་དོན་ཆེན་གནད་བསྡུས་ཀྱི་འགྱུར་ཡིག་ཁྱབ་བསྒྲགས་བྱས་པས། ཏུན་ཧོང་ལག་བྲིས་མས་བོད་བཙན་པོའི་སྐབས་ཀྱི་ལོ་རྒྱུས་ཞིབ་འཇུག་ལ་ཐོན་པའི་ནུས་པ་གལ་ཆེན་གསལ་ལེར་མངོན་བྱུང་། ལག་བྲིས་དེ་གཉིས་ནི་སྔ་སོར་མཐོང་ཐུབ་པའི་བོད་ཀྱི་ལོ་རྒྱུས་ཡིག་ཚང་ཀུན་ལས་སྔ་བ་ཤེས་སླ། དེ་གཉིས་ནི་བོད་བཙན་པོའི་དུས་ཀྱི་ཡིག་ཚགས་ཡིན་ངེས་ཏེ། ཏུན་ཧོང་དཔེ་མཛོད་བྲག་ཕུག་གི་སྒོ་མ་བཅད་པའི་སྔ་རོལ་ཏེ་དུས་རབས་བཅུ་གཅིག་པའི་དུས་འགོའི་ཡན་ཆད་དུ་བྲིས་པ་ཐག་གིས་ཆོད་པ་དང་། ད་དུང་དེ་ལས་ཀྱང་ཤིན་ཏུ་སྔ་བའི་ལོ་རྒྱུས་ཀྱི་སྣང་ཚུལ་སྣ་མང་ཞིབ་ཏུ་བཀོད་འདུག དངོས་ནས་ཡིག་ཚགས་འདི་དག་གིས་གནའ་བོའི་ལོ་རྒྱུས་ངོ་མ་མཚོན་ཐུབ་སྟེ། དཔེར་ན། བོད་བཙན་པོའི་དུས་ཀྱི་ལོ་རྒྱུས་དོན་ཆེན་གནད་བསྡུས་ནི་བཙན་པོའི་རྒྱལ་ཁབ་ཀྱི་ལོ་རྒྱུས་སྨྲ་བ་པོས་ཡིག་ཐོག་ཏུ་བཀོད་པའི་དཔེ་རིས་ལྟ་བུ་རེད།

དེ་ནས་ལོ་རྒྱུས་རིན་ཐང་གལ་ཆེན་ལྡན་པའི་ལག་བྲིས་མར་ཁྱོན་ཡོངས་ནས་ཞིབ་འཇུག་བྱེད་འགོ་བཙམས་ཏེ། ཁྲིམས་ལུགས་ཡིག་ཚགས་དང་། མོ་ཡིག སྨོན་བསྔོ་འཛོག་དང་གསེར་ཡིག་པའི་བཀའ་ཡིག མི་སྣེར་བར་གྱི་གན་རྒྱ་དང་འཕྲིན་ཡིག གཞུང་ཡིག་སོགས་སྣ་མང་པོར་ཞིབ་འཇུག་གི་རྒྱ་བསྐྱེད། ཞིབ་འཇུག་པ་རྣམ་པས་བོད་ཡིག་ཡིག་ཚགས་ལ་ཞིབ་འཇུག་བྱེད་པའི་དུས་མཚུངས་སུ། རྒྱ་ཡིག་དང་། ཧེ་ཧུའུ་ཡི་གེ ལི་ཡིག་བཅས་ཡིག་རིགས་གཞན་པའི་ལག་བྲིས་མར་ཞིབ་འཇུག་གིས། ཡ་གླིང་དཀྱིལ་དབུས་ཀྱི་བོད་དང་རིག་གནས་གཞན་པ་བརྒྱུད་འཛིན་བྱེད་པའི་མི་རིགས་ཁག་བར་གྱི་འབྲེལ་བ་གསལ་བཤད་བྱས་དང་བྱེད་བཞིན་ཡོད། ད་དུང་། བོད་བཙན་པོའི་རྒྱལ་ཁབ་ཀྱིས་ཁ་སོ་བསྐྱུར་བའི་ཡ་གླིང་དཀྱིལ་དབུས་ཀྱི་གནས་ཤུལ་གཞན་(མི་རན་དང་མ་དྲ་ཐ་ཁུ)ནས་ཐོན་པའི་བོད་ཡིག་ལག་བྲིས་མར་ཞིབ་འཇུག་གི་འགོ་ཡང་བཙམས་ཟིན།

དུས་རབས་སྔོན་མར། ཨོ་སྒླིང་དང་། འཇར་པན། ཀྲུང་གོ་དང་ཨ་རུ་བཅས་ཀྱི་ཞིབ་འཇུག་པ་ཚོས་བྱ་ལས་མང་པོ་བསྒྲུབས་པས། བོད་བཙན་པོའི་དུས་ཀྱི་ལོ་རྒྱུས་དང་གོམས་སྲོལ། ཆོས་ལུགས་བྱ་འགུལ་བཅས་ཀྱི་ཐད་བཅངས་པའི་ང་རང་ཚོའི་ལྟ་ཚུལ་ལ་ངོས་ནས་བཅོས་བསྒྱུར་བྱུང་ཡོད། རིན་ཐང་ལྡན་པའི་ལག་བྲིས་མ་དེ་དག་ནི་འཛམ་གླིང་ཡུལ་གྲུ་སོ་སོར་ཉར་ཚགས་བྱས་ཡོད་པས། ཞིབ་འཇུག་པས་ཐད་ཀར་ལྟ་ཀློག་བྱེད་དཀའ་བའི་གནས་སུ་མཆིས་མོད། འོན་ཀྱང་ཉེ་བའི་ལོ་འགའི་རིང་། དཀའ་ངལ་དེ་རིགས་བསལ་དང་སེལ་བཞིན་འདུག རྒྱལ་སྤྱིའི་ཏུན་ཧོང་ལས་གཞི(དབྱིན་ཡིག་བསྡུས་འབྲི IDP)ནི་༡༩༩༤ལོར་ཆ་འཛུགས་བྱས་པ་ཡིན་ལ། དེ་ནི་ཏུན་ཧོང་ལག་བྲིས་མ་དང་སྒྱུ་རྩལ་ཐོན་རྫས་ཉར་ཚགས་བྱས་ཡོད་པའི་སྡེ་ཁག་སོ་སོ་ནས་ཉར་ཚགས་རྫས་དངོས་རྣམས་སྤུས་ལེགས་པོའི་ཨང་འགྱུར་བརྙན་པར་ལག་རྩལ་ལ་བརྟེན་ནས། ཐུན་མོང་གིས་གཅིག་ཏུ་བསྡུ་རྒྱུའི་རེ་འདུན་བཅངས་པ་ལས་གྲུབ་པ་ཡིན། དེ་ནས་དབྱིན་ཇི་དཔེ་མཛོད་ཁང་ནས་རྒྱལ་སྤྱིའི་ཏུན་ཧོང་ལས་གཞིའི་ལས་འཛིན་ཚོགས་པ་ཆ་འཛུགས་བྱས་པ་དང་། ད་ལྟ་ཀྲུང་གོ་དང་། ཨུ་རུ་སུ། འཇར་པན། འཇར་མན་བཅས་སུ་ཆ་འཛུགས་ལྟེ་བ་བཙུགས་ཡོད། IDP ཡིས་ ༡༩༩༧ལོ་ནས་ལག་བྲིས་མ་ཨང་གྲངས་ཅན་ལ་བསྒྱུར་རྒྱུའི་འགོ་བཙམས། དེའི་དྲ་གནས(http://idp.bl.uk)ནི་ ༡༩༩༨ལོའི་ཟླ་༡༠པར་དངོས་སུ་དྲ་བ་དང་སྦྲེལ་ལ། ལག་བྲིས་མ་དང་ཐོན་རྫས་ཀྱི་སྤུས་ལེགས་པར་རིས་བྲི་ཕྲུག་མང་པོ་རིན་མེད་པར་ལྟ་ཀློག་བྱེད་ཆོག IDP ནི་དེང་རབས་རིགས་མཐུན་ལས་གཞི་ལས་གཞི་རྒྱ་ཆེས་ཆེ་བ་དང་གྲུབ་འབྲས་ཆེས་མངོན་གསལ་བ་ཡིན་ཏེ། དེས་རི་མོ་དང་། སྒྱུ་རྩལ་ཐོན་རྫས། ཐགས་གོས། ལག་བྲིས། གནའ་བོའི་འདྲ་པར། ས་བཀྲ་སོགས་འབུམ་ཕྲག་ལྷག་གི་གནས་ཚུལ་མཁོ་སྤྲོད་བྱས་ཡོད་པར་མ་ཟད། ད་དུང་དཀར་ཆག་དང་ཕྱི་མའི་སྐོར་ཀྱི་ཆ་འཕྲིན་ཀྱང་མཁོ་སྤྲོད་བྱེད་བཞིན་མཆིས།

བོད་ཡིག་ཡིག་རྙིང་ཡིག་ཚགས་ཀྱི་དྲ་ཐོག་ལས་གཞི་གཞན་ཞིག་སྟེ་དབྱིན་ཡིག་བསྡུས་འབྲི OTDO ནི་ཉེ་ཆར་འགོ་བཙམས་པ་ཡིན་ཏེ།དེའི་དྲ་གནས(http://otdo.aa.tufs.ac.jp)ཀྱིས་སི་ཐན་དབྱིན་དང་པོ་ཞི་ཧོ་གཉིས་ནས་ཐོབ་པའི་བོད་ཡིག་ཡིག་ཚགས་རྣམས་ལ་ཧྲིང་ཡི་གེར་བསྒྱུར་ནས་མཁོ་སྤྲོད་བྱེད་བཞིན་ཡོད།IDPདང་འདྲ་བར། OTDOདྲ་གནས་ཀྱིས་ཡུལ་སོ་སོར་ཐོར་པའི་ཉར་ཚགས་རྫས་དངོས་རྣམས་ཕྱོགས་གཅིག་ཏུ་དྲིལ་བ་དང་། ཡིག་ཚགས་རྣམས་ས་གནས་སོ་སོ་དང་སྡེ་ཚན་མི་འདྲ་བར་བགོས་ནས་ཉར་ཚགས་བྱས་རྐྱེན་ལྟ་ཀློག་སྟབས་བདེ་མིན་པའི་དཀའ་ངལ་སེལ། དེས་ཕྱིར། ལས་གཞི་འདི་དག་གིས་ཞིབ་འཇུག་པ་རྣམས་ལ་ཏུན་ཧོང་ཡིག་ཚགས་ལྟ་ཀློག་བྱེད་པའི་སྟབས་བདེའི་གོ་སྐབས་བསྐྲུན།

ད་ལྟ། ཧྲང་ཧེ་དཔེ་རྙིང་དཔེ་སྐྲུན་ཁང་གིས་ཏུན་ཧོང་བོད་ཡིག་ཡིག་ཚགས་རྣམས་པར་རིས་བཞིན་དཔར་སྐྲུན་བྱེད་རྒྱུ་ཡིན་པས། སི་ཐན་དབྱིན་གྱི་ལག་སོན་ཏུན་ཧོང་བོད་ཡིག་ཡིག་ཚགས་ཁ་ཚང་རྣམ་པ་གསར་བའི་ངང་བཀོལ་སྤྱོད་བྱེད་ཐུབ་པར་གྱུར། དེ་བས། ཞིབ་འཇུག་པ་ཚོར་ཡིག་ཚགས་ཁ་ཚང་ལ་ལས་སླ་པོར་མཇལ་ཐུབ་པའི་སྐལ་བ་ལྡན་བྱུང་། དེང་སྐབས་བེད་སྤྱོད་བྱེད་ཐུབ་པའི་རྒྱུ་ཆ་འདི་དག་བེད་སྤྱད་པ་ལ་བརྟེན་ནས། བོད་བཙན་པོའི་སྐབས་ཀྱི་ལོ་རྒྱུས་དང་རིག་གནས་གསལ་པོར་ཤེས་ཐུབ་པའི་ཡིད་ཆེས་ང་ཚོས་བཅངས་ཡོད་དོ།།

(མཐའ་བ་བཀྲ་ཤིས་དོན་འགྲུབ་ཀྱིས་རྒྱ་ཡིག་ནས་བསྒྱུར།)

# སྤྱིའི་དཀར་ཆག

# སྒྲིག་སྟངས།

གཅིག དེབ་ཕྲེང་འདིར་བཀོད་པ་ནི་དབྱིན་ཇིའི་རྒྱལ་གཉེར་དཔེ་མཛོད་ཁང་དུ་ཉར་ཚགས་བྱས་ཡོད་པ་སྟེ། སི་ཐན་དབྱིན་གྱིས་ཐེངས་དུ་མར་ཡ་གླིང་དཀྱིལ་དབུས་སུ་སྐྱུལ་དཔྱད་བྱེད་དུས་བསྡུ་ཉར་བྱས་པའི་བོད་ཡིག་ཡིག་ཚགས་ཐམས་ཅད་ཡིན། དེ་དག་ནི་ཏུན་ཧོང་དང་། མི་རན། མ་དྲ་ཐ་ཁྲོ། ཚ་ནག་མཁར་སོགས་ནས་ཐོན་པ་རེད།

གཉིས། ཡིག་ཚོགས་སྔོང་ཞིང་ཞིབ་འཇུག་གི་བྱ་གཞག་ལ་མི་གནོད་པའི་ཆེད་དུ། རྒྱུན་སྤྱོད་ཀྱི་དམ་ཆོས་བསྐྱུར་བཤུས་མང་པོ་ཡོད་པ་རྣམས་ལ་དགོས་མཁོ་ལྟར་མ་ཕྱི་མི་འགོད་པར་མཚན་བྱང་དང་ཨང་རྟགས་ལོ་ན་འགོད་ཐབས་སྤྱོད་རྒྱུ་ཡིན་ལ། དེ་ཡང་མཇུག་བྱང་དང་།བཤུ་མཁན། ཞུས་མཁན་སོགས་བཀོད་ཡོད་པའམ་ནང་དོན་ཁྱད་པར་ཅན་ཡོད་པ་རྣམས་ཀྱི་མ་ཕྱིའི་པར་རིས་སྤྱིར་བཏང་ལྟར་འགོད་རྒྱུ་ཡིན།

གསུམ། དེབ་ཕྲེང་འདིར་བཀོད་པའི་ཡིག་ཚགས་རྣམས་ཀྱི་མཚན་བྱང་ནི་རྩོམ་སྒྲིག་པས་མ་ཡིག་གི་བརྗོད་དོན་གཞིར་བཟུང་བ་དང་། འབྲེལ་ཡོད་སོ་རྒྱུས་ཡིག་ཚགས་དང་ད་ཡོད་ཀྱི་དཔྱད་འབྲས་ཁག་ལ་ཞིབ་འཇུག་སྙོམས་གཏན་འཁེལ་བྱས་པ་ཡིན་ལ། བོད་ཡིག་དང་རྒྱ་ཡིག་བཅས་ཡིག་རིགས་གཉིས་ཀྱིས་བཀོད་ཡོད།

བཞི། དེབ་ཕྲེང་འདིར་དཔེ་མཛོད་ཁང་གིས་གཏན་འཁེལ་ཟིན་པའི་ཡིག་ཚགས་ཀྱི་ཨང་རྟགས་དང་ཨང་རིམ་ལྟར་བསྒྲིག་རྒྱུ་ཡིན་ལ། ཨང་རྟགས་བཀོད་པའི་གནས་ཚུལ་ནི་གཤམ་ལྟར།

དབུའི་རྟགས་ IOL.Tib ཅན་ནི་ཧུན་ཧུ་དོན་གཅོད་ཁང་གི་དཔེ་མཛོད་ཁང་ནས་ཉར་ཚགས་བྱས་པའི་ཡིག་ཚགས་ཡིན་པ་དང་། དེ་ལའང་ནང་གསེས་དུ་མ་ཡོད་དེ།

IOL.Tib.J ཡིས་ཏུན་ཧོང་དཔེ་མཛོད་བྲག་ཕུག་ནས་ཐོན་པའི་བོད་ཡིག་ལག་བྲིས་མཚོན།

IOL.Tib.N ཡིས་གནའ་ཞུལ་ཁ་ཤས་ནས་ཐོན་པའི་བོད་ཡིག་ཁྲམ་བྱང་མཚོན། ཁྱད་པར་དུ་མི་རན། མ་དྲ་ཐ་ཁྲོ་ནས་ཐོན་པ་མཚོན།

IOL.Tib.M ཡིས་གནའ་ཞུལ་ཁ་ཤས་ནས་ཐོན་པའི་བོད་ཡིག་ལག་བྲིས་མཚོན། ཁྱད་པར་དུ་ཚ་ནག་དང་ཚ་ནག་མཁར་(སི་ཐན་དབྱིན་གྱིས་ཐེངས་གསུམ་པར་སྐྱུལ་དཔྱད་བྱས་པ)ནས་ཐོན་པ་མཚོན།

དབུའི་རྟགས་Or.ཅན་ནི་དབྱིན་ཇི་དངོས་མང་བཤམས་སྟོན་ཁང་གིས་དོ་དམ་བྱས་པའི་ཤར་ཕྱོགས་རྫས་དངོས་ཀྱི་རྟགས་ཡིན་ལ།དེར་ཡང་དབྱེ་བ་ཁ་ཤས་ཡོད་དེ།

Or.15000 ཡིས་གནའ་ཞུལ་མི་འདྲ་བ་ནས་ཐོན་པའི་བོད་ཡིག་ལག་བྲིས་མཚོན་ལ། ཁྱད་པར་དུ་མི་རན། མ་དྲ་ཐ་ཁྲོ་ནས་ཐོན་པ་མཚོན།

Or.8210/S ཡིས་ཏུན་ཧོང་རྒྱ་ཡིག་ལག་བྲིས་དང་ཁ་ཐོར་མཚོན། དེར་བོད་ཡིག་ལག་བྲིས་ཨང་རྟགས་ཅན་༤༠ལྷག་བསྡུས་ཡོད།

Or.8211 ཡིས་ཏུན་ཧོང་མ་ཡིན་པ་ནས་ཐོན་པའི་རྒྱ་ཡིག་དང་ཡིག་རིགས་གཞན་པའི་ལག་བྲིས་མཚོན།

Or.8212 ཡིས་སྐད་རིགས་མི་འདྲ་བའི་ལག་བྲིས་མཚོན་ལ། ཏུན་ཧོང་ནས་ཐོན་པ་ཁ་ཤས་འདུས།

ལྔ། དེབ་ཕྲེང་འདིར་བཀོད་པའི་པར་རིས་ཀྱི་གསལ་བཤད་ཡི་གེའི་མཚོན་དོན་གཤམ་ལྟར།

དཔེར་ན།

IOL.Tib.J.VOL.3 3. བུ་མོ་བློ་གྲོས་བཟང་མོས་ཞུས་པ། 4. ལས་བརྒྱ་རྩ་གཅིག་པོ། （101—72）

ཞེས་བཀོད་ཡོད་པའི་མཚོན་དོན་ནི་རིམ་པ་ལྟར།

IOL.Tib.J. ཡིས་དབྱིན་ཇིའི་རྒྱལ་གཉེར་དཔེ་མཛོད་ཁང་གི་བོད་ཡིག་འཚོལ་བསྡུས་བྱས་པ་མཚོན།

VOL.3 ཡིས་དཔེ་མཛོད་ཨང་རྟགས་མཚོན།

3. བུ་མོ་བློ་གྲོས་བཟང་མོས་ཞུས་པ། 4. ལས་བརྒྱ་རྩ་གཅིག་པོ། ཞེས་པས་པར་རིས་འདིར་དོན་ཚན་སྔ་གསུམ་པ་དང་བཞི་པ་བཅས་རིགས་གཉིས་ཡོད་པ་མཚོན་ལ། མཚན་བྱང་ནི་མ་ཕྱི་ལྟར་བཀོད་པའམ་སྒྲིག་པ་པོས་བཏགས་པ་ཡིན།

（101—72）ཡིས་སྐབས་འདིར་བསྒྲིགས་པའི་ཡིག་ཚགས་ TIB.J.VOL.3 ཀྱི་པར་རིས་ཀྱི་སྔོམ་གྲངས་དང་པར་རིས་འདིའི་ཨང་རིམ་མཚོན་ལ། དེ་ཡང་ཨང་རྟགས་འདི་ལ་སྔོམ་པས་པར་རིས་ 101 ལས་པར་དེབ་འདི་ནི་ཨང་རིམ་ 72 པ་ཡིན་པ་གསལ་བཤད་བྱས་ཡོད།

R ཡིས་ཤོག་བུའི་ཉིན་ངོས་མཚོན། (Recto) སྲིབ་ངོས་སུ་ཡི་གེ་མེད་དུས་བསྡུས་ནས་བཀོད་མེད།

V ཡིས་ཤོག་བུའི་སྲིབ་ངོས་མཚོན། (Verso)

དྲུག དེབ་ཕྲེང་འདིའི་ཆེས་མཇུག་ཏུ་ཟུར་བཀོད་རྫོམ་སྒྲིག་བྱེད་རྒྱུ་ཡིན་ལ། དེ་རུ་གསལ་འདོན་དང་། ས་ཚིགས་རེའུ་མིག རིགས་དབྱེའི་དཀར་ཆག དཀར་ཆག་གཞན་བསྡུས་སོགས་འདུས་ཡོད།

# Preface

Sam van Schaik

At the beginning of the twentieth century great numbers of ancient manuscripts were brought to Europe from the old Silk Road of Central Asia by archaeological explorers and adventurers from Britain, France, Germany, Russia and Sweden. More recently, Chinese archaeologists have uncovered yet more manuscripts from the region. The scattered written and artistic records of the many civilisations which flourished at different times in Central Asia were brought to the museums and libraries of these countries.

The largest, and most well-known, single cache of Central Asian manuscripts is that discovered in a walled-up library in the monastic cave complex of Dunhuang. The manuscripts come in a variety of forms, scrolls, pothis, bound books and wooden documents. They were written, and occasionally printed, in many languages, including Sanskrit, Chinese, Tibetan, Khotanese and Tangut and Uighur. They all date from before the closing of the library cave at the beginning of the eleventh century.

The majority of the Tibetan manuscripts from the cave went to the national libraries of Britain, France and Russia, with a still significant number remaining in Gansu, China. The British collection of Dunhuang manuscripts, which are now kept at the British Library in London, derive from the expeditions Sir Marc Aurel Stein, a Hungarian/British explorer. Aurel Stein made four expeditions to Central Asia in the early 20th century, returning with hundreds of objects from each trip except the last. In addition to manuscripts from the Dunhuang library cave, Stein found Tibetan manuscripts at various sites across Central Asia. The most significant of these sites were Endere, Miran and Mazar Tagh, Etsingol and Khara-Khoto.

The objects that Aurel Stein acquired from Central Asia were initially split between several different institutions. The manuscript material was given to the British Museum, the India Office Library and the British Government of India. By 1982 most of the manuscript material from the British Musem and India Office Library had been transferred to the British Library. The British Museum collection now comprises mainly the illustrated and three-dimensional items brought back by Stein. The material given to the Indian government is now housed at the National Museum of India; this is also mostly illustated and three-dimensional material. Stein's textiles are on a long term loan from the National Museum of India at the Victoria and Albert Museum.

Many of the Tibetan manuscripts are in loose-leaf pothi format. When found in the Dunhuang library cave these leaves were bound in bundles along with manuscripts in other languages, including Sanskrit, Khotanese and Uighur. At the India Office Library the different language groups were separated and placed in different shelfmark classes — in the case of Tibetan, IOL.Tib. This group also included several hundreds of Tibetan scrolls, mostly copies of a single sutra, the *Aparimitāyurnāmasūtra.*

The loose Tibetan pages were sorted by the Belgian exile Louis de la Vallée Poussin and the India Office librarian F. W. Thomas. The conservators at the India Office Library then used the most up-to-date methods of conservation to preserve damaged and fragile manuscripts, backing with paper and covering with silk gauze. Since the 1990s the British Library, which inherited the India Office Library collections, has been reassessing the previous conservation.

The loose leaves have been removed from the leather-bound volumes and the old paper backing and gauze is gradually being removed from all of the pages, replaced where necessary with minimal repairs of torn and fragile pages. As a result, the manuscripts are now much closer to their original form.

**Manuscript Numbers**

As mentioned above, almost all the Tibetan manuscripts discovered by Stein are now kept at the British Library. Those which came from the India Office Library are numbered with the prefix IOL Tib, while those from the British Museum's Oriental collections are numbered with the prefix Or. The IOL Tib numbers are further classified as follows:

- IOL.Tib.J: Tibetan manuscripts from the library cave at Dunhuang.
- IOL.Tib.N: Tibetan woodslips from various sites, esp. Miran and Mazar Tagh.
- IOL.Tib.M: Tibetan manuscripts from various sites, esp. Etsin-gol and Khara-khoto (Stein's third expedition).

The Or. numbers containing Tibetan material from Stein are:

- Or.15000: Tibetan manuscripts from various sites, esp. Miran and Mazar Tagh.
- Or.8210/S: Chinese scrolls and fragments from Dunhuang, including about 80 Tibetan texts.
- Or.8211: Manuscripts in Chinese and other languages, not from Dunhuang.
- Or.8212: Manuscripts in various languages, some of which are from Dunhuang.

The vast majority of Tibetan manuscripts from Dunhuang fall into the IOL.Tib.J sequence. This sequence originally comprised all of the numbers from de la Vallée Poussin's catalogue, that is IOL.Tib.J 1–765. But since de la Vallée Poussin's catalogue was incomplete, many items remained unnumbered. The manuscripts not numbered by de la Vallée Poussin (most of which are fragments) were given the IOL.Tib.J numbers 766 to 1774 by Sam van Schaik in 2001. Thus the original India Office collection of Stein's Tibetan manuscripts from Dunhuang are now numbered IOL.Tib.J 1–1774.

The numbers from de la Vallée Poussin's catalogue which covered multiple manuscripts have been further distinguished by a number after a decimal point. Thus de la Vallée Poussin's number 310, which covered over a thousand copies of the *Aparimitāyurnāmasūtra* is subdivided into IOL.Tib.J 310.1 to IOL.Tib.J 310.1207.

Another way of referring to these manuscripts is Aurel Stein's site numbers. These are the codes assigned by Stein to all of his finds, which indicate the specific site at which the item was found. The numbers are written directly on the items.

The items from Dunhuang were all given a code beginning with the letters Ch., which is an abbreviation of Ch'ien-fo-tung (Qianfodong, "the caves of the thousand Buddhas"), another name for the Mogao caves. This code is followed by a combination of numbers, letters and Roman numerals. The manuscripts in the library cave were originally found in bundles, and most of these codes indicate the original bundles.

A third way of referring to the Stein Tibetan manuscripts was used by F. W. Thomas and others. This is a reference to the volume and folio number. These 'volumes' were created when the India Office Library originally conserved the manuscripts, binding them into volumes numbered 1 to 73.

Within each volume, every page of the manuscript was given a folio number. Later, the manuscripts were unbound and placed in boxes which retained the old volume numbers, and the volume series was extended to include new boxes so that the volumes now number from 1 to 156.

**Catalogues**

In 1951 F. W. Thomas published the second part of his Tibetan literary texts and documents concerning Chinese Turkestan series, in which he catalogued much of the secular material from the Dunhuang manuscripts in the India Office Library collection. Recently, Tsuguhito Takeuchi has returned to some of this material in his work *Old Tibetan Contracts from Central Asia.*

Then in 1962 a catalogue of the Tibetan Buddhist manuscripts from Dunhuang held in the India Office Library collection was published. The catalogue was the work of Louis de la Vallée Poussin, a Belgian scholar who had taken refuge in London during the First World War. Apart from some editing, the published catalogue contained de la Vallée Poussin's work as he left it when he returned to the continent after the war. Though many of the Tibetan Buddhist manuscripts were covered, much was left out. Nevertheless it was an impressive effort, with thematic organization, indexes and concordances displaying de la Vallée Poussin's sophisticated understanding of Indo-Tibetan Buddhism.

In the next decade, under the guidance of Zuiho Yamaguchi, the Toyo Bunko prepared a catalogue of the Tibetan Dunhuang manuscripts in the Stein collection. The catalogue was published in twelve volumes between 1977 and 1988. The cataloguing team proceeded systematically, recording titles, incipits and explicits for each item, and cataloguing all of the material. They assigned new numbers to those manuscripts that had not been catalogued by de la Vallée Poussin. Unfortunately, these numbers are different from the IOL.Tib.J numbers assigned by the British Library and therefore are only relevant within the context of the Toyo Bunko catalogue itself.

In 1998, a catalogue of the Tibetan manuscripts from Stein's second expedition, mostly from Miran and Mazar Tagh, was published by Tsuguhito Takeuchi. Takeuchi is currently working on further catalogues of the Tibetan woodslips from Stein's second expedition (again mostly from Miran and Mazar Tagh) and the Tibetan manuscripts from Stein's third expedition (mostly the 11th to 17th century manuscripts from Khara-khoto and Etsin-gol).

A fully descriptive catalogue of the tantric manuscripts in the Tibetan part of the Stein collection was prepared by Jacob Dalton and Sam van Schaik. The catalogue was the result of a 3-year project funded by the Arts and Humanities Research Council (UK), in recognition of the importance of this material for understanding the early development of

Tibetan vajrayāna and the insufficiency of de la Vallée Poussin's treatment of this material, a lack he readily accepted. It was published online by the International Dunhuang Project in 2005, and in an expanded printed form by E. J. Brill in 2006.

Finally, a catalogue of over 80 Tibetan texts in the Or.8210/S. sequence,compiled by Kazushi Iwao, Tsuguhito Takeuchi and Sam van Schaik, is in preparation and will be published soon.

**Research**

The Tibetan Dunhuang manuscripts are significant in several areas of research. They are the main sources for understanding the early development of Tibetan Buddhism, including such subjects as early versions of canonical texts, the development of tantric Buddhism in Tibet, how Buddhist rituals were practised, and the relationship between Buddhism and pre-Buddhist religious practises. The manuscripts are also the earliest examples of Tibetan writing, apart from epigraphic sources, and still have much to tell us about its development.

The importance of the Dunhuang manuscripts for the study of early Tibetan history first became clear with the publication of translations of the *Old Tibetan Annals* and *Old Tibetan Chronicle* in the 1940s. These two texts were demonstrably earlier than any Tibetan histories previously seen. Both dealt with the period of the Tibetan Empire. Both must have been written before the closing of the manuscript cave in the early eleventh century, and incorporated elements that were even earlier; this is certainly true in the case of the *Old Tibetan Annals,* which seem to have drawn on the annals of imperial historians.

Subsequent research has looked at a broader range of manuscripts with historical importance, including legal documents, and the related practice of divination; official edits and dispatches; contracts between private individuals; and both private and official letters. Scholars have begun to work with the Tibetan manuscripts alongside those in other languages, such as Chinese, Uighur and Khotanese, thus clarifying the relationships between Tibetans in Central Asia and people of other cultures. Work has also been done on the Tibetan manuscripts from other Central Asian sites occupied by the Tibetan Empire, such as Miran and Mazar Tagh.

The tremendous work done by scholars from Europe, Japan, China and the USA over the previous century has truly revolutionized our understanding of early Tibetan history, customs and religious practices. These achievements have been secured in the face of the difficulty of consulting the manuscripts directly, due to their being held in institutions all over the world. However, in recent years this has begun to change.

The International Dunhuang Project (IDP) was formed in 1994, based on the aspiration of the various institutions holding Dunhuang manuscripts and artifacts to work together to reunite the original collection through the highest quality digital photography. A directorate was established at the British Library and IDP now has centres in China, Russia, Japan and Germany. IDP started digitising the manuscripts in 1997, and its website (http://idp.bl.uk) went online in October 1998, allowing free access to thousands of high-quality images of the manuscripts. IDP is now the largest and most successful project of its kind, providing information on tens of thousands of paintings, artifacts, textiles, manuscripts, historical photographs and maps as well as cataloguing and contextual information.

Another project Old Tibetan Documents Online (OTDO) has recently been launched, with a website providing transcriptions of all key Tibetan historical texts from both the Stein and Pelliot collections (http://otdo.aa.tufs.ac.jp). Like IDP, the OTDO website is virtually reuniting separate collections, overcoming institutional divisions of manuscripts which were originally part of a single collection. These projects have made access to the Dunhuang manuscripts much easier for scholars.

Now, the present volume of facsimile images by the Shanghai Chinese Classics Publishing House will make the complete set of Stein Tibetan manuscripts from Dunhuang available in a new form. This will make it easier for scholars to access all of this material than ever before. With such resources now available we can look forward to gaining an even clearer understanding of early Tibetan history and culture.

Sam van Schaik
International Dunhuang Project
The British Library

# Preface

Jin Yasheng, Zhao De'an, Shu Xihong

In 1900, when China was overwhelmed by eight countries' attack on Beijing, the Dunhuang library cave in the west of Hexi Corridor was opened, and millions of precious ancient documents and arts triggered the historical memory.

After that, British explorer Sir Aurel Stein first took some documents from the library cave. Then so did French Paul Pelliot in 1908, Japanese Koitirou and Russian S. F. Oldenburg, etc.

They obtained not only large quantities of Chinese documents, pictures, and sculptures, but also those of Tibetan literature. Besides, almost at the same time, Sir Aurel Stein, S. F. Oldenburg, and S. E. Malov also seized other of ancient Tibetan woodslips and manuscripts in the excavation of ancient sites in Xinjiang.

The objects derived from Dunhuang and Xinjiang were initially split between the British Museum and the India Office Library. All manuscript materials from the British Museum and India Office Library were ultimately transferred to the British Library. Tibetan documents in France were always stored in the Bibliothèque Nationale de France, those in Russia in the Russian Institute of Oriental Studies and those in Japan were relatively scarce and scattered. The scattering and storage of ancient Tibetan documents is nearly the same as that of Dunhuang Chinese documents, both of which are mainly collected in the National Library of China and Gansu province.

**The obtainment and storage:**

The storage of the ancient Tibetan documents uncovered in the Dunhuang library cave, Xinjiang and Gansu are as follows:

Ⅰ. Dunhuang ancient Tibetan documents scattering outside (about 8413)

1. The British Library (about 3500)

The ancient Tibetan documents of China stored in the British Library, most of which come from Dunhuang library cave, Miran and Mazar Tagh in Xinjiang, were one of the most significant collections for the research.

2. Bibliothèque Nationale de France (about 4450)

The documents stored in the Bibliothèque Nationale de France were mainly obtained by Paul Pelliot in 1908, including 4038 numbered Chinese documents, 4450 numbered Tibetan ones and Sogdiana, Qiuci, Uighur, Xixia ones etc. These documents derived partly from Dunhuang library cave were written in about 8-10th century, and those partly from the stone holes in the north of Dunhuang were written in about 11-13th century.

3. Russian Institute of Oriental Studies（216+57+120）

The documents in the Russian Institute of Oriental Studies, according to Alexander V. Zorin investigation, are not less than 20500 pieces, most of which were seized from Siberia, Mongolia, Beijing, Lhasa and Amdo.

The Dunhuang Tibetan documents were collected by the expedition led by S. F. Oldenburg. *Tunhuang Tibetan Manuscripts in the Collection of the Leningrad Institute of Oriental Studies* written by Lev S. Savitsky and published in 1991 included 214 pieces of manuscripts, among which are ten pieces of the *Aparimitāyurnāmasūtra*, one Central Asian vertical Poluomi characters, one anonymous Buddhist scripture. Many inscriptions are remained, including the names of 97 copyists and those of 62 proofreaders.

In 1914, June 15, the scholar S. E. Malov bought 57 pieces of small woodslips autographed in Tibetan which were derived from the Miran near the Luobubo, the frontiers Tibetan lived. Another part of the documents stored in the Department of Oriental Manuscripts, were the Tibetan manuscripts and wood-printed ones (about 120 pieces) bought by Kozlov from the Khara-Khoto which were the most important of all the Tibetan documents.

4. Japan Ryukoku University (70)

Those Tibetan documents numbered 6001-6070 in Ryukoku University were mainly Tibetan records, Buddhist scripture, documents in hP'ags-pa Script and Sanskrit scripture spelled in Tibetan letter.

Ⅱ. Ancient Tibetan documents stored in China (9821)

5. National Library of China (6378)

According to the announcement by the International Dunhuang Project website, 1142 of the total 6378 numbered collections were digitalized, but the further introduction to their origin and context is absent.

According to the *Catalogue of Dunhuang Documents Stored in National Library of China*, Huang Weizhong points out that the documents independently numbered in the National Library are 291 pieces, and besides, 29 pieces were written in Tibetan at the back of the manuscripts. The independently numbered documents consist of two parts: one part is 209 pieces of the documents collected by Kozui Otani which were included in Vol.124-126 of *Dunhuang Documents Stored in National Library of China*; the other part is 82 pieces that were either bought later or donated by private collectors, of which 16 are fragments. It must be recognized that the announcement by the website was the whole documents of the International Dunhuang Project while the catalogue announced was the Dunhuang Tibetan documents stored in the National Library of China.

6. The documents stored in Gansu (3410 pieces)

*The Tunhuang Manuscripts: A General Description* by Fujieda Akira published in 1966 explored the other Tibetan documents derived from the library cave. He writes: "In 1919 the local government of Gansu ordered his investigators to make a field research after they heard that many visitors bought some Tibetan Buddhist manuscripts. The investigators found 94 packs of Tibetan scrolls which weigh about 405 *jin* and 11 sets of paper manuscripts between wood boardo which weigh 1744 *jin* in the monastic cave in the south of three-story complex. He left 90 packs, but transferred 3 packs of scrolls and 10 Pattra-leaf Sutra to a school at Dunhuang. He brought only one scroll and only one Pattra-leaf Sutra to Lanzhou which was later stored in the Library of Gansu province." It must be emphasized that these manuscripts, which might weigh one *ton*, undoubtedly surpassed the documents stored in any other parts of the world.

In 1978, the findings announced by Huang Wenhuan's investigation of Tibetan documents stored in Gansu pointed out that the number amounted to no less than 10000 pieces. According to the investigation by the Institute of Dunhuang Documents Studies of Dunhuang Academy from 2004, the documents stored in Gansu amount approximately to 3410 pieces. The statistic, perhaps due to its investigation scope limited to the library cave or other reasons, contrasts greatly with the results by Huang Wenhuan, and contrasts more greatly with what Fujieda Akira thought of as one *ton* merely in Dunhuang.

7. "Central Library" of Taibei （5）

There are four *Aparimitāyurnāmasūtra* and one Tibetan accounts of Yin year（寅年） in Dunhuang area.

8. The documents stored separately in other regions of China（28 pieces)

According to Huang Weizhong's investigation, there are two pieces in Shanghai Museum, three in Peking University Library, six in Tianjin Art Museum, eight in Shanghai Library, six in Zhejiang Museum and three in China Bookstore, all of which are based on the published ones.

In sum, according to the conservative statistics, the whole number of Tibetan documents from Dunhuang and Western Regions amounts to 18234 pieces, 8413 of which were stored in other countries and 9821 of which were stored in China. If added up other documents unknown to us for various reasons, the whole number will greatly surpass the number above. Therefore, it is roughly estimated that the Tibetan documents of ancient Tibetan period are more than 20000 pieces.

It must be remembered that "piece" and "number" are different, yet sometimes overlapped. For example, a number sometimes includes several pieces, while sometimes means only one piece. Because the terms every department used are different, the ultimate statistics are uncertain.

All of these Tibetan documents of Dunhuang and Western Regions should be regarded as a whole in the relations between the documents from Dunhuang and Western Regions, collections in Britain and France, overseas and China, single Buddhist scripture and Tripitaka, Tibetan and Chinese documents, Uighur and Xixia ones, as well as the relations between the documents of the early period of Buddhist dissemination period and of the late period of Buddhist dissemination period, Dunhuang documents and Khara-Khoto ones, woodslips and manuscripts. All these intricate relations constitute our proud history and culture. The most important documents are Tibetan ones, which are the exclusive ones of China that any county can not match, no matter in terms of content, scale and form.

**The significance of publication**

1. The historical significance

First of all, the Dunhuang and Western Regions documents recorded a special period. These documents were created in the period from 786-848 when ancient Tibet occupied Dunhuang, and used by Tibetan-speaking people for a long time.

In A.D.842, with the downfall of the last Glang dar ma Tsenpo and of Tibetan dynasty, Tibetan entered into a period of confusion which was about 100 years. In this period, the order of abolishing Buddhism was not essentially obeyed in the frontiers of Tibetan, and some Monks escaped and took part in the Buddhist activity in other areas. As a result, some Buddhist scriptures were concealed and survived this disaster. But on the whole, the new Tibetan Buddhism, which was founded in 7th century, after all did not survive this powerful disaster and became endangered. But as the Tibetan society has increasingly become steady in the 11th century, the Tibetan Buddhism began to revive correspondingly. The rapid development of rNying ma pa, bKa' brgyud pa, bKa' gdams pa and Sa skya pa necessitated the translation of large quantities of Buddha sutra, without which we now are not able to reconstruct the Tibetan document system and rites.

Later, the period of Tibetan Buddhism in ancient Tibet was called the early period of Buddhist dissemination; the period of Tibetan Buddhism after 11th centure, was the late period of Buddhist dissemination. The two periods were demarcated by the period of the abolition of Buddhism. The Dunhuang documents, which were largely in ancient Tibet, contributed greatly to the research of Tibetan civilization and the relations between Tibetan and Chinese.

Due to lack of the fundamental documents in the early period of Buddhist dissemination, the main works in the late period of Buddhist dissemination, such as *Deb ther sngon po, Bu ston chos 'byung* and *mKhas pa'i dga' ston* etc, described little about the society in the early period of Buddhist dissemination and had to be replaced by the romantic stories and mystical legends.

The documents excavated in Dunhuang, Western Regions and Tibetan areas, especially such as inscriptions on the tablets, official and private accounts, woodslips, letters and contracts etc, were the real official and folk records of that period, which were obviously more accurate than the most canonic history books written in Yuan dynasty. As for the deep research on *Dunhuang Tibetan Manuscripts about the History of Ancient Tibet* translated and annotated by Wang Yao and Chen Jian, the authenticity of documents and the depth of research greatly exceeded the history works written in the the late period of Buddhist dissemination period.

For the exchange between Tibetan and Chinese, many Confucian works were translated to Tibetan and some Tibetan-Chinese dictionaries were compiled. In addition, in some important sutra, extol and children-reading books were added with Tibetan phonetic notation. There are some manuscripts of Tibetan Bonism and Shamanism, some accounts of folk life and especially the canons of Tantrism which were popular but now have vanished in these Tibetan documents.

These documents play a unique role in our research of the cultural exchange between Tibetan and Chinese, of the emergence of early Tibetan Buddhism, the disputes between Central Plains and Indian school, and of the inter-translation and inter-impact between Tibetan and Chinese literature. These documents also contributed greatly to our study of the Tibetan civilization, of the relation between Tibetan and Chinese and of the various periods of Tibetan occupation. The documents were closely related with the Tibetan ones handed down from the late period of Buddhist dissemination period and were irreplaceable.

2. The realistic significance

In recent years, the research and publication of Tibetan documents were being emphasized by the nation. Indeed, the compilation and publication of documents scattering overseas in different languages such as Tibetan, Uighur, Sanskrit, Khotanese, Qiuci and Sogdiana, etc, will have a strategic and far-reaching significance.

Ancient Tibetan documents recorded a long cultural exchange between Chinese and Tibetan, which were realized by the war and peace, by the medium of folk and religion, either violently or gently. The historical records, such as inscriptions on the tablets, woodslips, accounts and manuscripts etc, reconstruct the close relation and the cultural assimilation between Chinese and Tibetan and contribute greatly to the national recognition. The research on the history from the early records of ancient Tibet will suggest that Tibet has always been part of China and Tibetan people are the important members of Chinese nation. The interexchange and mutually learning between Tibet and inland in politics, culture, and economics etc is the main theme.

Of all the documents of Chinese nation, Chinese ones occupy the first place and Tibetan documents come second. Dunhuang Tibetan documents stored in Britain and France are significant in the academic study and publication. They are complementary, and are irreplaceable parts of the Chinese culture. On the whole, the documents of the same origin are a complete one and only a complete publication of these documents will contribute to our complete research. In a broad perspective, Tibetan documents in the library cave, Chinese documents, and Uighur, Sogdiana, Khotanese and Qiuci documents are a complete system. Therefore, only by publishing all of these documents, can the value of Tibetan documents be fully realized.

For a variety of reasons, the Tibetan documents excavated in Dunhuang and Xinjiang have scattered in many parts of the world, which makes it difficult for a complete and systematic research. However, taking advantage of both the availability of the documents, European and Japanese scholars have played a leading role in the realm of Tibetan research for a long period. Few Chinese scholars had an opportunity to study these original documents, so they had only to recognize them on the minimized photos or to contrast them according to what Western scholars had published. In addition, those who afforded the time to study these documents by communing among different museums in Europe could only provide a glimpse into these originals and could not made in-depth research.

But now the complete publication of the overseas documents, like the scattered Tibetan manuscripts in France and Britain, will provide the basic and the most original documents for the research of Chinese Tibetology and its related subjects. It will enable many scholars to conduct in-depth research with access to the original works.

The search and compilation of Tibetan historical and cultural documents which were scattered overseas or near endangered is a very important project of protecting our traditional culture, especially the traditional Tibetan culture. Moreover, this protect belies the allegation of anti-Chinese advocates and division fanciers overseas on the protection of Tibetan culture. Definitely, this publication plays a significant role now.

The historical value of ancient Tibetan documents is plentiful and varied. With in-depth research on these documents, we will uncover more about the implications of them. In terms of this, the publication of these documents can not be overestimated. In addition, we hope that all the Tibetan documents, nearly 20000 pieces, scattering in many parts of the world will be published, which will be not only the glory of the creation of excusive culture by Tibetan ancestors, but also the contribution of the whole Chinese nation to the history of world.

A great development has taken place in Northwest University for Nationalities in the past 60 years. Since 2005, Northwest University for Nationalities has collaborated with the British Library and the Bibliothèque Nationale de France with the help of Dr. Frances Wood and Dr. Monique Cohen (later, Dr. Sam van Schaik and Dr. Nathalie Monnet). In order to compile these documents, Northwest University for Nationalities constitutes the Institute of Overseas Ethnic Documents, in which the scholars are composed of historical professors and of Tibetan monks.

Based on the earlier finds, we conduct in-depth and comprehensive research, including contrasting and cataloguing. In contrast with earlier scholars who had to go to foreign libraries, the scholars of new period will be able to read the clear photos, investigate the details of the documents, to seek the resources on computer and to contrast different documents at the same time. Besides, their finding will be termed in Chinese and Tibetan, and incorporated all the large Tibetan documents except some repeated ones. In sum, all of these set a precedent in both China and overseas.

In 2006, May, *Tibetan Documents from Dunghuang in the Bibliothèque Nationale de France* was published and in September the announcement meeting was held in Lanzhou. Most scholars concerned first saw this clear photos of Tibetan documents scattering overseas and highly praised the complete of the publication of all documents. Wang Yao, a famous professor, said this is the landmark in the study of Tibetan documents. Yoshirou Imaeda also said the significance can not be overestimated. From then on, 11 volumes of *Tibetan Documents from Dunghuang in the Bibliothèque Nationale de France* were already published and now *Tibetan Documents from Dunhuang and other Central Asian in the British Library* are going to be published. The publication of the largest quantities and the most important Tibetan documents, a contribution which was made joint efforts by Chinese and Tibetan scholars, will suffice to comfort all of the scholars of many generations.

Our aim is to publish the largest quantities and the most collective Dunhuang Tibetan documents stored in Britain and France first; then to collaborate with other universities to sort out the stray documents. We devote ourselves to the publication and research while establishing the database. In the process of seeking new documents, we will plan to study the new subject, to train outstanding scholars, and to obtain greater achievements.

Taking advantage of this opportunity, we will collaborate with more Tibetologists and more universities to do more in-depth research on the Tibetan documents. In sum, we will publish the Dunhuang Tibetan documents stored in Britain and in France. Furthermore, we will seek some of the uncovered documents and publish them, which contribute greatly to the research.

Translated by Zhang Xiuqing （張秀清）

# Content

# Editorial Notes

1. This book includes the collections of all Tibetan documents stored in the British Library which were brought back by Marc Aurel Stein during his Central Asian expeditions, from Dunhuang, Miran, Mazatage and Khara-Khoto etc.
2. In order to save the space and not to interfere with research, a lot of repeated familiar sutras are published without plates, but with serial numbers and explanatory notes; some with special contents and forms such as inscriptions, signatures and revisions are published as usual.
3. The definite names of the documents in this book are investigated according to the contents, with the reference of historical documents and the present research fruits.

   The explanatory notes of the plates are written in both Tibetan and Chinese.
4. The book is arranged in the number of the documents stored in the library:

   The prefix IOL.Tib numbers, which come from the India Office Library, are further classified as follows:

      IOL.Tib.J: Tibetan manuscripts from the library cave at Dunhuang.

      IOL.Tib.N: Tibetan woodslips from various sites, esp. Miran and Mazar Tagh.

      IOL.Tib.M: Tibetan manuscripts from various sites, esp. Etsin-gol and Khara-Khoto (Stein's third expedition).

   The prefix Or. numbers, which come from the British Museum's Oriental collections, are further classified as follows:

      Or.15000: Tibetan manuscripts from various sites, esp. Miran and Mazar Tagh.

      Or.8210/S: Chinese scrolls and fragments from Dunhuang, including about 80 Tibetan texts.

      Or.8211: Manuscripts in Chinese and other languages, not from Dunhuang.

      Or.8212: Manuscripts in various languages, some of which are from Dunhuang.
5. The explanatory notes are written as follows:

   e.g.

   英 IOL.Tib.J.VOL.3 3.大寳積經第三十妙慧童女所問經 4.一百羯摩 （101—72）

   The meaning of characters is given in the order as follows:

      IOL.Tib.J —— Abbreviation for the Tibetan documents collected in the British Library;

VOL.3—— Serial number given by the British Library;

3.大寶積經第三十妙慧童女所問經 4.一百羯摩 —— Includ the third and fourth parts of this volume.

（101—72）—— Sum of the plates IOL.Tib.J.VOL.3 with this serial number and ordinal number of this plate, showing there are 101 plates and this is the 72th one.

R —— Obverse（Recto），Omitted if there is no reverse.

V —— Reverse（Verso）.

6. The last volume is attached with appendix, which includes Descriptive catalogue, Chronological table, Classified catalogue and Index.

# 第一册目録

IOL.Tib.J.VOL.1—6

# 彩色圖版目錄

# དཀར་ཆག

IOL.Tib.J.VOL.1—6

# མཚོན་རིས་ཀྱི་དཀར་ཆག

༡ དབྱིན་ཇིའི་རྒྱལ་གཉེར་དཔེ་མཛོད་ཁང་གི་ཕྱི་ལྗོངས། (ཧྥུའུ་ཞན་ཀྲན་གྱིས་པར་བླངས།)

1. 英國國家圖書館外景（府憲展攝影）

༢ དབྱིན་ཇིའི་རྒྱལ་གཉེར་དཔེ་མཛོད་ཁང་གི་ར་བ། (ཧྥུའུ་ཞན་ཀྲན་གྱིས་པར་བླངས།)

2. 英國國家圖書館庭院（府憲展攝影）

༣ དབྱིན་ཇིའི་རྒྱལ་གཉེར་དཔེ་མཛོད་ཁང་ཤར་ཕྱོགས་དང་ཧིན་རྡུ་དོན་གཅོད་ཁང་། (ཧྥུའུ་ཞན་ཀྲན་གྱིས་པར་བླངས།)

3. 英國國家圖書館東方和印度事務部（府憲展攝影）

༤ སི་ཐན་དབྱིན། (༡༨༦༢-༡༩༤༣)

4. 斯坦因（Marc Aurel Stein 1862—1943）

༥ ནུབ་བྱང་མི་རིགས་སློབ་གྲྭ་ཆེན་མོའི་ལན་ཀྲུའི་སློབ་ཁུལ། (ཧྥུའུ་ཞན་ཀྲན་གྱིས་པར་བླངས།)

5. 西北民族大學蘭州校區（府憲展攝影）

༦ ནུབ་བྱང་མི་རིགས་སློབ་གྲྭ་ཆེན་མོའི་ཡུས་ཀྲུང་སློབ་ཁུལ།
(ཧྥུའུ་ཞན་ཀྲན་གྱིས་པར་བླངས།)

6. 西北民族大學榆中校區（府憲展攝影）

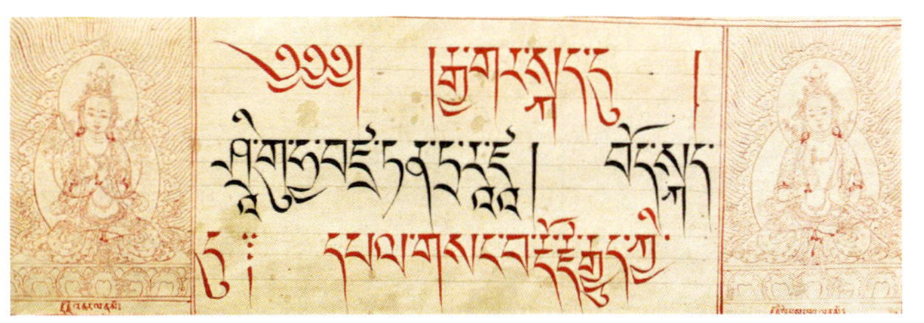

༧ ནུབ་བྱང་མི་རིགས་སློབ་གྲྭ་ཆེན་མོའི་དཔེ་མཛོད་ཁང་དུ་ཉར་བའི་མིན་རྒྱལ་རབས་ཀྱི་བཀའ་བསྟན།
(ཧྥུའུ་ཞན་ཀྲན་གྱིས་པར་བླངས།)

7. 西北民族大學圖書館珍藏明代藏文大藏經
（府憲展攝影）

༨ ༡༩༠༨ལོའི་ཏུན་ཧོང་མོ་ཀོ་ཁུའུ་ཡི་ལྷ་ཁང་ལྔ་ཐོག་ཅན། (པོ་ཞིས་ཧེ་ཉུལ་དཔྱད་རུ་ཁག་གིས་པར་བླངས།)

8. 1908年的敦煌莫高窟“五層樓”（伯希和考察隊拍攝）

༩ ༡༩༠༨ལོའི་ཏུན་ཧོང་མོ་ཀོ་ཁུའུ་ཡི་ལྷོ་ཁུལ་བྲག་ཕུག
(པོ་ཞིས་ཧེ་ཉུལ་དཔྱད་རུ་ཁག་གིས་པར་བླངས།)

9. 1908年的敦煌莫高窟南段窟區（伯希和考察隊拍攝）

༡༠ སི་ཐན་དབྱིན་གྱིས་༡༩༠༧ལོར་མཐོང་བའི་དཔེ་མཛོད་བྲག་ཕུག་གི་སྒོ་འབྱེད་མཁན་ཝང་ལགས།

10. 斯坦因1907年所見到的發現藏經洞的王道士

༡༡ སི་ཐན་དབྱིན་གྱིས་༡༩༠༧ལོར་མཐོང་བའི་དཔེ་མཛོད་བྲག་ཕུག་དང་ཡིག་ཚགས།

11. 斯坦因1907年所見到的藏經洞和經卷文書

༡༢ ཏུན་ཧོང་མོ་ཀོ་ཁུའུ་ཡི་ཡུལ་ལྗོངས། (ཝུའུ་ཅན་གྱིས་པར་བླངས།)

12. 敦煌莫高窟全景（吴健攝影）

༡༣ ཏུན་ཧོང་མོ་ཀོ་ཁུའུ་ཡི་བྲག་ཕུག་ཨང་༩༦པ་སྟེ་ལྷ་ཁང་དགུ་ཐོག
(ཧྥུའུ་ཞན་ཀྲན་གྱིས་པར་བླངས།)

13. 敦煌莫高窟96窟“九層樓”建築（府憲展攝影）

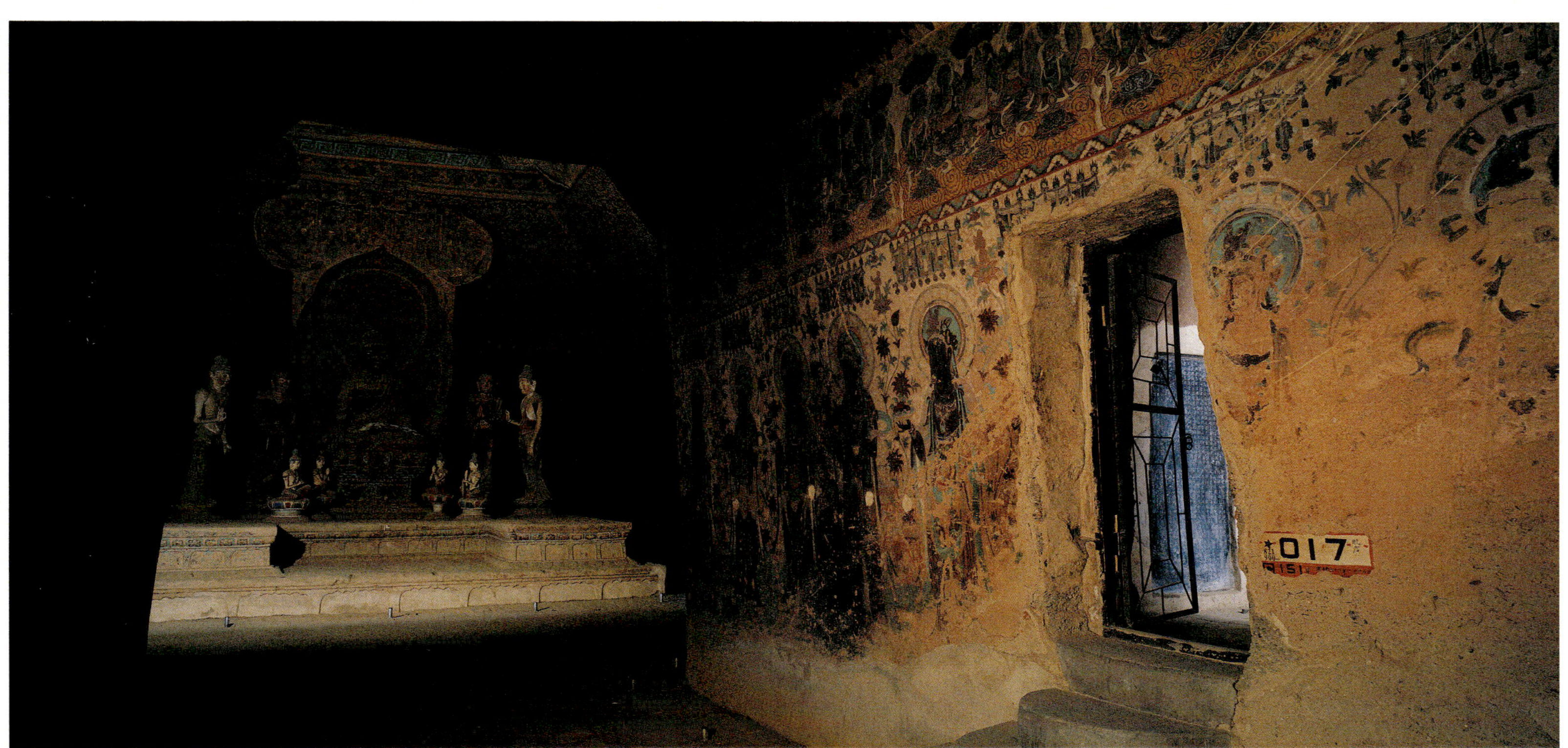


༡༤ ཏུན་ཧོང་མོ་ཀོ་ཁུའུ་ཡི་བྲག་ཕུག་ཨང་༡༦-༡༧པ་སྟེ་དཔེ་མཛོད་བྲག་ཕུག (ཝུའུ་ཅན་གྱིས་པར་བླངས།)

14. 敦煌莫高窟16–17號窟“藏經洞”（吴健攝影）

༡༥ ཏུན་ཧོང་མོ་ཀོ་ཁུའུ་ཡི་ནུབ་ཁུལ་བྲག་ཕུག (ཧྥུའུ་ཞན་ཀྲན་གྱིས་པར་བླངས།)

15. 敦煌莫高窟北區石窟（府憲展攝影）

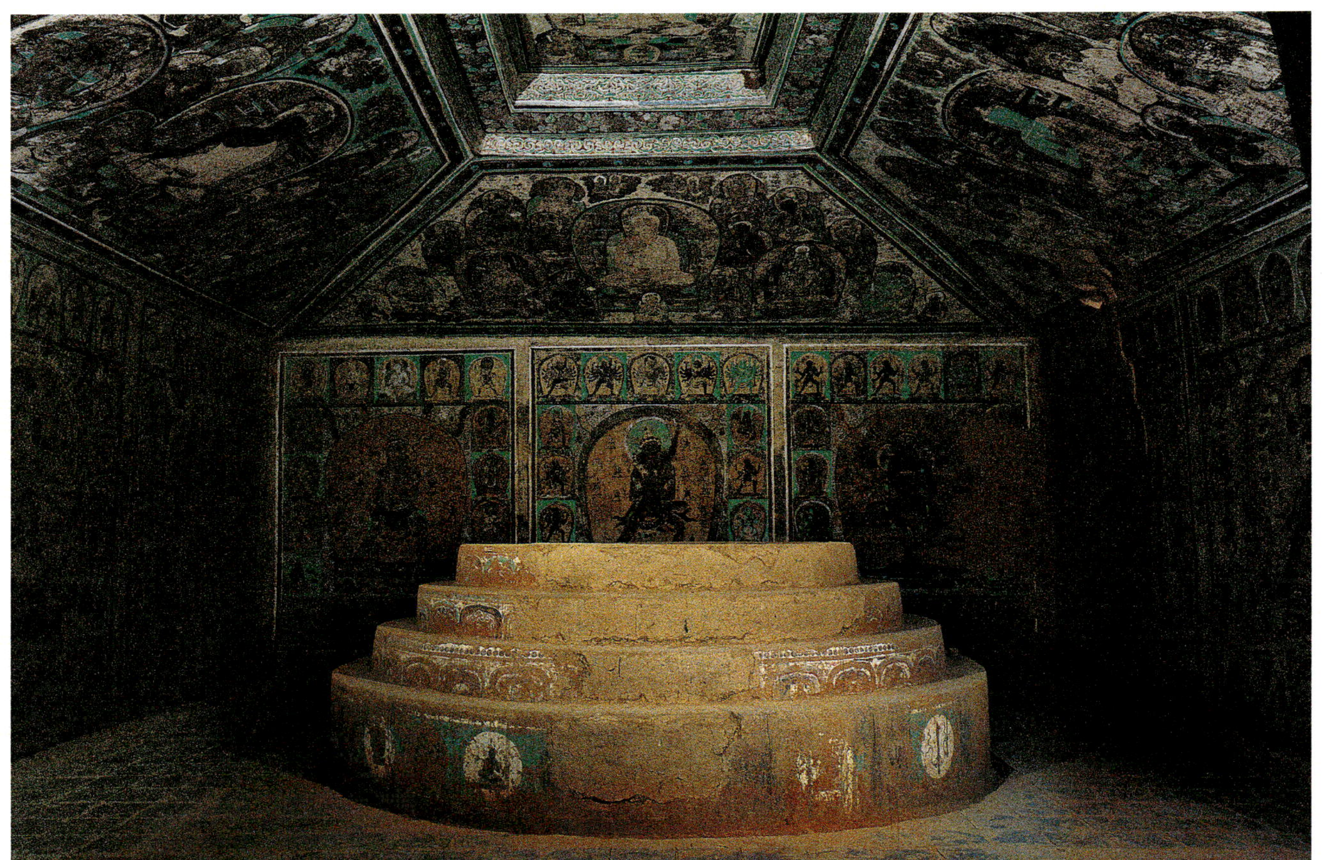

༡༦ ཏུན་ཧོང་མོ་ཀོ་ཁུའུ་ཡི་བྲག་ཕུག་ཨང་༤༦༥་པ་སྟེ་བོད་ཀྱི་བྲག་ཕུག་གི་ནང་རོལ། (བའུ་ཙན་གྱིས་པར་བླངས།)

16. 敦煌莫高窟465窟元代“西藏窟”内景（吳健攝影）

༡༧ ཏུན་ཧོང་མོ་ཀོ་ཁུའུ་ཡི་བྲག་ཕུག་ཨང་༤༦༥པའི་ནུབ་ངོས་ཀྱི་ཡོན་རྒྱལ་རབས་སྐབས་བཞེངས་པའི་ཀྱེ་རྡོར། (བཙུ་ཅན་གྱིས་པར་བླངས།)

17. 敦煌莫高窟465窟西壁元代《上樂金剛》壁畫（吴健攝影）

༡༩ ཏུན་ཧོང་མོ་ཀོ་ཁུའུ་ནས་དུད་པའི་རྒྱ་ཡིག་དང་། ལེགས་སྦྱར། བོད་ཡིག མི་ཉག་ཡི་གེ འཕགས་པའི་སོག་ཡིག ཧེ་ཧུའུ་ཡི་གེ་བཅས་ཀྱི་རྡོ་བཀོས་མ་ཧི་ཡིག་དྲུག (བཙུ་ཅན་གྱིས་པར་བླངས།)

19. 敦煌莫高窟漢、梵、藏、夏、八思巴、回鶻文字《六字真言碣石》（吴健攝影）

༡༨ ཡུས་ལིན་ཁུའུ་ཡི་བྲག་ཕུག་ཨང་༣པའི་ནང་གི་གསང་སྔགས་ཀྱི་གྱིན་ཐང་། (བཙུ་ཅན་གྱིས་པར་བླངས།)

18. 榆林窟3窟內景密教壁畫（吴健攝影）

༢༠ ཞིན་ཅང་མི་རན་ན་ཡོད་པའི་ཝེ་ཅིན་དུས་སྐབས་ཀྱི་མཆོད་རྟེན་བཞིངས་ཤུལ། (ཆི་ཞའོ་ཧྲན་གྱིས་པར་བླངས།)

20. 新疆米蘭魏晋佛塔遺址（祁小山攝影）

༢༡ ཞིན་ཅང་མི་རན་ན་ཡོད་པའི་བོད་བཙན་པོའི་དུས་ཀྱི་མཁར་ཤུལ། (ཆི་ཞའོ་ཧྲན་གྱིས་པར་བླངས།)

21. 新疆米蘭吐蕃戍堡遺址（祁小山攝影）

༢༢ ཞིན་ཅང་མ་དྲ་ཐ་ཁུ་ན་ཡོད་པའི་བོད་བཙན་པོའི་དུས་ཀྱི་མཁར་རྡུལ། (ཆི་ཞའོ་ཧྲན་གྱིས་པར་བླངས།)
22. 新疆麻扎塔格吐蕃戍堡遺址（祁小山攝影）

༢༣ སི་ཐན་དབྱིན་གྱིས་༡༩༡༤ལོར་མཐོང་བའི་ཆུ་ནག་མཁར་གྱི་མཆོད་རྟེན་ཆེན་མོའི་
K.K.II བཞིངས་རྡུལ།
23. 斯坦因1914年所見黑水城“K.K.II.”佛塔遺址

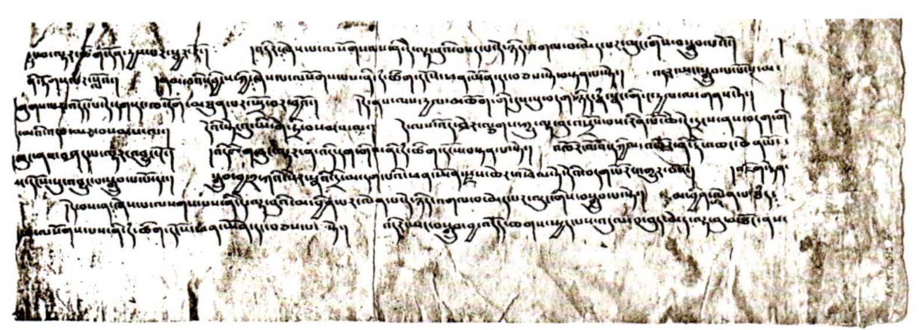

M. Tagh. 0430

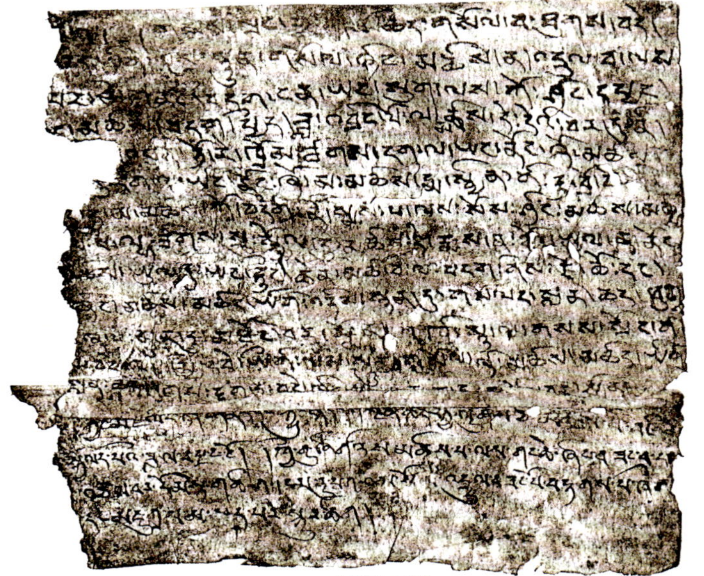

M. Tagh. 0436

TIBETAN PŌTHĪ LEAF AND DOCUMENTS ON PAPER FROM MAZĀR-TĀGH AND KHARA-KHOTO.
(See Chap. III. sec. iv ; Chap. XIII. sec. iii).

༢༤ སི་ཐན་དབྱིན་གྱིས་མ་ཛྲ་ཐ་ཁུ་དང་ཆུ་ནག་མཁར་
ནས་སྔོག་འདོན་བྱས་པའི་བོད་ཡིག་ཡིག་ཚགས།

24. 斯坦因在麻扎塔格和黑水城發掘所獲藏文遺書

FRAGMENT OF HSI-HSIA (TANGUT) MS. ROLL, K.K. II. 0234. k, WITH TIBETAN INTERLINEAR TRANSLITERATION, FROM KHARA-KHOTO.

༢༥ སི་ཐན་དབྱིན་གྱིས་ཆུ་ནག་མཁར་ནས་སྔོག་འདོན་བྱས་པའི་བོད་དང་མི་ཉག་གི་ཡི་གེ་ཤན་སྦྱར་མ།

25. 斯坦因在黑水城發掘所獲藏夏雙語遺書

༢༦ ཆུ་ནག་མཁར་ཡིག་ཚགས་ཀྱི་འབྱུང་གནས་གཙོ་བོ་མཆོད་རྟེན་ K.K.II ཡི་བཞེངས་ཤུལ། (ཧྲུའུ་ཞན་ཀྲན་གྱིས་པར་བླངས།)
26. 黑水城文獻主要出土地“K.K.II.”佛塔遺址（府憲展攝影）

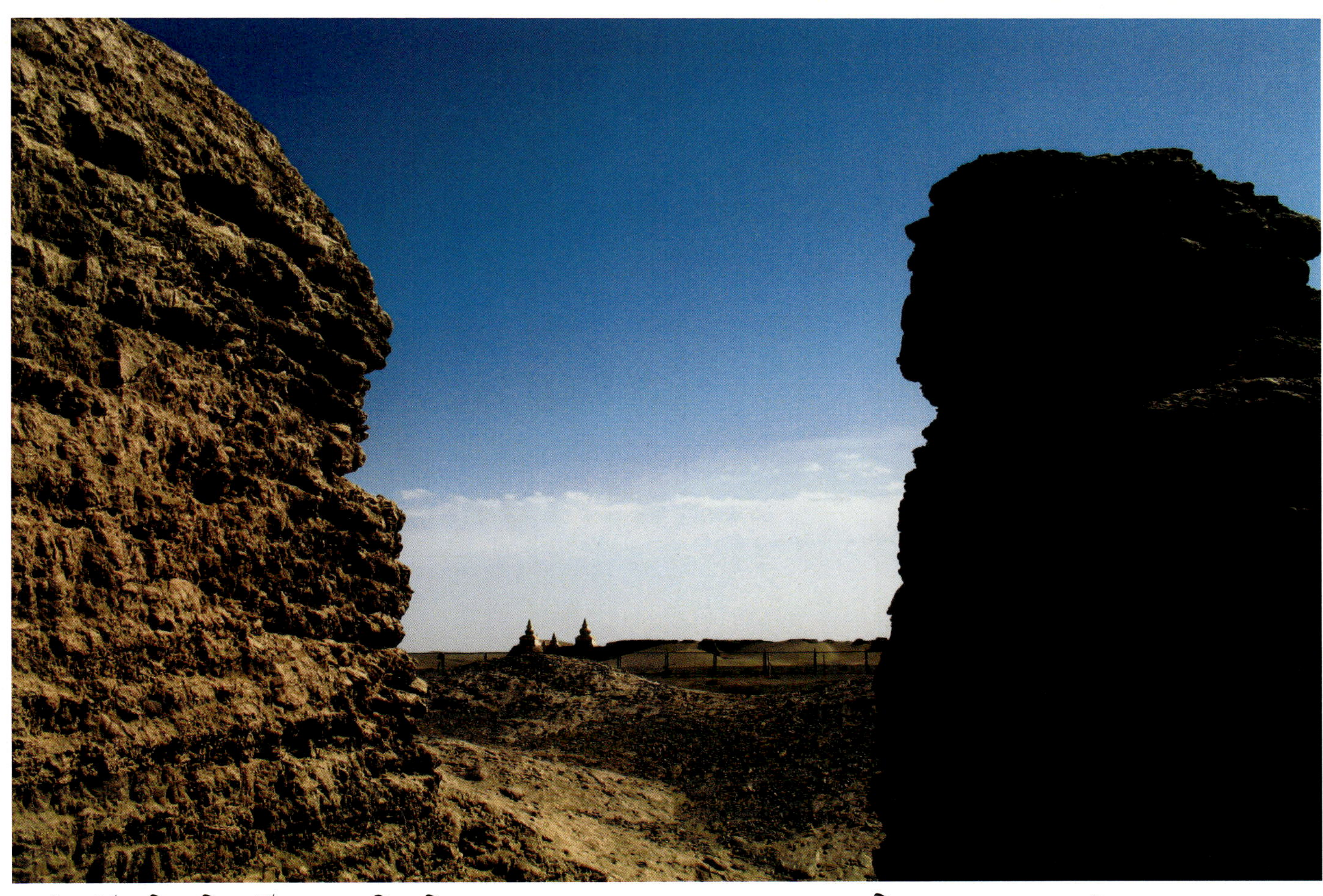

༢༧ མཆོད་རྟེན་ཆེན་མོ་ K.K.II ཡི་བཞེངས་ཤུལ་ནས་ཆུ་ནག་མཁར་ལ་རྒྱང་ལྟ་བྱེད་པ། (ཧྲུའུ་ཞན་ཀྲན་གྱིས་པར་བླངས།)
27. 從“K.K.II.”佛塔遺址遠眺黑水城（府憲展攝影）

༢༨ པར་སྐྲུན་བྱས་ཟིན་པའི་ «ཧྥ་རན་སིར་ཉར་བའི་ཏུན་ཧོང་བོད་ཡིག་ཡིག་ཚགས།» (ཧྥུའུ་ཞན་ཀྲན་གྱིས་པར་བླངས།)

28. 已經出版的《法藏敦煌藏文文獻》（府憲展攝影）

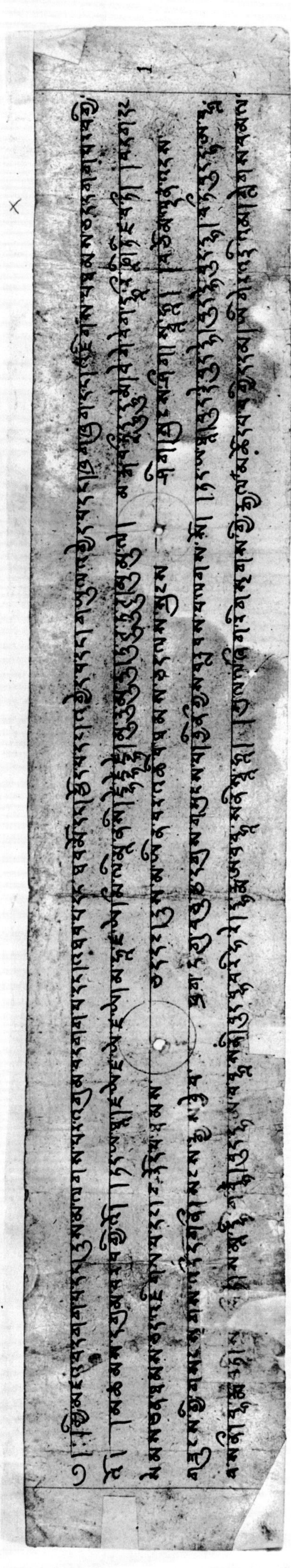

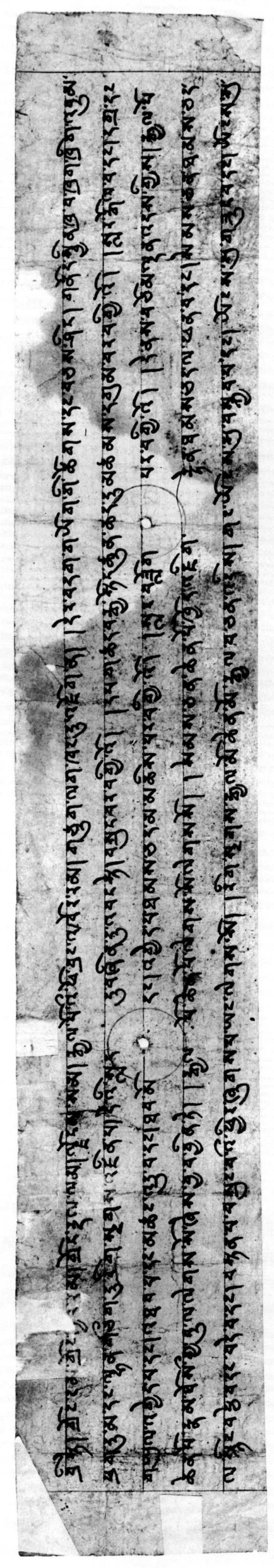

英 IOL.Tib.J.VOL.1　　1.རིག་སྔགས་རྒྱལ་མོ་ཆེན་པོ་རྒྱལ་བ་ཅན་གྱི་གཟུངས།

1.明咒王母具勝陀羅尼　　(68—1)

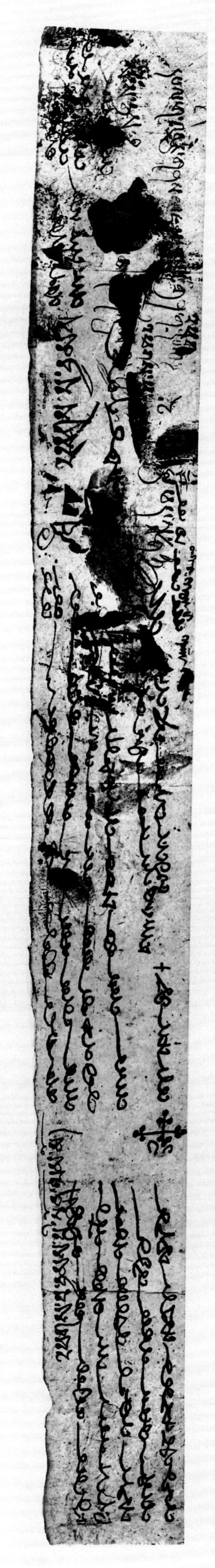

英 IOL.Tib.J.VOL.1　　2.བྲིས་སྣ་ཚོགས།

2.雜寫　　(68—2)

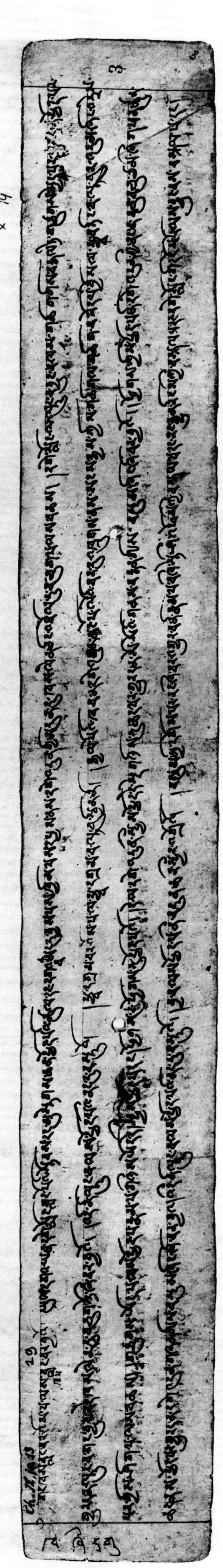

英 IOL.Tib.J.VOL.1　　3.ཚིགས་སུ་བཅད་པ་གཉིས་པའི་བཤད་པ།

3.二偈頌解說　　(68—3)

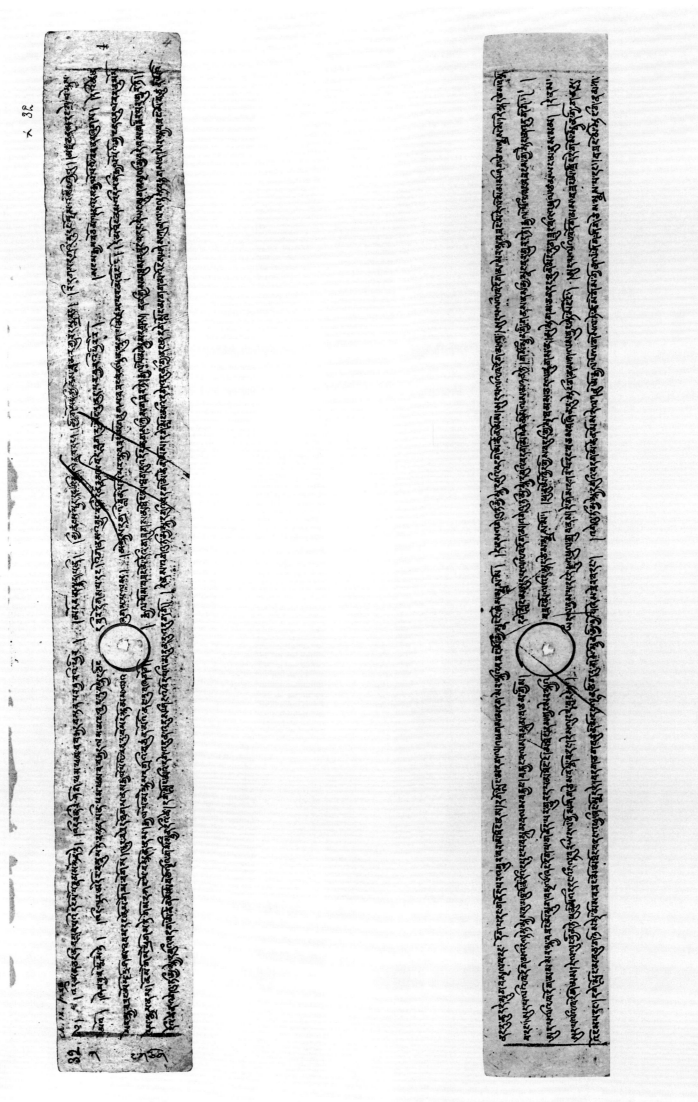

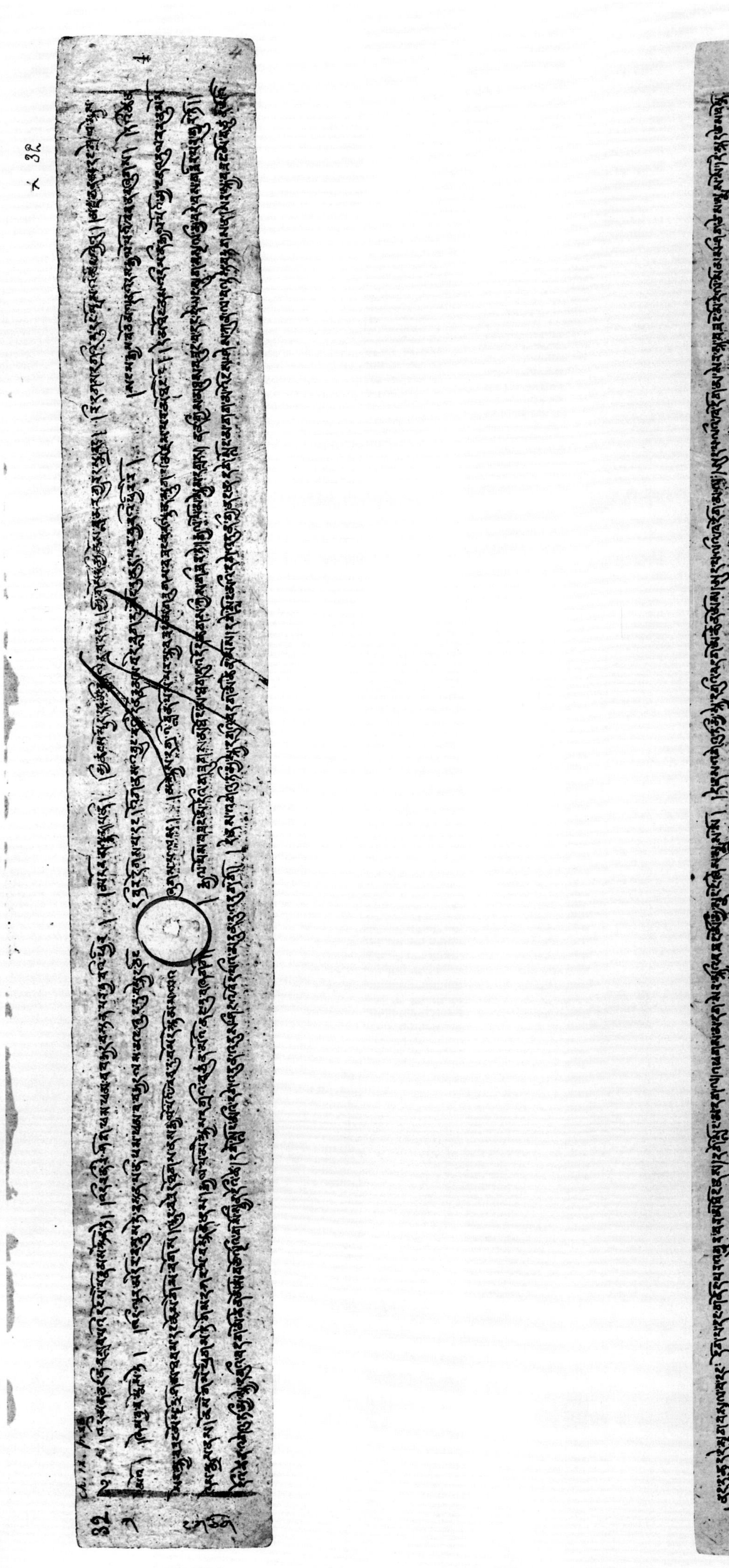

英 IOL.Tib.J.VOL.1 3.ཚིགས་སུ་བཅད་པ་གཉིས་པའི་བཤད་པའ།

3.二偈頌解說 (68—4)

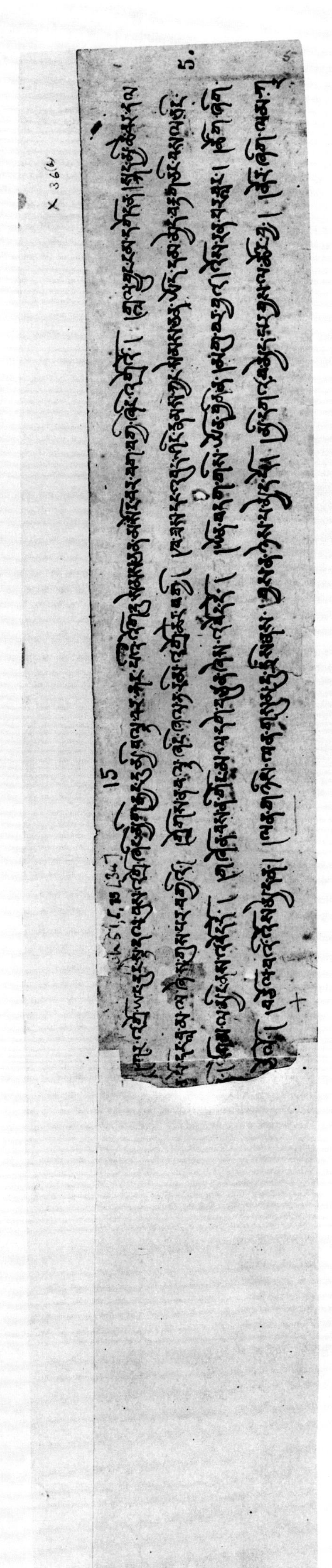

英 IOL.Tib.J.VOL.1　　3.ཚིགས་སུ་བཅད་པ་གཉིས་པའི་བཤད་པ།

3.二偈頌解說　　(68—5)

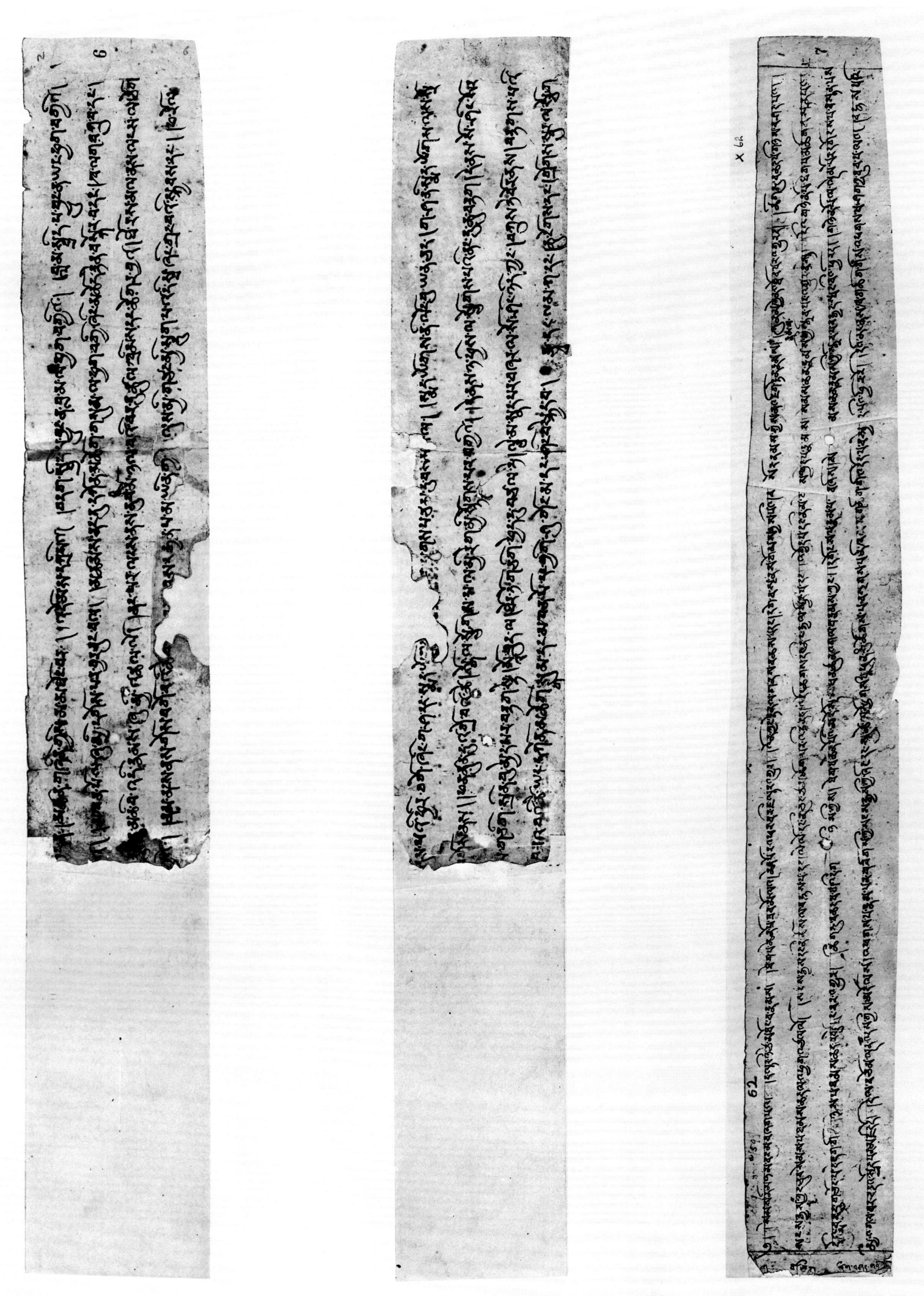

英 IOL.Tib.J.VOL.1　　3.ཚིགས་སུ་བཅད་པ་གཉིས་པའི་བཤད་པའ།

3.二偈頌解說　　(68—6)

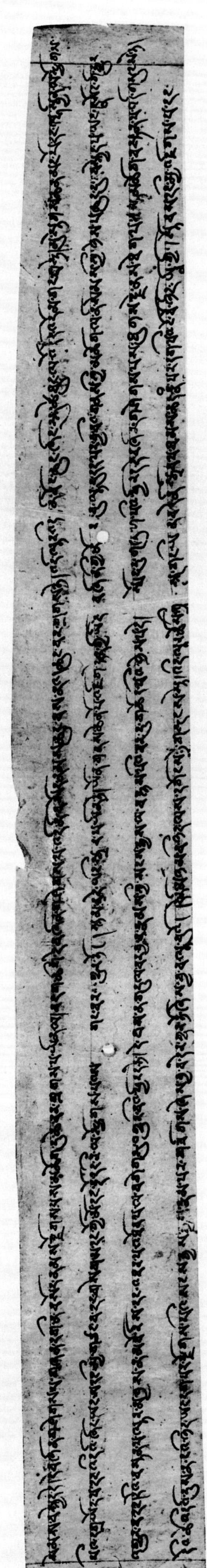

英 IOL.Tib.J.VOL.1　3.ཚིགས་སུ་བཅད་པ་གཉིས་པའི་བཤད་པའ།

3.二偈頌解說　(68—7)

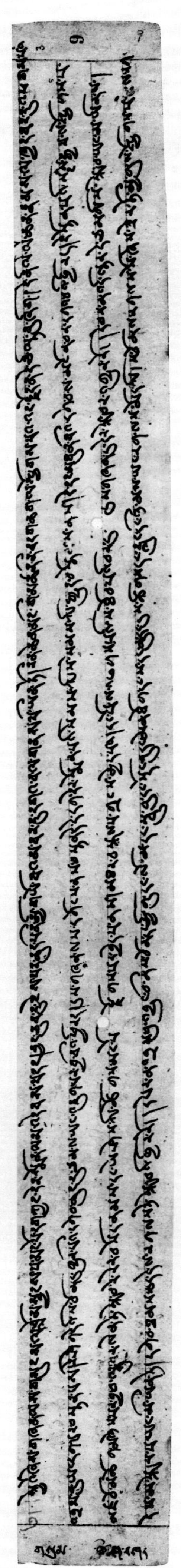

英 IOL.Tib.J.VOL.1　　3.ཚིགས་སུ་བཅད་པ་གཉིས་པའི་བཤད་པ།

3.二偈頌解說　　(68—8)

英 IOL.Tib.J.VOL.1　3.ཚིགས་སུ་བཅད་པ་གཉིས་པའི་བཤད་པ།

3.二偈頌解說　(68—9)

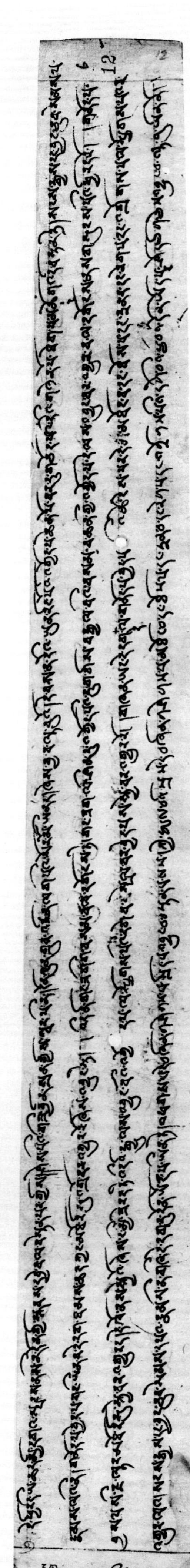

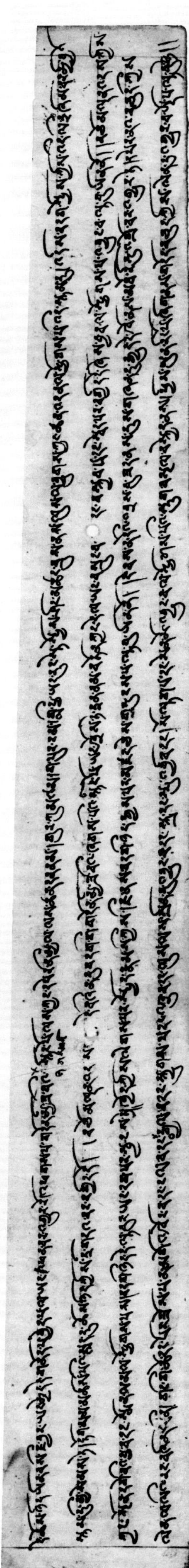

英 IOL.Tib.J.VOL.1　3.ཚིགས་སུ་བཅད་པ་གཉིས་པའི་བཤད་པའ།

3.二偈頌解說　(68—10)

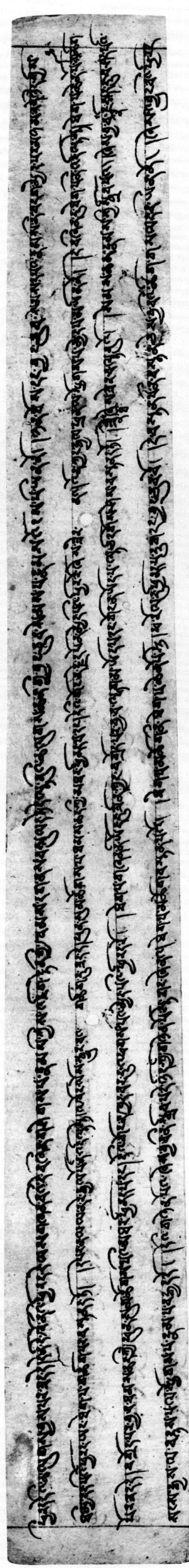

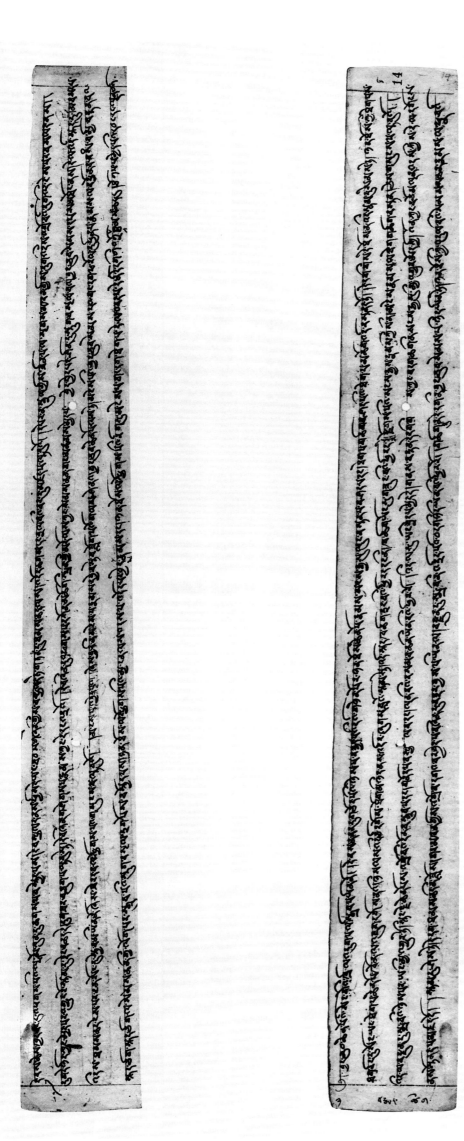

英 IOL.Tib.J.VOL.1　3.ཚིགས་སུ་བཅད་པ་གཉིས་པའི་བཤད་པའ།

3.二偈頌解說　(68—11)

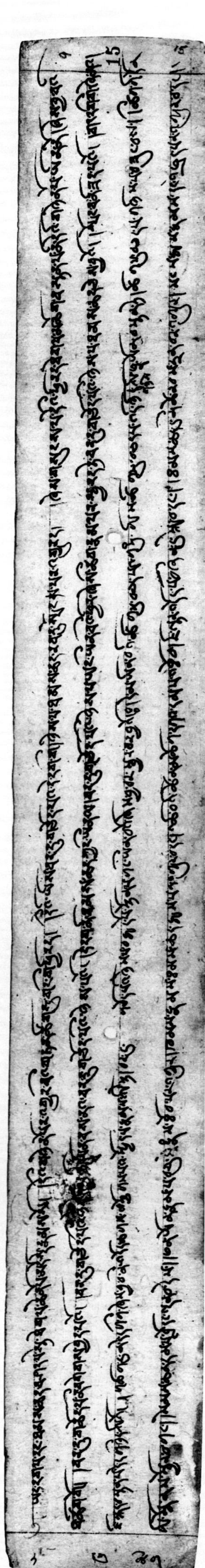

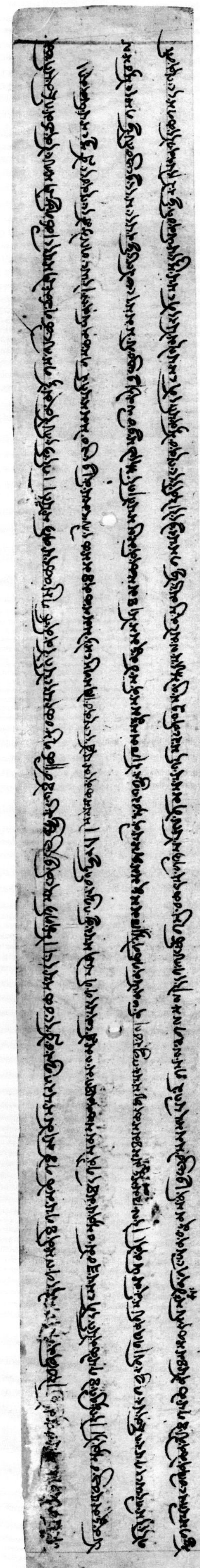

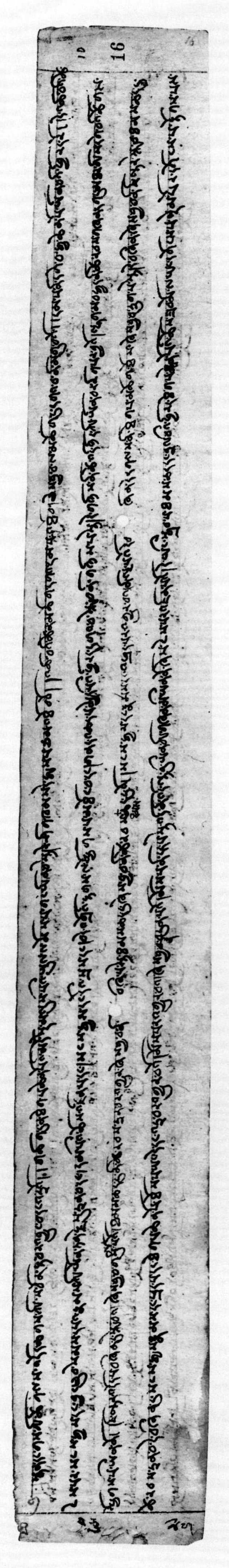

英 IOL.Tib.J.VOL.1　　3.ཚིགས་སུ་བཅད་པ་གཉིས་པའི་བཤད་པའ།

3.二偈頌解說　　(68—12)

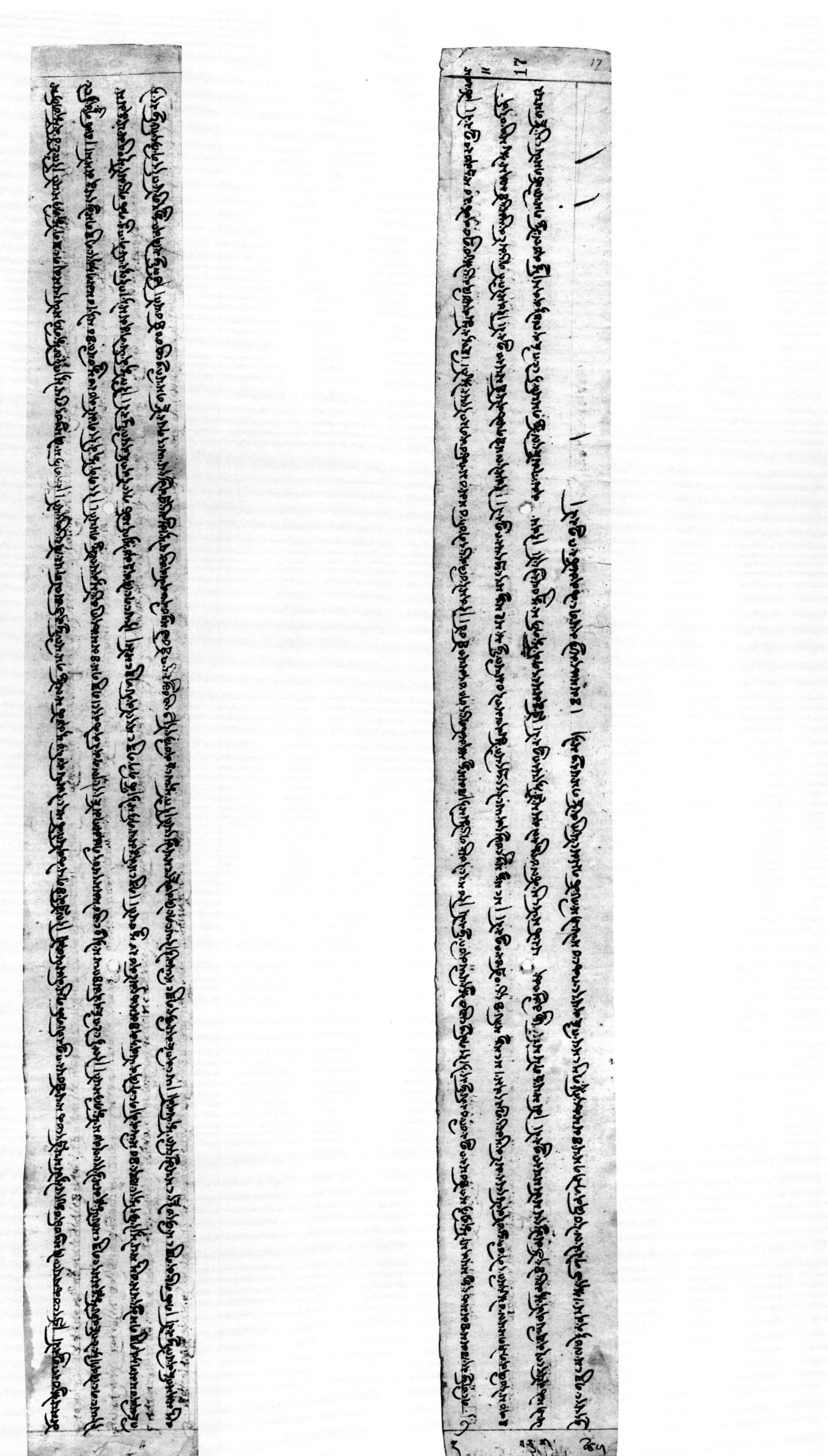

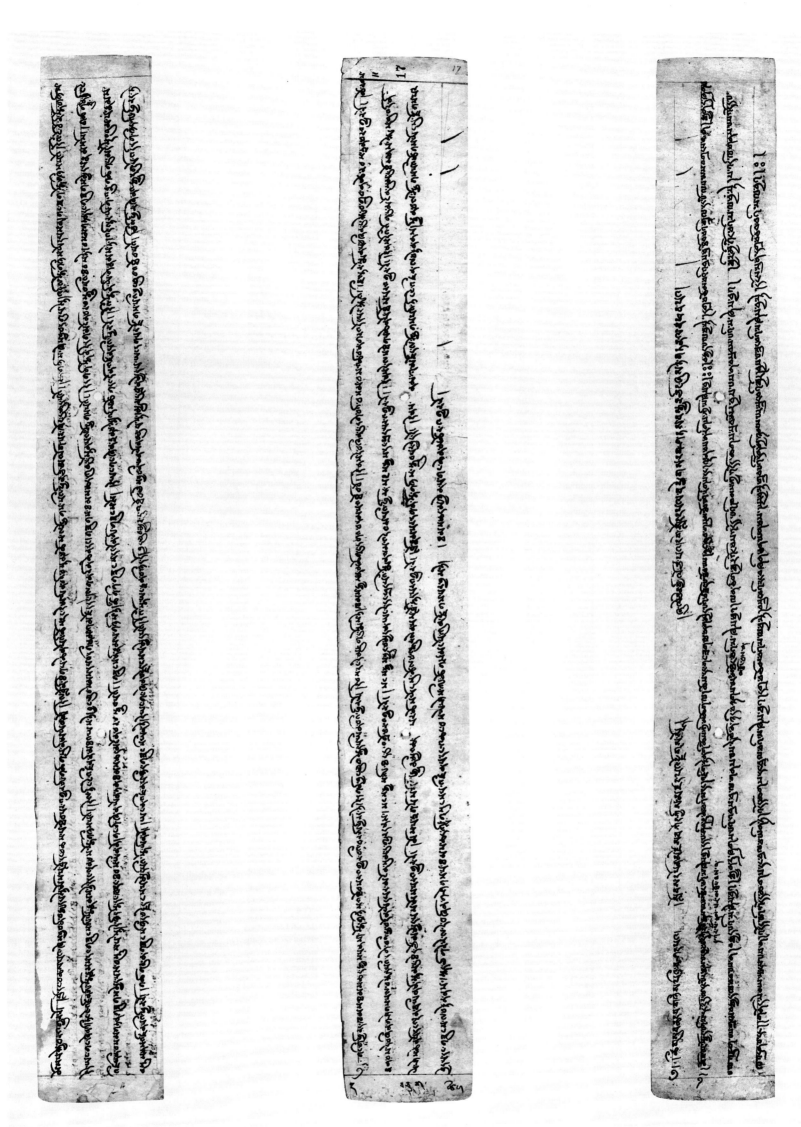

英 IOL.Tib.J.VOL.1　　3.ཚིགས་སུ་བཅད་པ་གཉིས་པའི་བཤད་པའ།
3.二偈頌解說　　(68—13)

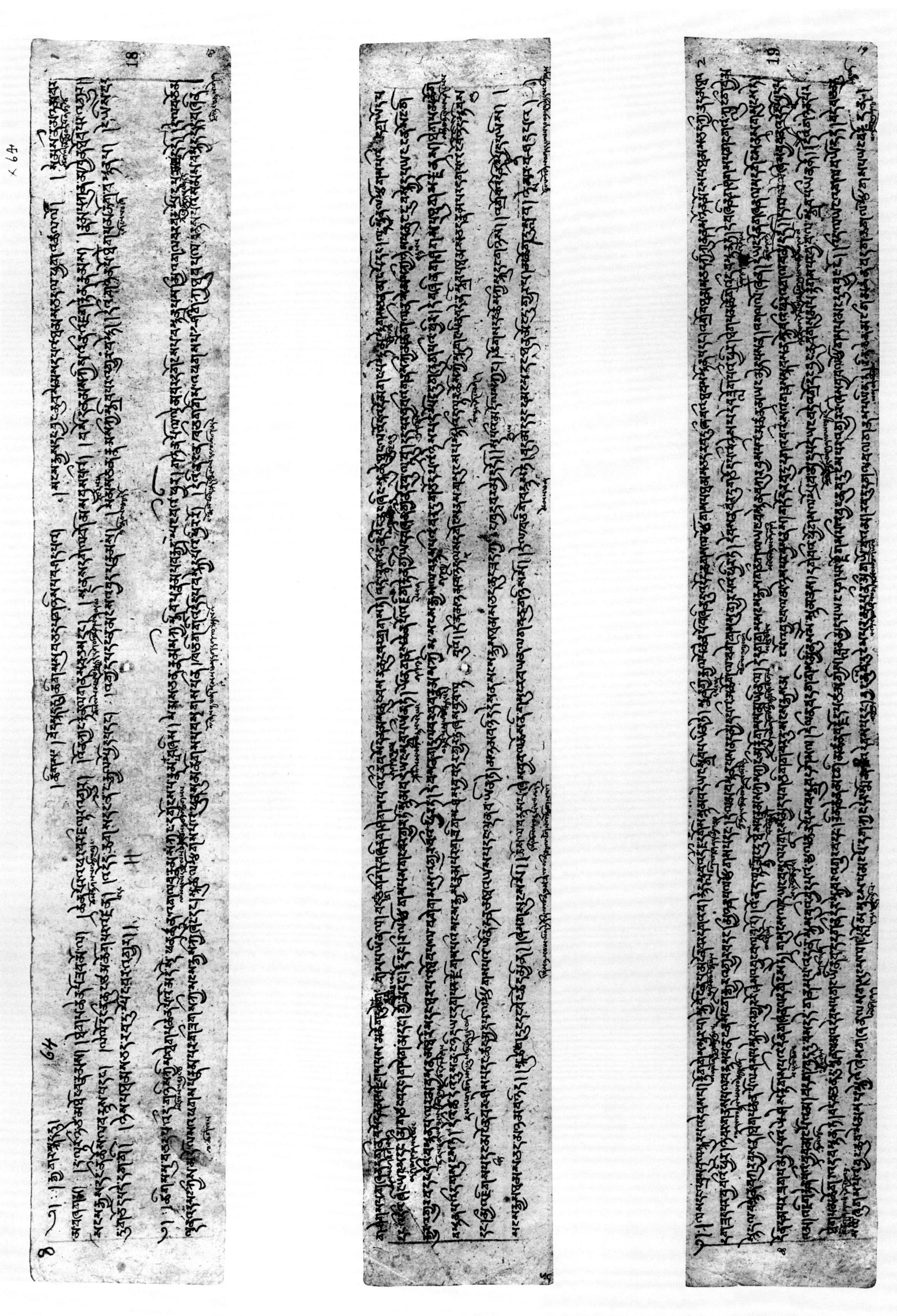

英 IOL.Tib.J.VOL.1　　3.ཚིགས་སུ་བཅད་པ་གཉིས་པའི་བཤད་པའོ།

3.二偈頌解說　　(68—14)

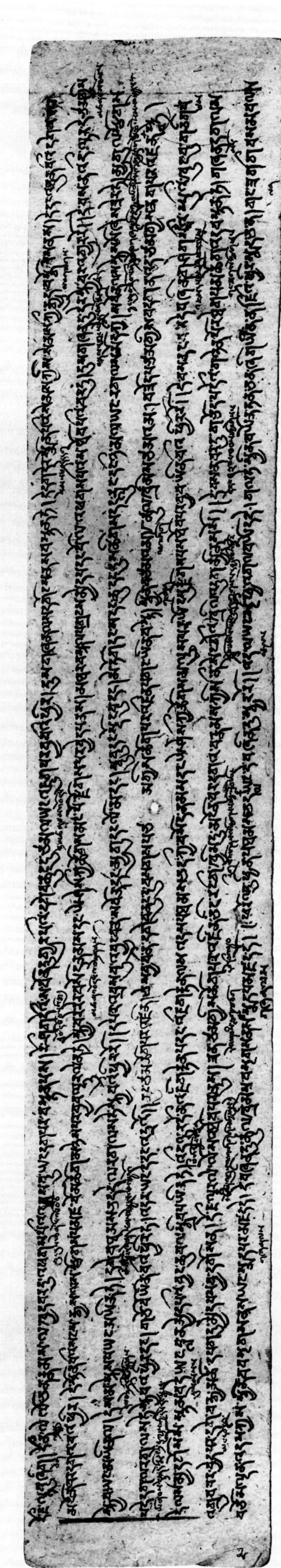

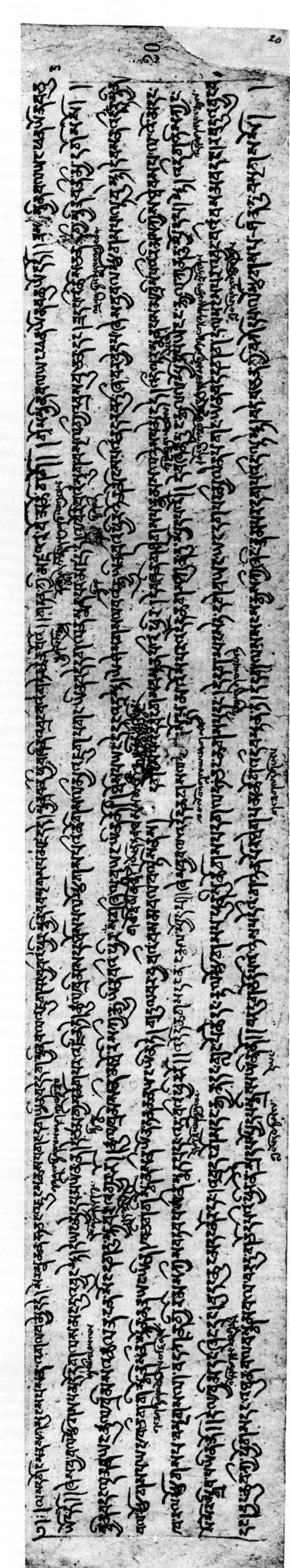

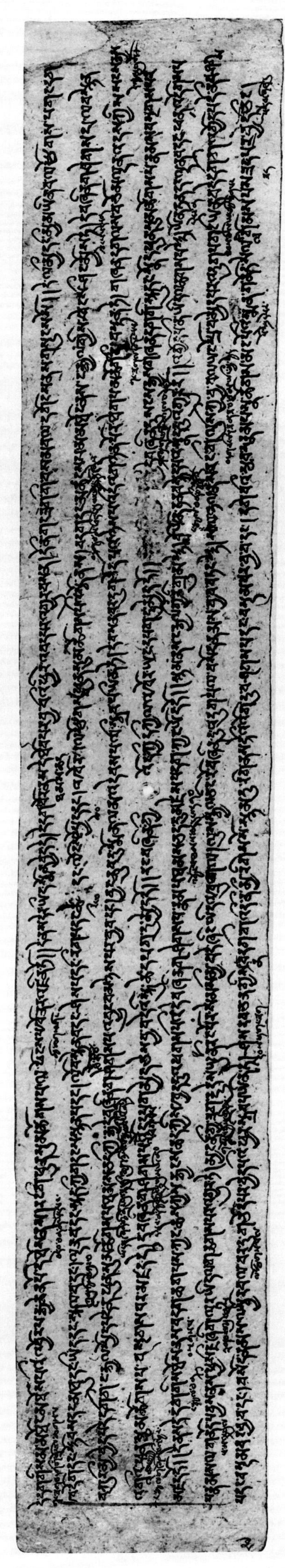

英 IOL.Tib.J.VOL.1　　3.ཚིགས་སུ་བཅད་པ་གཉིས་པའི་བཤད་པའ།
3.二偈頌解說　　(68—15)

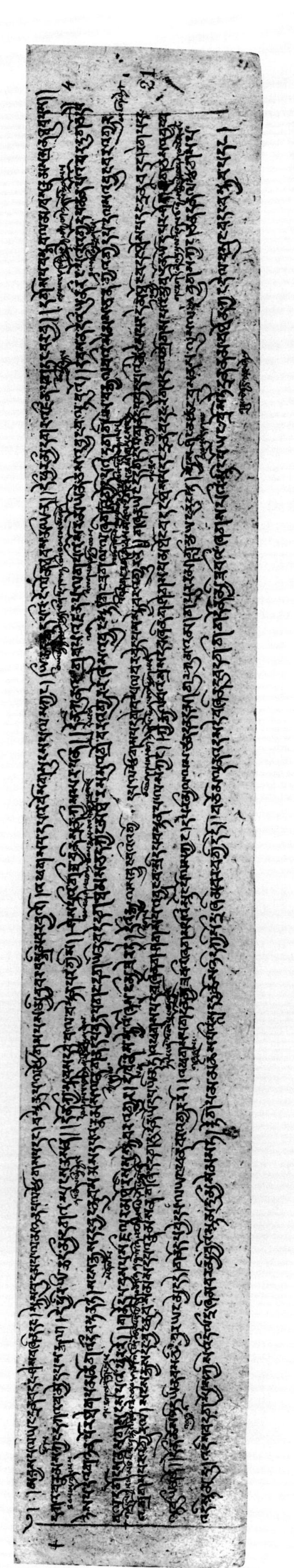

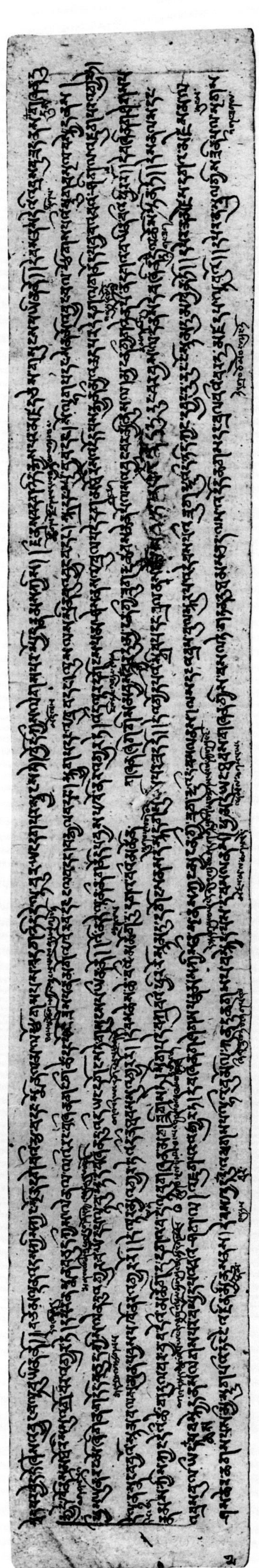

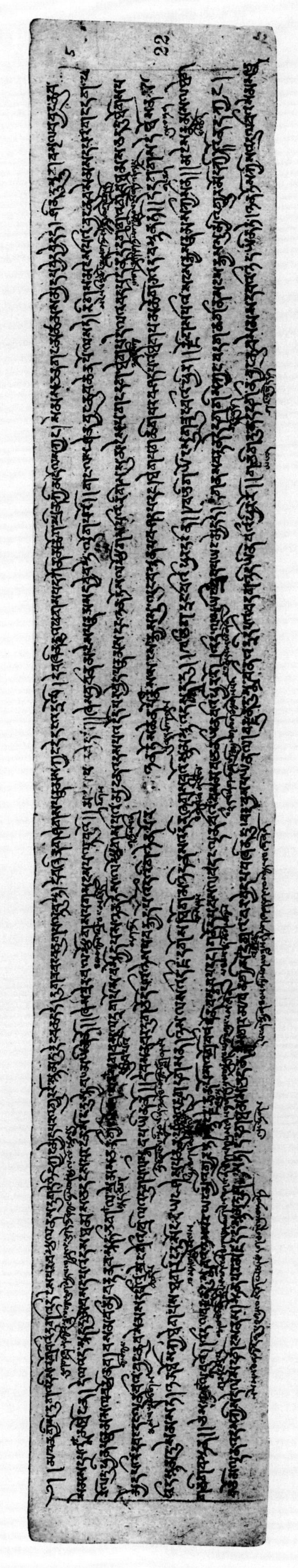

英 IOL.Tib.J.VOL.1　　3.ཚིགས་སུ་བཅད་པ་གཉིས་པའི་བཤད་པ།

3.二偈頌解說　　(68—16)

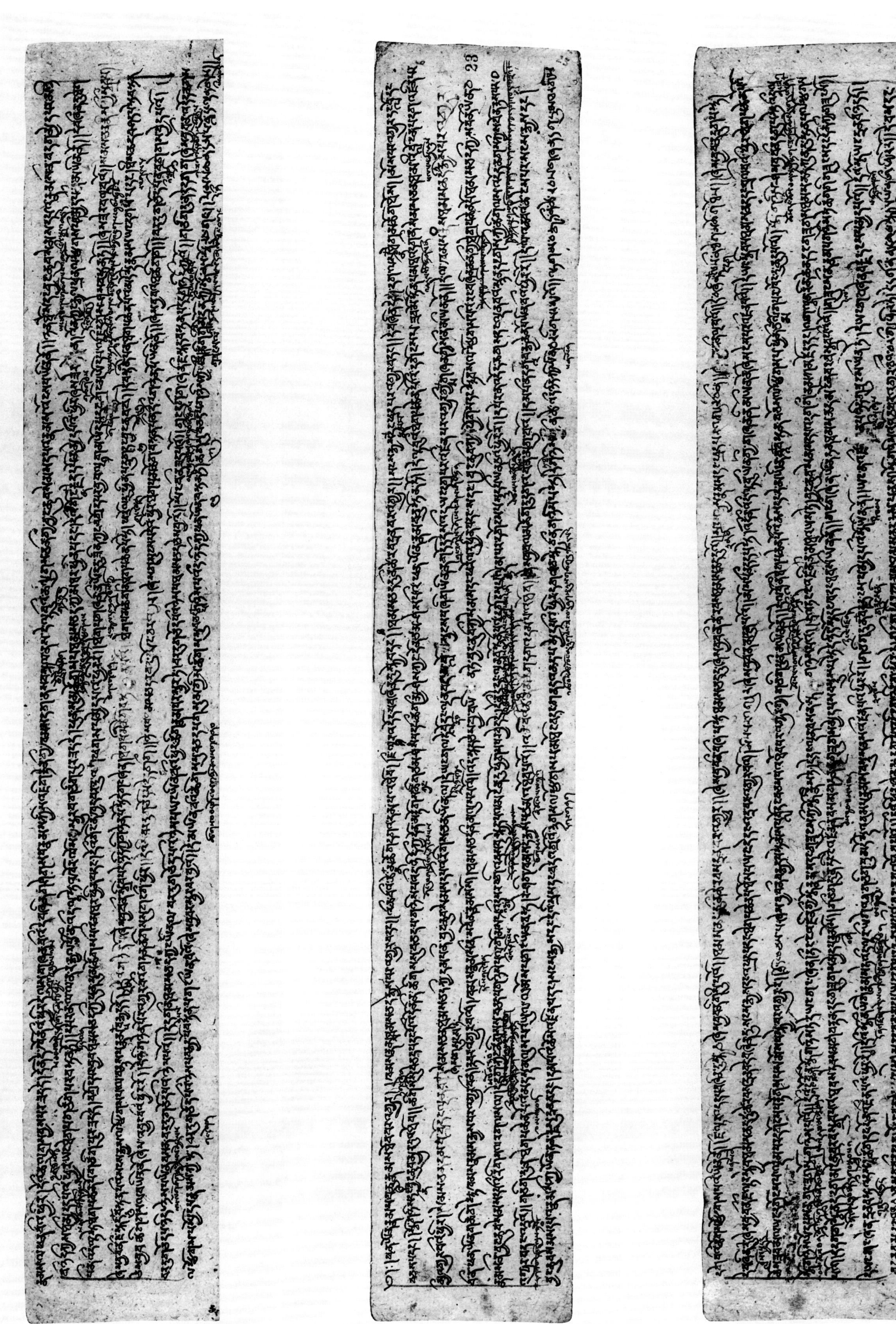

英 IOL.Tib.J.VOL.1　　3.ཚིགས་སུ་བཅད་པ་གཉིས་པའི་བཤད་པ།

3.二偈頌解說　　(68—17)

英 IOL.Tib.J.VOL.1　　3.ཚིགས་སུ་བཅད་པ་གཉིས་པའི་བཤད་པ།　　རྒྱབ་ཤོག

3.二偈頌解說　封底　　(68—18)

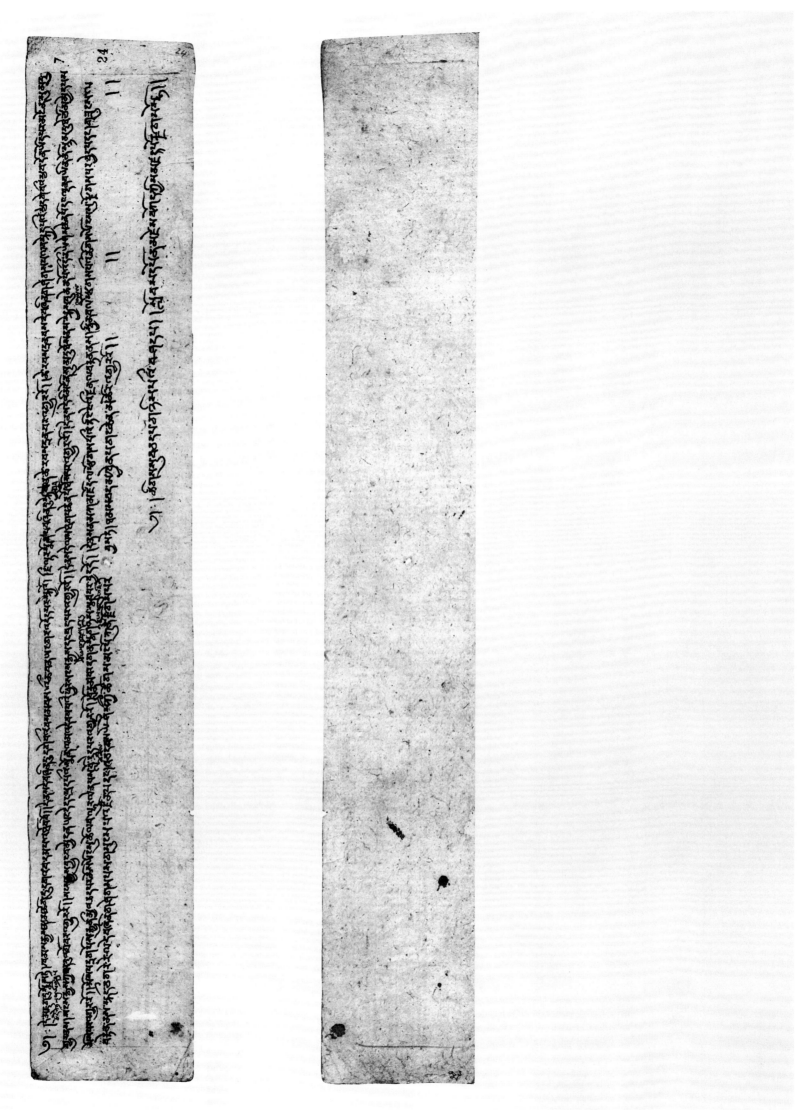

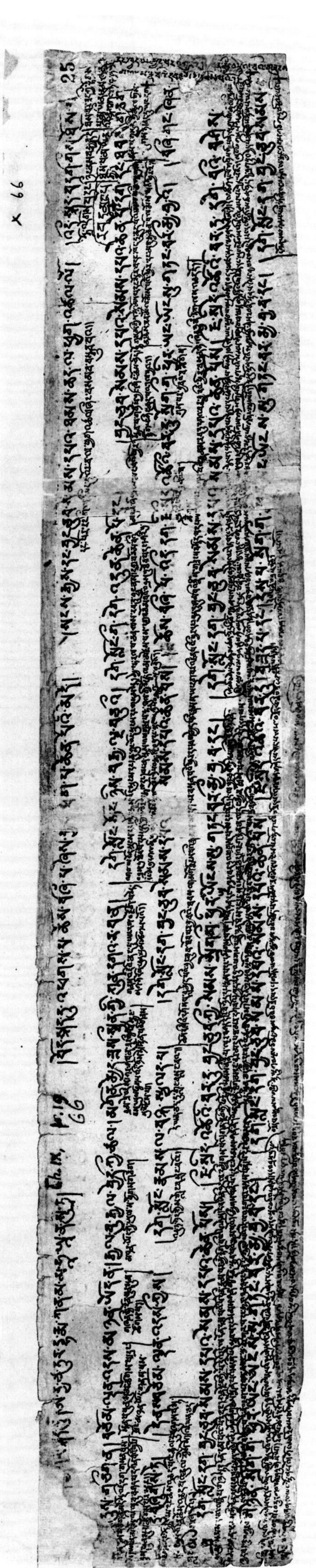

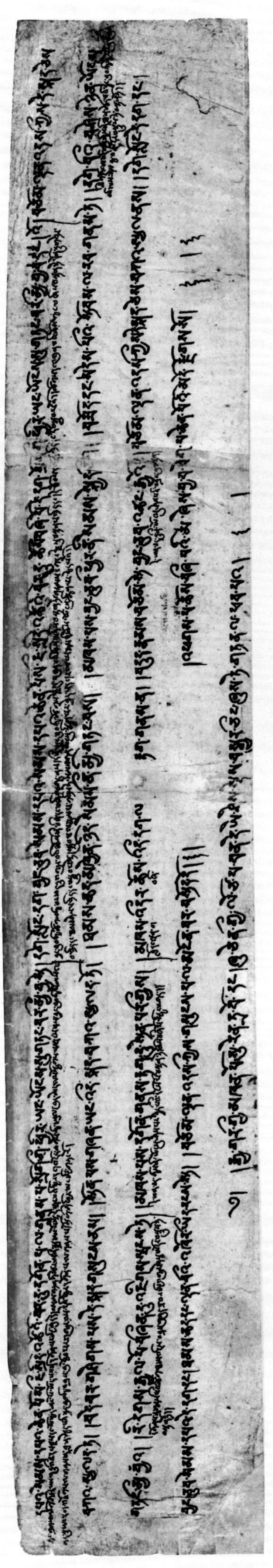

英 IOL.Tib.J.VOL.1　　4.འཕགས་པ་ཆོས་བཞི་པ་ཞེས་བྱ་བའི་ཐེག་པ་ཆེན་པོའི་མདོ།
4.大乘四法經　(68—19)

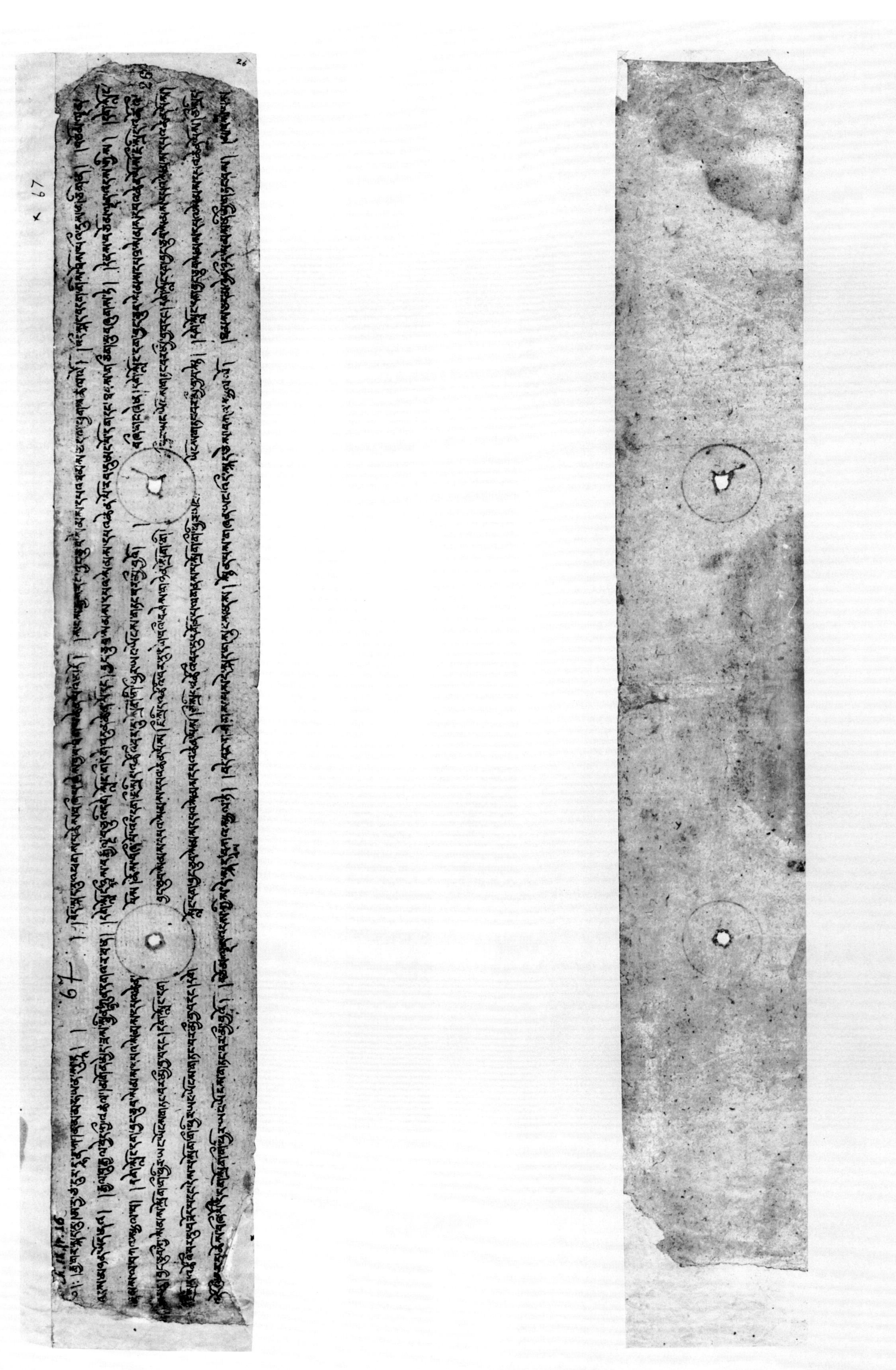

英 IOL.Tib.J.VOL.1　4.འཕགས་པ་ཆོས་བཞི་པ་ཞེས་བྱ་བའི་ཐེག་པ་ཆེན་པོའི་མདོ།　རྒྱབ་ཤོག

4.大乘四法經　封底　(68—20)

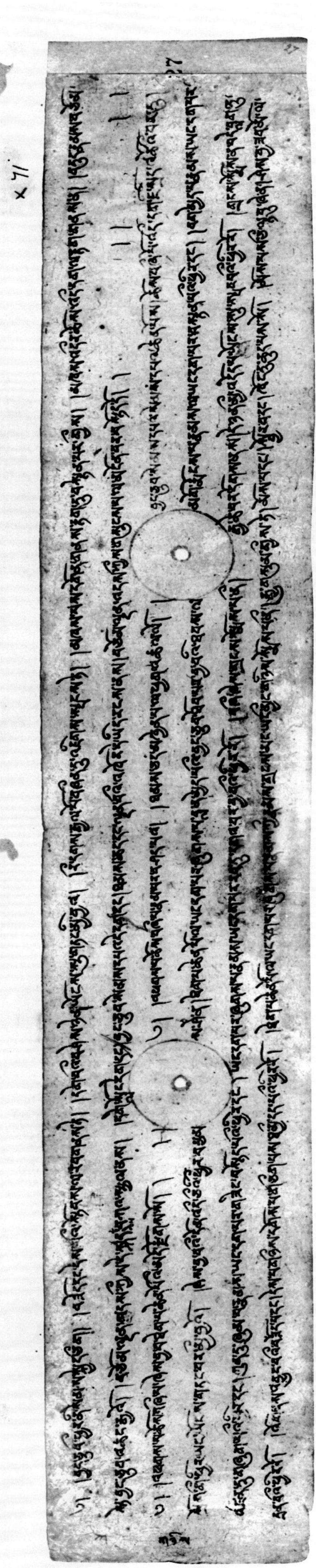

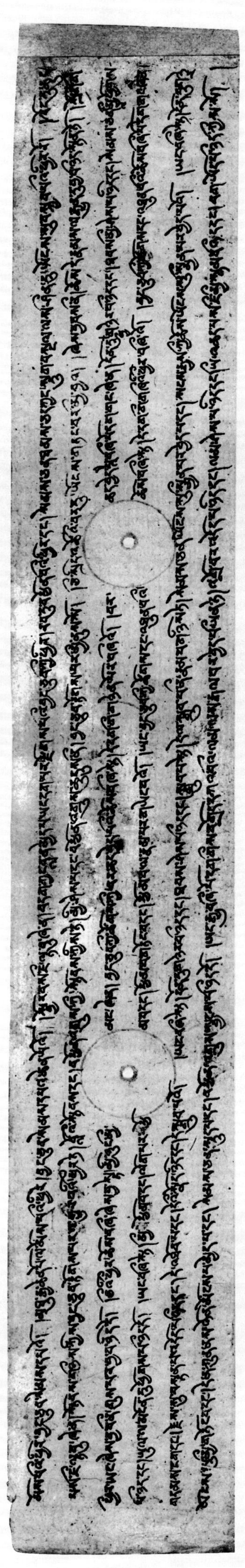

英 IOL.Tib.J.VOL.1　4.འཕགས་པ་ཆོས་བཞི་པ་ཞེས་བྱ་བའི་ཐེག་པ་ཆེན་པོའི་མདོ།　5.འཕགས་པ་ཆོས་བཞི་པ་རྣམ་པར་བཤད་པའ།

4.大乘四法經　5.大乘四法經解說　(68—21)

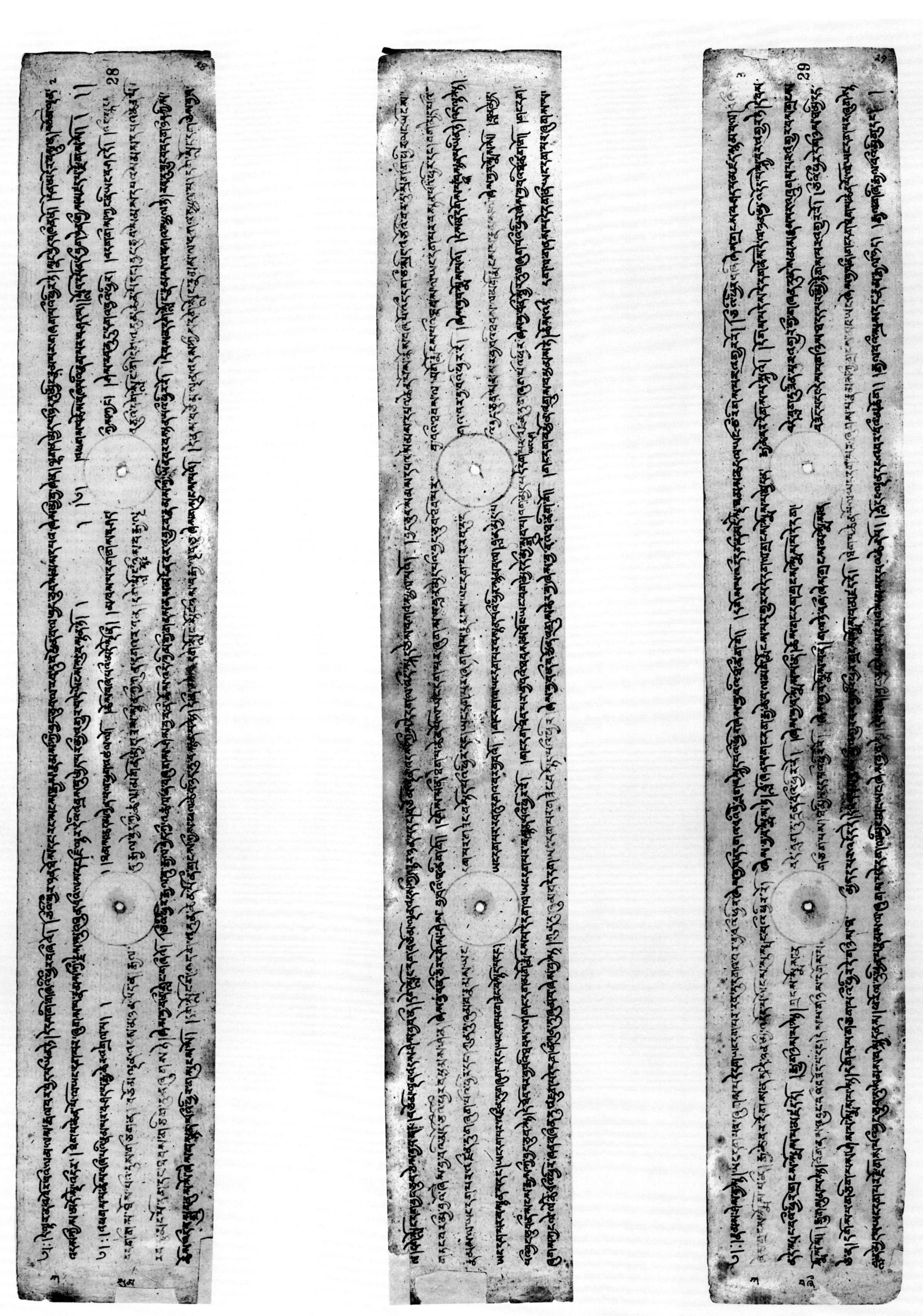

英 IOL.Tib.J.VOL.1 6.འཕགས་པ་ཆོས་བཞི་བའི་རྣམ་པར་བཤད་པ་རྒྱ་ཆེར་འགྲེལ་པ།

6.大乘四法經廣釋 (68—22)

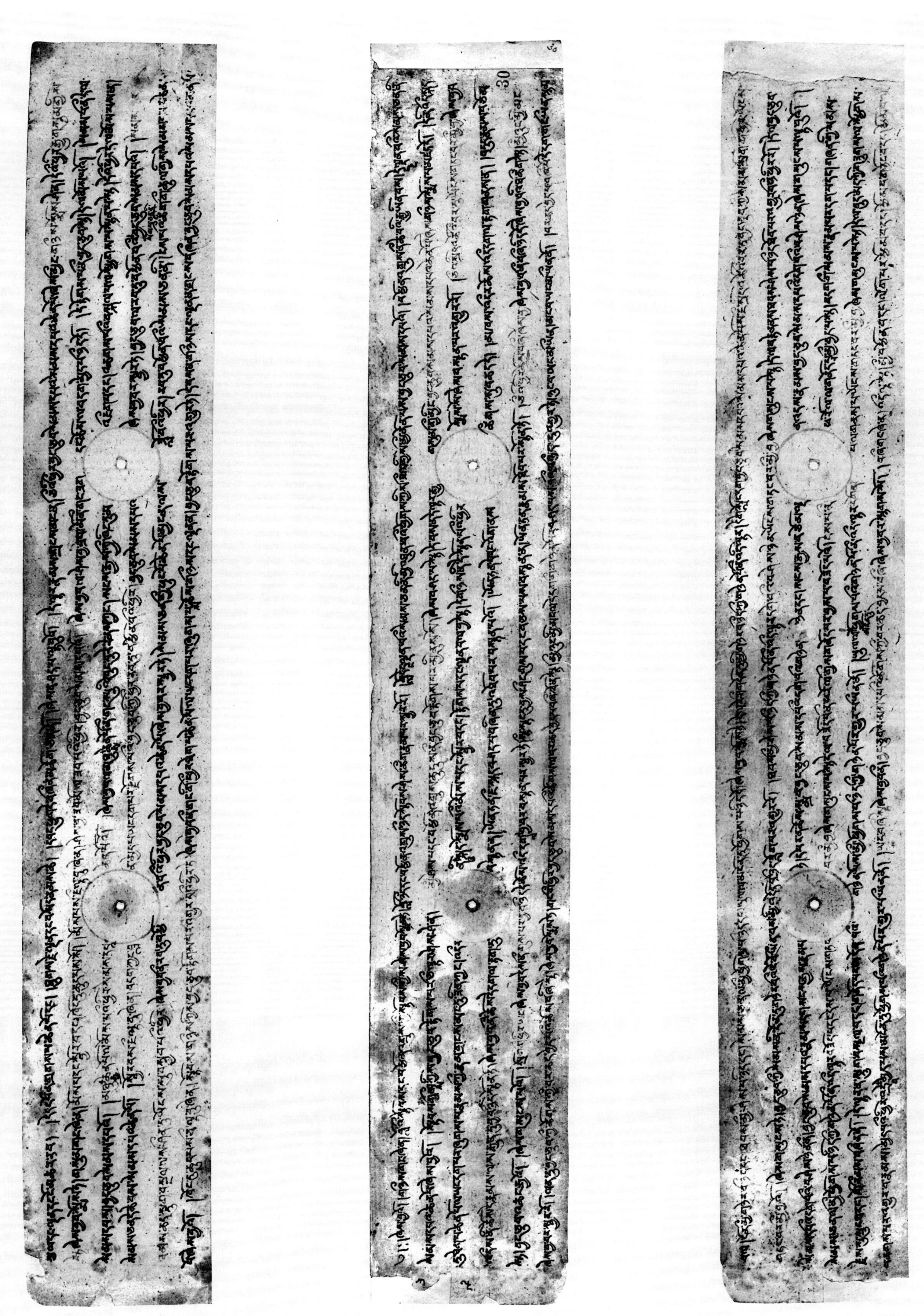

英 IOL.Tib.J.VOL.1　　6.འཕགས་པ་ཆོས་བཞི་བའི་རྣམ་པར་བཤད་པ་རྒྱ་ཆེར་འགྲེལ་པའ།

6.大乘四法經廣釋　　(68—23)

英 IOL.Tib.J.VOL.1　6.འཕགས་པ་ཆོས་བཞི་པའི་རྣམ་པར་བཤད་པ་རྒྱ་ཆེར་འགྲེལ་པ།

6.大乘四法經廣釋　(68—24)

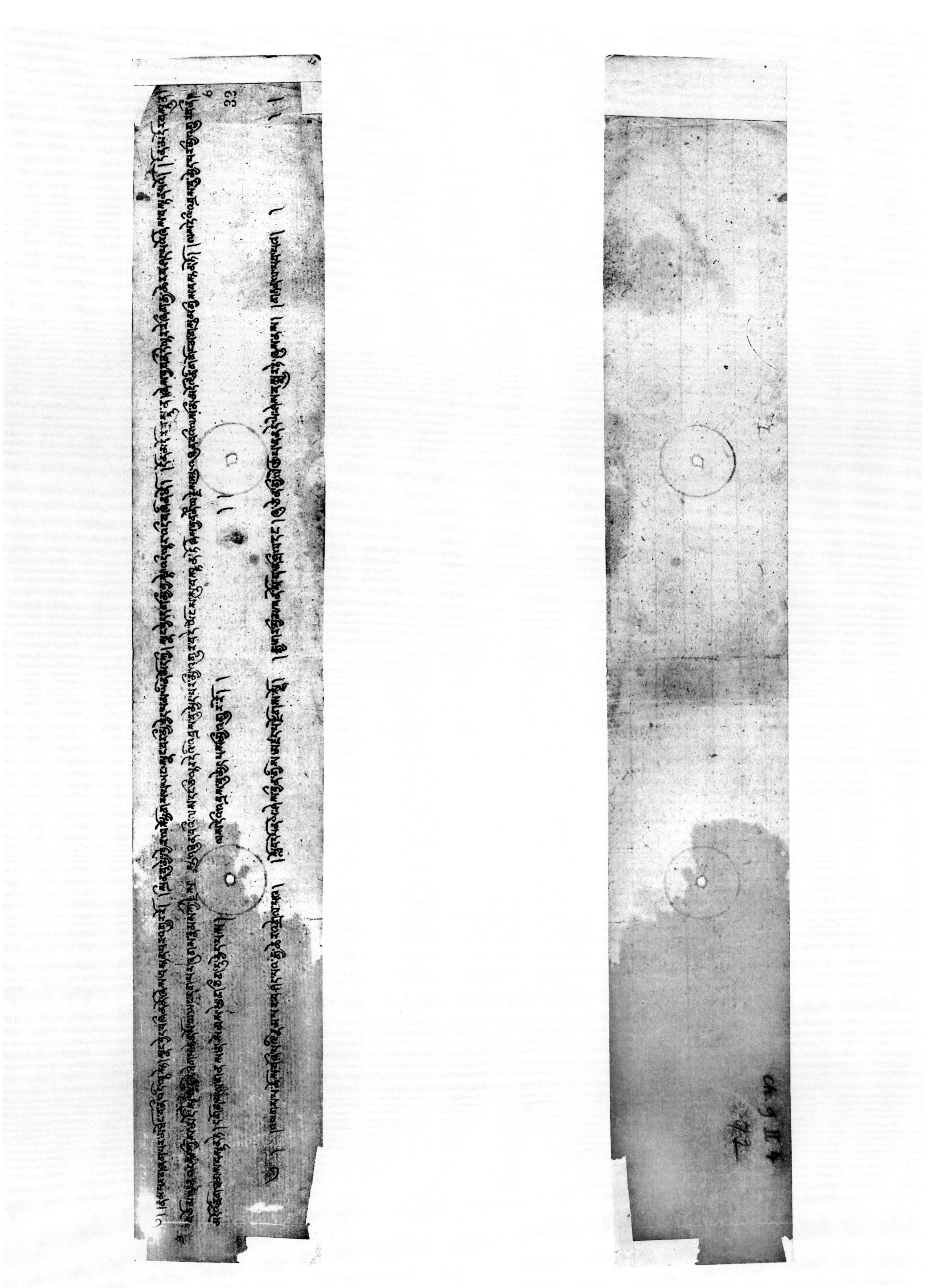

英 IOL.Tib.J.VOL.1　　6.འཕགས་པ་ཆོས་བཞི་པའི་རྣམ་པར་བཤད་པ་རྒྱ་ཆེར་འགྲེལ་པའོ།　རྒྱབ་ཤོག

6.大乘四法經廣釋　封底　(68—25)

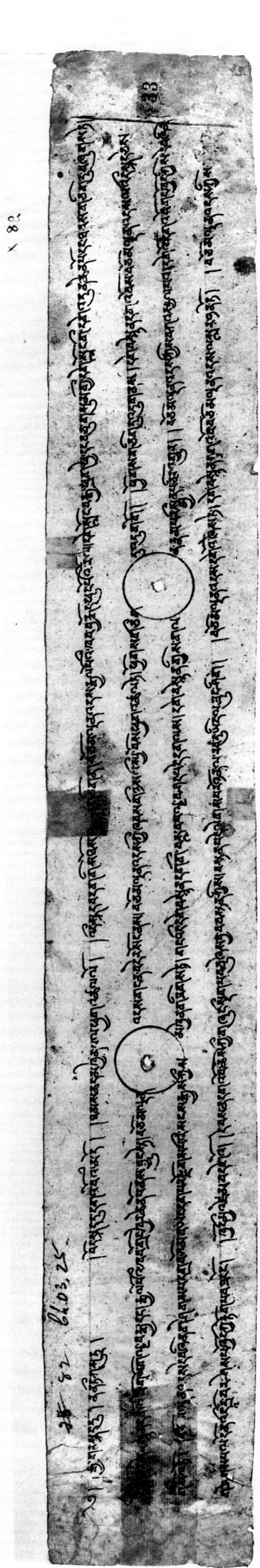

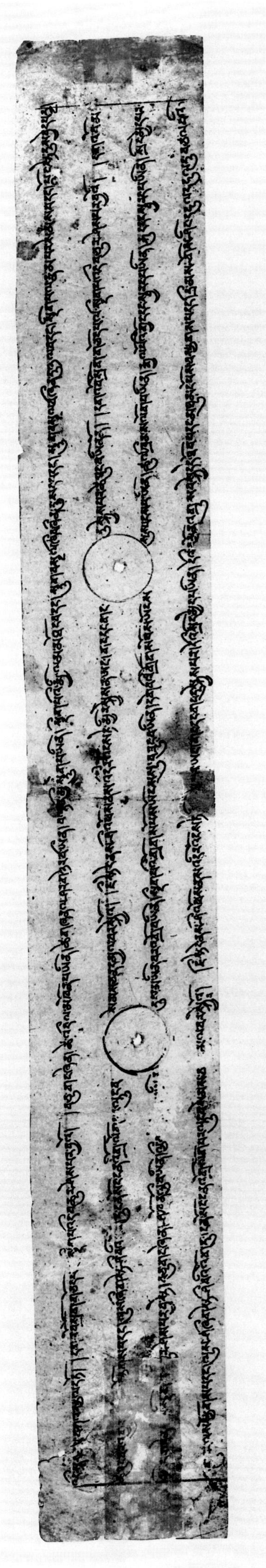

英 IOL.Tib.J.VOL.1 7.དགའ་བོའི་མདོ།

7.難陀經 (68—26)

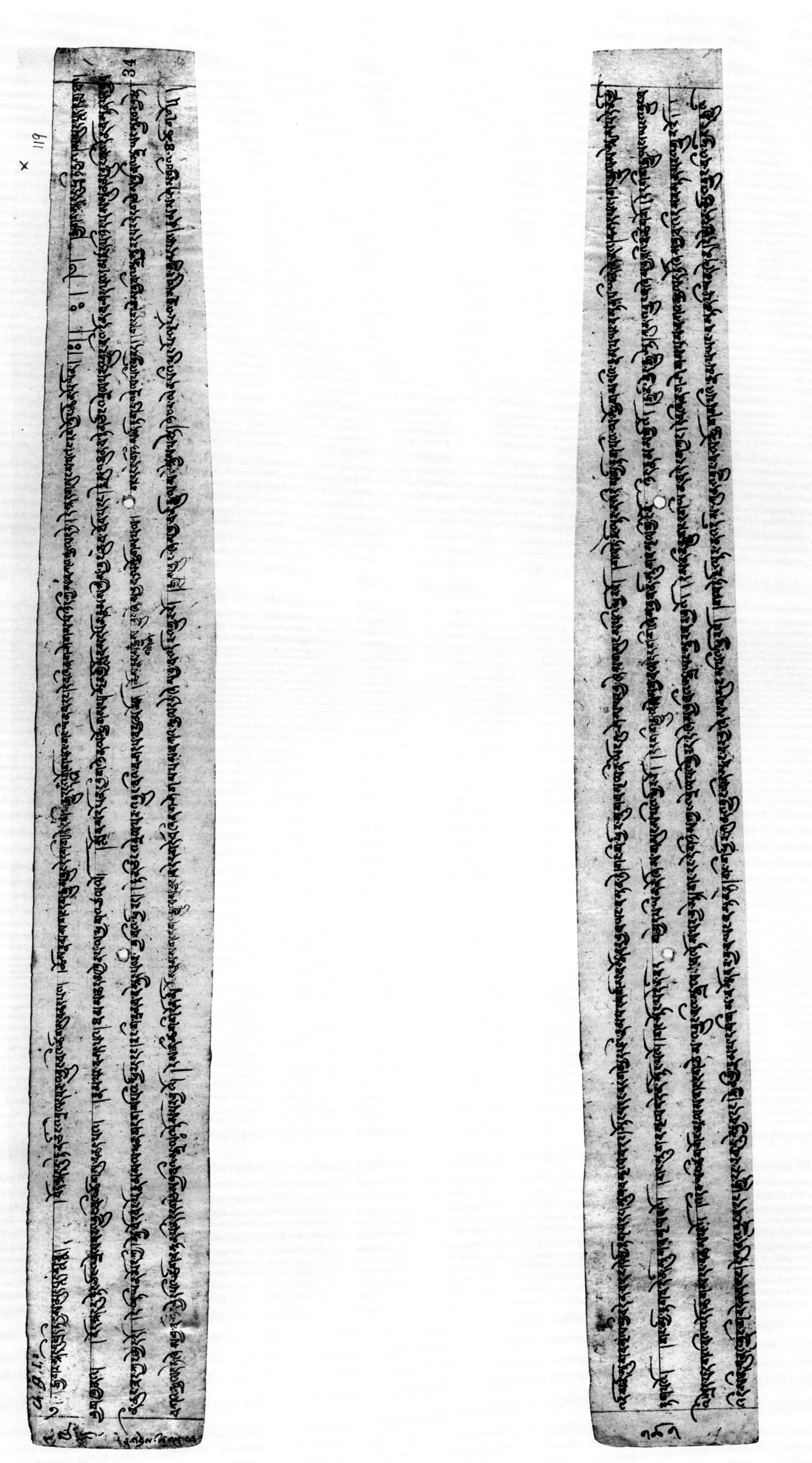

英 IOL.Tib.J.VOL.1　8.རྟེན་ཅིང་འབྲེལ་བར་འབྱུང་བའི་ཚིགས་སུ་བཅད་པའི་རྣམ་པར་བཤད་པ།

8.緣起頌解説　(68—27)

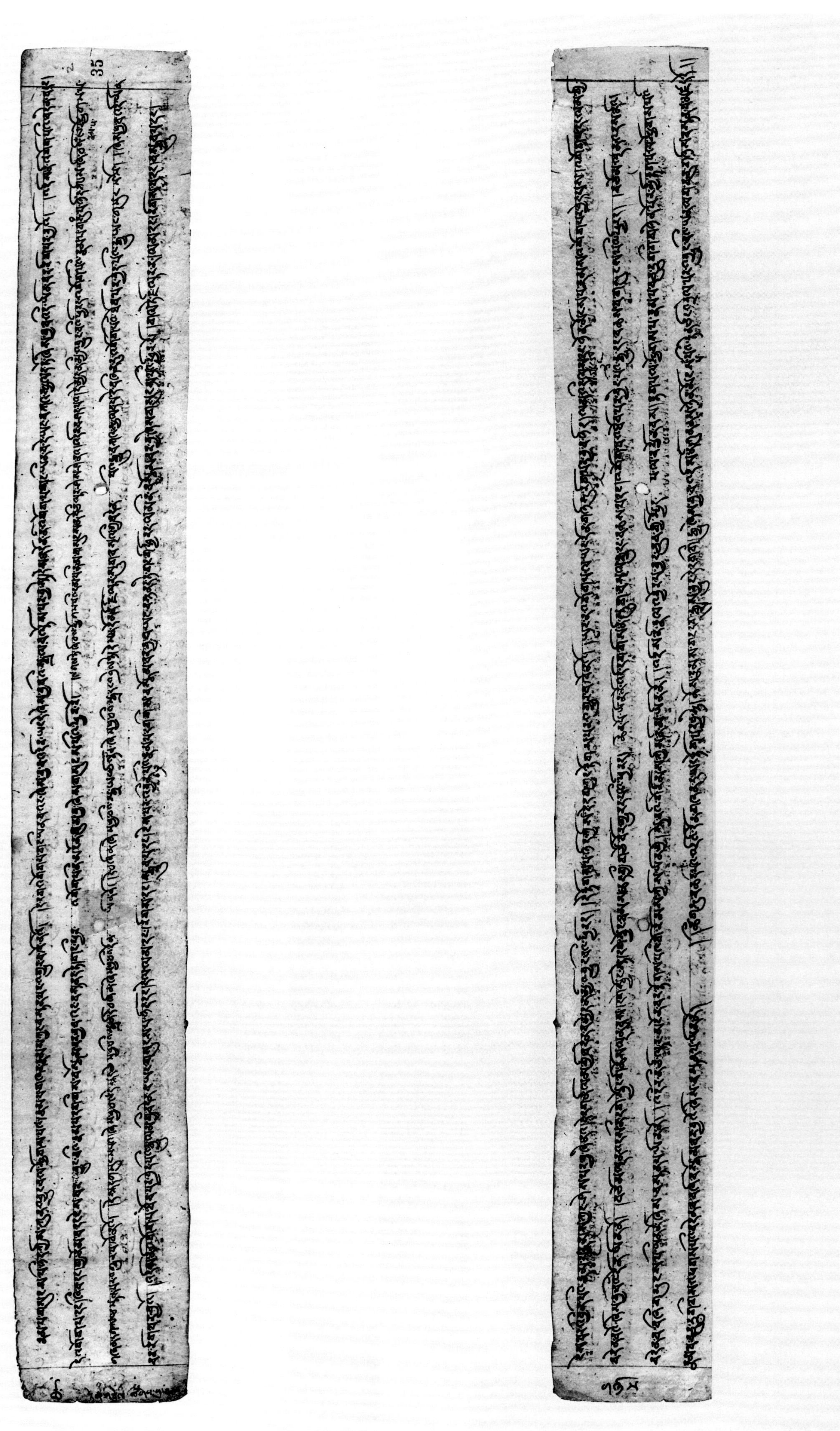

英 IOL.Tib.J.VOL.1　　8.རྟེན་ཅིང་འབྲེལ་བར་འབྱུང་བའི་ཚིགས་སུ་བཅད་པའ་རྣམ་པར་བཤད་པའ།

8.緣起頌解說　　(68—28)

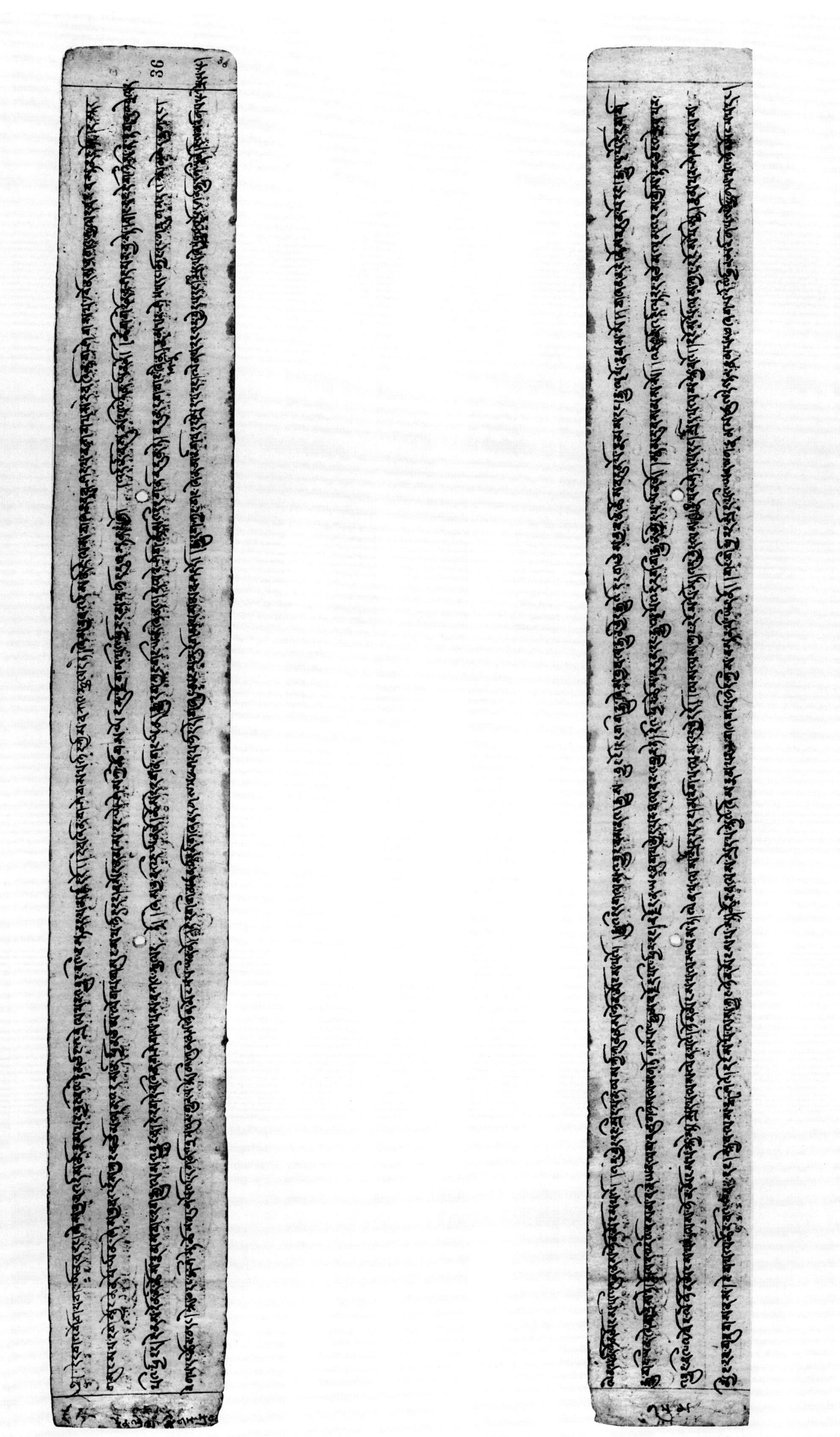

英 IOL.Tib.J.VOL.1　8.རྟེན་ཅིང་འབྲེལ་བར་འབྱུང་བའི་ཚིགས་སུ་བཅད་པའི་རྣམ་པར་བཤད་པ།

8.緣起頌解說　(68—29)

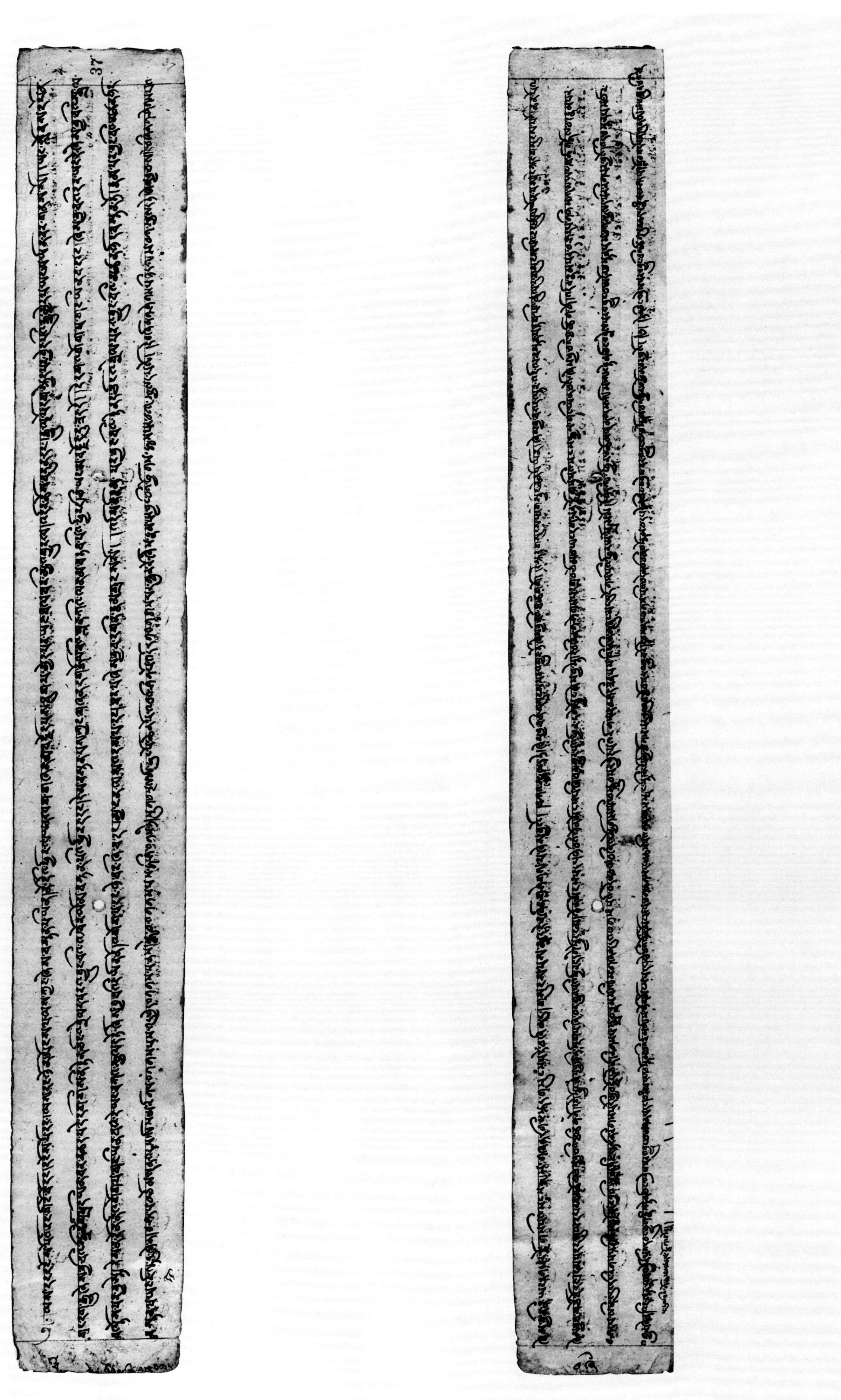

英 IOL.Tib.J.VOL.1　　8.རྟེན་ཅིང་འབྲེལ་བར་འབྱུང་བའི་ཚིགས་སུ་བཅད་པའི་རྣམ་པར་བཤད་པ།

8.緣起頌解說　　(68—30)

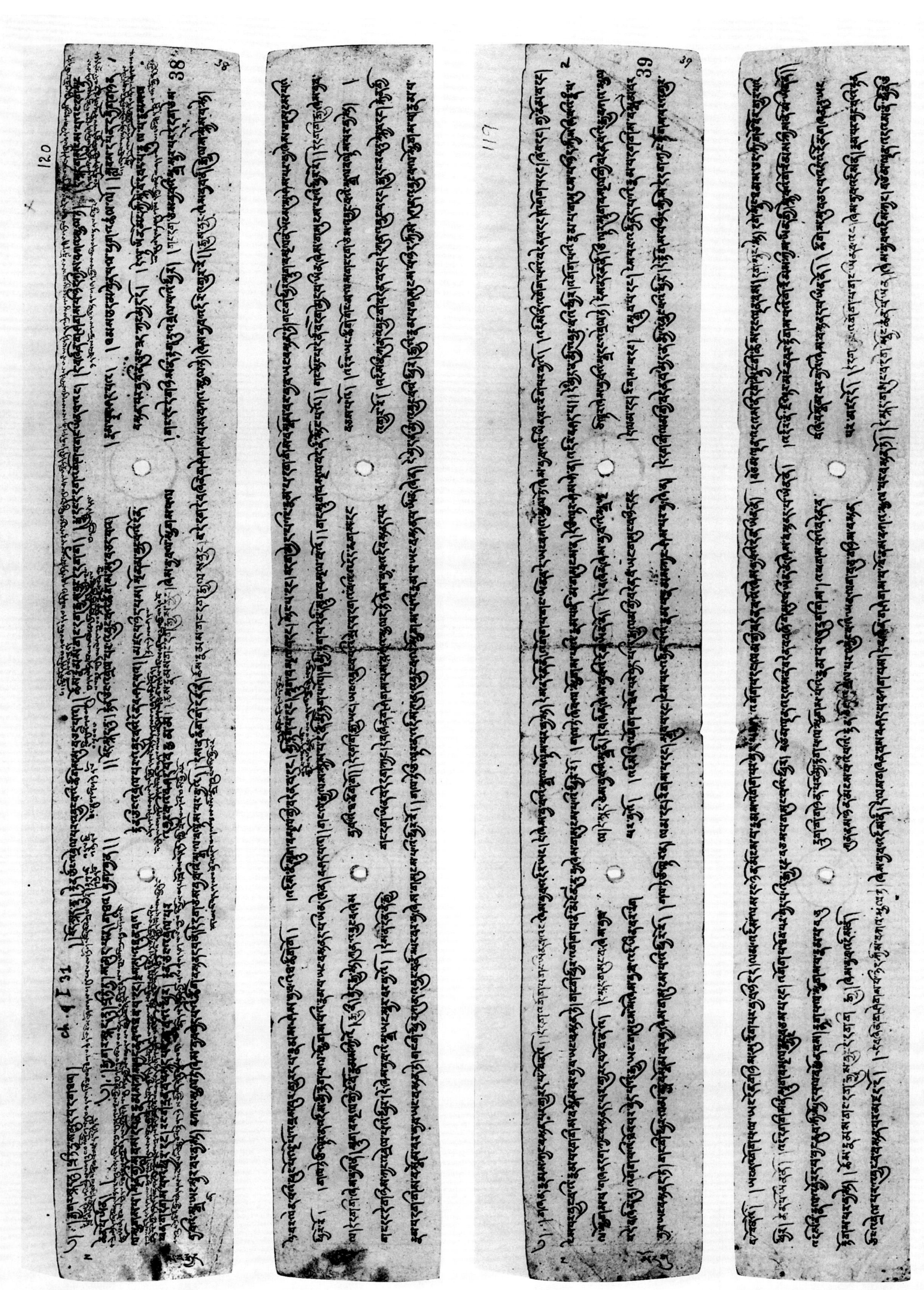

英 IOL.Tib.J.VOL.1　　8.རྟེན་ཅིང་འབྲེལ་བར་འབྱུང་བའི་ཚིགས་སུ་བཅད་པའི་རྣམ་པར་བཤད་པ།

8.緣起頌解說　　(68—31)

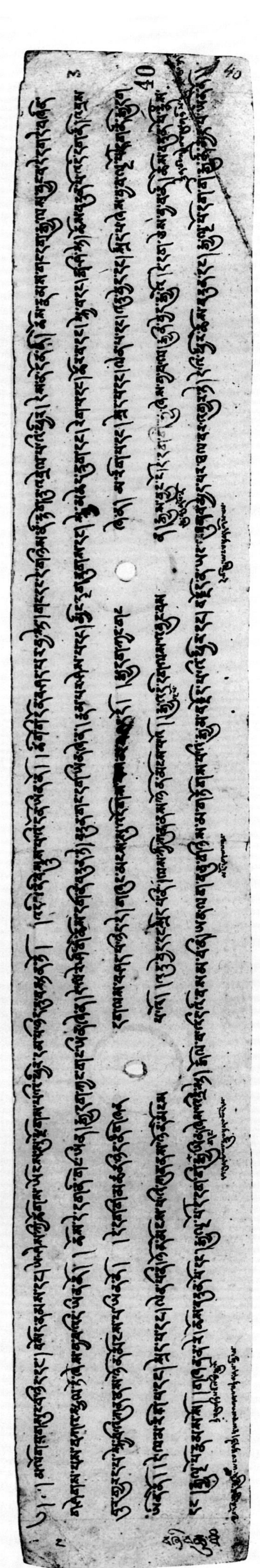

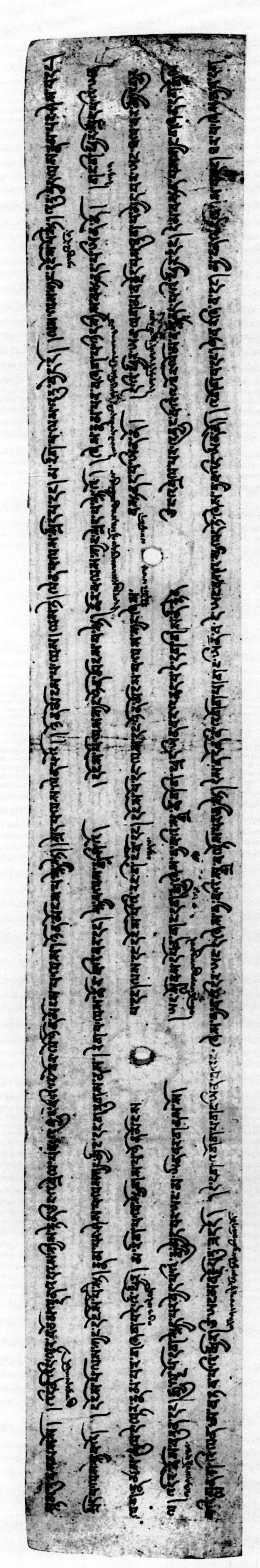

英 IOL.Tib.J.VOL.1　　8.རྟེན་ཅིང་འབྲེལ་བར་འབྱུང་བའི་ཚིགས་སུ་བཅད་པའི་རྣམ་པར་བཤད་པ།

8.緣起頌解說　　(68—32)

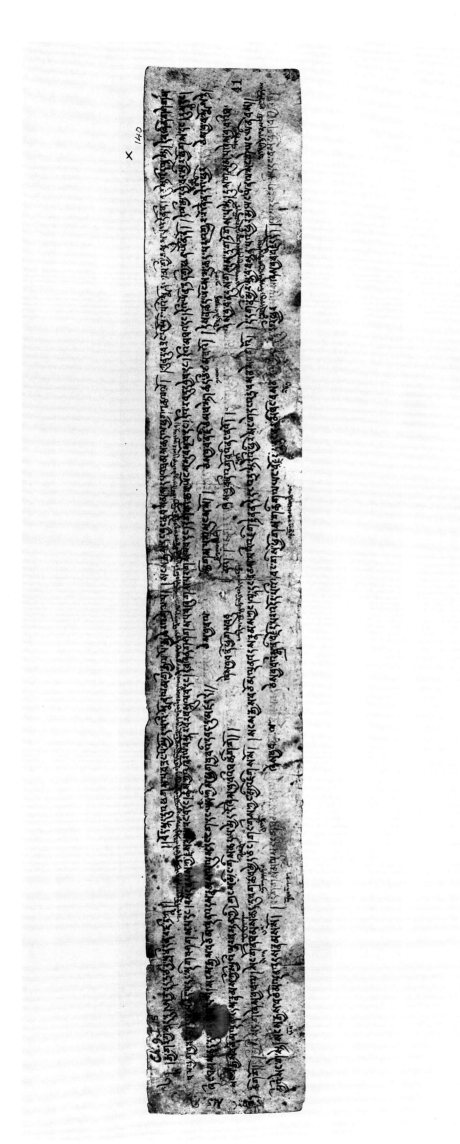

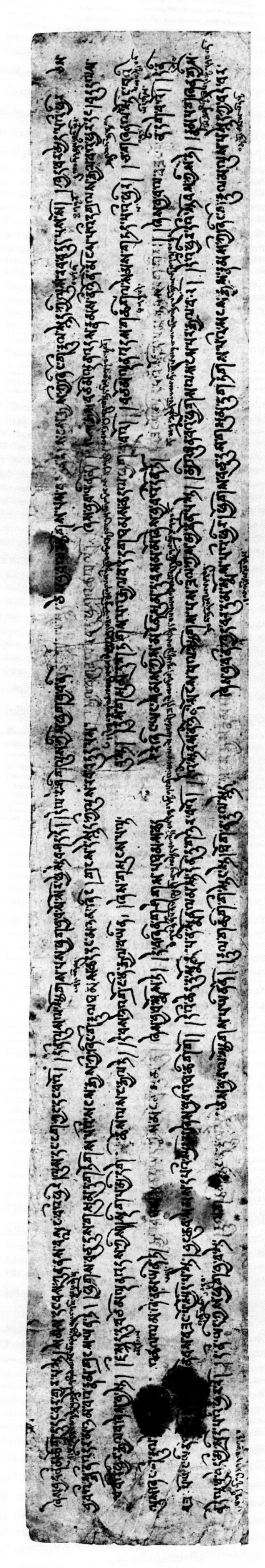

英 IOL.Tib.J.VOL.1　　9.བཟང་པོ་སྤྱོད་པའི་སྨོན་ལམ་གྱི་རྒྱལ་པོ་རྒྱ་ཆེར་འགྲེལ་པ།

9.普賢行願王經廣釋　　(68—33)

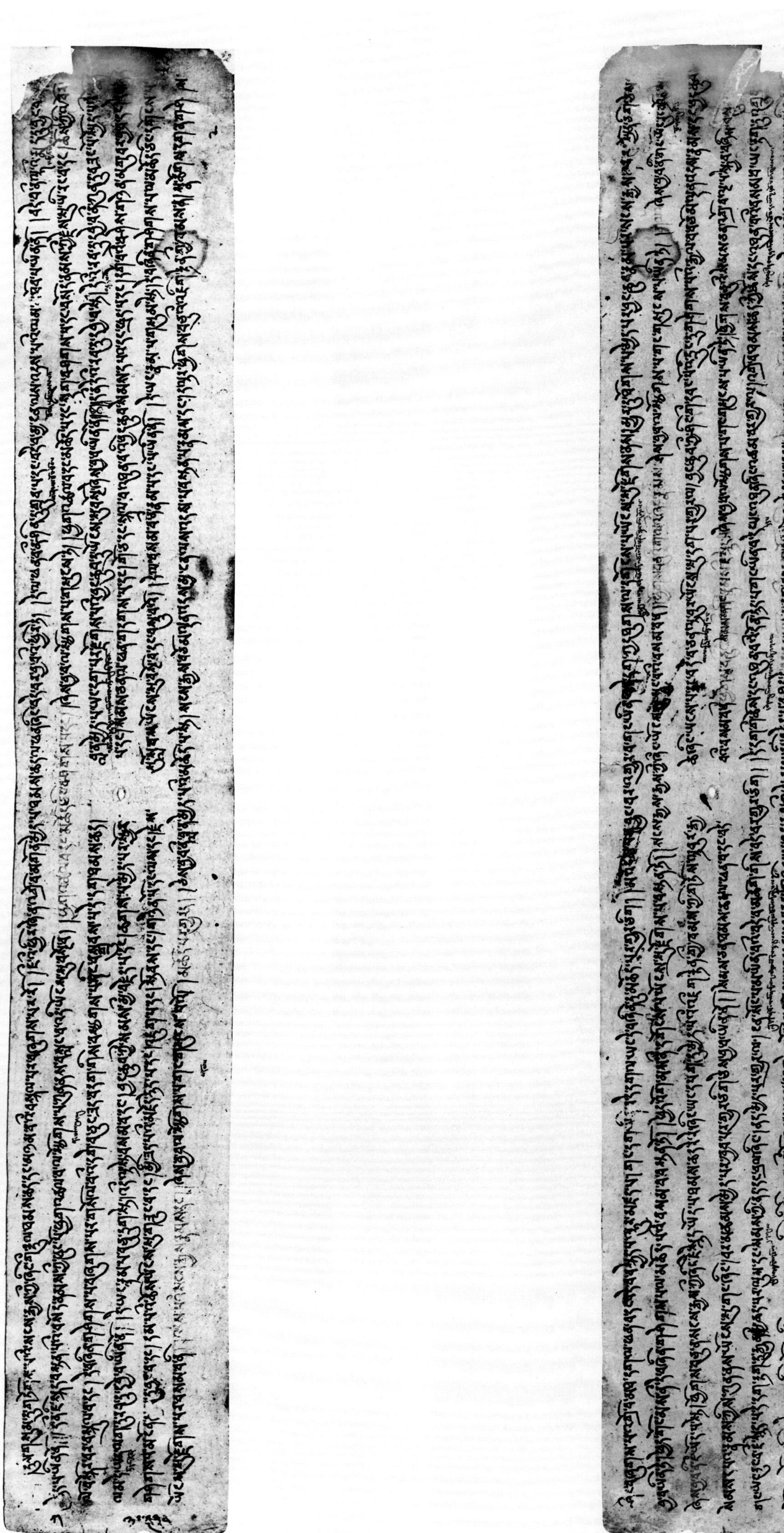

英 IOL.Tib.J.VOL.1　　9.བཟང་པོ་སྤྱོད་པའི་སྨོན་ལམ་གྱི་རྒྱལ་པོ་རྒྱ་ཆེར་འགྲེལ་པ།

9.普賢行願王經廣釋　　(68—34)

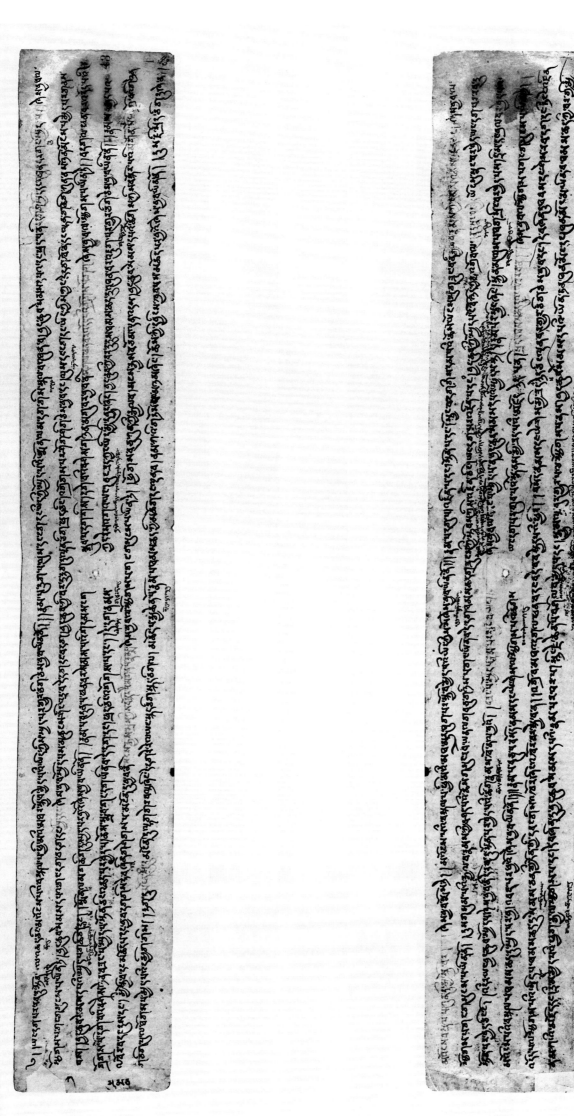

英 IOL.Tib.J.VOL.1　9.བཟང་པོ་སྤྱོད་པའི་སྨོན་ལམ་གྱི་རྒྱལ་པོ་རྒྱ་ཆེར་འགྲེལ་པ།

9.普賢行願王經廣釋　(68—35)

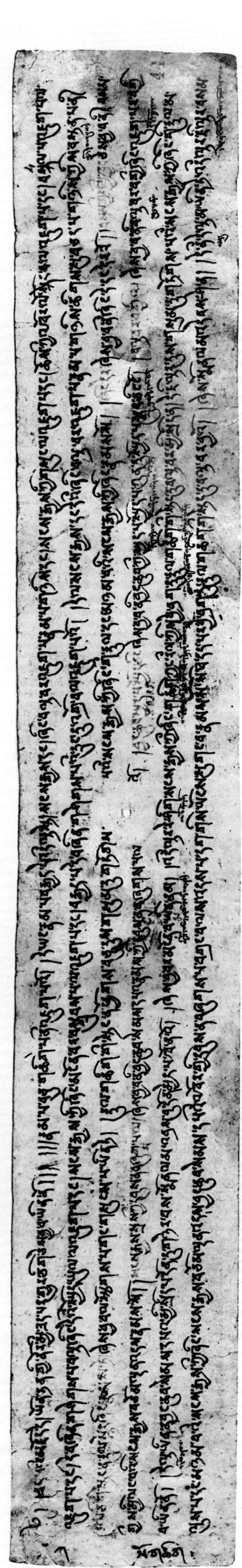

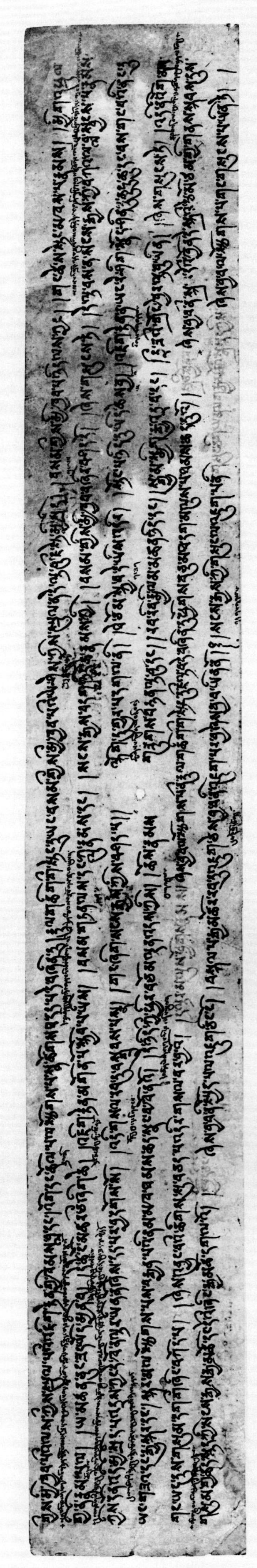

英 IOL.Tib.J.VOL.1　9.བཟང་པོ་སྤྱོད་པའི་སྨོན་ལམ་གྱི་རྒྱལ་པོ་རྒྱ་ཆེར་འགྲེལ་པ།

9.普賢行願王經廣釋　(68—36)

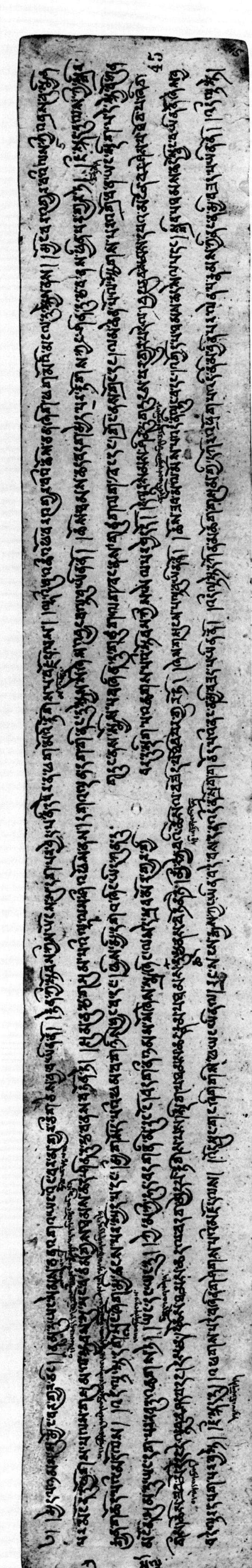

英 IOL.Tib.J.VOL.1　　9.བཟང་པོ་སྤྱོད་པའི་སྨོན་ལམ་གྱི་རྒྱལ་པོ་རྒྱ་ཆེར་འགྲེལ་པའ།

9.普賢行願王經廣釋　　(68—37)

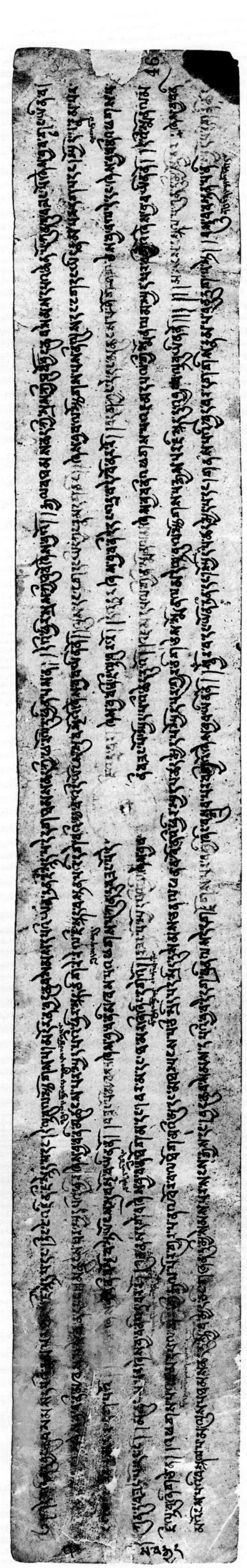

英 IOL.Tib.J.VOL.1　　9.བཟང་པོ་སྤྱོད་པའི་སྨོན་ལམ་གྱི་རྒྱལ་པོ་རྒྱ་ཆེར་འགྲེལ་པ།

9.普賢行願王經廣釋　　(68—38)

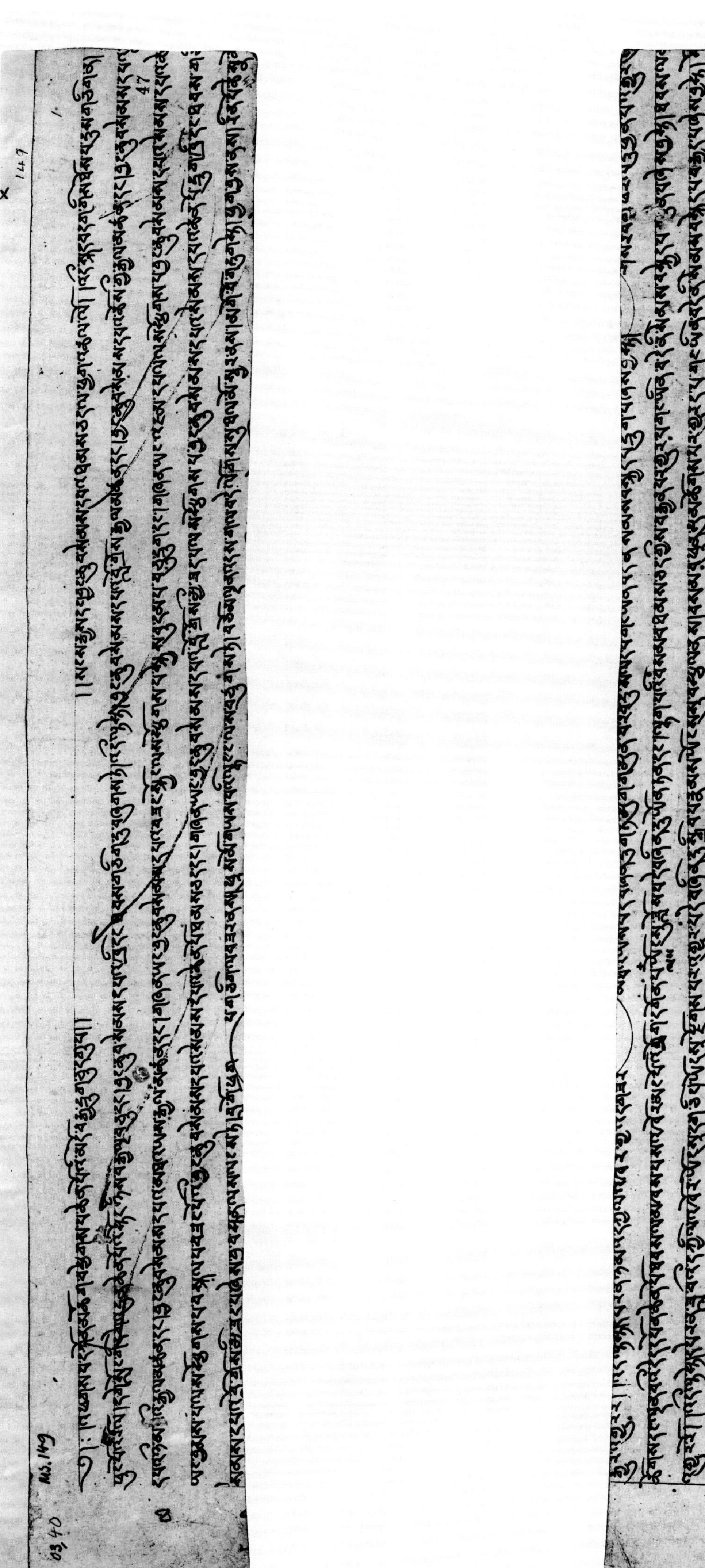

英 IOL.Tib.J.VOL.1　　10.འཕགས་པ་དཀོན་མཆོག་བརྩེགས་པ་ཆེན་པོའི་མདོ་བརྒྱ་ཕྲག་སྟོང་དགུ་པ།
10.大寶積經　　(68—39)

英 IOL.Tib.J.VOL.1　　10.འཕགས་པ་དཀོན་མཆོག་བརྩེགས་པ་ཆེན་པོའི་མདོ་བརྒྱ་ཕྲག་ཅུ་དགུ་པ།

10.大寶積經　　(68—40)

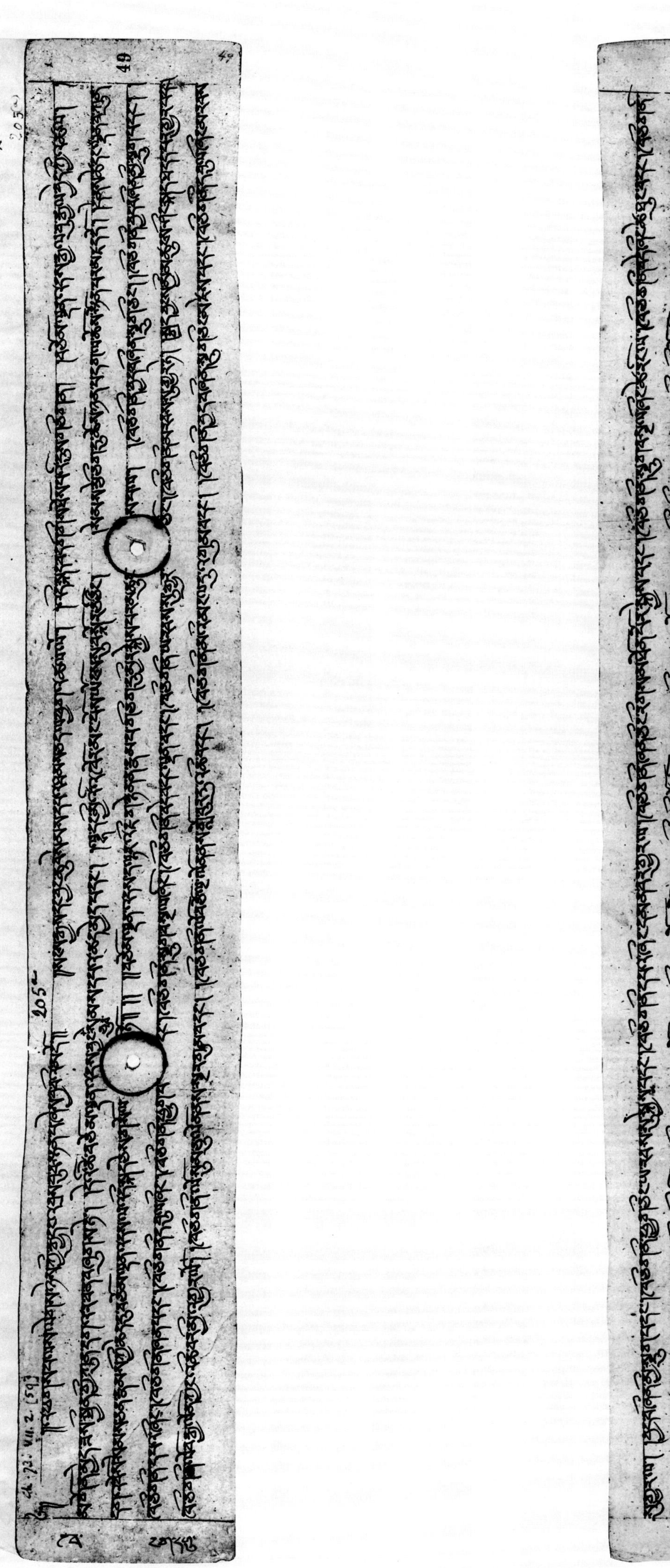

英 IOL.Tib.J.VOL.1　　11.འཕགས་པ་ལས་ཞིགས་ཉེས་ཀྱི་རྒྱུ་དང་འབྲས་བུ་བསྟན་པ་ཞེས་བྱ་བའི་མདོ།

11.聖說善惡因果道經　(68—41)

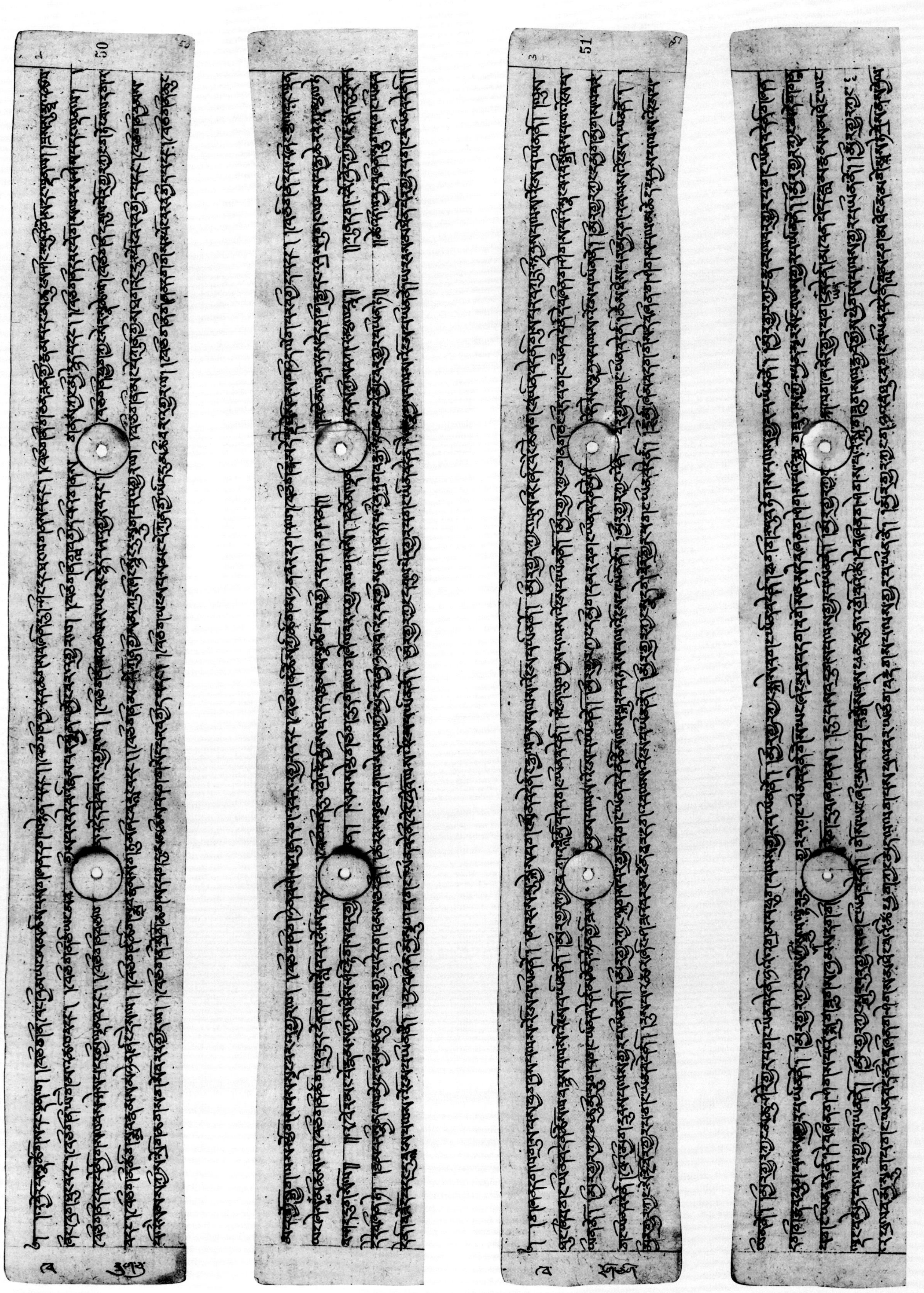

英 IOL.Tib.J.VOL.1　　11.འཕགས་པ་ལམ་ལེགས་ཉེས་ཀྱི་རྒྱུ་དང་འབྲས་བུ་བསྟན་པ་ཞེས་བྱ་བའི་མདོ།།

11.聖說善惡因果道經　　(68—42)

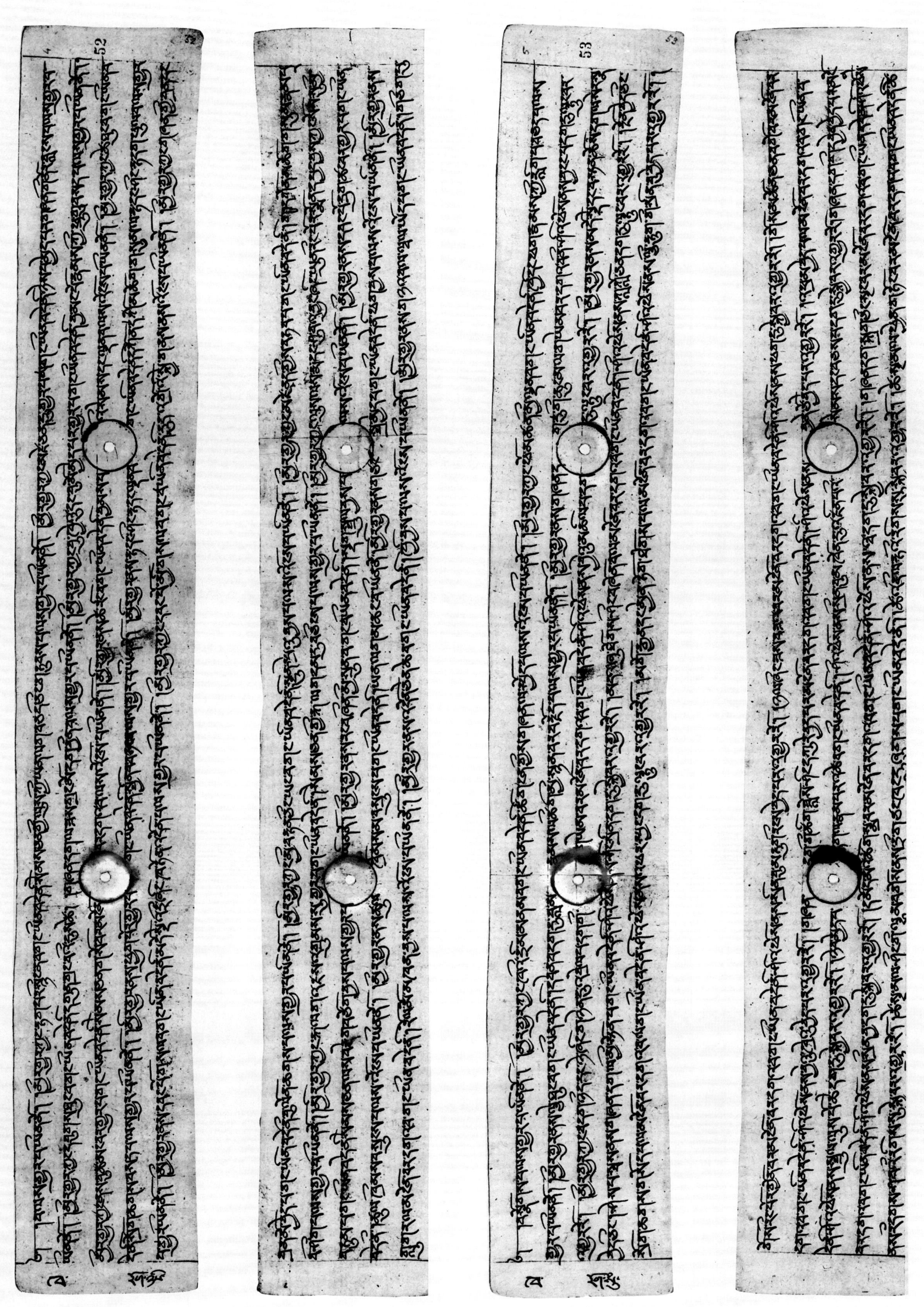

英 IOL.Tib.J.VOL.1　　11.འཕགས་པ་ལས་ལེགས་ཉེས་ཀྱི་རྒྱུ་དང་འབྲས་བུ་བསྟན་པ་ཞེས་བྱ་བའི་མདོ།།

11.聖說善惡因果道經　(68—43)

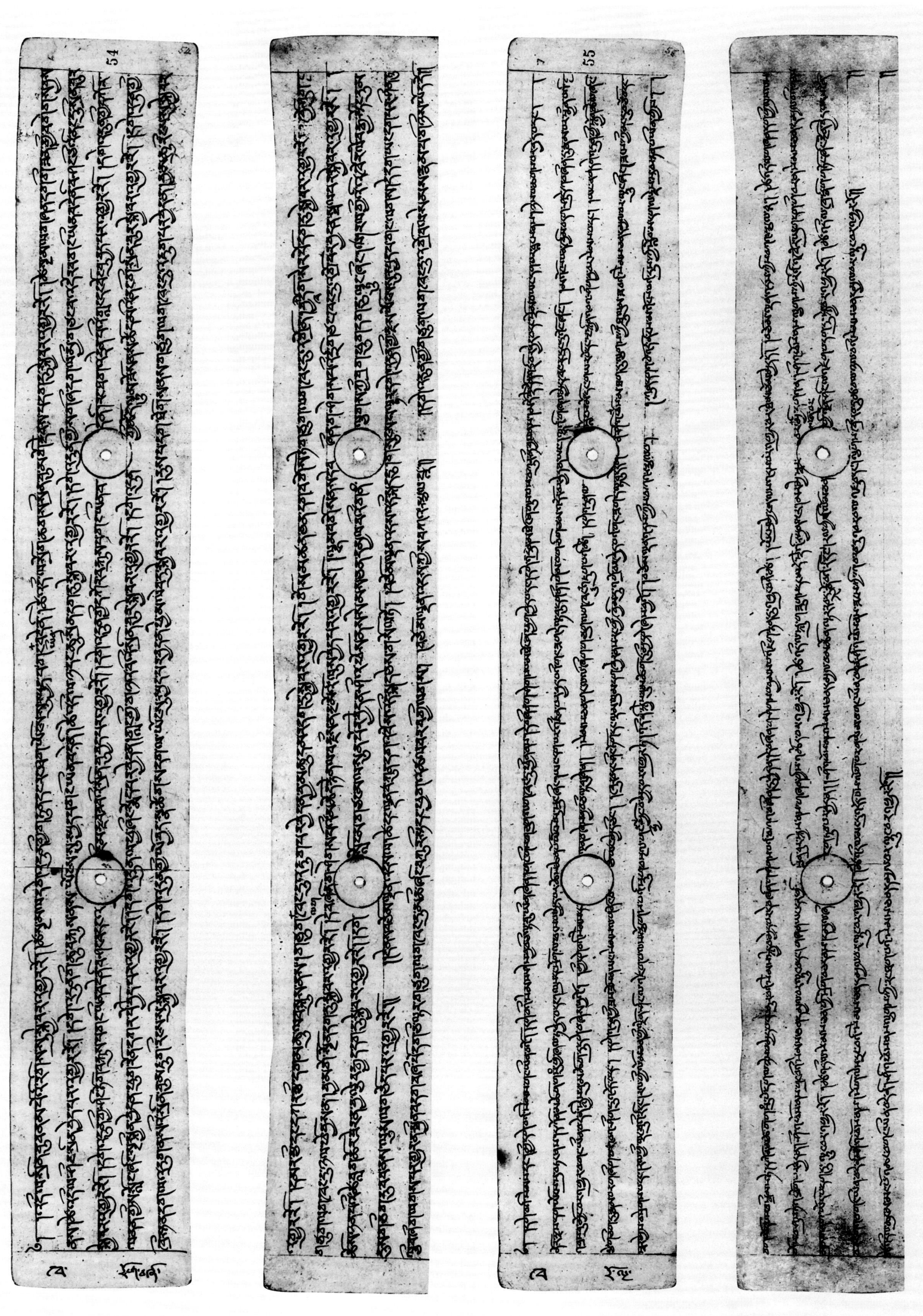

英 IOL.Tib.J.VOL.1　　11.འཕགས་པ་ལམ་ལེགས་ཉེས་ཀྱི་རྒྱུ་དང་འབྲས་བུ་བསྟན་པ་ཞེས་བྱ་བའི་མདོ།

11.聖說善惡因果道經　　(68—44)

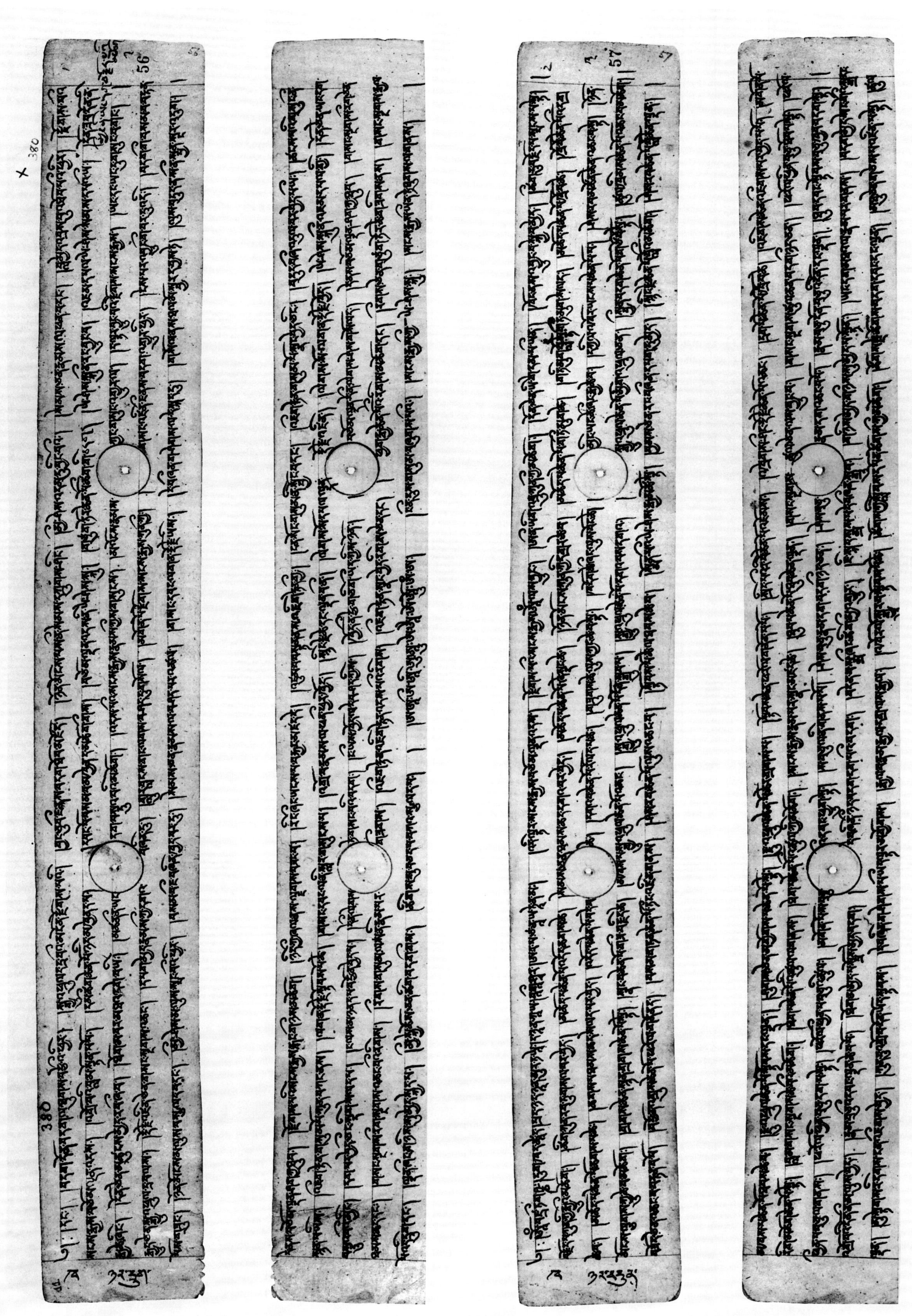

英 IOL.Tib.J.VOL.1　　12.འཕགས་པ་འཇམ་དཔལ་གྱི་མཚན་ཡང་དག་པར་བརྗོད་པ།

12.聖說妙吉祥真實名經　　(68—45)

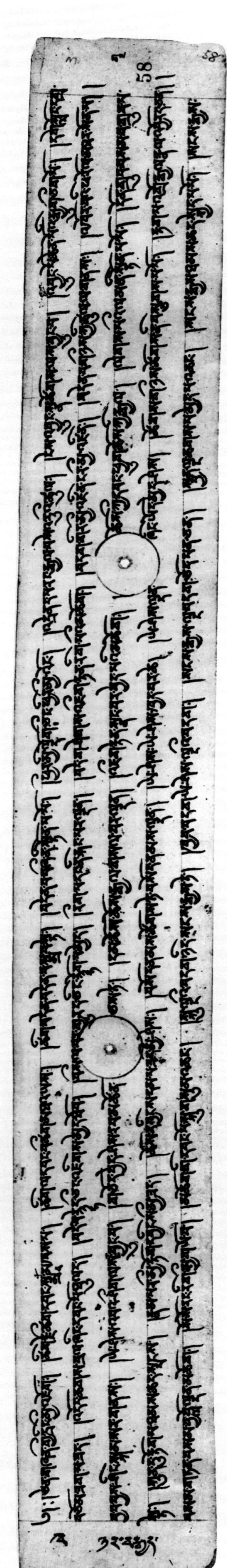
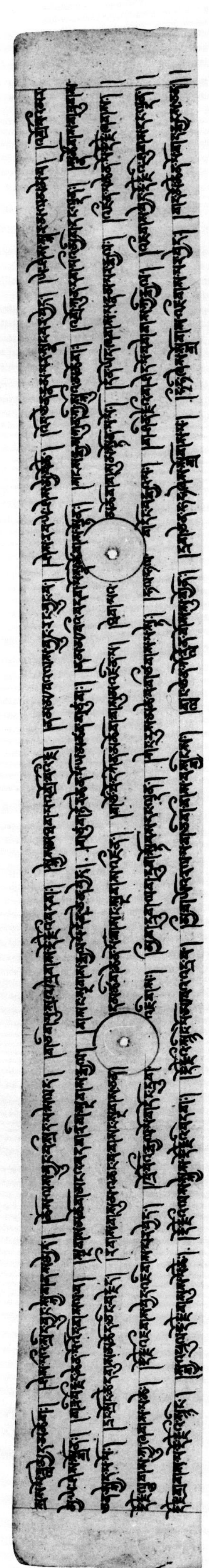
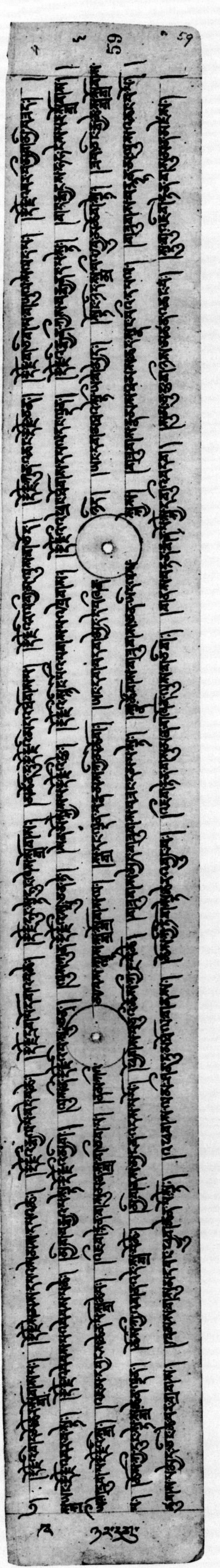

英 IOL.Tib.J.VOL.1 12.འཕགས་པ་འཇམ་དཔལ་གྱི་མཚན་ཡང་དག་པར་བརྗོད་པ།
12.聖說妙吉祥真實名經 (68—46)

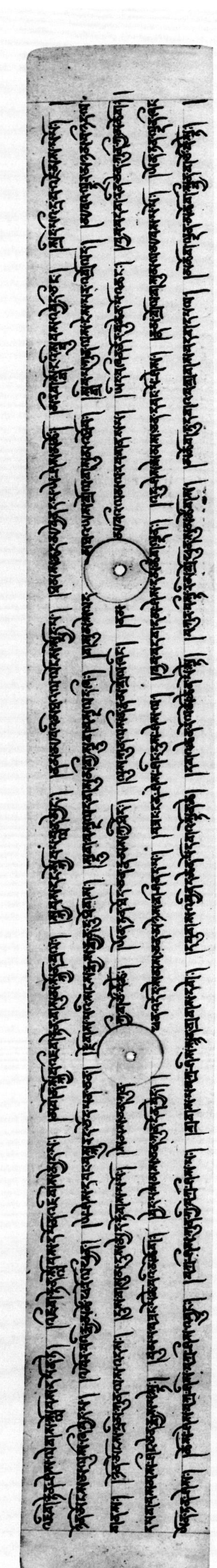

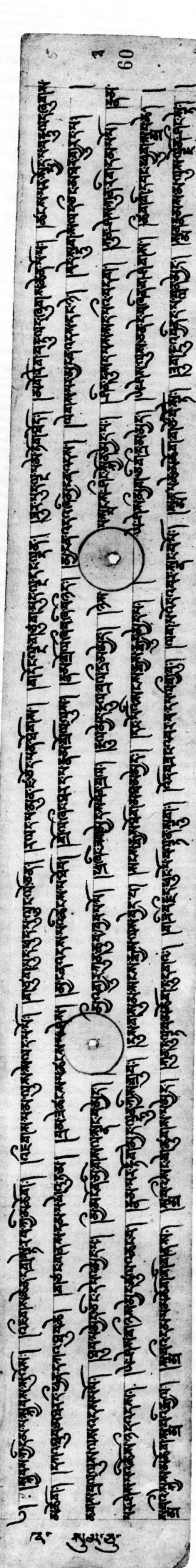

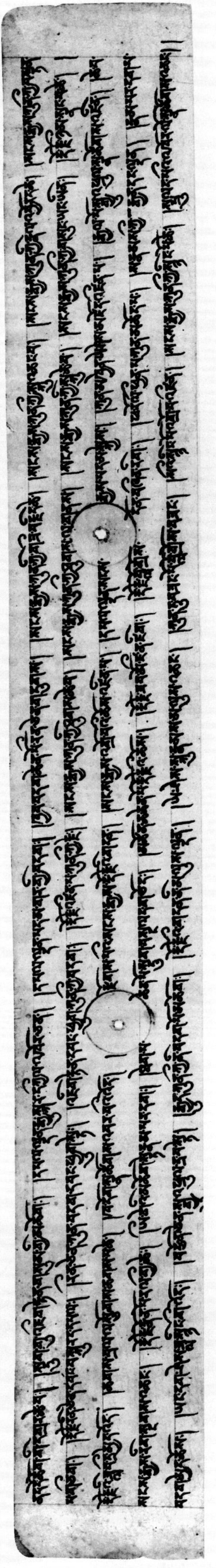

英 IOL.Tib.J.VOL.1　　12.འཕགས་པ་འཇམ་དཔལ་གྱི་མཚན་ཡང་དག་པར་བརྗོད་པ།

12.聖說妙吉祥真實名經　　(68—47)

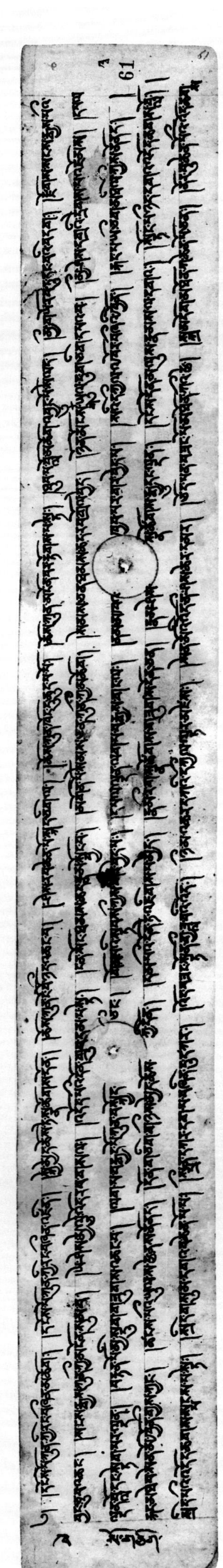

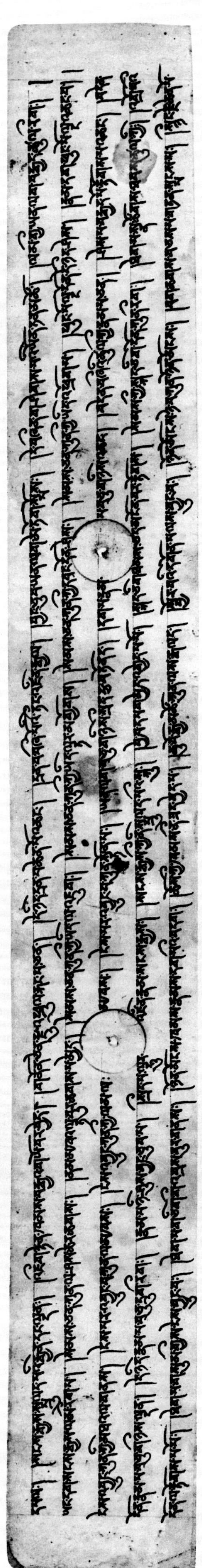

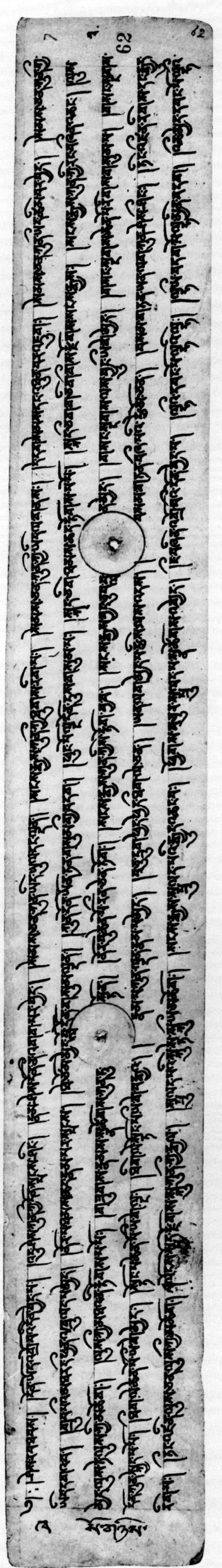

英 IOL.Tib.J.VOL.1　　12.འཕགས་པ་འཇམ་དཔལ་གྱི་མཚན་ཡང་དག་པར་བརྗོད་པ།

12.聖說妙吉祥真實名經　　(68—48)

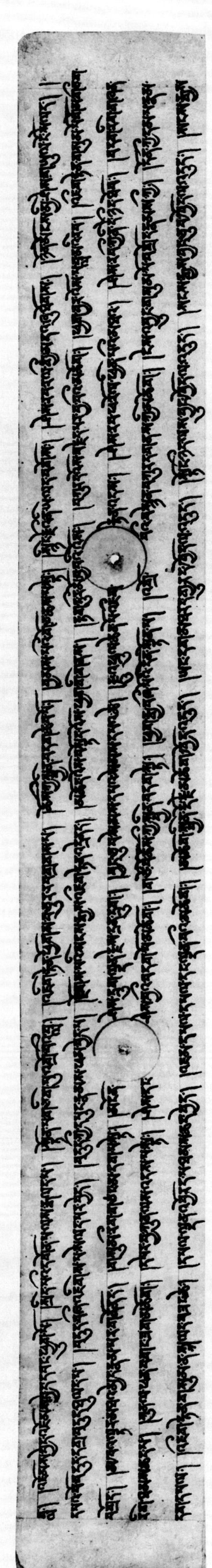

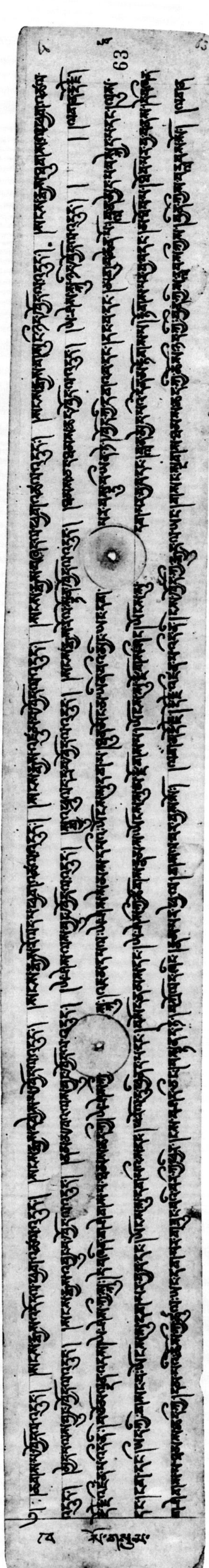

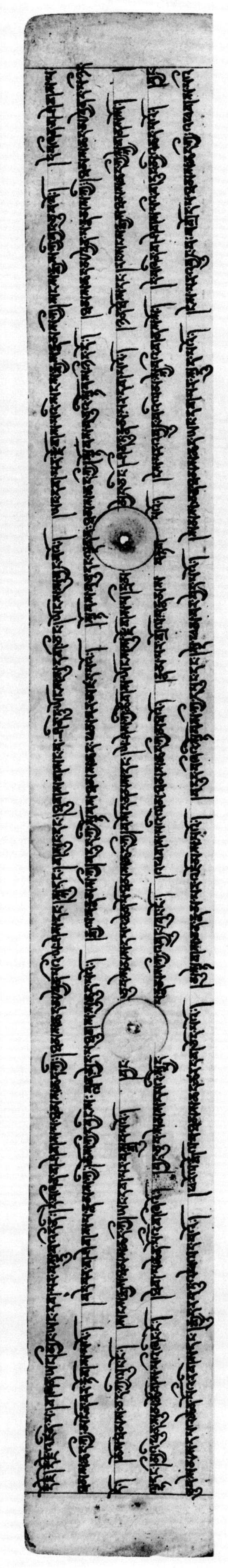

英 IOL.Tib.J.VOL.1　　12.འཕགས་པ་འཇམ་དཔལ་གྱི་མཚན་ཡང་དག་པར་བརྗོད་པ།

12.聖說妙吉祥真實名經　　(68—49)

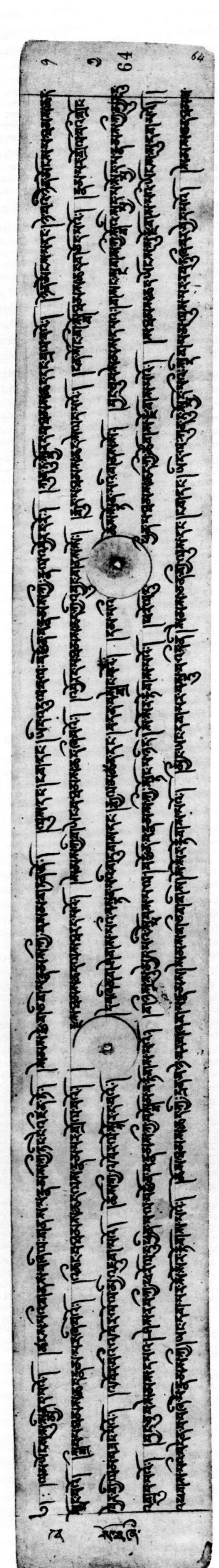

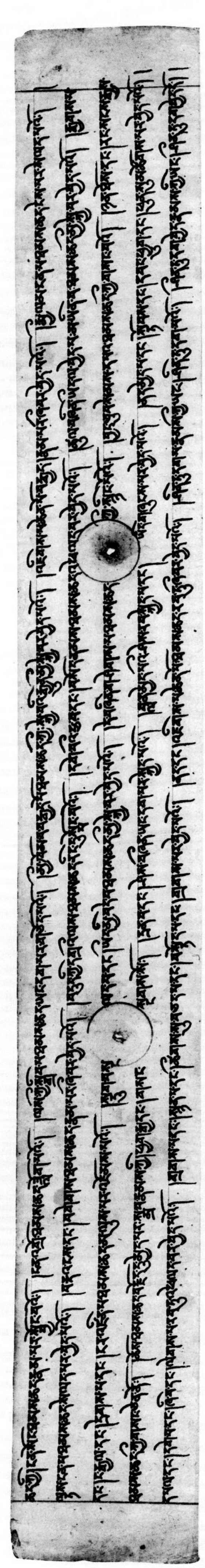

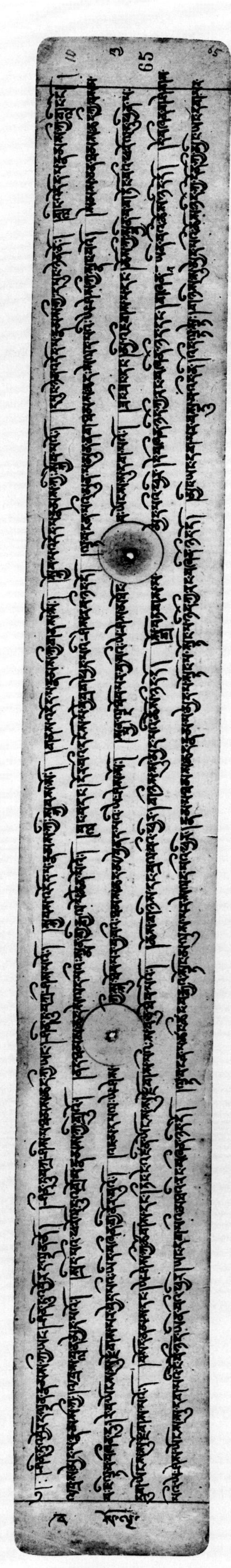

英 IOL.Tib.J.VOL.1　　12.འཕགས་པ་འཇམ་དཔལ་གྱི་མཚན་ཡང་དག་པར་བརྗོད་པ།

12.聖說妙吉祥真實名經　　(68—50)

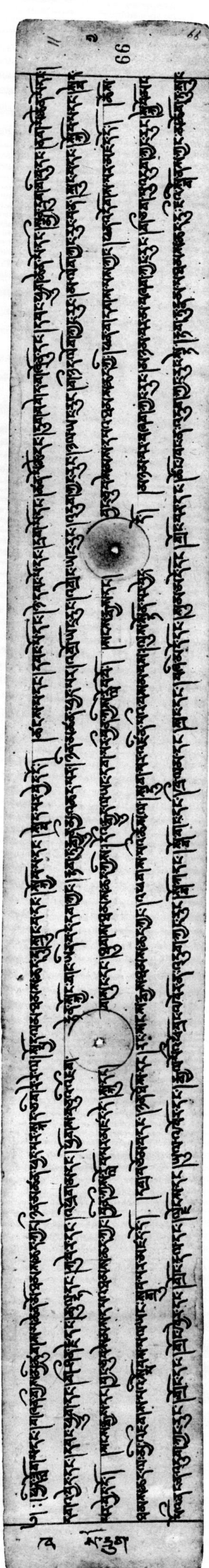

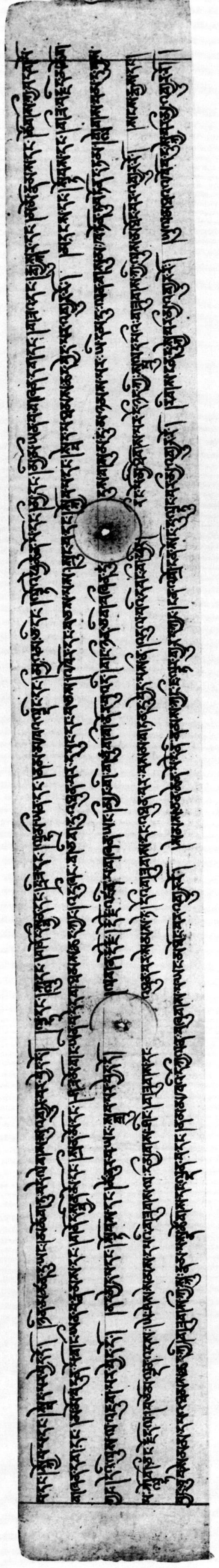

英 IOL.Tib.J.VOL.1　12.འཕགས་པ་འཇམ་དཔལ་གྱི་མཚན་ཡང་དག་པར་བརྗོད་པ།

12.聖說妙吉祥真實名經　(68—51)

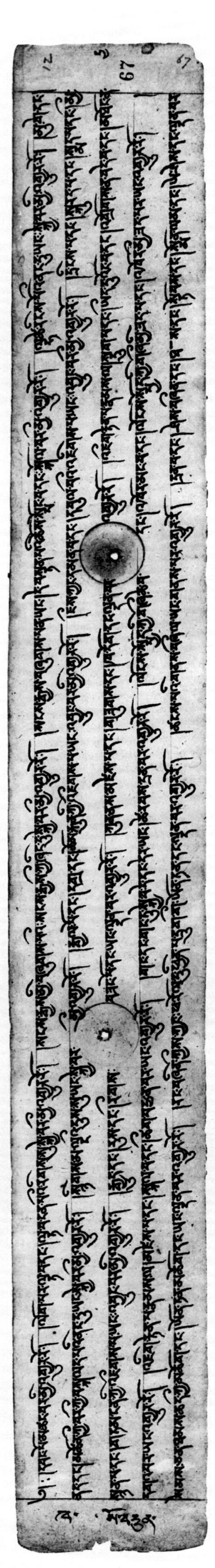

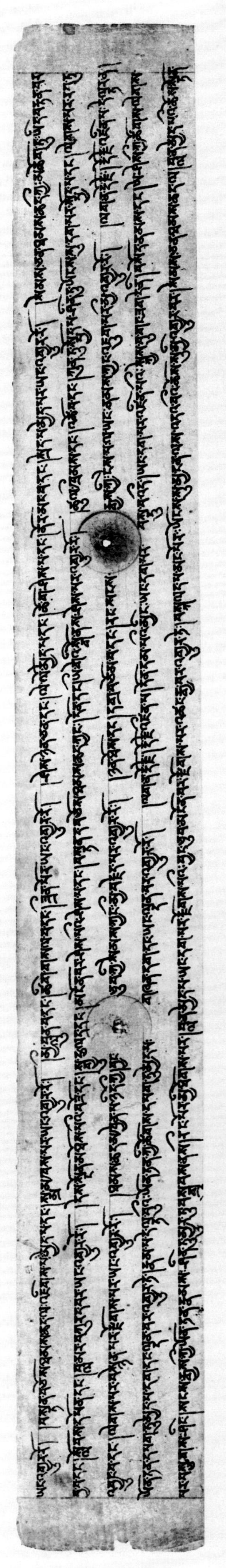

英 IOL.Tib.J.VOL.1　　12.འཕགས་པ་འཇམ་དཔལ་གྱི་མཚན་ཡང་དག་པར་བརྗོད་པ།

12.聖說妙吉祥真實名經　　(68—52)

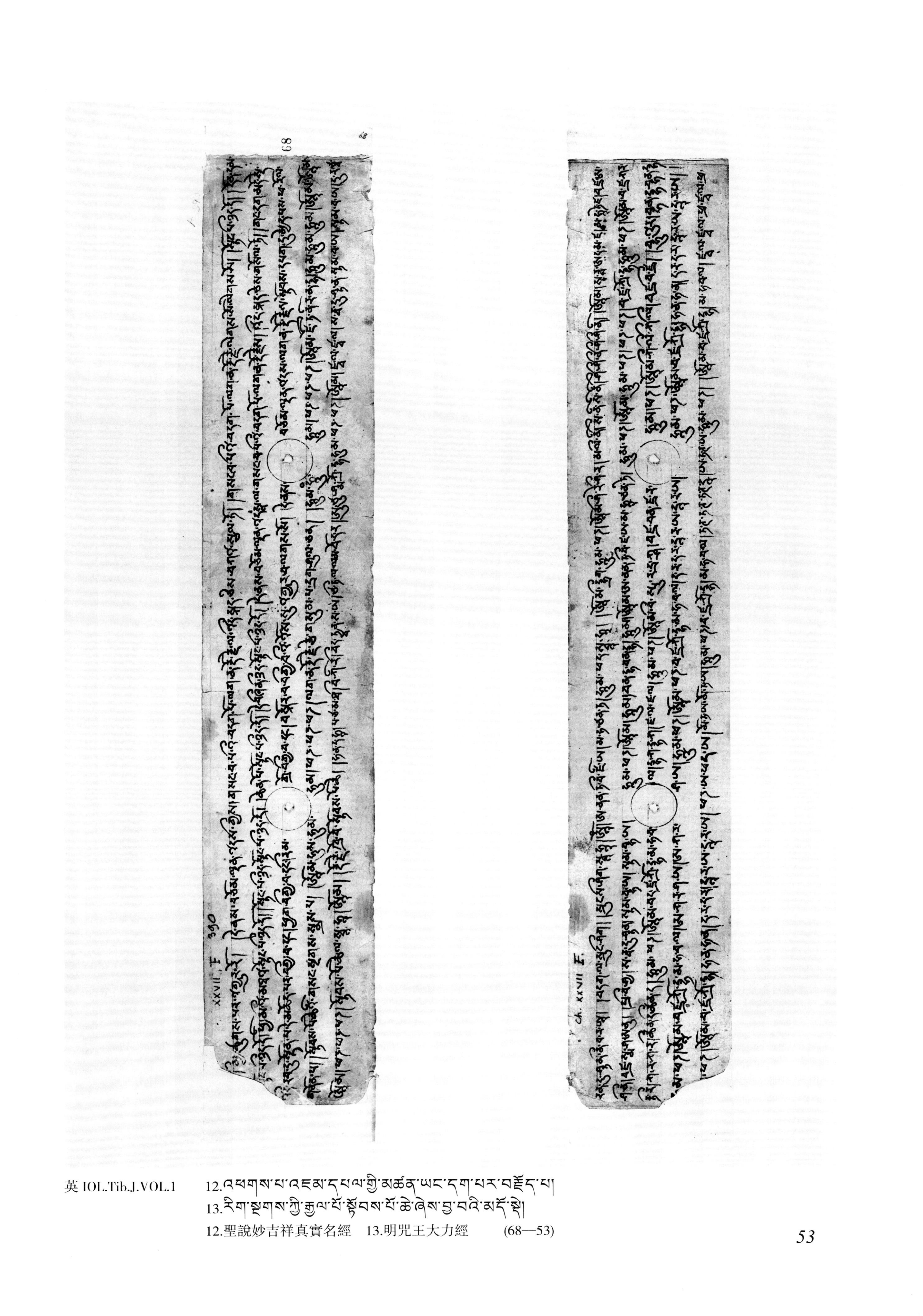

英 IOL.Tib.J.VOL.1　　12.འཕགས་པ་འཇམ་དཔལ་གྱི་མཚན་ཡང་དག་པར་བརྗོད་པ།

13.རིག་སྔགས་ཀྱི་རྒྱལ་པོ་སྟོབས་པོ་ཆེ་ཞེས་བྱ་བའི་མདོ་སྡེ།

12.聖說妙吉祥真實名經　13.明咒王大力經　　(68—53)

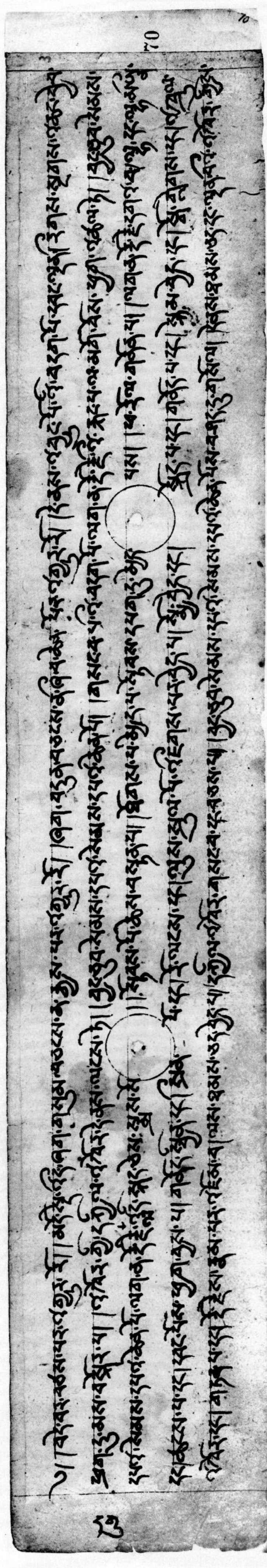

英 IOL.Tib.J.VOL.1　　13.རིག་སྔགས་ཀྱི་རྒྱལ་པོ་སྟོབས་པོ་ཆེ་ཞེས་བྱ་བའི་མདོ།

13.明咒王大力經　　(68—54)

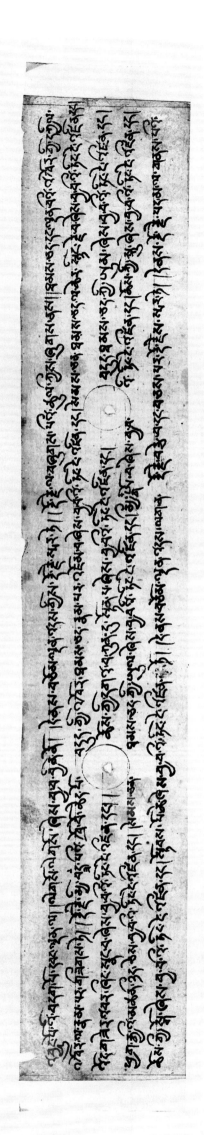

英 IOL.Tib.J.VOL.1　　13.རིག་སྔགས་ཀྱི་རྒྱལ་པོ་སྟོབས་པོ་ཆེ་ཞེས་བྱ་བའི་མདོ་སྡེ།

13.明咒王大力經　　(68—55)

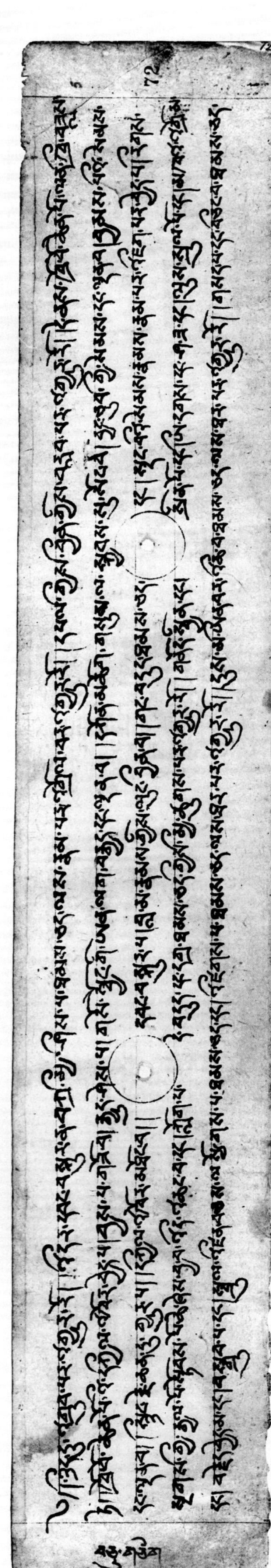

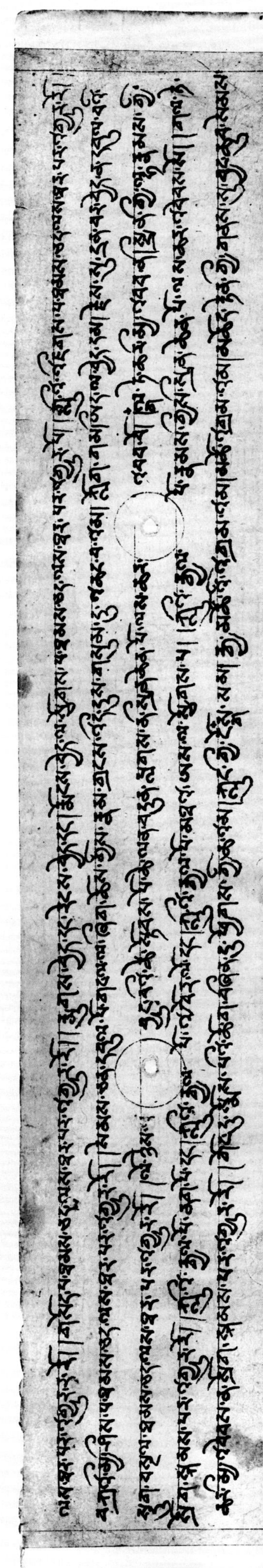

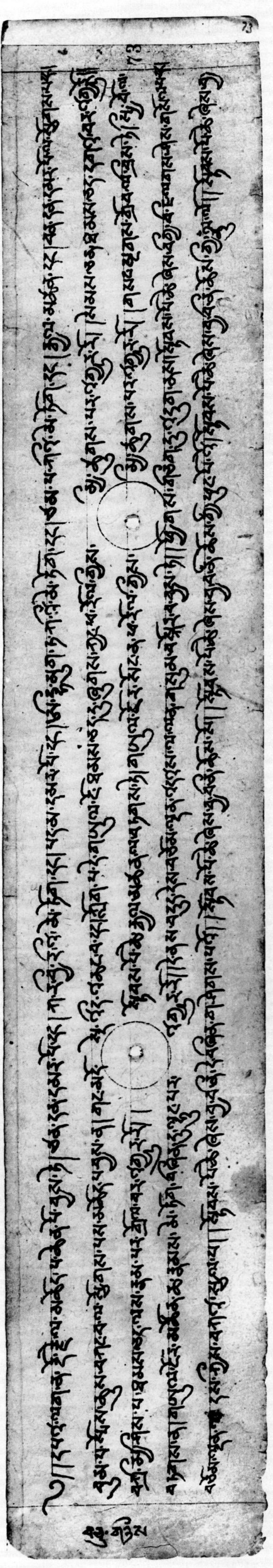

英 IOL.Tib.J.VOL.1　　13.རིག་སྔགས་ཀྱི་རྒྱལ་པོ་སྟོབས་པོ་ཆེ་ཞེས་བྱ་བའི་མདོ་སྟེ།

13.明咒王大力經　　(68—56)

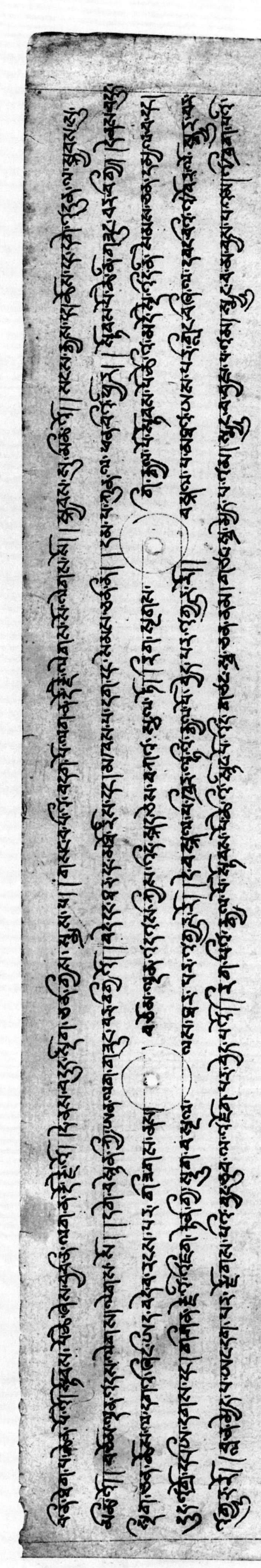

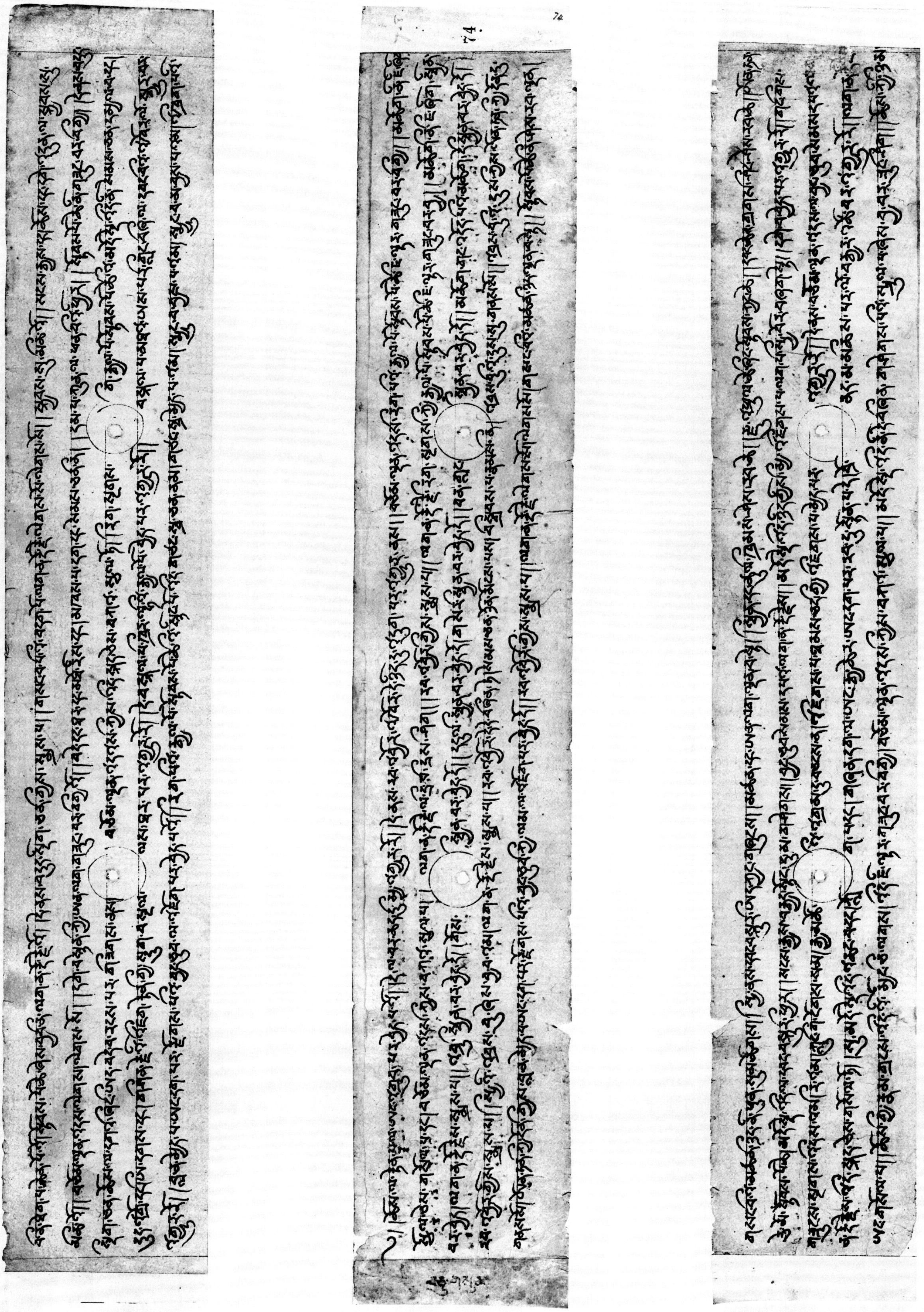

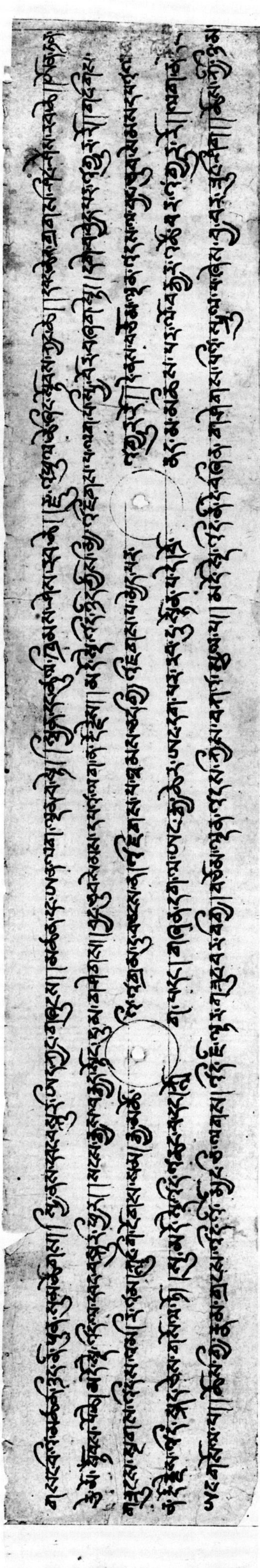

英 IOL.Tib.J.VOL.1　　13.རིག་སྔགས་ཀྱི་རྒྱལ་པོ་སྟོབས་པོ་ཆེ་ཞེས་བྱ་བའི་མདོ་སྡེ།
13.明咒王大力經　　(68—57)

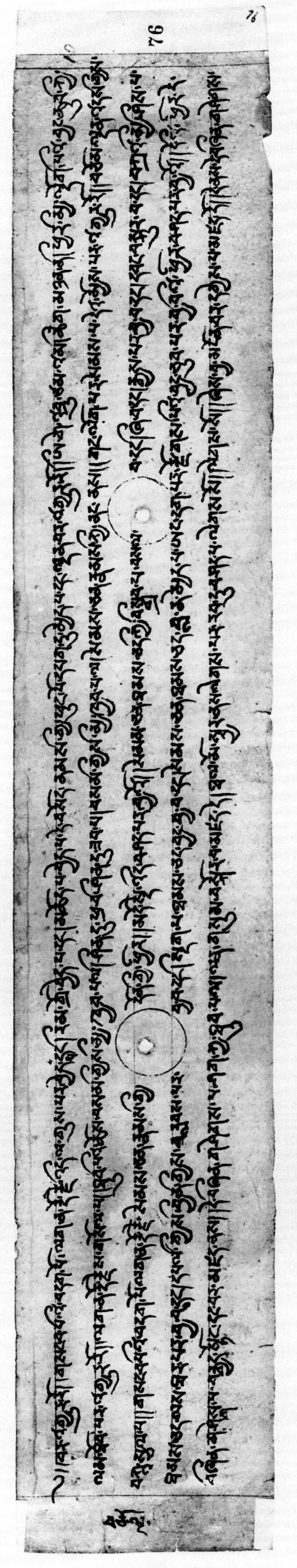

英 IOL.Tib.J.VOL.1　　13.རིག་སྔགས་ཀྱི་རྒྱལ་པོ་སྟོབས་པོ་ཆེ་ཞེས་བྱ་བའི་མདོ་སྡེ།

13.明咒王大力經　　(68—58)

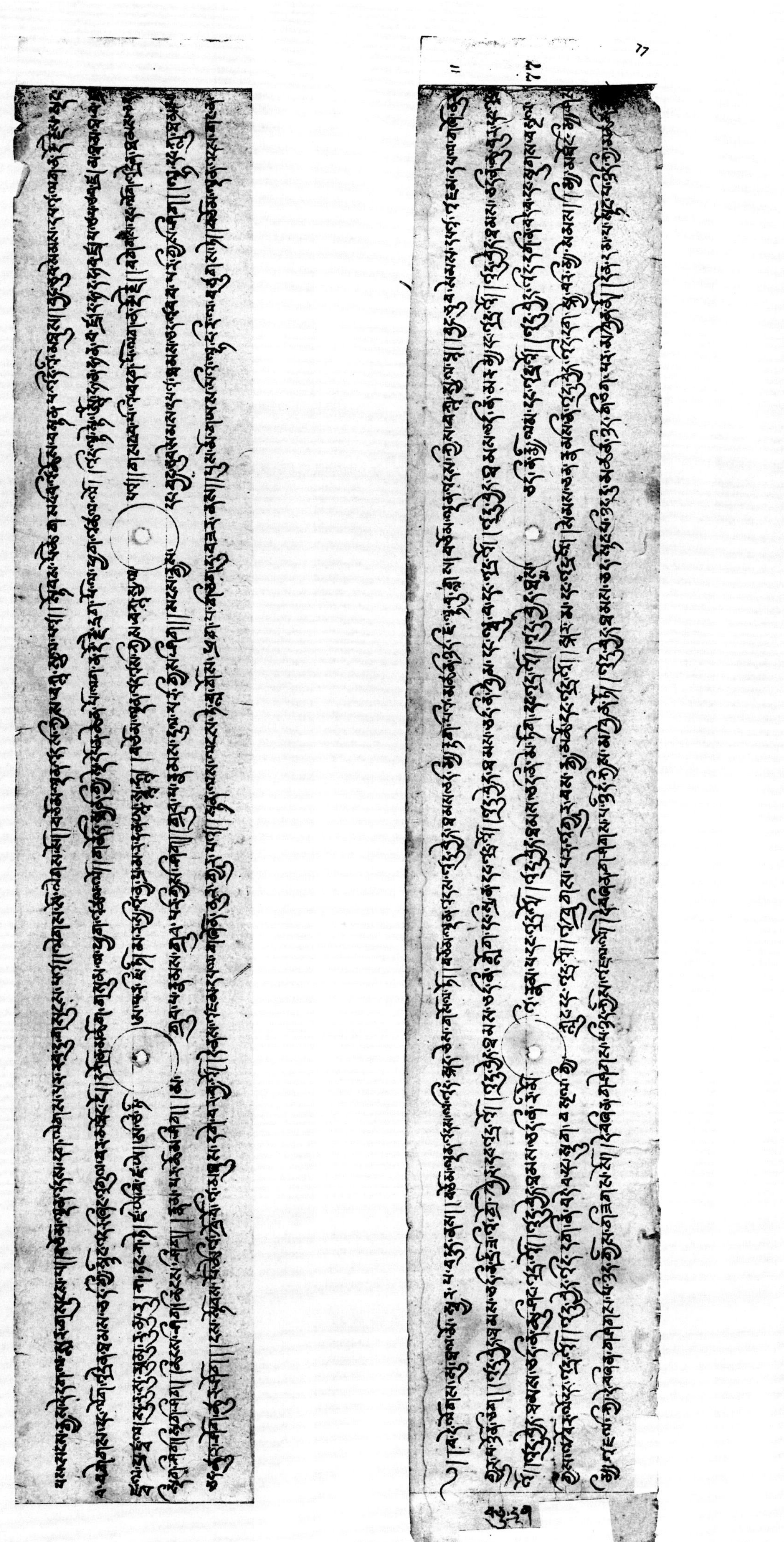

英 IOL.Tib.J.VOL.1　　13.རིག་སྔགས་ཀྱི་རྒྱལ་པོ་སྟོབས་པོ་ཆེ་ཞེས་བྱ་བའི་མདོ་སྡེ།

13.明咒王大力經　　(68—59)

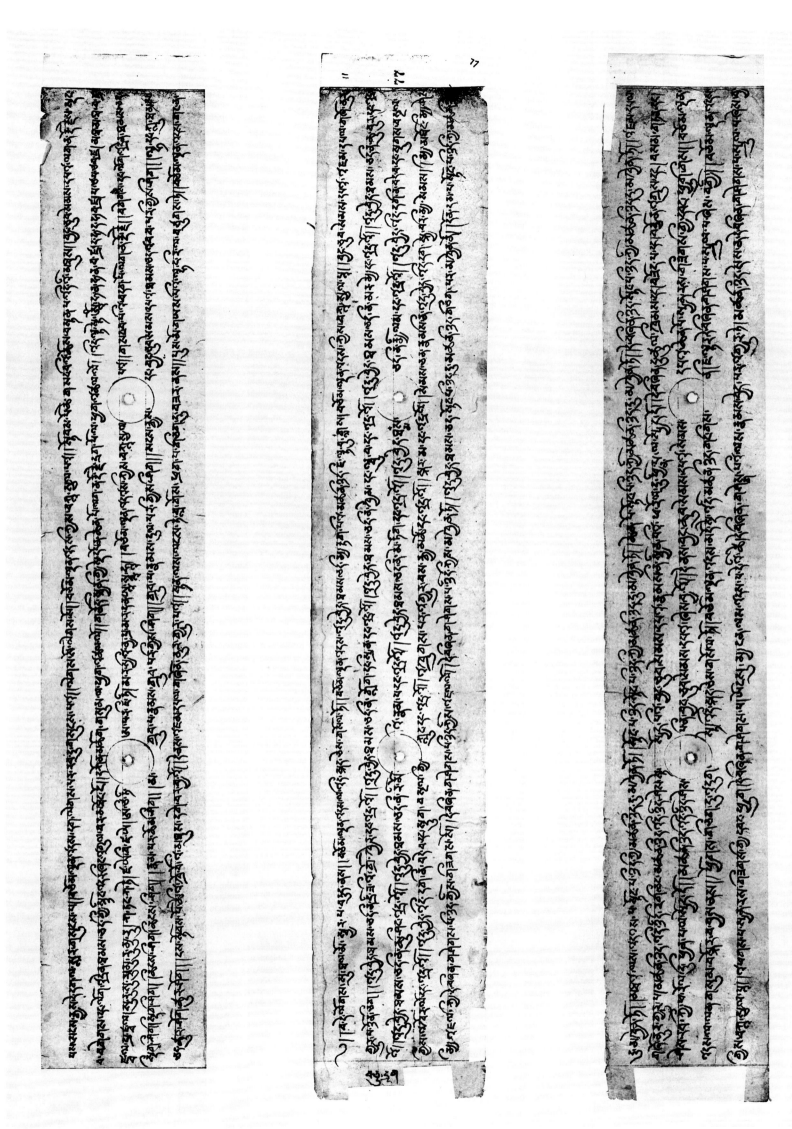

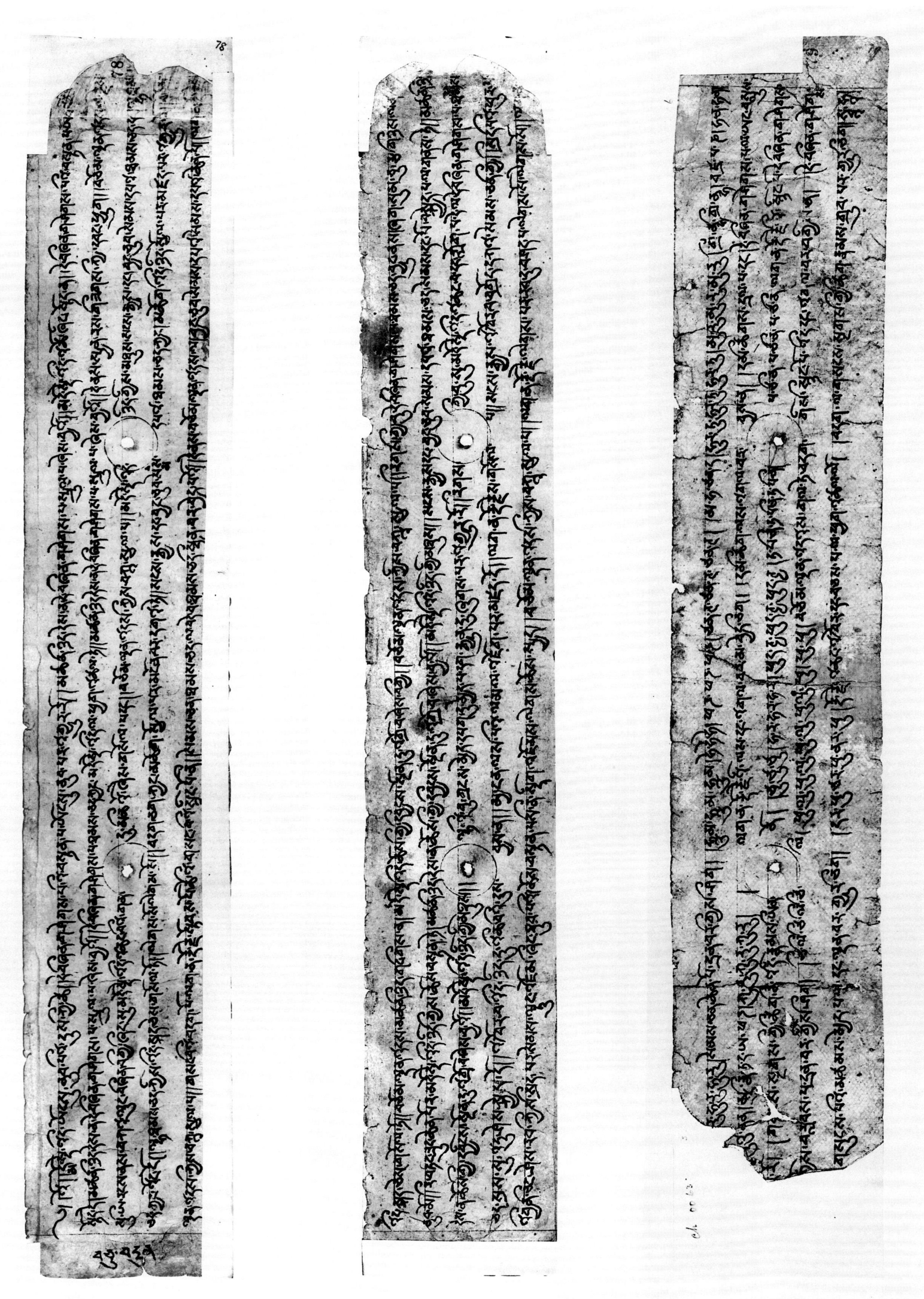

英 IOL.Tib.J.VOL.61　　13.རིག་སྔགས་ཀྱི་རྒྱལ་པོ་སྟོབས་པོ་ཆེ་ཞེས་བྱ་བའི་མདོ་སྡེ།
13.明咒王大力經　　(68—60)

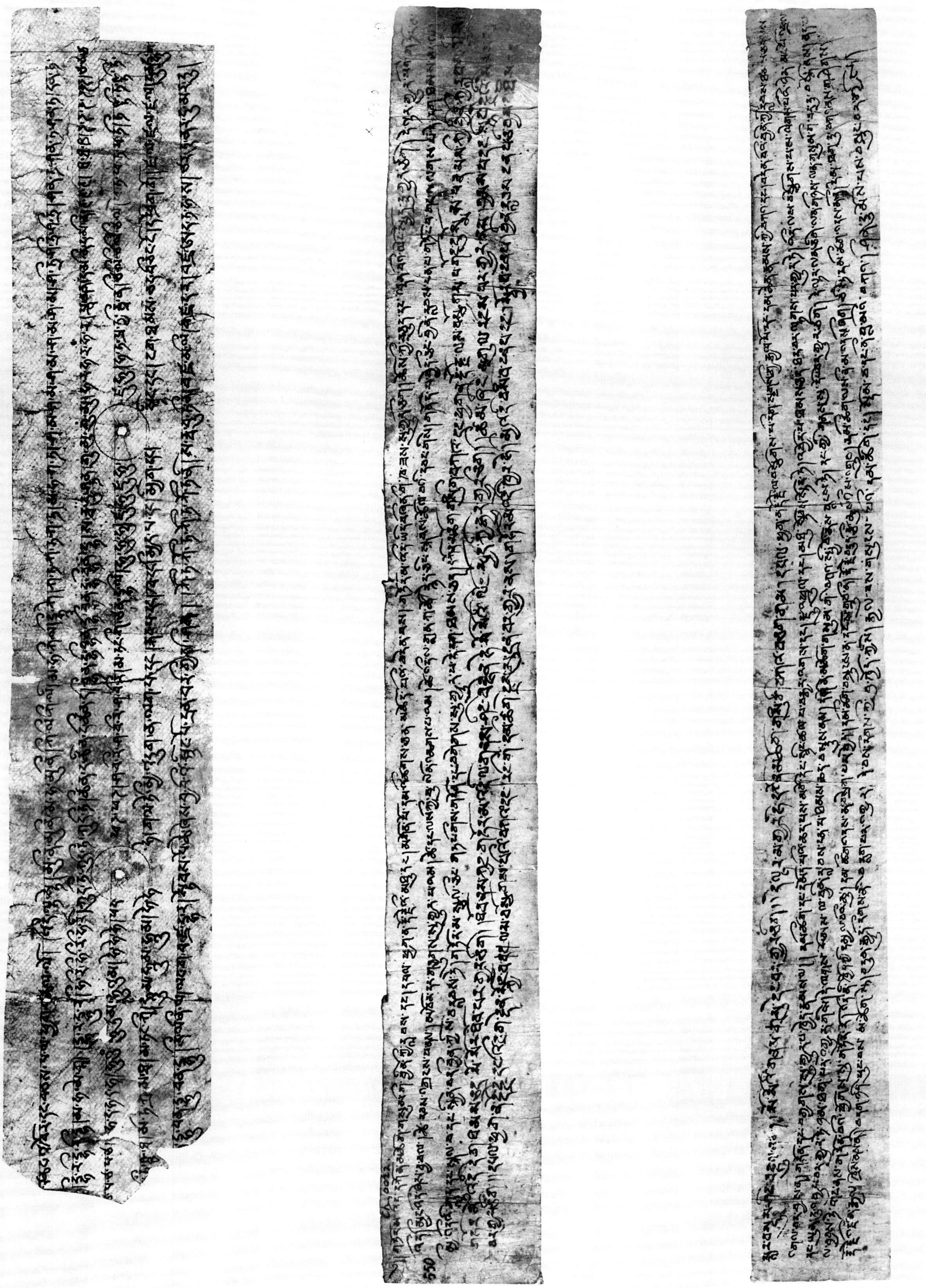

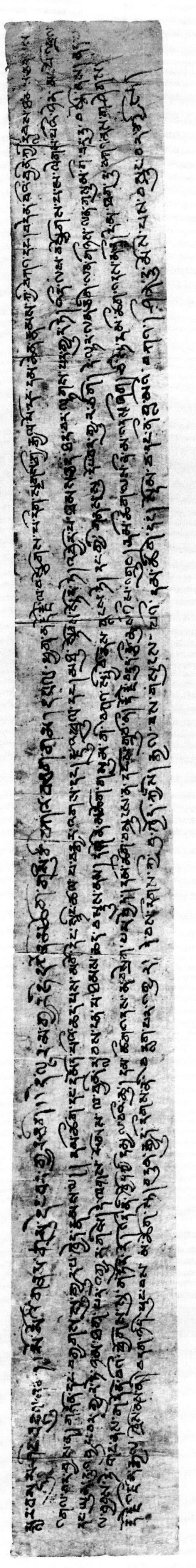

英 IOL.Tib.J.VOL.1　13.རིག་སྔགས་ཀྱི་རྒྱལ་པོ་སྟོབས་པོ་ཆེ་ཞེས་བྱ་བའི་མདོ་སྡེ།

13.明咒王大力經　(68—61)

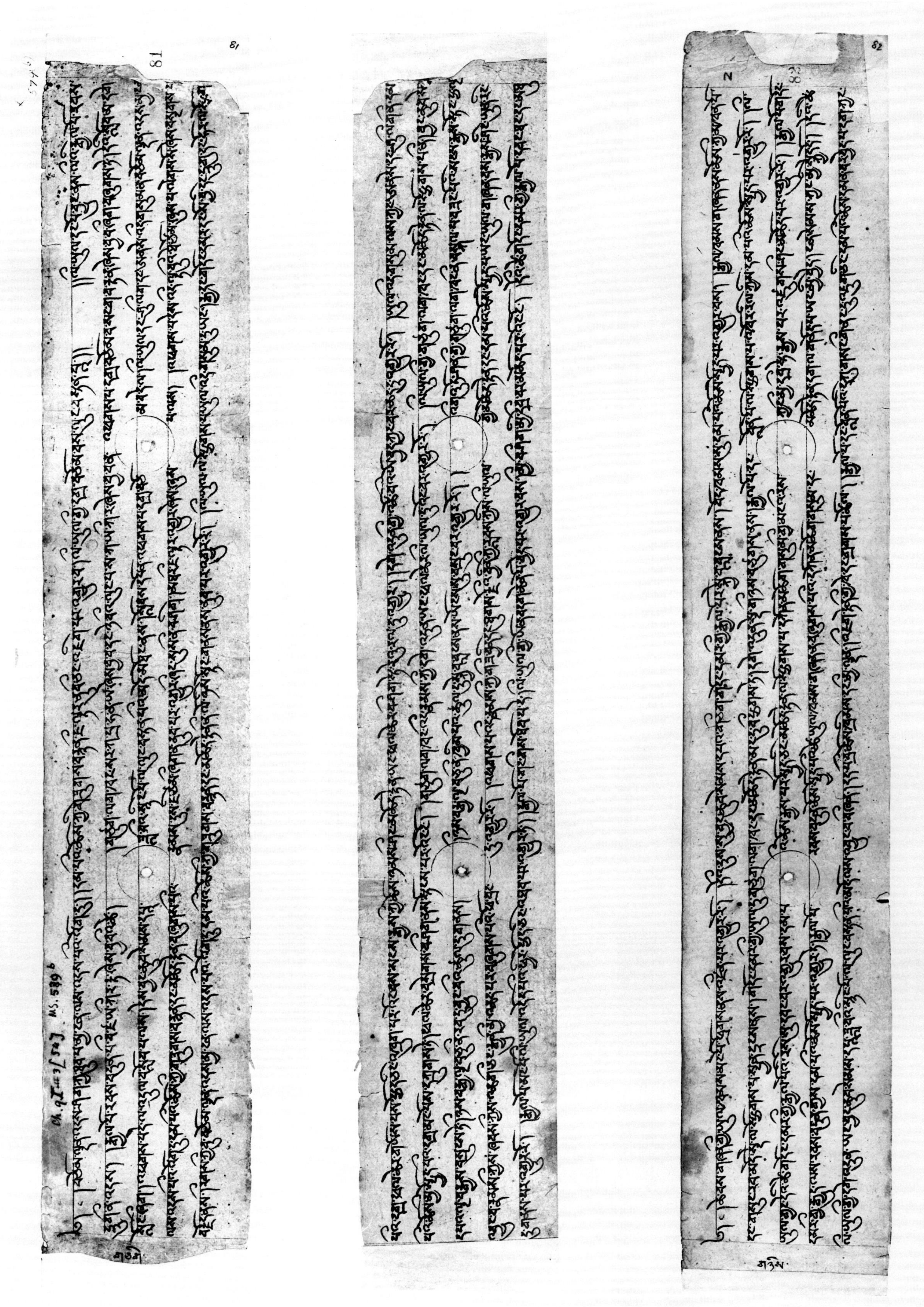



14.བཅོམ་ལྡན་འདས་ཤཱཀྱ་ཐུབ་པ་མྱ་ངན་ལས་འདས་པའི་འོག་དུ་དམ་པའི་ཆོས་ཀྱི་གཟུགས་བརྙན་ཇི་ལྟར་ནུབ་ཅིང་འཇིག་པར་འགྱུར་བ་ལི་ཡུལ་གྱི་དགྲ་བཅོམ་པས་ལུང་བསྟན་པ།།

14.釋迦牟尼如來像法滅盡之記　　(68—62)

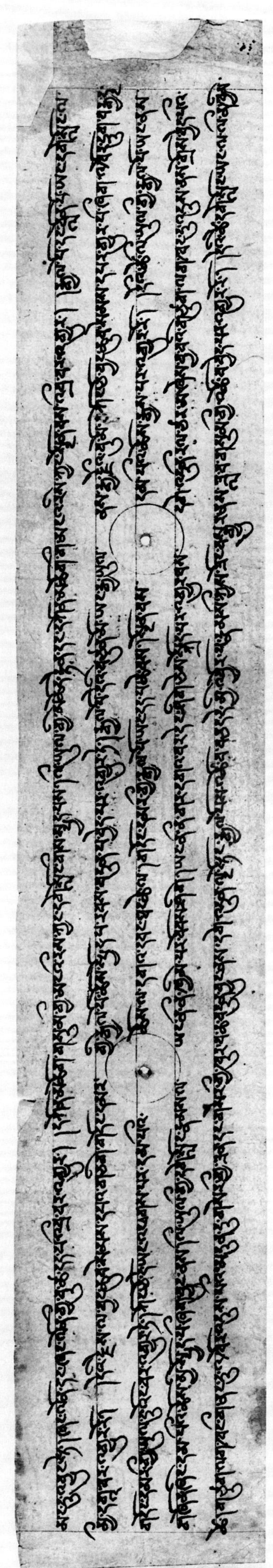

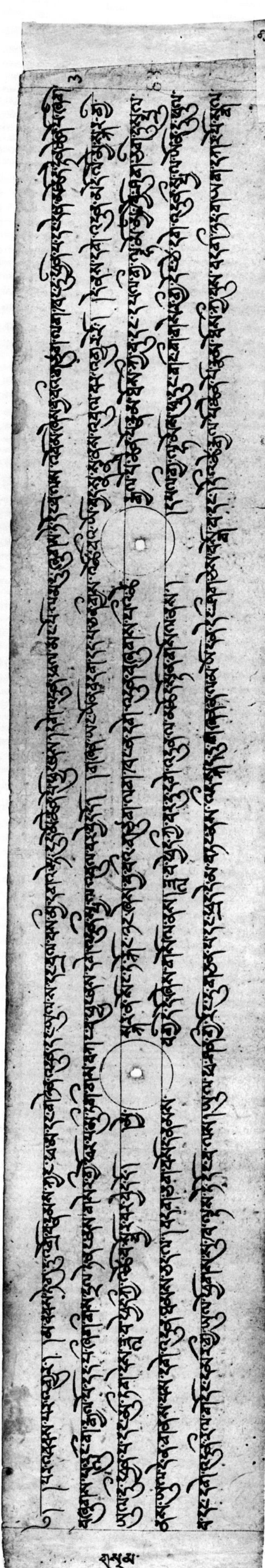

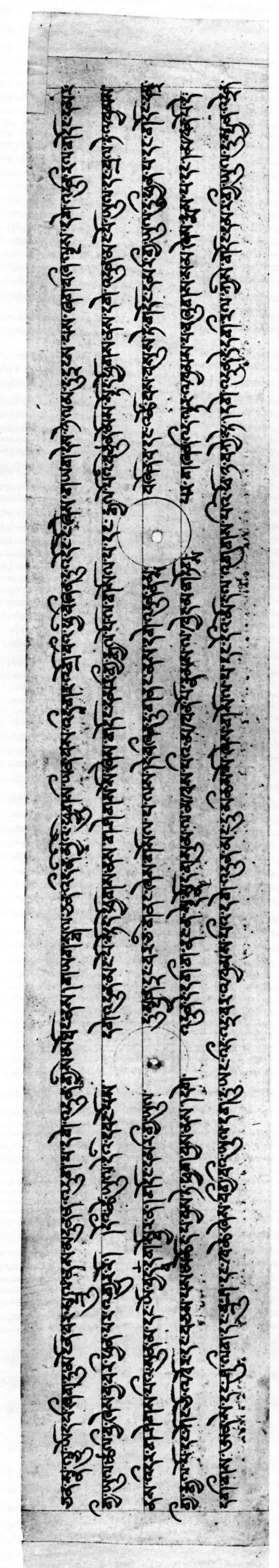

英 IOL.Tib.J.VOL.1

14.བཅོམ་ལྡན་འདས་ཤཱཀྱ་ཐུབ་པ་མྱ་ངན་ལས་འདས་པའི་འོག་དུ།དམ་པའི་ཆོས་ཀྱི་གཟུགས་བརྙན་ཇི་ལྟར་ནུབ་ཅིང་ འཇིག་པར་འགྱུར་བ།ལི་ཡུལ་གྱི་དགྲ་བཅོམ་པས་ལུང་བསྟན་པ།།

14.釋迦牟尼如來像法滅盡之記　　(68—63)

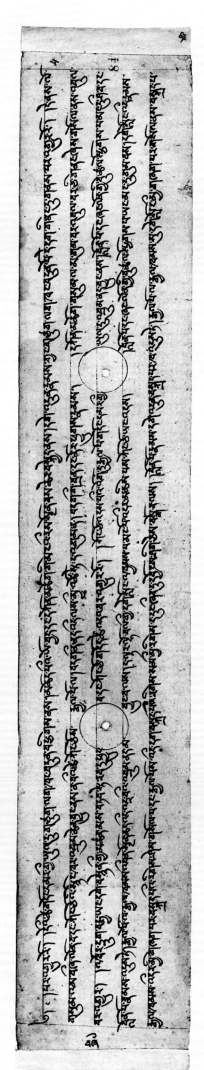

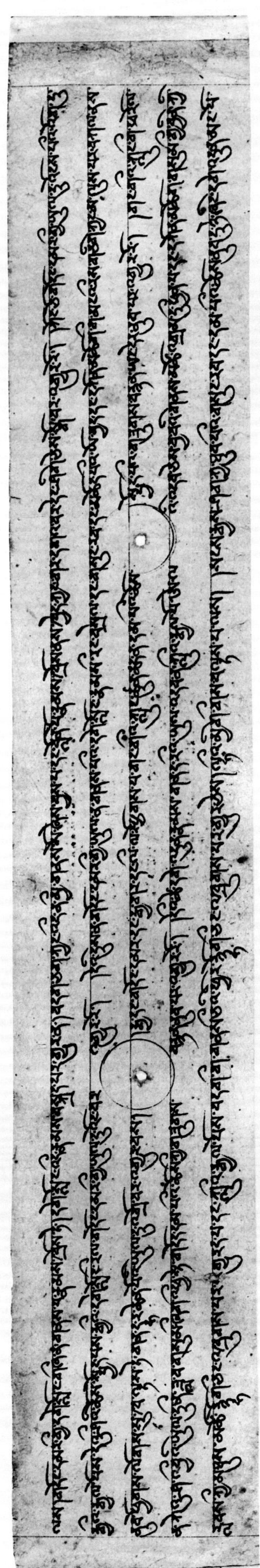

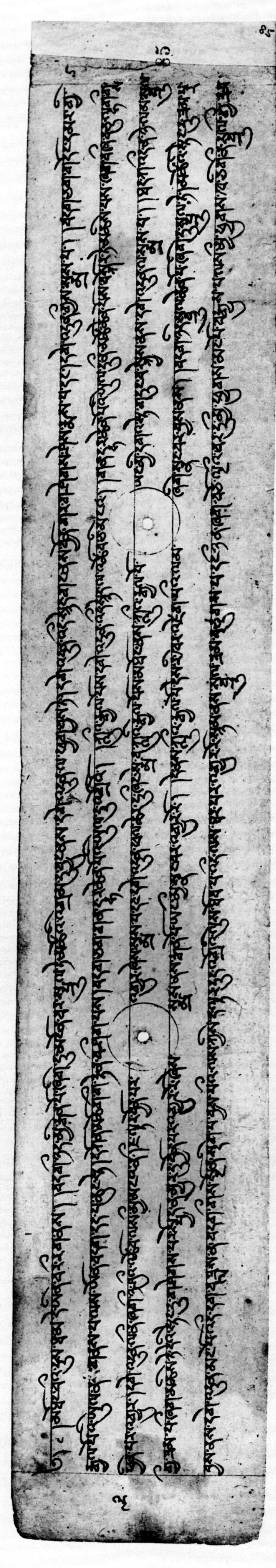

英 IOL.Tib.J.VOL.1

14.བཅོམ་ལྡན་འདས་ཤཱཀྱ་ཐུབ་པ་མྱ་ངན་ལས་འདས་པའི་འོག་དུ་དམ་པའི་ཆོས་ཀྱི་གཟུགས་བརྙན་ཇི་ལྟར་ནུབ་ཅིང་ འཇིག་པར་འགྱུར་བ་ལི་ཡུལ་གྱི་དགྲ་བཅོམ་པས་ལུང་བསྟན་པ།།

14.釋迦牟尼如來像法滅盡之記　(68—64)

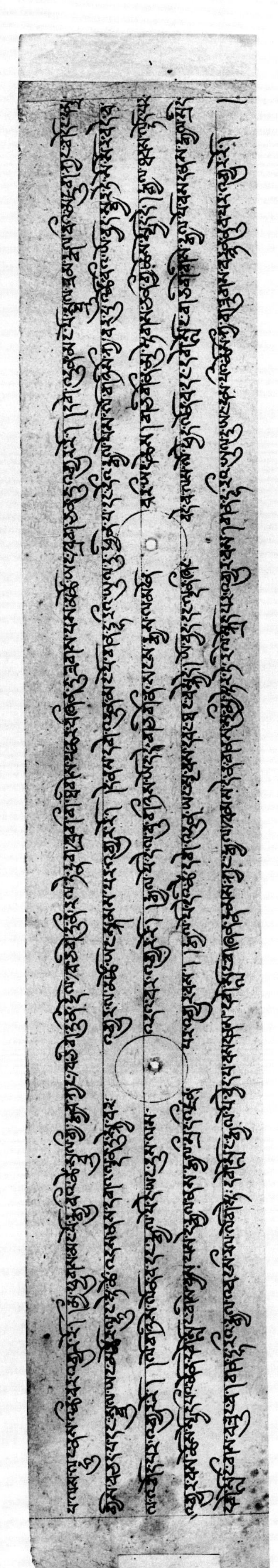

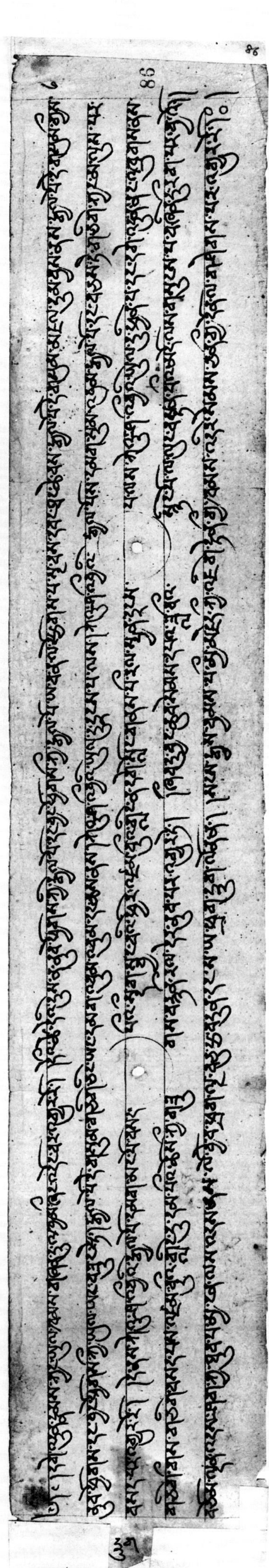

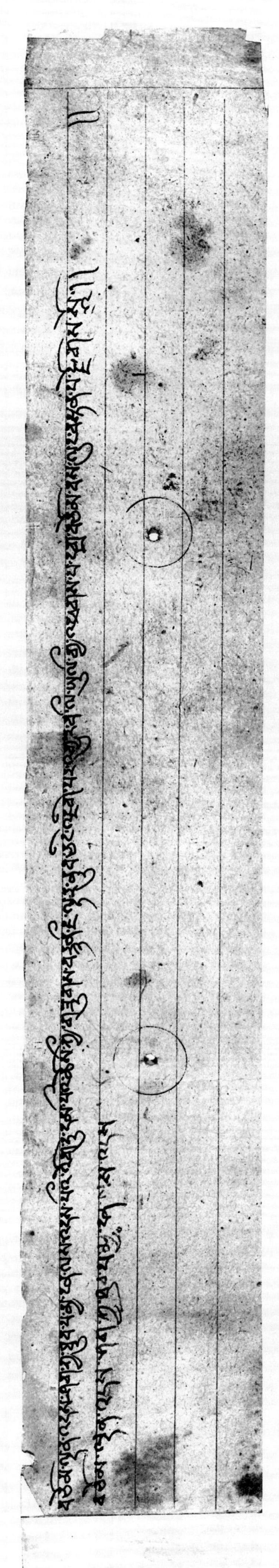

英 IOL.Tib.J.VOL.1

14.བཅོམ་ལྡན་འདས་ཤཱཀྱ་ཐུབ་པ་མྱ་ངན་ལས་འདས་པའི་འོག་དུ་དམ་པའི་ཆོས་ཀྱི་གཟུགས་བརྙན་ཇི་ལྟར་ནུབ་ཅིང་ འཇིག་པར་འགྱུར་བ་ལི་ཡུལ་གྱི་དགྲ་བཅོམ་པས་ལུང་བསྟན་པ།།

14.釋迦牟尼如來像法滅盡之記　　(68—65)

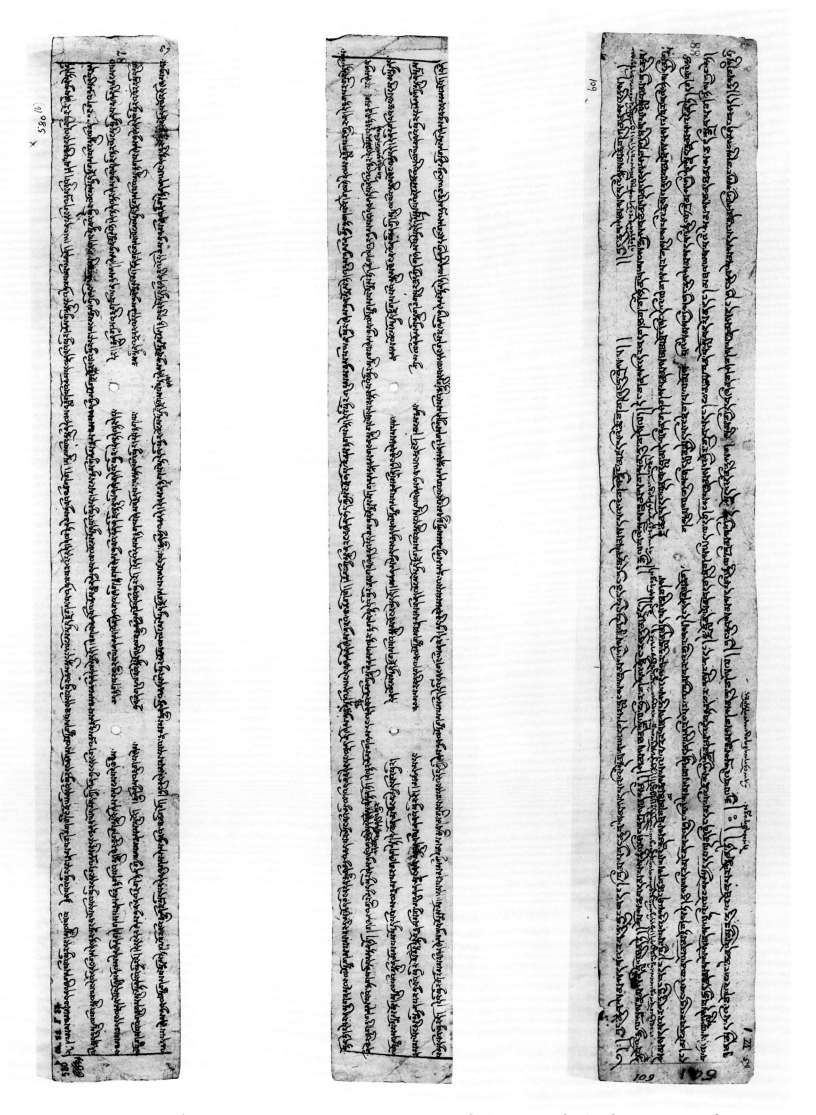

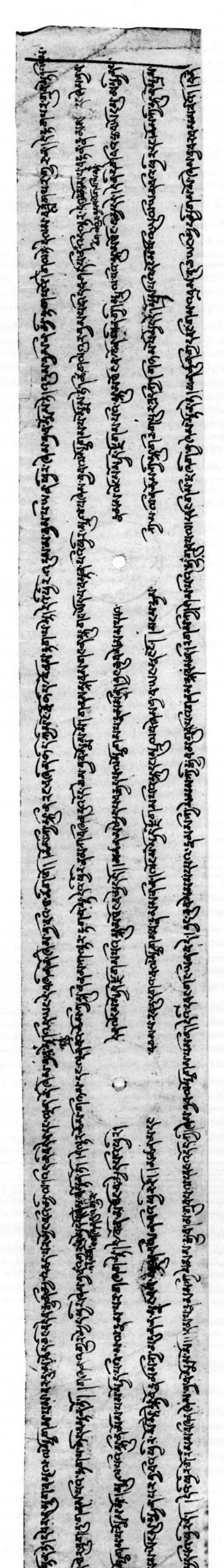

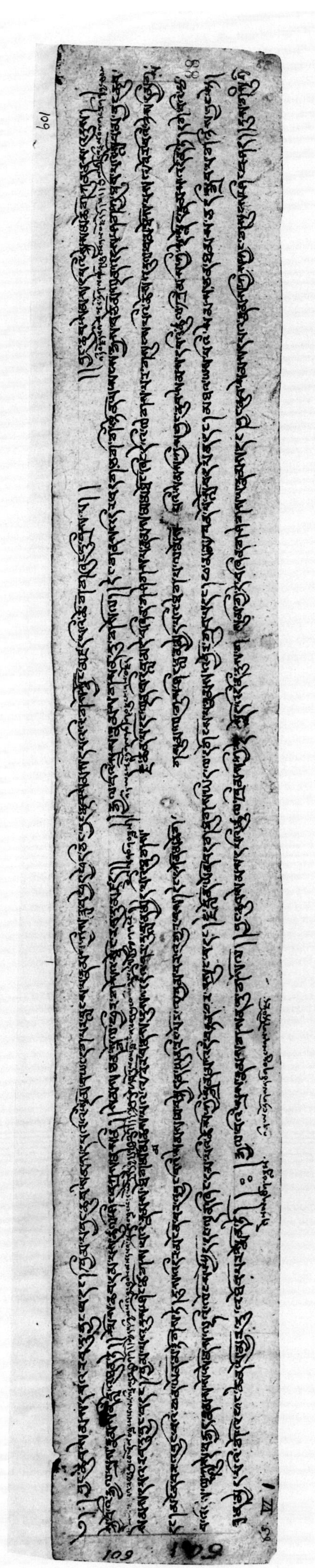

英 IOL.Tib.J.VOL.66 14.བཅོམ་ལྡན་འདས་ཤཱཀྱ་ཐུབ་པ་མྱ་ངན་ལས་འདས་པའི་འོག་ཏུ་དམ་པའི་ཆོས་ཀྱི་གཟུགས་བརྙན་ཇི་ལྟར་ནུབ་ཅིང་འཇིག་པར་འགྱུར་བ་ལ་ཡུལ་གྱི་དགྲ་བཅོམ་པས་ལུང་བསྟན་པ།། 15.ཕ་རོལ་ཏུ་ཕྱིན་པ་དྲུག་བཤད་པ།

14.釋迦牟尼如來像法滅盡之記 15.六般若波羅蜜多解說 (68—66)

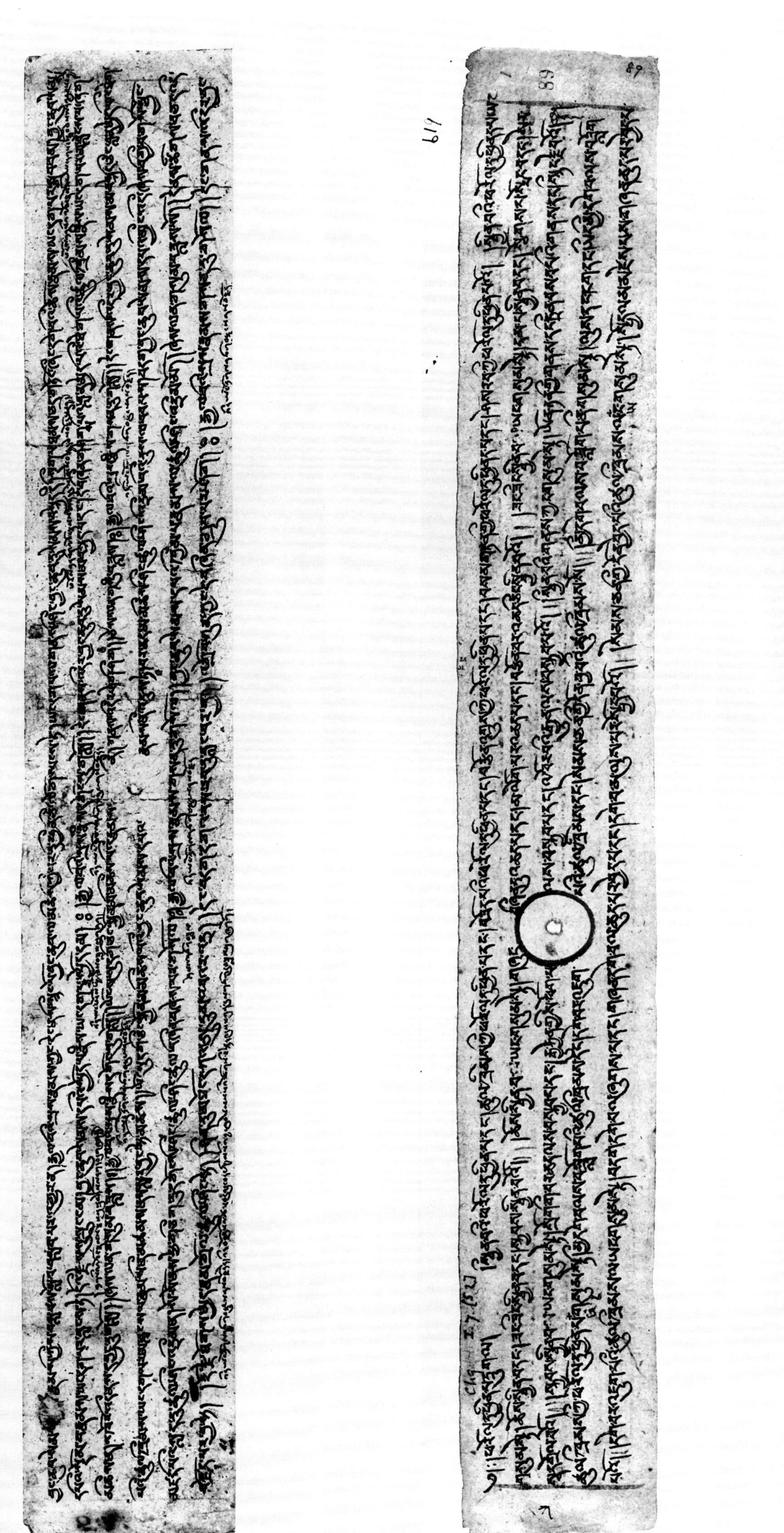

英 IOL.Tib.J.VOL.1　15.ཕ་རོལ་ཏུ་ཕྱིན་པ་དྲུག་བཤད་པ།
15.六般若波羅蜜多解說　(68—67)

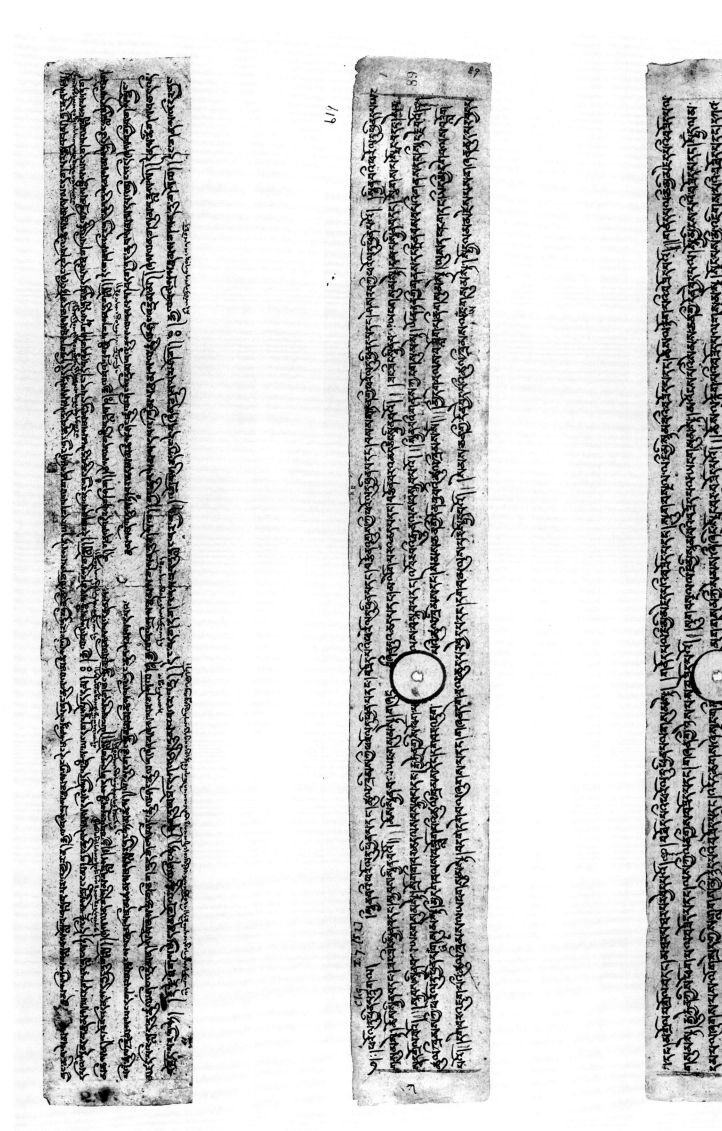

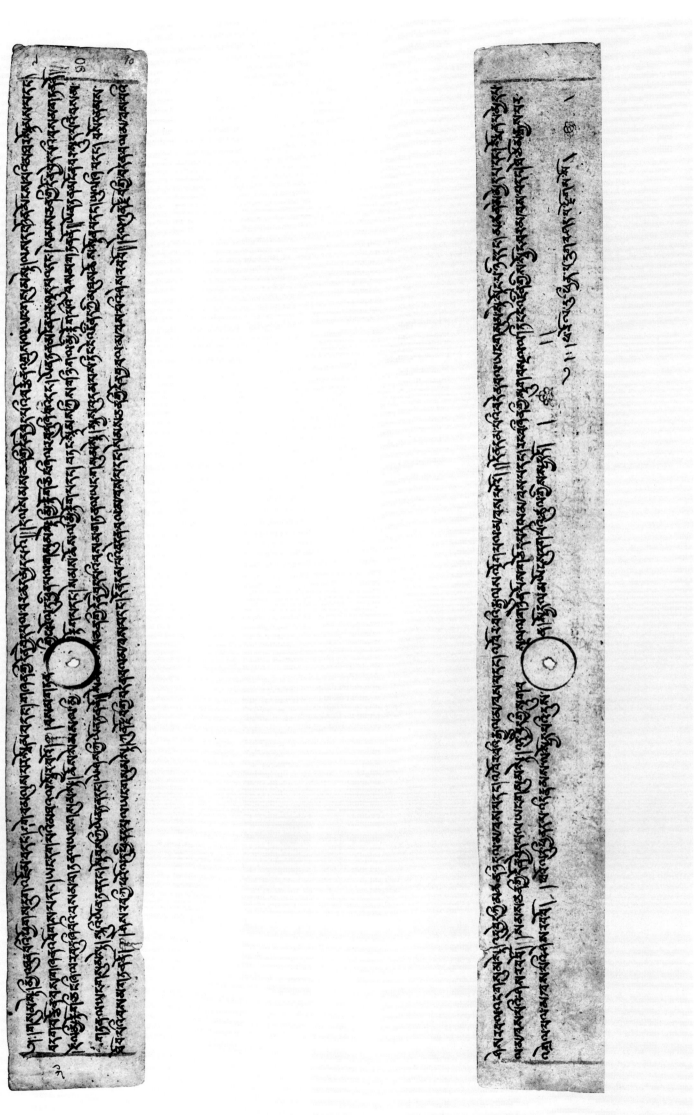

英 IOL.Tib.J.VOL.1　　15.ཕ་རོལ་ཏུ་ཕྱིན་པ་དྲུག་བཤད་པ།

15.六般若波羅蜜多解說　　(68—68)

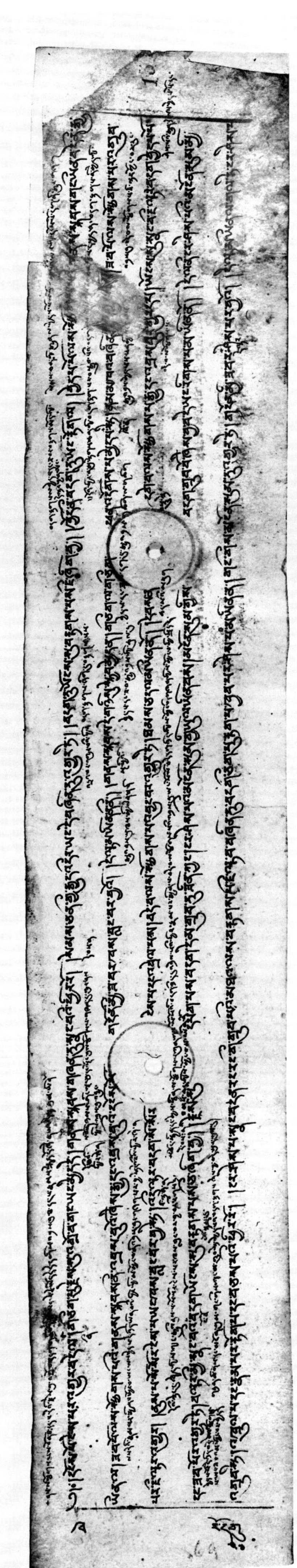

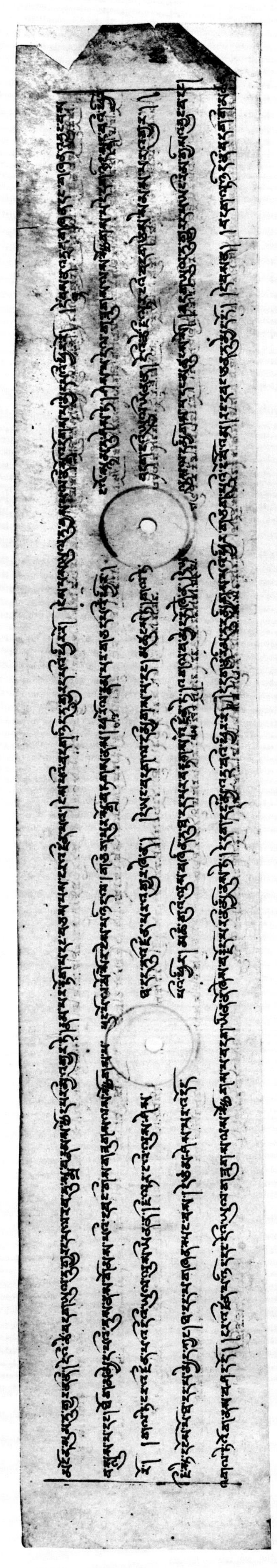

英 IOL.Tib.J.VOL.2　1.འཕགས་པ་ལམ་ལེགས་ཉེས་ཀྱི་རྒྱུ་དང་འབྲས་བུ་བསྟན་པ་ཞེས་བྱ་བའི་མདོ།།

1.聖說善惡因果道經　(59—1)

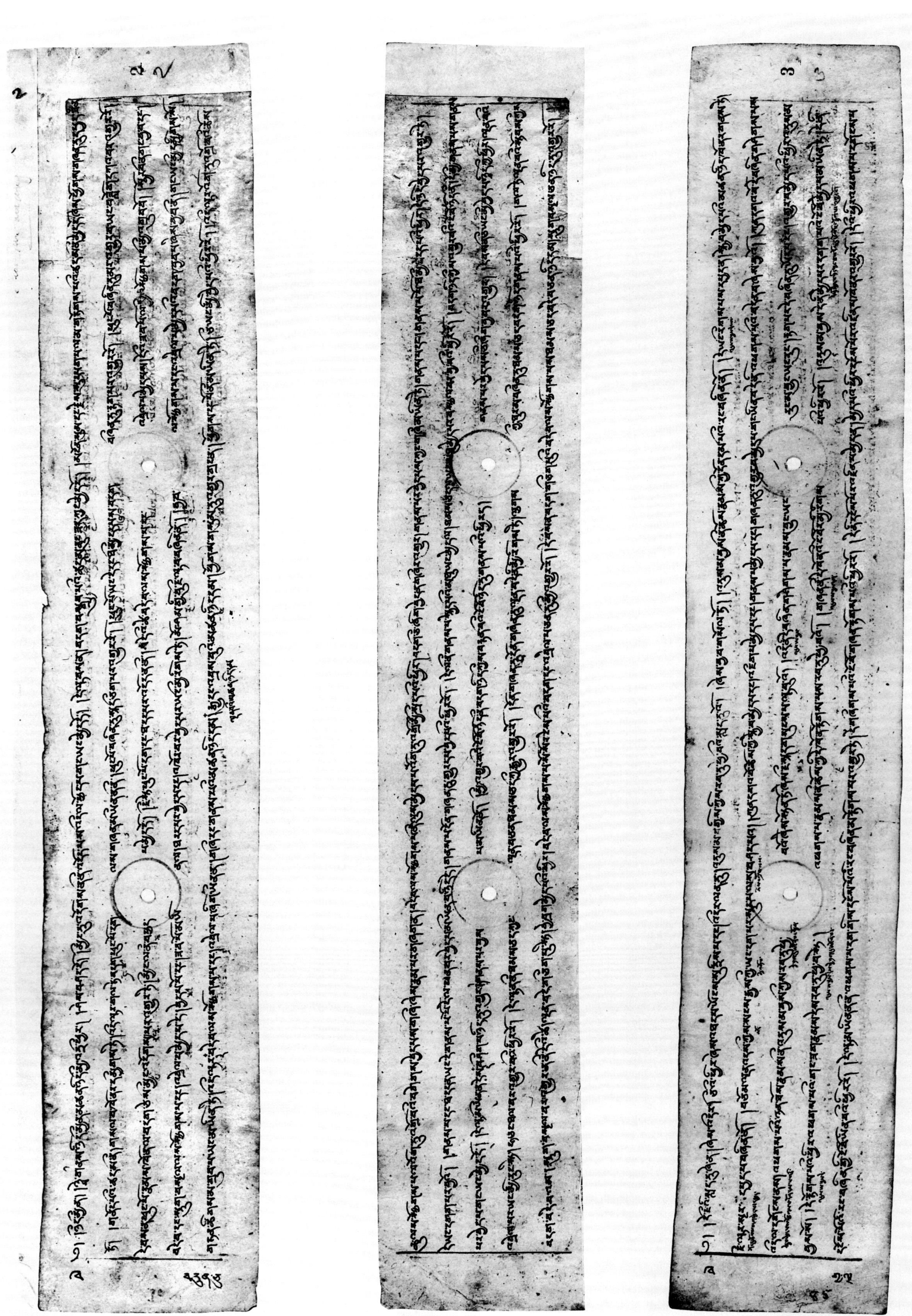

英 IOL.Tib.J.VOL.2　　1.འཕགས་པ་ལས་ལེགས་ཉེས་ཀྱི་རྒྱུ་དང་འབྲས་བུ་བསྟན་པ་ཞེས་བྱ་བའི་མདོ།།

1.聖說善惡因果道經　　(59—2)

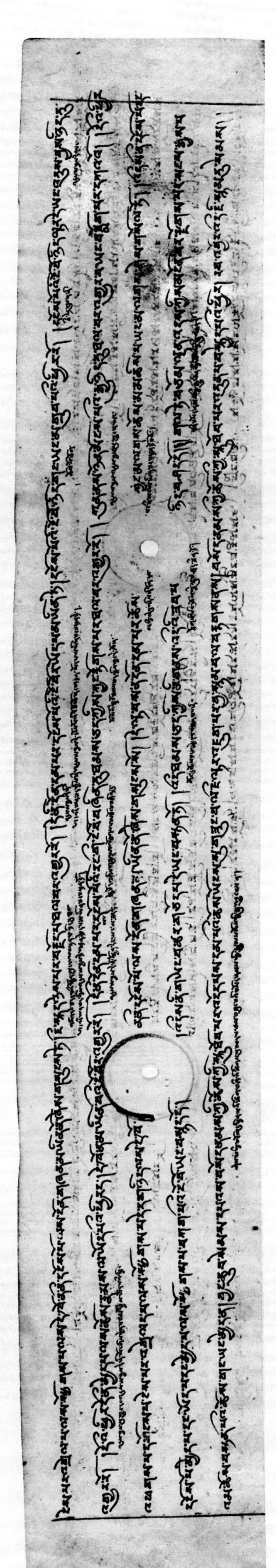
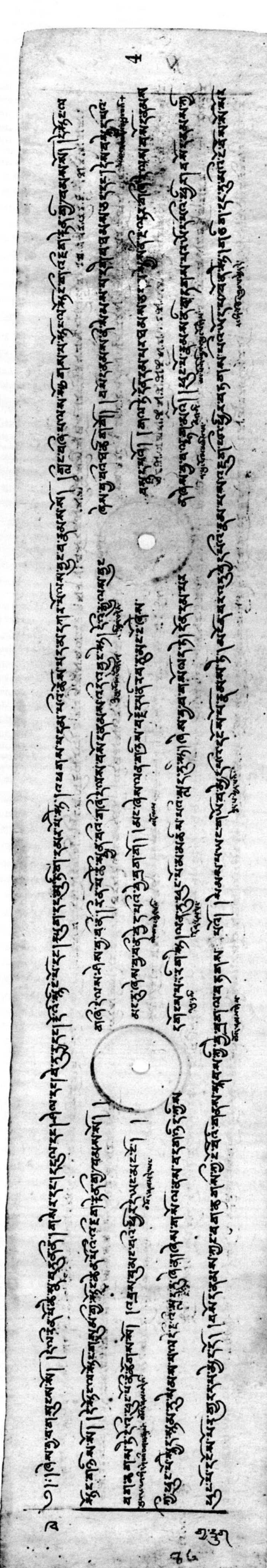
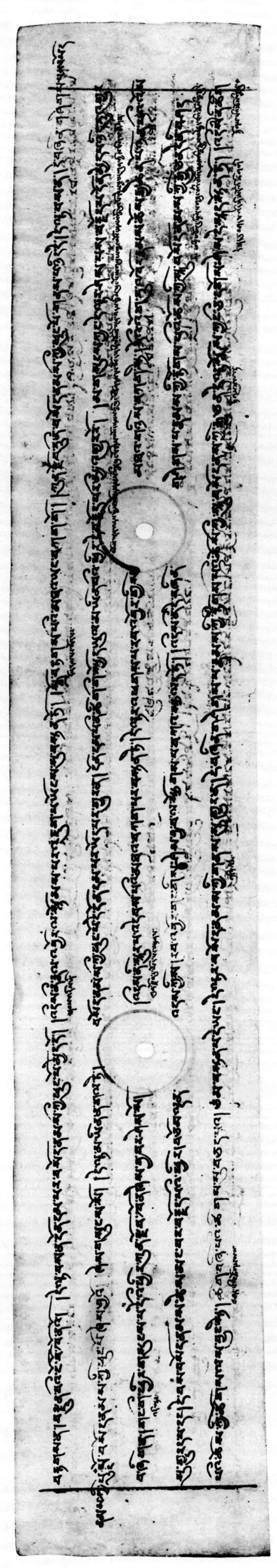

英 IOL.Tib.J.VOL.2　　1.འཕགས་པ་ལས་ལེགས་ཉེས་ཀྱི་རྒྱུ་དང་འབྲས་བུ་བསྟན་པ་ཞེས་བྱ་བའི་མདོ།།
1.聖說善惡因果道經　　(59—3)

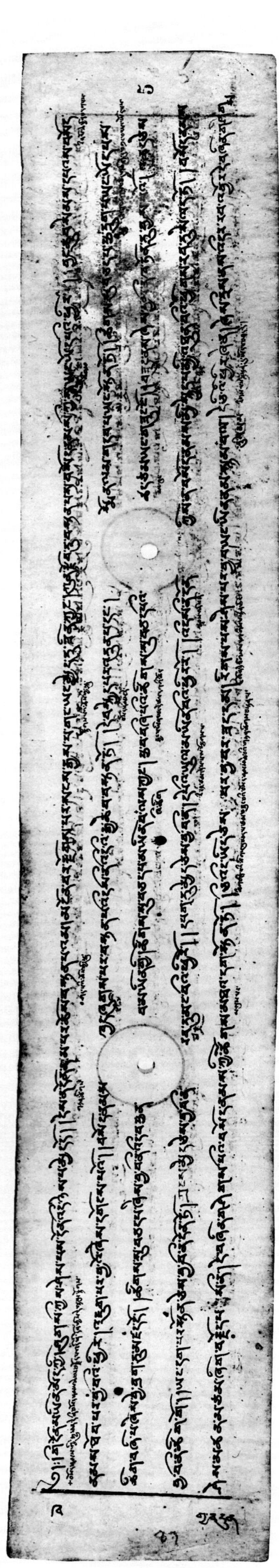

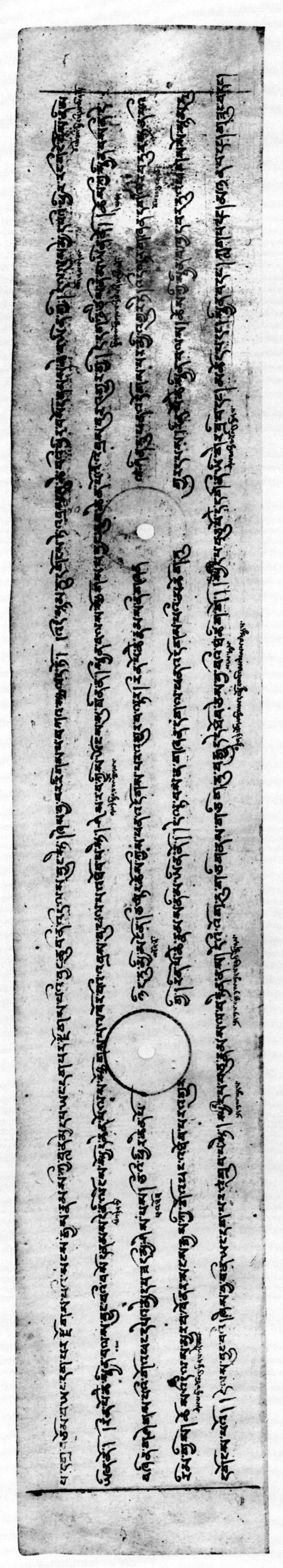

英 IOL.Tib.J.VOL.2　　1.འཕགས་པ་ལས་ལེགས་ཉེས་ཀྱི་རྒྱུ་དང་འབྲས་བུ་བསྟན་པ་ཞེས་བྱ་བའི་མདོ།།

1.聖說善惡因果道經　　(59—4)

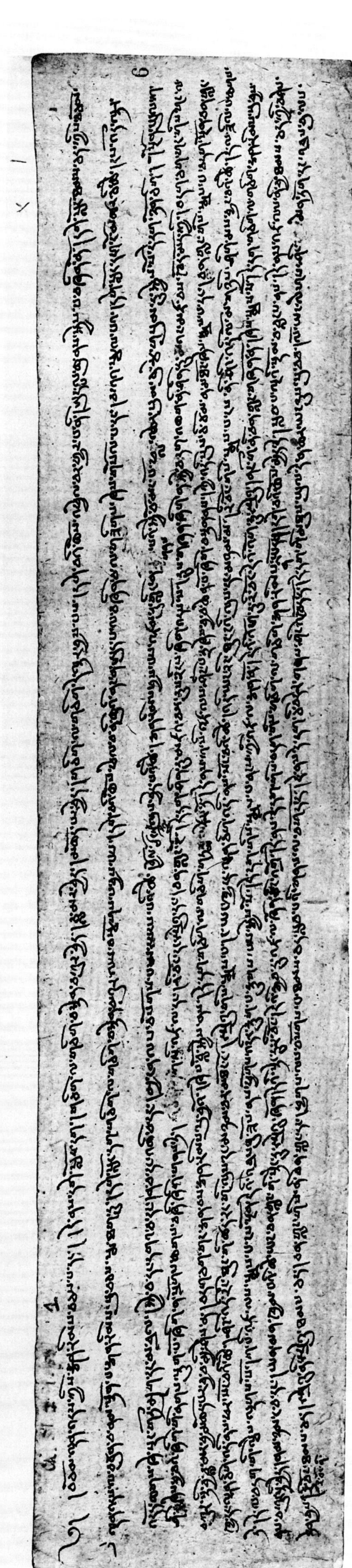

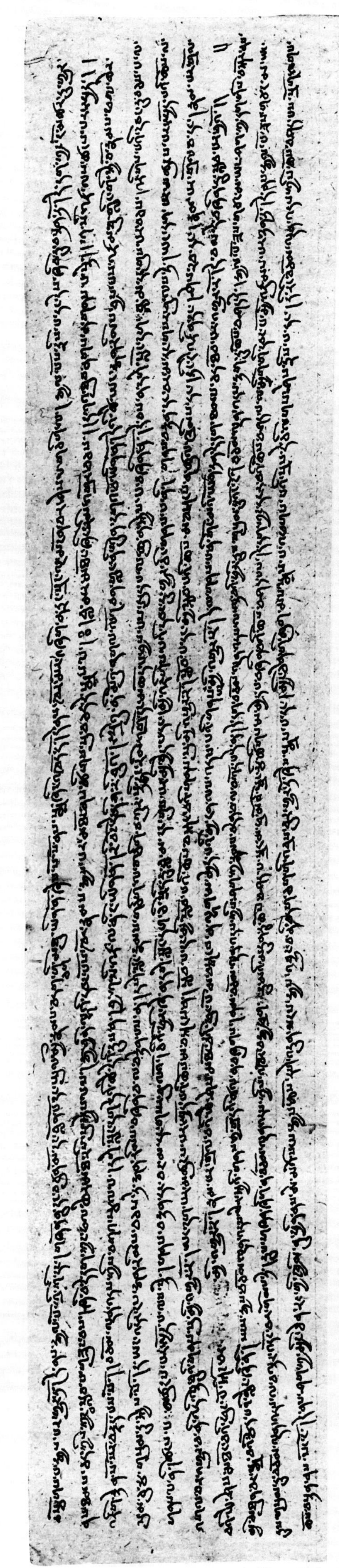

英 IOL.Tib.J.VOL.2　2.འདུལ་བའི་དངོས་པོ་བམ་པོ་ཉི་ཤུ་གསུམ་པ་ལས་འབྱུང་བ།

2.錄自律經二十三卷　(59—5)

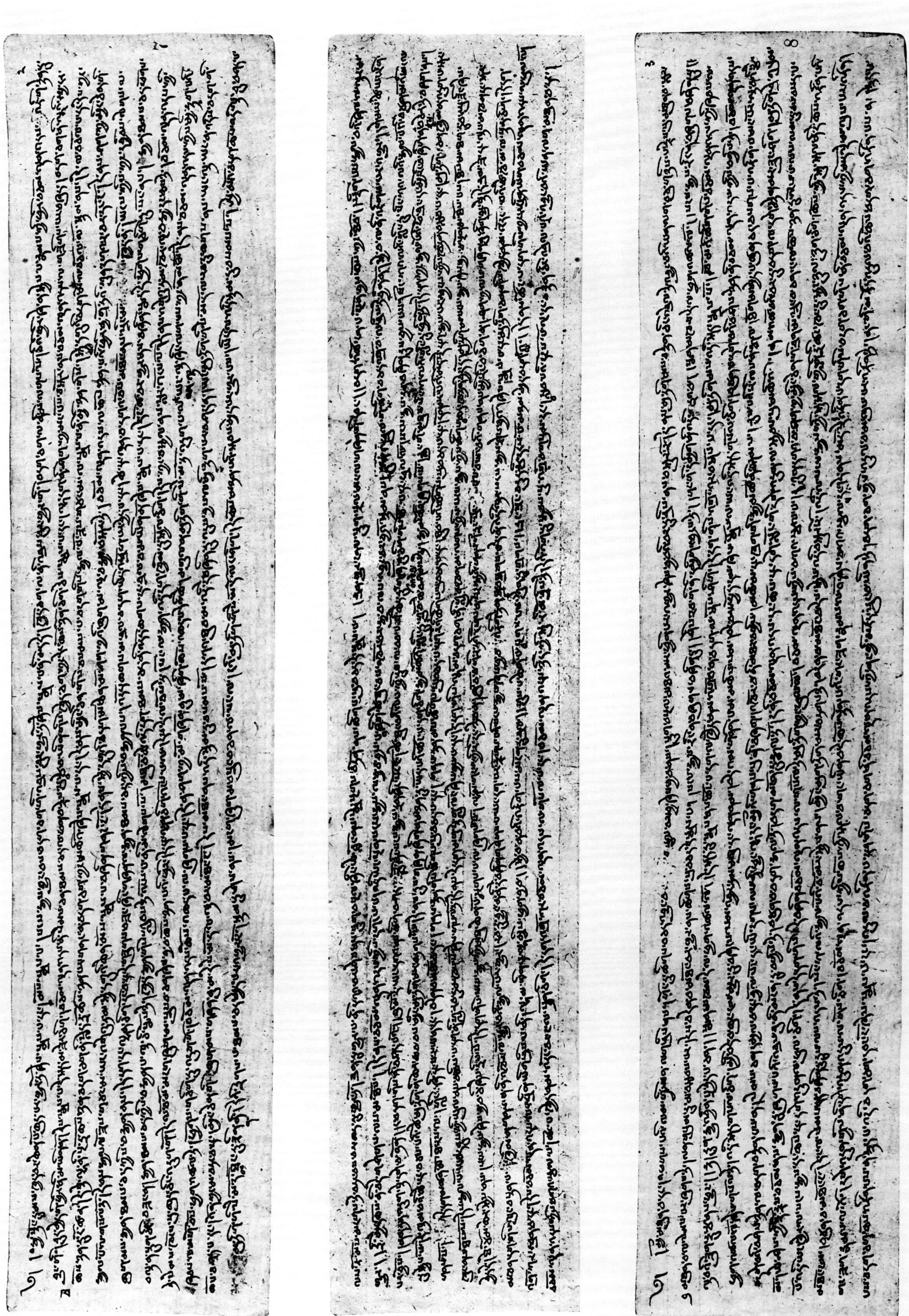

英 IOL.Tib.J.VOL.2　　2.འདུལ་བའི་དངོས་པོ་བམ་པོ་ཉི་ཤུ་གསུམ་པ་ལས་འབྱུང་བ།

2.錄自律經二十三卷　　(59—6)

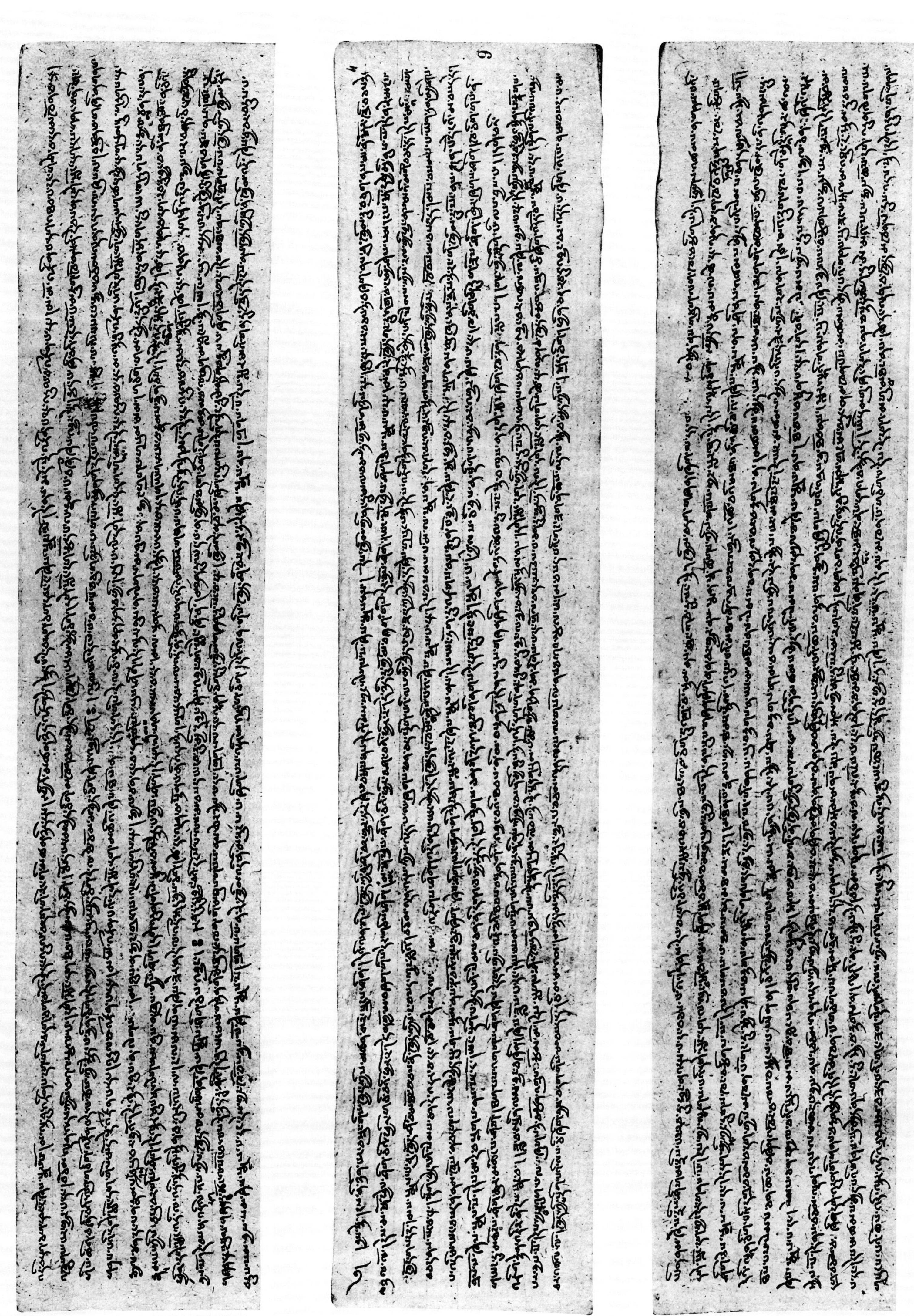

英 IOL.Tib.J.VOL.2　2.འདུལ་བའི་དངོས་པོ་བམ་པོ་ཉི་ཤུ་གསུམ་པ་ལས་འབྱུང་བ།

2.錄自律經二十三卷　(59—7)

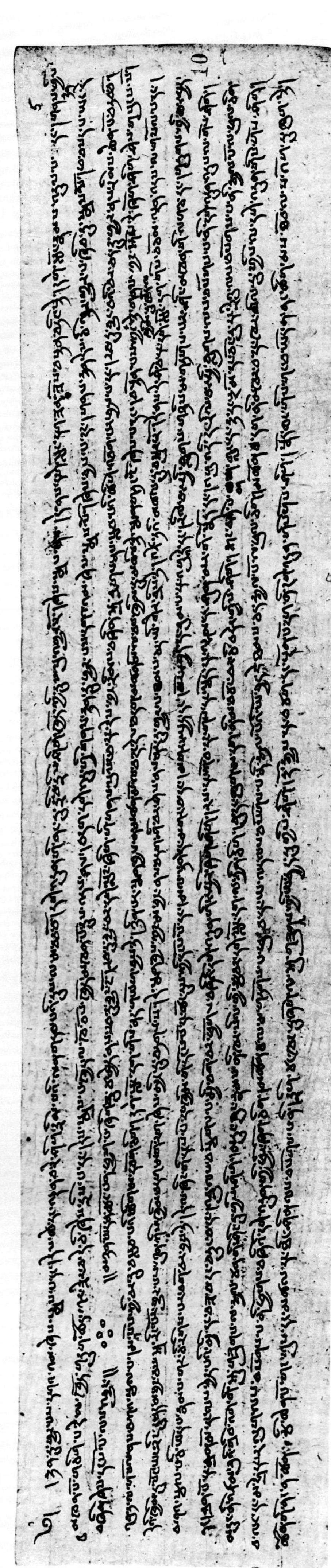

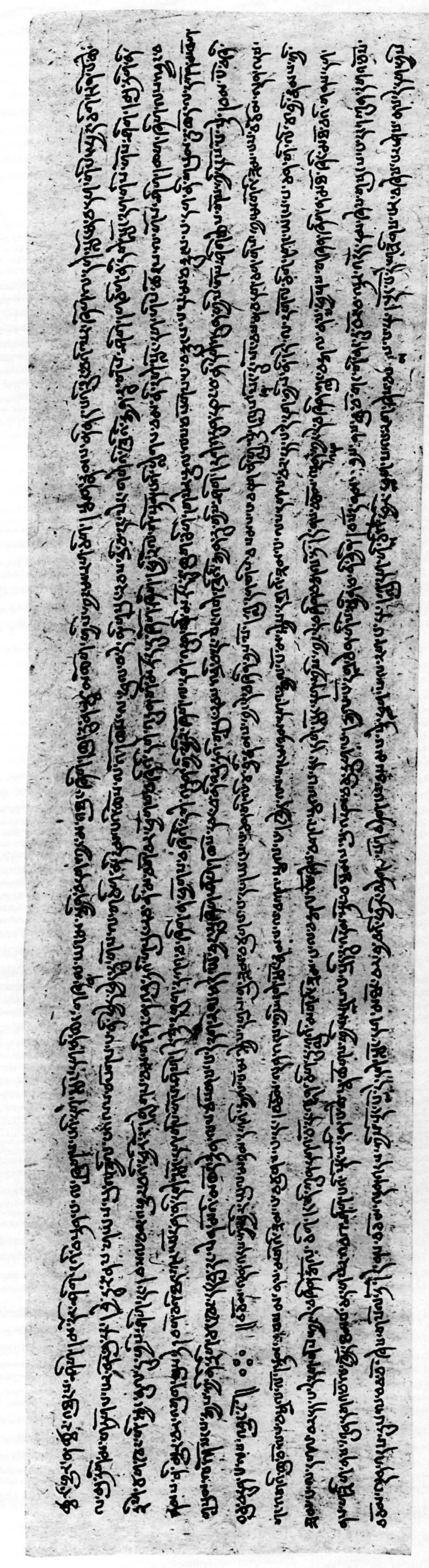

英 IOL.Tib.J.VOL.2　　2.འདུལ་བའི་དངོས་པོ་བམ་པོ་ཉི་ཤུ་གསུམ་པ་ལས་འབྱུང་བ།
2.錄自律經二十三卷　　(59—8)

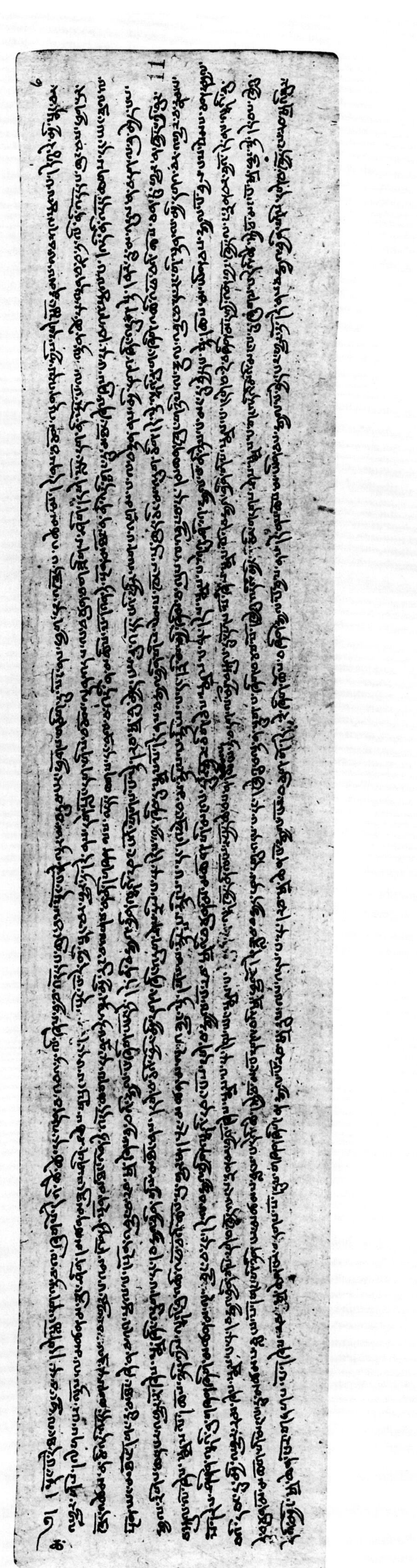

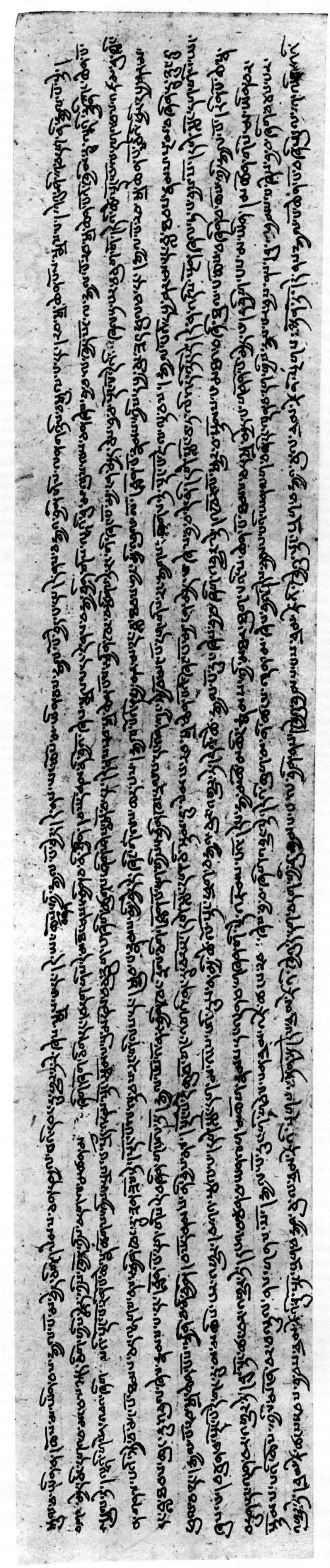

英 IOL.Tib.J.VOL.2　2.འདུལ་བའི་དངོས་པོ་བམ་པོ་ཉི་ཤུ་གསུམ་པ་ལས་འབྱུང་བ།

2.錄自律經二十三卷　(59—9)

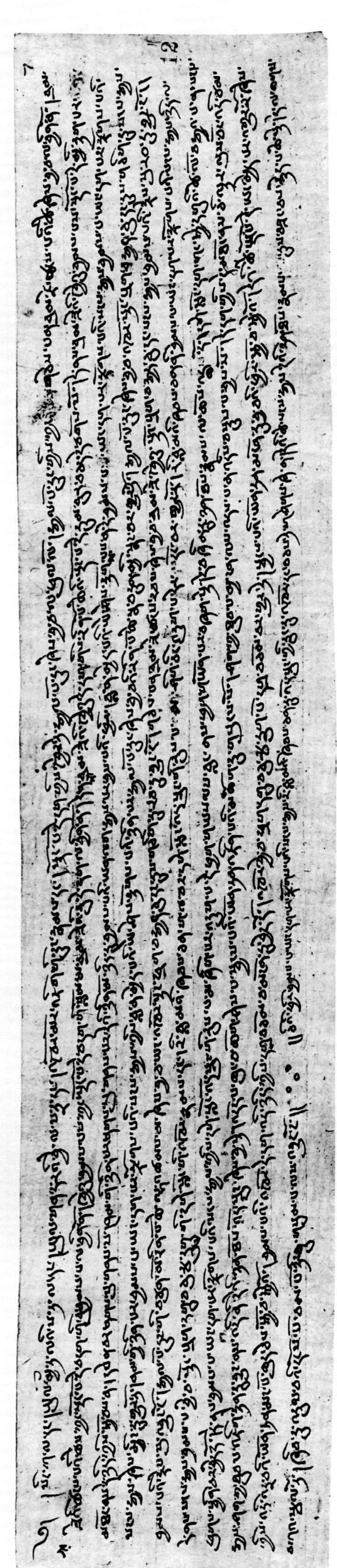

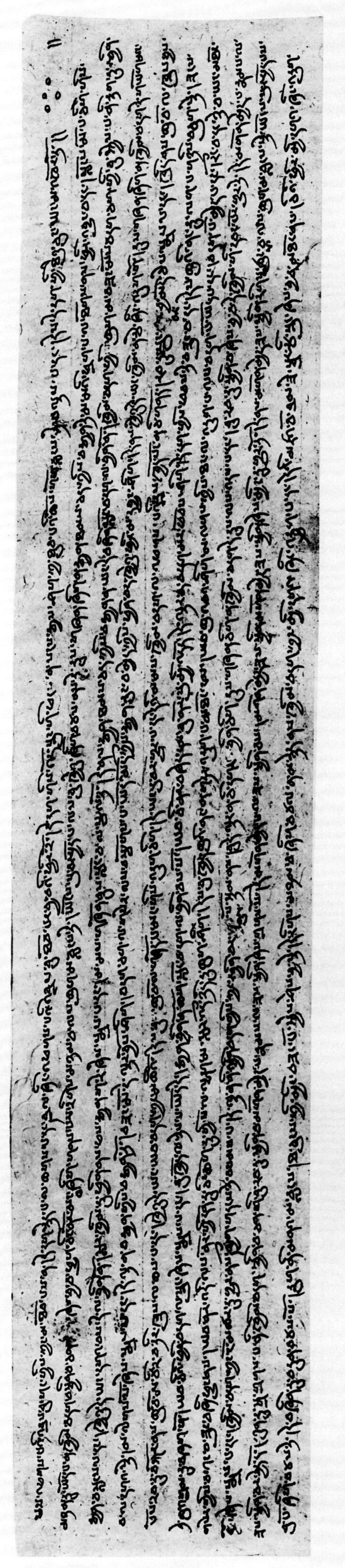

英 IOL.Tib.J.VOL.2　2.འདུལ་བའི་དངོས་པོ་བམ་པོ་ཉི་ཤུ་གསུམ་པ་ལས་འབྱུང་བ།
2.འདུལ་བའི་དངོས་པོ་བམ་པོ་དྲུག་ཅུ་བརྒྱད་པ་དང་དགུ་བ་ལས་འབྱུང་བ།
2.錄自律經二十三卷　2.錄自律經六十八卷六十九卷　(59—10)

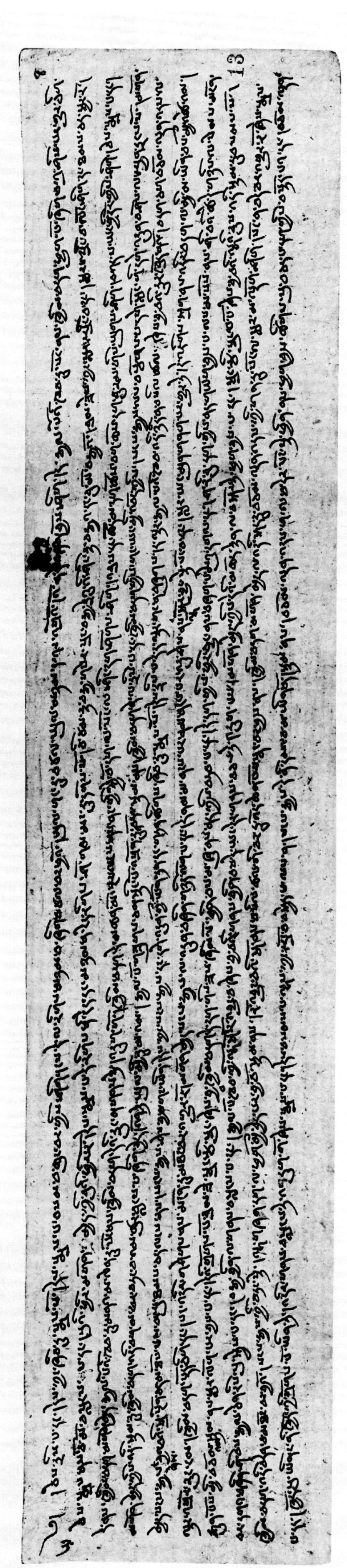

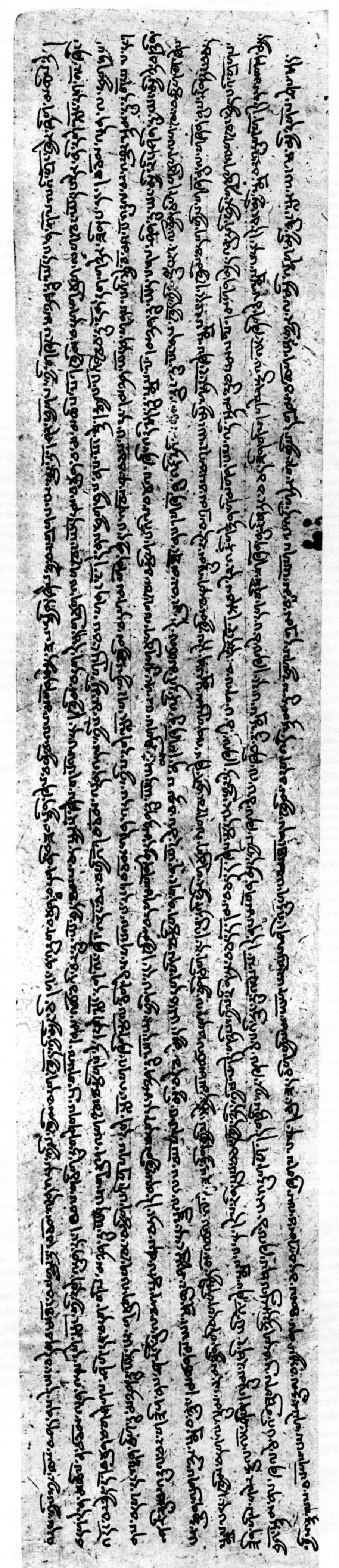

英 IOL.Tib.J.VOL.2　　2.འདུལ་བའི་དངོས་པོ་བམ་པོ་དྲུག་ཅུ་བརྒྱད་པ་དང་དགུ་བ་ལས་འབྱུང་བ།

2.錄自律經六十八卷六十九卷　　(59—11)

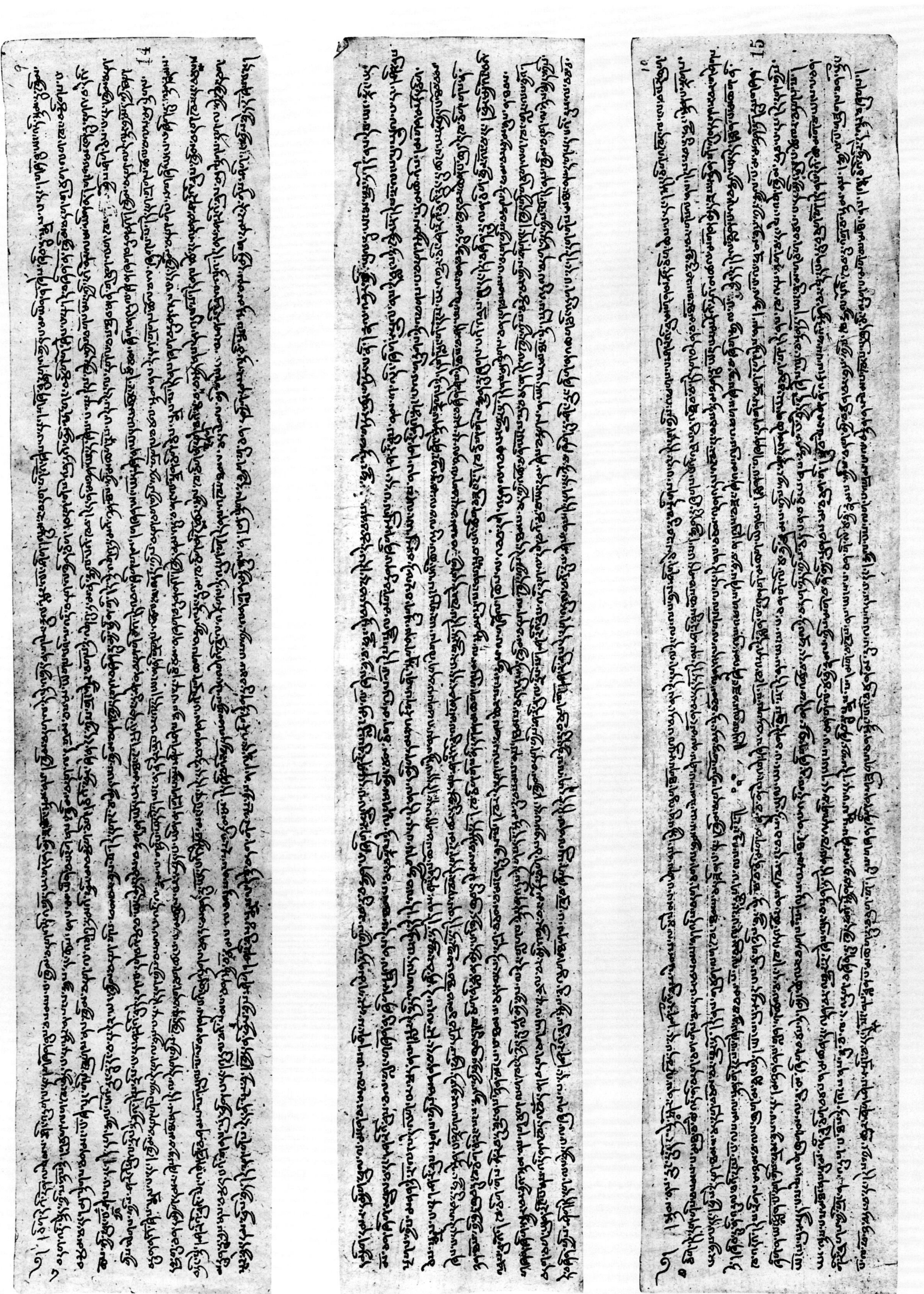

英 IOL.Tib.J.VOL.2　　2.འདུལ་བའི་དངོས་པོ་བམ་པོ་དྲུག་ཅུ་བརྒྱད་པ་དང་དགུ་པ་ལས་འབྱུང་བ།

2.錄自律經六十八卷六十九卷　　(59—12)

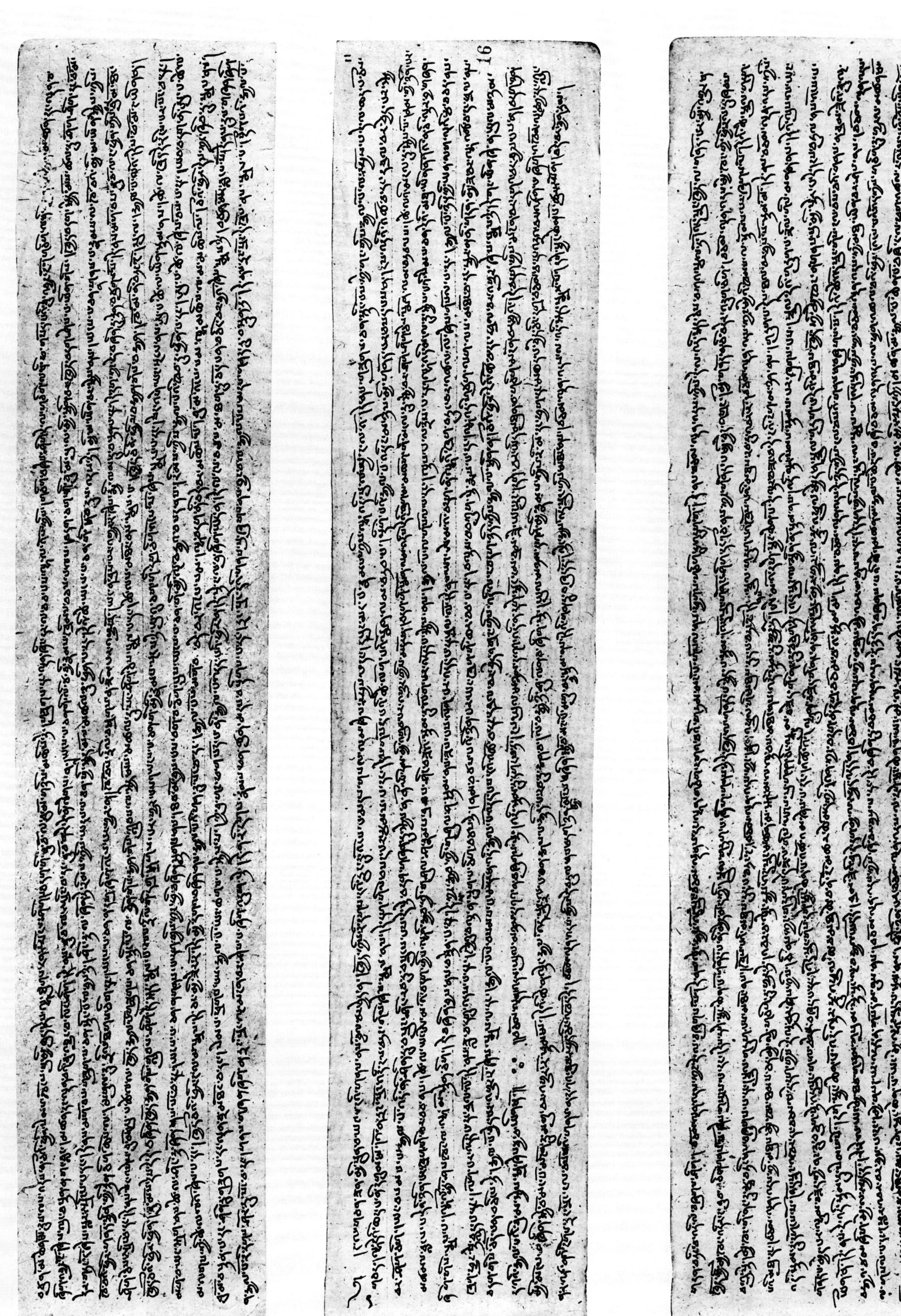

英 IOL.Tib.J.VOL.2　　2.འདུལ་བའི་དངོས་པོ་བམ་པོ་དྲུག་ཅུ་བརྒྱད་པ་དང་དགུ་བ་ལས་འབྱུང་བ།

2.錄自律經六十八卷六十九卷　(59—13)

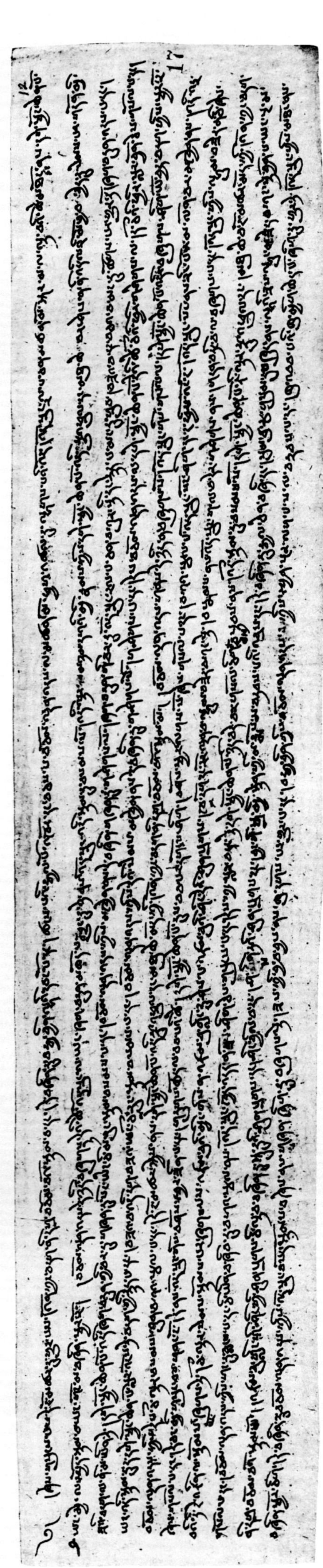

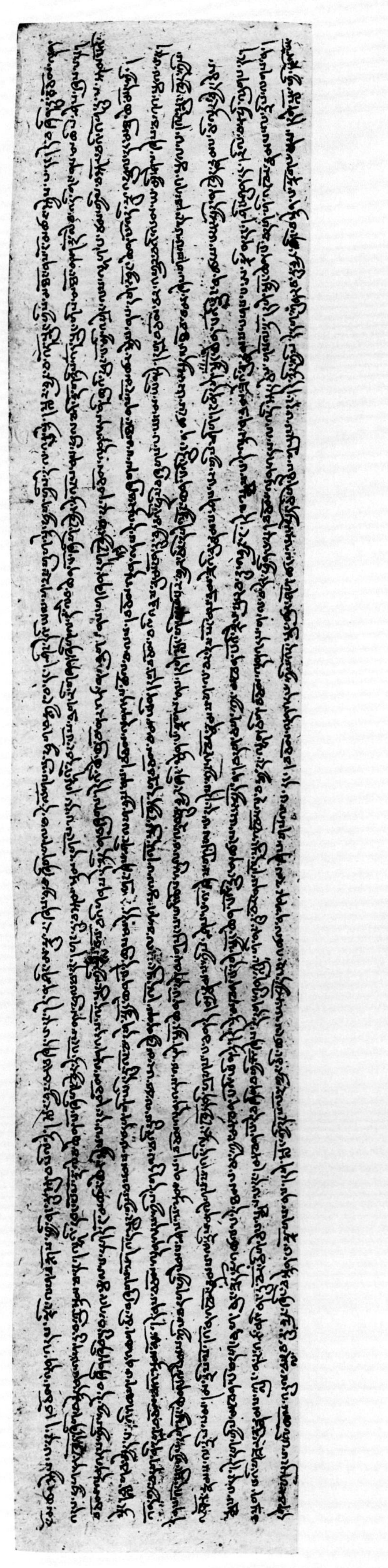

英 IOL.Tib.J.VOL.2　　2.འདུལ་བའི་དངོས་པོ་བམ་པོ་དྲུག་ཅུ་བརྒྱད་པ་དང་དགུ་བ་ལས་འབྱུང་བ།

2.錄自律經六十八卷六十九卷　　(59—14)

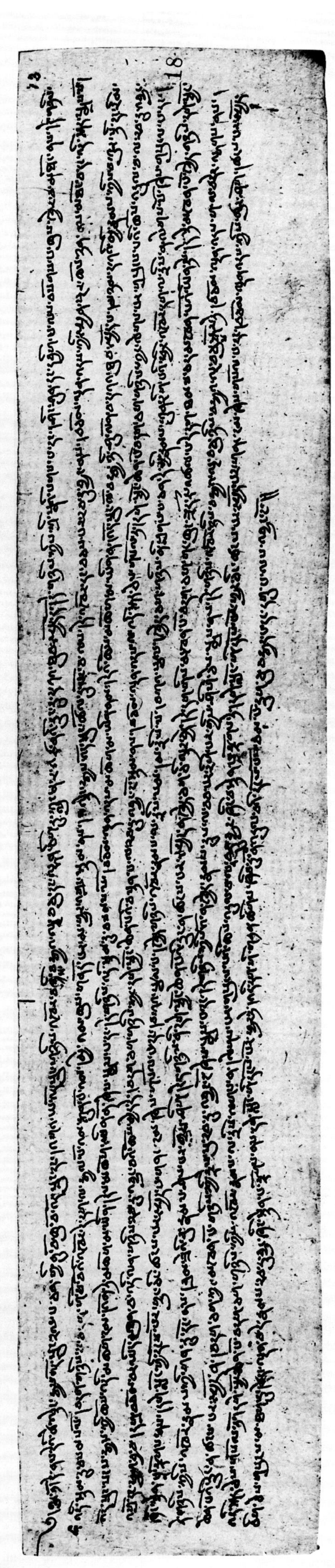

英 IOL.Tib.J.VOL.2　2.འདུལ་བའི་དངོས་པོ་བམ་པོ་དྲུག་ཅུ་བརྒྱད་པ་དང་དགུ་བ་ལས་འབྱུང་བ།　རྒྱབ་ཤོག

2.錄自律經六十八卷六十九卷　封底　(59—15)

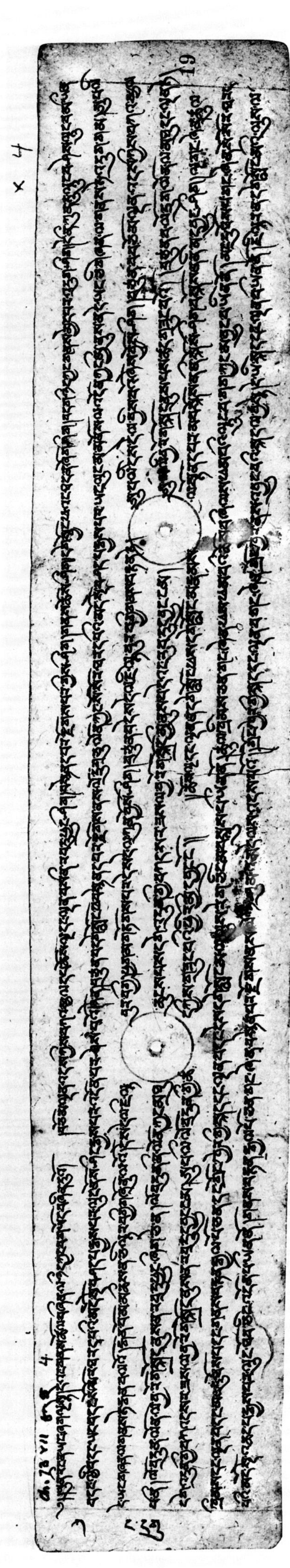

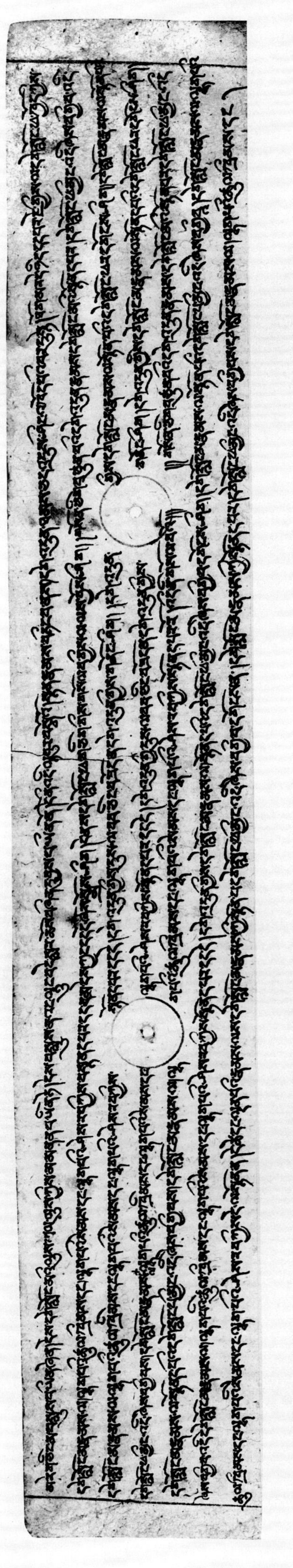

英 IOL.Tib.J.VOL.2 3.འདུལ་བ་ཚོར་བུ།

3.律經 (59—16)

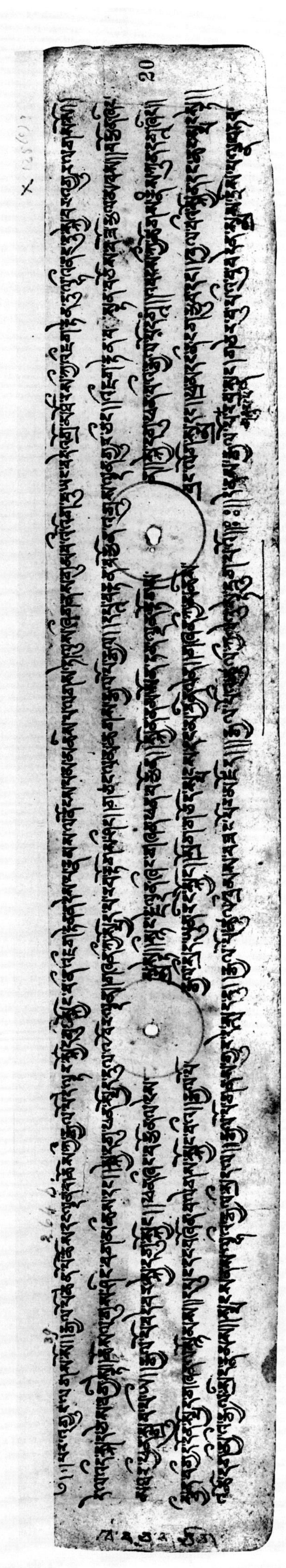

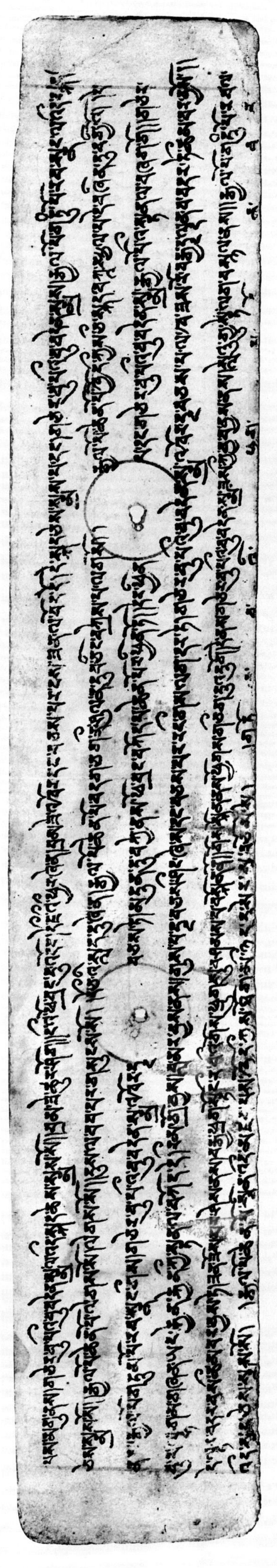

英 IOL.Tib.J.VOL.2　　3.འདུལ་བ་ཐོར་བུ།

3.律經　　(59—17)

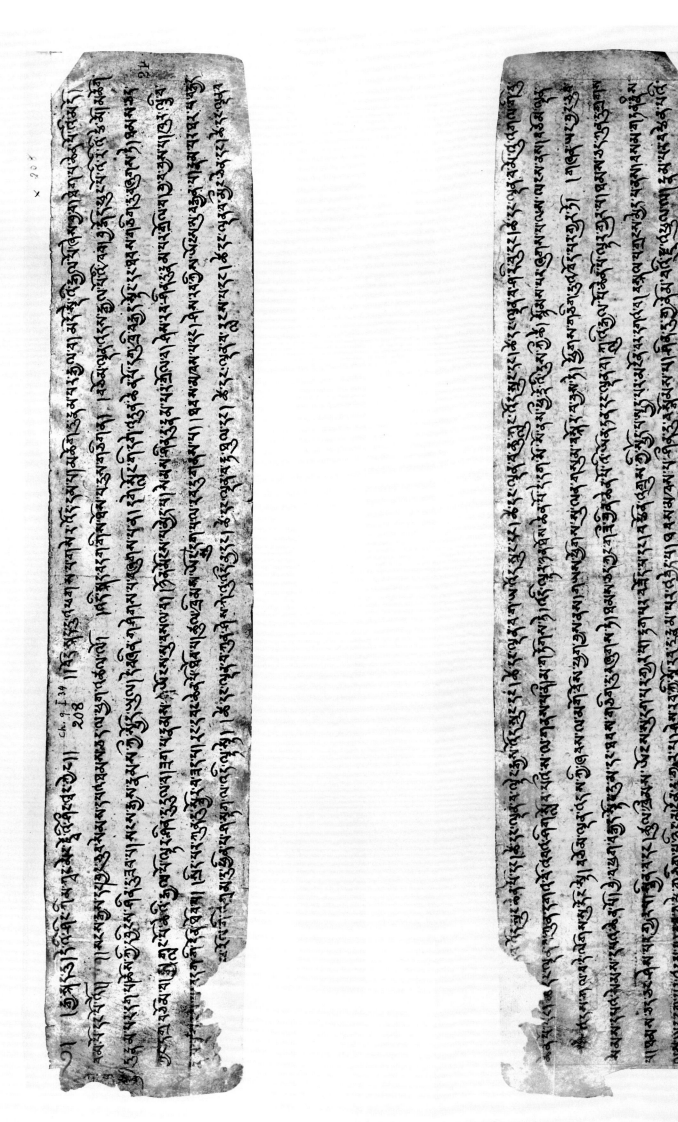

英 IOL.Tib.J.VOL.2　　4.འཕགས་པ་གསེར་འོད་དམ་པ་མཆོག་ཏུ་རྣམ་པར་རྒྱལ་བ་མདོ་སྡེའི་རྒྱལ་པོ་ཞེས་བྱ་བ་ཐེག་པ་ཆེན་པོའི་མདོ།

4.聖金光明最勝王大乘經　　(59—18)

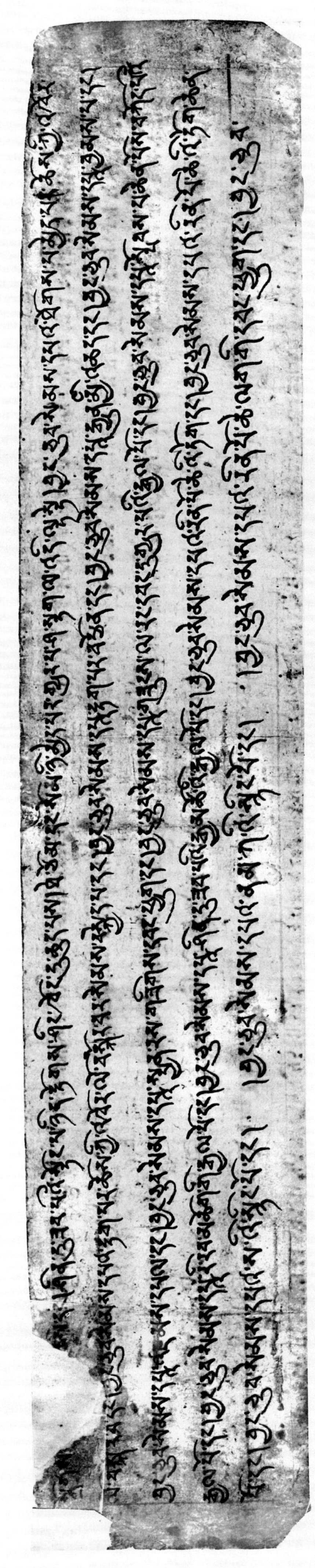

英 IOL.Tib.J.VOL.2　4.འཕགས་པ་གསེར་འོད་དམ་པ་མཆོག་ཏུ་རྣམ་པར་རྒྱལ་བ་མདོ་སྡེའི་རྒྱལ་པོ་ཞེས་བྱ་བ་ཐེག་པ་ཆེན་པོའི་མདོ།

4.聖金光明最勝王大乘經　(59—19)

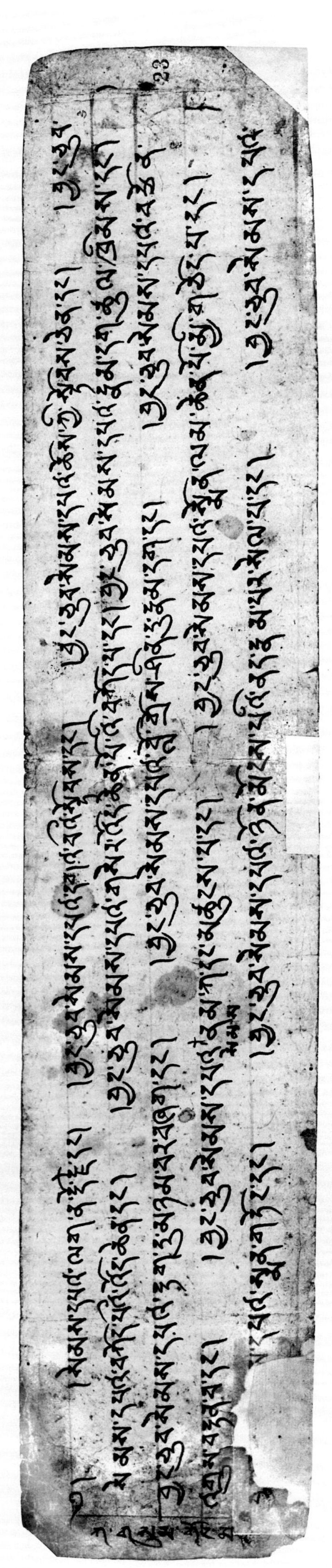

英 IOL.Tib.J.VOL.2　　4.འཕགས་པ་གསེར་འོད་དམ་པ་མཆོག་ཏུ་རྣམ་པར་རྒྱལ་བ་མདོ་སྡེའི་རྒྱལ་པོ་ཞེས་བྱ་བ་ཐེག་པ་ཆེན་པོའི་མདོ།

4.聖金光明最勝王大乘經　　(59—20)

英 IOL.Tib.J.VOL.2　　4.འཕགས་པ་གསེར་འོད་དམ་པ་མཆོག་ཏུ་རྣམ་པར་རྒྱལ་བ་མདོ་སྡེའི་རྒྱལ་པོ་ཞེས་བྱ་བ་ཐེག་པ་ཆེན་པོའི་མདོ།

4.聖金光明最勝王大乘經　　(59—21)

英 IOL.Tib.J.VOL.2　　4.འཕགས་པ་གསེར་འོད་དམ་པ་མཆོག་ཏུ་རྣམ་པར་རྒྱལ་བ་མདོ་སྡེའི་རྒྱལ་པོ་ཞེས་བྱ་བ་ཐེག་པ་ཆེན་པོའི་མདོ།

4.聖金光明最勝王大乘經　　(59—22)

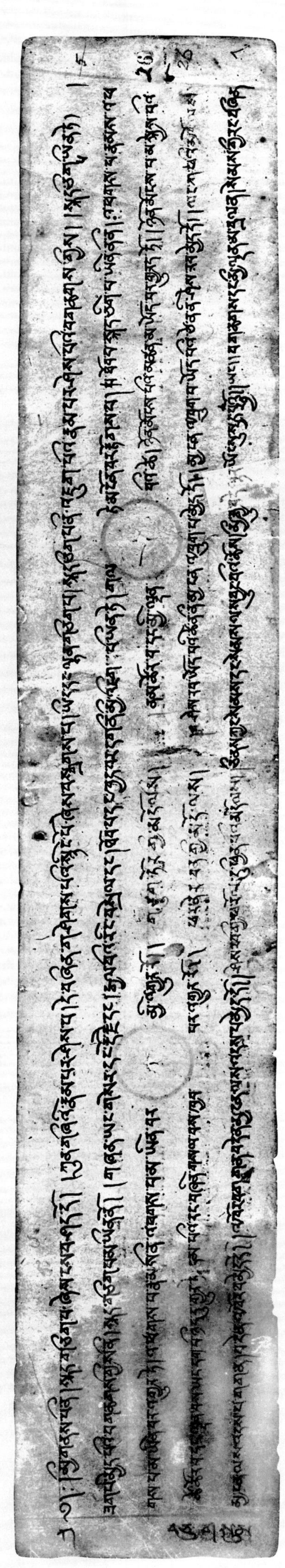

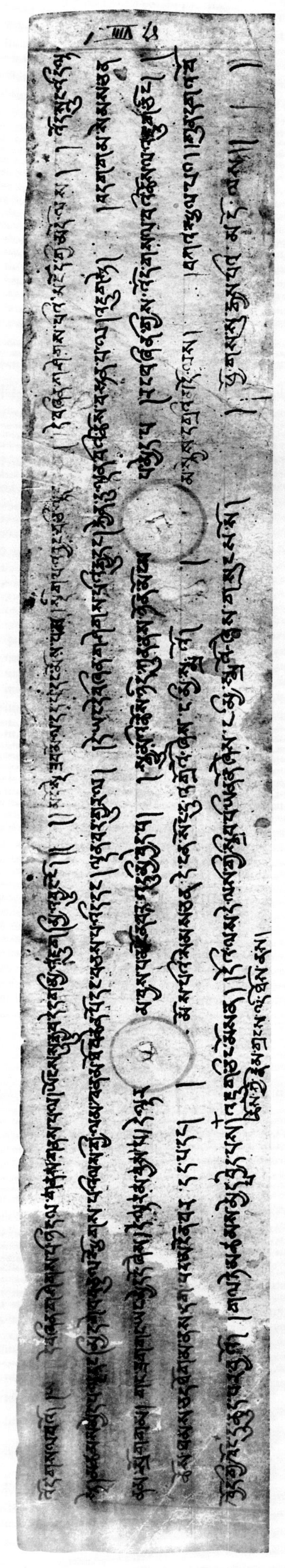

英 IOL.Tib.J.VOL.2　　5.དམ་ཆོས་ཕོར་བུ།
5.佛教論典　　(59—23)

英 IOL.Tib.J.VOL.2　　5.དམ་ཆོས་ཐོར་བུ།

5.佛教論典　　(59—24)

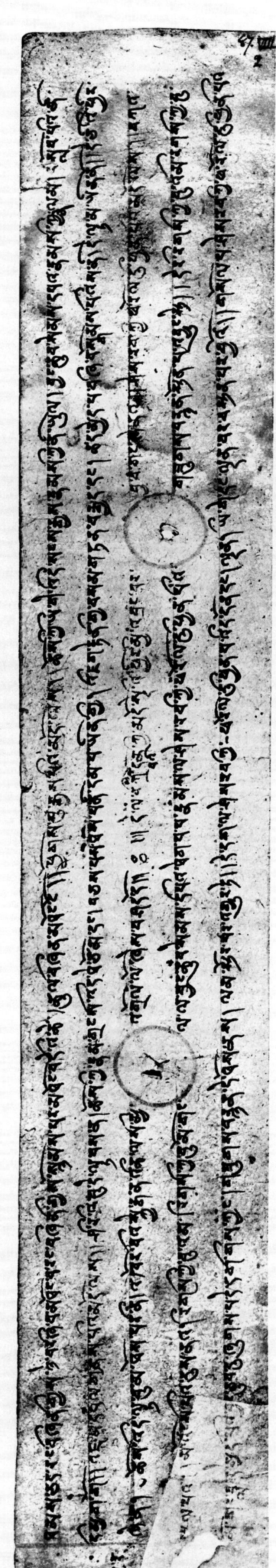
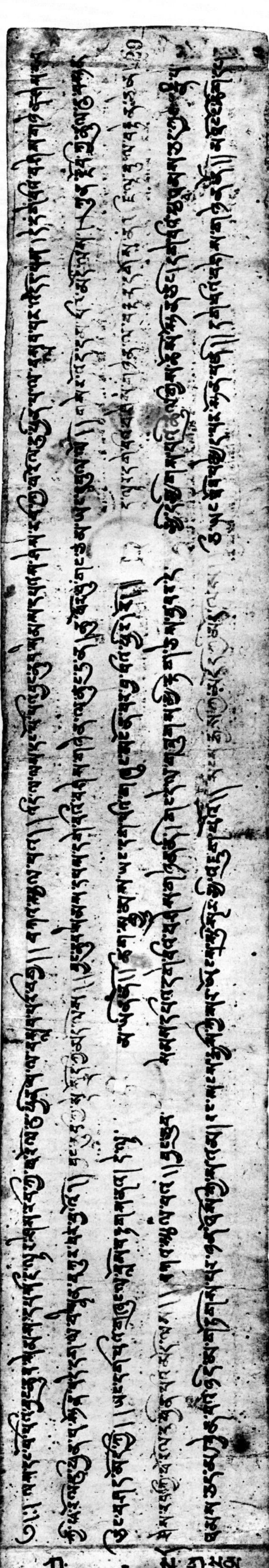
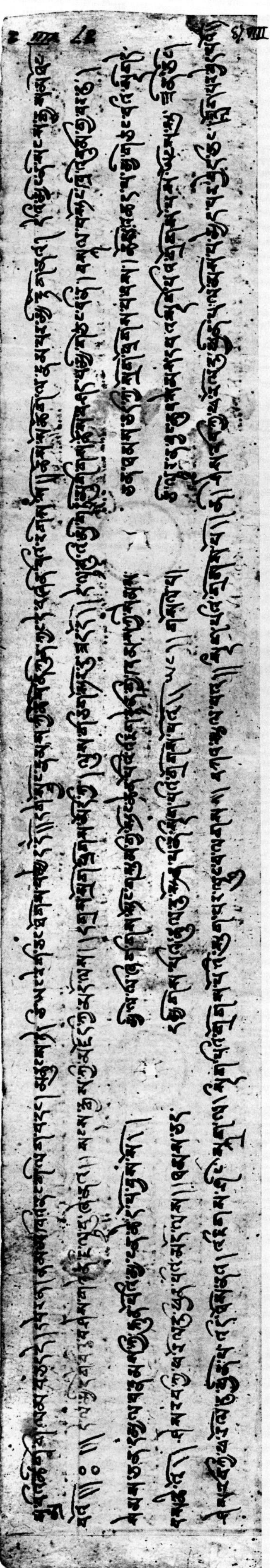

英 IOL.Tib.J.VOL.2　　5.དམ་ཆོས་ཐོར་བུ།
5.佛教論典　　(59—25)

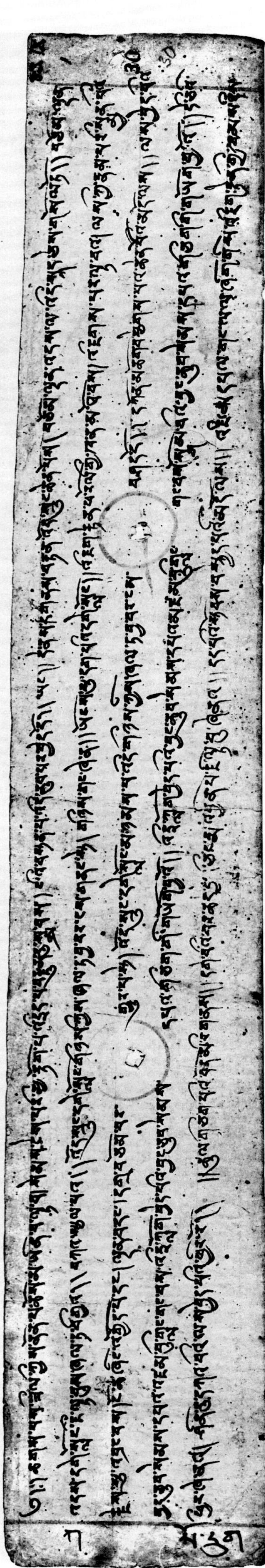

英 IOL.Tib.J.VOL.2　　5.དམ་ཆོས་གཏོར་བ།

5.佛教論典　　(59—26)

英 IOL.Tib.J.VOL.2　6.གཟུངས་སྔགས།
6.陀羅尼　(59—27)

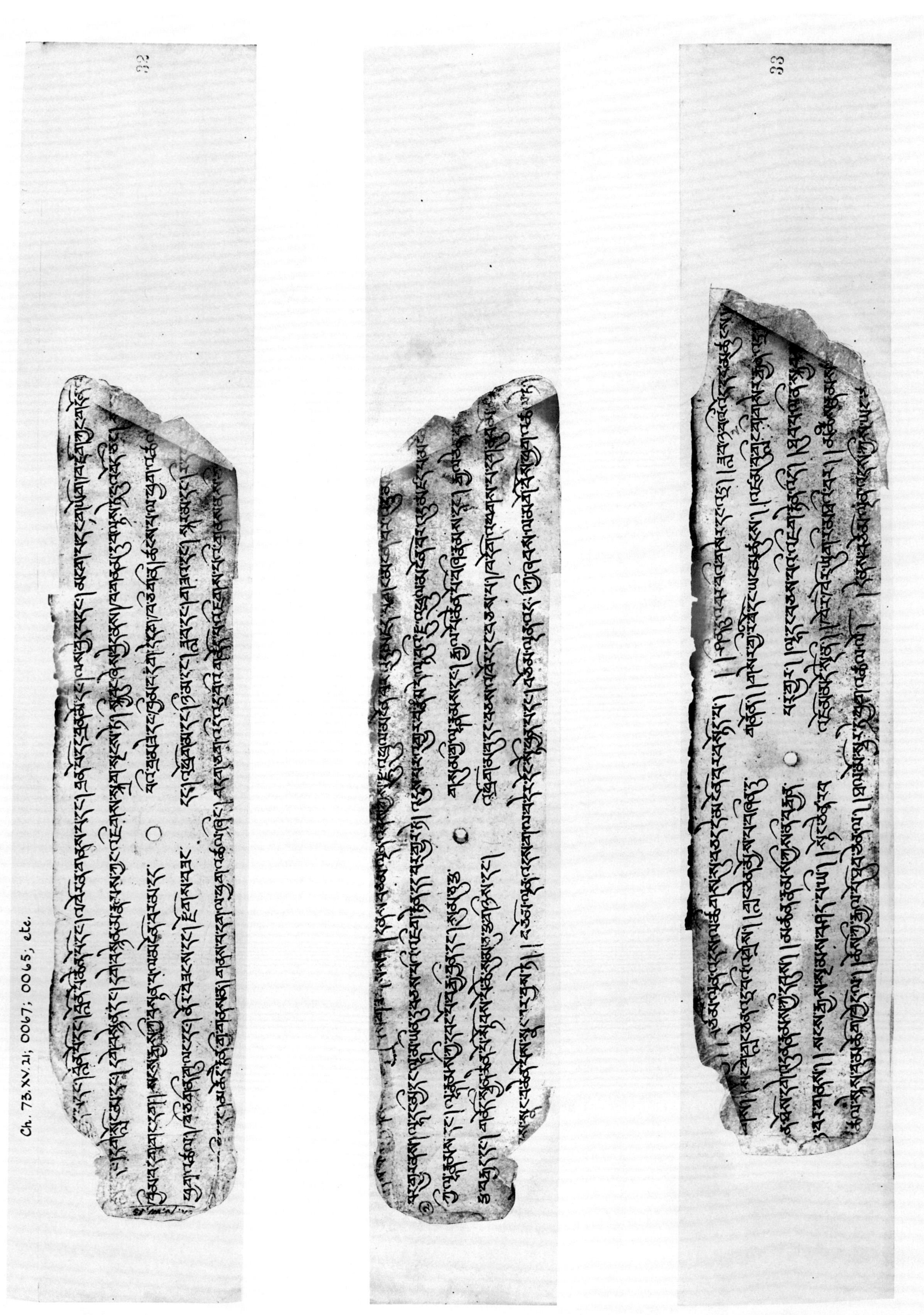


英 IOL.Tib.J.VOL.2　　7.སྟོང་ཆེན་རབ་འཇོམས།

7.大千摧破經　　(59—28)

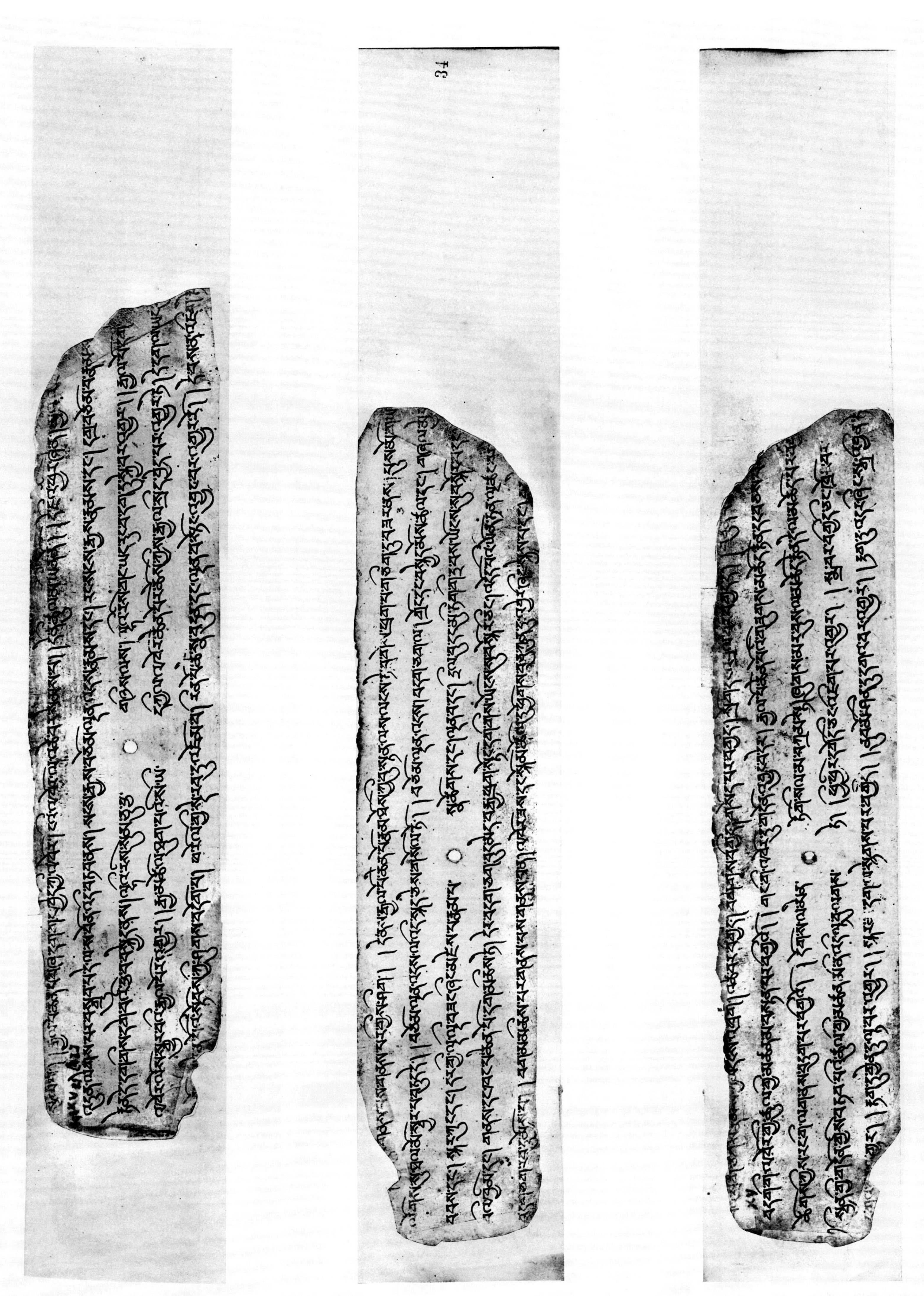

英 IOL.Tib.J.VOL.2　　7.སྟོང་ཆེན་རབ་འཇོམས།
7.大千摧破經　　(59—29)

英 IOL.Tib.J.VOL.2　　7.སྟོང་ཆེན་རབ་འཇོམས།

7.大千摧破經　　(59—30)

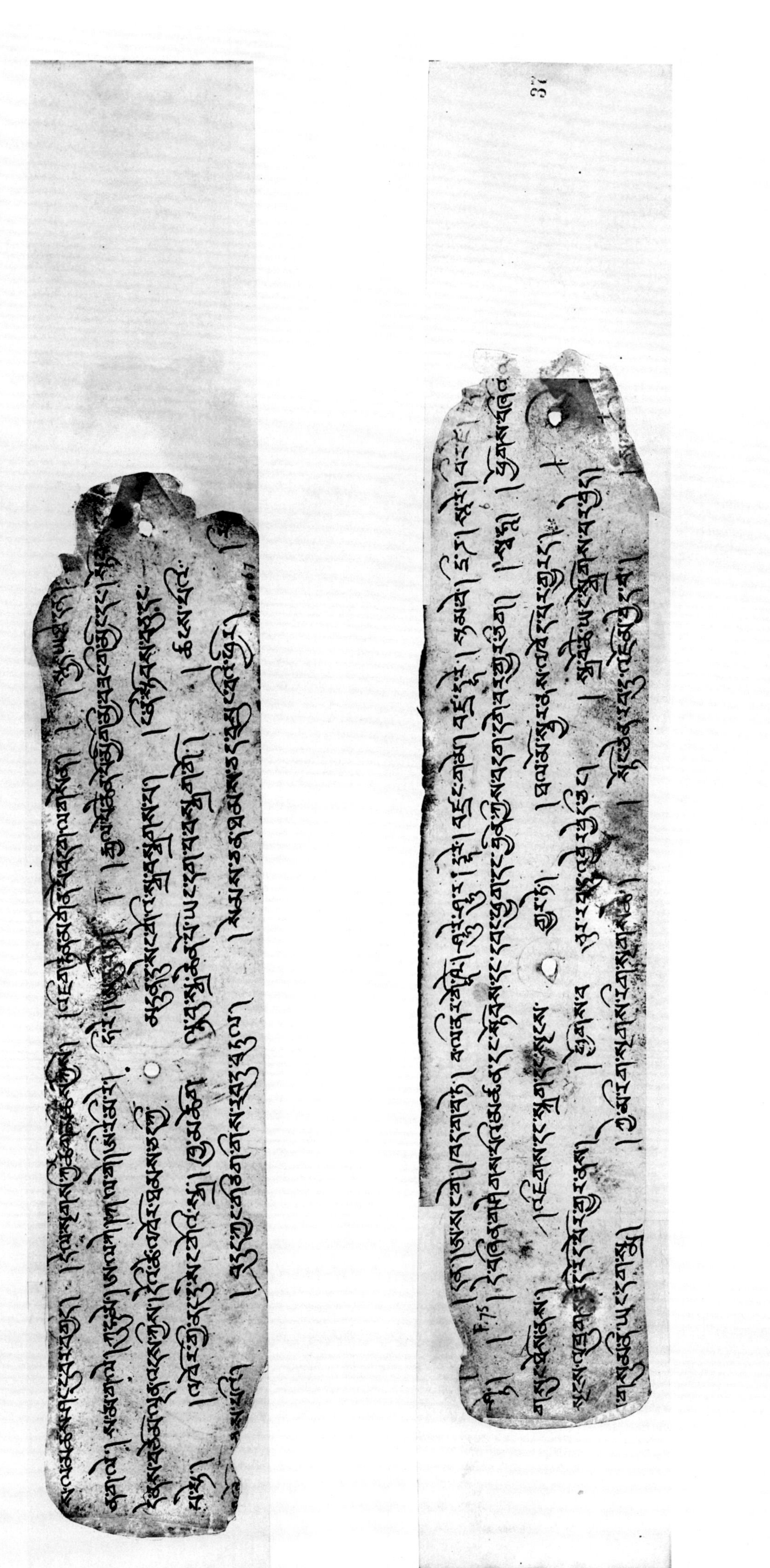

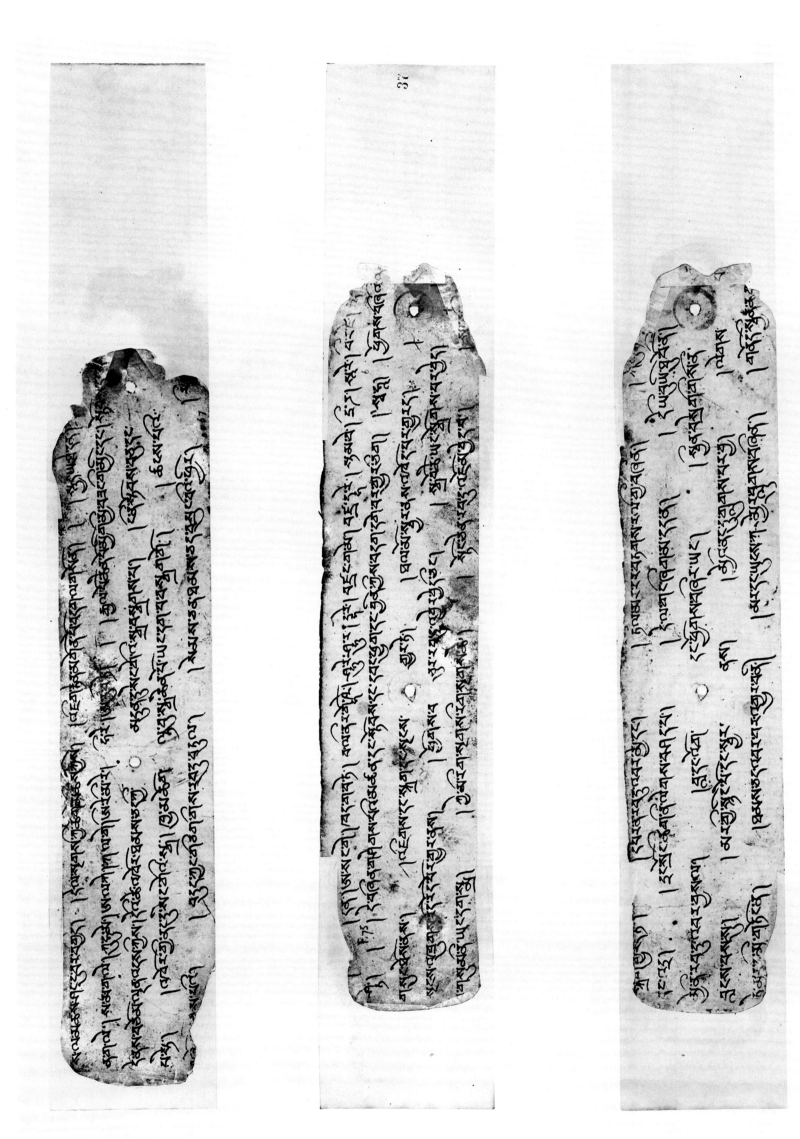

英 IOL.Tib.J.VOL.2　　7.སྟོང་ཆེན་རབ་འཇོམས།
　　7.大千摧破經　　(59—31)

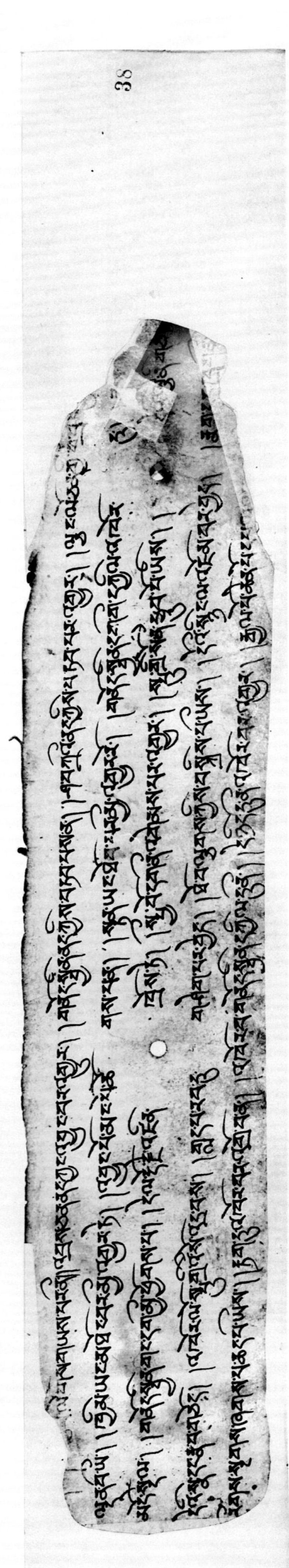

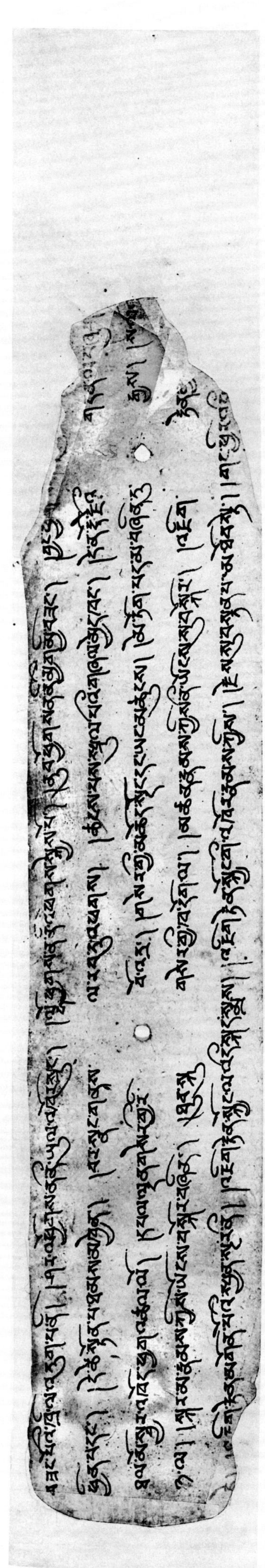

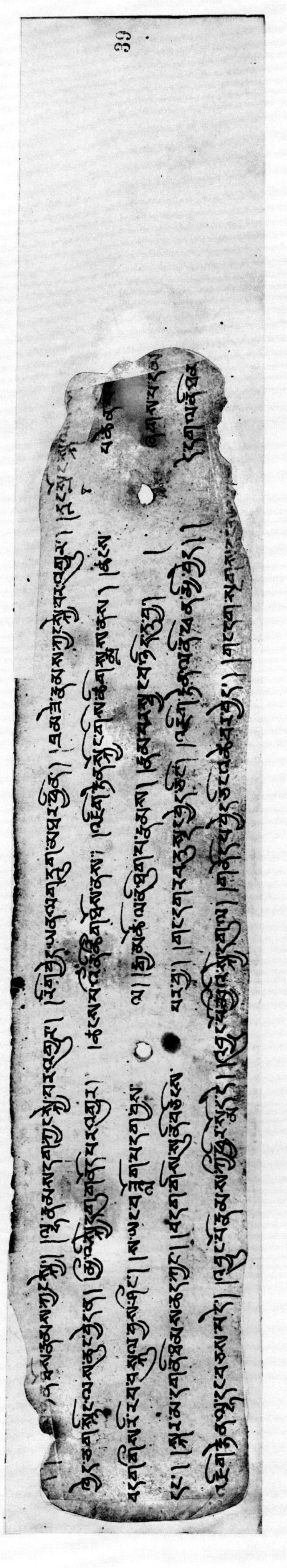

英 IOL.Tib.J.VOL.2　　7.སྟོང་ཆེན་རབ་འཇོམས།

7.大千摧破經　　(59—32)

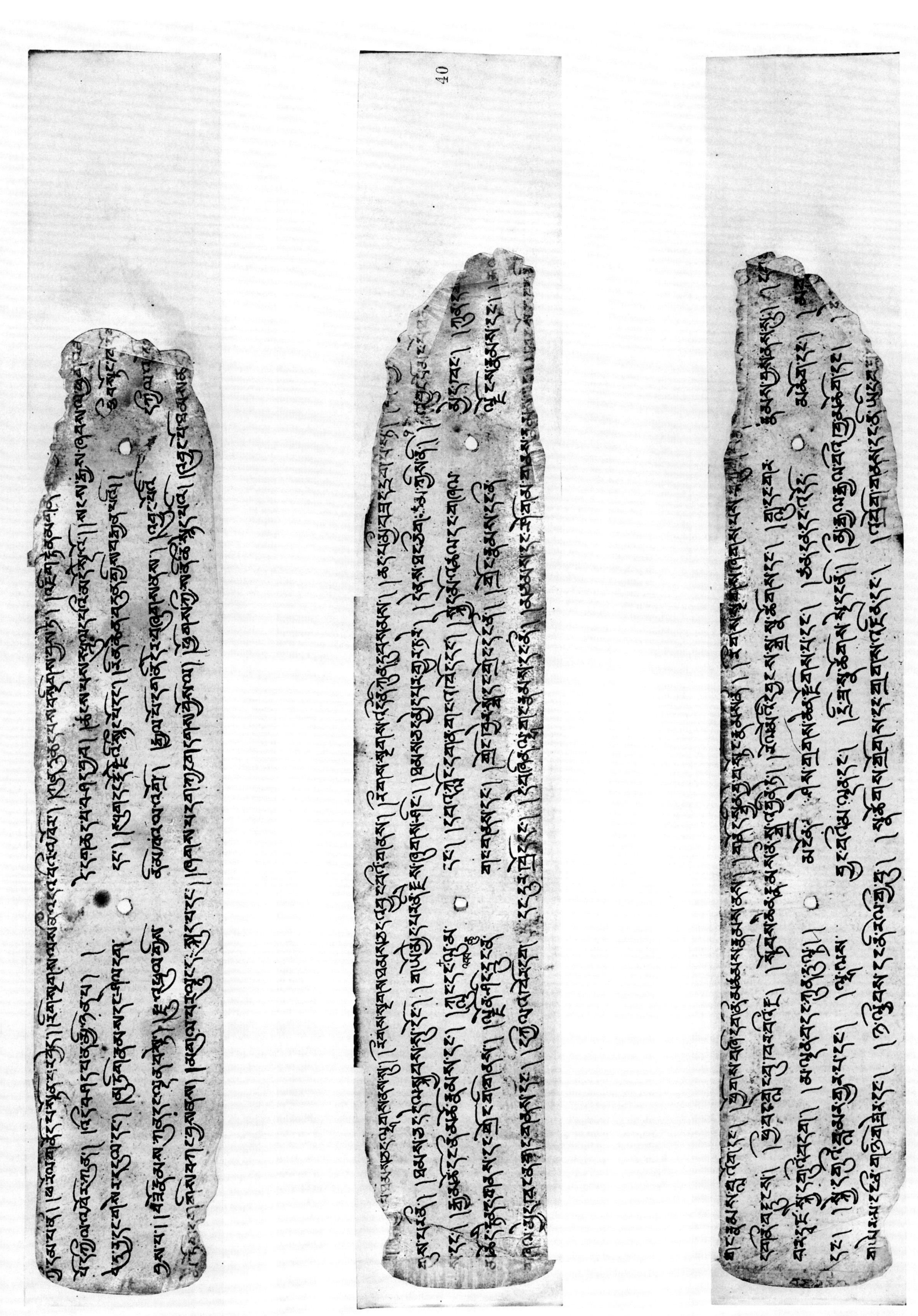

英 IOL.Tib.J.VOL.2　　7.སྟོང་ཆེན་རབ་འཇོམས།

7.大千摧破經　　(59—33)

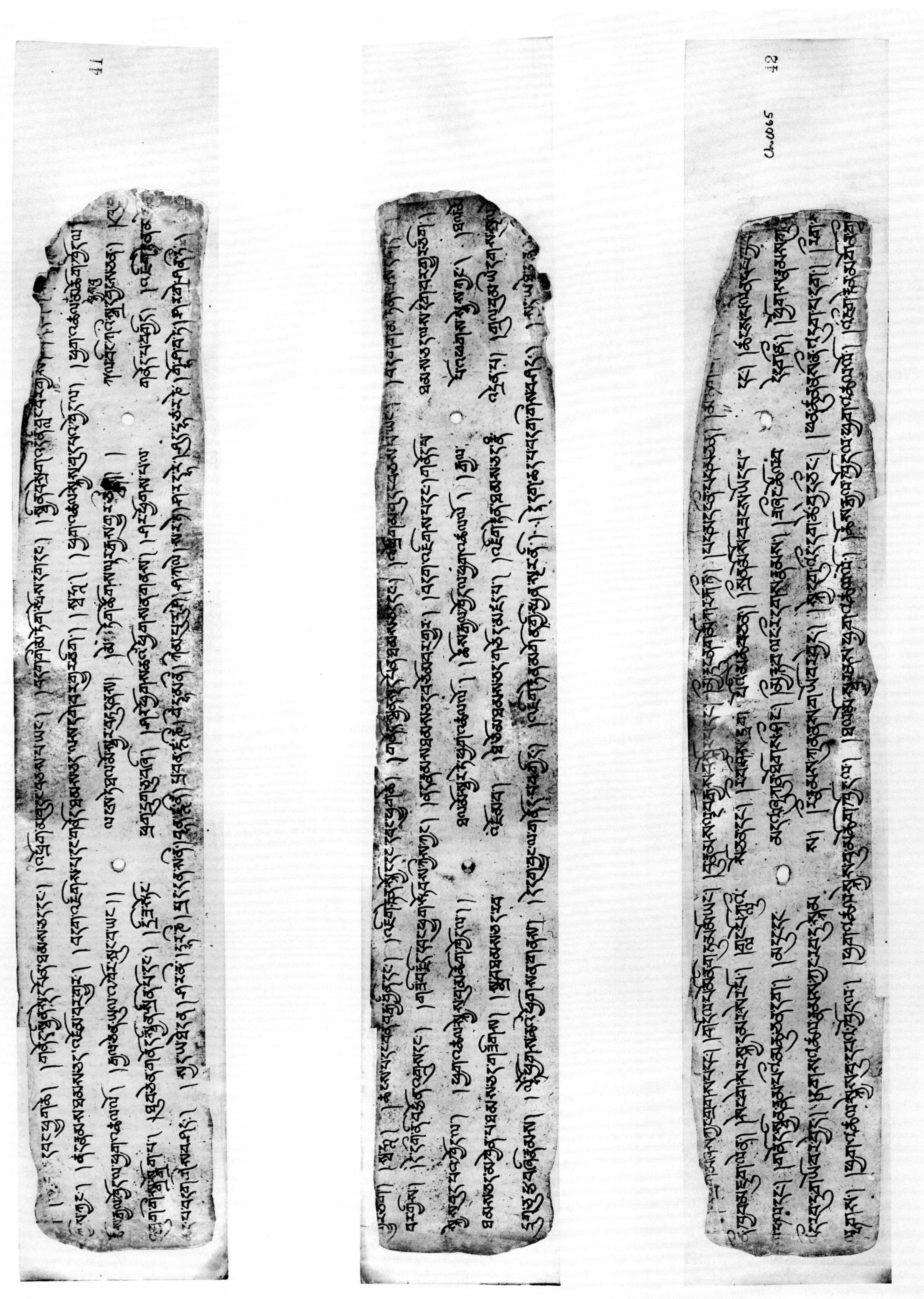

英 IOL.Tib.J.VOL.2　　7.སྟོང་ཆེན་རབ་འཇོམས།

7.大千摧破經　　(59—34)

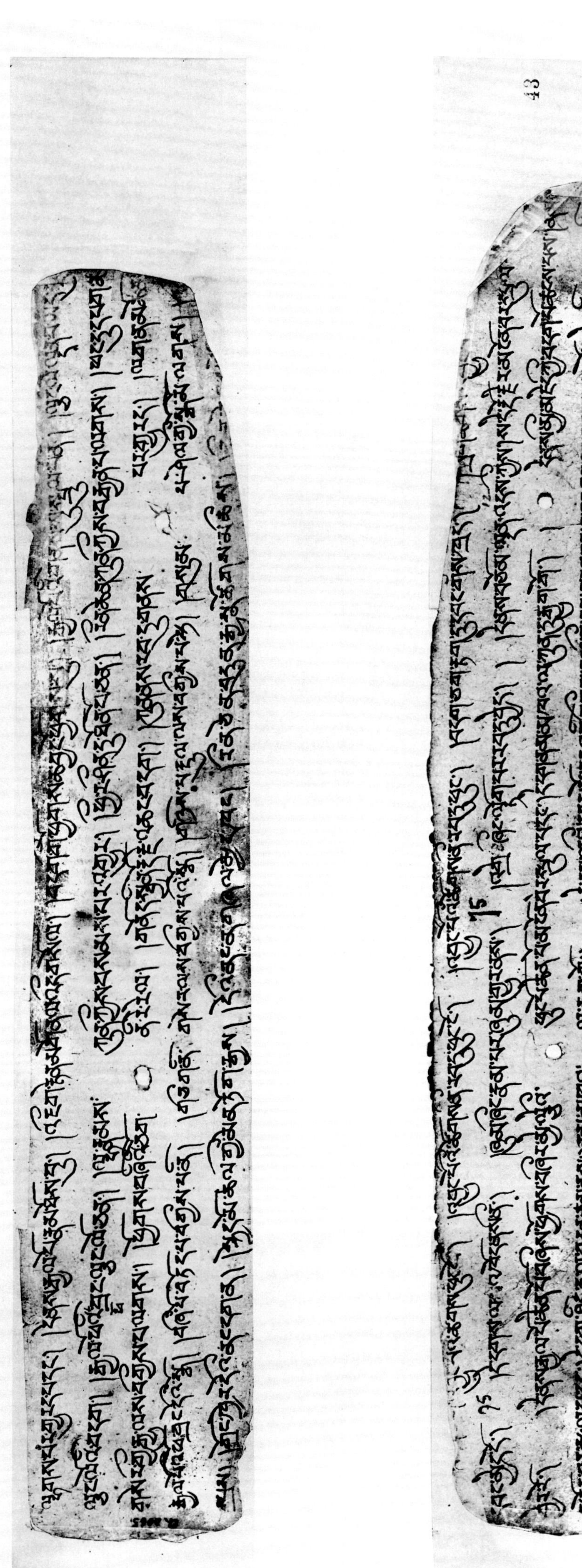

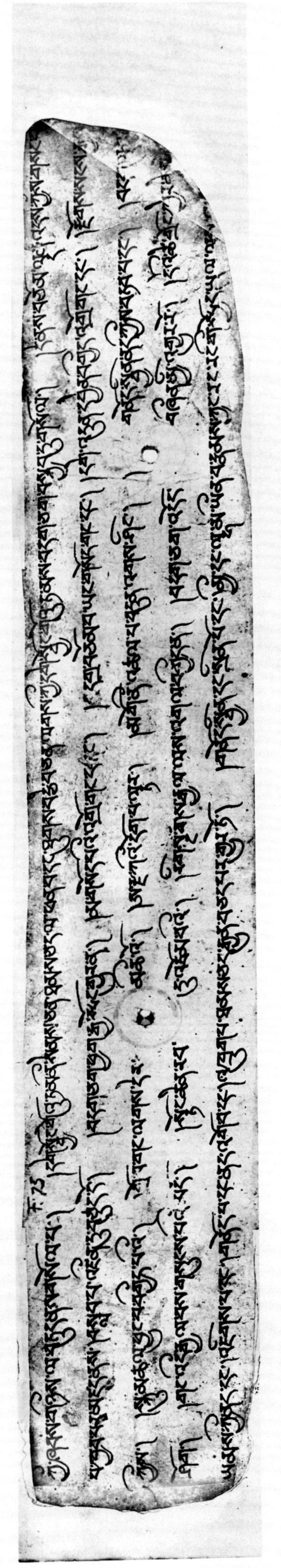

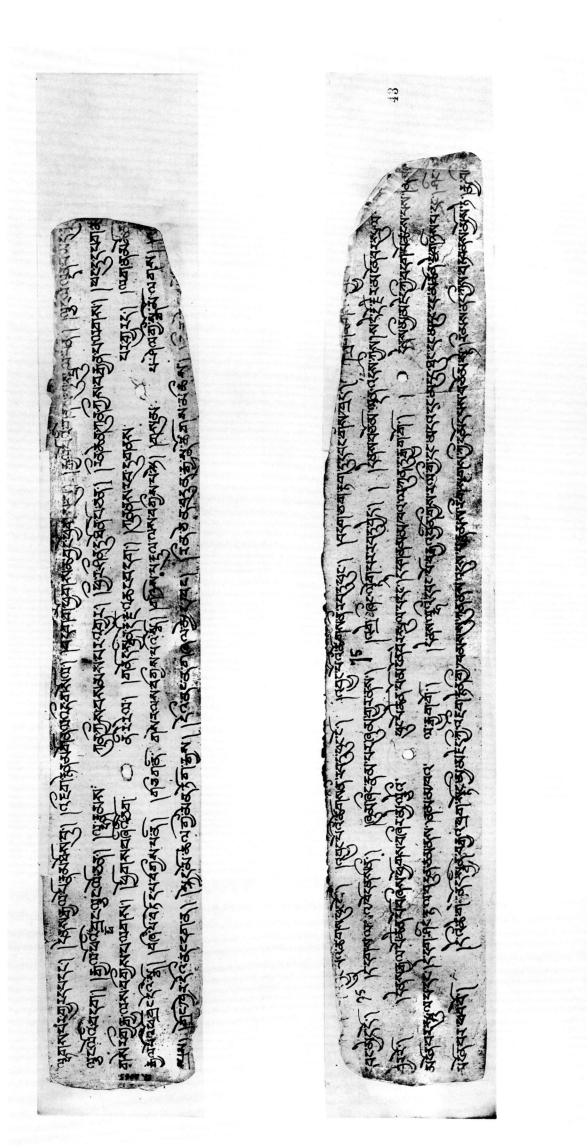

英 IOL.Tib.J.VOL.2　　7.སྟོང་ཆེན་རབ་འཇོམས།

7.大千摧破經　　(59—35)

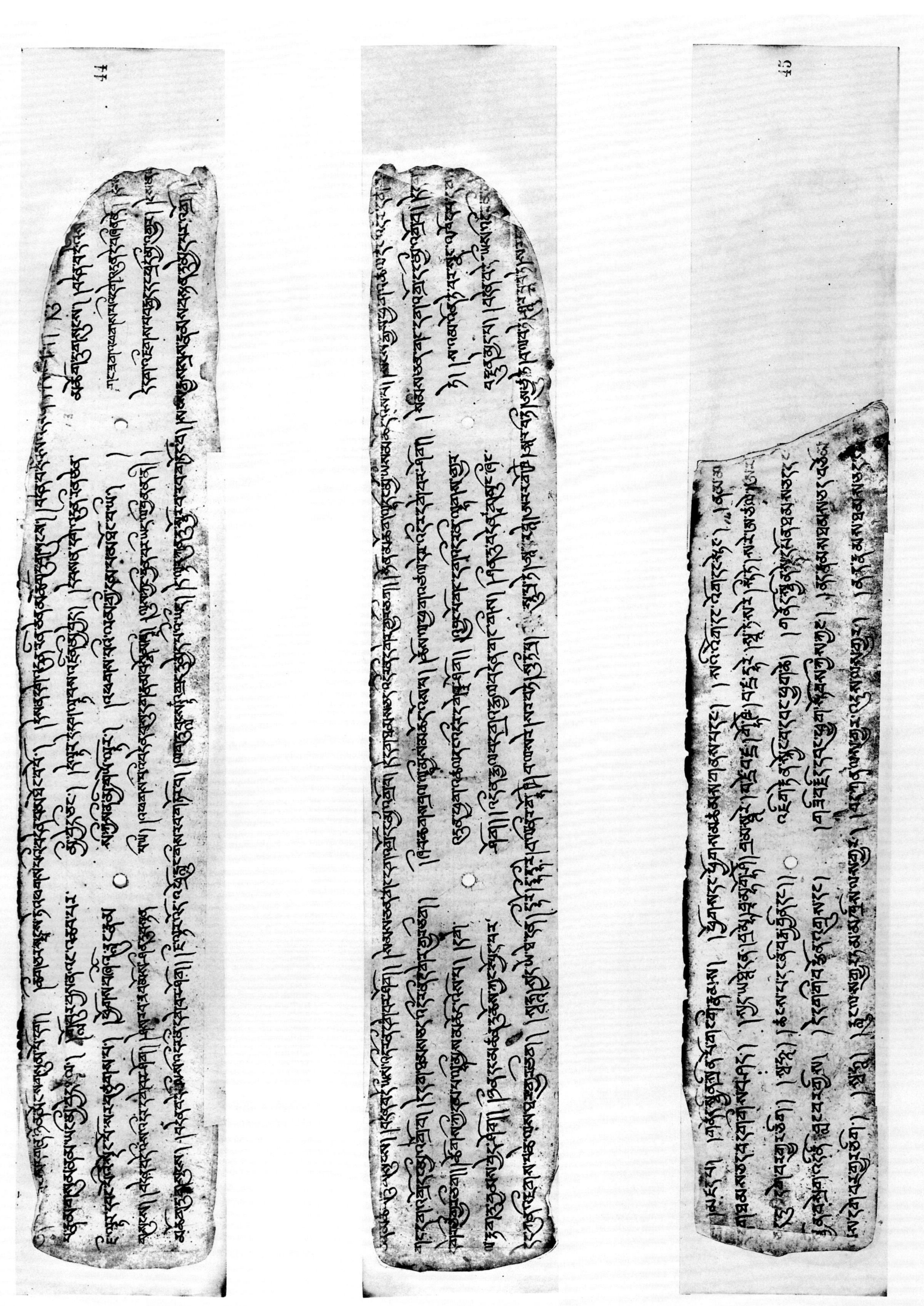

英 IOL.Tib.J.VOL.2　　7.སྟོང་ཆེན་རབ་འཇོམས།

7.大千摧破經　　(59—36)

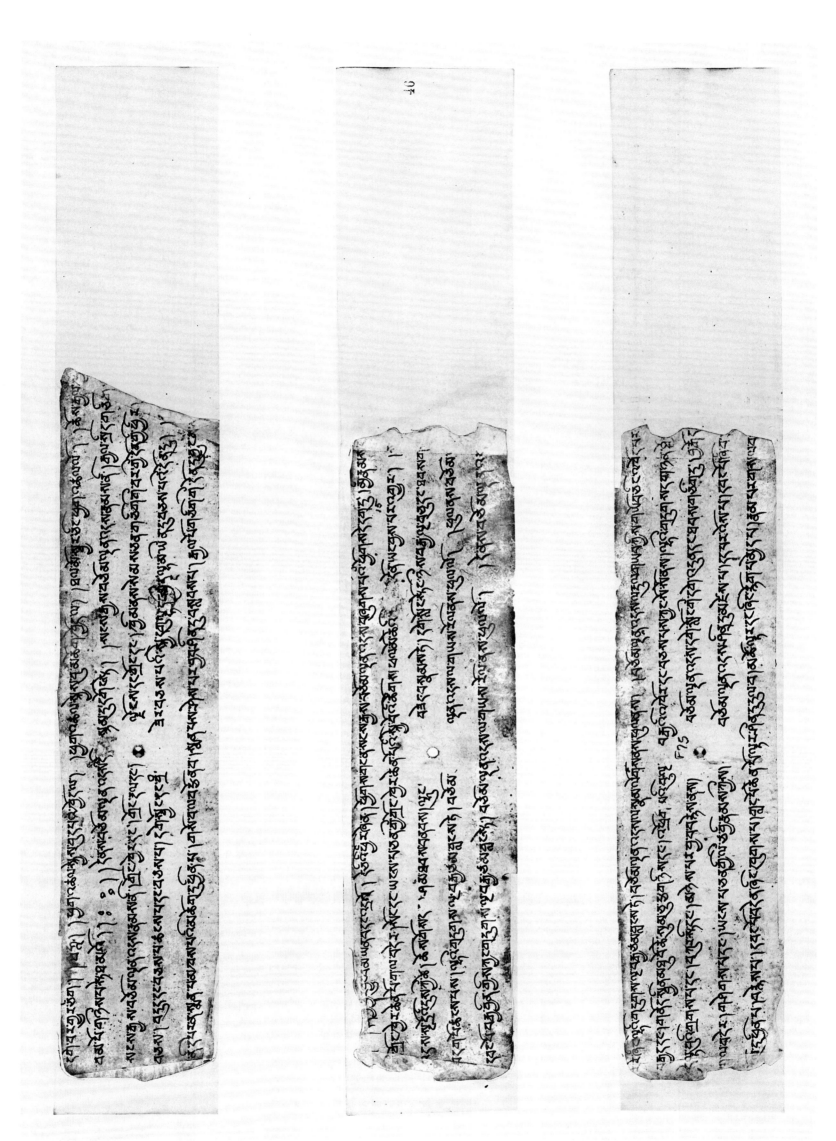

英 IOL.Tib.J.VOL.2　　7.སྟོང་ཆེན་རབ་འཇོམས།

7.大千摧破經　　(59—37)

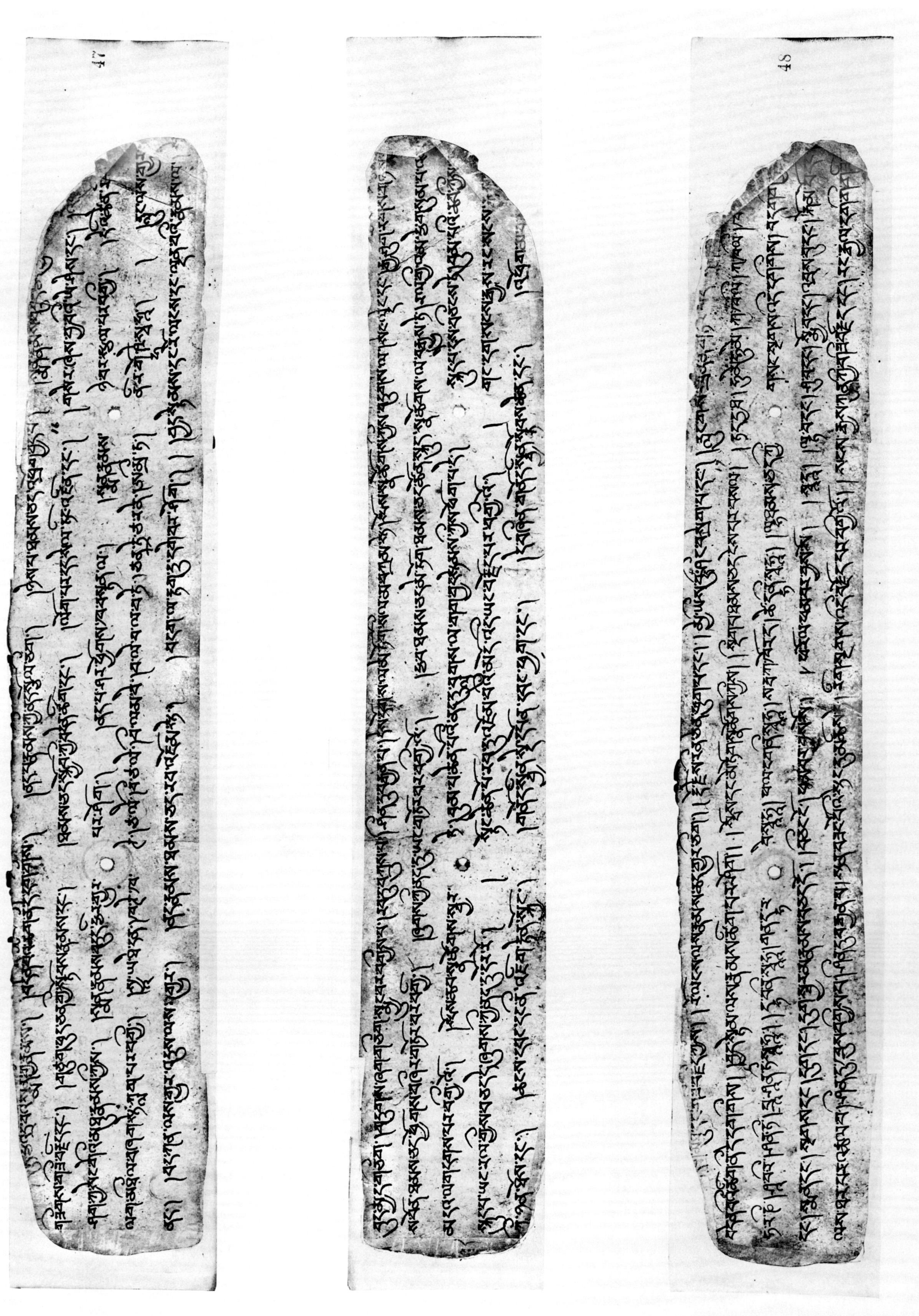

英 IOL.Tib.J.VOL.2　　7.སྟོང་ཆེན་རབ་འཇོམས།

7.大千摧破經　　(59—38)

英 IOL.Tib.J.VOL.2　　7.སྟོང་ཆེན་རབ་འཇོམས།
7.大千摧破經　　(59—39)

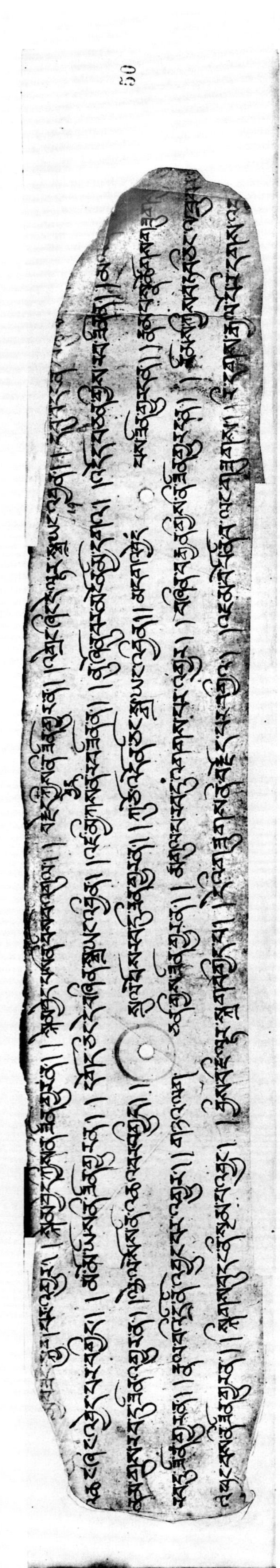

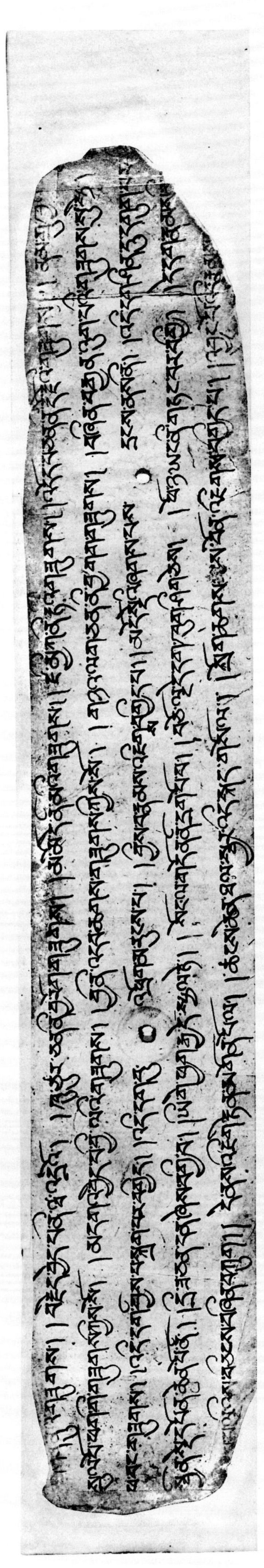

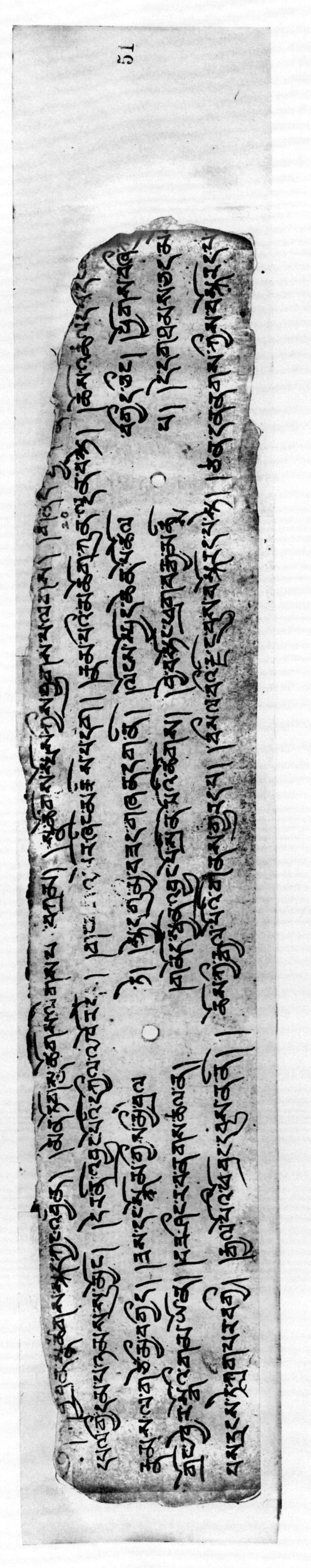

英 IOL.Tib.J.VOL.2　　7.སྟོང་ཆེན་རབ་འཛོམས།

7.大千摧破經　　(59—40)

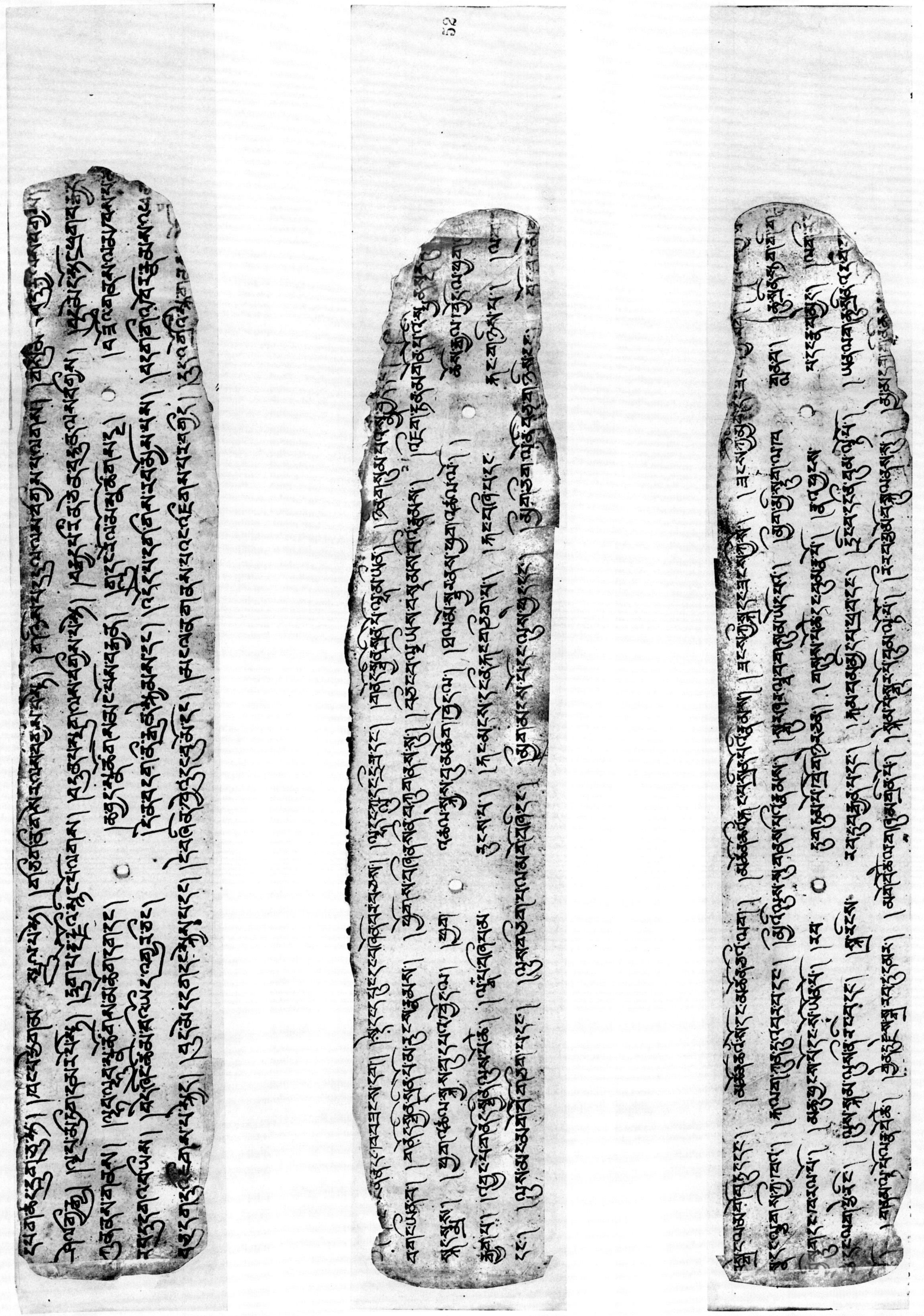

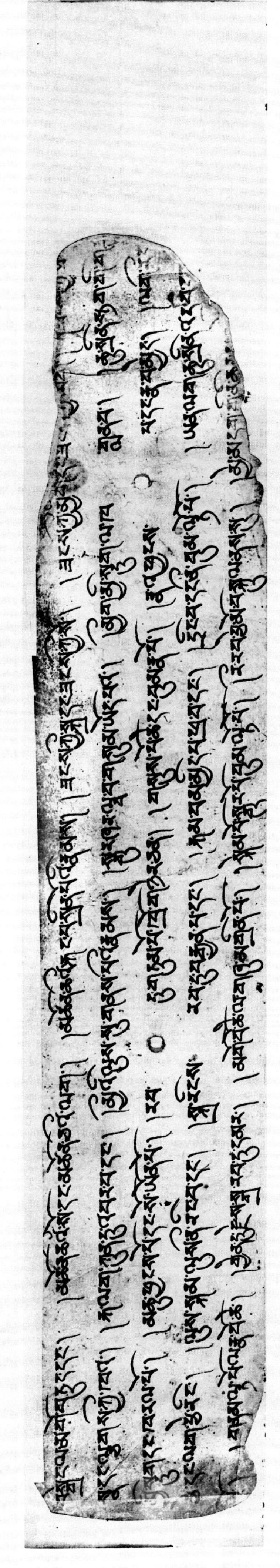

英 IOL.Tib.J.VOL.2　7.སྟོང་ཆེན་རབ་འཇོམས།
7.大千摧破經　(59—41)

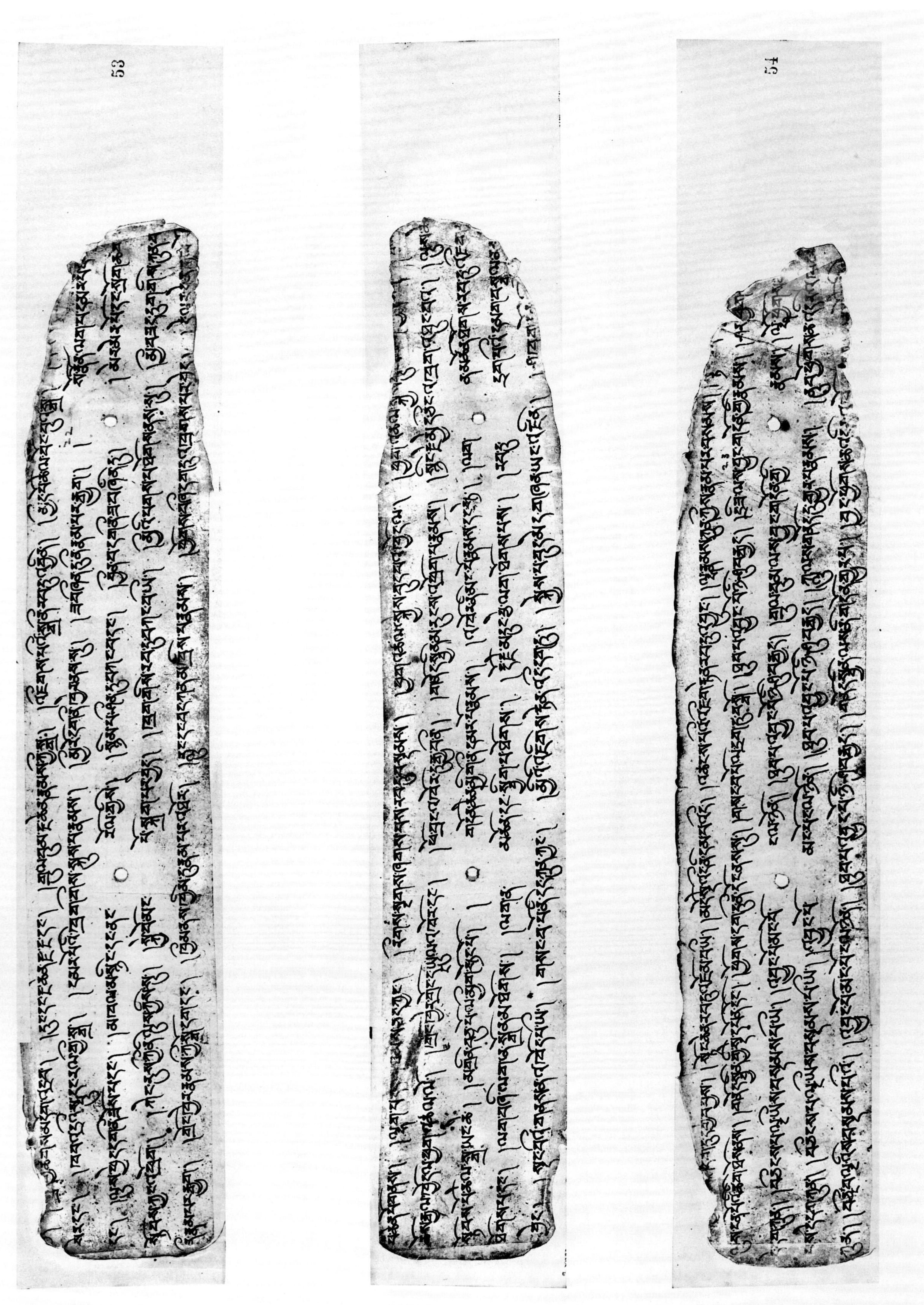

英 IOL.Tib.J.VOL.2　　7.སྟོང་ཆེན་རབ་འཇོམས།

7.大千摧破經　　(59—42)

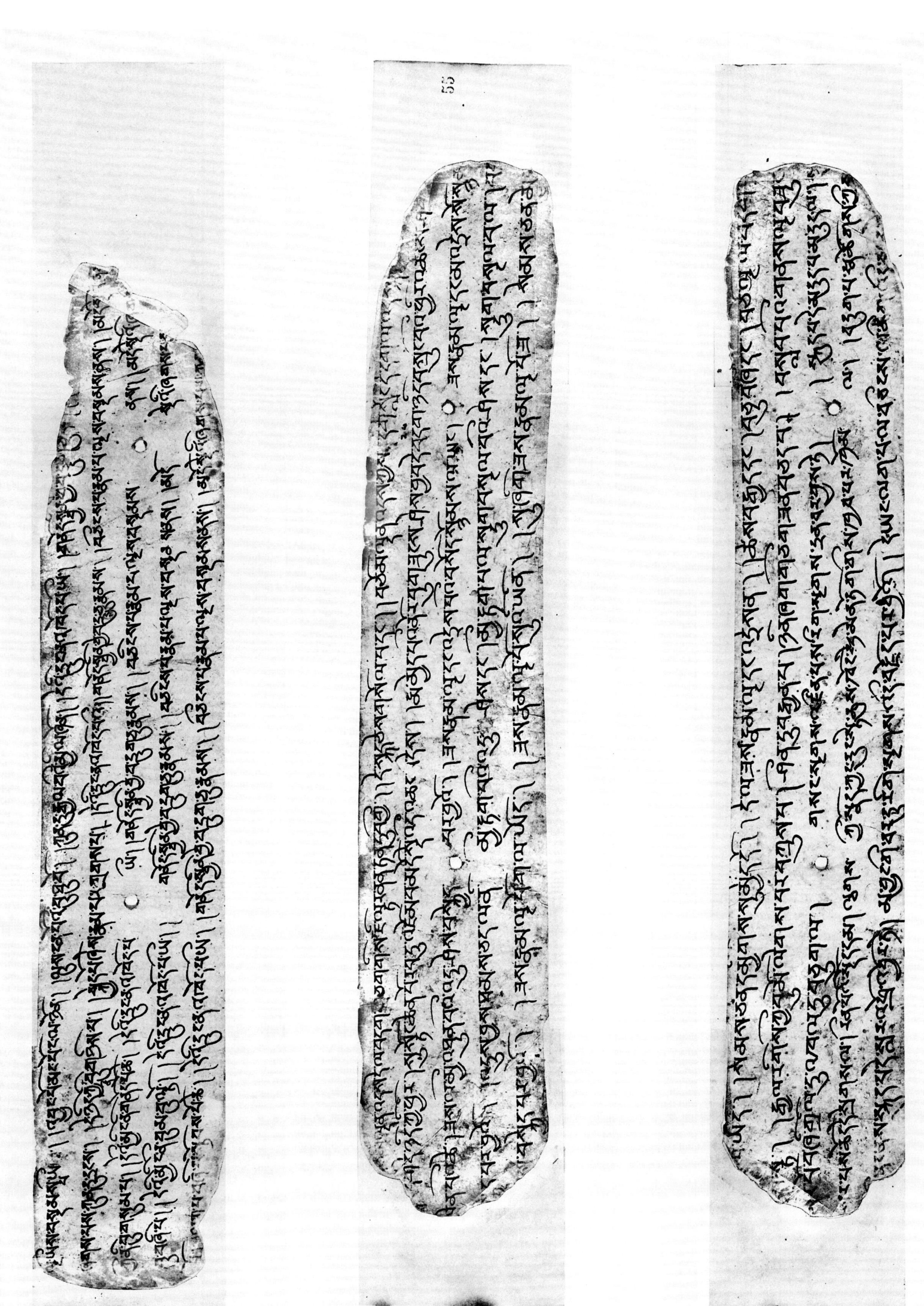

英 IOL.Tib.J.VOL.2　　7.སྟོང་ཆེན་རབ་འཇོམས།
7.大千摧破經　　(59—43)

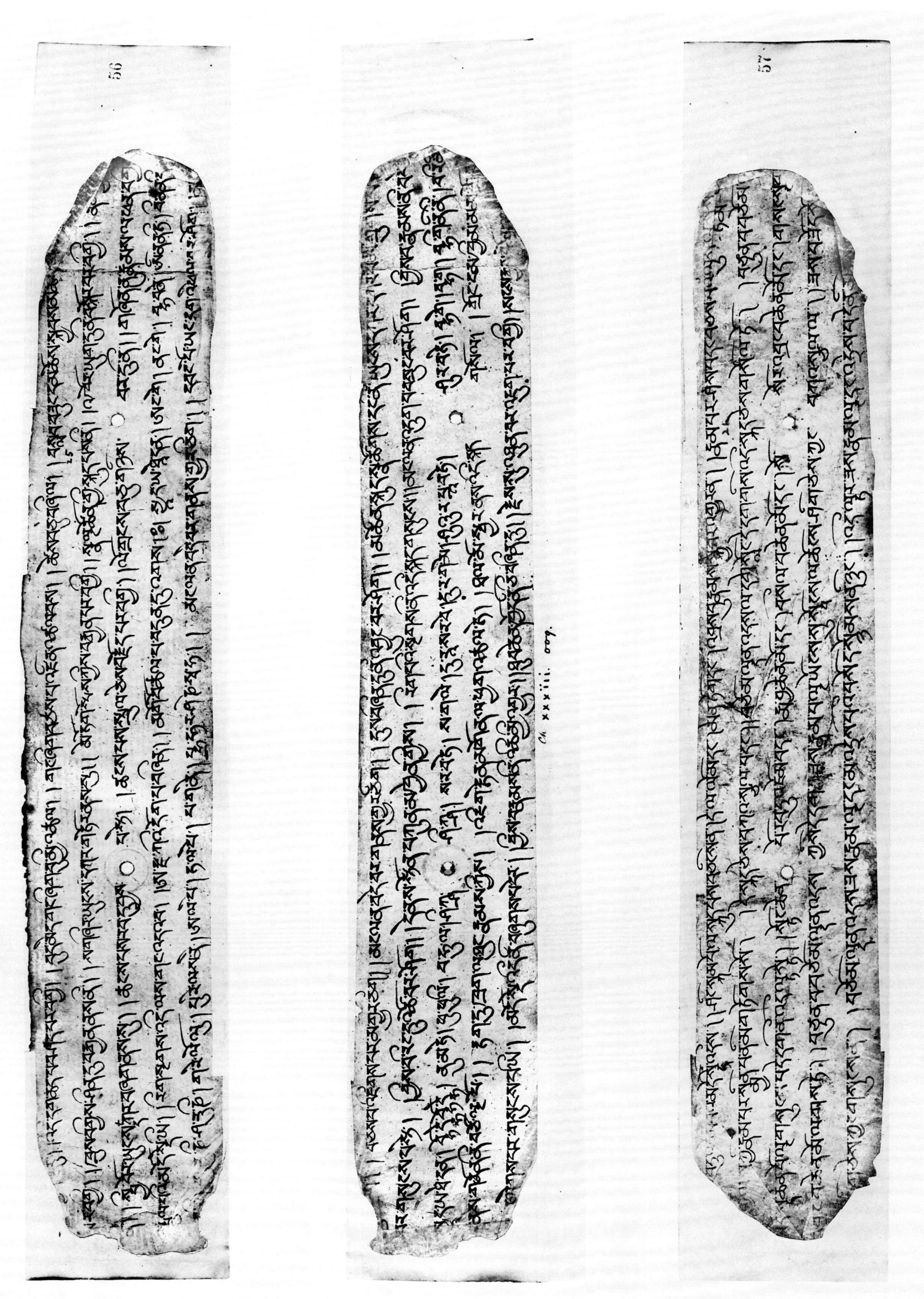

英 IOL.Tib.J.VOL.2　　7.སྟོང་ཆེན་རབ་འཇོམས།

7.大千摧破經　　(59—44)

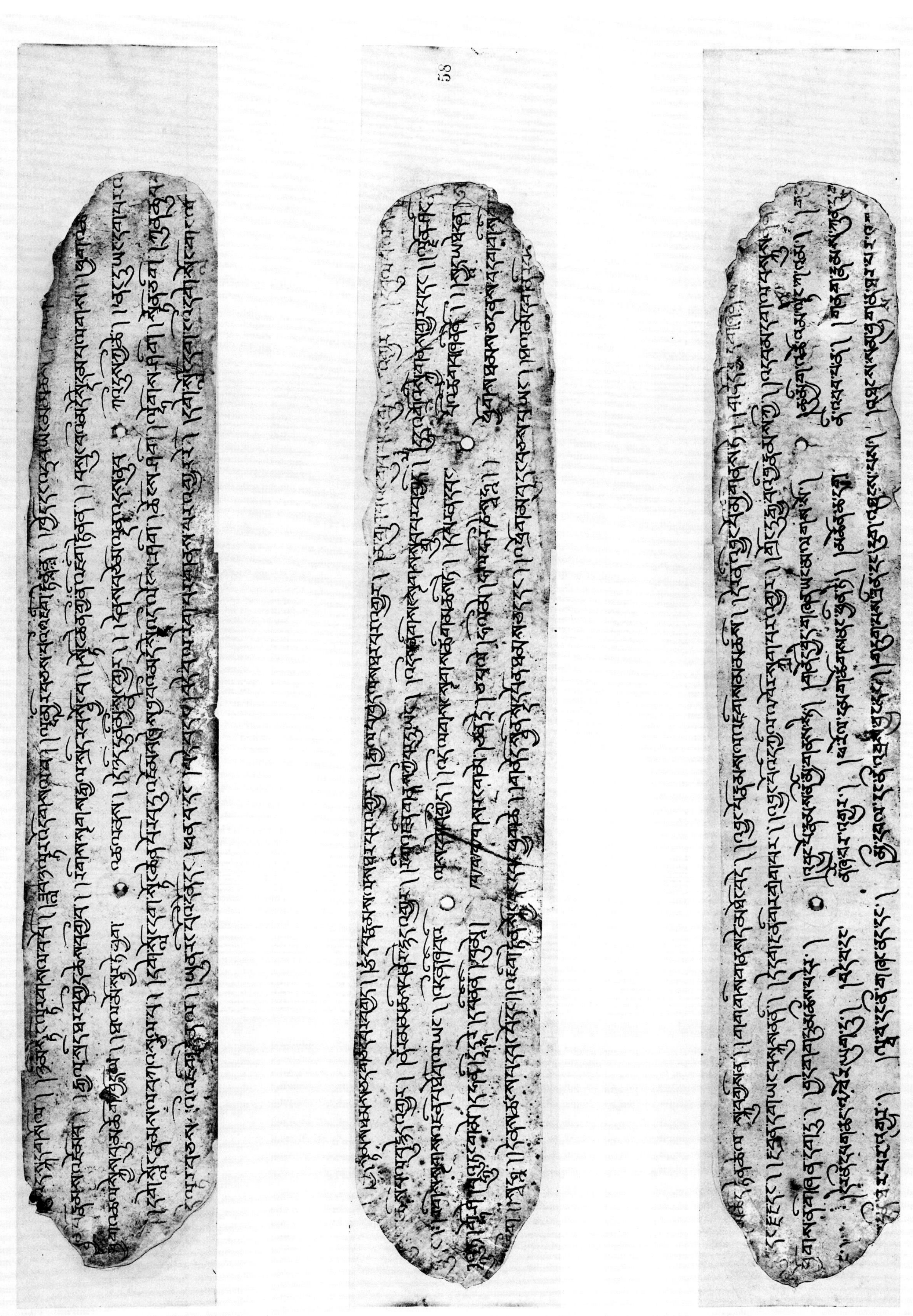

英 IOL.Tib.J.VOL.2　　7.སྟོང་ཆེན་རབ་འཇོམས།
7.大千摧破經　　(59—45)

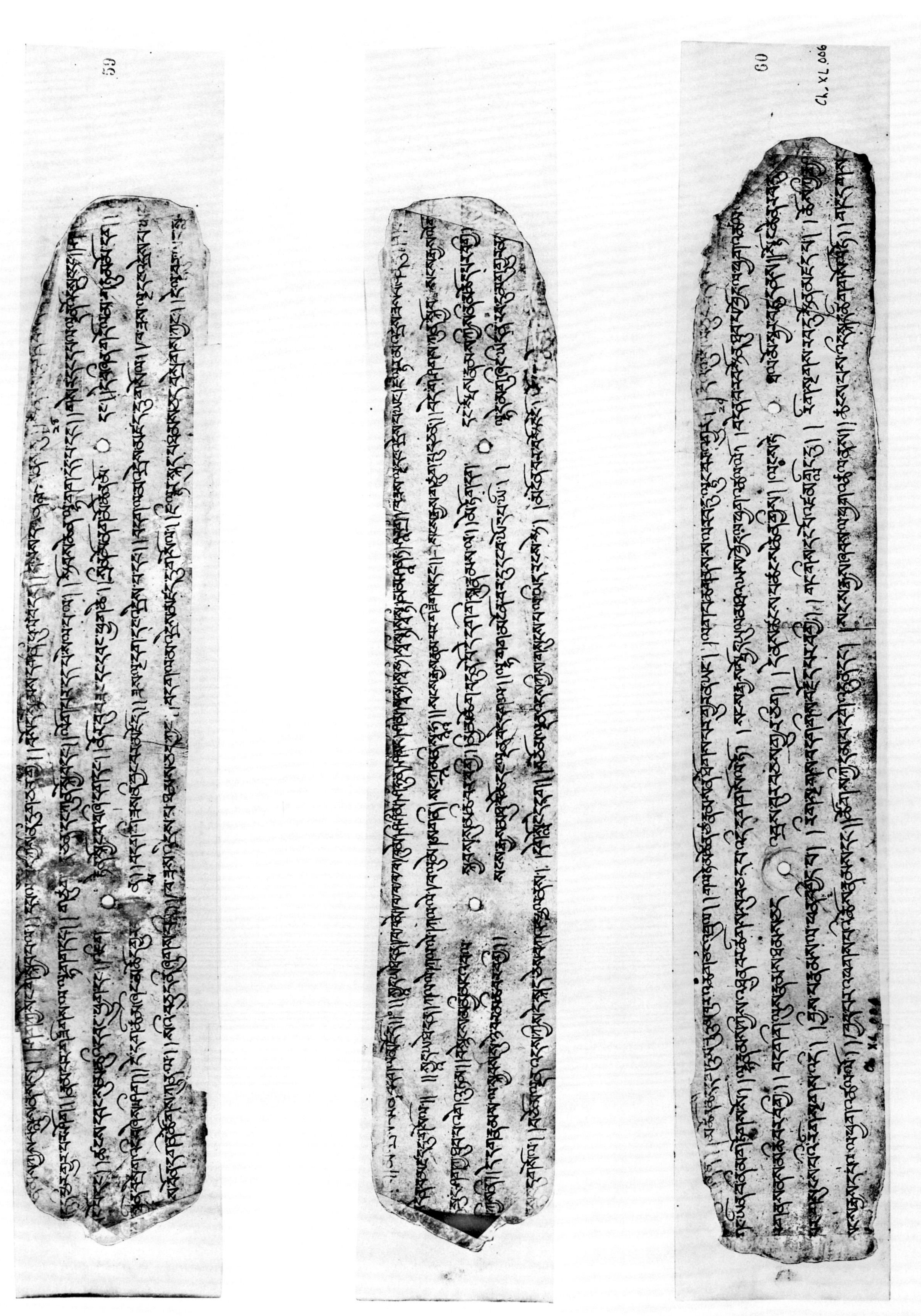

英 IOL.Tib.J.VOL.2　　7.སྟོང་ཆེན་རབ་འཇོམས།

7.大千摧破經　　(59—46)

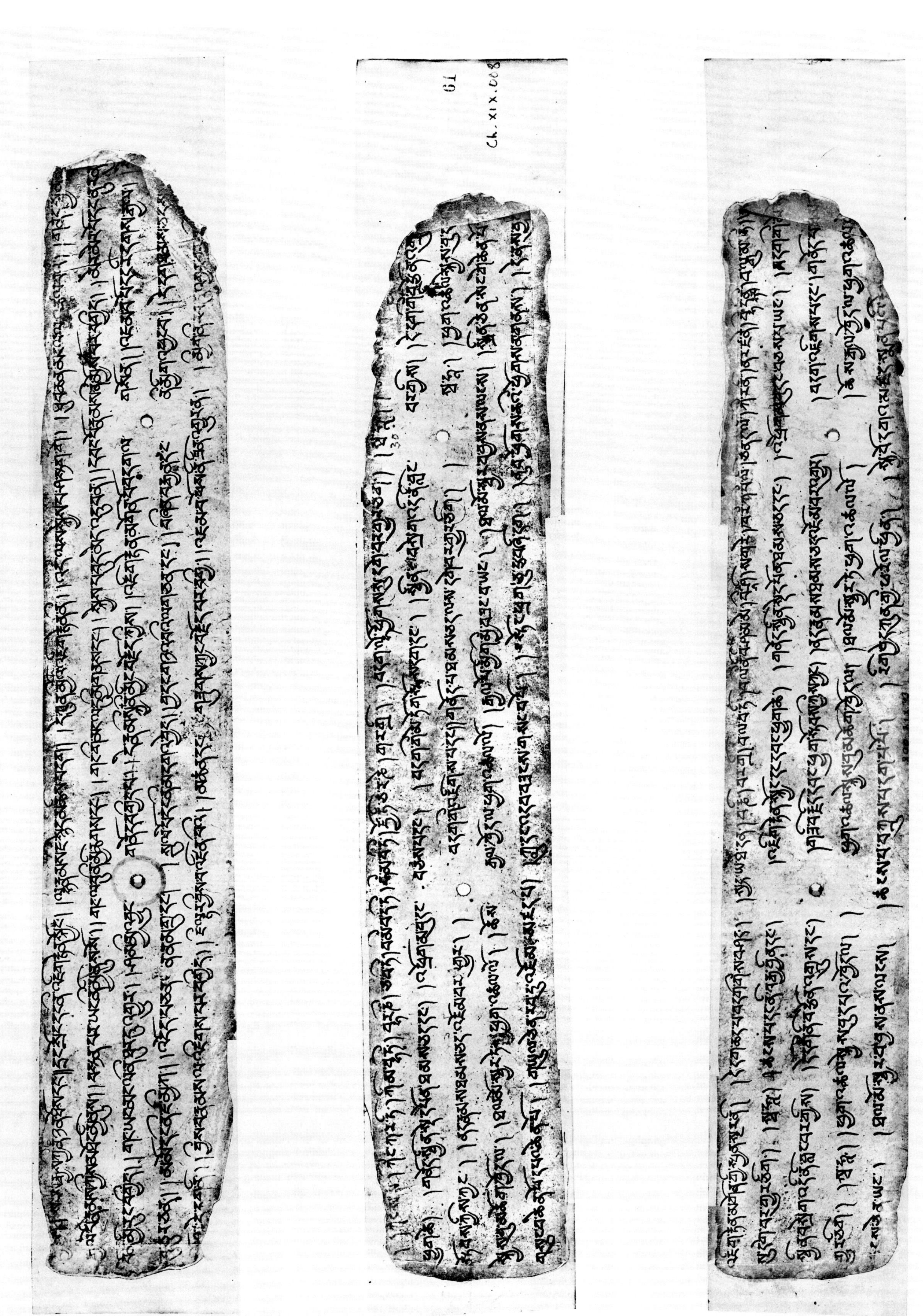

英 IOL.Tib.J.VOL.2　　7.སྟོང་ཆེན་རབ་འཇོམས།

7.大千摧破經　　(59—47)

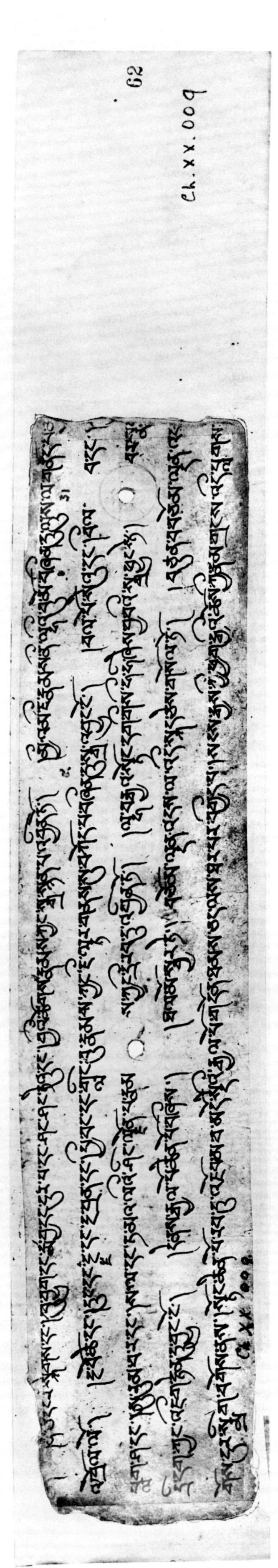

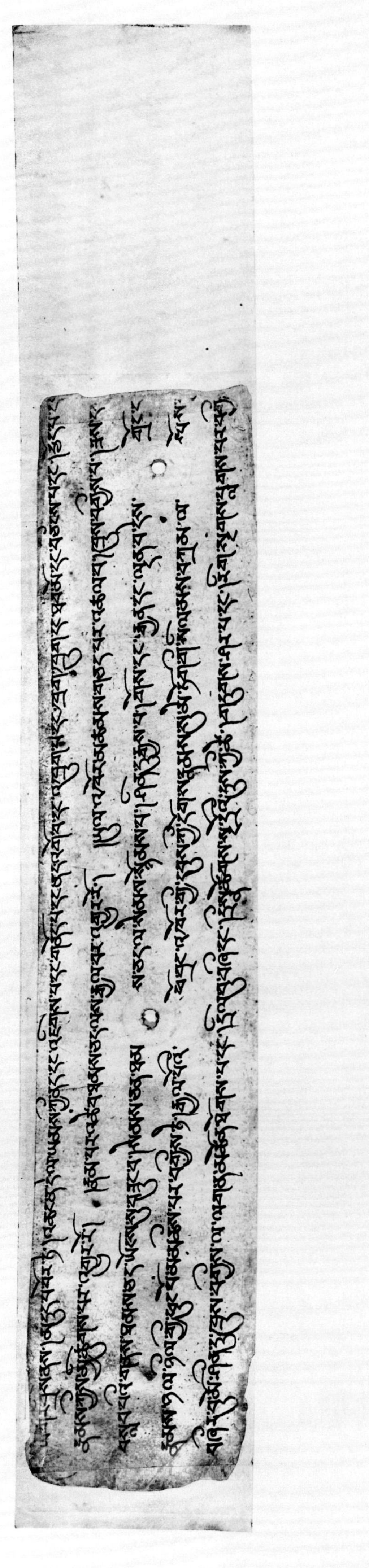

英 IOL.Tib.J.VOL.2　　7.སྟོང་ཆེན་རབ་འཇོམས།

7.大千摧破經　　(59—48)

英 IOL.Tib.J.VOL.2　8.འདུལ་བ་ཐོར་བུ།
8.律經　(59—49)

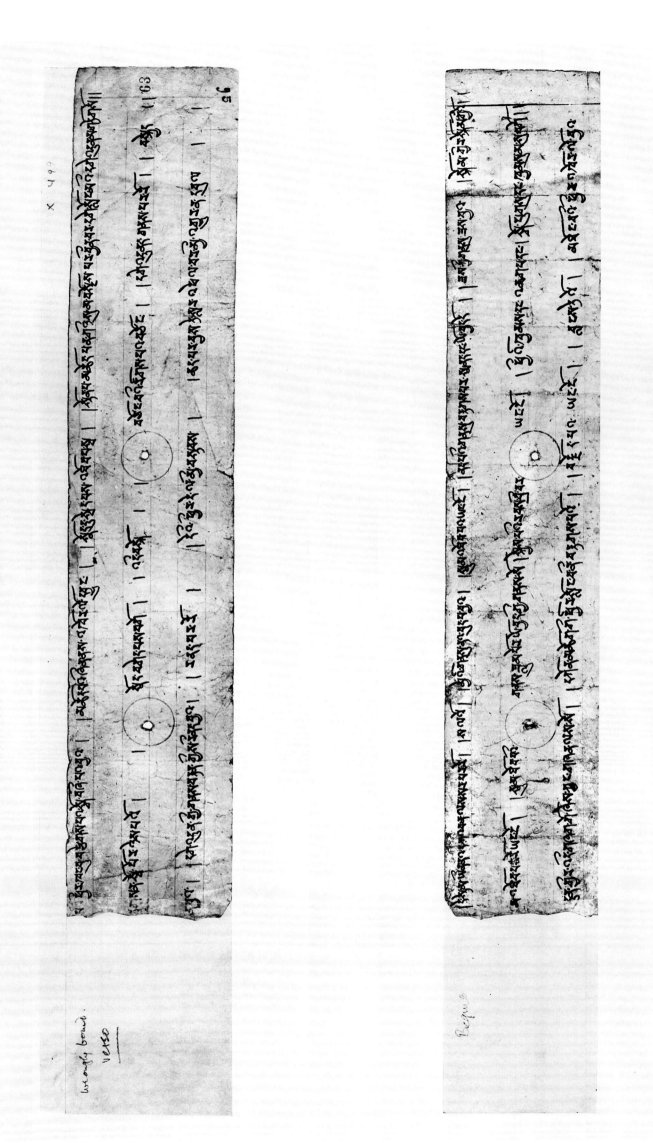

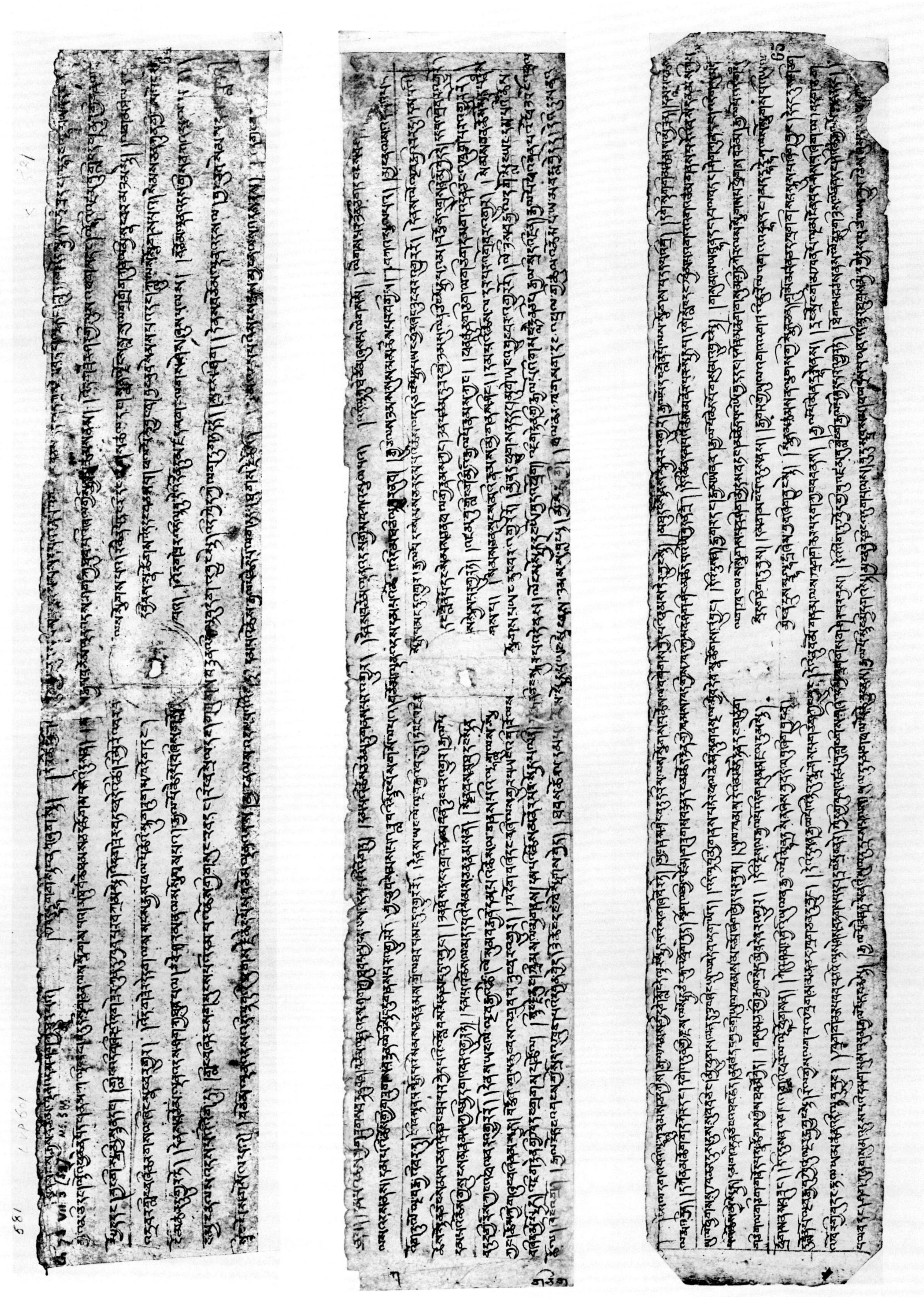

英 IOL.Tib.J.VOL.2 9.སངས་རྒྱས་ཤག་ཀྱ་ཐུབ་པའ།བྱང་ཆུབ་སེམས་དཔའ་ཆེན་པོ་ཟླ་བའི་སྙིང་པོ་ཞུས་པ་ལས་ལུང་བསྟན་པ།

9.佛釋迦牟尼爲月藏大菩薩所問授記 (59—50)

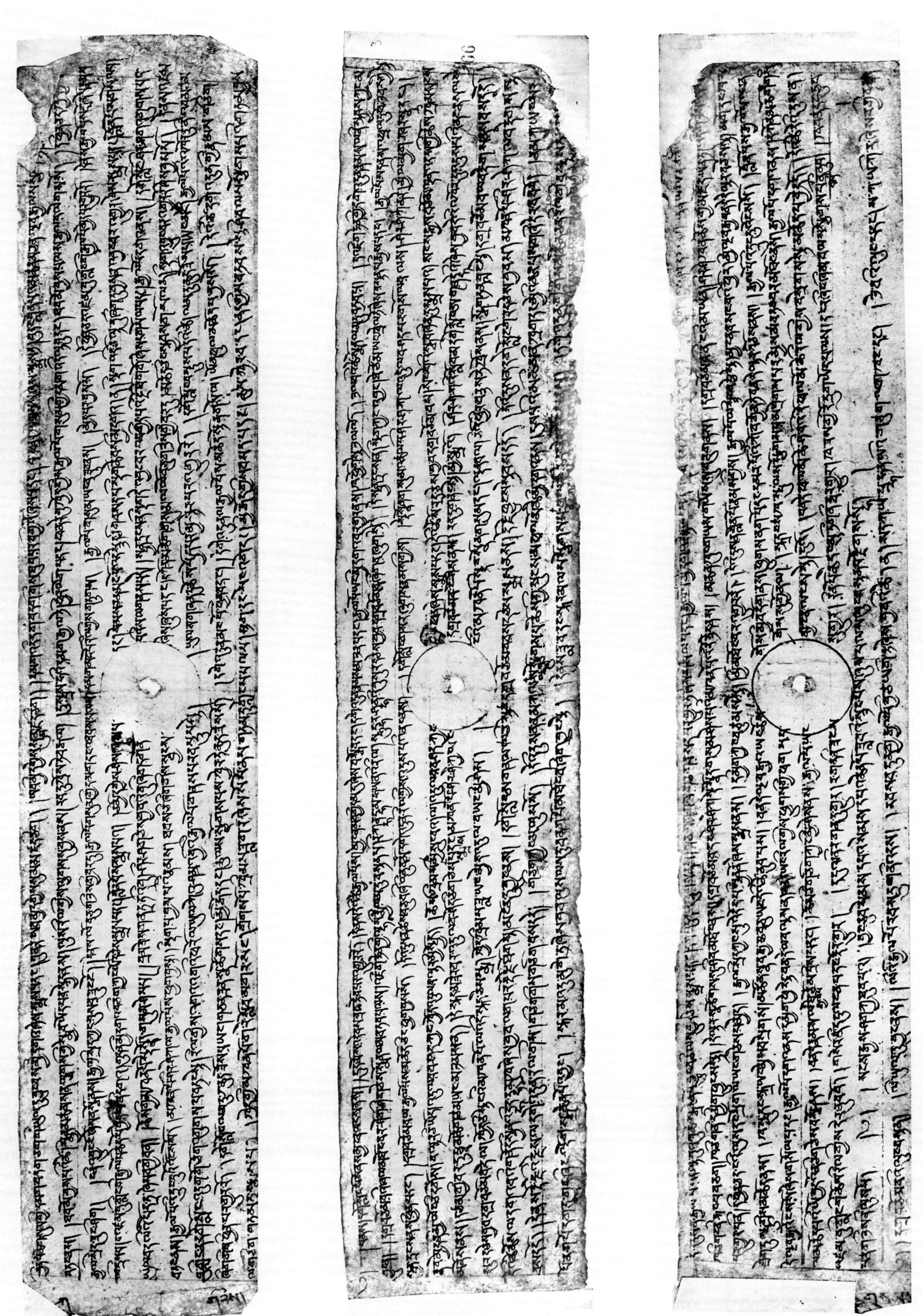

英 IOL.Tib.J.VOL.2　9.སངས་རྒྱས་ཤག་ཀྱ་ཐུབ་པ་ལ།བྱང་ཆུབ་སེམས་དཔའ་ཆེན་པོ་ཟླ་བའི་སྙིང་པོ་ཞུས་པ་ལས་ལུང་བསྟན་པ།

9.佛釋迦牟尼爲月藏大菩薩所問授記　(59—51)

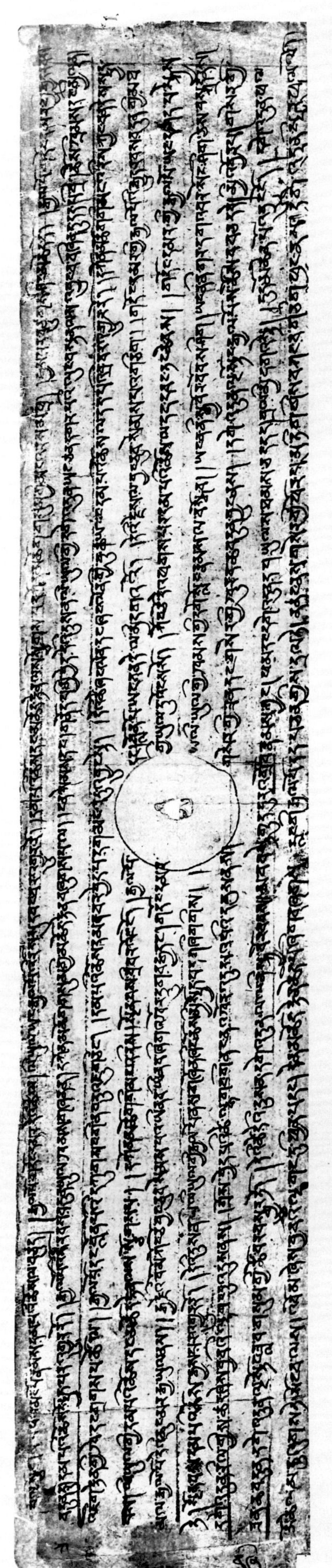

英 IOL.Tib.J.VOL.2　　10.ལི་ཡུལ་ལུང་དུ་བསྟན་པ།

10.釋迦牟尼如來像法滅盡之記　(59—52)

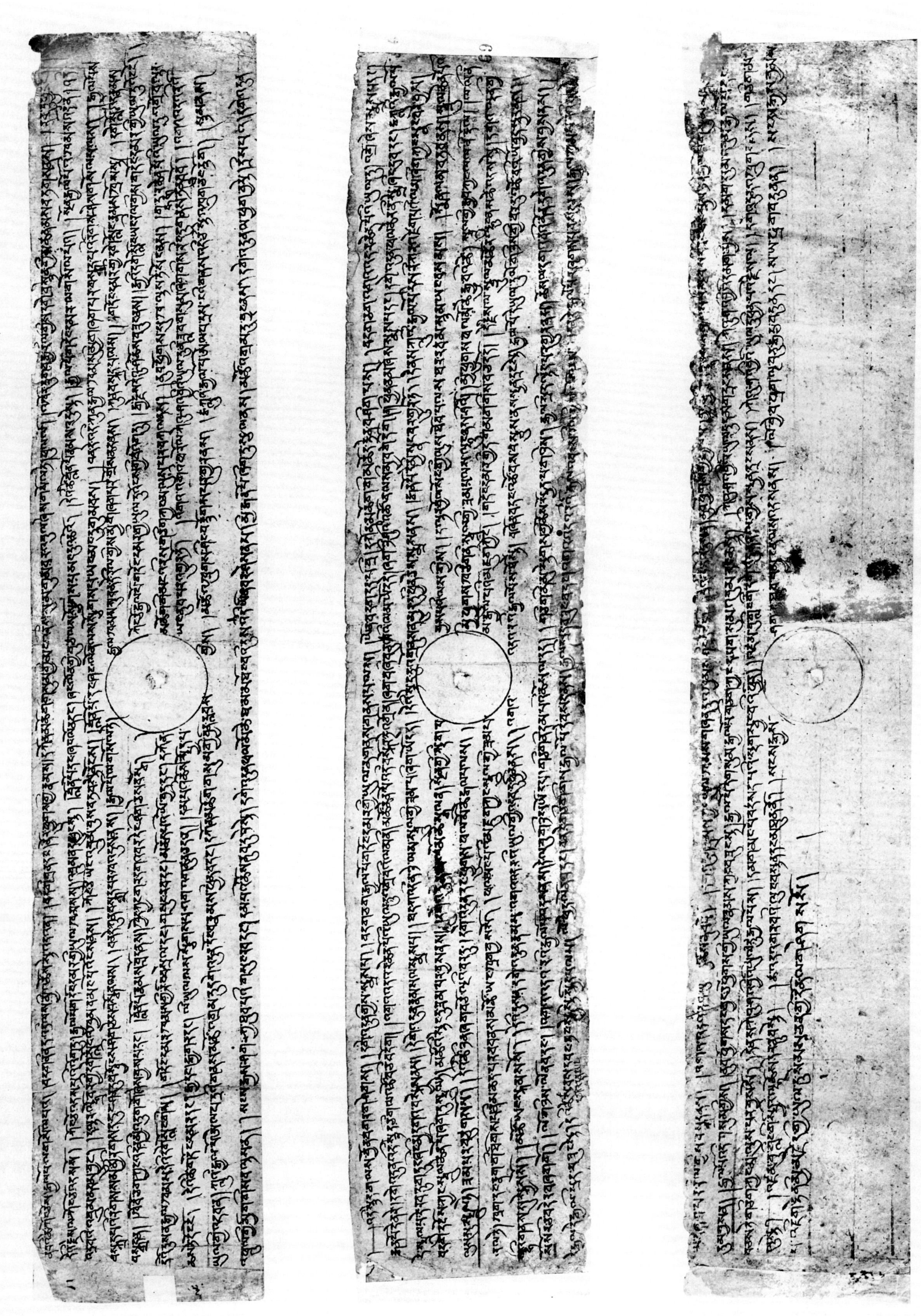

英 IOL.Tib.J.VOL.2 10.ལི་ཡུལ་ལུང་དུ་བསྟན་པ།

10.釋迦牟尼如來像法滅盡之記 (59—53)

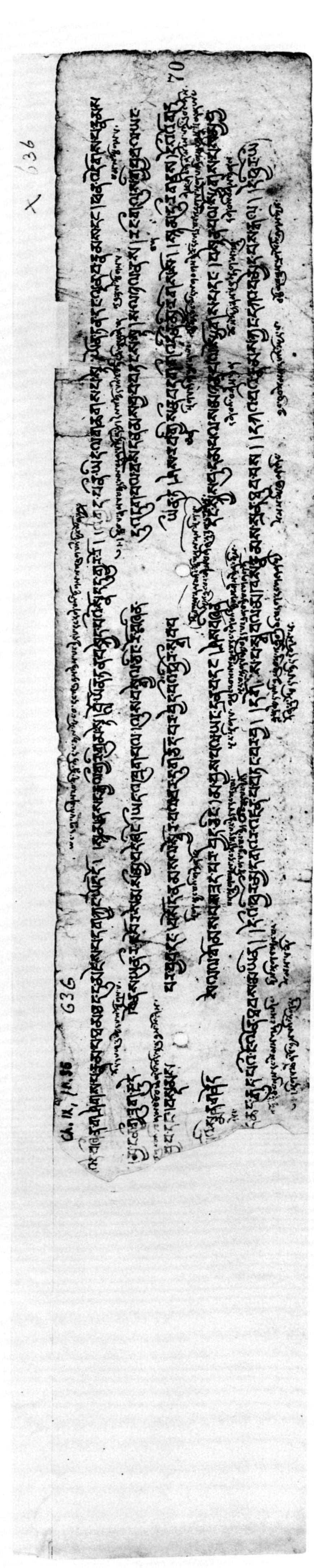

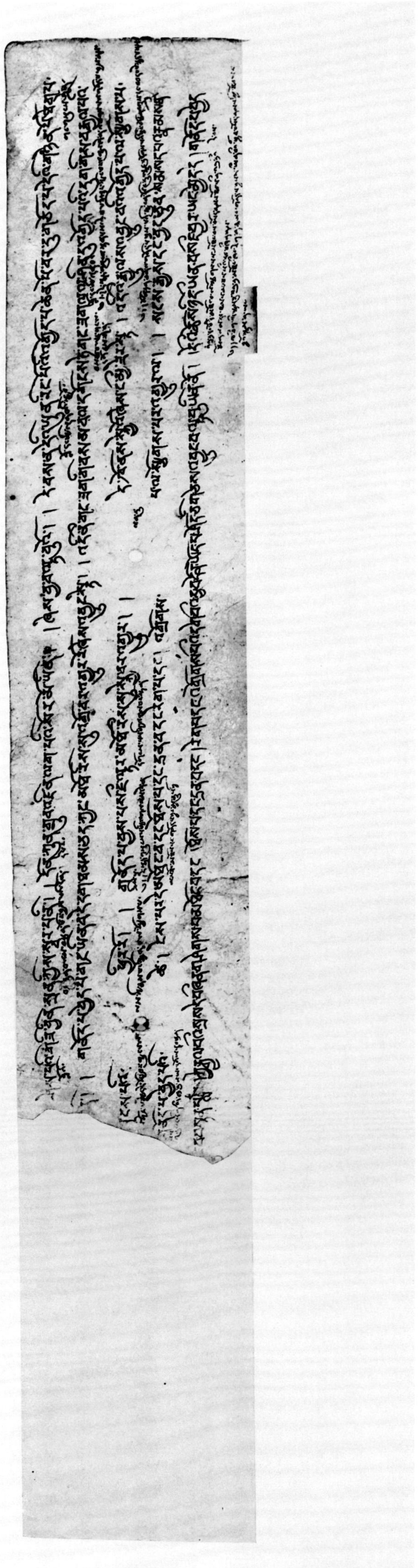

英 IOL.Tib.J.VOL.2　　11.དམ་ཆོས་ཐོར་བུ།

11.佛經　　(59—54)

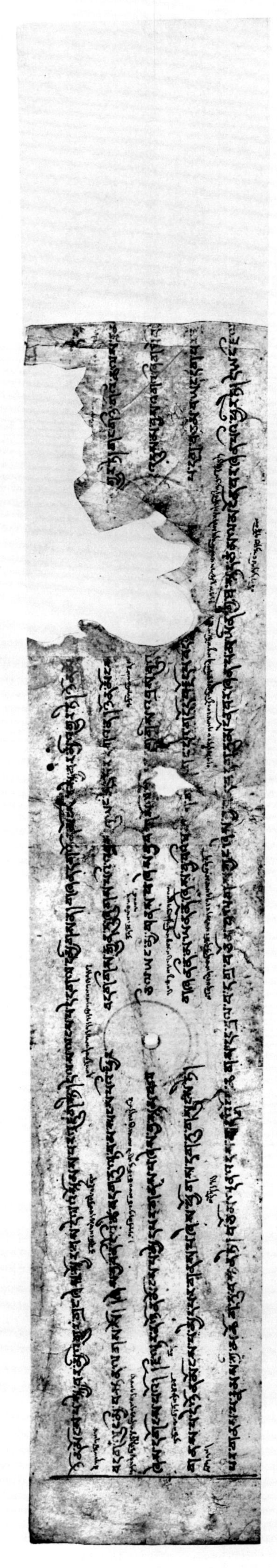

英 IOL.Tib.J.VOL.2　　1.འཕགས་པ་ལས་ལེགས་ཉེས་ཀྱི་རྒྱུ་དང་འབྲས་བུ་བསྟན་པ་ཞེས་བྱ་བའི་མདོ།

1.聖說善惡因果道經　　(59—55)

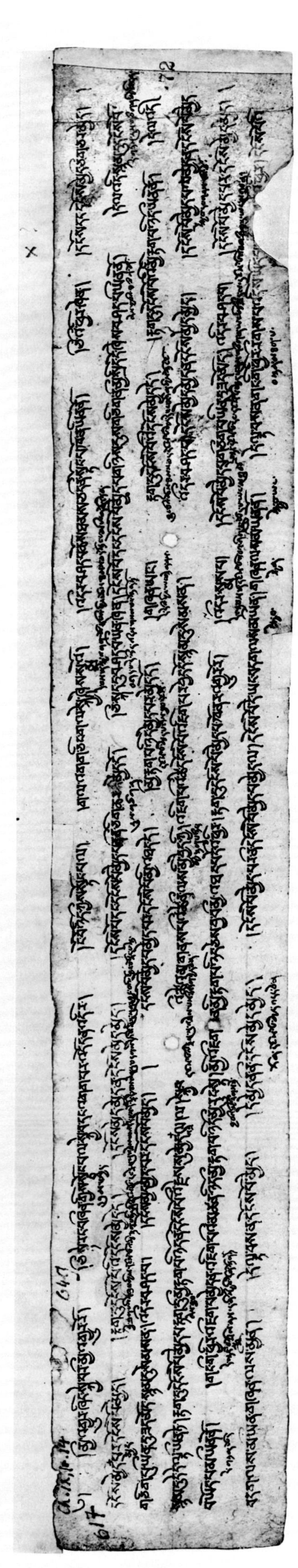

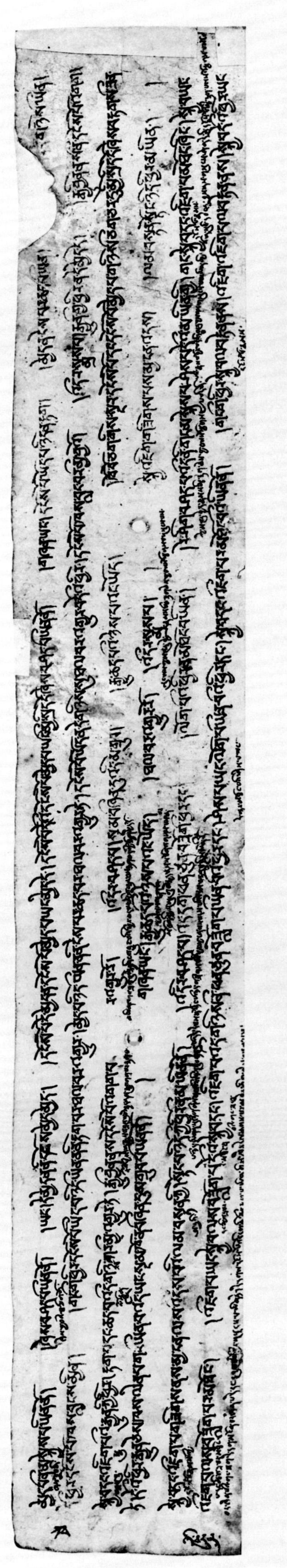

英 IOL.Tib.J.VOL.2　　12.དབུ་མ་རྩ་བའི་འགྲེལ་པ་ག་ལས་འཇིགས་མེད།

12.中觀根本無畏釋　　(59—56)

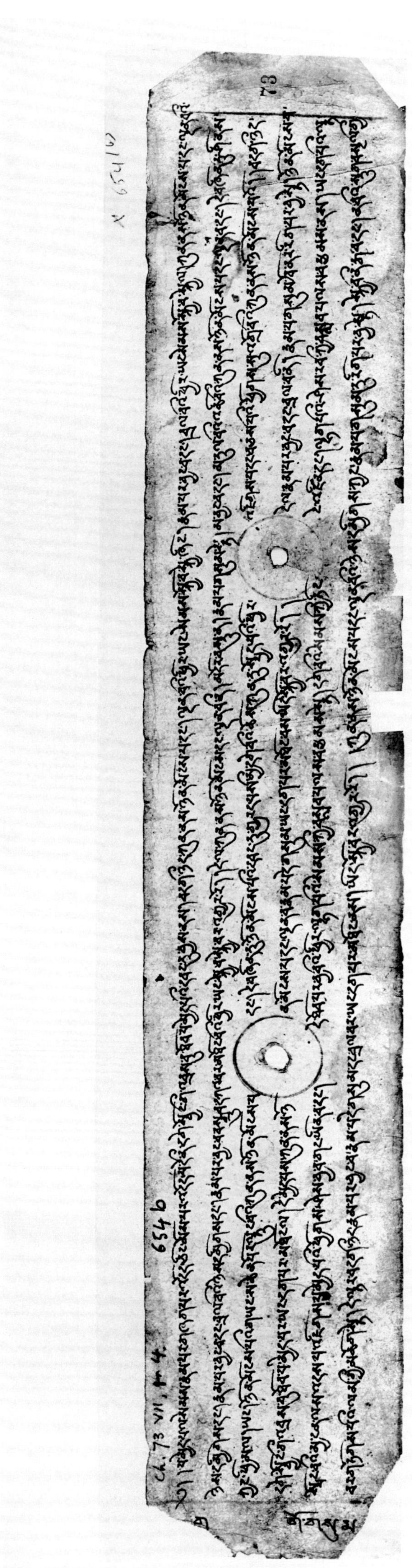

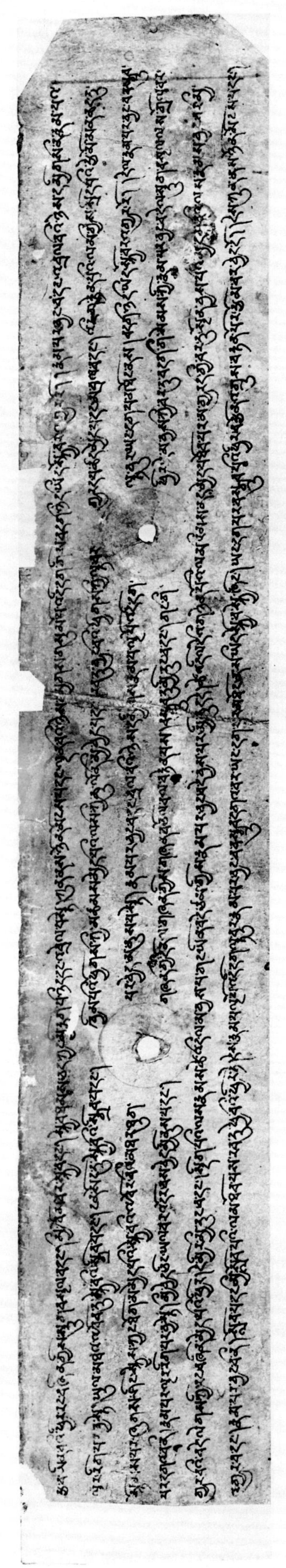

英 IOL.Tib.J.VOL.2　　13.དམ་ཆོས་ཐོར་བུ།

13.佛經　　(59—57)

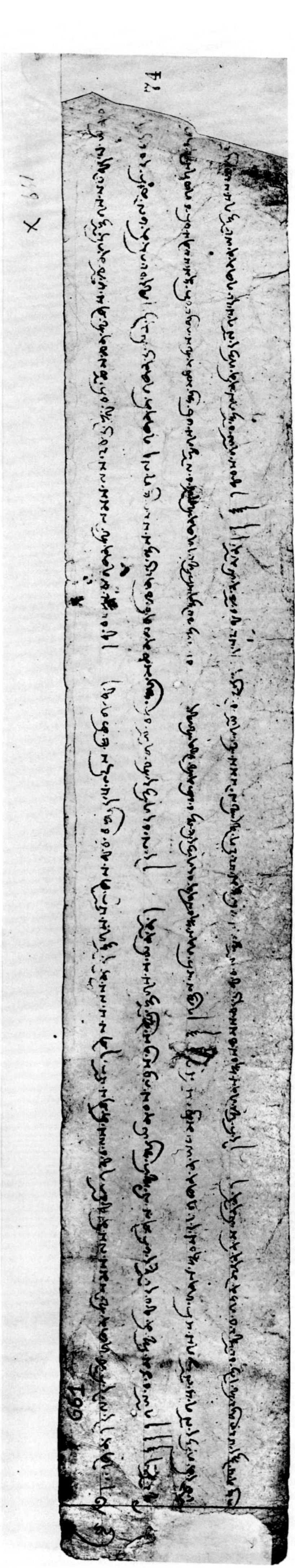

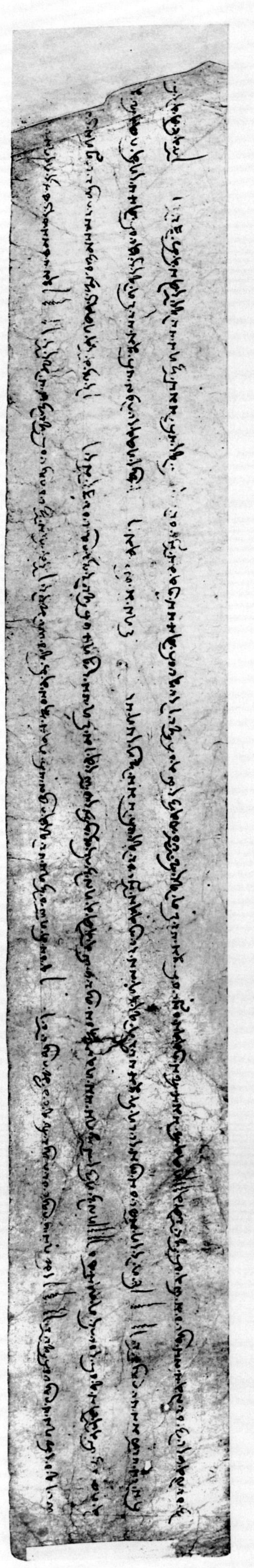

英 IOL.Tib.J.VOL.2　　14.དམ་ཆོས་ཐོར་བུ།

14.佛經　　(59—58)

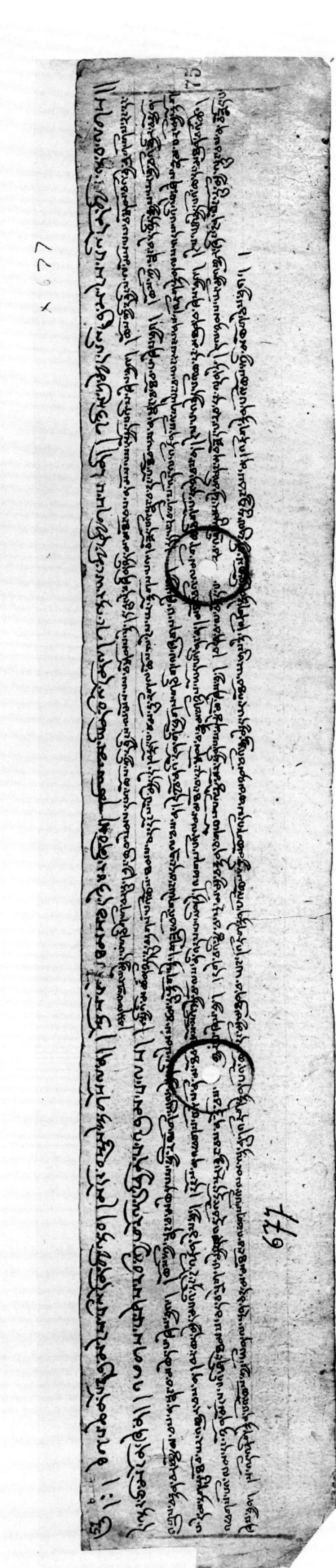

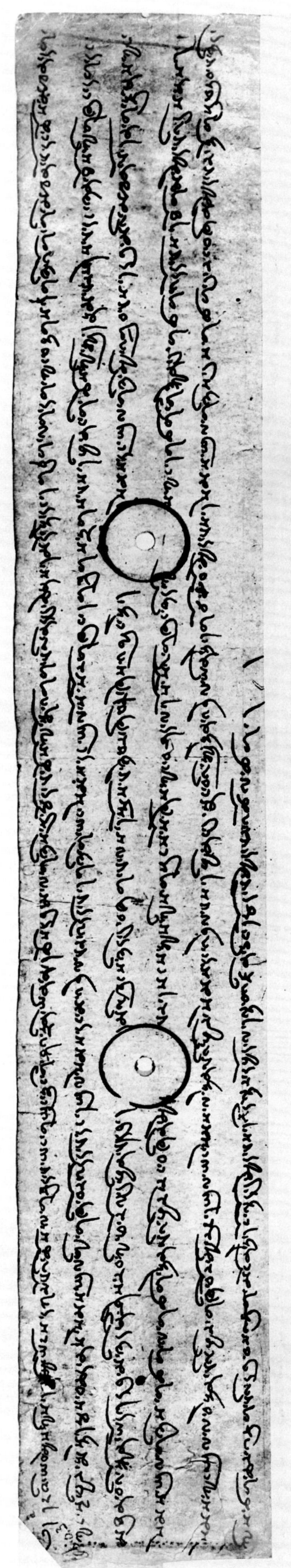

英 IOL.Tib.J.VOL.2 15.ཐེག་པ་ཆེན་པོ་དབུ་མ་ངེས་པའི་དོན་གྱི་ལྟ་བ་མདོར་བསྡུས།

15.大乘中觀真實義之見解攝要 (59—59)

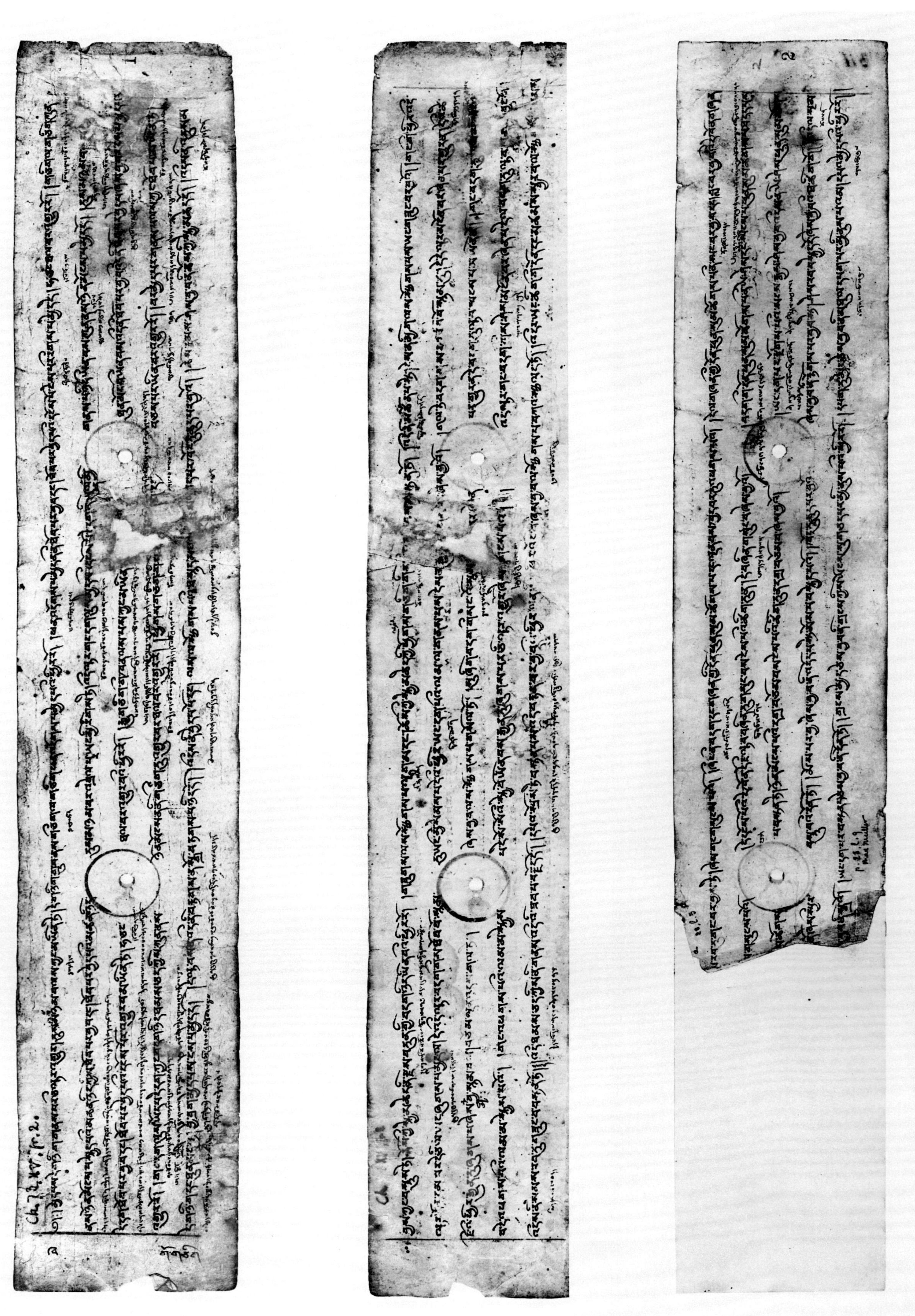

英 IOL.Tib.J.VOL.3　　1.འཕགས་པ་ལམ་ལེགས་ཉེས་ཀྱི་རྒྱུ་དང་འབྲས་བུ་བསྟན་པ་ཞེས་བྱ་བའི་མདོ།
1.聖說善惡因果道經　　(101—1)

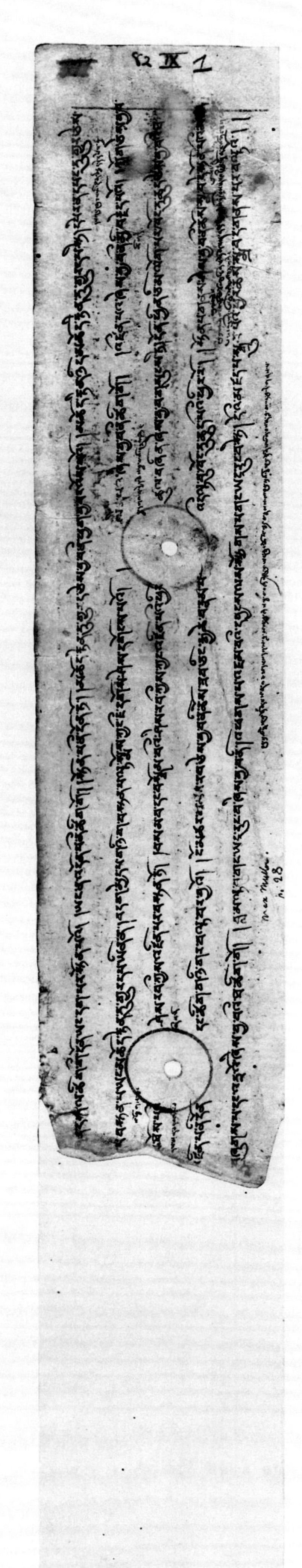
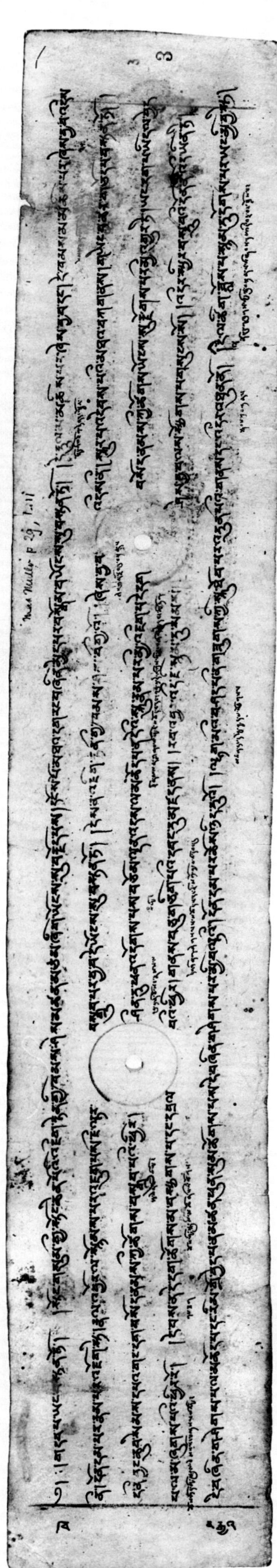
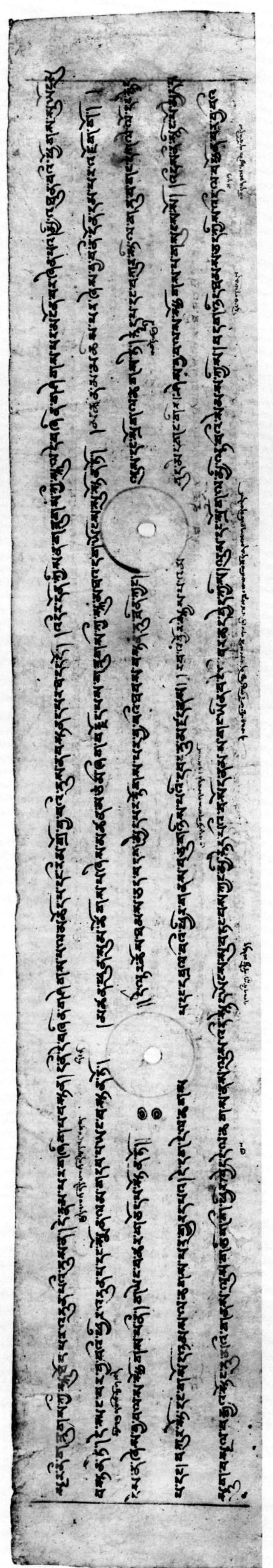

英 IOL.Tib.J.VOL.3　　1.འཕགས་པ་ལམ་ལེགས་ཉེས་ཀྱི་རྒྱུ་དང་འབྲས་བུ་བསྟན་པ་ཞེས་བྱ་བའི་མདོ།

1.聖說善惡因果道經　　(101—2)

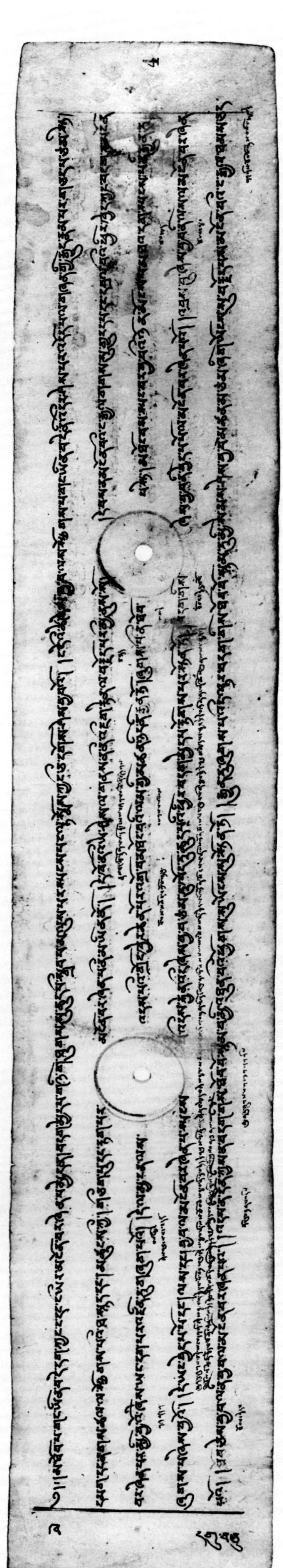

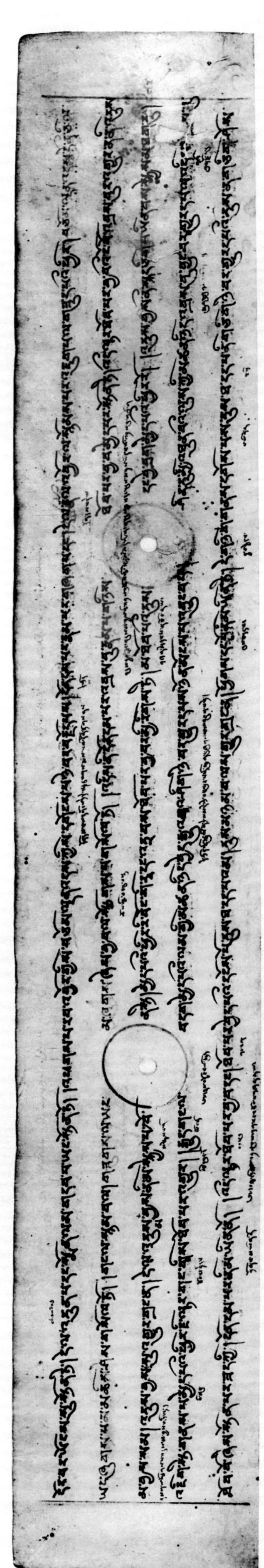

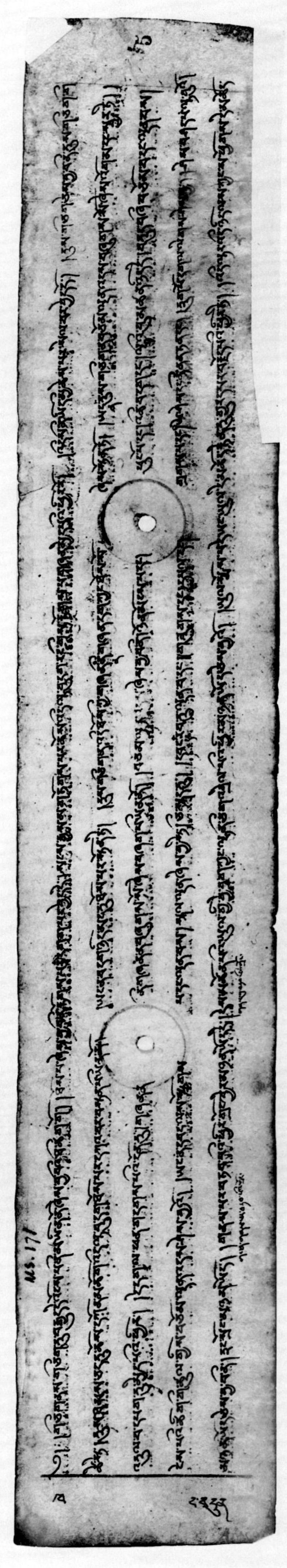

英 IOL.Tib.J.VOL.3　　1.འཕགས་པ་ལས་ལེགས་ཉེས་ཀྱི་རྒྱུ་དང་འབྲས་བུ་བསྟན་པ་ཞེས་བྱ་བའི་མདོ།

1.聖說善惡因果道經　　(101—3)

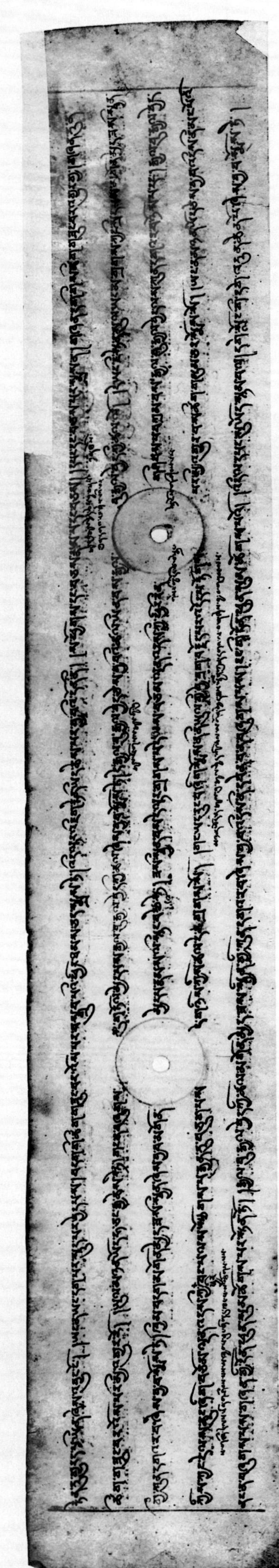
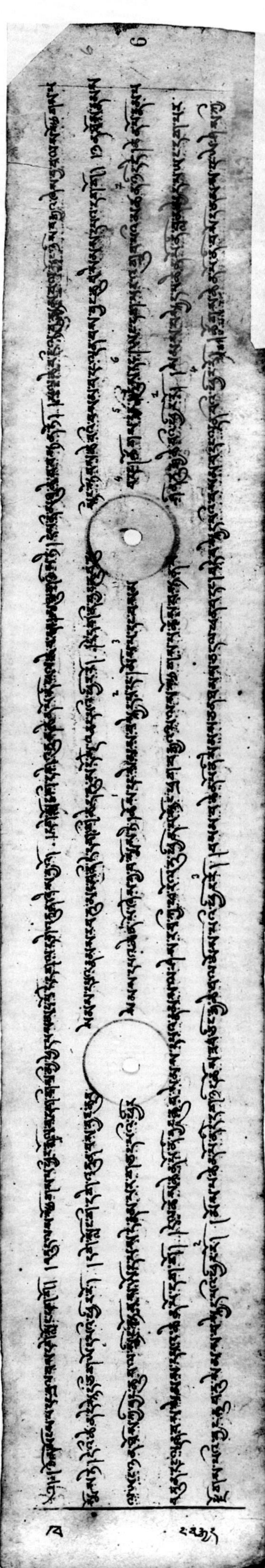
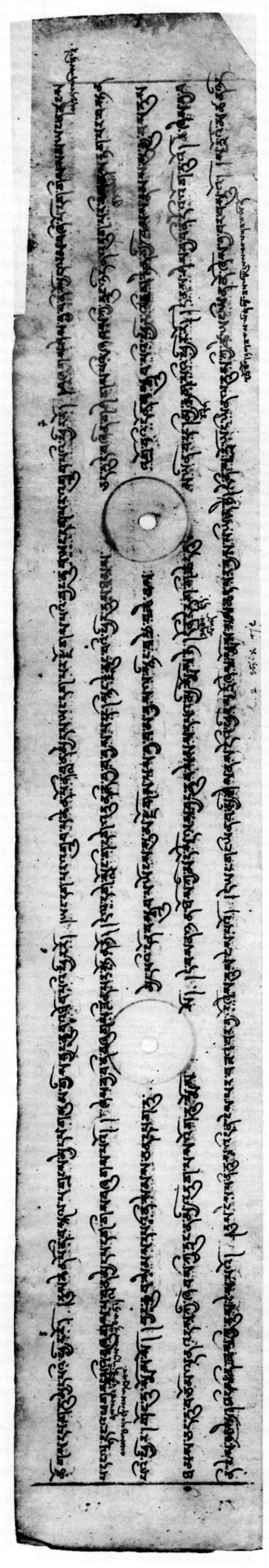

英 IOL.Tib.J.VOL.3　　1.འཕགས་པ་ལམ་ལེགས་ཉེས་ཀྱི་རྒྱུ་དང་འབྲས་བུ་བསྟན་པ་ཞེས་བྱ་བའི་མདོ།

1.聖說善惡因果道經　　(101—4)

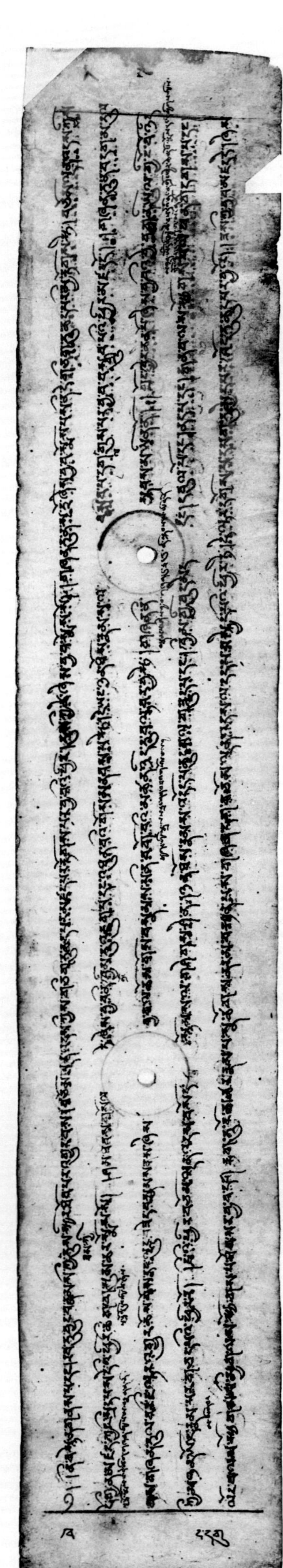

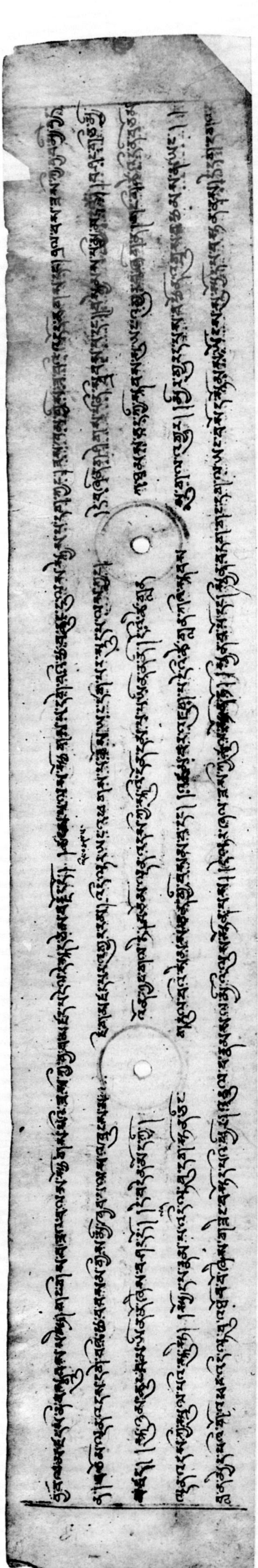

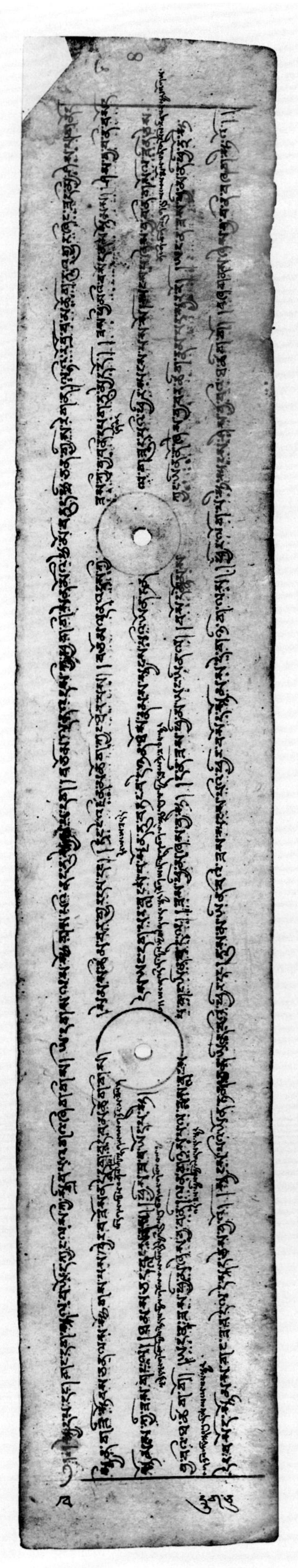

英 IOL.Tib.J.VOL.3　　1.འཕགས་པ་ལམ་ལེགས་ཉེས་ཀྱི་རྒྱུ་དང་འབྲས་བུ་བསྟན་པ་ཞེས་བྱ་བའི་མདོ།

1.聖說善惡因果道經　　(101—5)

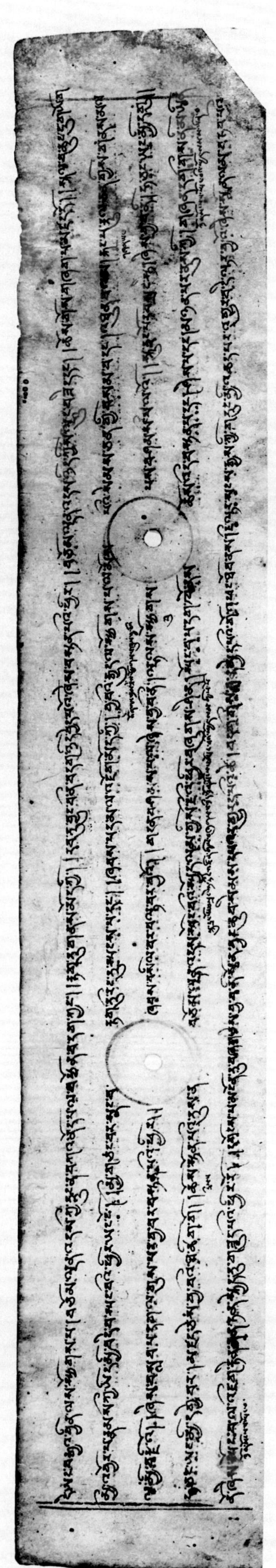

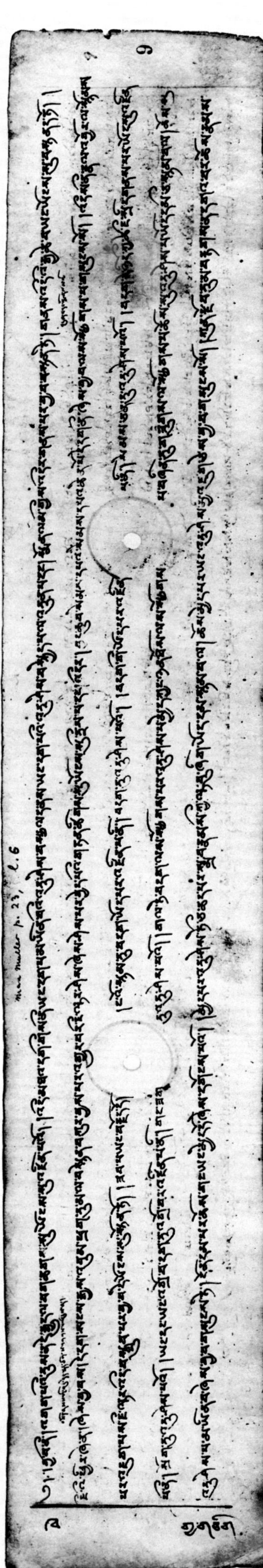

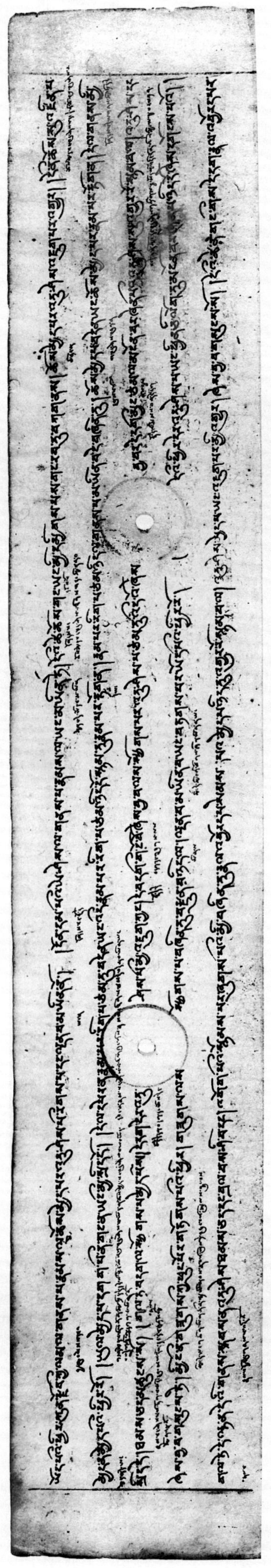

英 IOL.Tib.J.VOL.3　1.འཕགས་པ་ལམ་ལེགས་ཉེས་ཀྱི་རྒྱུ་དང་འབྲས་བུ་བསྟན་པ་ཞེས་བྱ་བའི་མདོ།

1.聖說善惡因果道經　(101—6)

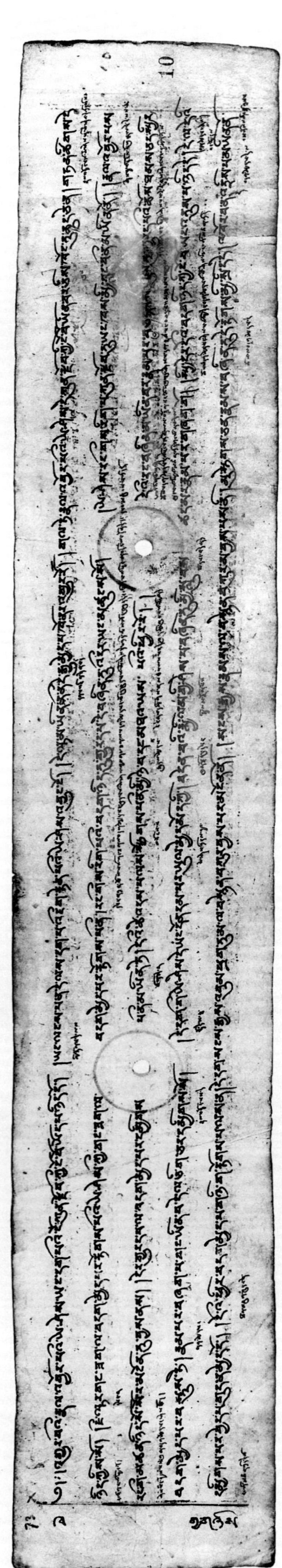
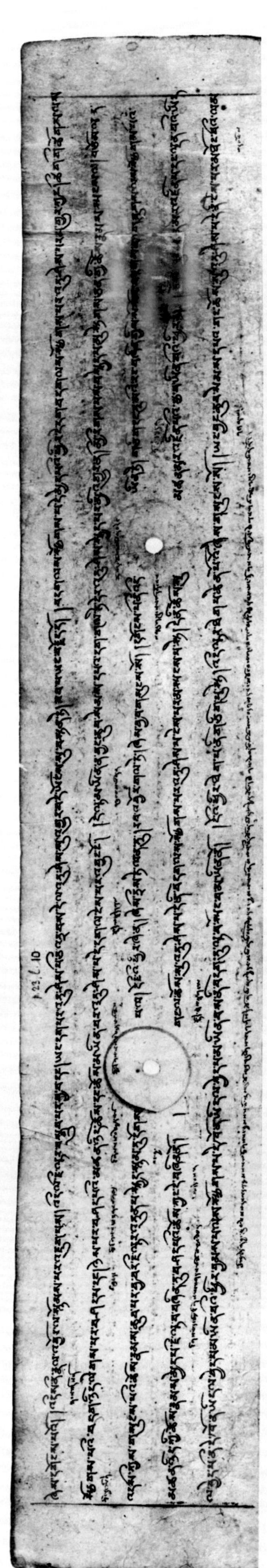
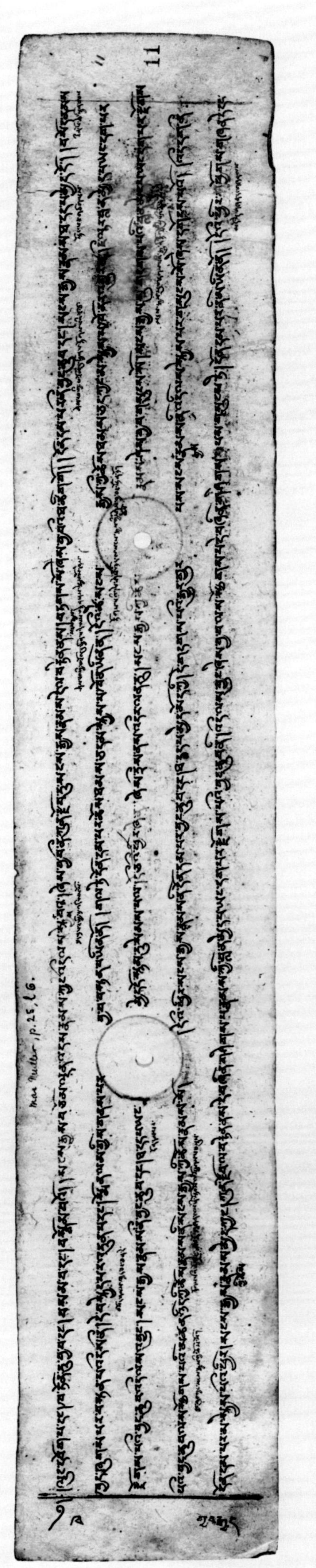

英 IOL.Tib.J.VOL.3　　1.འཕགས་པ་ལམ་ལེགས་ཉེས་ཀྱི་རྒྱུ་དང་འབྲས་བུ་བསྟན་པ་ཞེས་བྱ་བའི་མདོ།

1.聖說善惡因果道經　　(101—7)

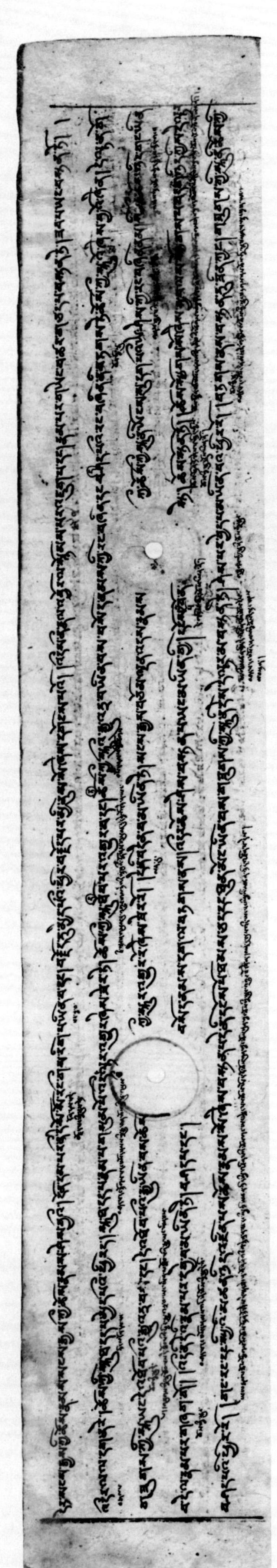

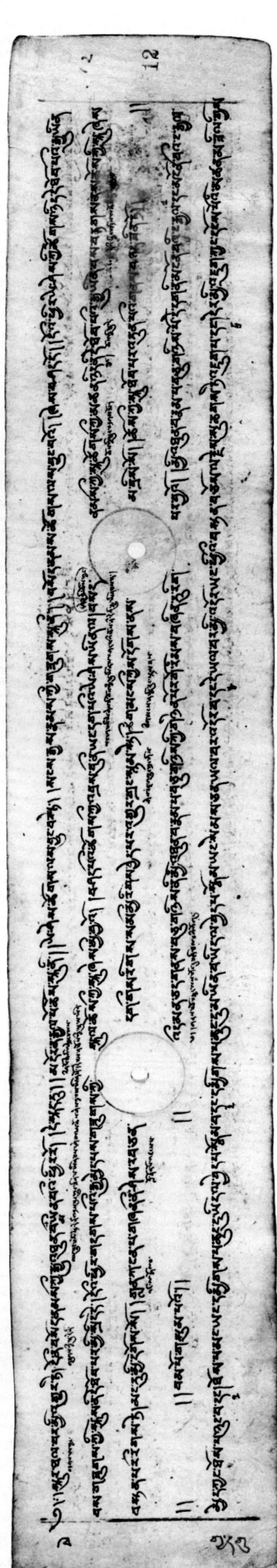

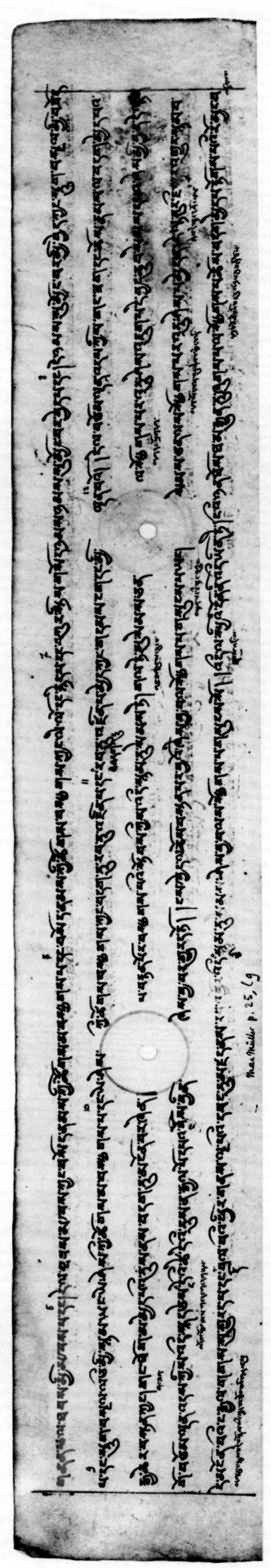

英 IOL.Tib.J.VOL.3　　1.འཕགས་པ་ལམ་ལེགས་ཉེས་ཀྱི་རྒྱུ་དང་འབྲས་བུ་བསྟན་པ་ཞེས་བྱ་བའི་མདོ།

1.聖說善惡因果道經　　(101—8)

英 IOL.Tib.J.VOL.3　　2.འཕགས་པ་དཔའ་སྦྱིན་གྱིས་ཞུས་པ་ཞེས་བྱ་བ་ཐེག་པ་ཆེན་པོའི་མདོ།

2.大寶積經第二十八聖勇施所問大乘經　　(101—9)

英 IOL.Tib.J.VOL.3　　2.འཕགས་པ་དཔའ་སྦྱིན་གྱིས་ཞུས་པ་ཞེས་བྱ་བ་ཐེག་པ་ཆེན་པོའི་མདོ།

2.大寶積經第二十八聖勇施所問大乘經　　(101—10)

英 IOL.Tib.J.VOL.3　　2.འཕགས་པ་དཔའ་སྦྱིན་གྱིས་ཞུས་པ་ཞེས་བྱ་བ་ཐེག་པ་ཆེན་པོའི་མདོ།

2.大寶積經第二十八聖勇施所問大乘經　　(101—11)

英 IOL.Tib.J.VOL.3　2.འཕགས་པ་དཔའ་སྦྱིན་གྱིས་ཞུས་པ་ཞེས་བྱ་བ་ཐེག་པ་ཆེན་པོའི་མདོ།

2.大寶積經第二十八聖勇施所問大乘經　(101—12)

英 IOL.Tib.J.VOL.3 2.འཕགས་པ་དཔའ་སྦྱིན་གྱིས་ཞུས་པ་ཞེས་བྱ་བ་ཐེག་པ་ཆེན་པོའི་མདོ།

2.大寶積經第二十八聖勇施所問大乘經 (101—13)

英 IOL.Tib.J.VOL.3　　2.འཕགས་པ་དཔའ་སྦྱིན་གྱིས་ཞུས་པ་ཞེས་བྱ་བ་ཐེག་པ་ཆེན་པོའི་མདོ།

2.大寶積經第二十八聖勇施所問大乘經　　(101—14)

英 IOL.Tib.J.VOL.3 2.འཕགས་པ་དཔའ་སྦྱིན་གྱིས་ཞུས་པ་ཞེས་བྱ་བ་ཐེག་པ་ཆེན་པོའི་མདོ།

2.大寶積經第二十八聖勇施所問大乘經 (101—15)

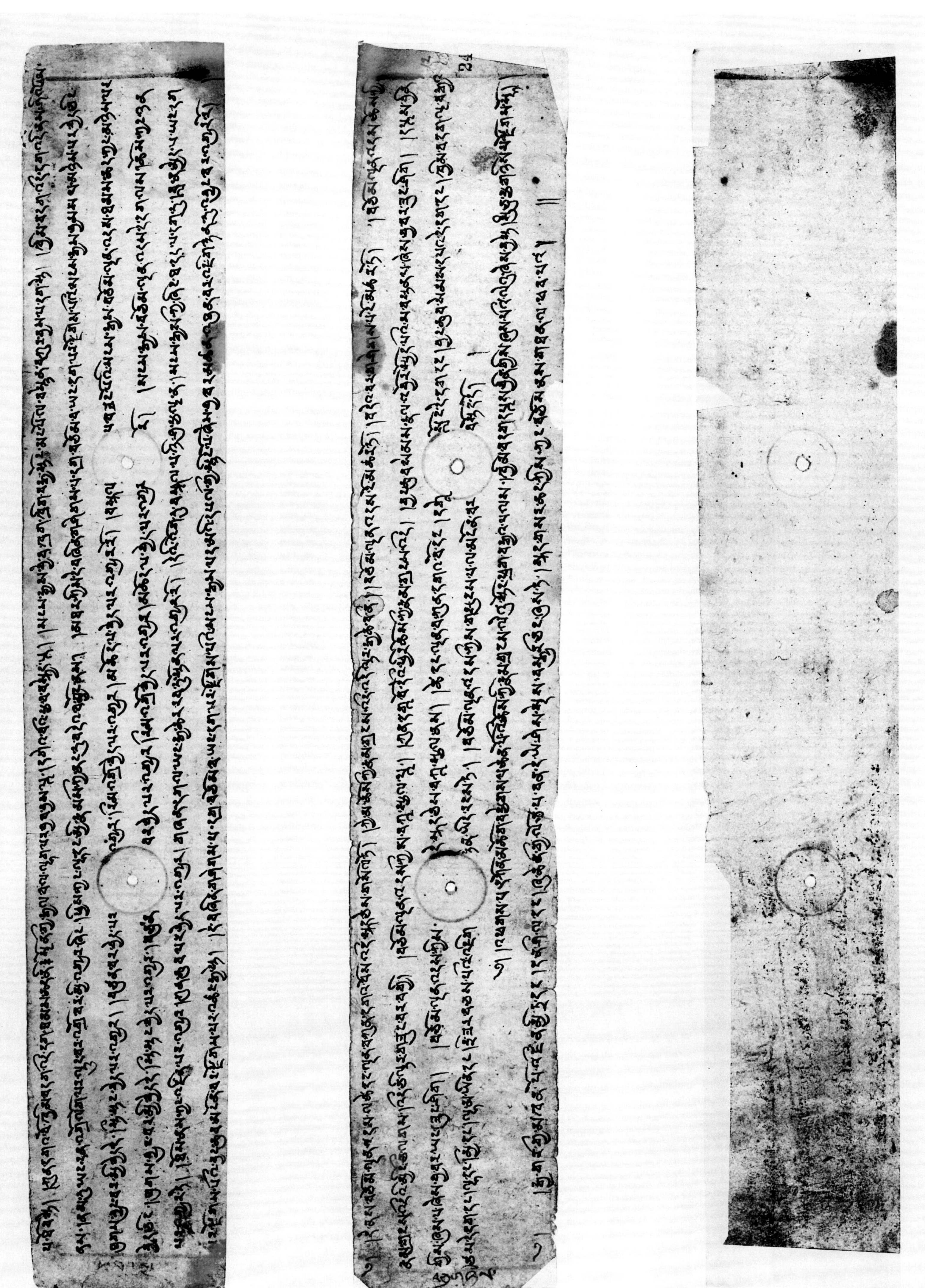

英 IOL.Tib.J.VOL.3　2.འཕགས་པ་དཔའ་སྦྱིན་གྱིས་ཞུས་པ་ཞེས་བྱ་བ་ཐེག་པ་ཆེན་པོའི་མདོ།　རྒྱབ་ཤོག

2.大寶積經第二十八聖勇施所問大乘經　封底　(101—16)

英 IOL.Tib.J.VOL.3 3.བུ་མོ་བློ་གྲོས་བཟང་མོས་ཞུས་པ།

3.大寶積經第三十妙慧童女所問經 (101—17)

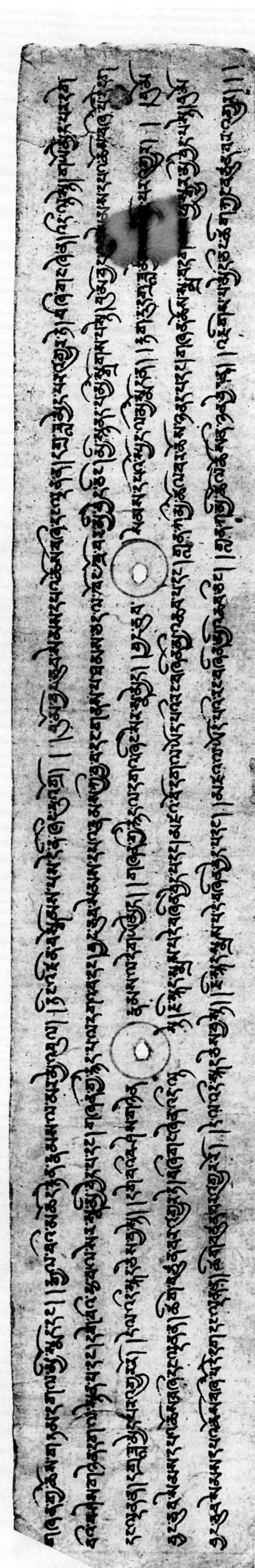

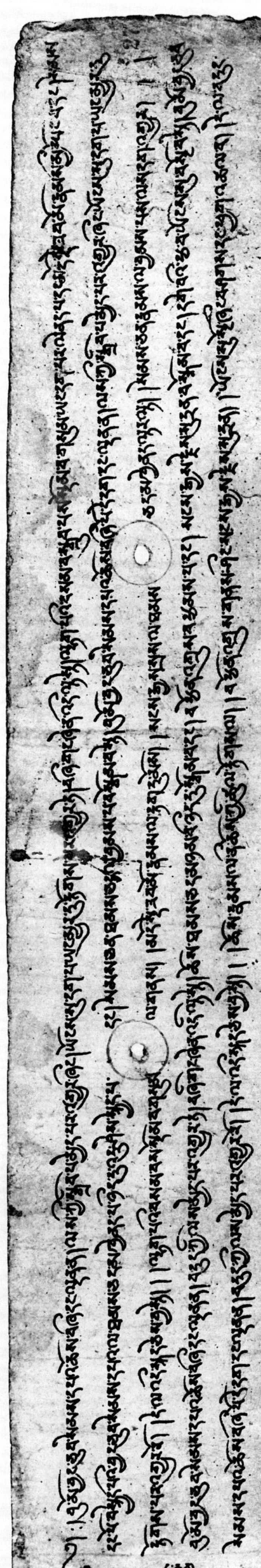

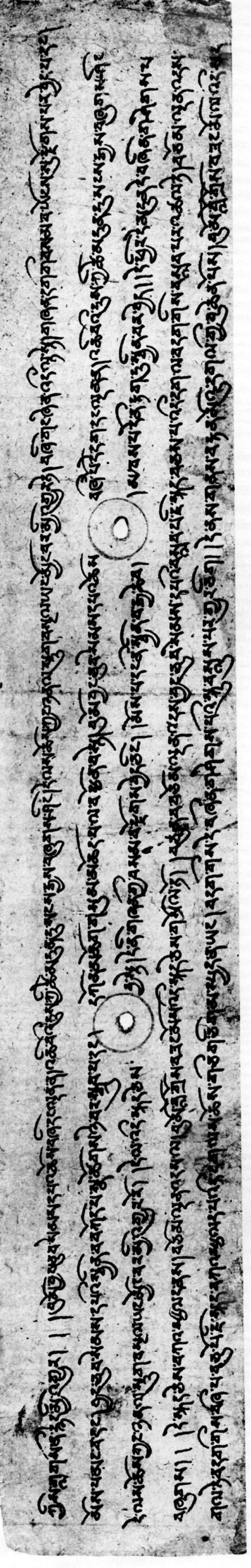

英 IOL.Tib.J.VOL.3　　3.བུ་མོ་བློ་གྲོས་བཟང་མོས་ཞུས་པ།

3.大寶積經第三十妙慧童女所問經　　(101—18)

英 IOL.Tib.J.VOL.3　3.བུ་མོ་བློ་གྲོས་བཟང་མོས་ཞུས་པ།

3.大寶積經第三十妙慧童女所問經　(101—19)

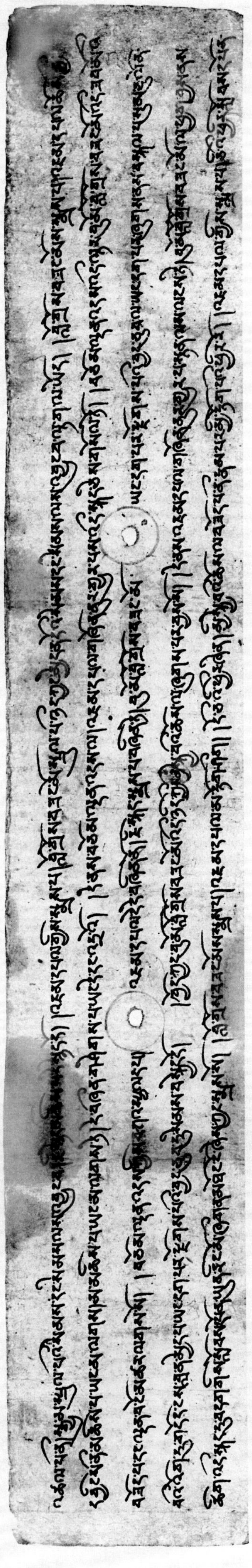

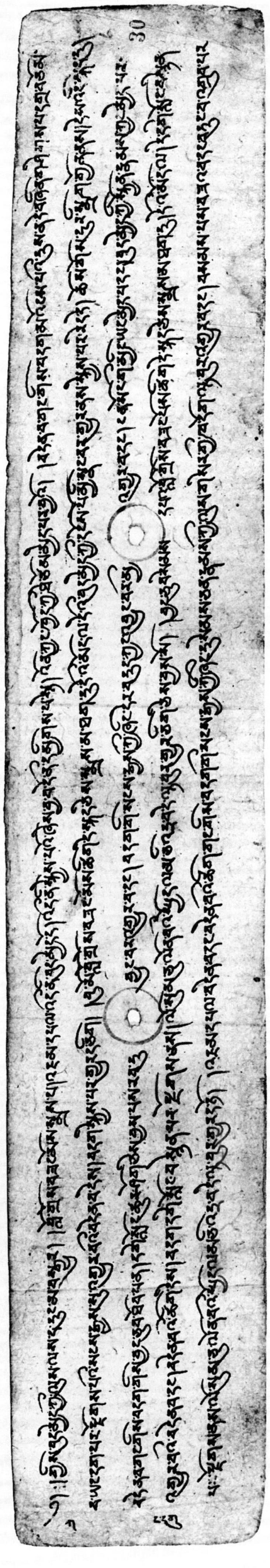

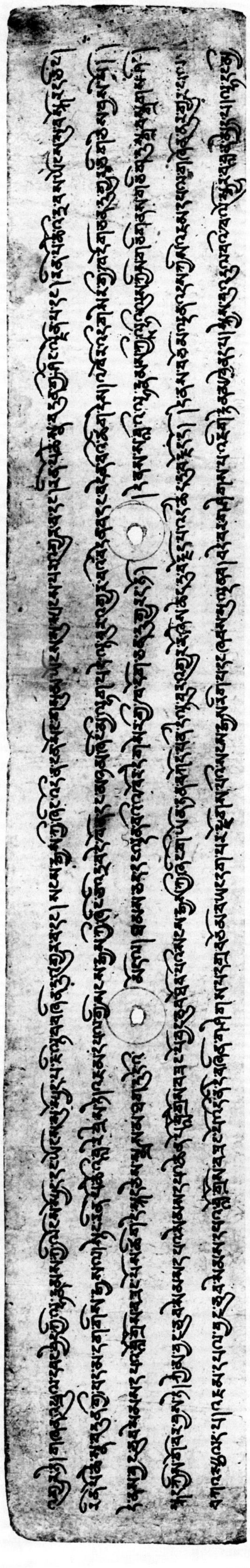

英 IOL.Tib.J.VOL.3 3.བུ་མོ་བློ་གྲོས་བཟང་མོས་ཞུས་པ།

3.大寶積經第三十妙慧童女所問經 (101—20)

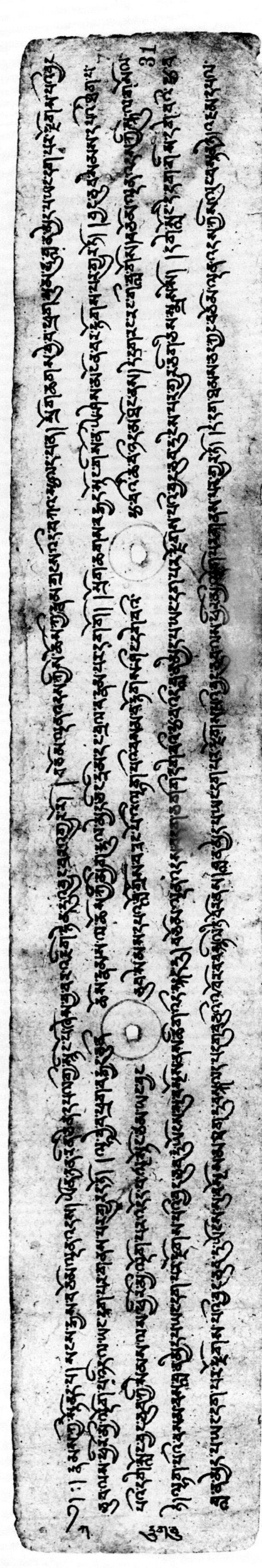

英 IOL.Tib.J.VOL.3　　3.བུ་མོ་བློ་གྲོས་བཟང་མོས་ཞུས་པ།

3.大寶積經第三十妙慧童女所問經　　(101—21)

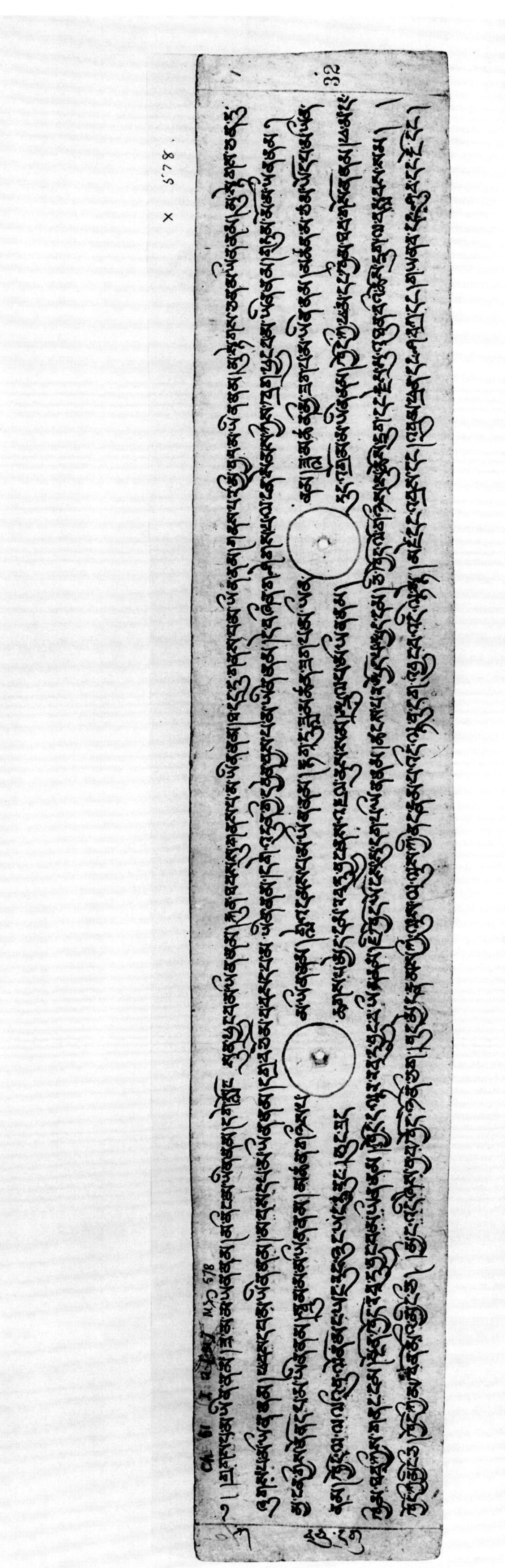

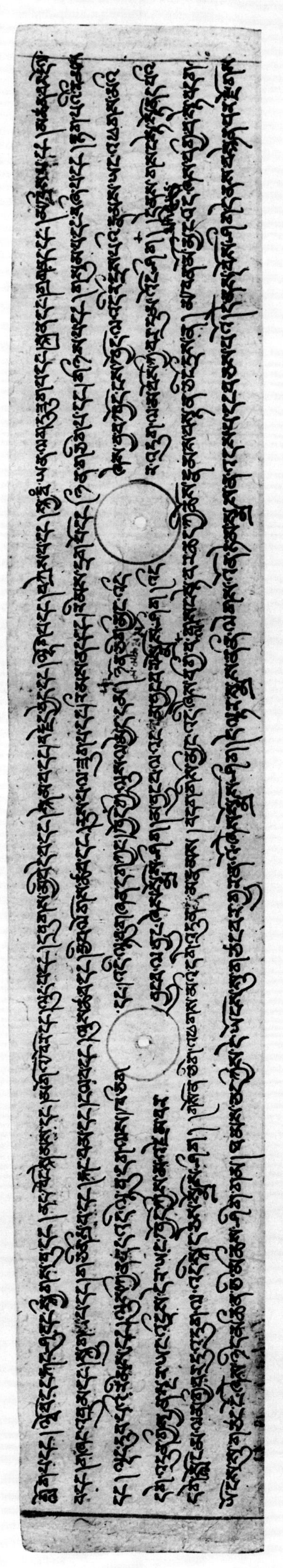

英 IOL.Tib.J.VOL.3　　4.ལས་བརྒྱ་རྩ་གཅིག་པོ།

4.一百羯摩　　(101—22)

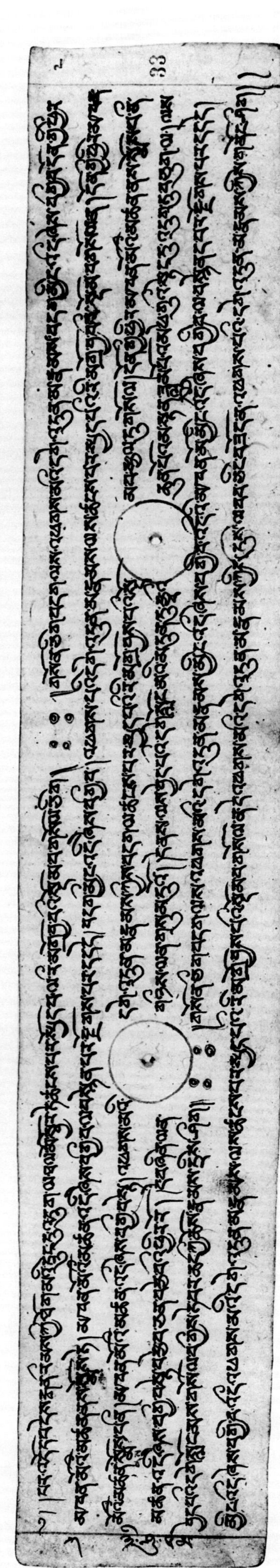

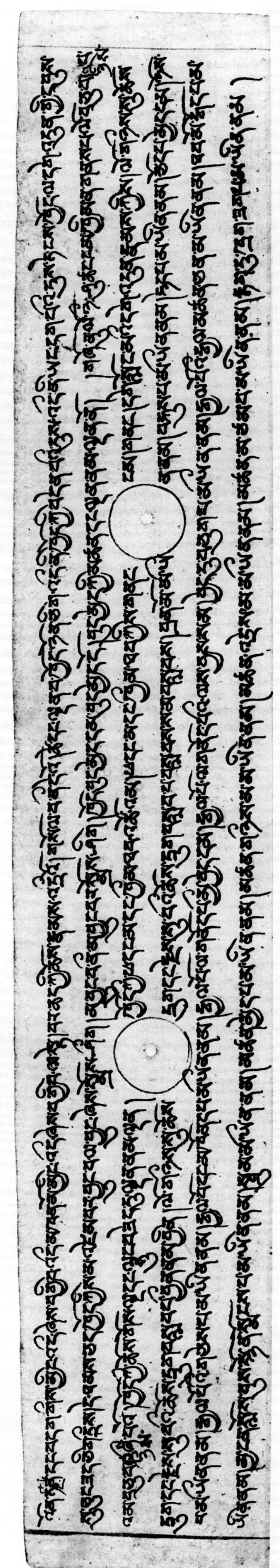

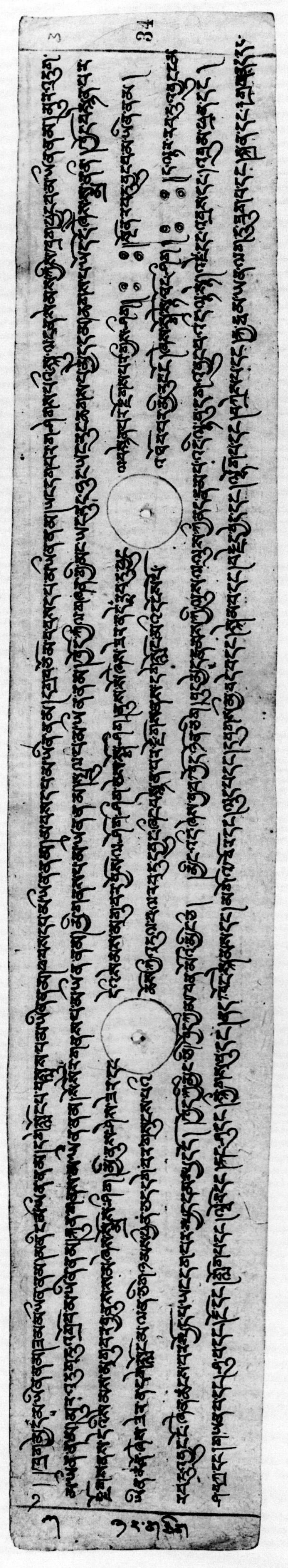

英 IOL.Tib.J.VOL.3　　4.ལས་བརྒྱ་རྩ་གཅིག་པོ།

4.一百羯摩　　(101—23)

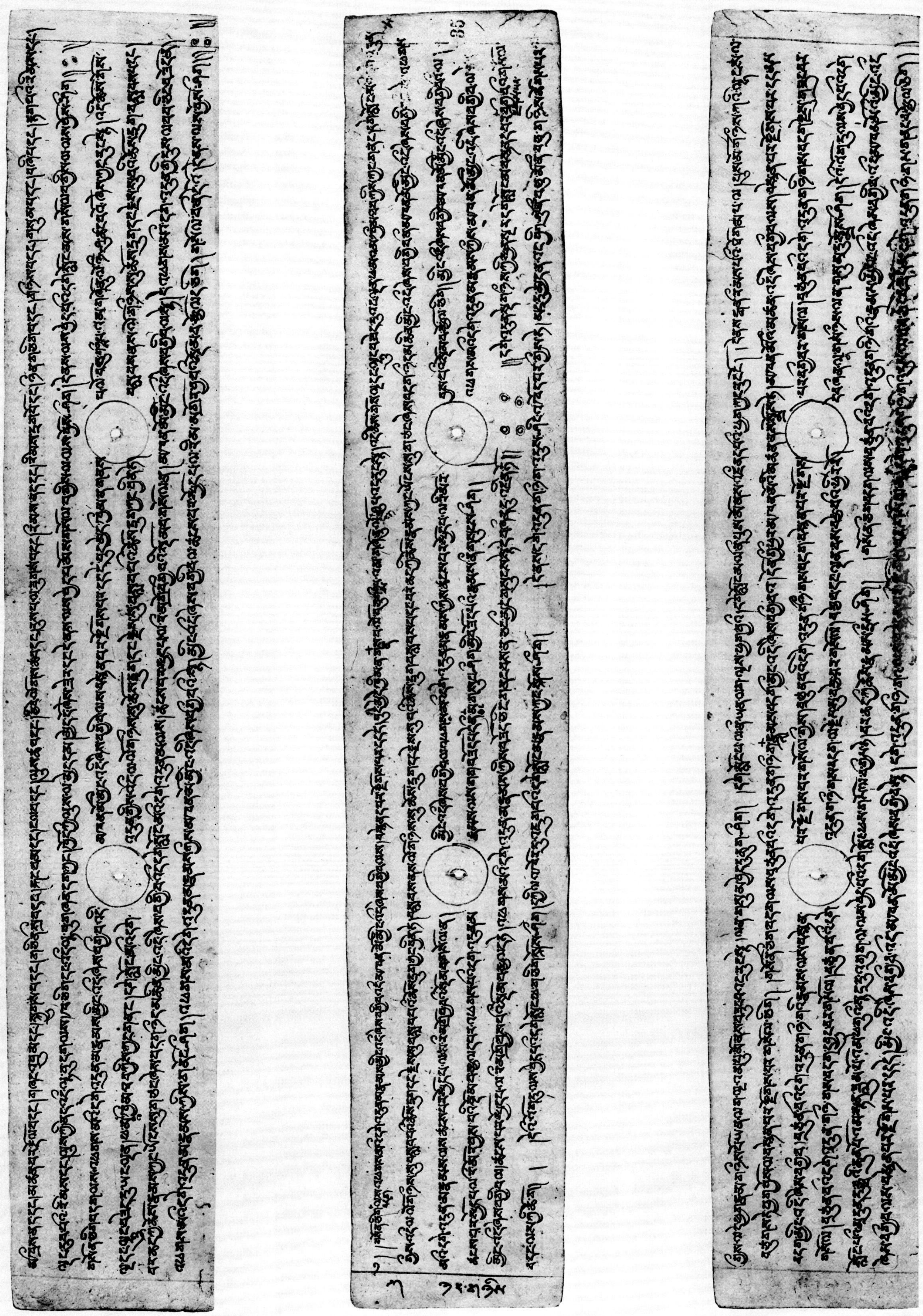

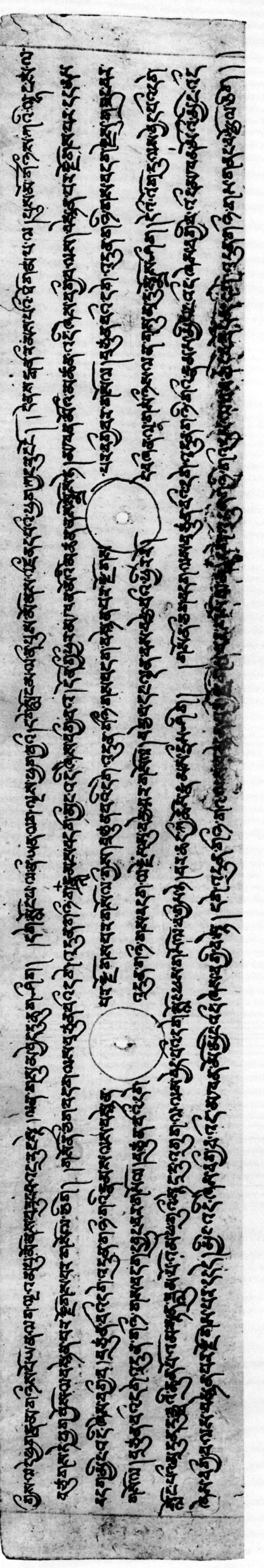

英 IOL.Tib.J.VOL.3　　4.ལས་བརྒྱ་རྩ་གཅིག་པོ།

4.一百羯摩　　(101—24)

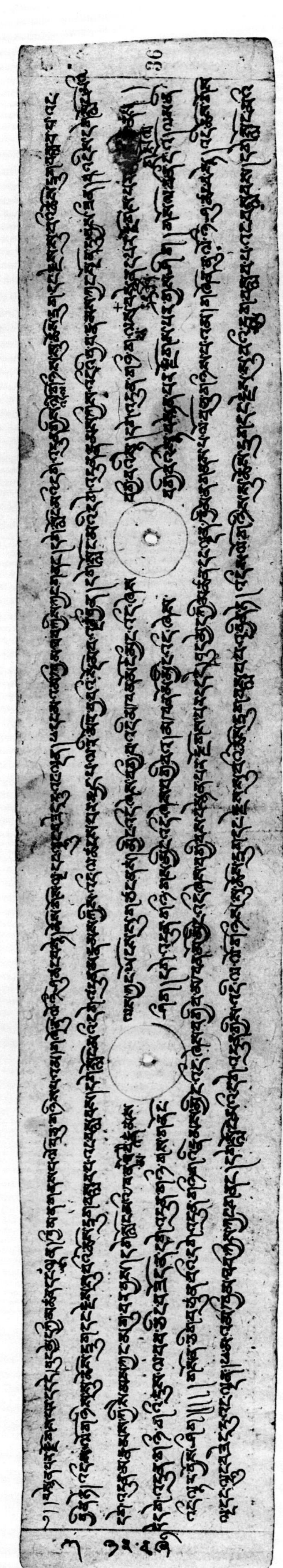

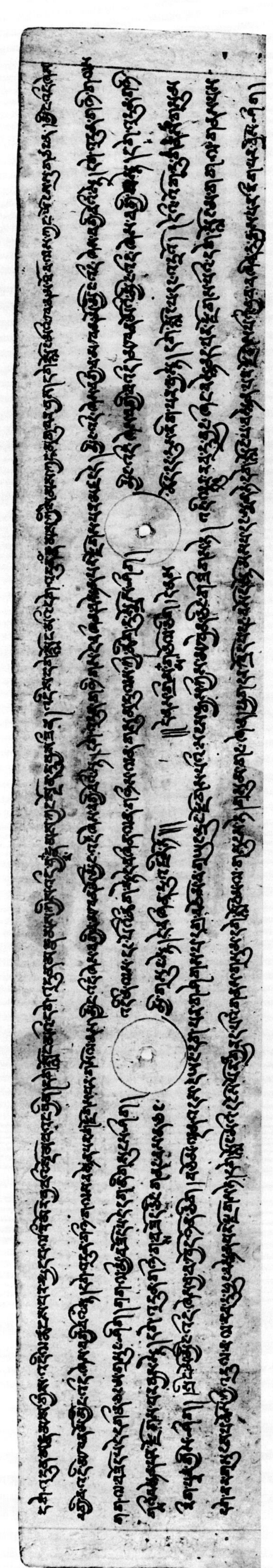

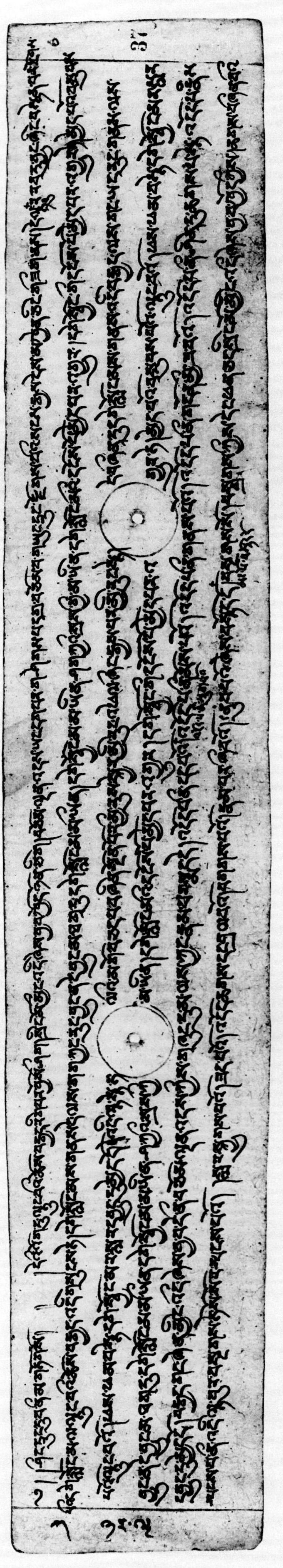

英 IOL.Tib.J.VOL.3　　4.ལས་བརྒྱ་རྩ་གཅིག་པོ།

4.一百羯摩　　(101—25)

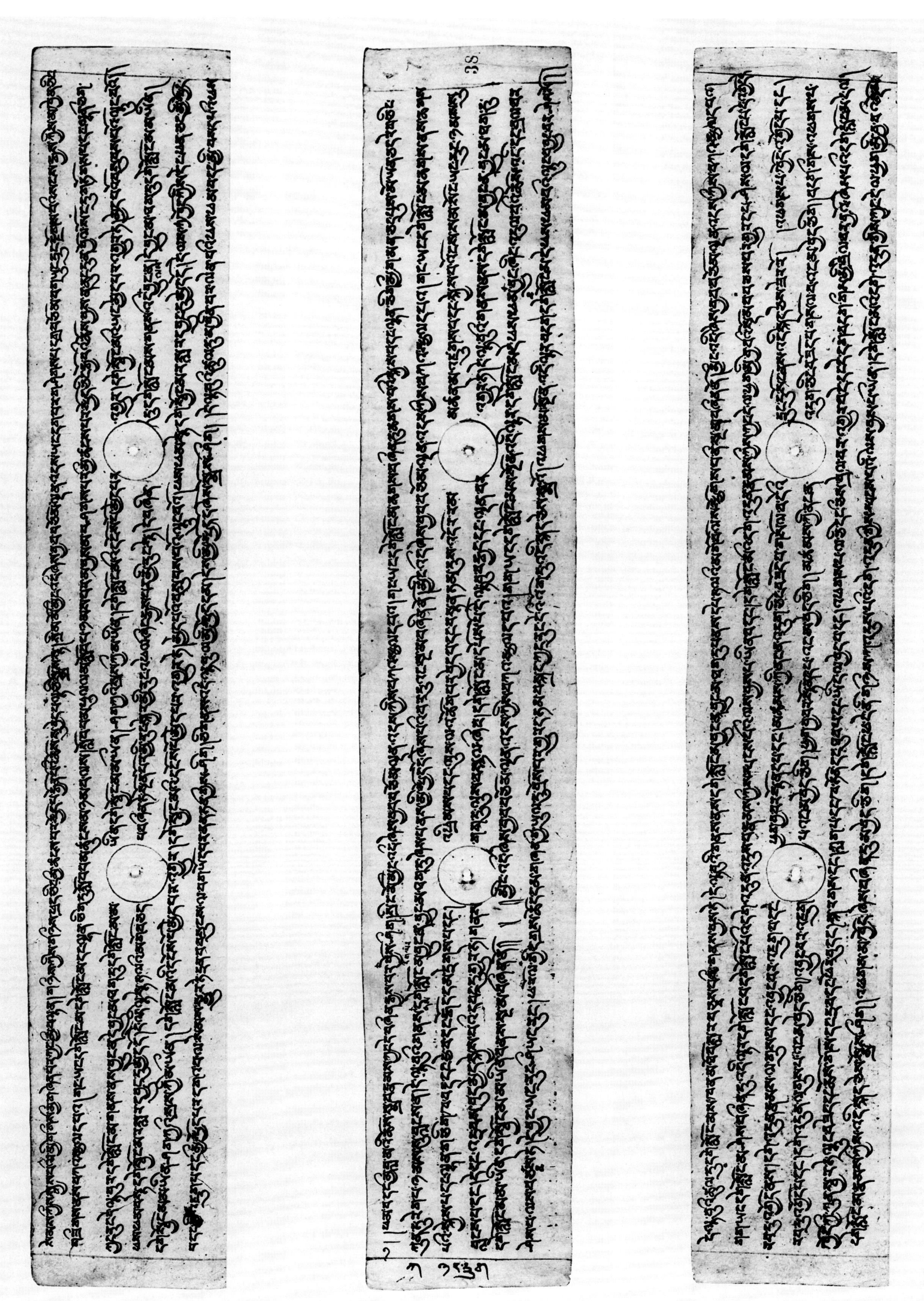

英 IOL.Tib.J.VOL.3　　4.ལས་བརྒྱ་རྩ་གཅིག་པ།

4.一百羯摩　　(101—26)

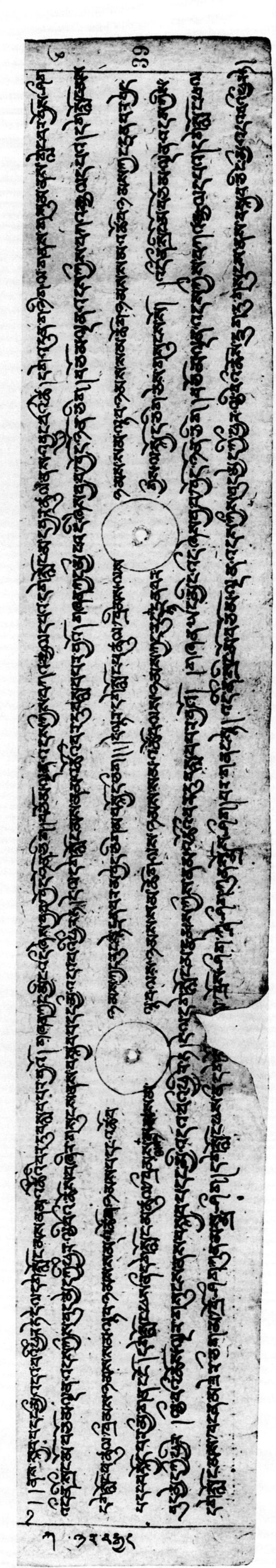

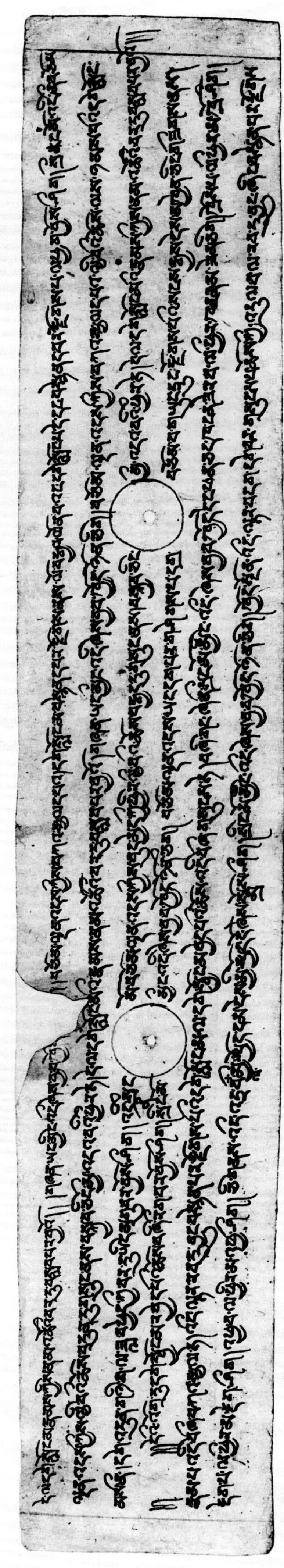

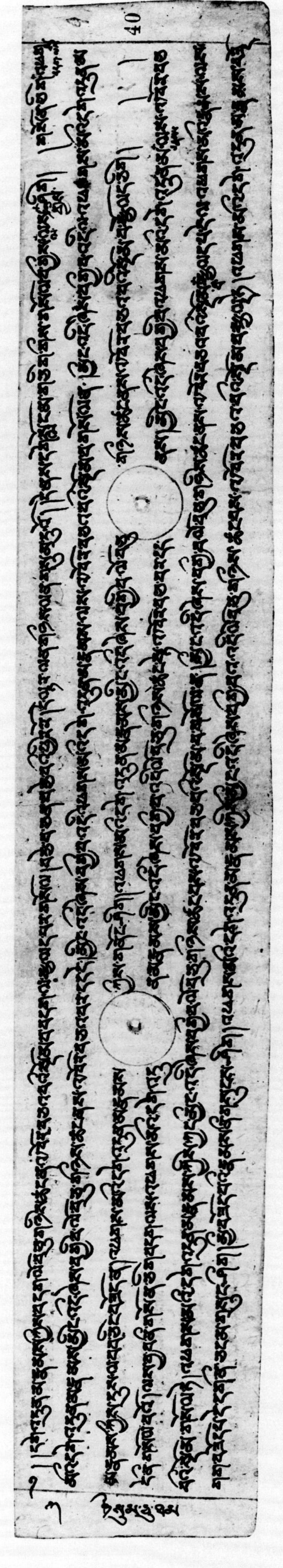

英 IOL.Tib.J.VOL.3　　4.ལས་བརྒྱ་རྩ་གཅིག་པ།

4.一百羯摩　　(101—27)

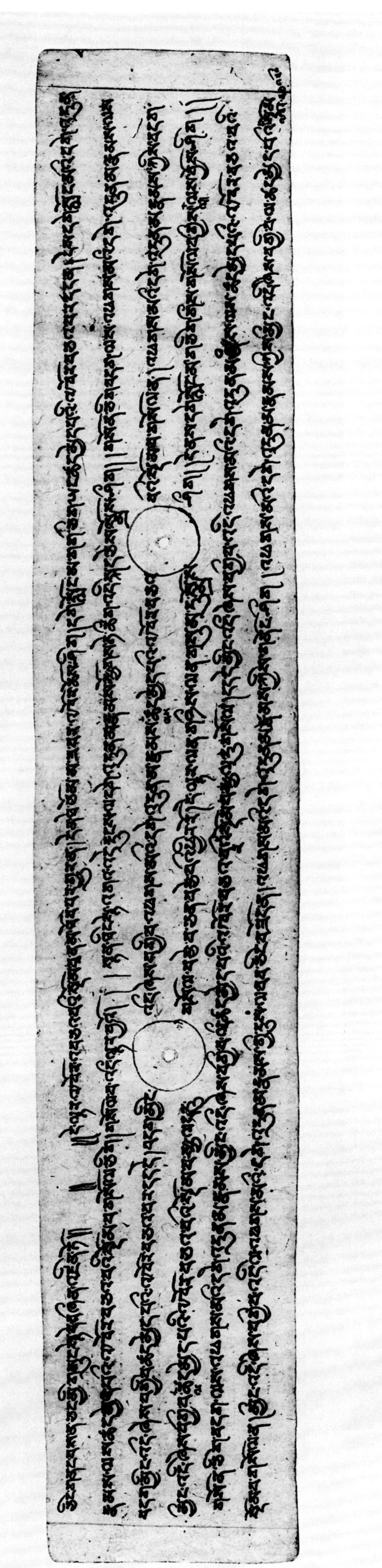

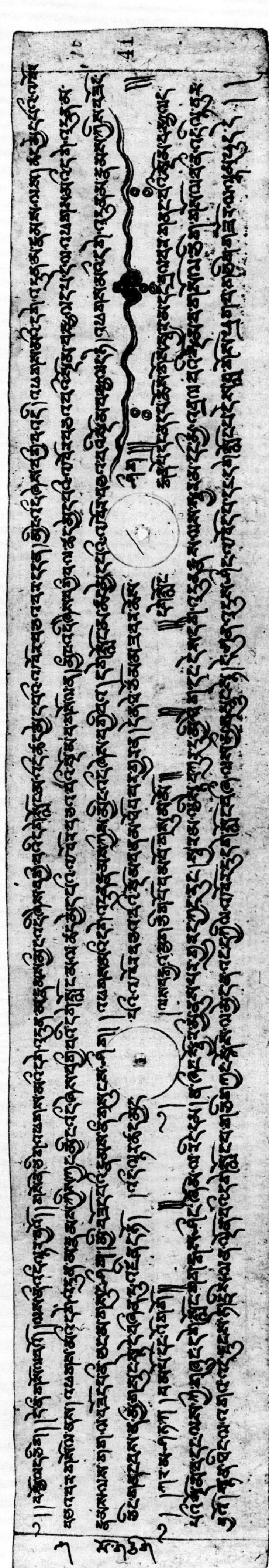

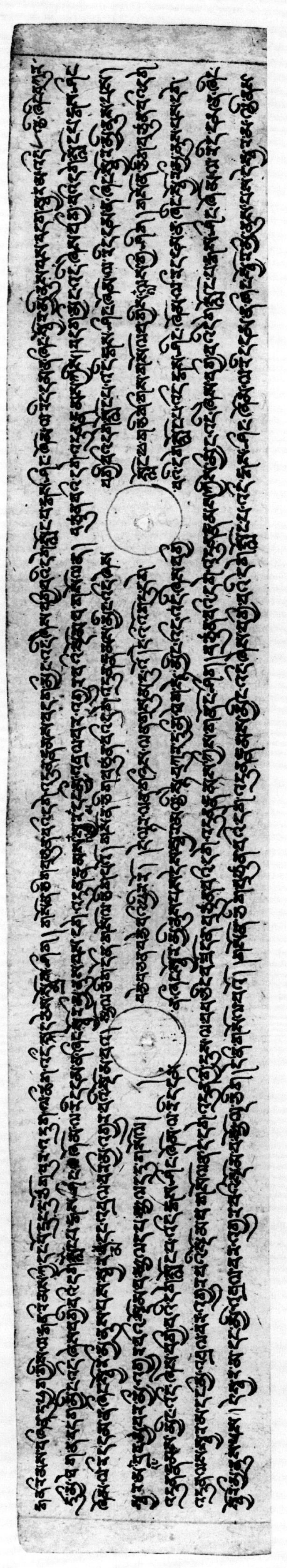

英 IOL.Tib.J.VOL.3　　4.ལས་བརྒྱ་རྩ་གཅིག་པོ།

4.一百羯摩　　(101—28)

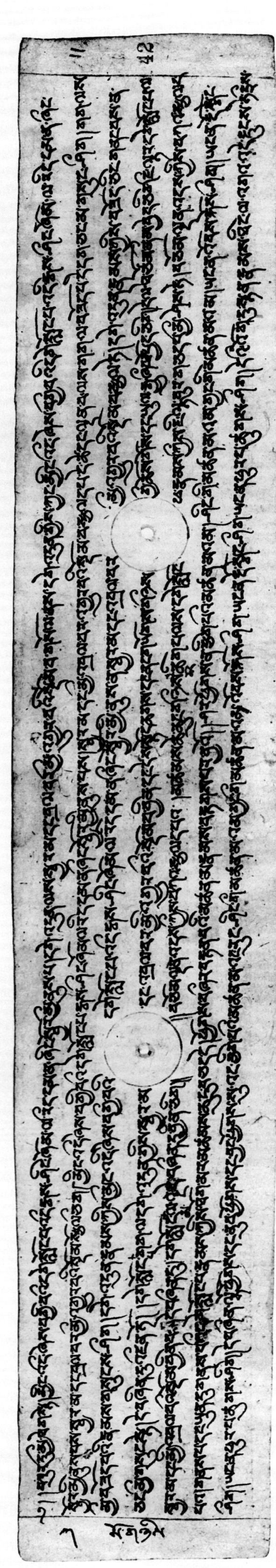

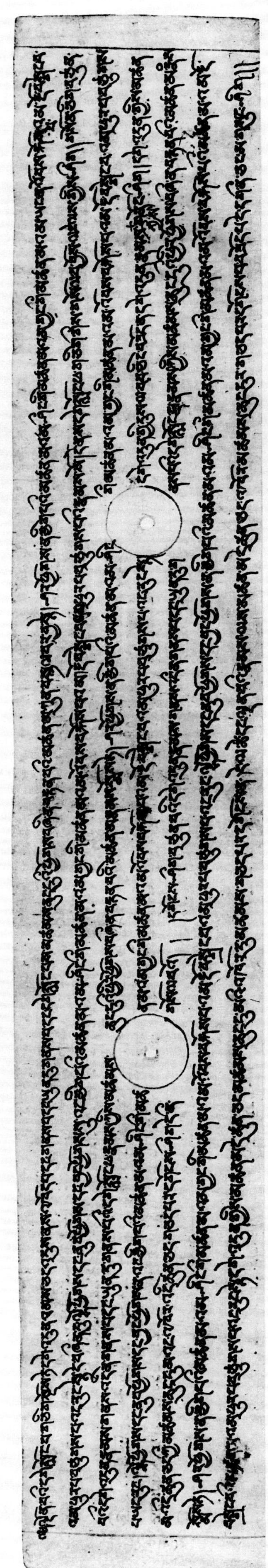

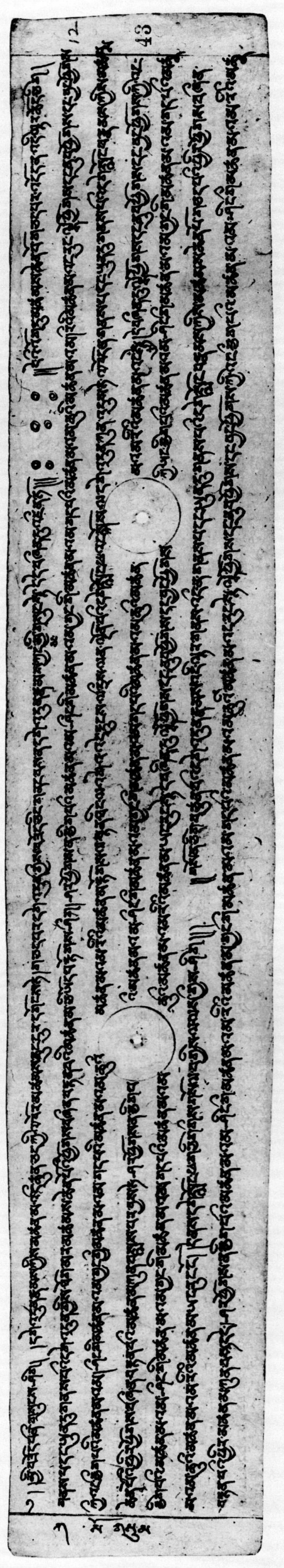

英 IOL.Tib.J.VOL.3　　4.ལས་བརྒྱ་རྩ་གཅིག་པ།

4.一百羯摩　　(101—29)

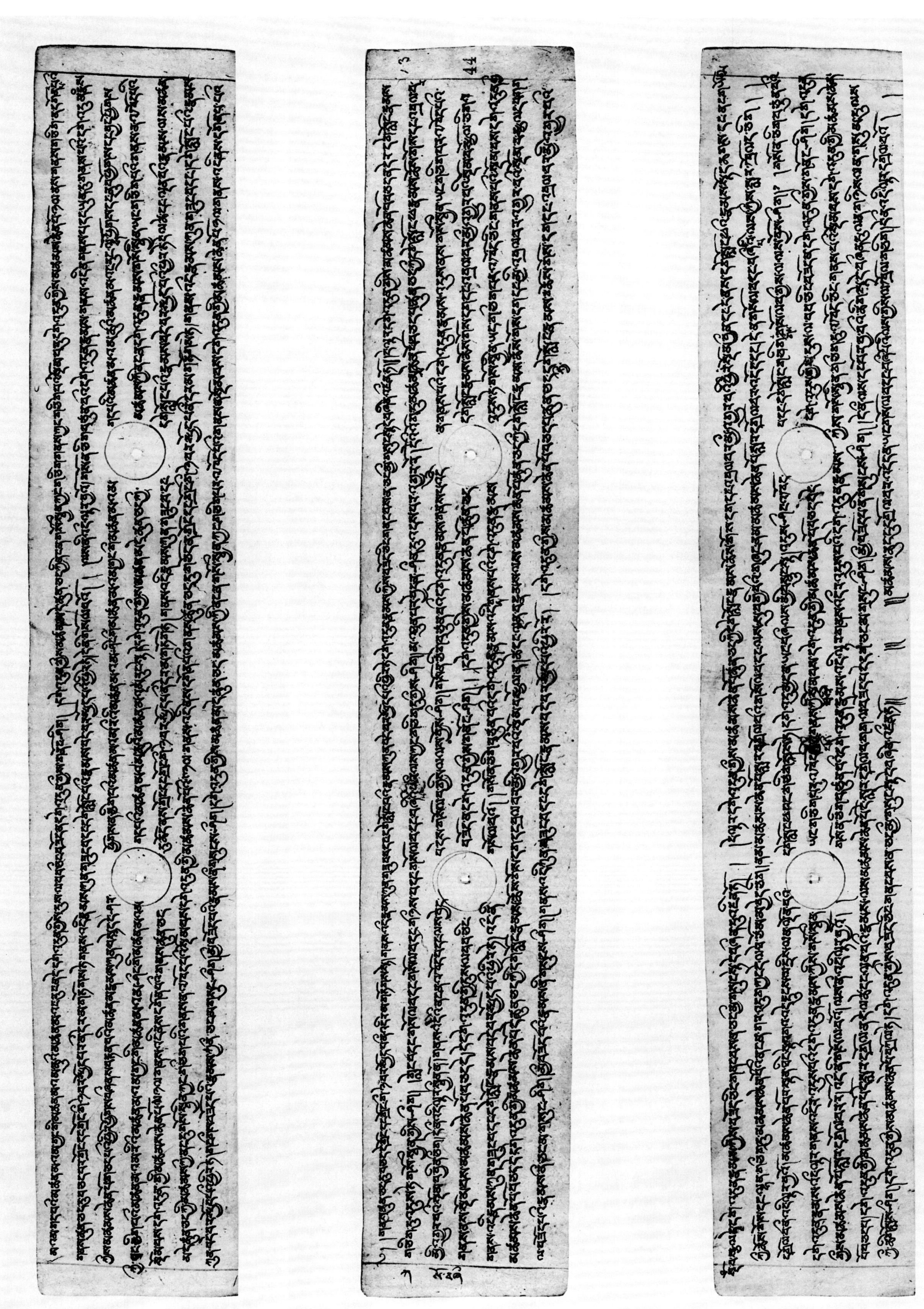

英 IOL.Tib.J.VOL.3　　4.ལས་བརྒྱ་རྩ་གཅིག་པ།

4.一百羯摩　　(101—30)

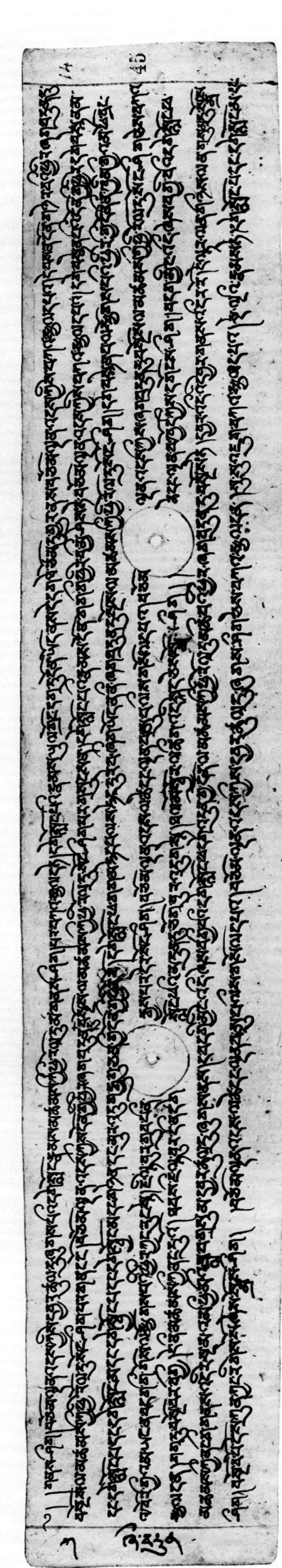

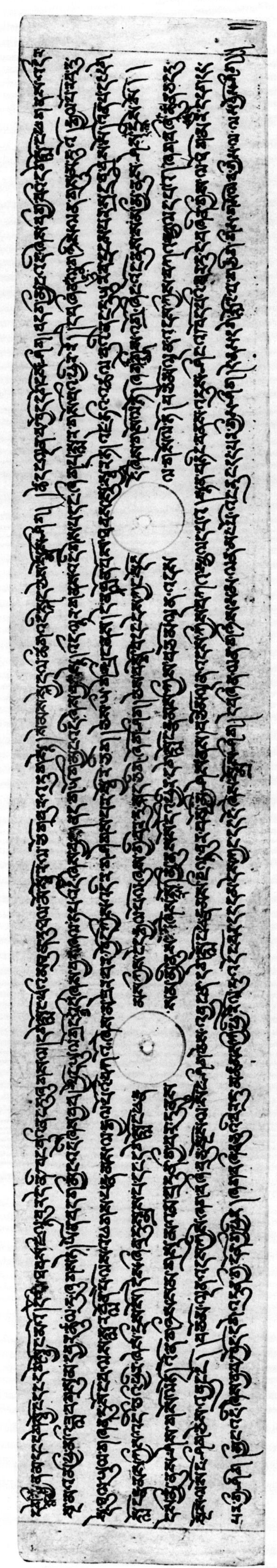

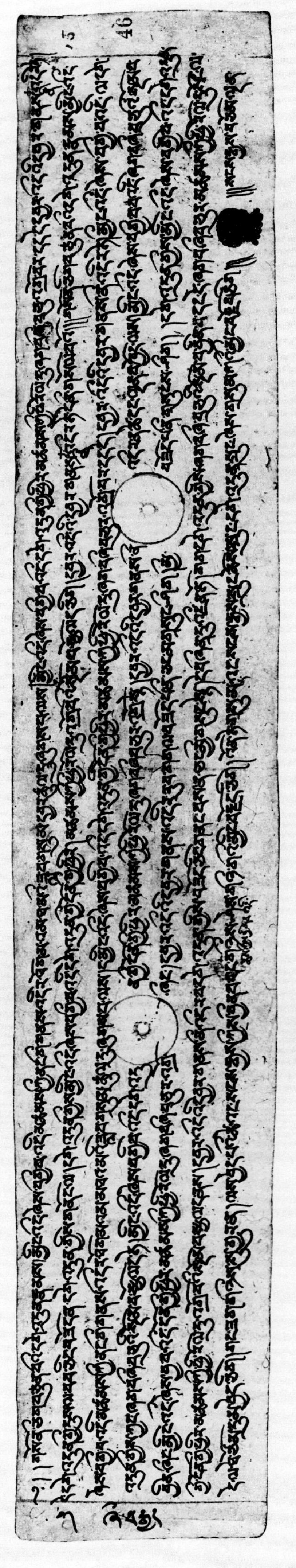

英 IOL.Tib.J.VOL.3　　4.ལས་བརྒྱ་རྩ་གཅིག་པ།

4.一百羯磨　　(101—31)

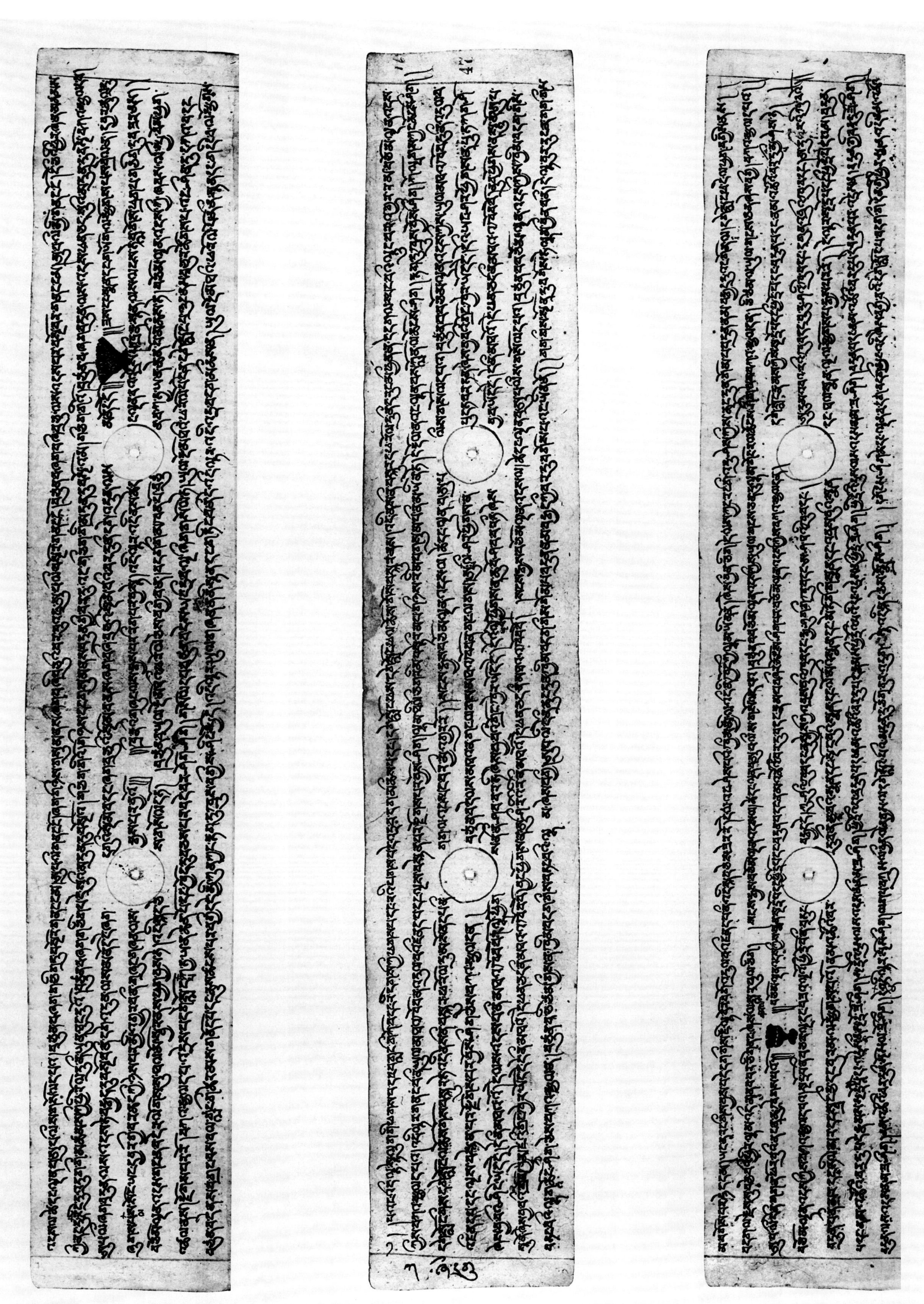

英 IOL.Tib.J.VOL.3　　4.ལས་བརྒྱ་རྩ་གཅིག་པོ།

4.一百羯摩　　(101—32)

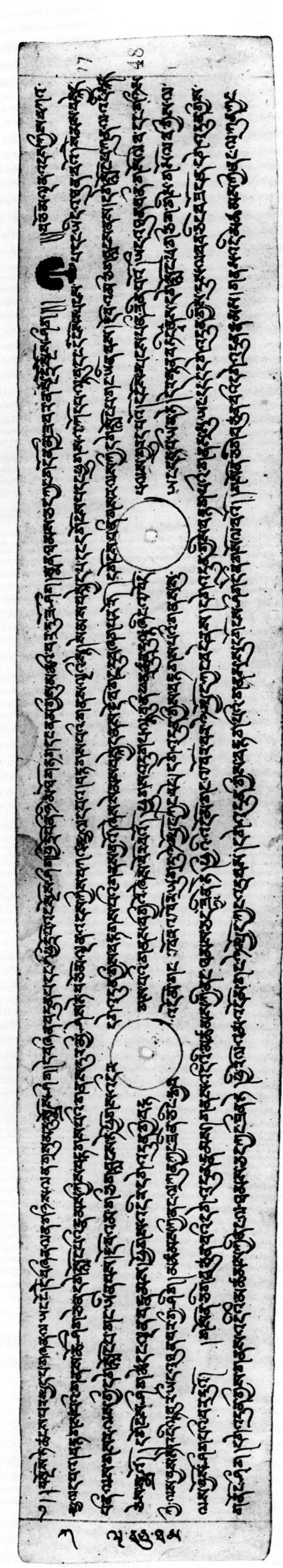
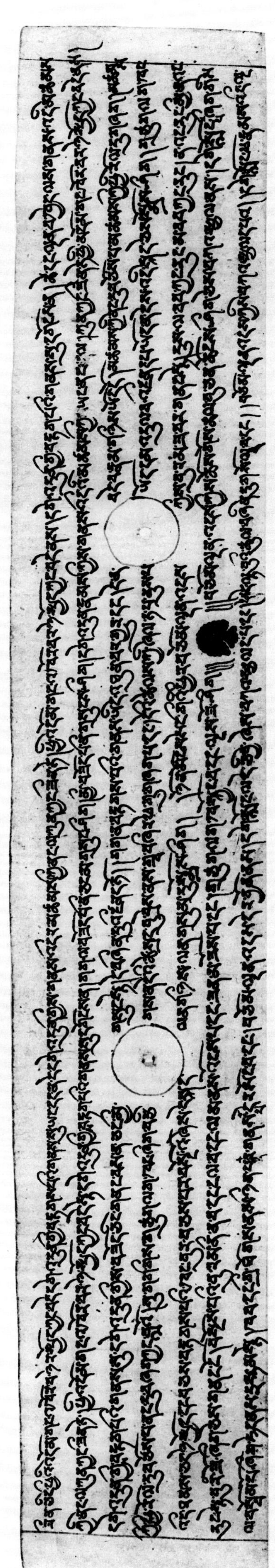
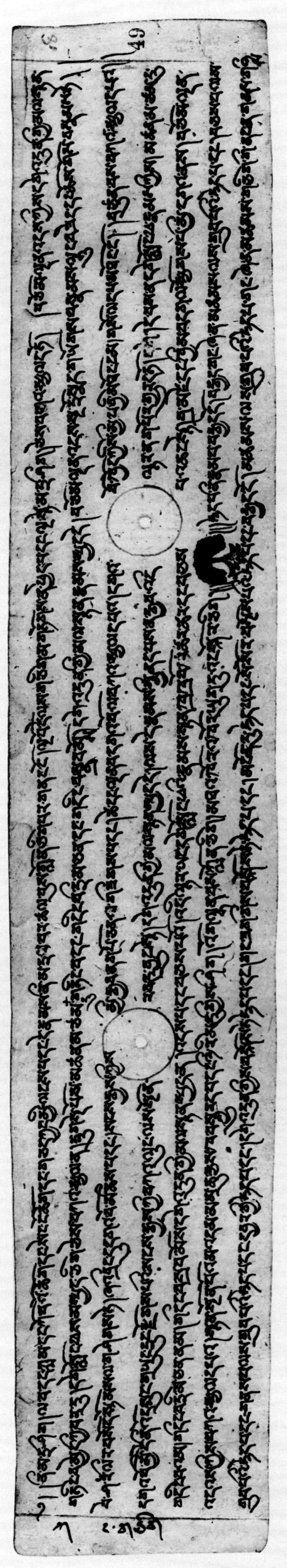

英 IOL.Tib.J.VOL.3　　4.ལས་བརྒྱ་རྩ་གཅིག་པ།

4.一百羯摩　　(101—33)

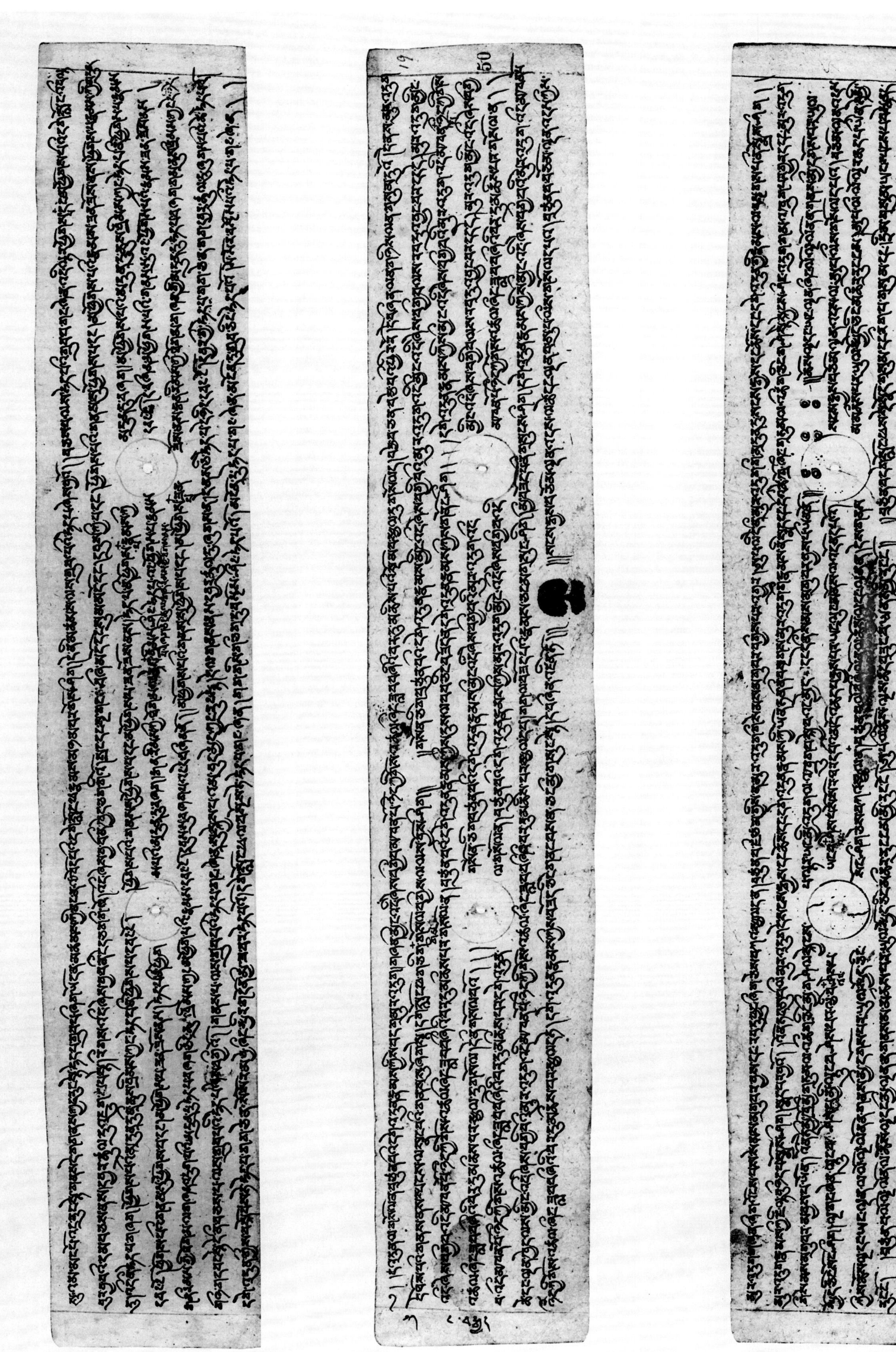

英 IOL.Tib.J.VOL.3　　4.ལས་བརྒྱ་རྩ་གཅིག་པ།

4.一百羯摩　　(101—34)

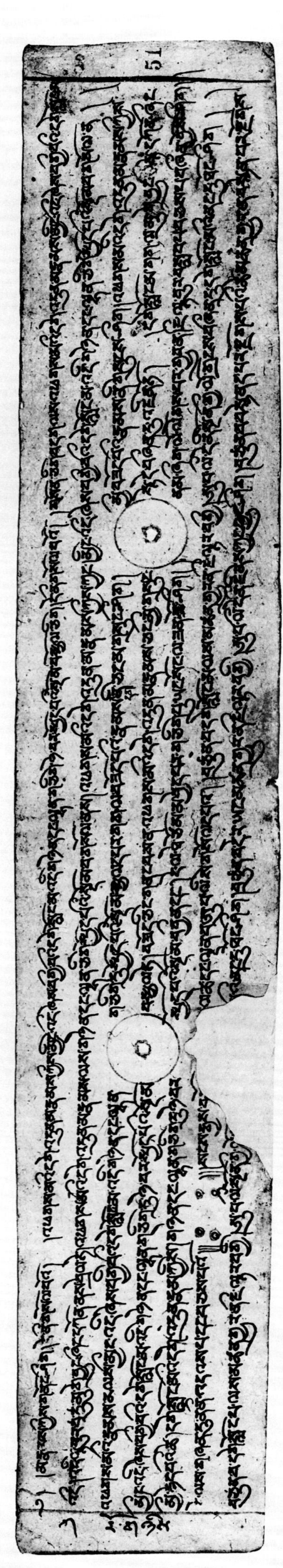

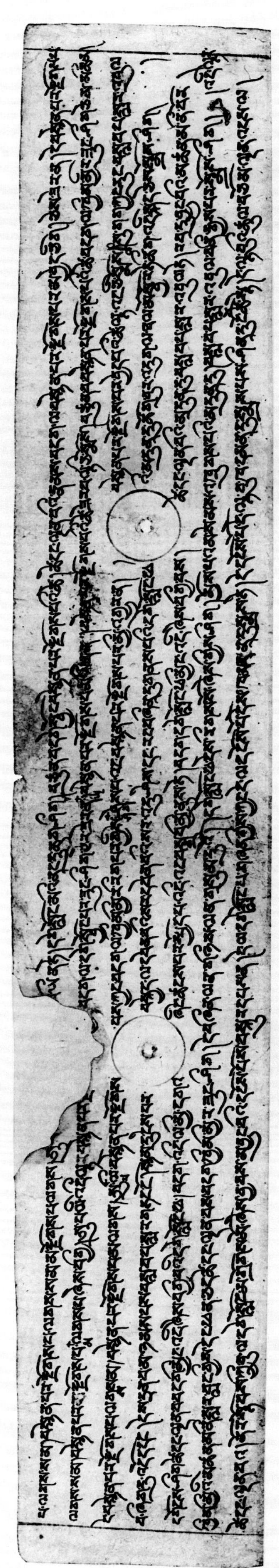

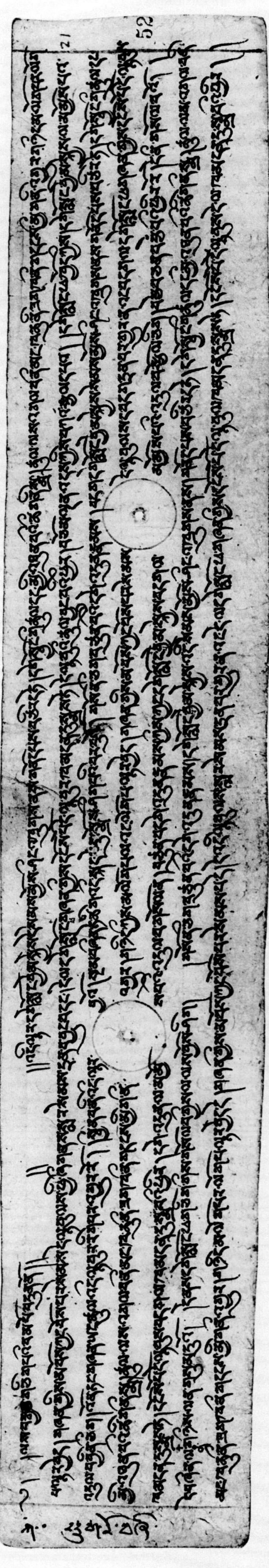

英 IOL.Tib.J.VOL.3　　4.ལས་བརྒྱ་རྩ་གཅིག་པོ།

4.一百羯摩　　(101—35)

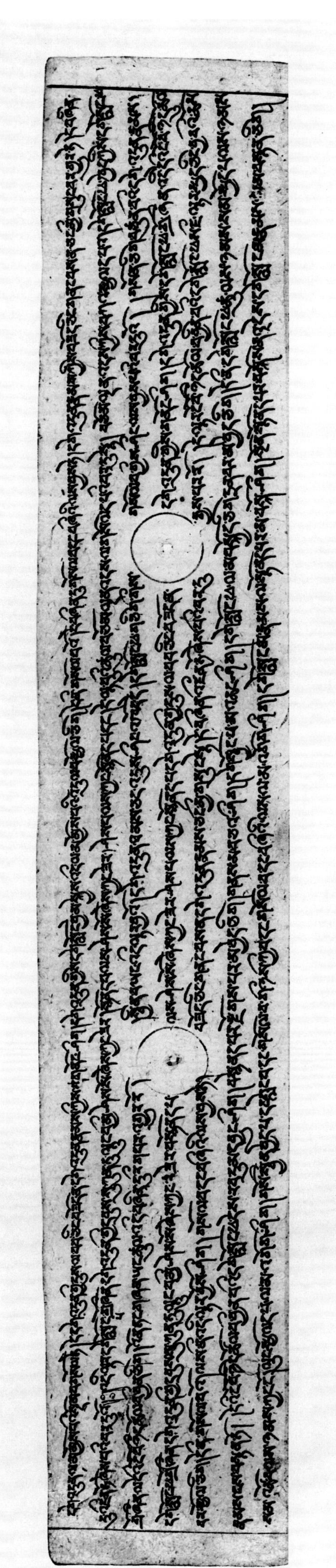

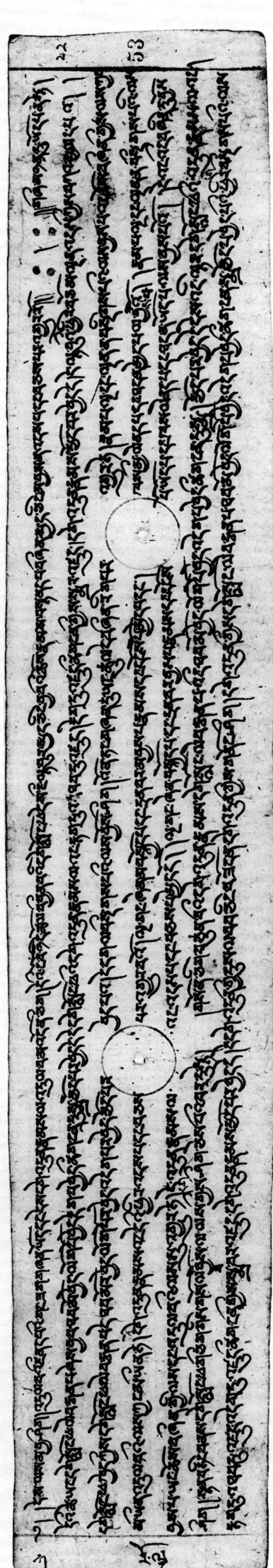

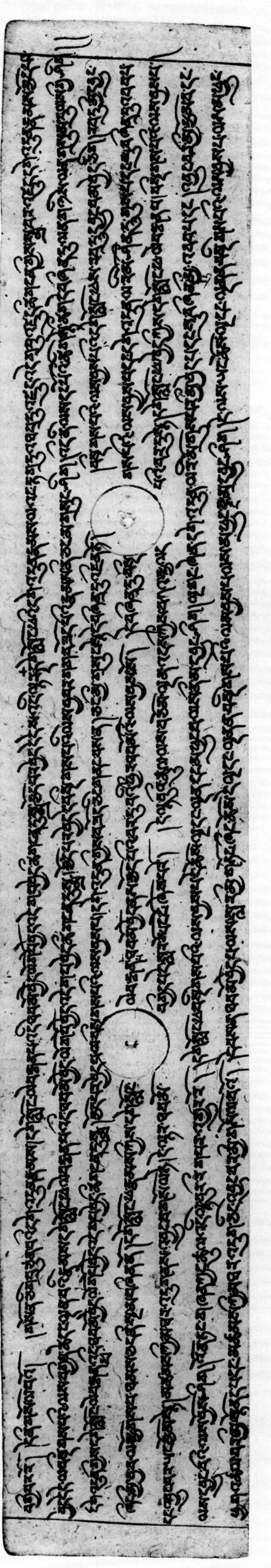

英 IOL.Tib.J.VOL.3　　4.ལས་བརྒྱ་རྩ་གཅིག་པོ།

4.一百羯摩　　(101—36)

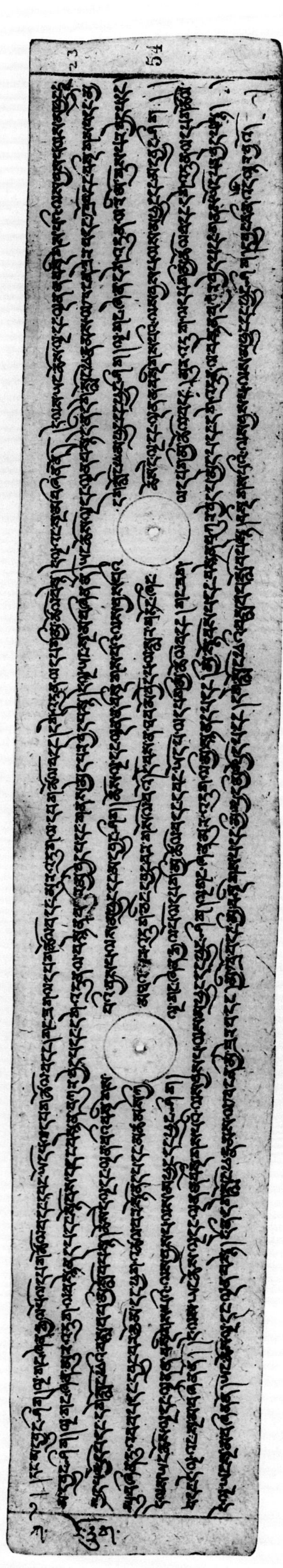

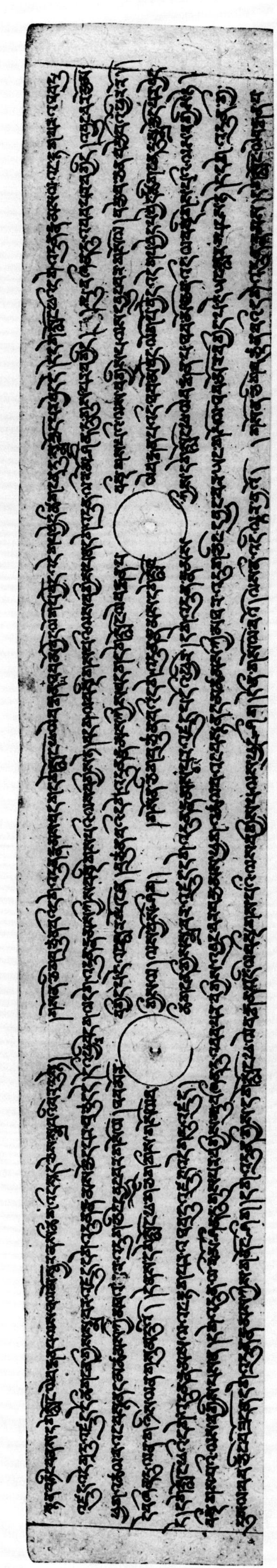

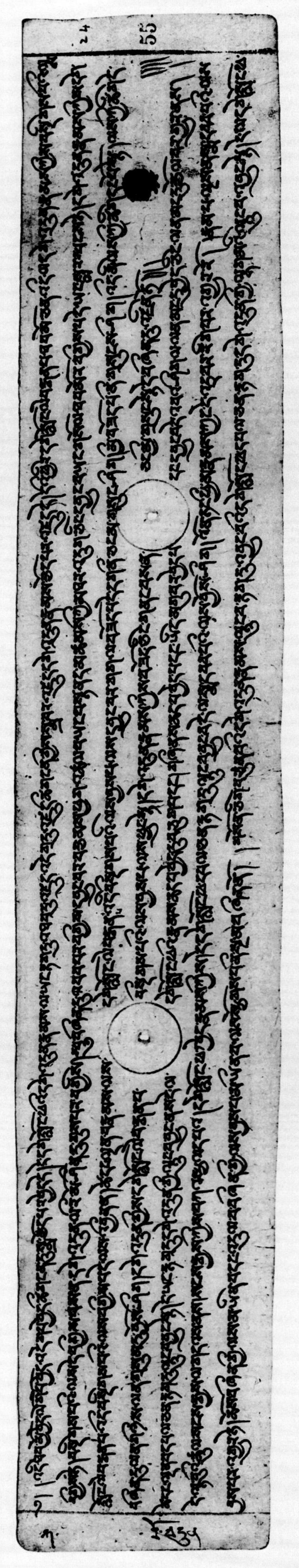

英 IOL.Tib.J.VOL.3　　4.ལས་བརྒྱ་རྩ་གཅིག་པོ།

4.一百羯摩　　(101—37)

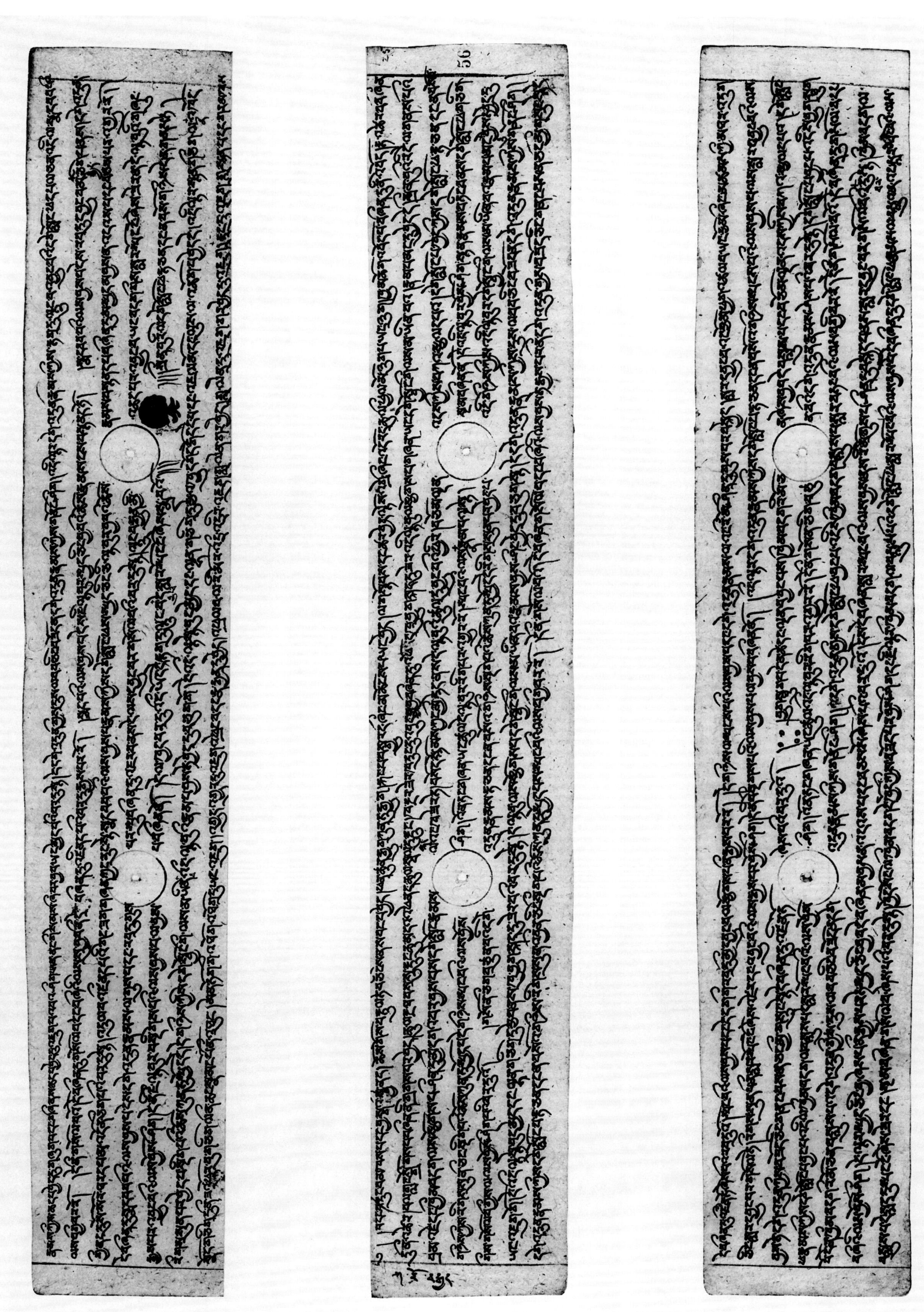

英 IOL.Tib.J.VOL.3　　4.ལས་བརྒྱ་རྩ་གཅིག་པོ།
4.一百羯摩　　(101—38)

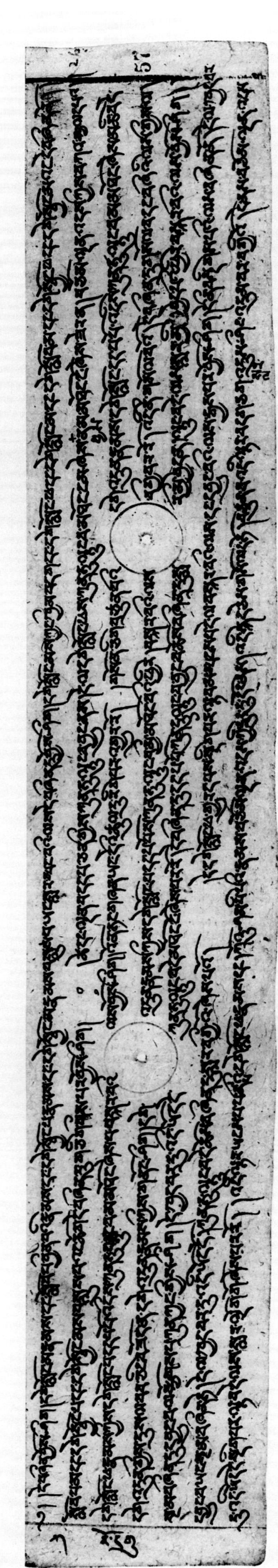

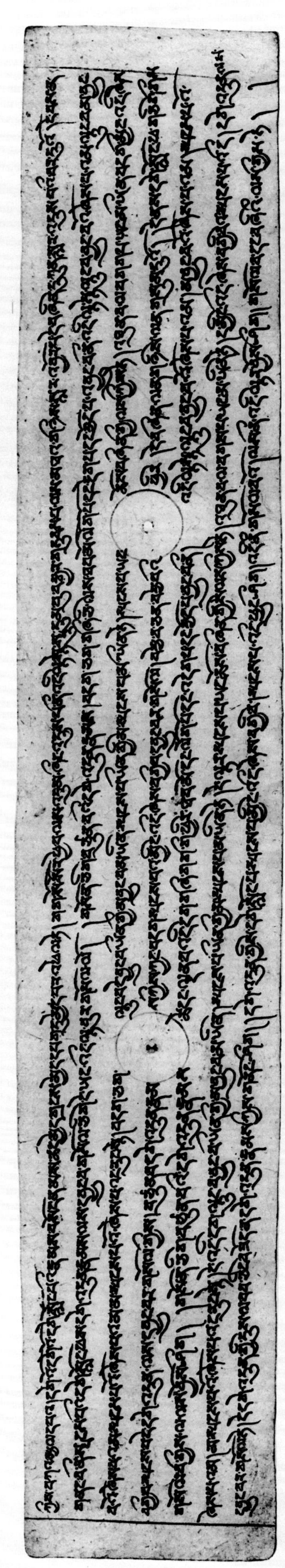

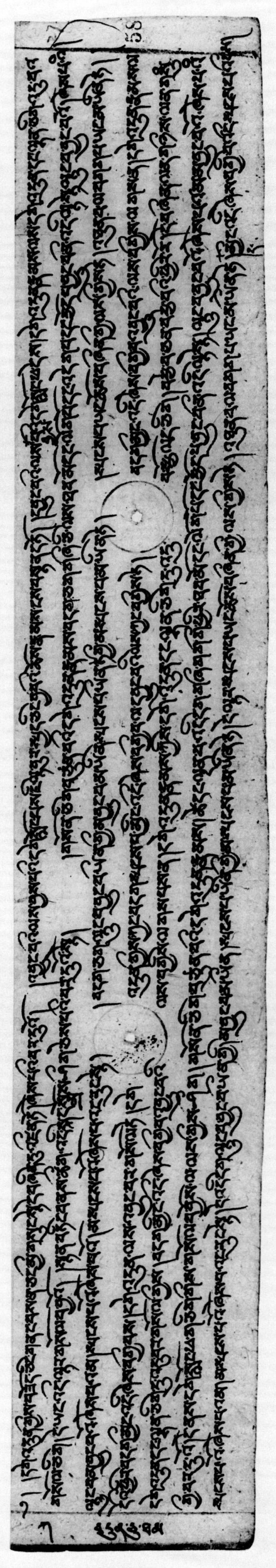

英 IOL.Tib.J.VOL.3　　4.ལས་བརྒྱ་རྩ་གཅིག་པ།

4.一百羯摩　　(101—39)

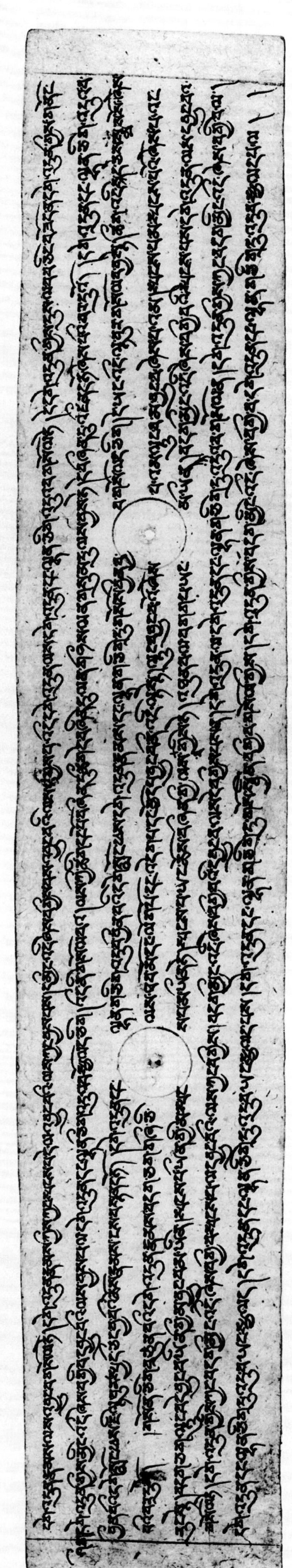

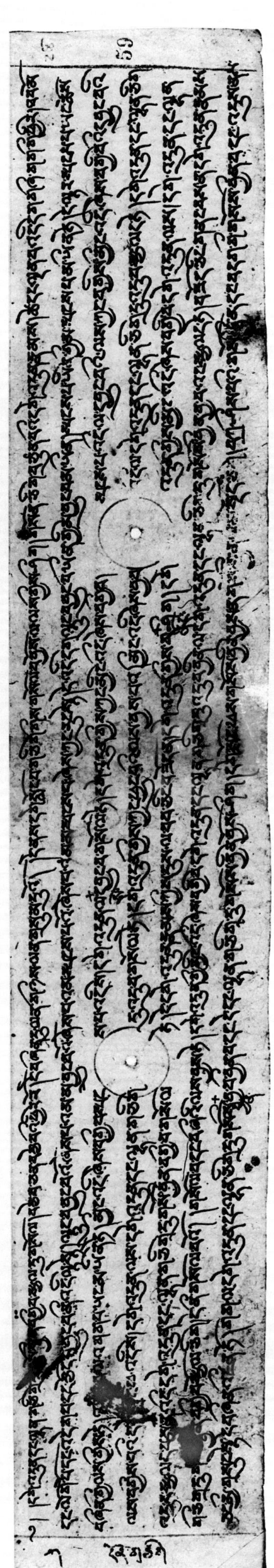

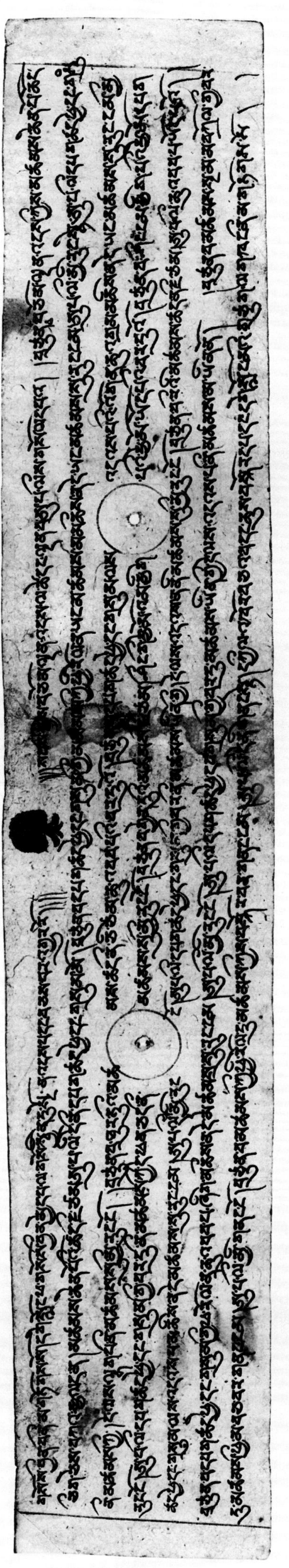

英 IOL.Tib.J.VOL.3　　4.ལས་བརྒྱ་རྩ་གཅིག་པོ།

4.一百羯摩　　(101—40)

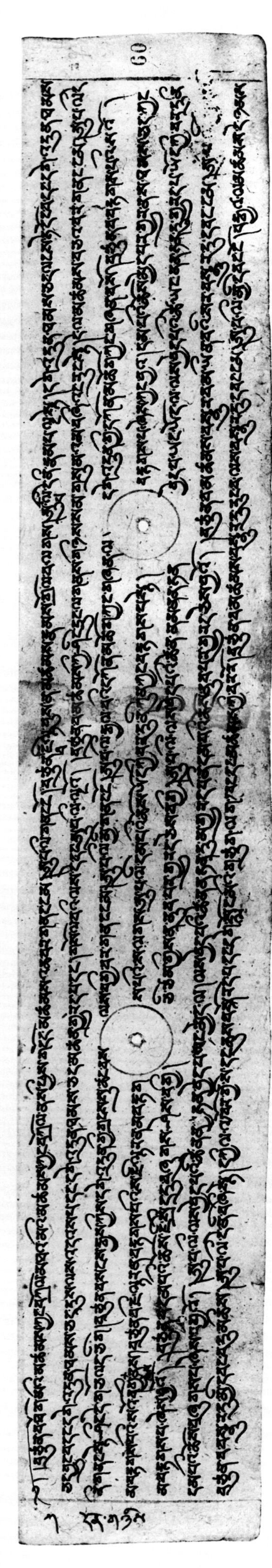

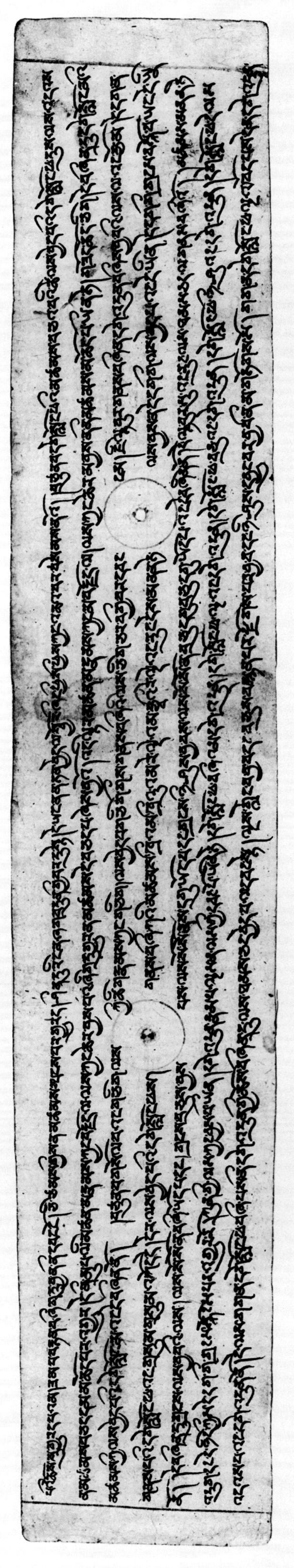

英 IOL.Tib.J.VOL.3　　4.ལས་བརྒྱ་རྩ་གཅིག་པ།

4.一百羯摩　　(101—41)

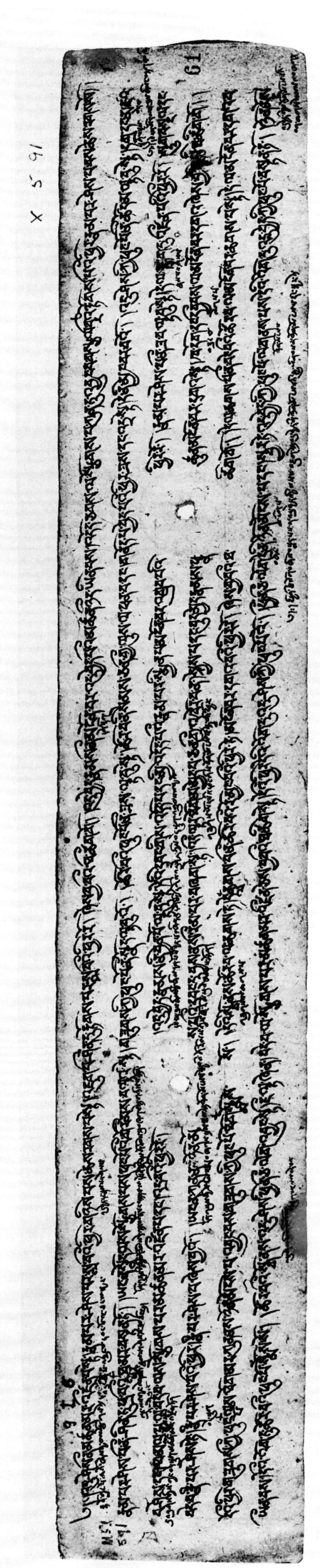

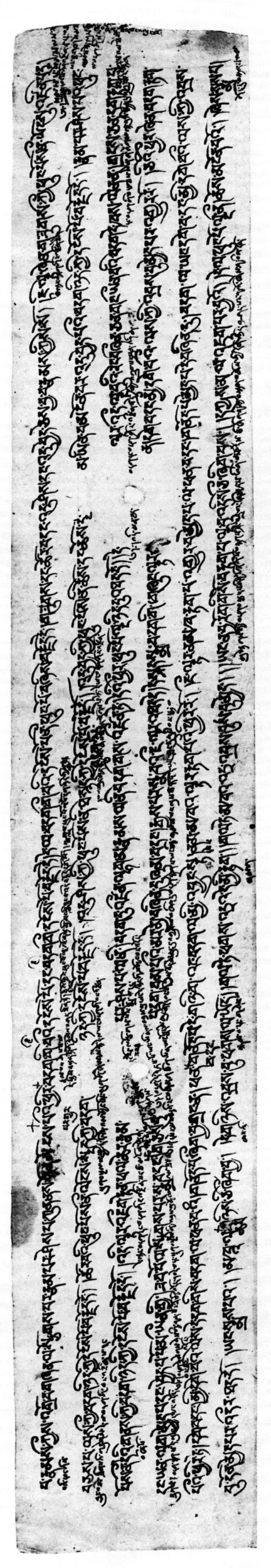

英 IOL.Tib.J.VOL.3　　5.ཕུང་པོ་ལྔ་རྣམ་པར་འགྲེལ་པ།
5.五蘊論注　　(101—42)

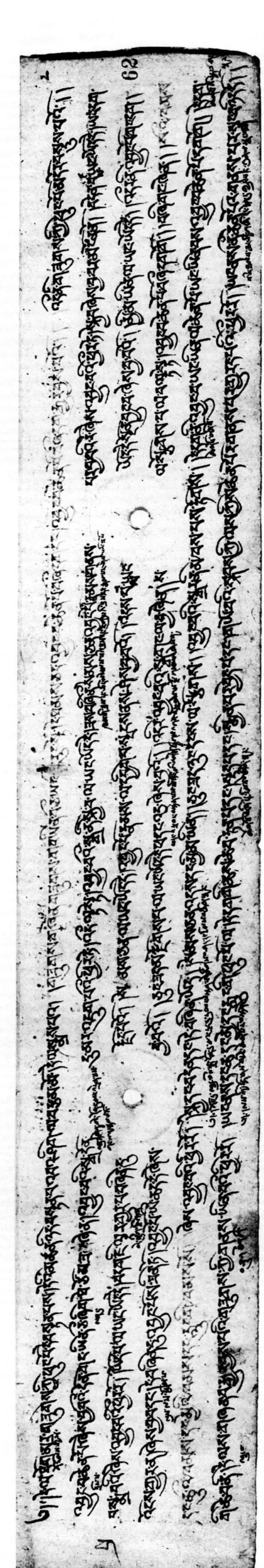

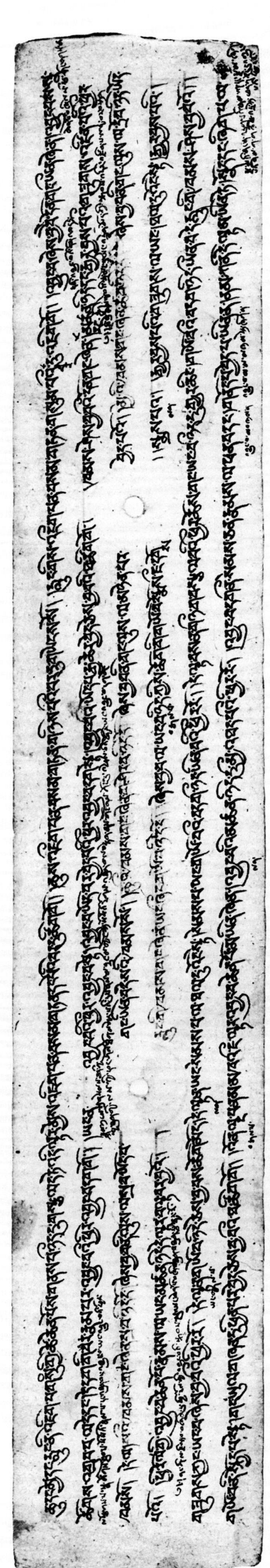

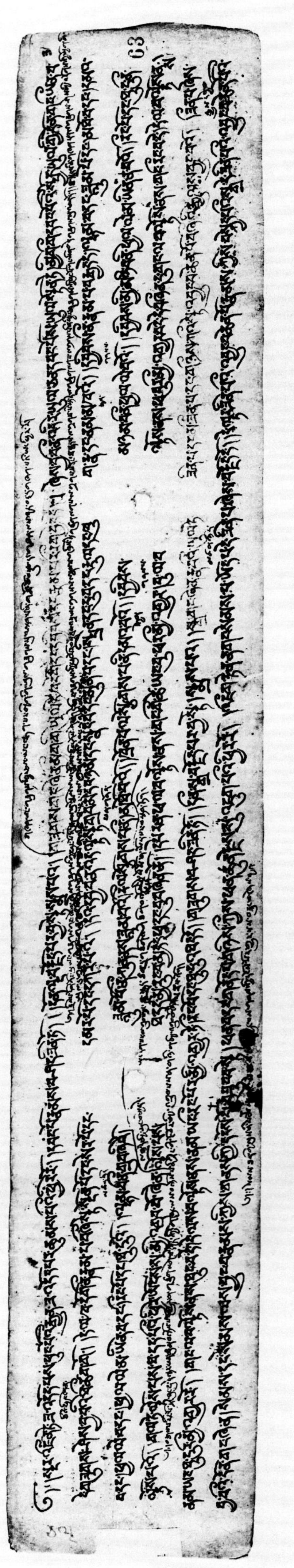

英 IOL.Tib.J.VOL.3　　5.ཕུང་པོ་ལྔ་རྣམ་པར་འགྲེལ་པ།

5.五蘊論注　　(101—43)

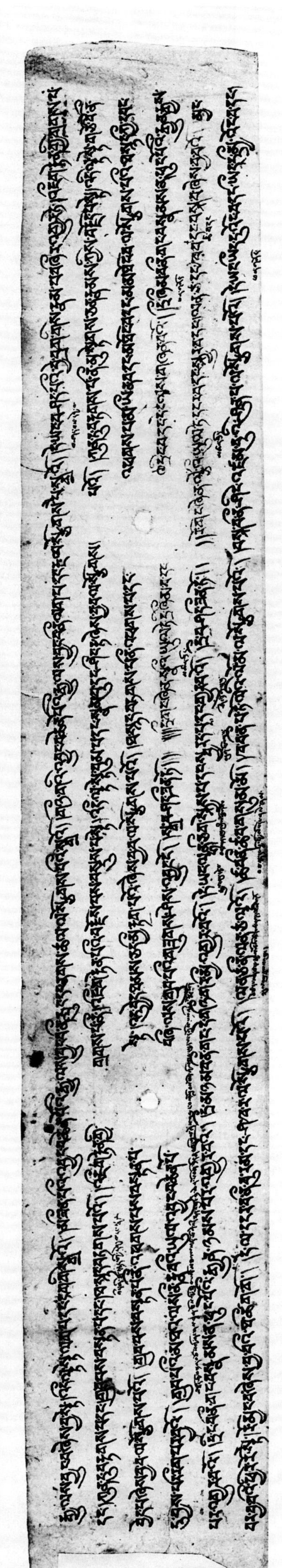

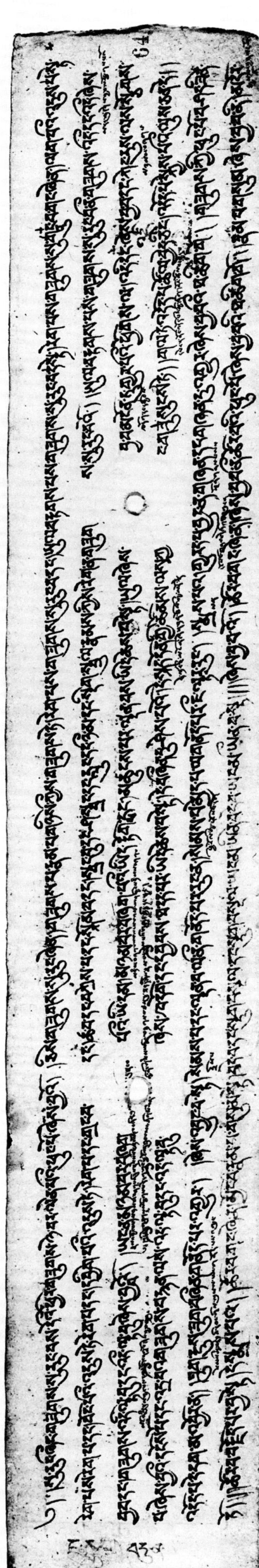

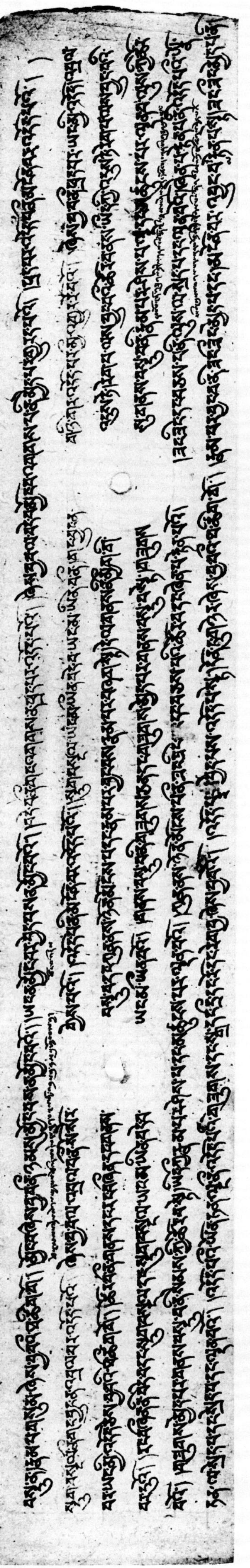

英 IOL.Tib.J.VOL.3　　5.ཕུང་པོ་ལྔ་རྣམ་པར་འགྲེལ་པའ།

5.五蘊論注　　(101—44)

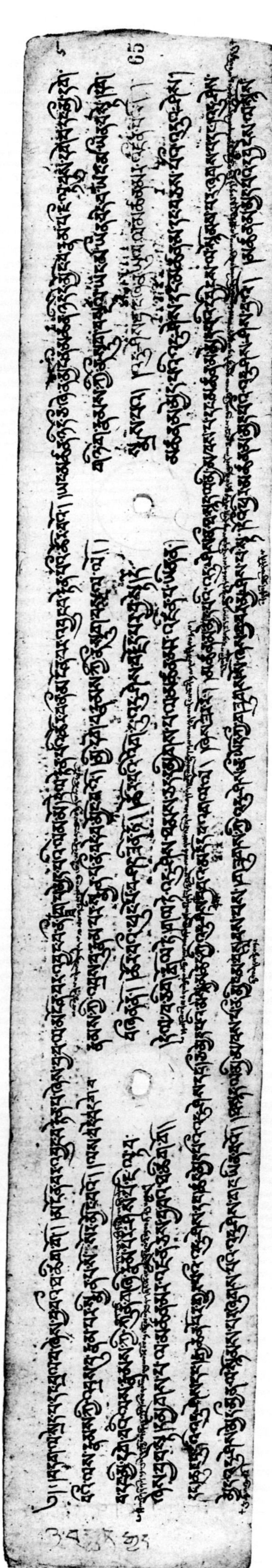
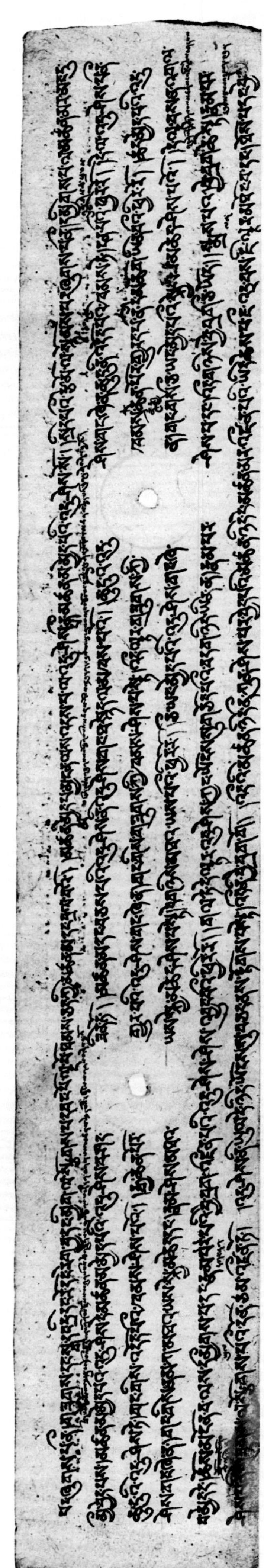
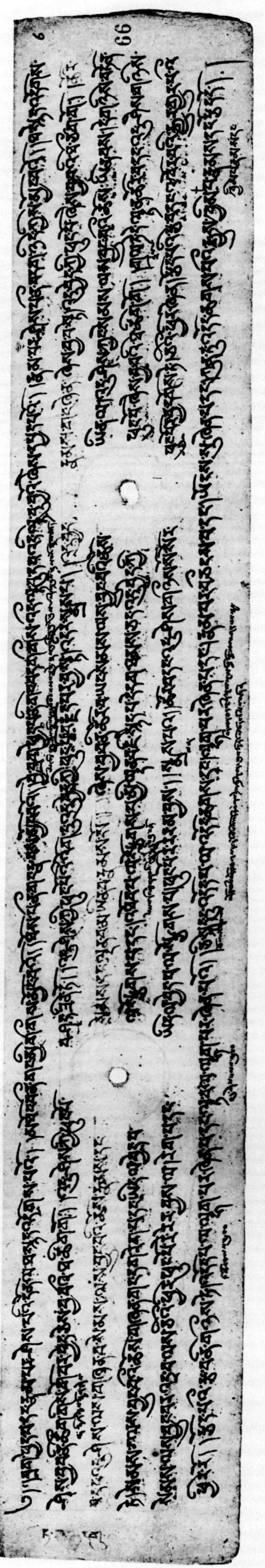

英 IOL.Tib.J.VOL.3　　5.ཕུང་པོ་ལྔ་རྣམ་པར་འགྲེལ་པ།
5.五蘊論注　　(101—45)

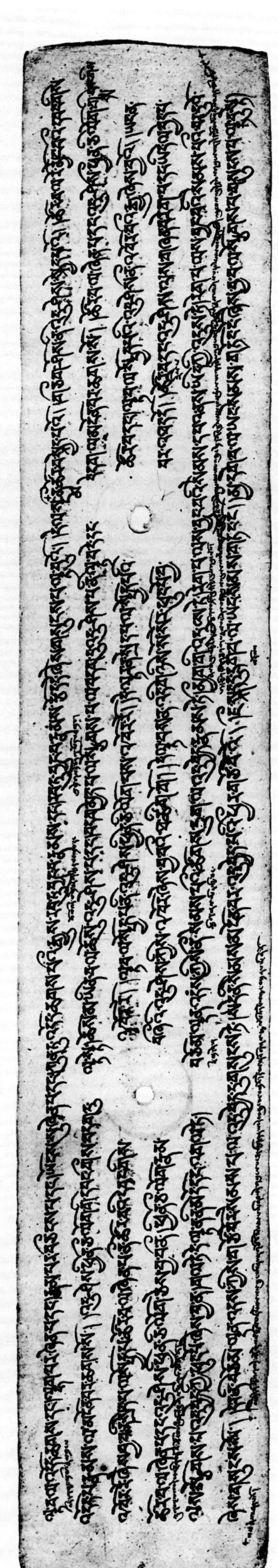

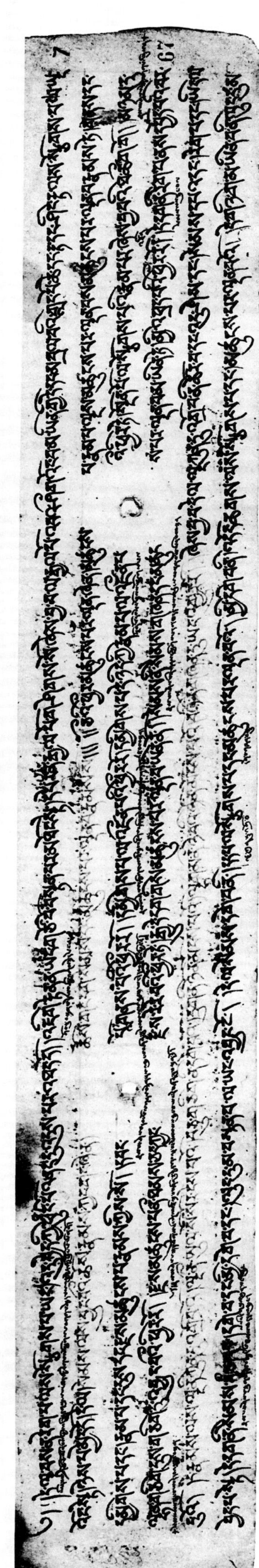

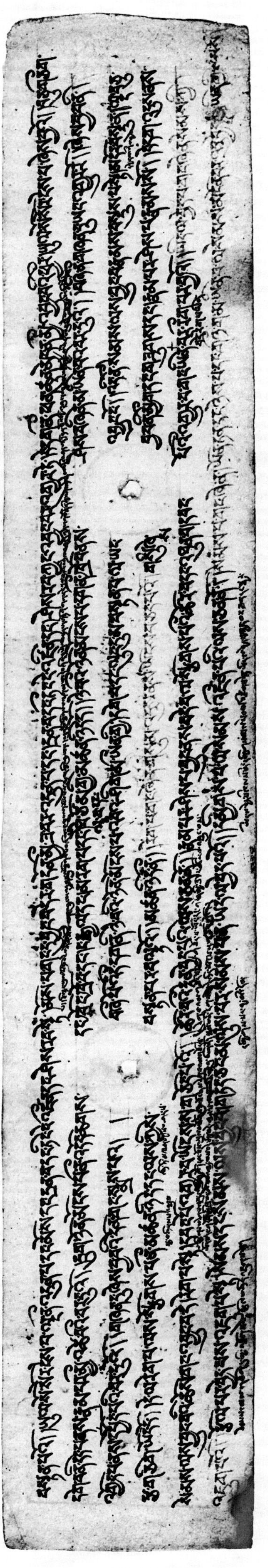

英 IOL.Tib.J.VOL.3　5.ཕུང་པོ་ལྔ་རྣམ་པར་འགྲེལ་པ།

5.五蘊論注　(101—46)

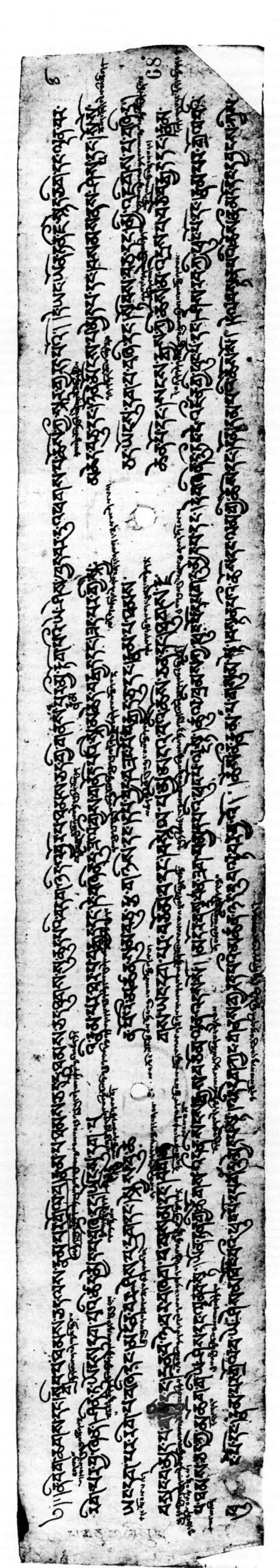

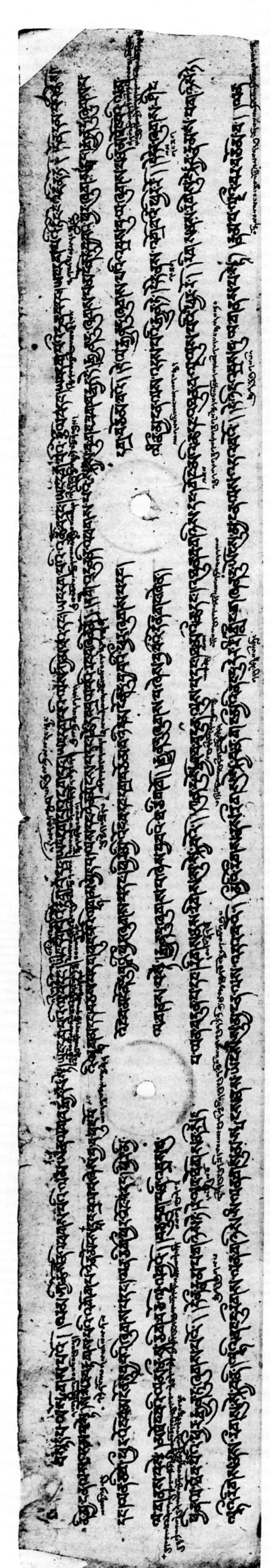

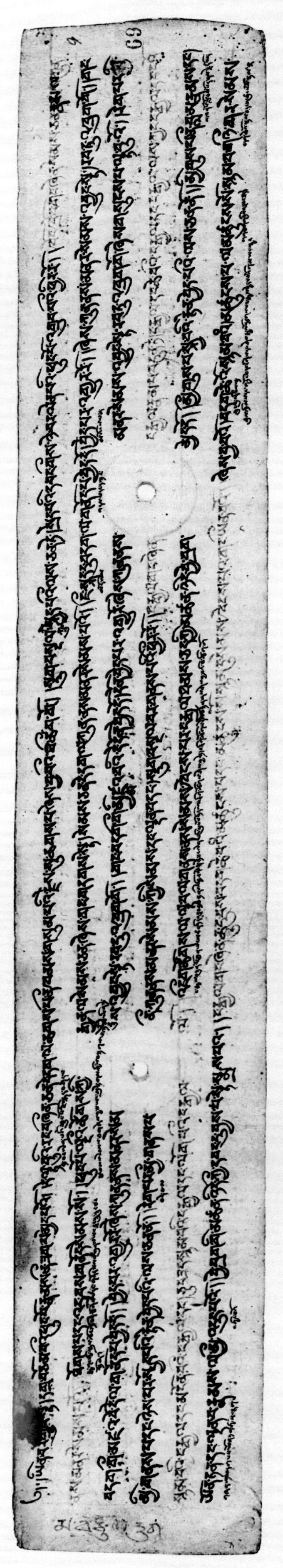

英 IOL.Tib.J.VOL.3　　5.ཕུང་པོ་ལྔ་རྣམ་པར་འགྲེལ་པ།

5.五蘊論注　　(101—47)

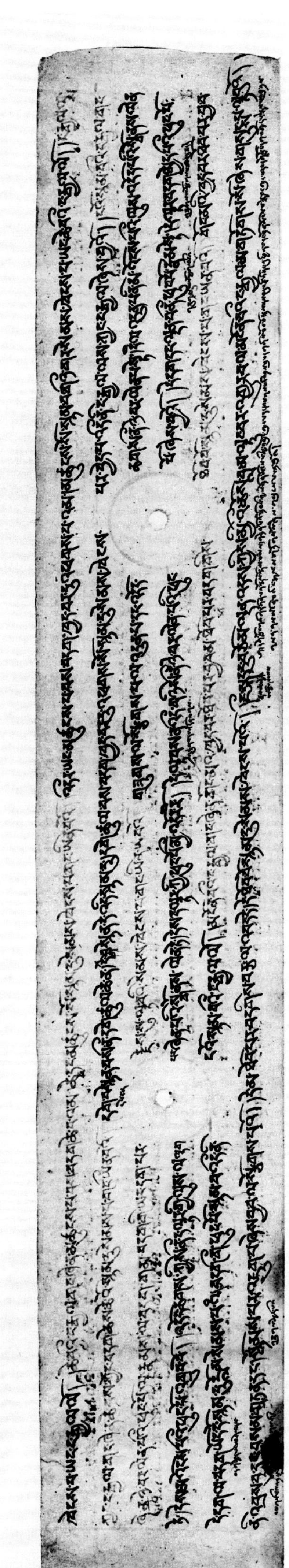

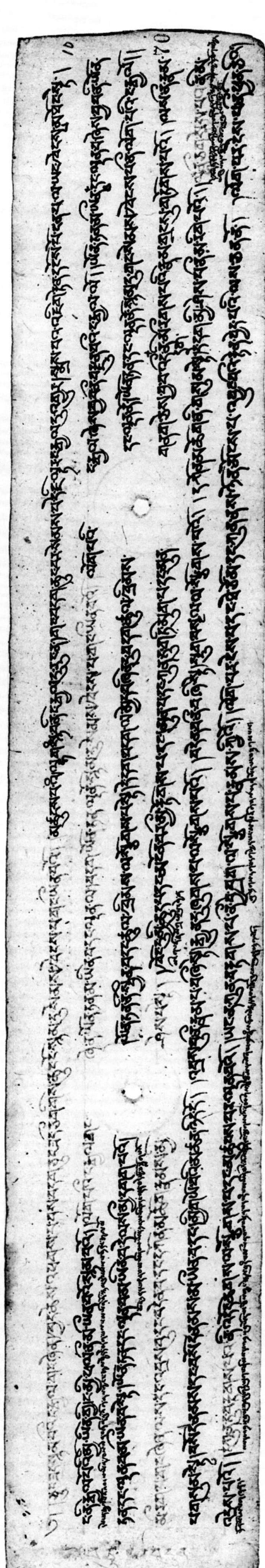

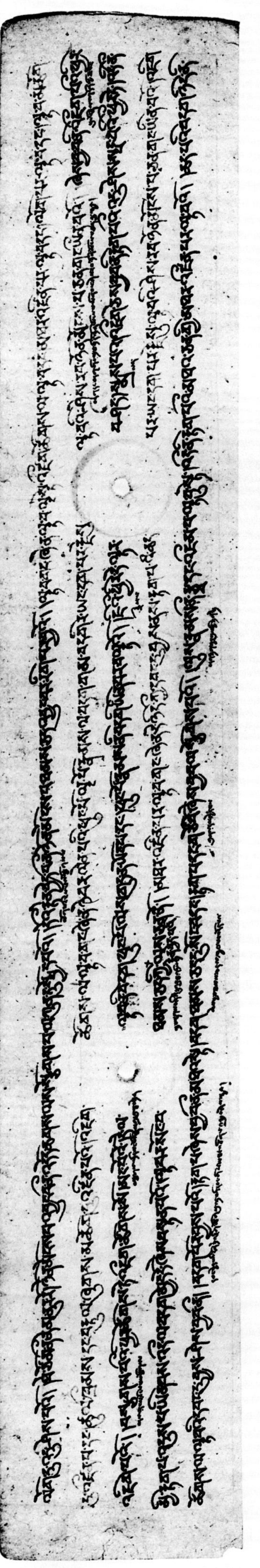

英 IOL.Tib.J.VOL.3　　5.ཕུང་པོ་ལྔ་རྣམ་པར་འགྲེལ་པ།

5.五蘊論注　　(101—48)

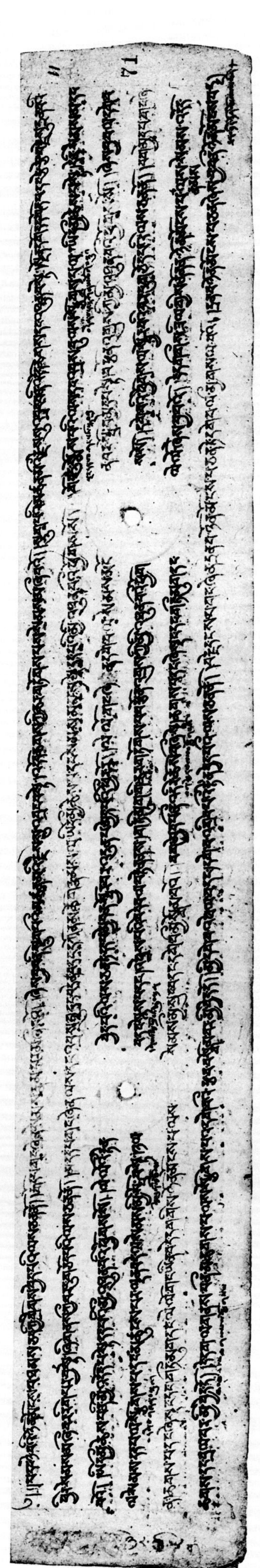

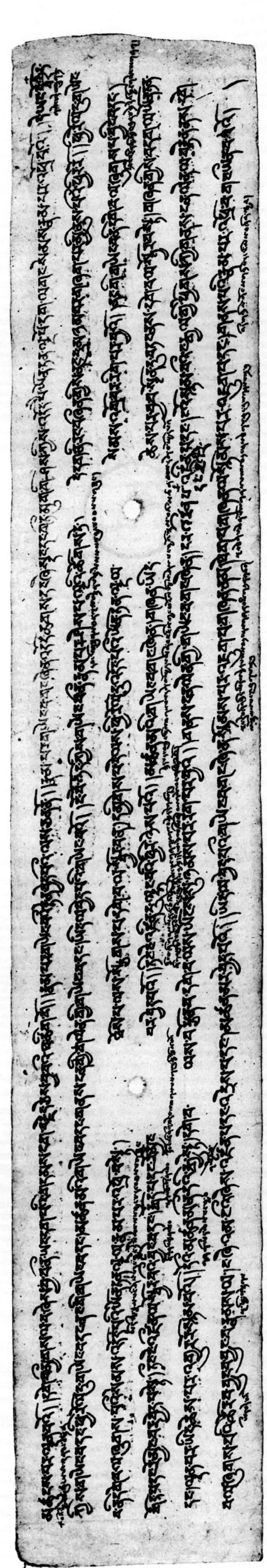

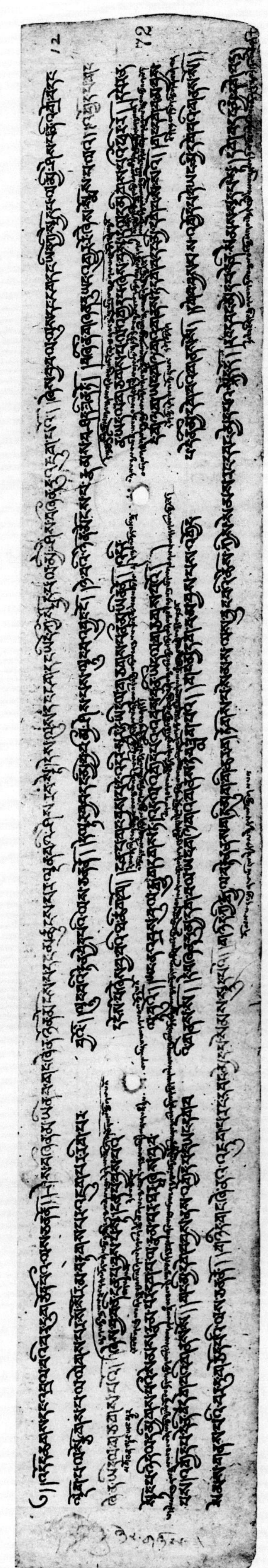

英 IOL.Tib.J.VOL.3　　5.ཕུང་པོ་ལྔ་རྣམ་པར་འགྲེལ་པ།

5.五蘊論注　　(101—49)

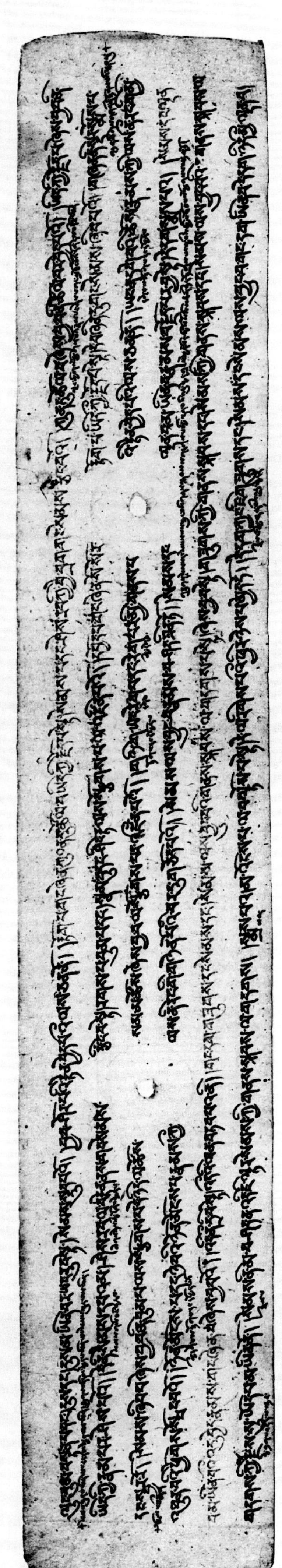

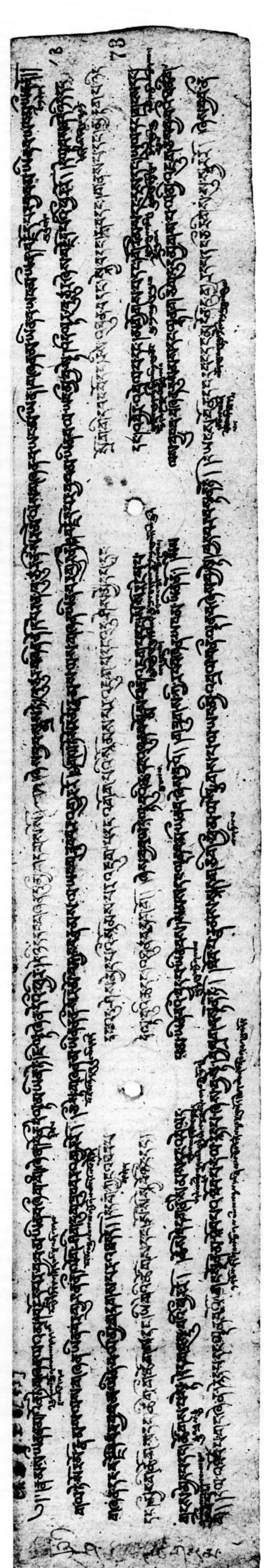

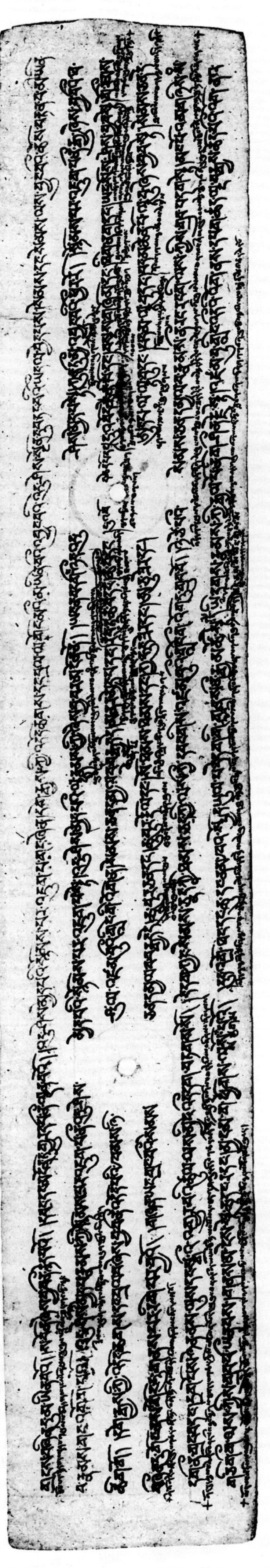

英 IOL.Tib.J.VOL.3　5.ཕུང་པོ་ལྔ་རྣམ་པར་འགྲེལ་པ།

5.五蘊論注　(101—50)

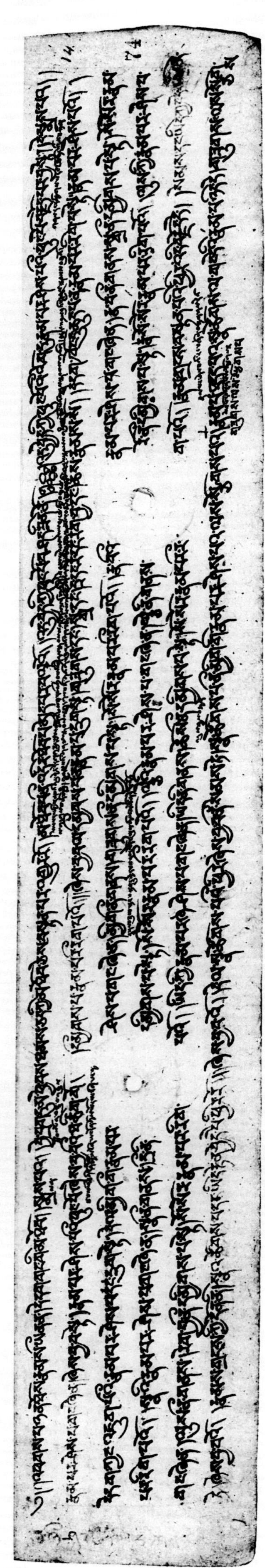

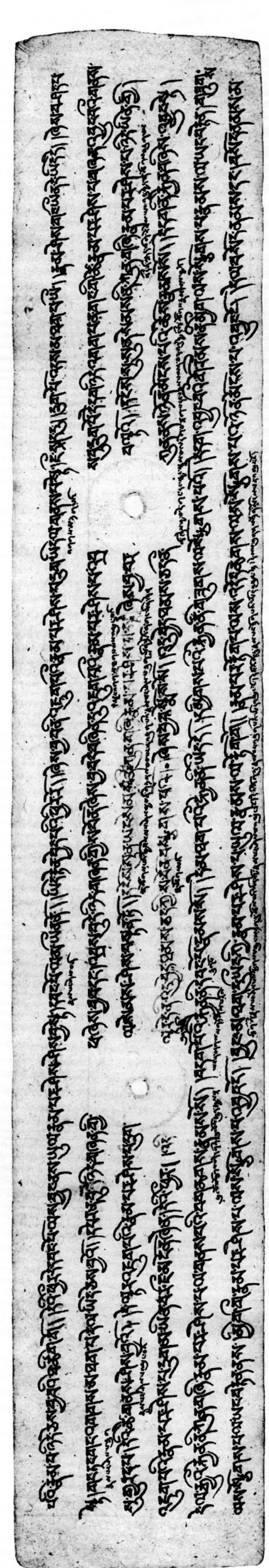

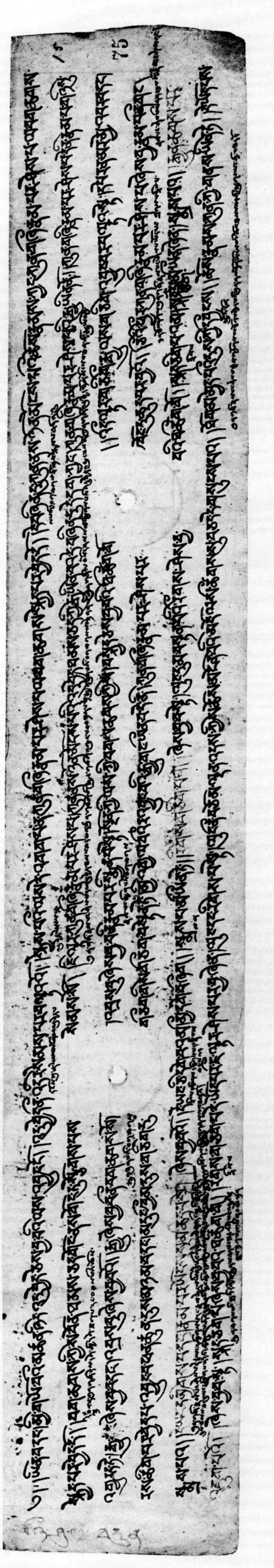

英 IOL.Tib.J.VOL.3　5.ཕུང་པོ་ལྔ་རྣམ་པར་འགྲེལ་པ།

5.五蘊論注　(101—51)

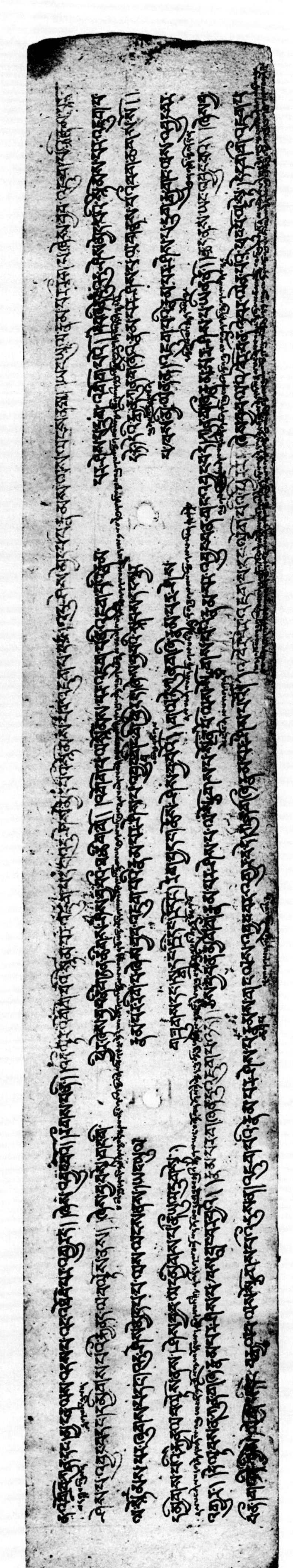

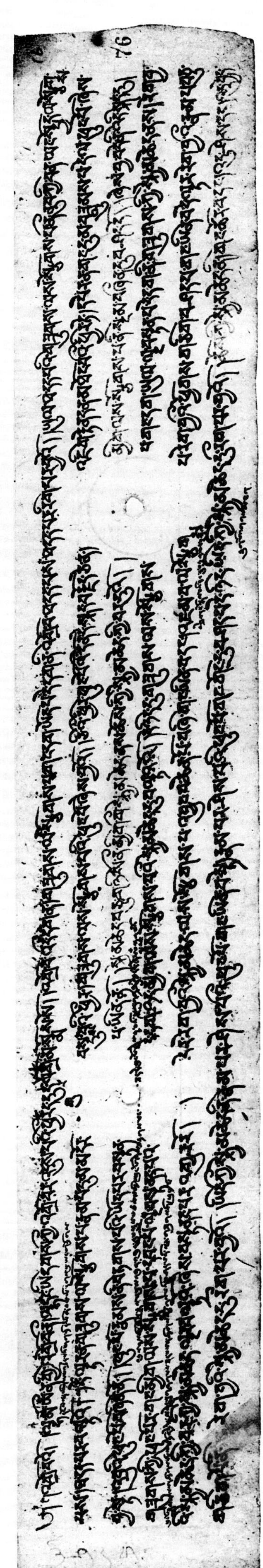

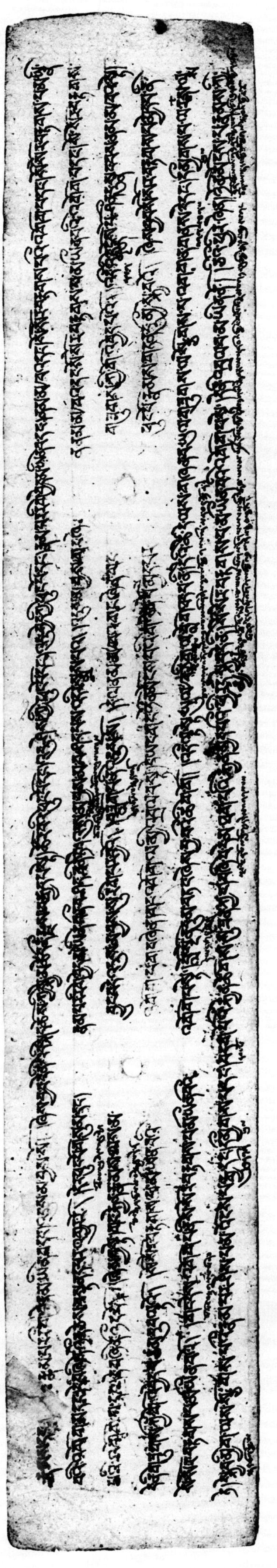

英 IOL.Tib.J.VOL.3　　5.ཕུང་པོ་ལྔ་རྣམ་པར་འགྲེལ་པའ།

5.五蘊論注　　(101—52)

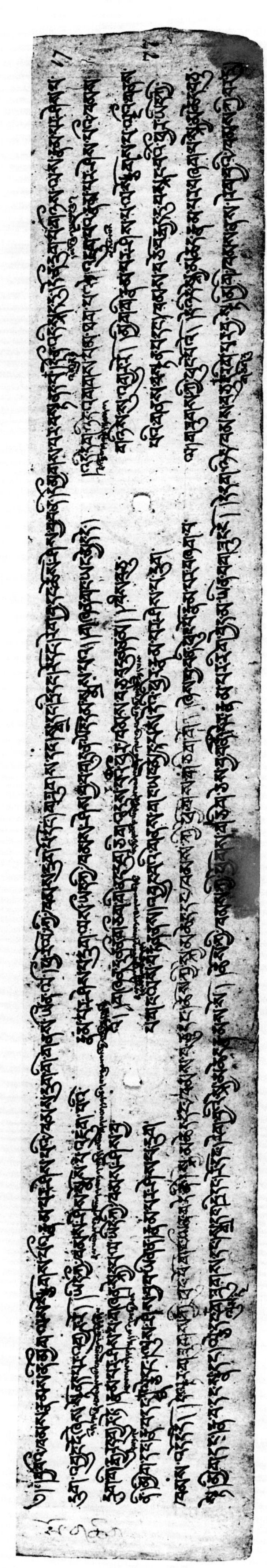

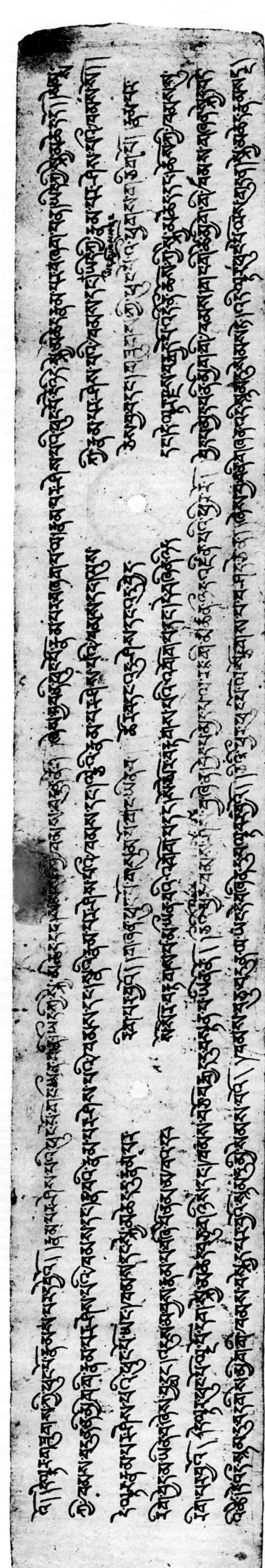

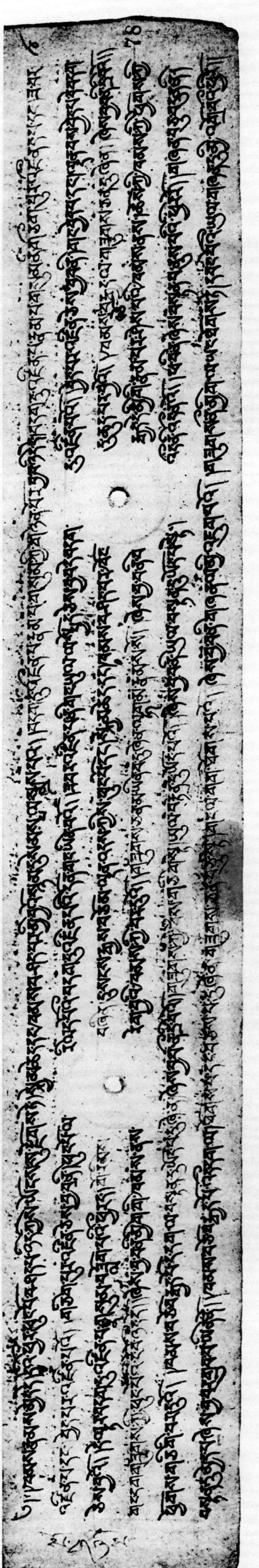

英 IOL.Tib.J.VOL.3　　5.ཕུང་པོ་ལྔ་རྣམ་པར་འགྲེལ་པ།

5.五蘊論注　　(101—53)

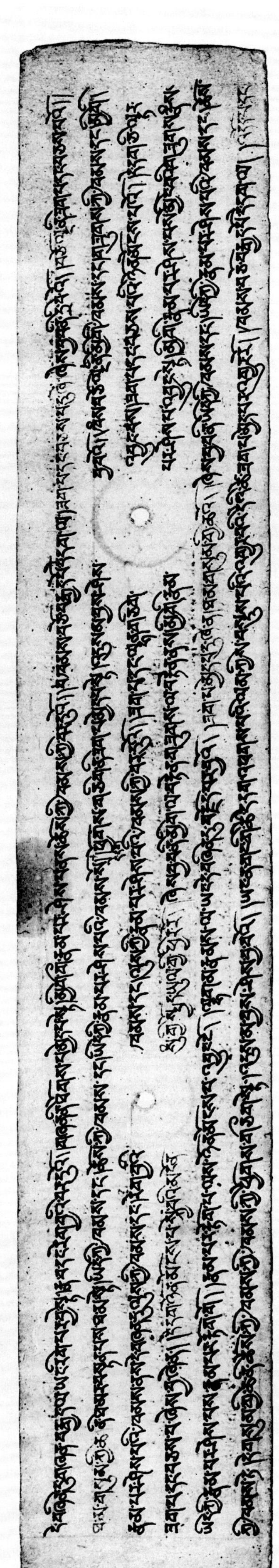

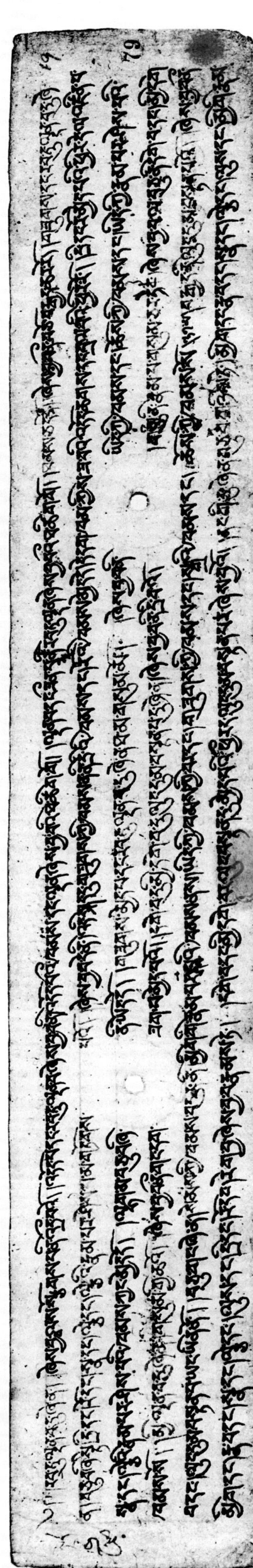

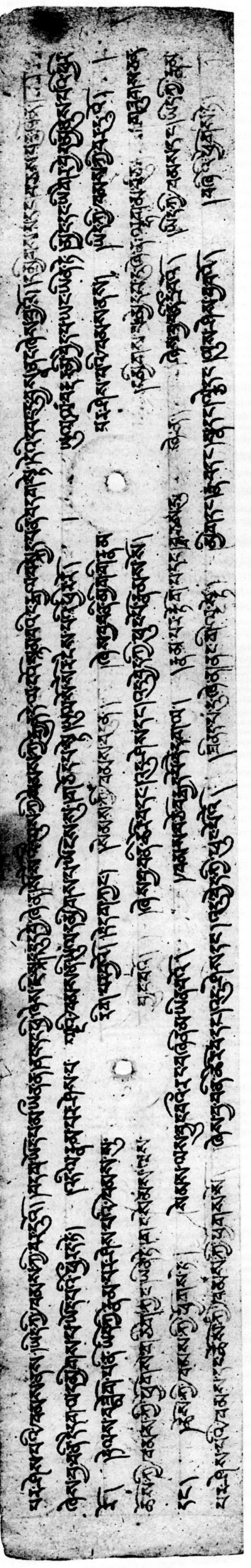

英 IOL.Tib.J.VOL.3　　5.ཕུང་པོ་ལྔ་རྣམ་པར་འགྲེལ་པ།

5.五蘊論注　　(101—54)

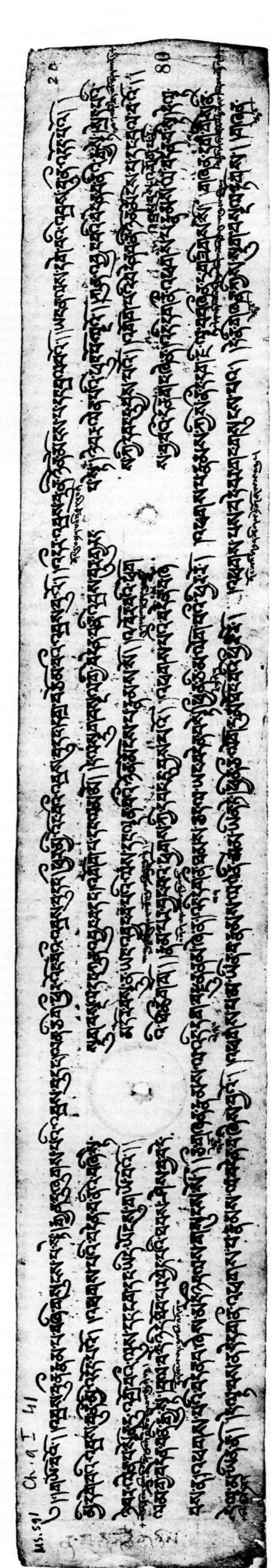

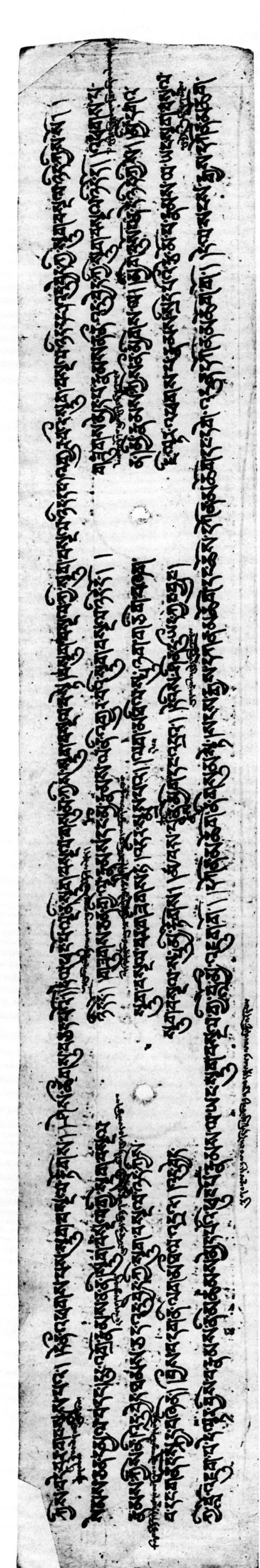

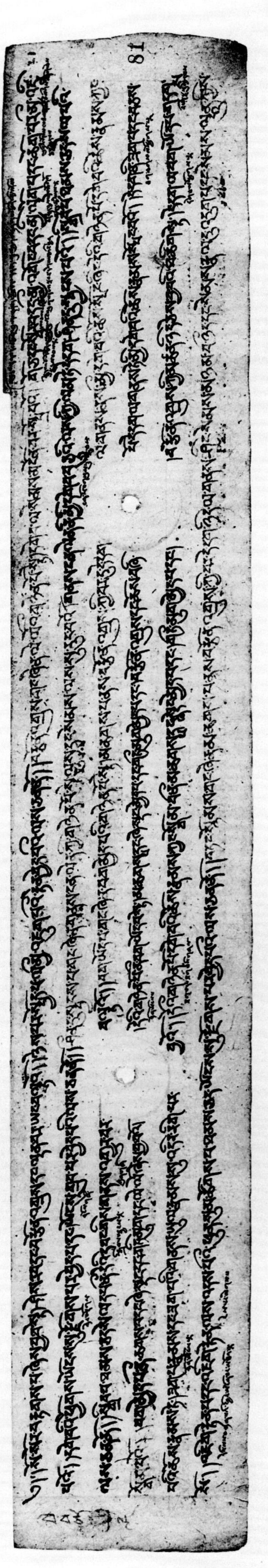

英 IOL.Tib.J.VOL.3　　5.ཕུང་པོ་ལྔ་རྣམ་པར་འགྲེལ་པ།

5.五蘊論注　　(101—55)

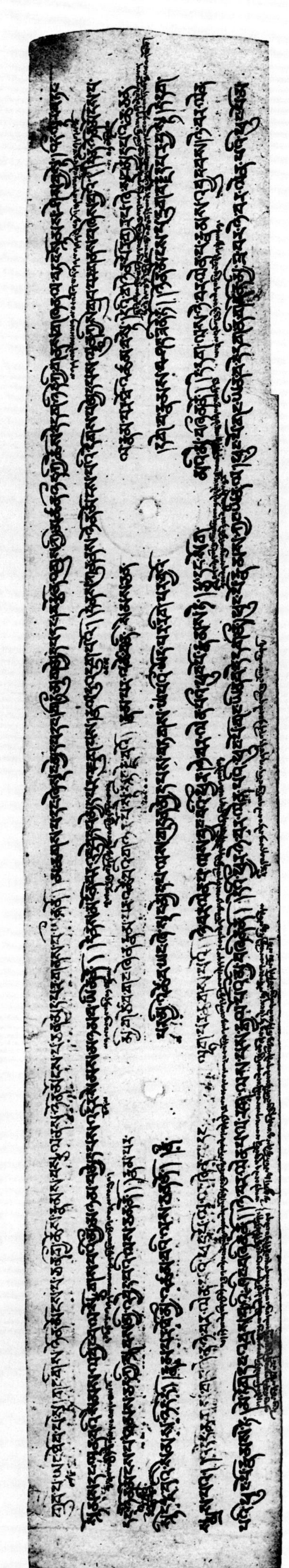
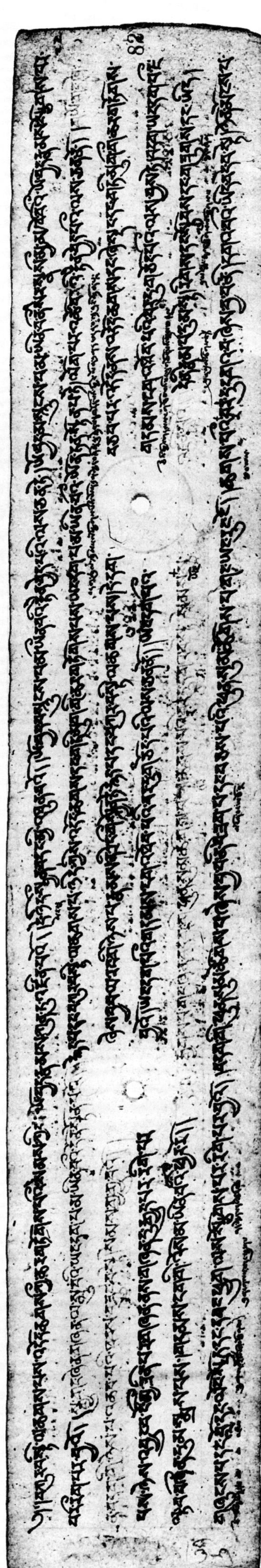
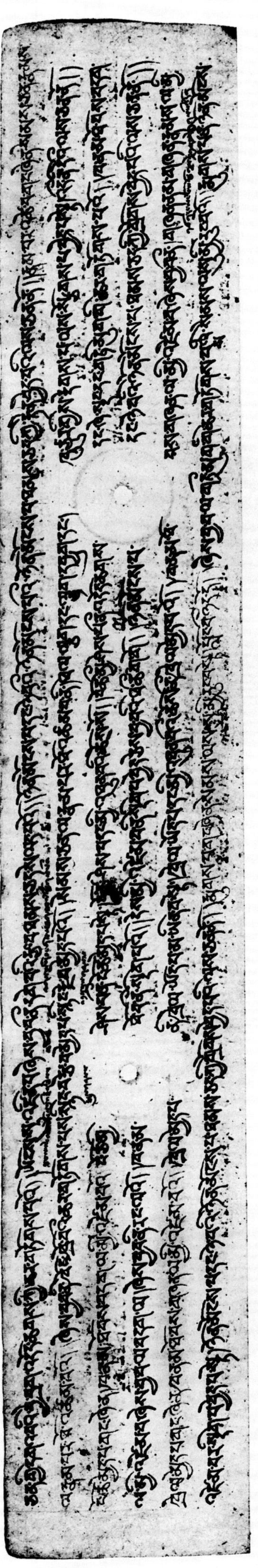

英 IOL.Tib.J.VOL.3　　5.ཕུང་པོ་ལྔ་རྣམ་པར་འགྲེལ་པ།
5.五蘊論注　　(101—56)

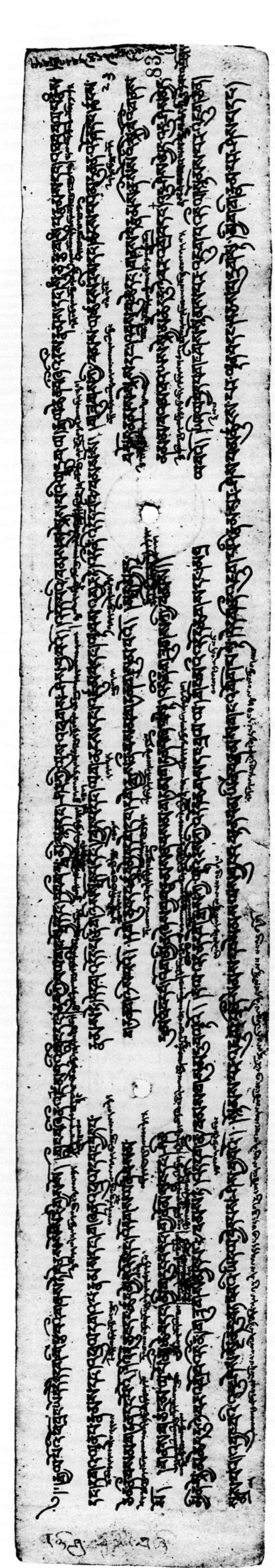

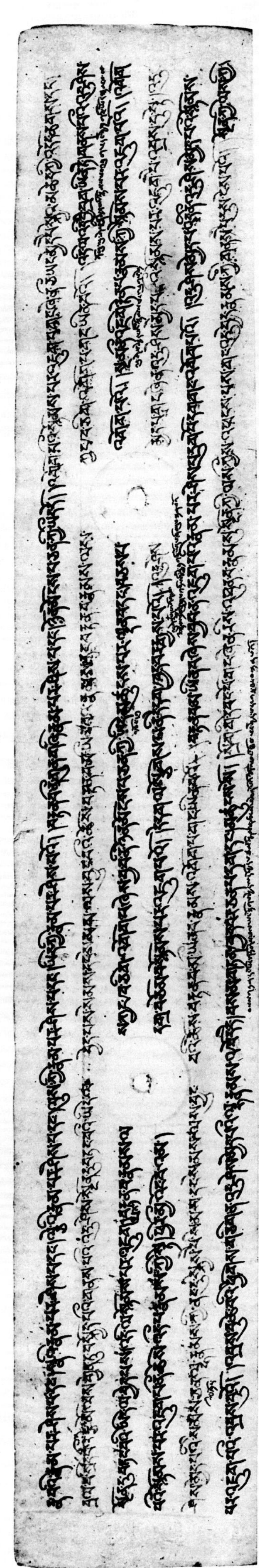

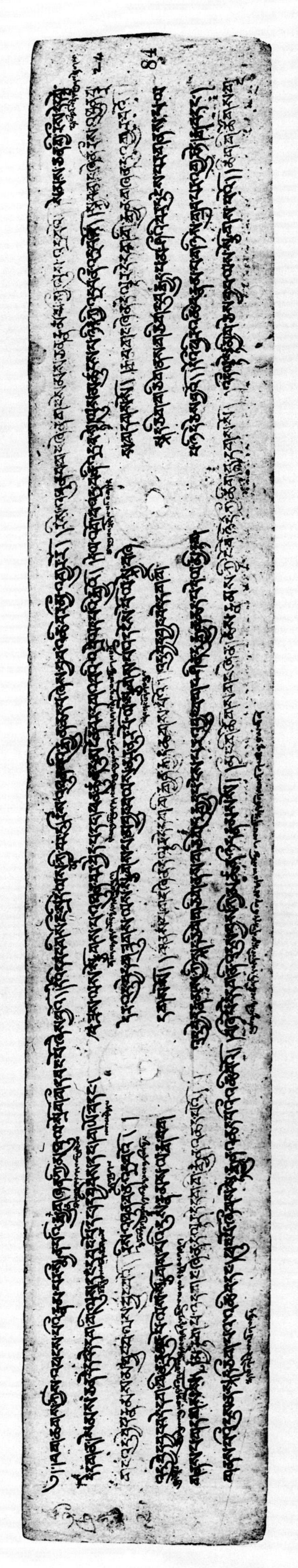

英 IOL.Tib.J.VOL.3　　5.ཕུང་པོ་ལྔ་རྣམ་པར་འགྲེལ་པ།

5.五蘊論注　　(101—57)

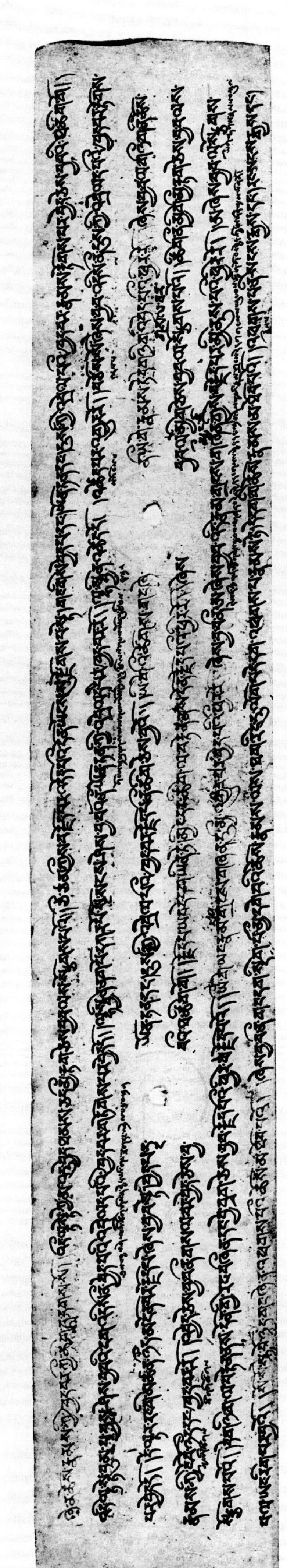

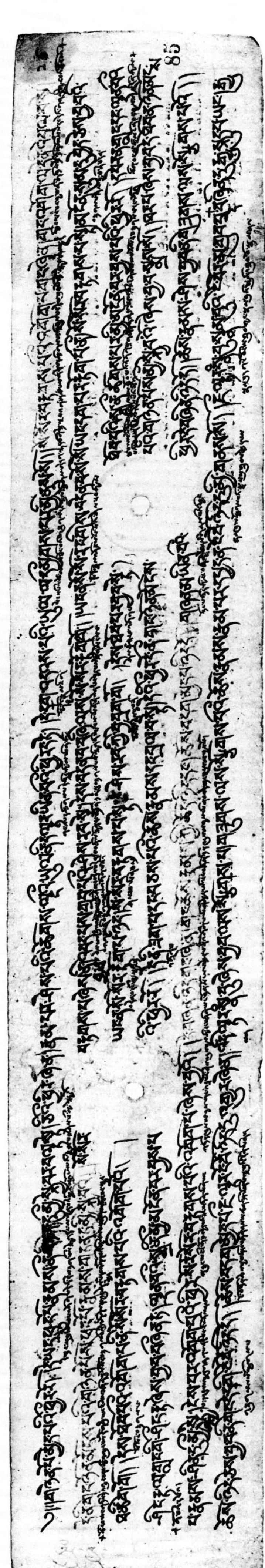

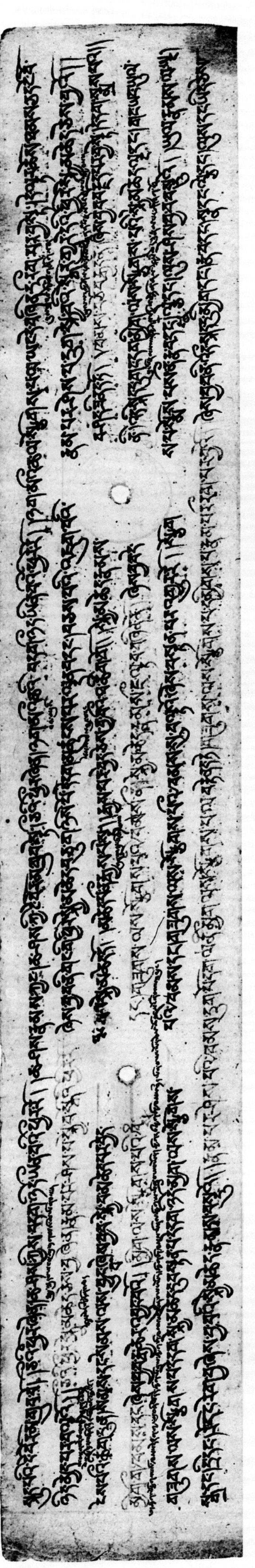

英 IOL.Tib.J.VOL.3　　5.ཕུང་པོ་ལྔ་རྣམ་པར་འགྲེལ་པ།

5.五蘊論注　　(101—58)

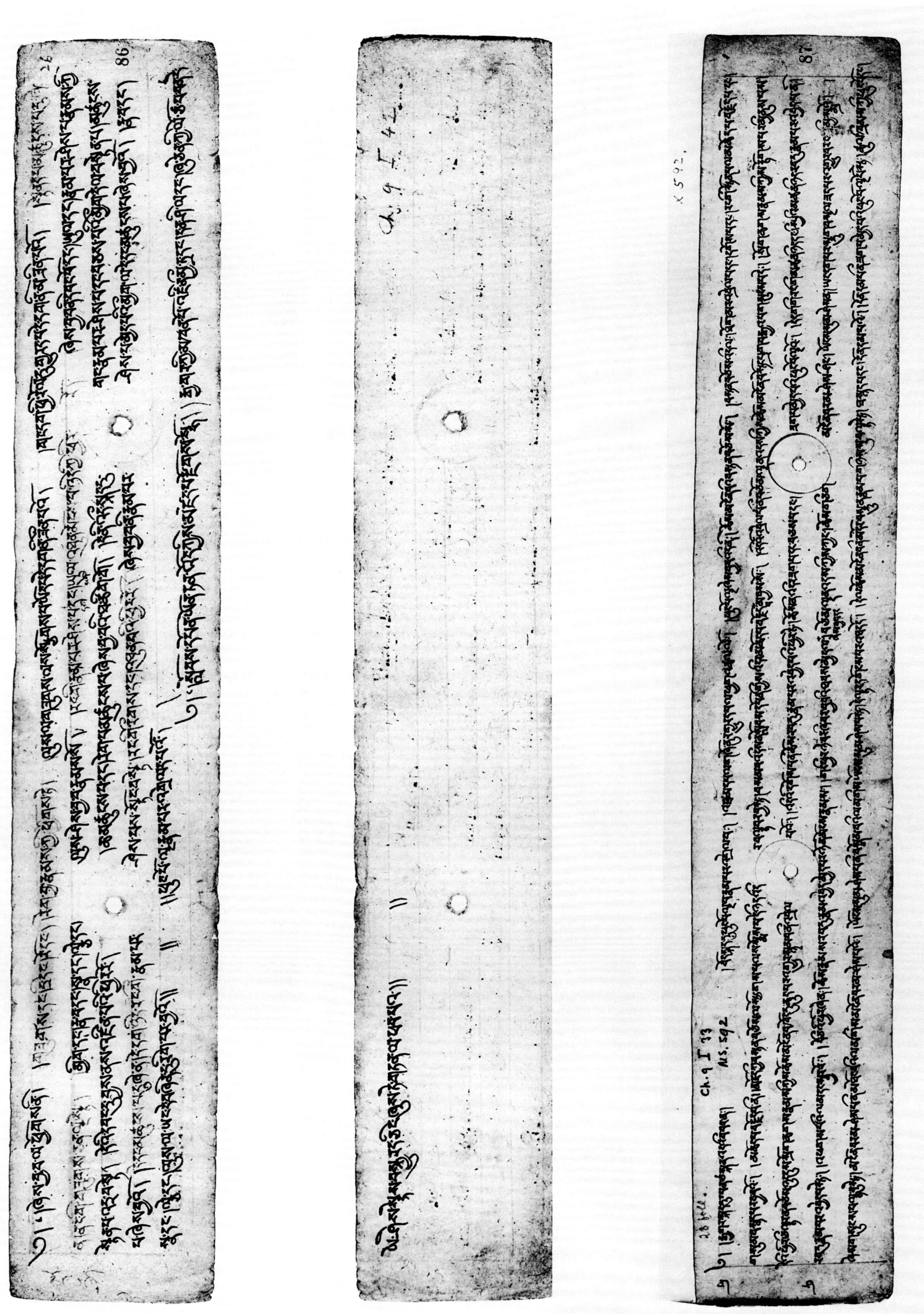

英 IOL.Tib.J.VOL.3　5.ཕུང་པོ་ལྔ་རྣམ་པར་འགྲེལ་པ།
5.五蘊論注　(101—59)

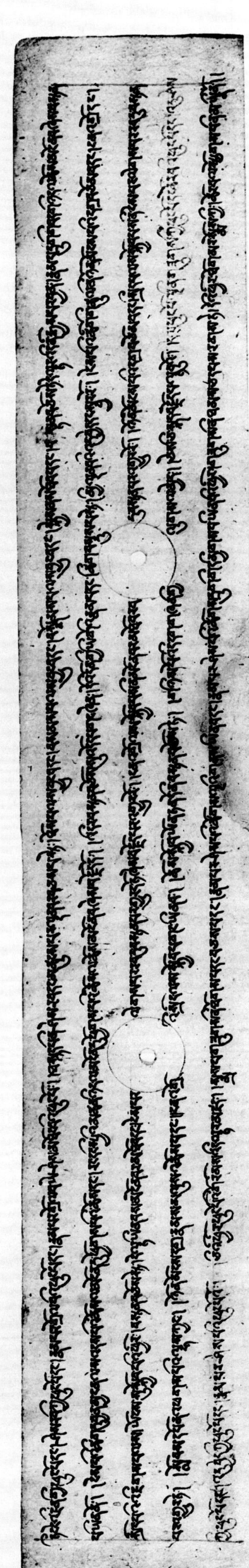

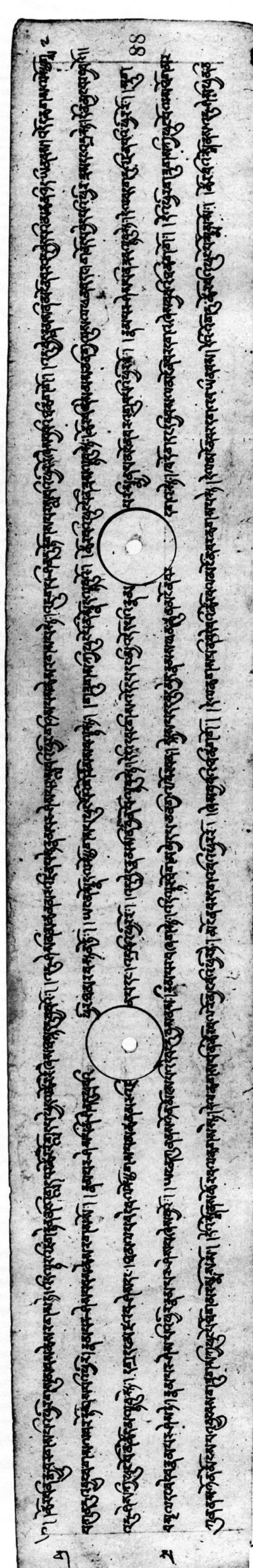

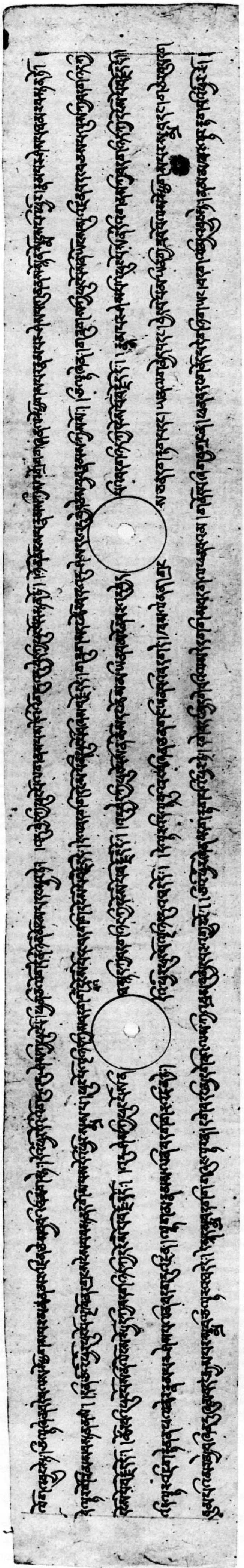

英 IOL.Tib.J.VOL.3　　5.ཕུང་པོ་ལྔ་རྣམ་པར་འགྲེལ་པ།

5.五蘊論注　　(101—60)

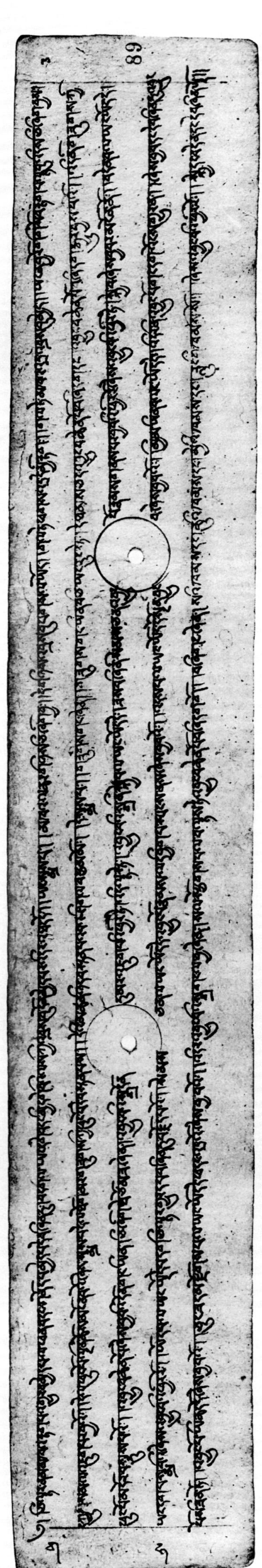

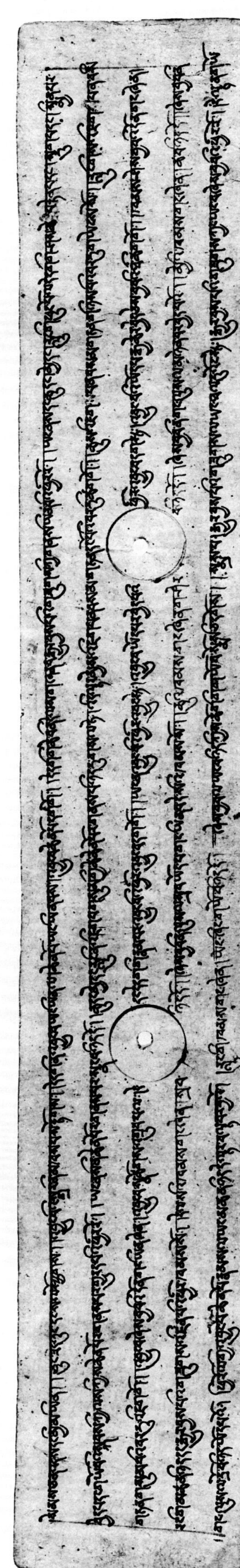

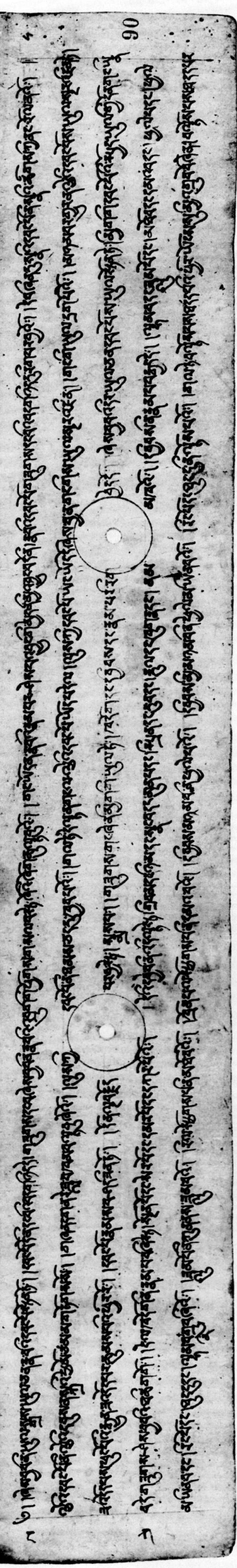

英 IOL.Tib.J.VOL.3　　5.ཕུང་པོ་ལྔ་རྣམ་པར་འགྲེལ་པ།

5.五蘊論注　　(101—61)

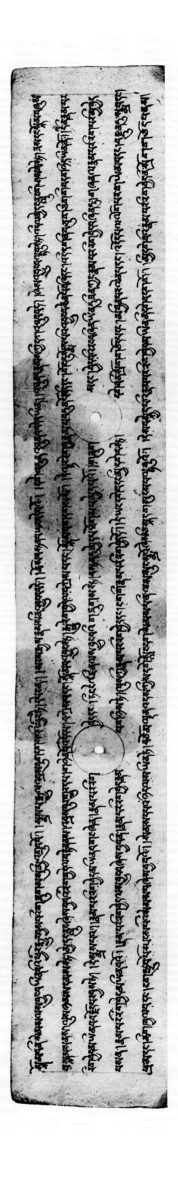

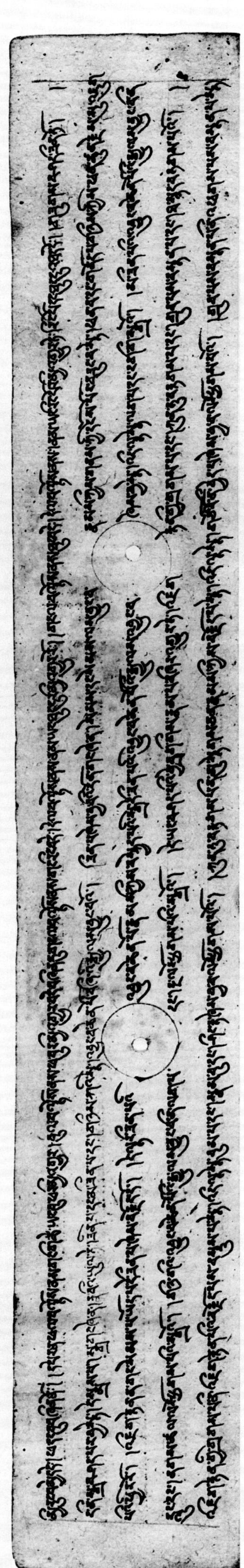

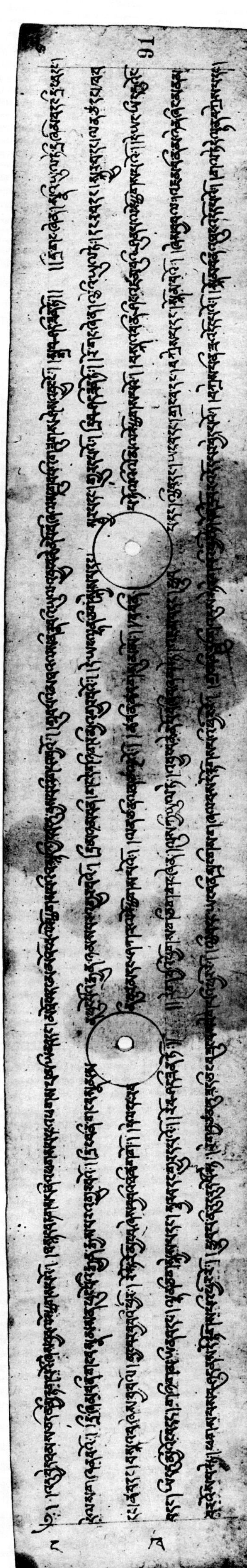

英 IOL.Tib.J.VOL.3　5.ཕུང་པོ་ལྔ་རྣམ་པར་འགྲེལ་པ།

5.五蘊論注　(101—62)

英 IOL.Tib.J.VOL.3　　5.ཕུང་པོ་ལྔ་རྣམ་པར་འགྲེལ་པ།

5.五蕴論注　　(101—63)

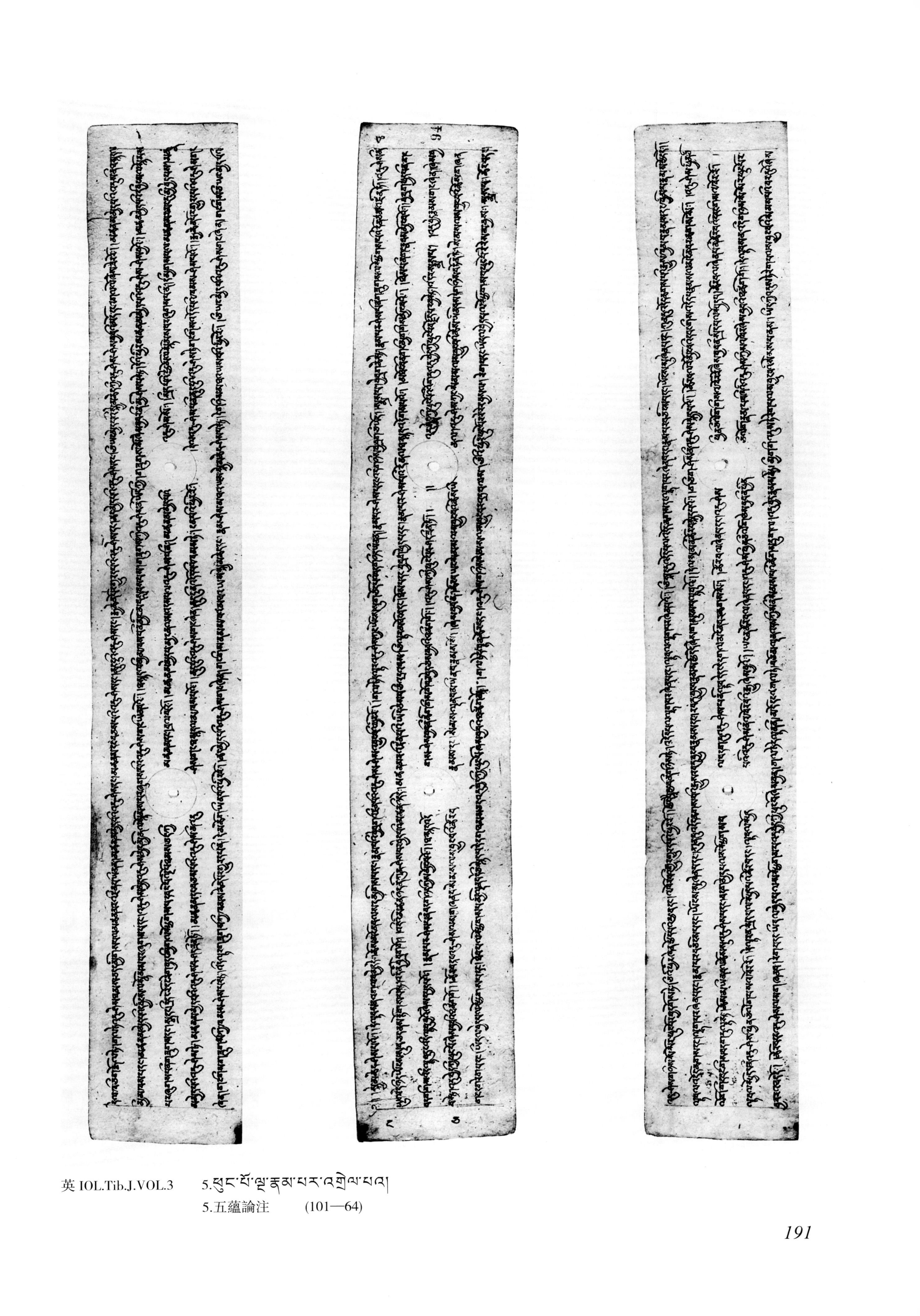

英 IOL.Tib.J.VOL.3　　5.ཕུང་པོ་ལྔ་རྣམ་པར་འགྲེལ་པའ།

5.五蘊論注　　(101—64)

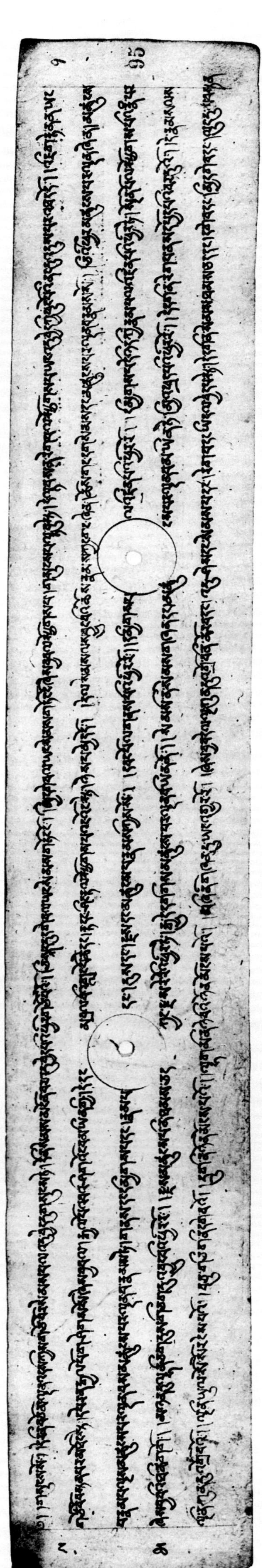

英 IOL.Tib.J.VOL.3　　5.ཕུང་པོ་ལྔ་རྣམ་པར་འགྲེལ་པ།

5.五蘊論注　　(101—65)

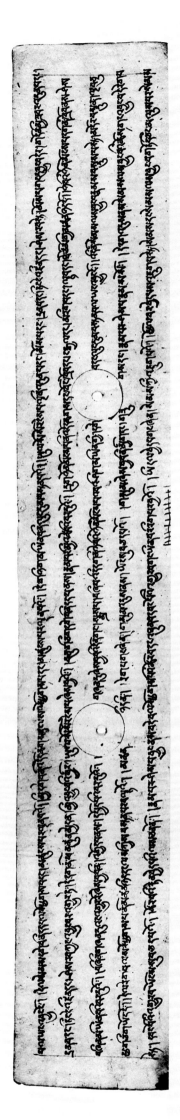

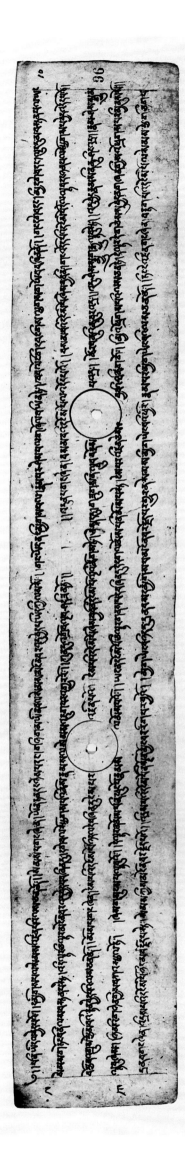

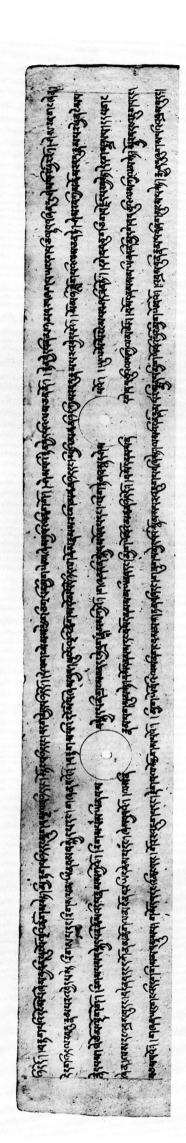

英 IOL.Tib.J.VOL.3　　5.ཕུང་པོ་ལྔ་རྣམ་པར་འགྲེལ་པའ།

5.五蘊論注　　(101—66)

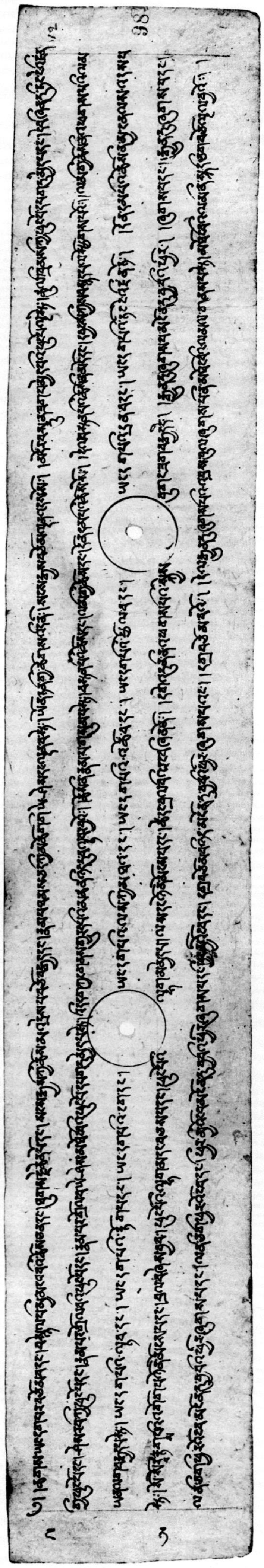

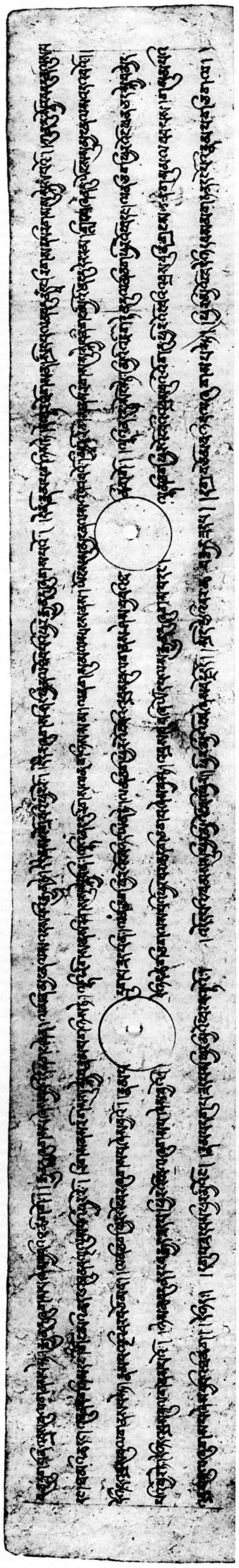

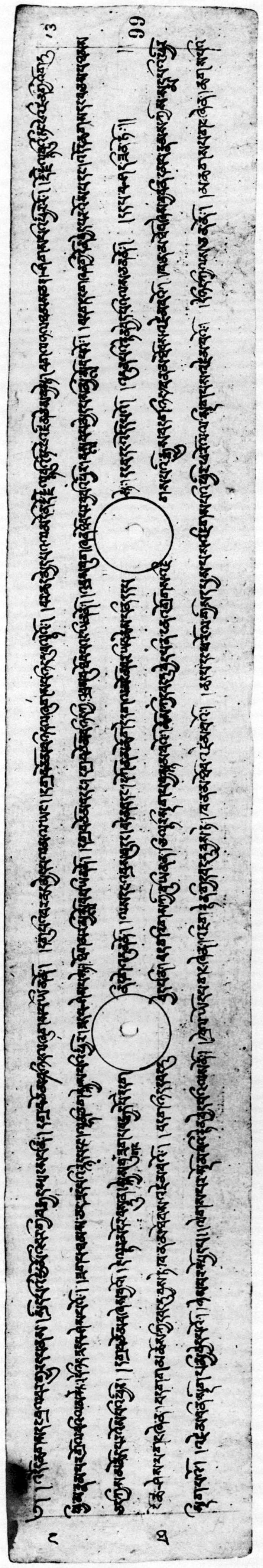

英 IOL.Tib.J.VOL.3 5.ཕུང་པོ་ལྔ་རྣམ་པར་འགྲེལ་པ།

5.五蘊論注 (101—67)

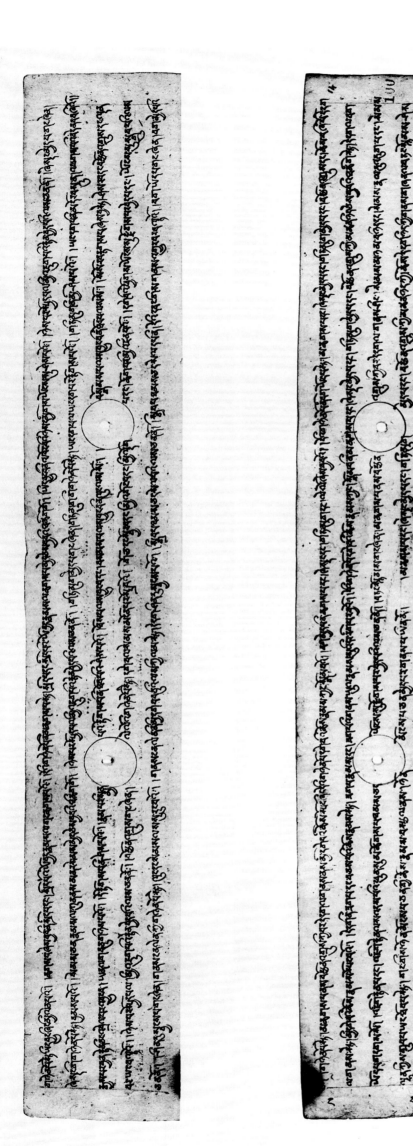

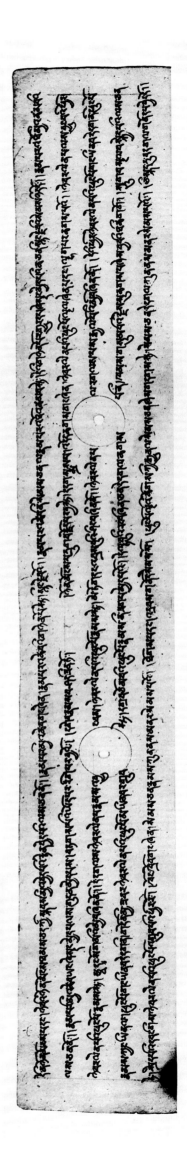

英 IOL.Tib.J.VOL.3　5.ཕུང་པོ་ལྔ་རྣམ་པར་འགྲེལ་པ།

5.五蘊論注　(101—68)

英 IOL.Tib.J.VOL.3　　5.ཕུང་པོ་ལྔ་རྣམ་པར་འགྲེལ་པ།

5.五蘊論注　　(101—69)

英 IOL.Tib.J.VOL.3　　5.ཕུང་པོ་ལྔ་རྣམ་པར་འགྲེལ་པའ།

5.五蘊論注　　(101—70)

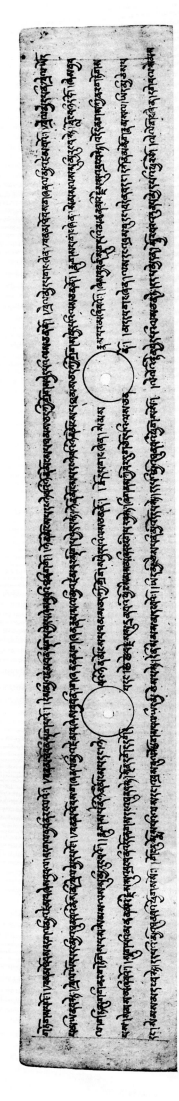

英 IOL.Tib.J.VOL.3　　5.ཕུང་པོ་ལྔ་རྣམ་པར་འགྲེལ་པའ།

5.五蘊論注　　(101—71)

英 IOL.Tib.J.VOL.3　　5.ཕུང་པོ་ལྔ་རྣམ་པར་འགྲེལ་པ།

5.五蘊論注　　(101—72)

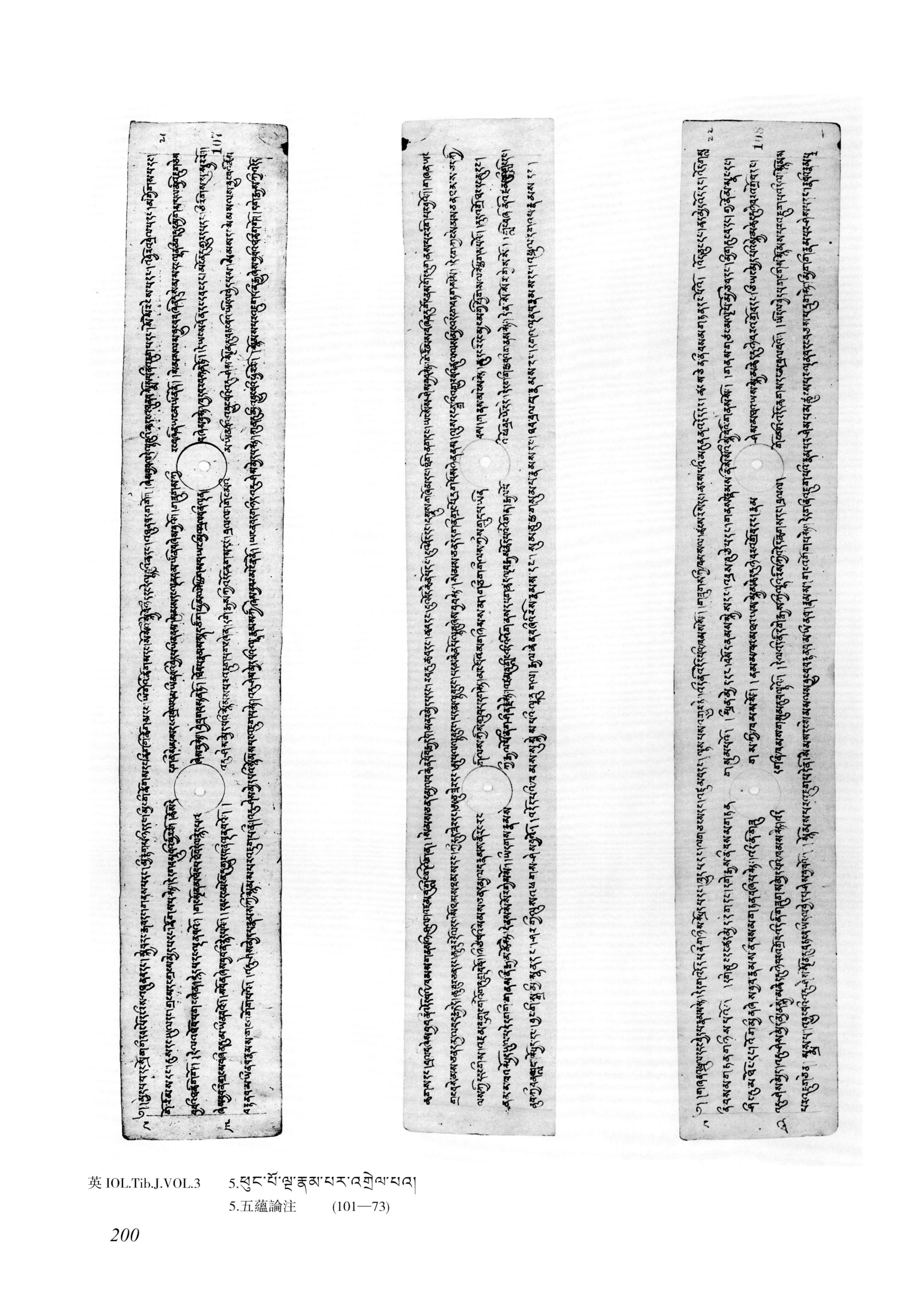

英 IOL.Tib.J.VOL.3　　5.ཕུང་པོ་ལྔ་རྣམ་པར་འགྲེལ་པ།

5.五蘊論注　　(101—73)

英 IOL.Tib.J.VOL.3　　5.ཕུང་པོ་ལྔ་རྣམ་པར་འགྲེལ་པ།

5.五蘊論注　　(101—74)

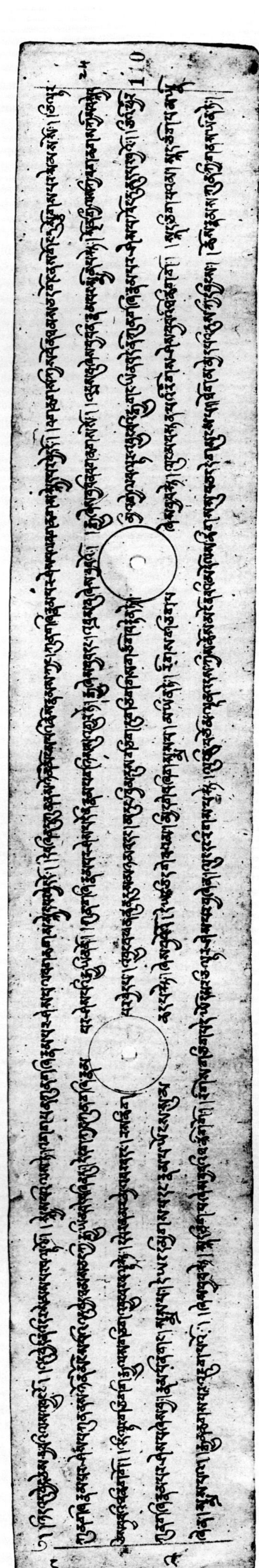

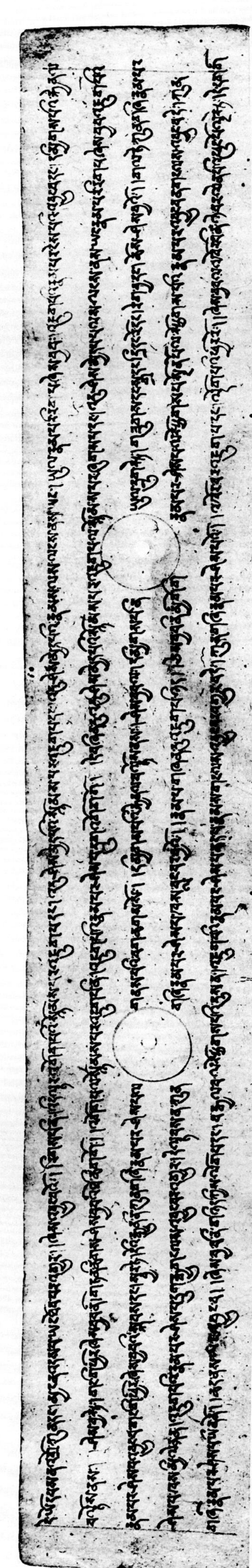

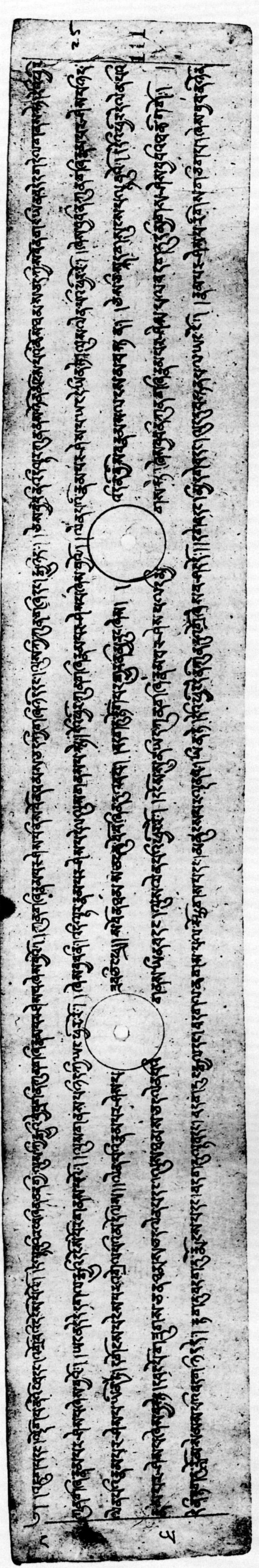

英 IOL.Tib.J.VOL.3　　5.ཕུང་པོ་ལྔ་རྣམ་པར་འགྲེལ་པ།
5.五蘊論注　　(101—75)

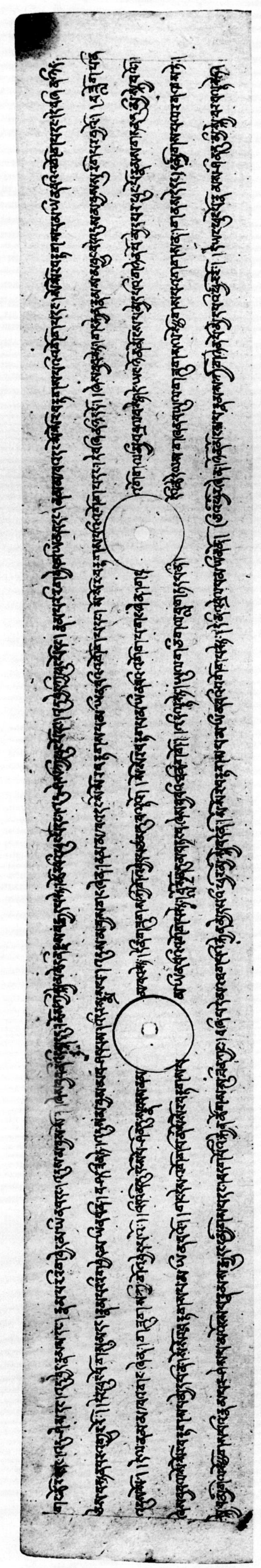

英 IOL.Tib.J.VOL.3　　5.ཕུང་པོ་ལྔ་རྣམ་པར་འགྲེལ་པ།

5.五蘊論注　　(101—76)

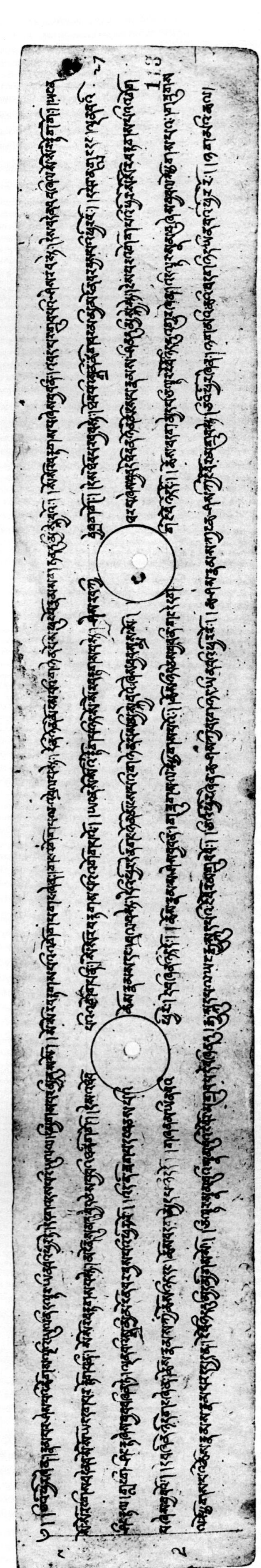

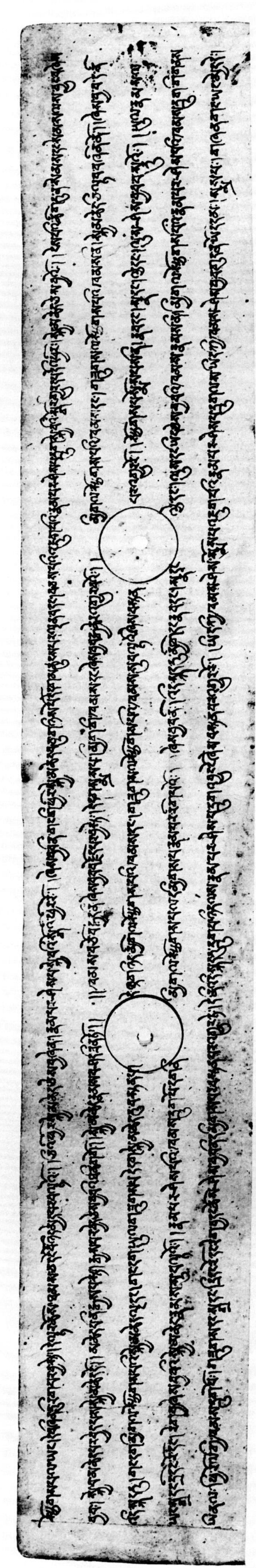

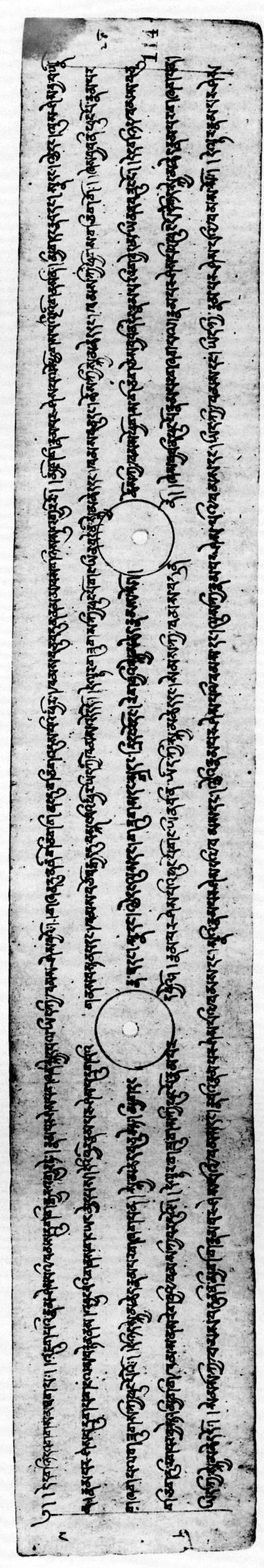

英 IOL.Tib.J.VOL.3　　5.ཕུང་པོ་ལྔ་རྣམ་པར་འགྲེལ་པ།

5.五蘊論注　　(101—77)

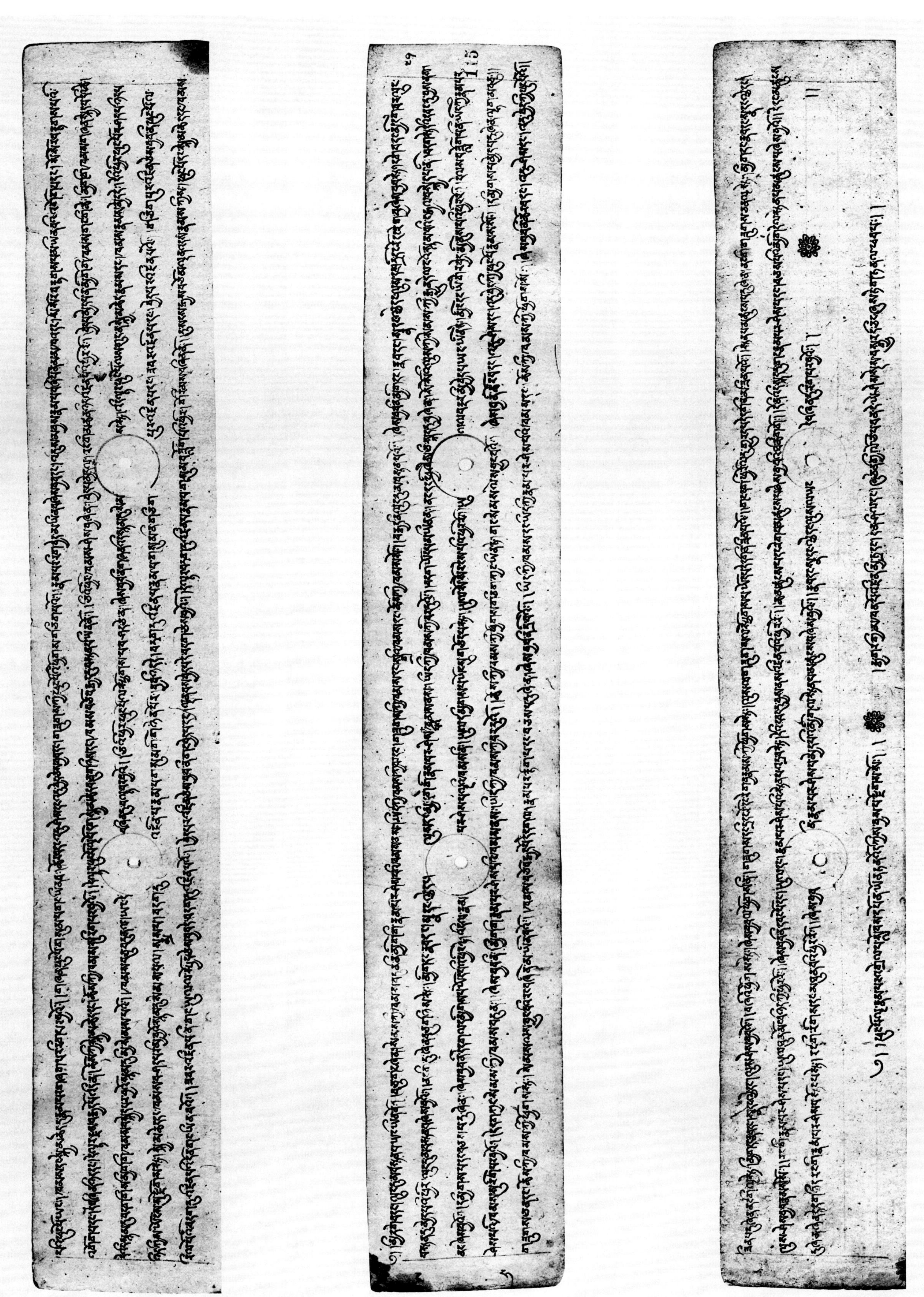

英 IOL.Tib.J.VOL.3　　5.ཕུང་པོ་ལྔ་རྣམ་པར་འགྲེལ་པ།

5.五蘊論注　　(101—78)

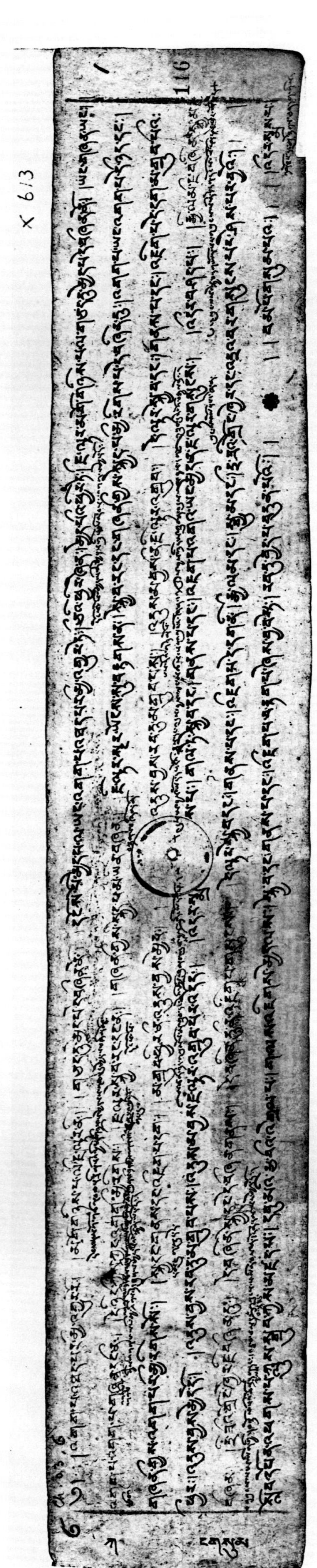

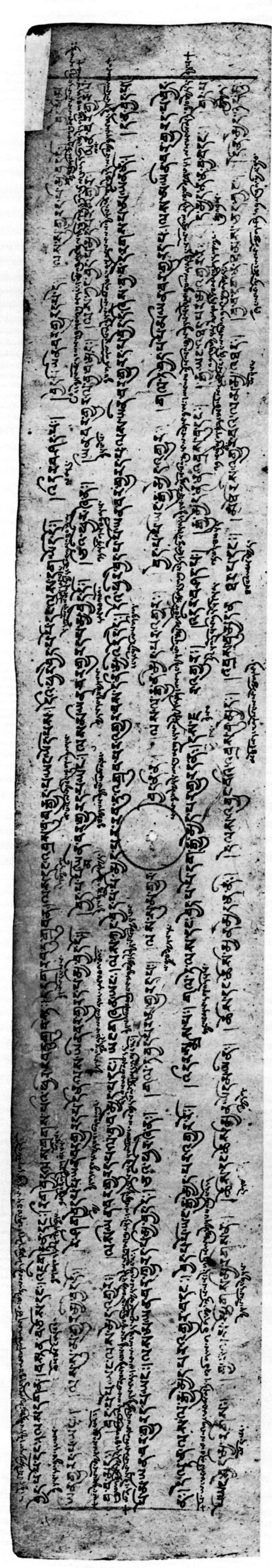

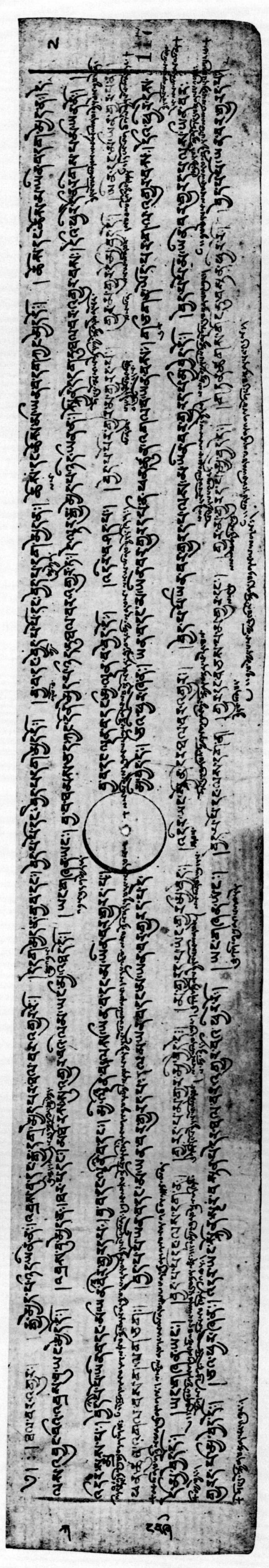

英 IOL.Tib.J.VOL.3　　6.དབུ་མ་རྩ་བའི་འགྲེལ་པ་ག་ལས་འཇིགས་མེད།

6.中觀根本無畏釋　　(101—79)

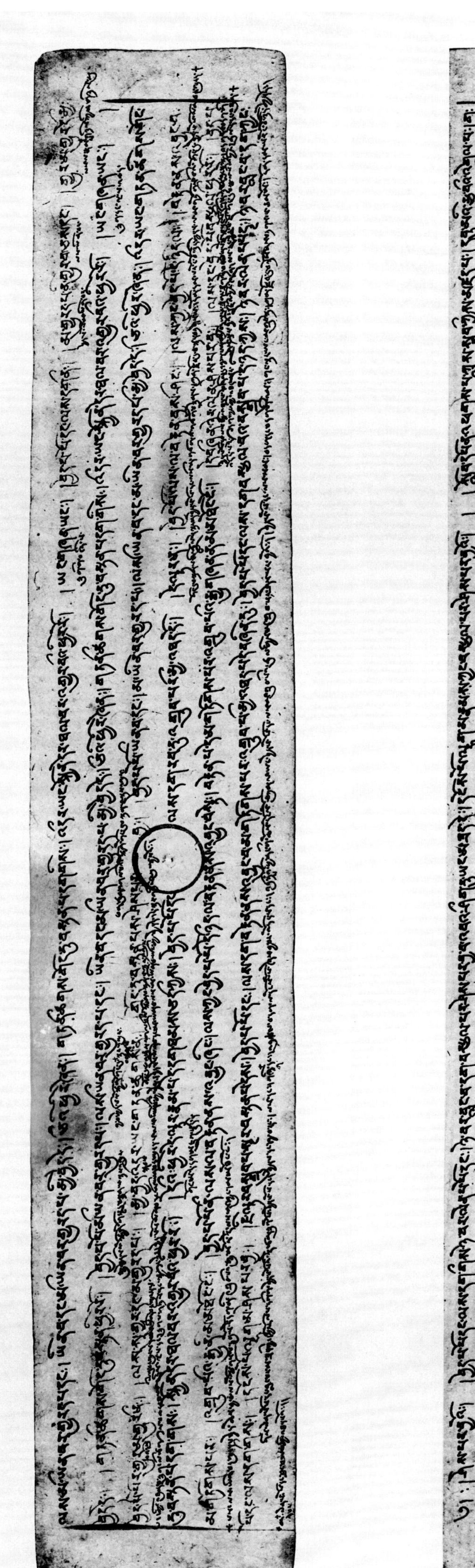

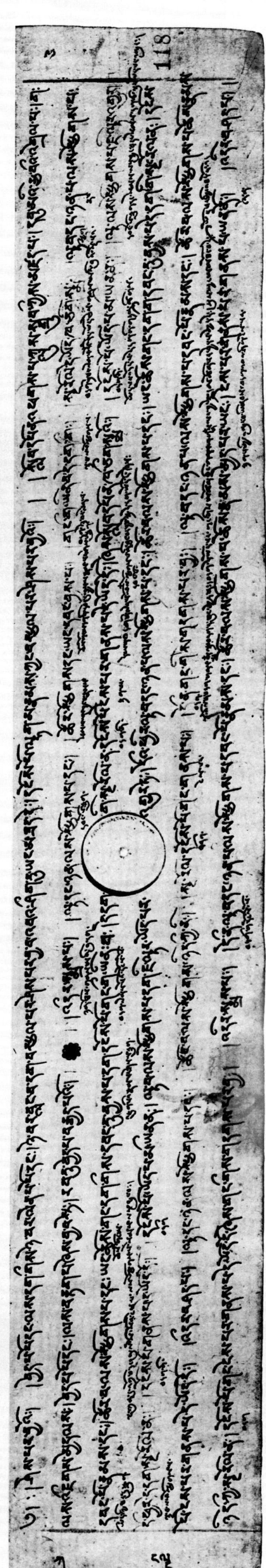

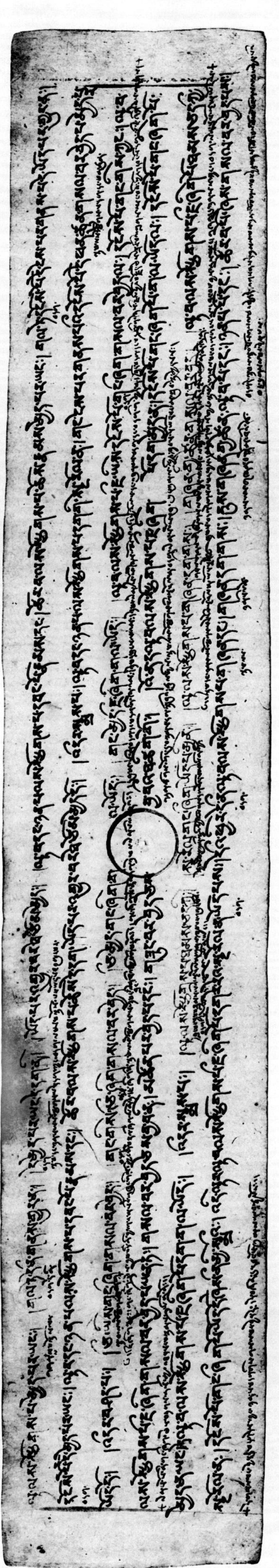

英 IOL.Tib.J.VOL.3　6.དབུ་མ་རྩ་བའི་འགྲེལ་པ་ག་ལས་འཇིགས་མེད།

6.中觀根本無畏釋　(101—80)

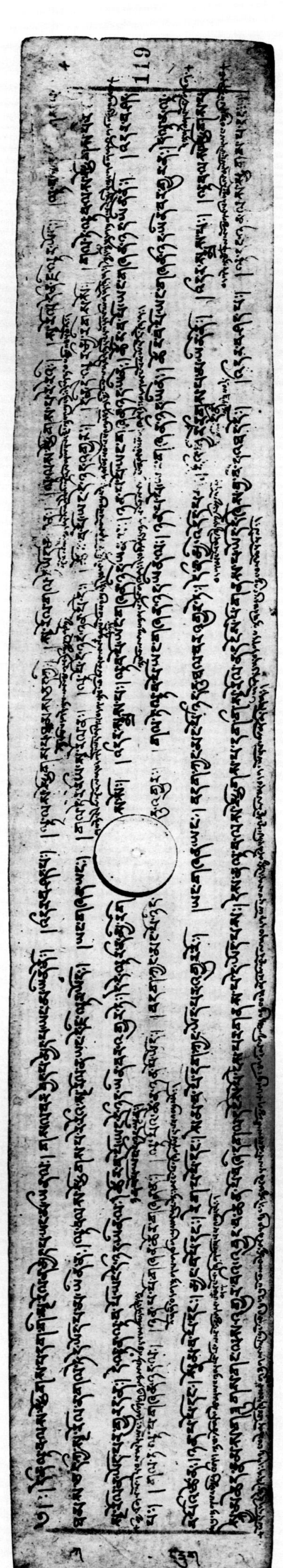

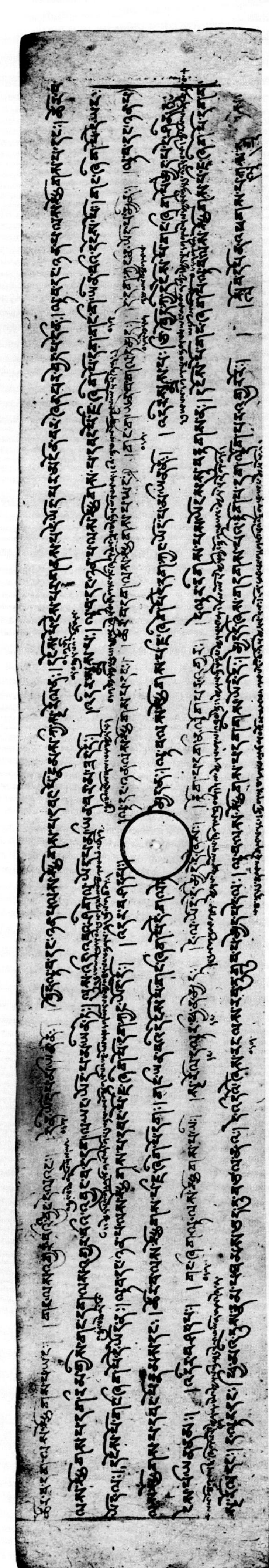

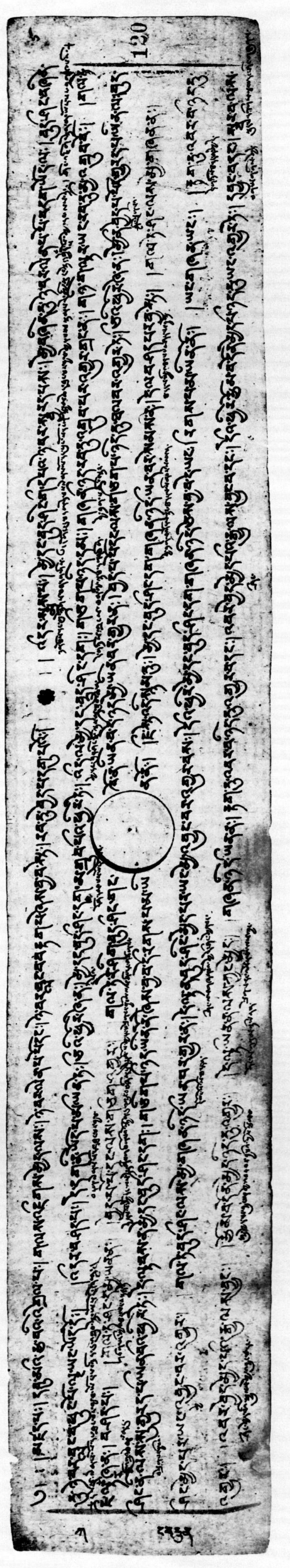

英 IOL.Tib.J.VOL.3　6.དབུ་མ་རྩ་བའི་འགྲེལ་པ་ག་ལས་འཇིགས་མྱེད།

6.中觀根本無畏釋　(101—81)

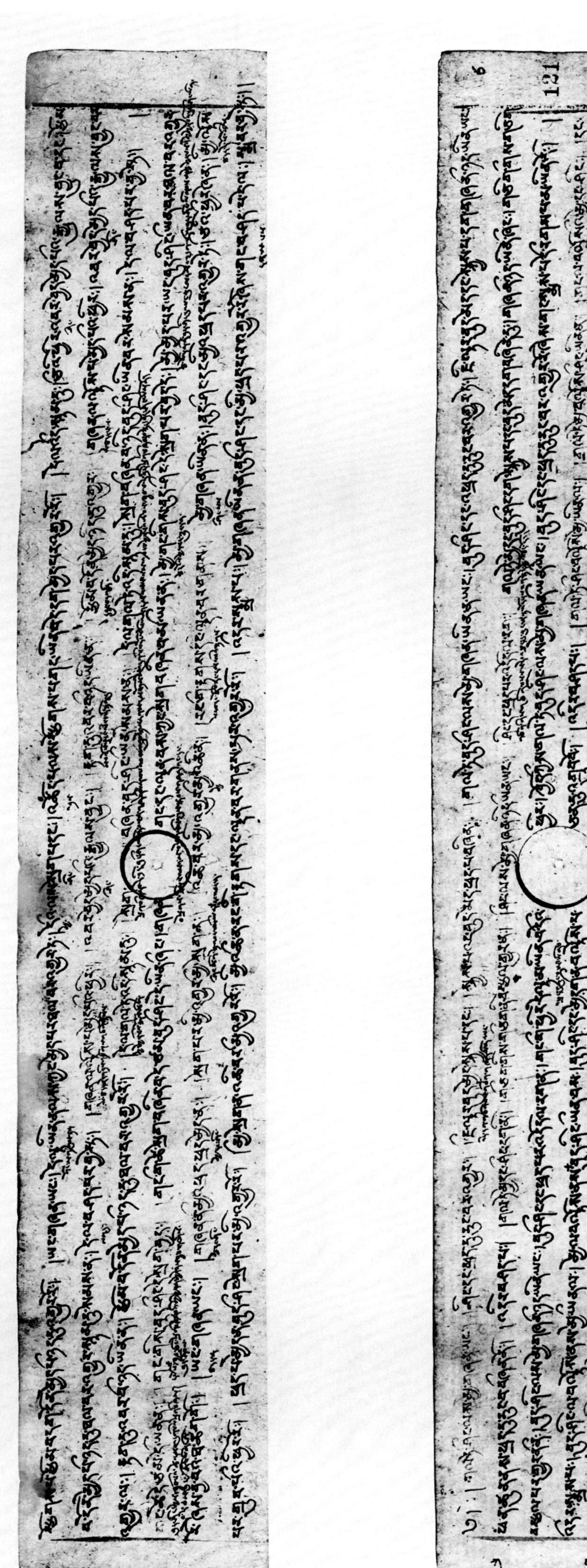

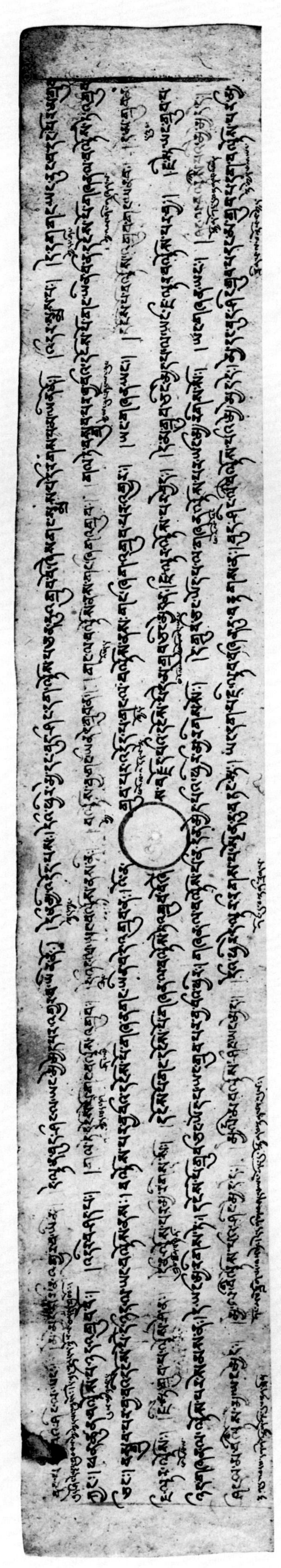

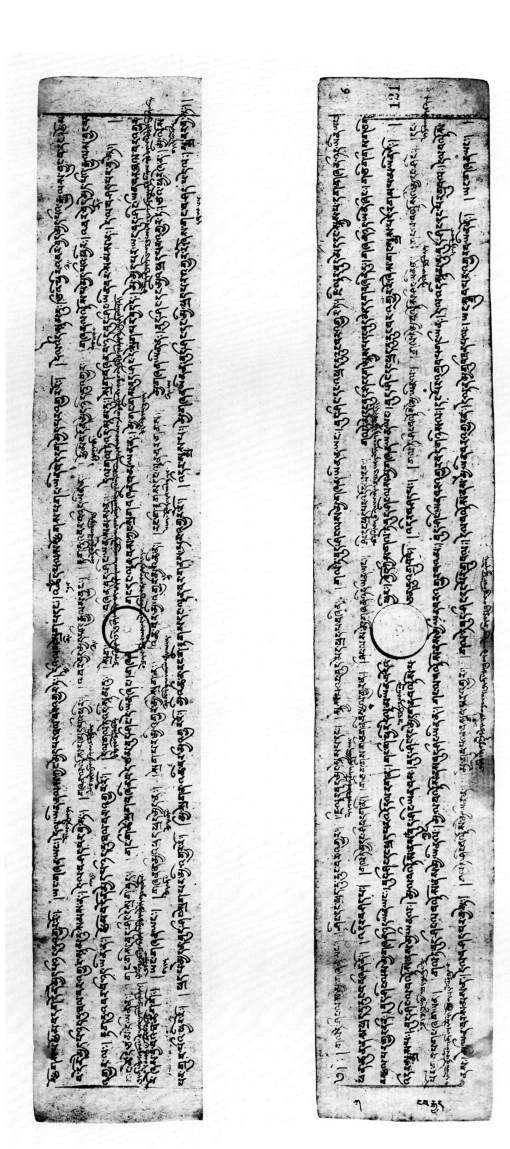

英 IOL.Tib.J.VOL.3　　6.དབུ་མ་རྩ་བའི་འགྲེལ་པ་ག་ལས་འཇིགས་མེད།

6.中觀根本無畏釋　　(101—82)

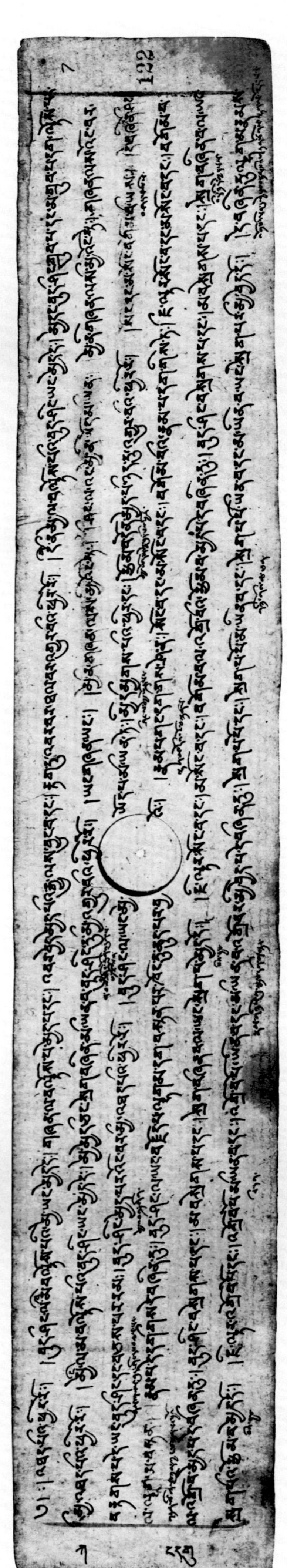

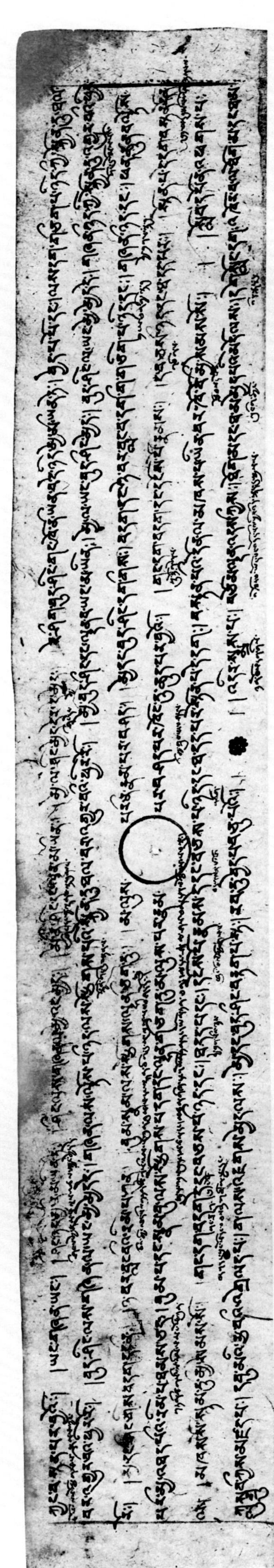

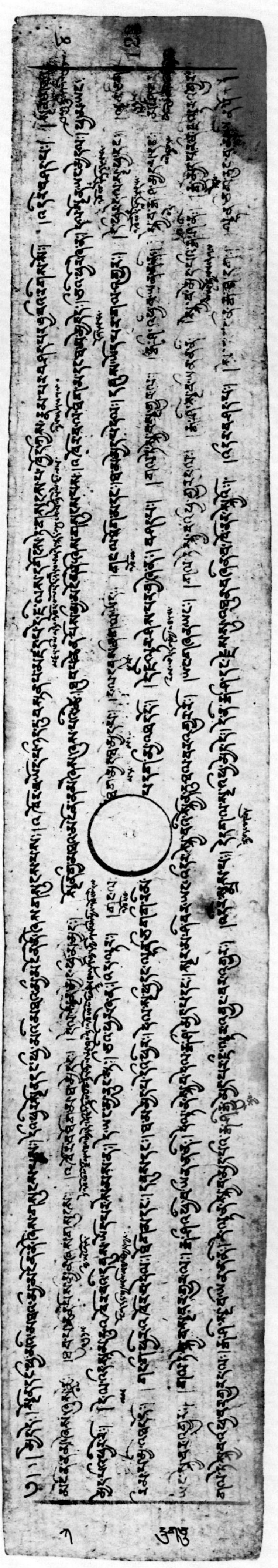

英 IOL.Tib.J.VOL.3　　6.དབུ་མ་རྩ་བའི་འགྲེལ་པ་ག་ལས་འཇིགས་མེད།

6.中觀根本無畏釋　　(101—83)

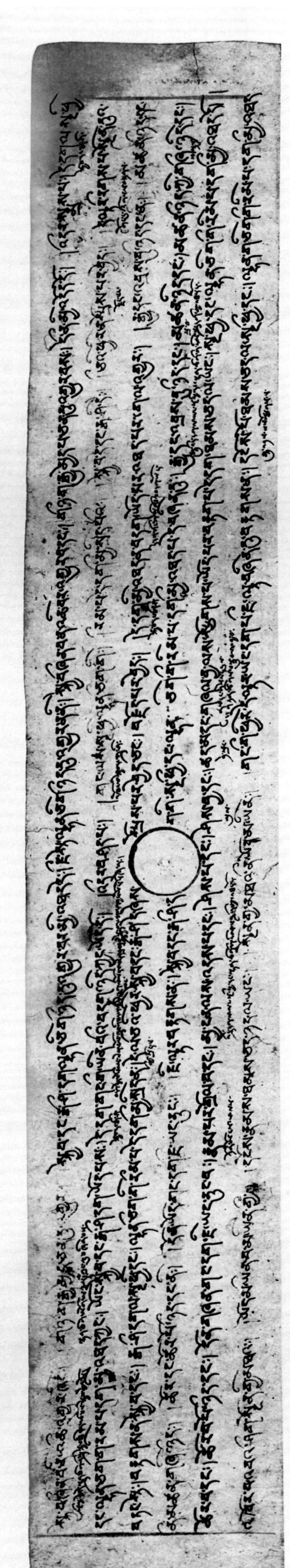

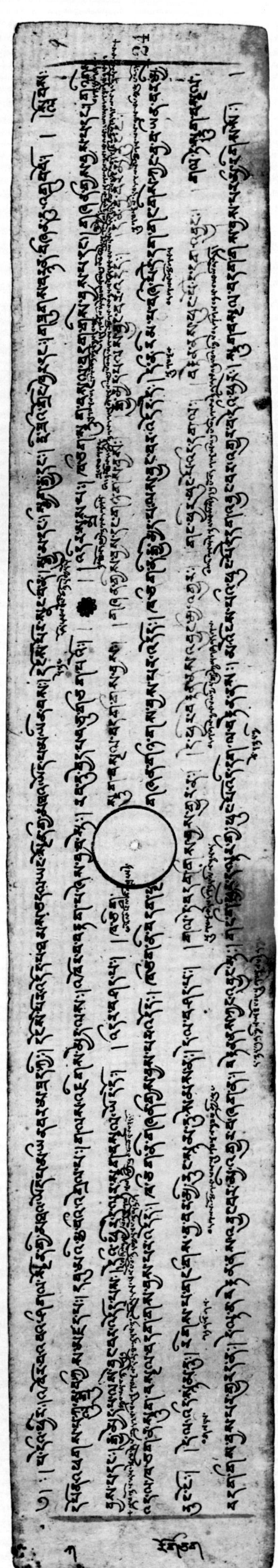

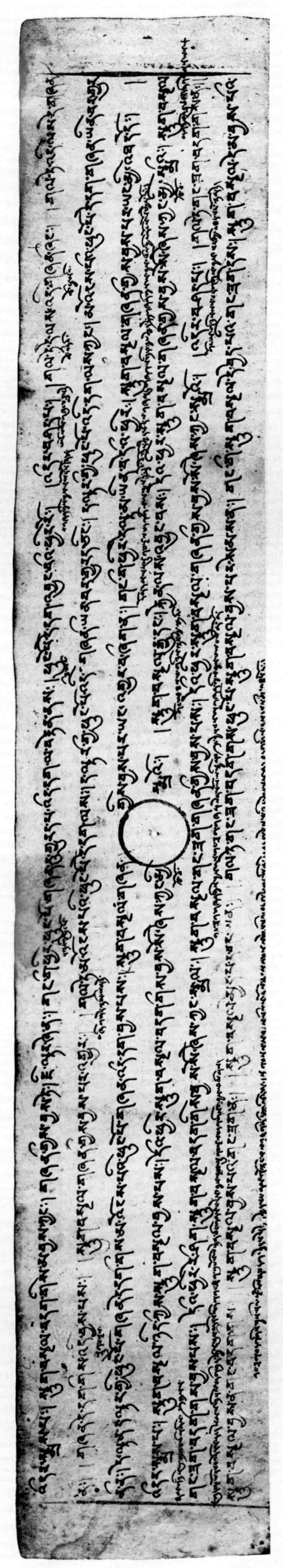

英 IOL.Tib.J.VOL.3　　6.དབུ་མ་རྩ་བའི་འགྲེལ་པ་ག་ལས་འཇིགས་མེད།
6.中觀根本無畏釋　　(101—84)

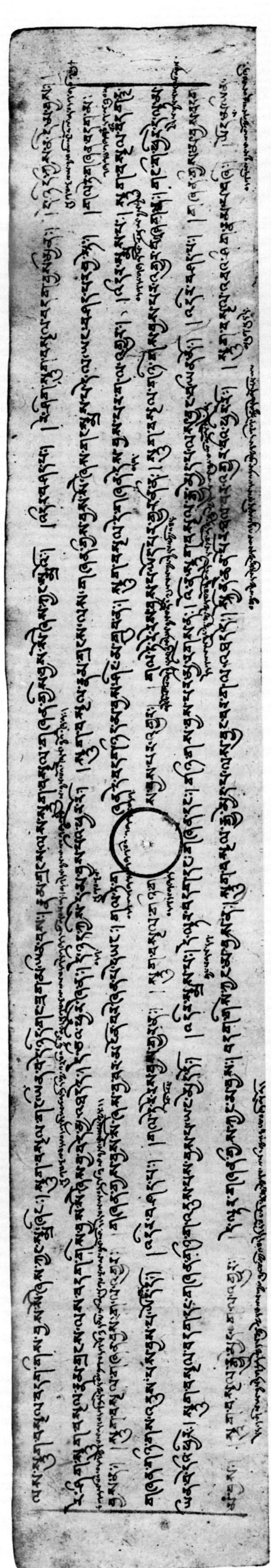

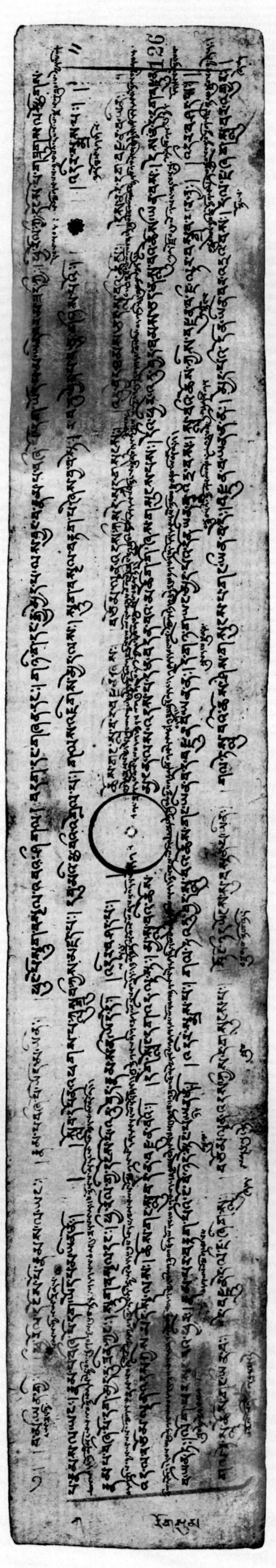

英 IOL.Tib.J.VOL.3　　6.དབུ་མ་རྩ་བའི་འགྲེལ་པ་ག་ལས་འཇིགས་མེད།

6.中觀根本無畏釋　　(101—85)

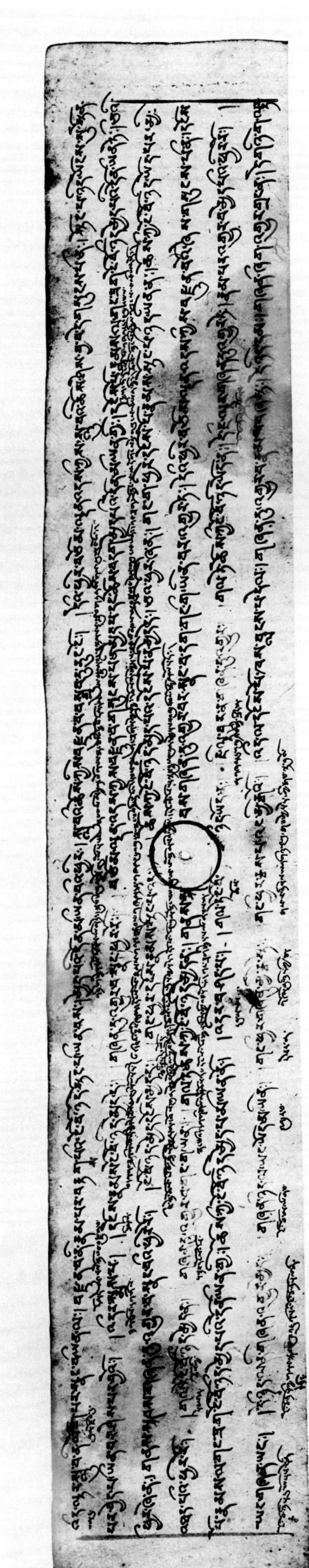

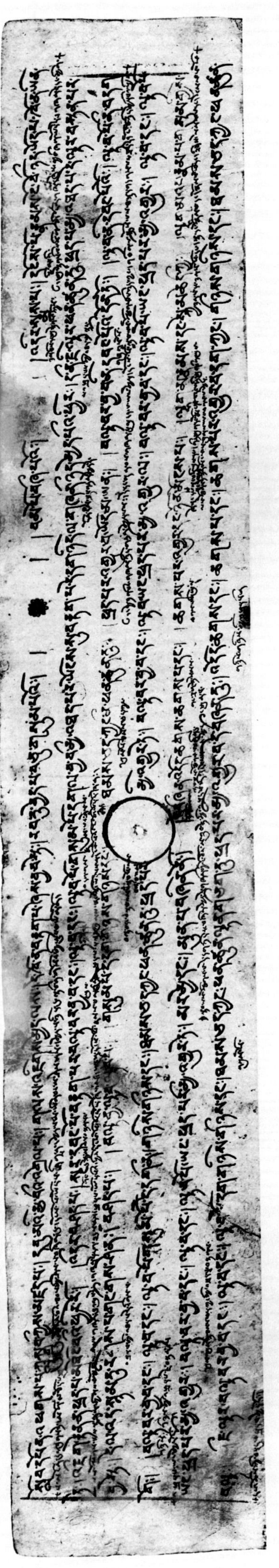

英 IOL.Tib.J.VOL.3　　6.དབུ་མ་རྩ་བའི་འགྲེལ་བ་ག་ལས་འཇིགས་མེད།
6.中觀根本無畏釋　　(101—86)

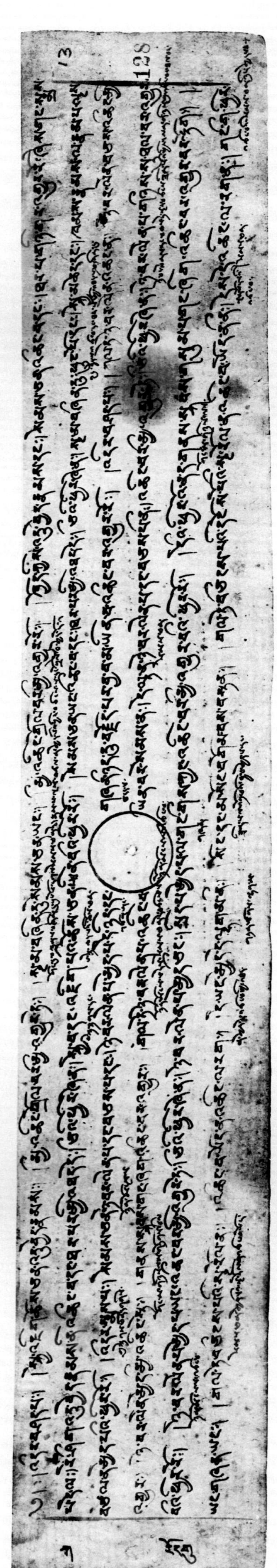

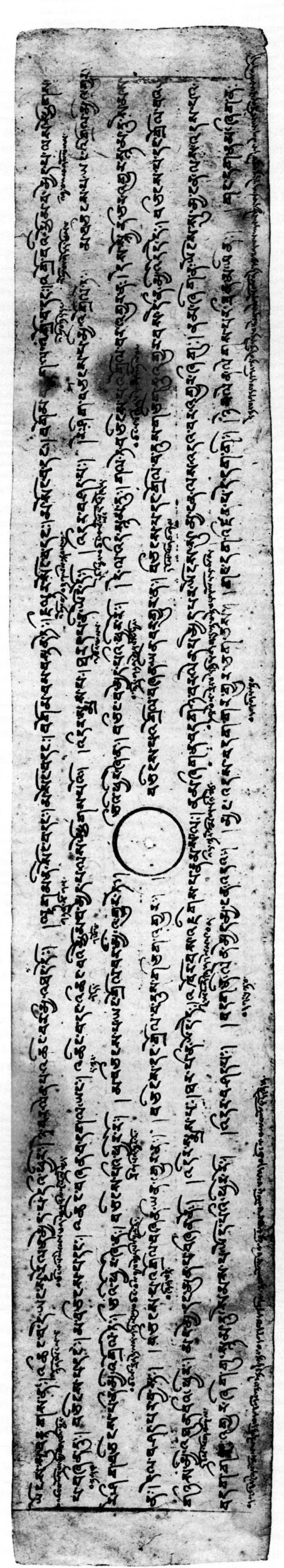

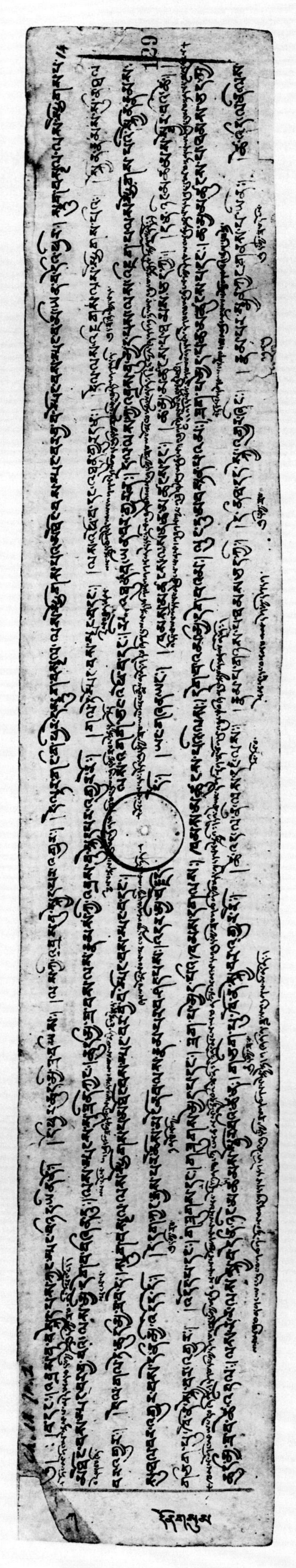

英 IOL.Tib.J.VOL.3　6.དབུ་མ་རྩ་བའི་འགྲེལ་པ་ག་ལས་འཇིགས་མེད།
6.中觀根本無畏釋　(101—87)

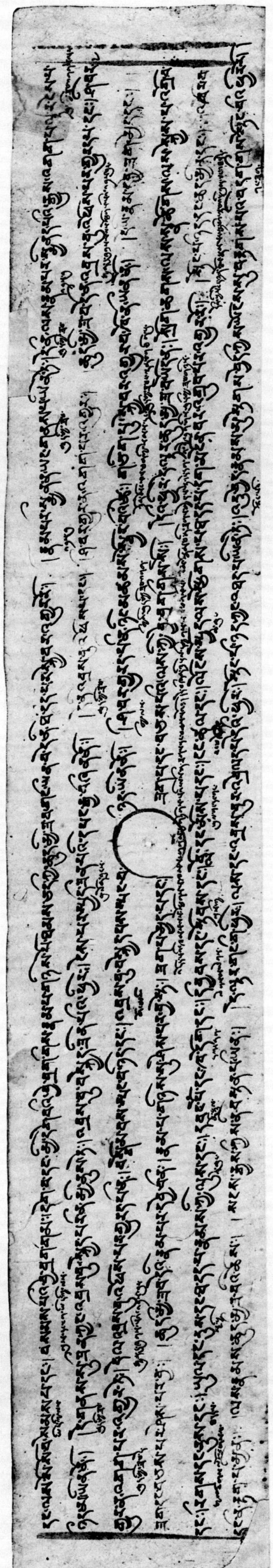

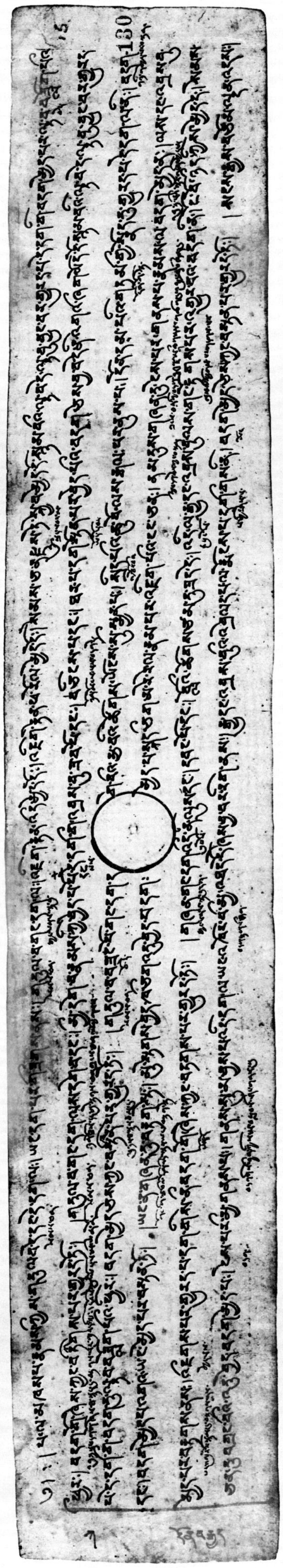

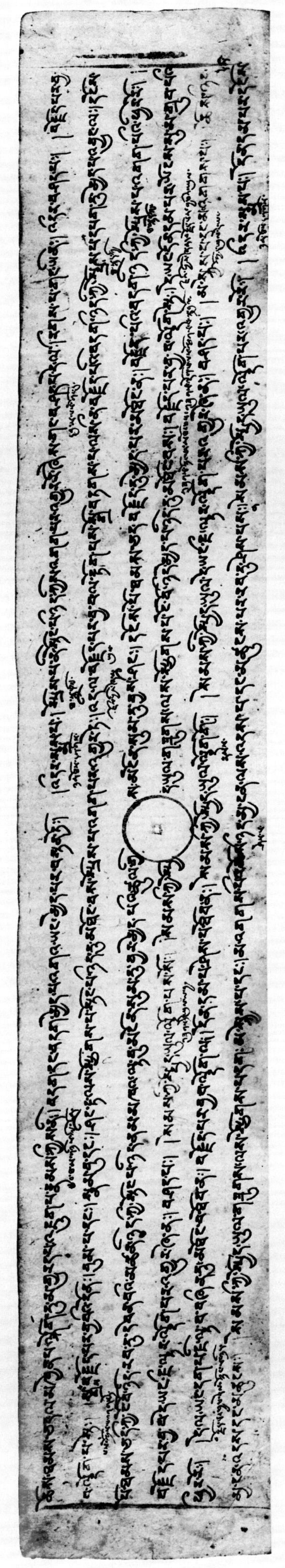

英 IOL.Tib.J.VOL.3　　6.དབུ་མ་རྩ་བའི་འགྲེལ་པ་ག་ལས་འཇིགས་མེད།

6.中觀根本無畏釋　　(101—88)

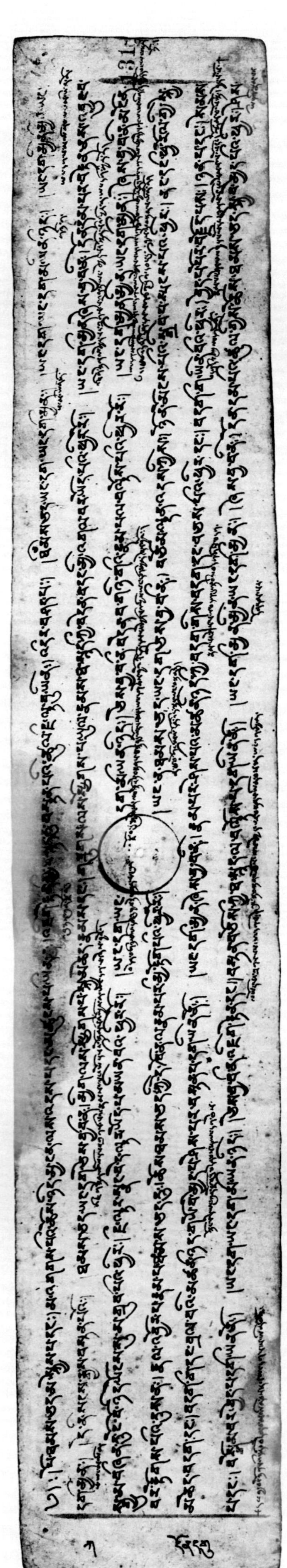

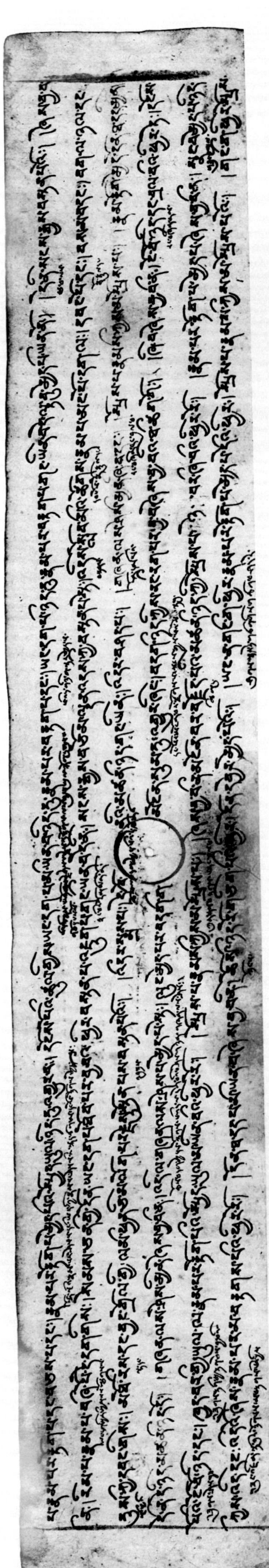

英 IOL.Tib.J.VOL.3　　6.དབུ་མ་རྩ་བའི་འགྲེལ་པ་ག་ལས་འཇིགས་མེད།

6.中觀根本無畏釋　　(101—89)

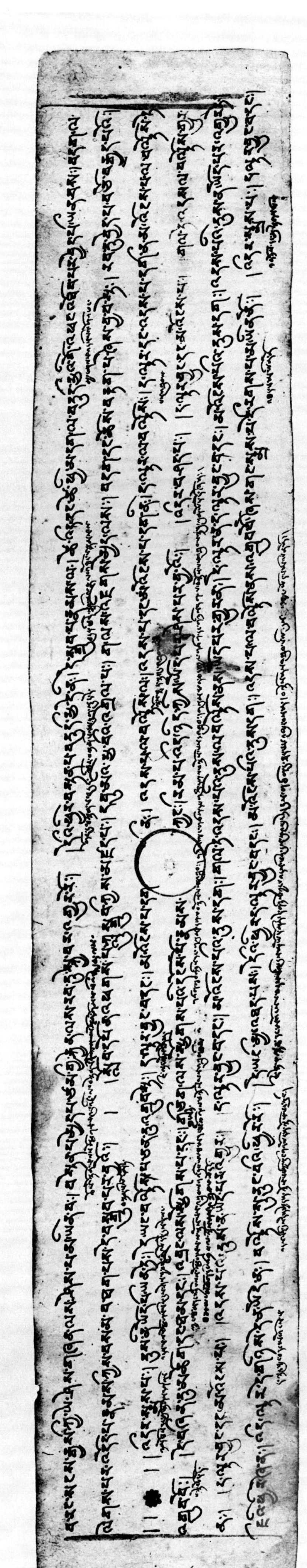

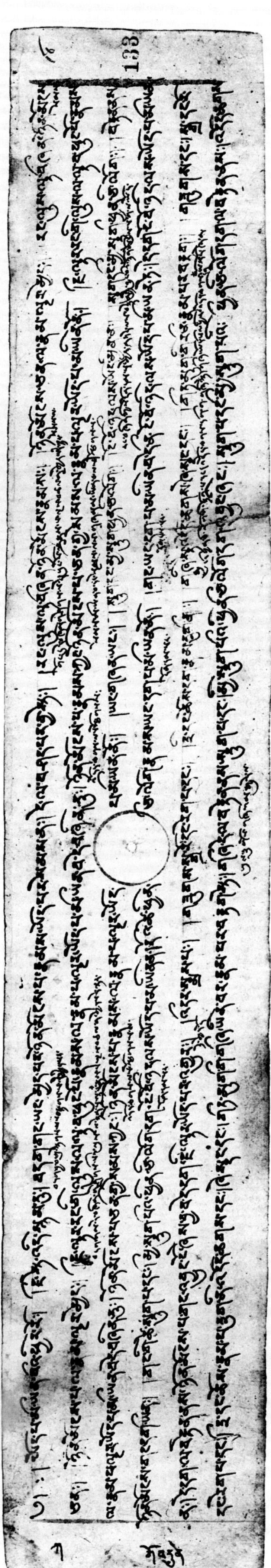

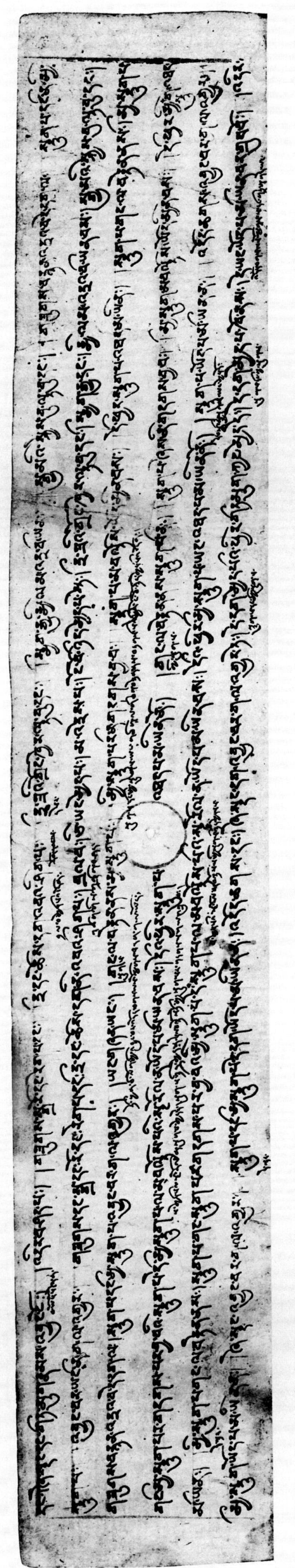

英 IOL.Tib.J.VOL.3　　6.དབུ་མ་རྩ་བའི་འགྲེལ་པ་ག་ལས་འཇིགས་མེད།

6.中觀根本無畏釋　　(101—90)

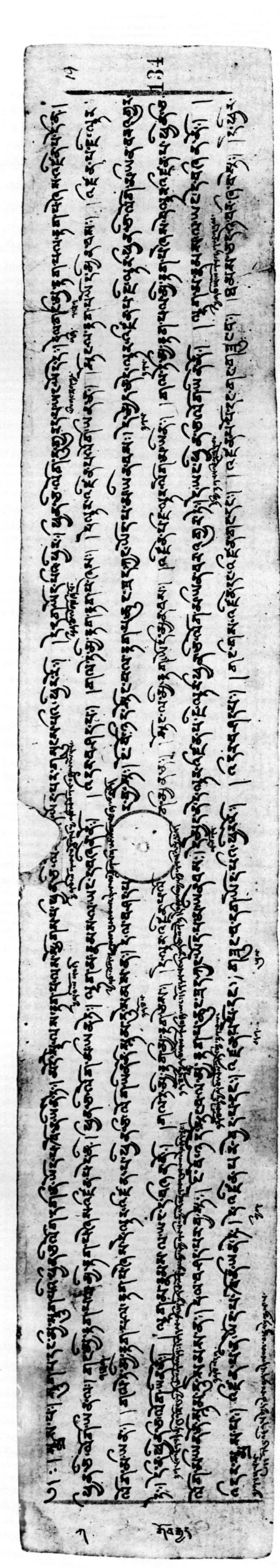

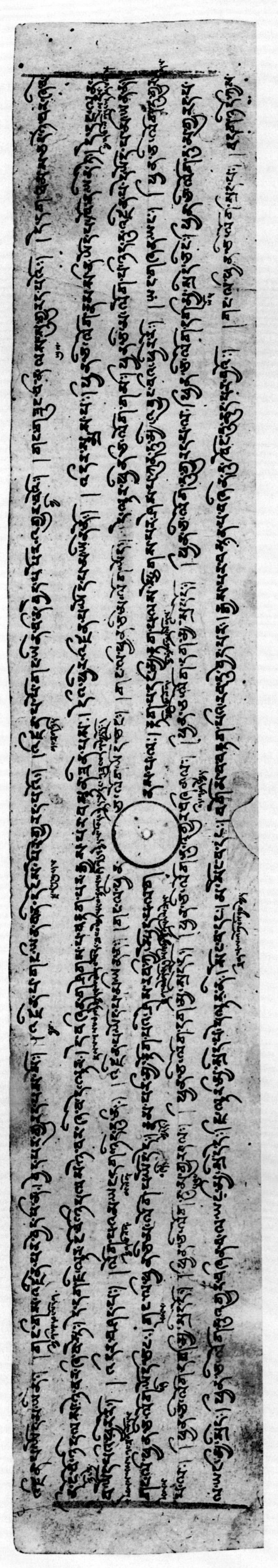

英 IOL.Tib.J.VOL.3　　6.དབུ་མ་རྩ་བའི་འགྲེལ་པ་ག་ལས་འཇིགས་མེད།

6.中觀根本無畏釋　　(101—91)

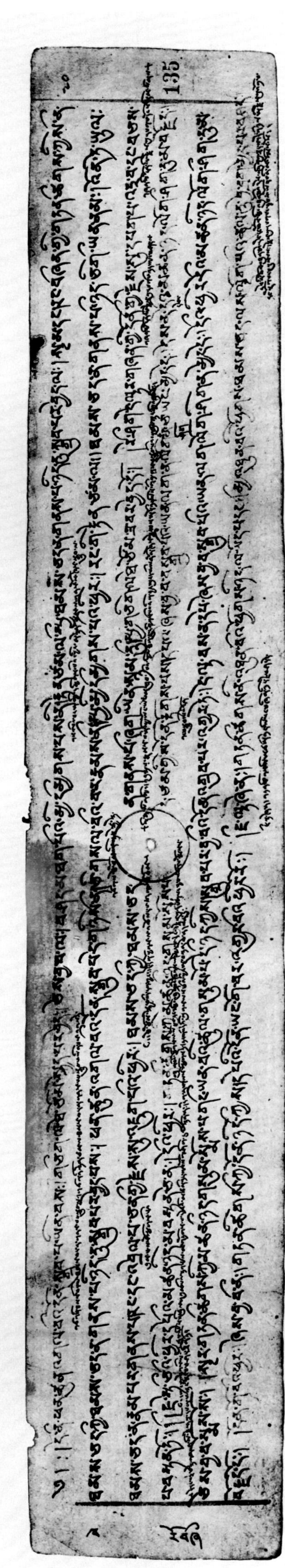

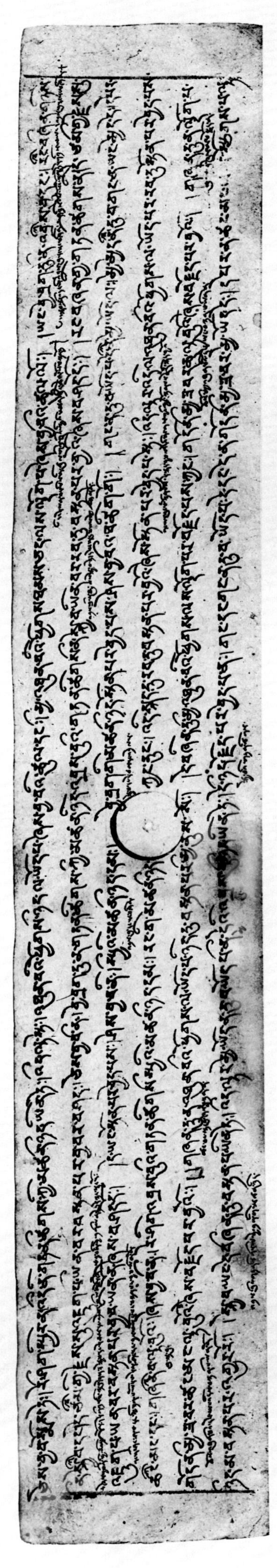

英 IOL.Tib.J.VOL.3　　7.རིགས་པའི་ཐིགས་པའི་རྒྱ་ཆེར་འགྲེལ་པ་སློབ་མ་ལ་ཕན་པ།

7.利衆門人正理一滴論廣釋　　(101—92)

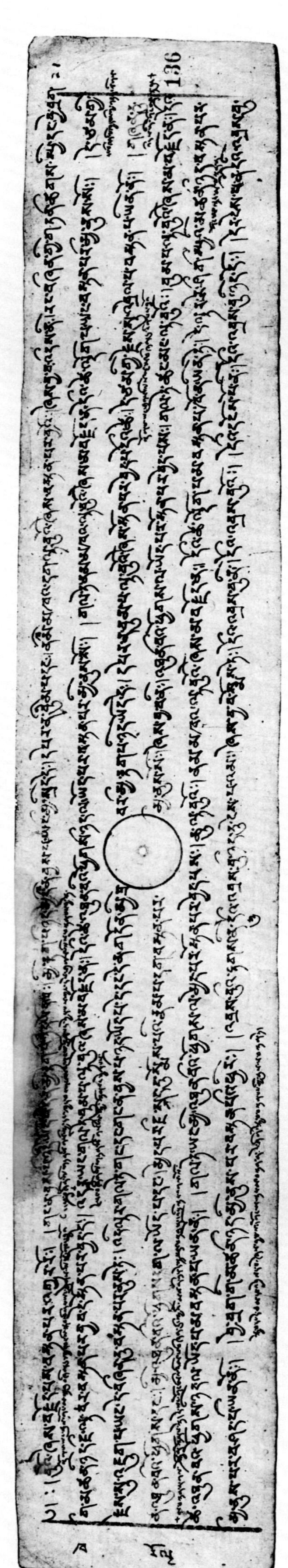

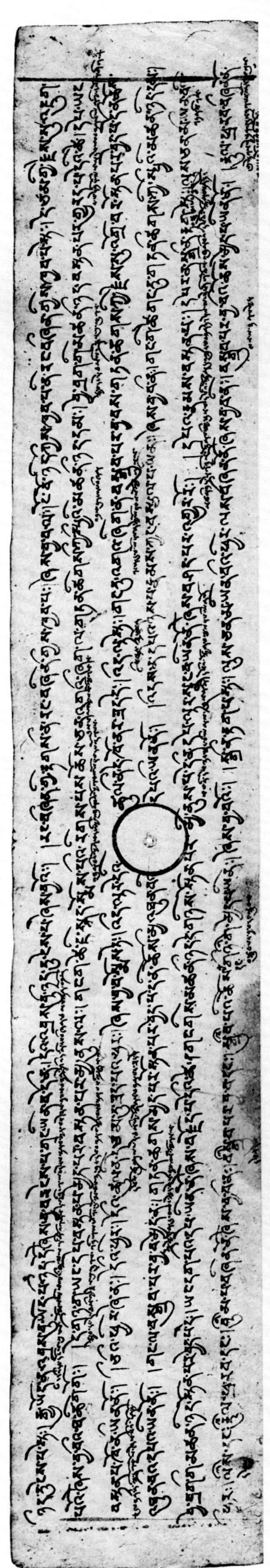

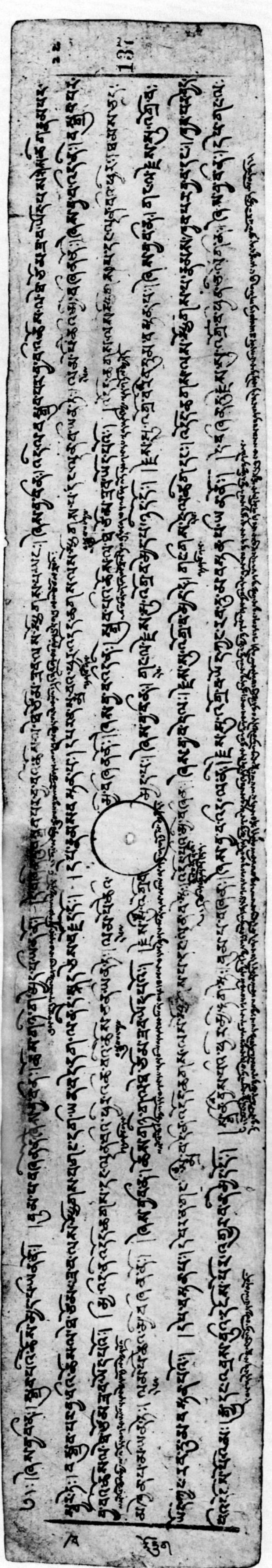

英 IOL.Tib.J.VOL.3　7.རིགས་པའི་ཐིགས་པའི་རྒྱ་ཆེར་འགྲེལ་པ་སློབ་མ་ལ་ཕན་པ།

7.利衆門人正理一滴論廣釋　(101—93)

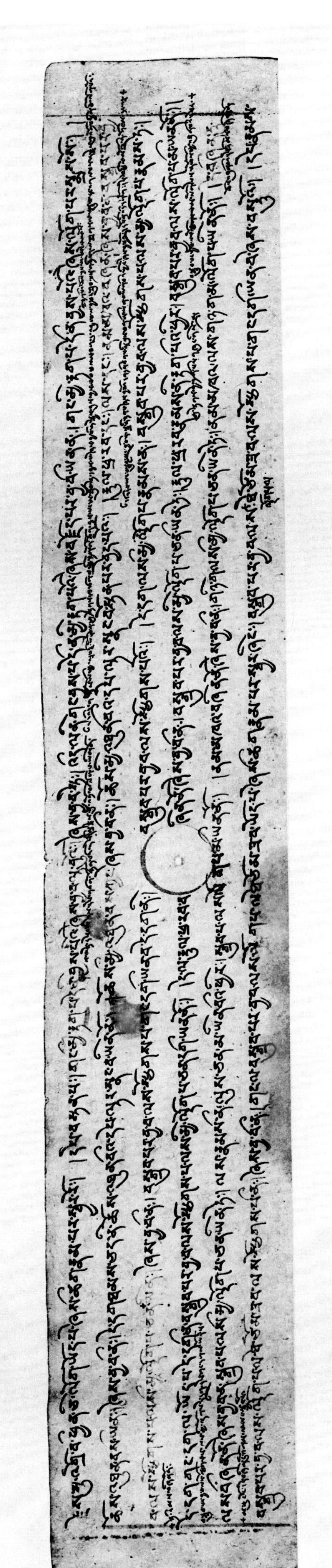

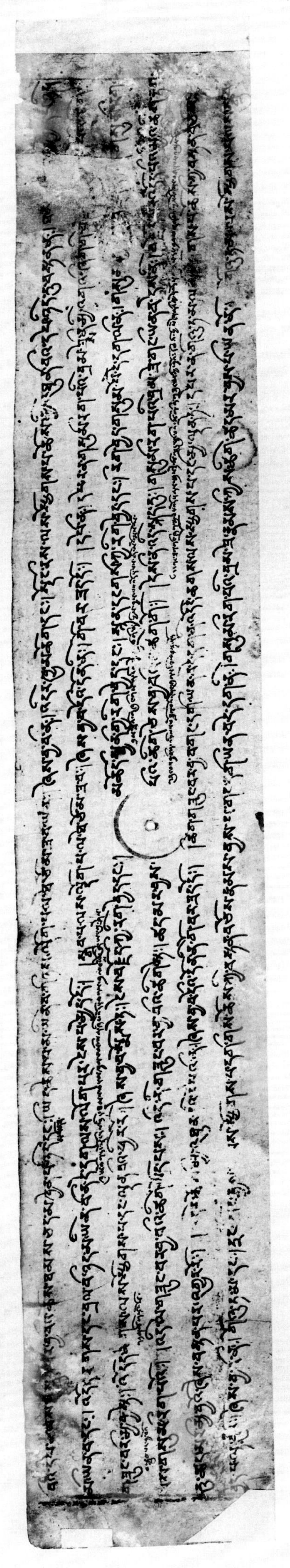

英 IOL.Tib.J.VOL.3　7.རིགས་པའི་ཐིགས་པའི་རྒྱ་ཆེར་འགྲེལ་པ་སློབ་མ་ལ་ཕན་པ།

7.利衆門人正理一滴論廣釋　(101—94)

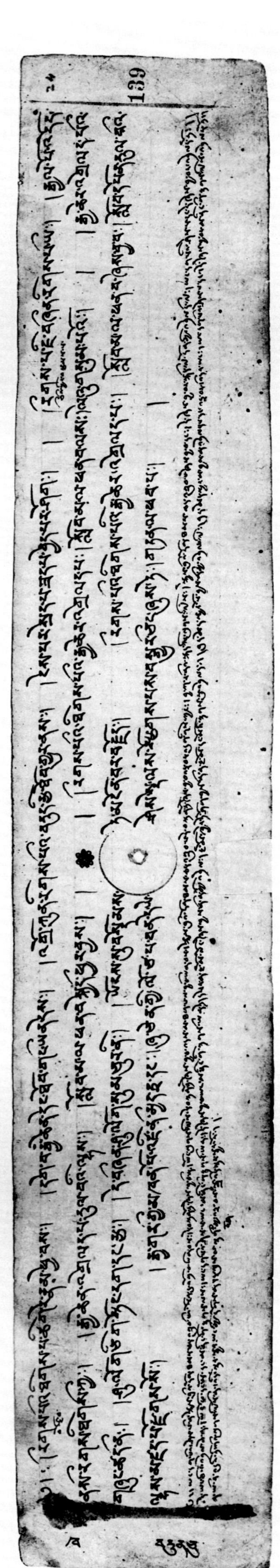

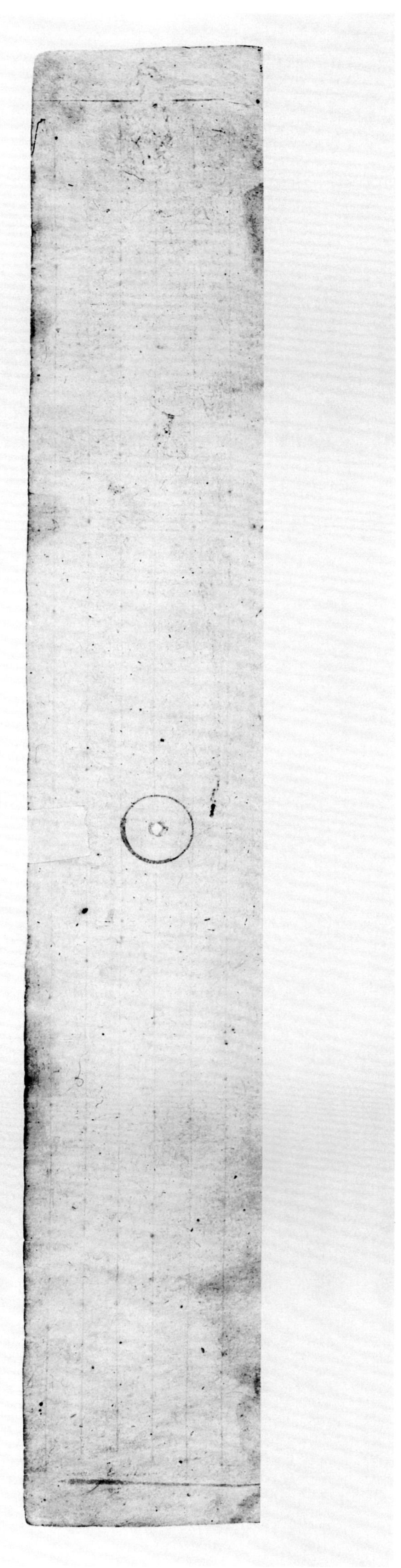

英 IOL.Tib.J.VOL.3　　7.རིགས་པའི་ཐིགས་པའི་རྒྱ་ཆེར་འགྲེལ་པ་གཞན་ལ་ཕན་པ　རྒྱབ་ཤོག

7.利衆門人正理一滴論廣釋　封底　(101—95)

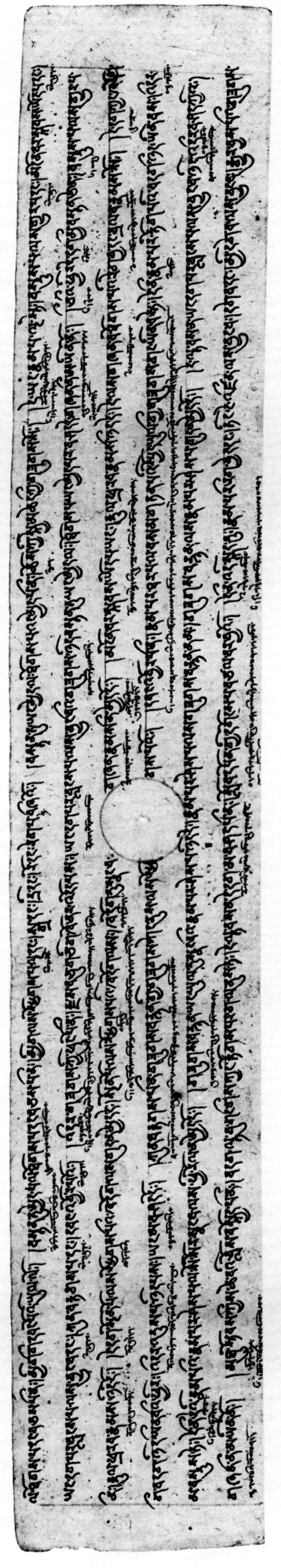

英 IOL.Tib.J.VOL.3　　8.ཕུང་པོ་ལྔའི་རྣམ་པར་འགྲེལ་པ།
8.五蘊論注　　(101—96)

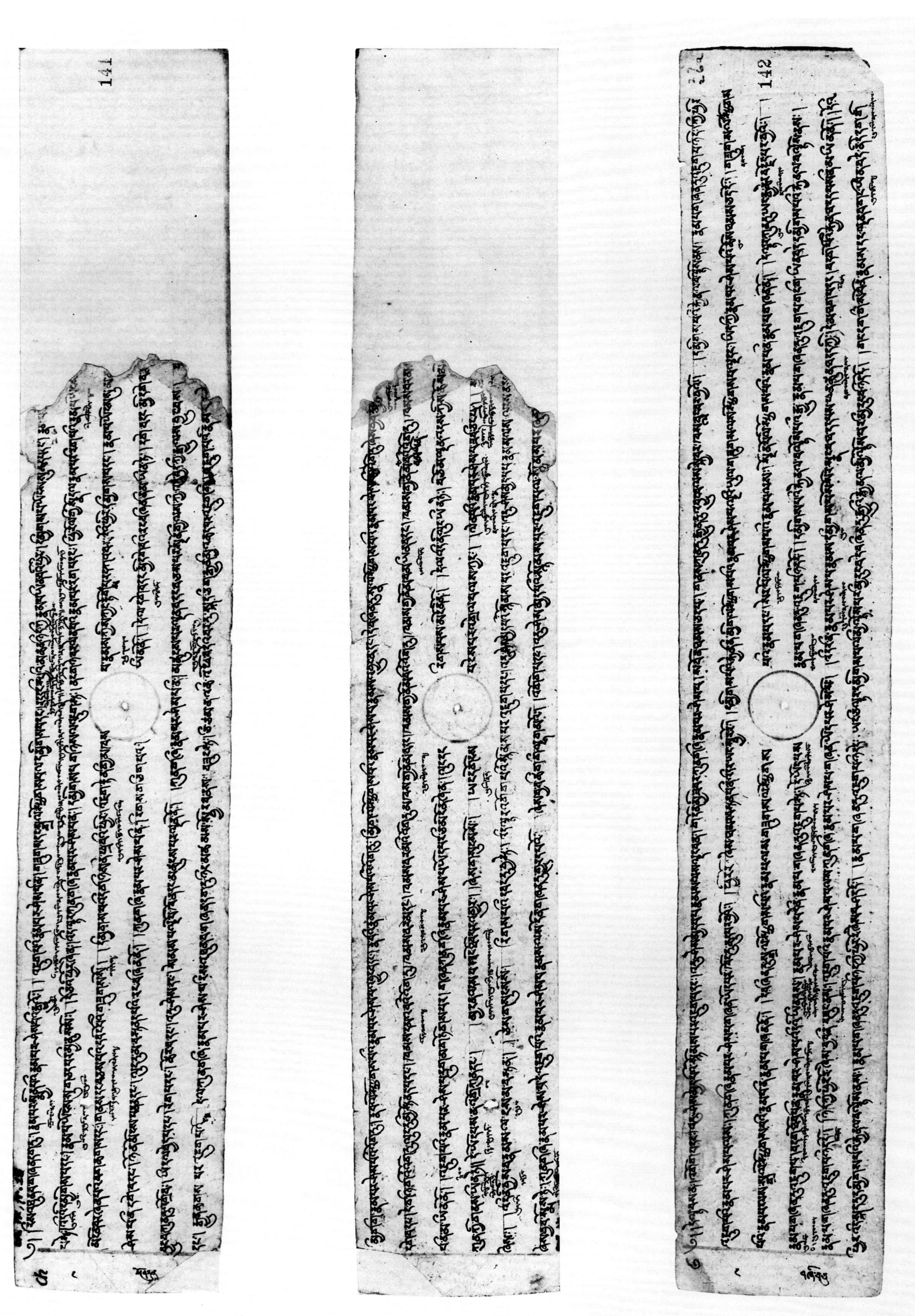

英 IOL.Tib.J.VOL.3　　8.ཕུང་པོ་ལྔའི་རྣམ་པར་འགྲེལ་པ།

8.五蘊論注　　(101—97)

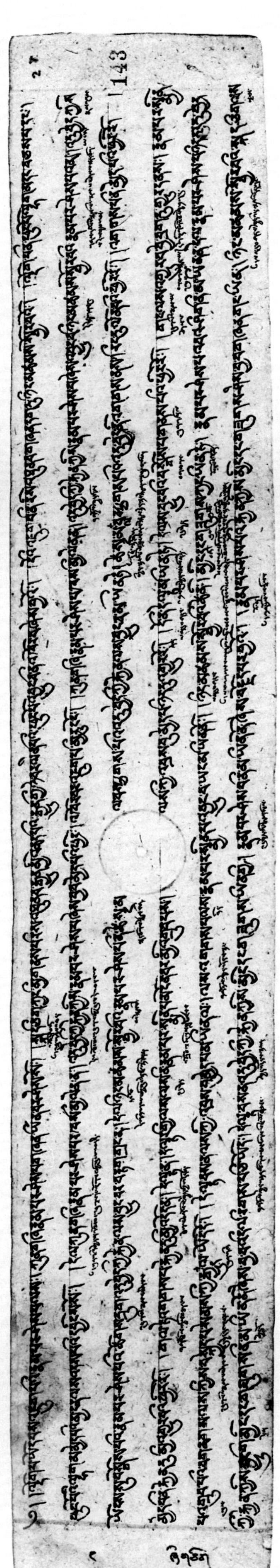

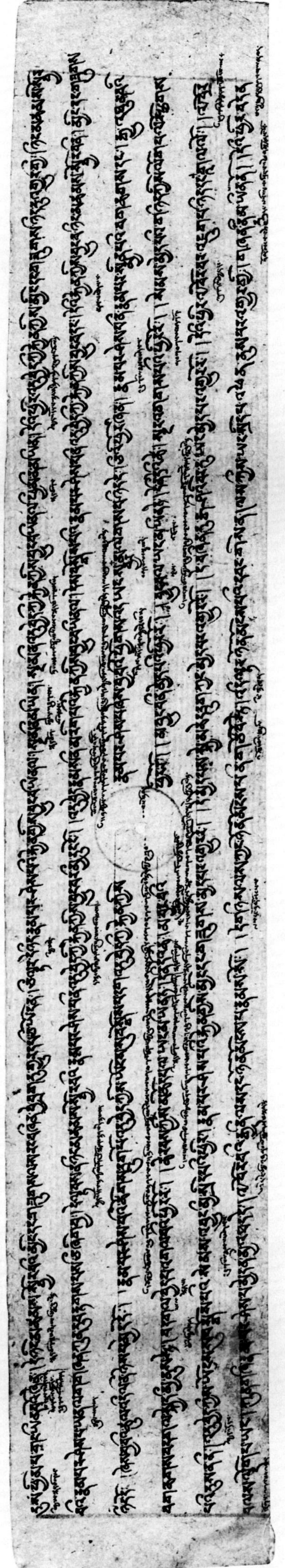

英 IOL.Tib.J.VOL.3　　8.ཕུང་པོ་ལྔའི་རྣམ་པར་འགྲེལ་པ།
8.五蘊論注　　(101—98)

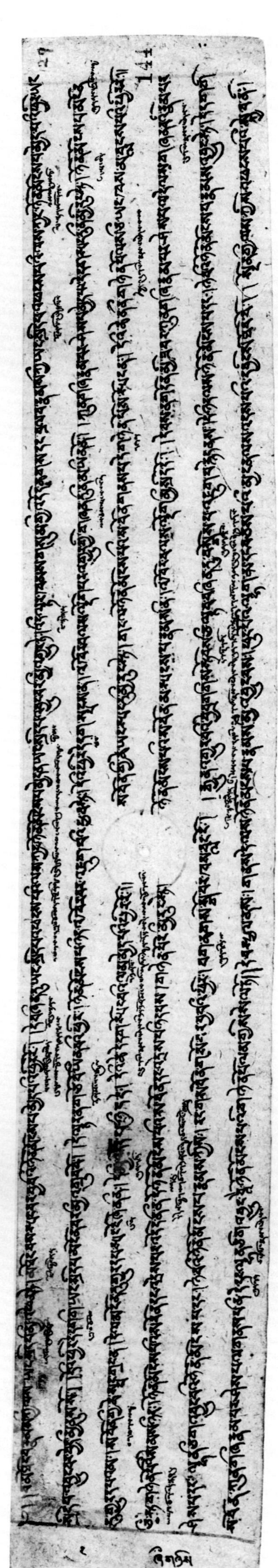

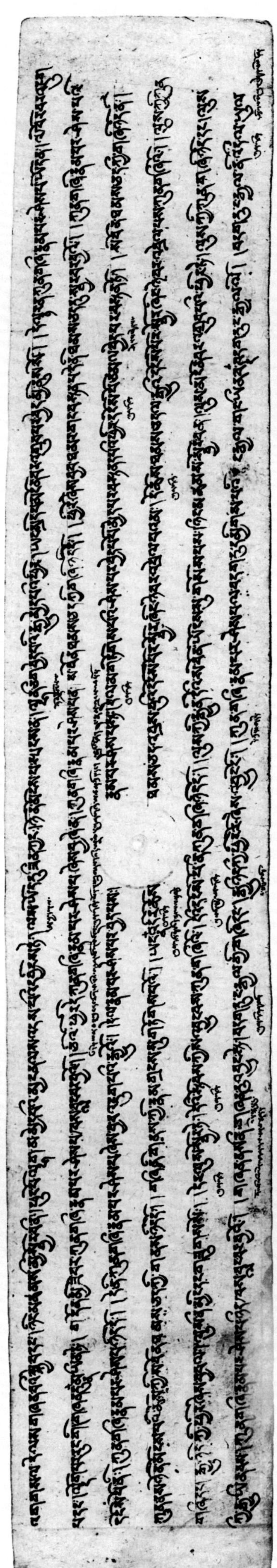

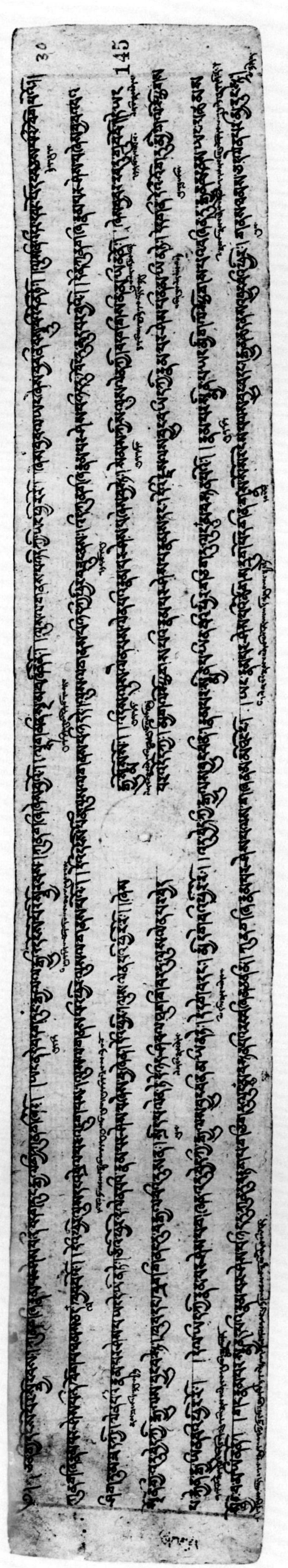

英 IOL.Tib.J.VOL.3　　8.ཕུང་པོ་ལྔའི་རྣམ་པར་འགྲེལ་པ།
8.五蘊論注　　(101—99)

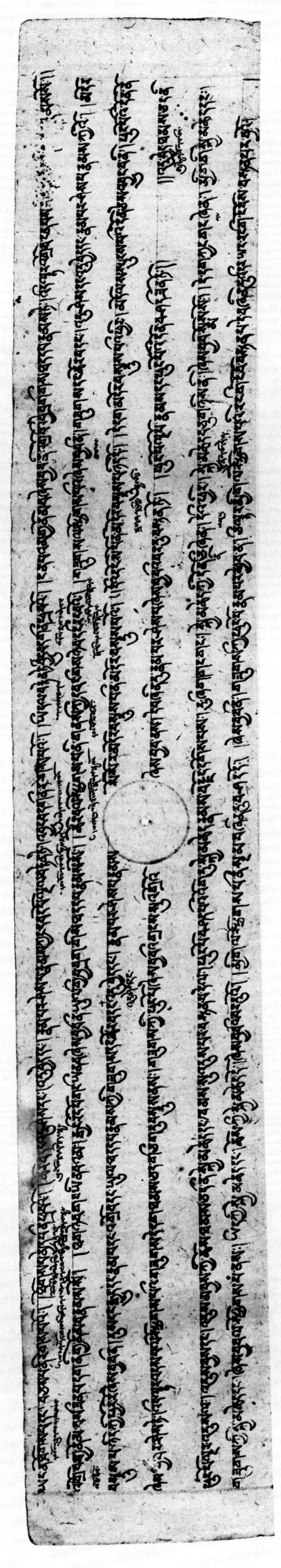

英 IOL.Tib.J.VOL.3　　8.ཕུང་པོ་ལྔའི་རྣམ་པར་འགྲེལ་པ།

8.五蘊論注　　(101—100)

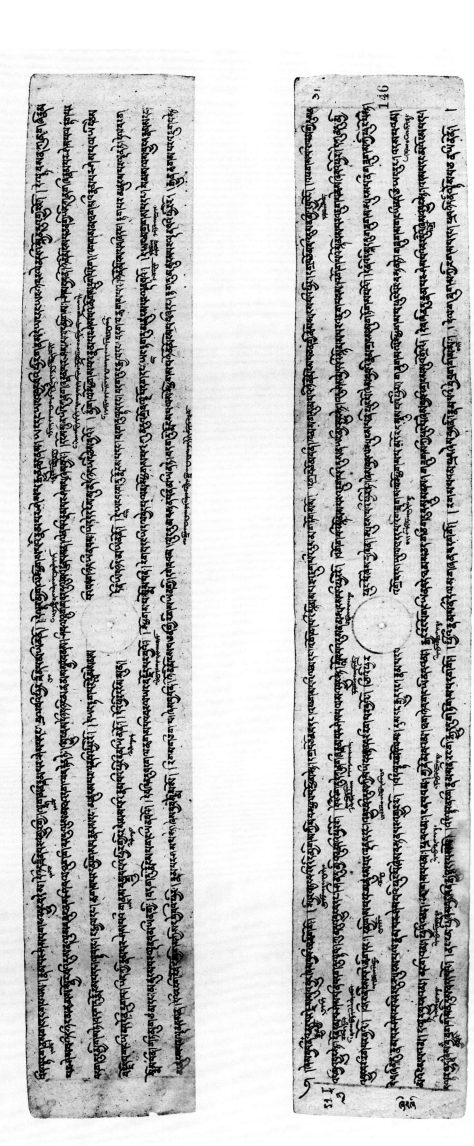

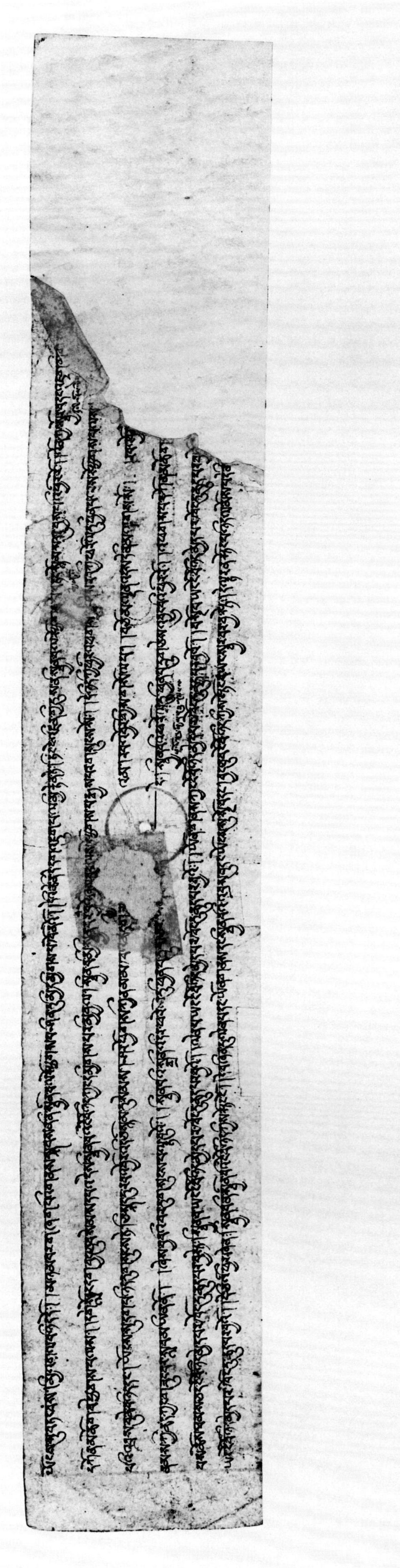

英 IOL.Tib.J.VOL.3　　9.དམ་ཆོས་ཕོར་བུ།

9.佛經　　(101—101)

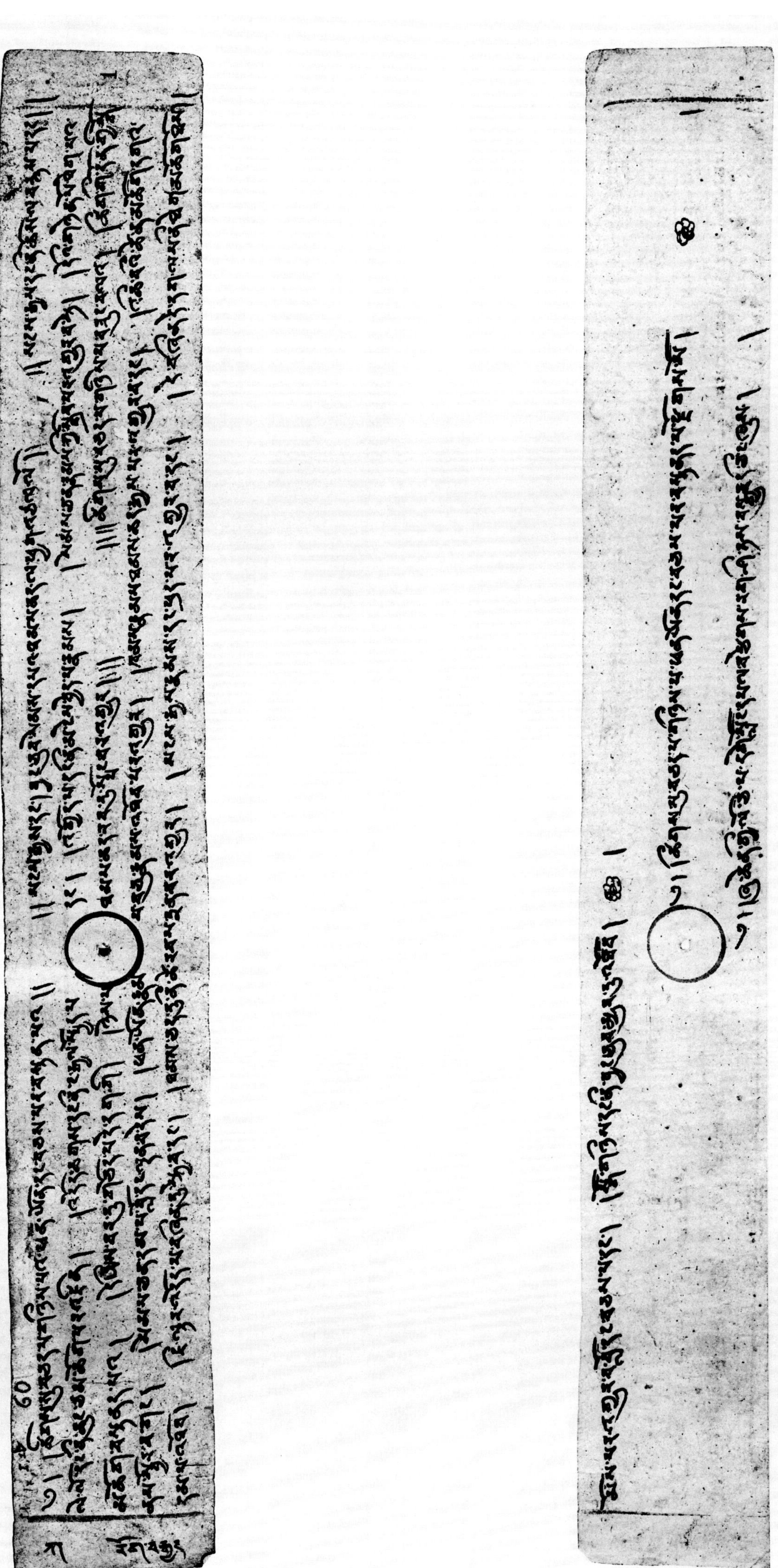

英 IOL.Tib.J.VOL.4 1.ཚིགས་སུ་བཅད་པ་གཉིས་པའི་ཕན་ཡོན་དང་བཅས་པར་བསྟན་པ།

1.二偈頌功德論 (83—1)

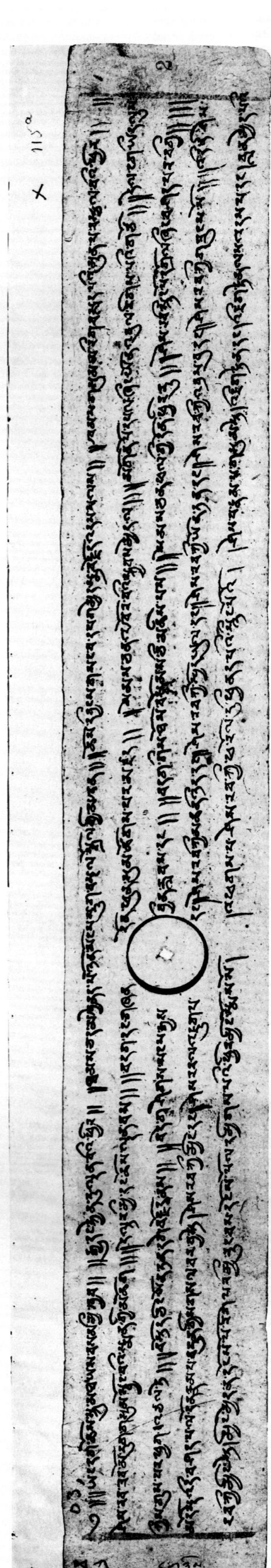

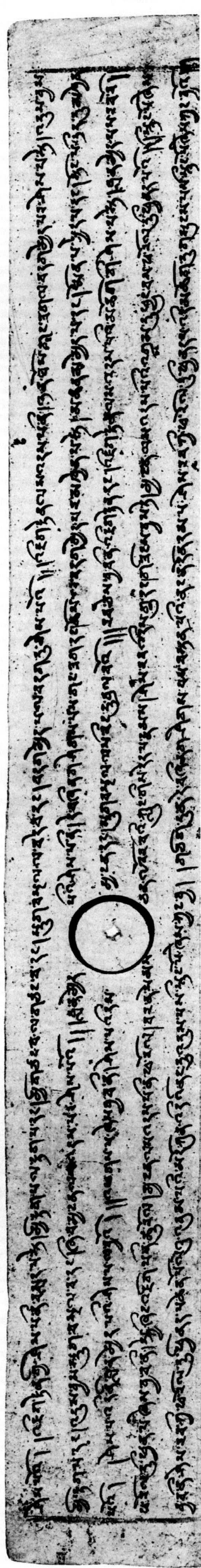

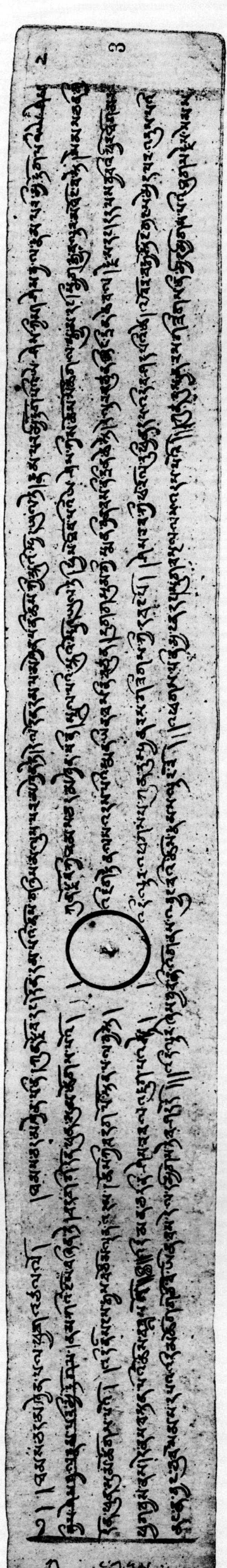

英 IOL.Tib.J.VOL.4　　2.ཤེས་རབ་ཀྱི་ཕ་རོལ་ཏུ་ཕྱིན་པའི་སྙིང་པོ་བཤད་པ།

2.般若波羅蜜多心經解說　　(83—2)

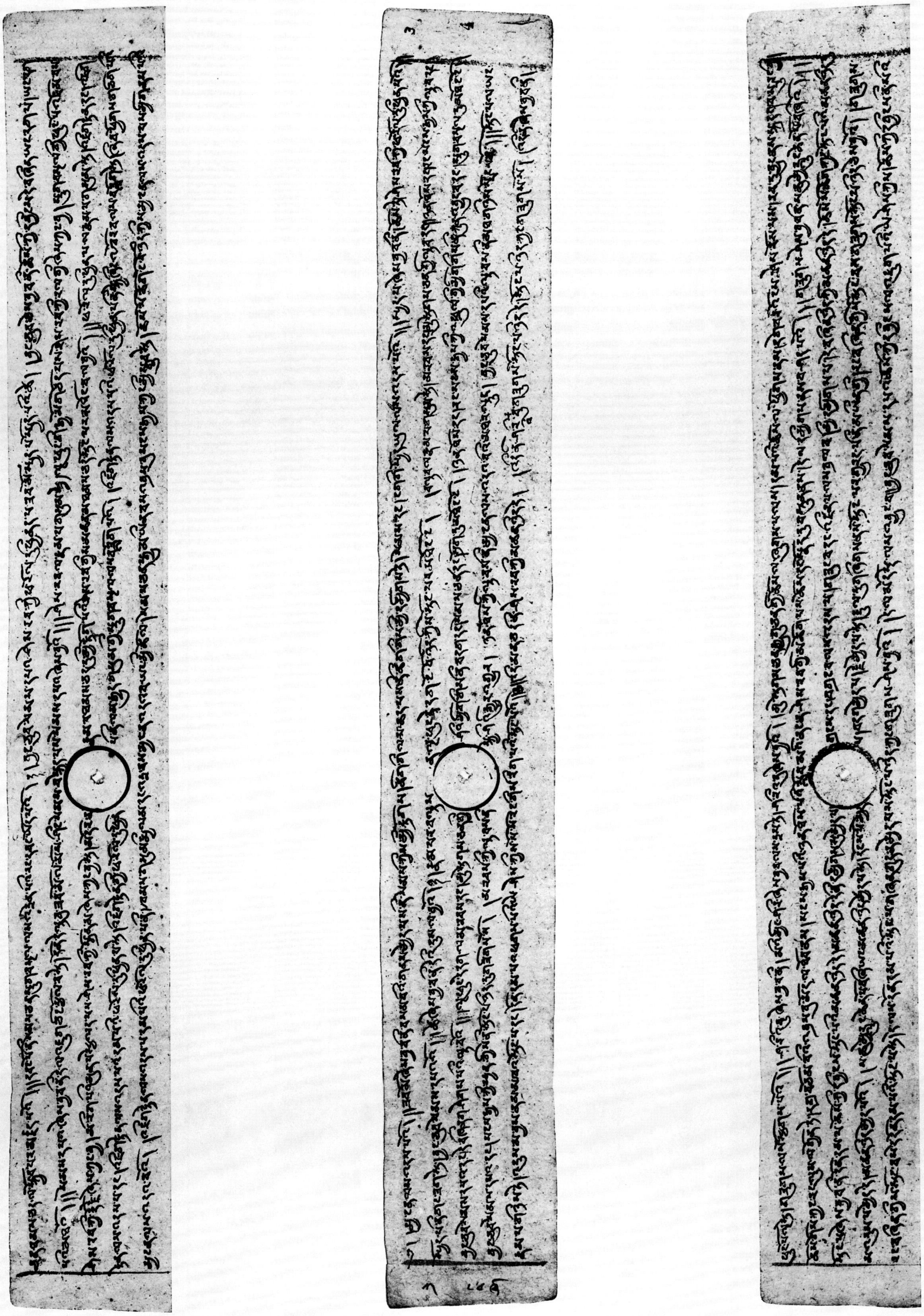

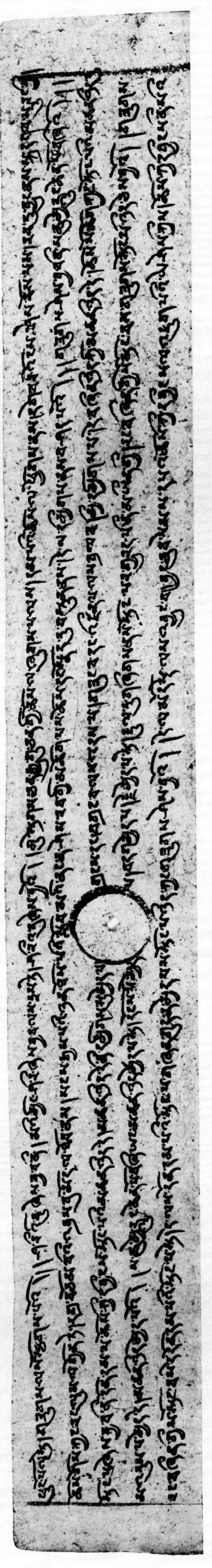

英 IOL.Tib.J.VOL.4　　2.ཤེས་རབ་ཀྱི་ཕ་རོལ་ཏུ་ཕྱིན་པའི་སྙིང་པོ་བཤད་པ།

2.般若波羅蜜多心經解說　　(83—3)

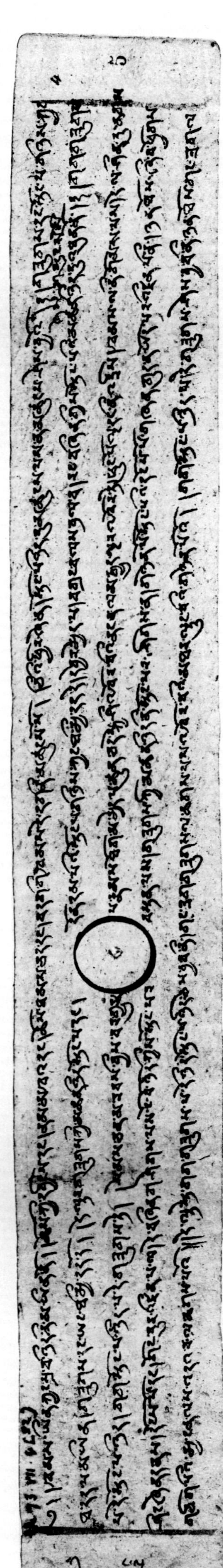

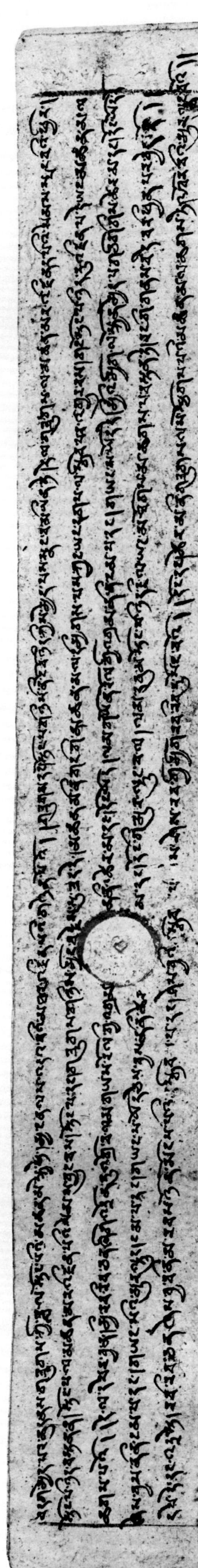

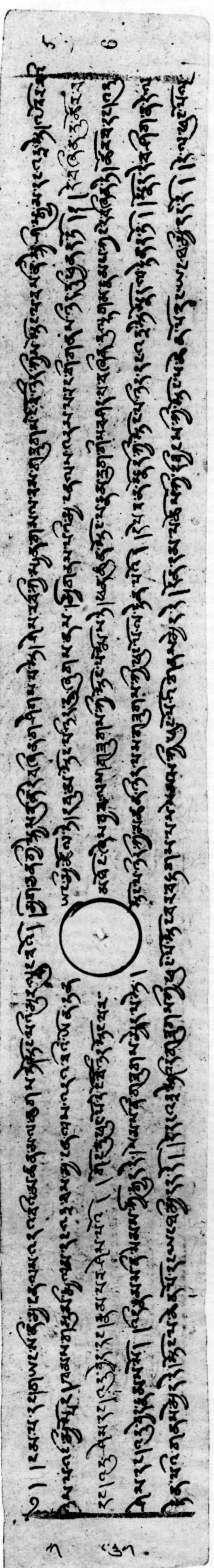

英 IOL.Tib.J.VOL.4　　2.ཤེས་རབ་ཀྱི་ཕ་རོལ་ཏུ་ཕྱིན་པའི་སྙིང་པོ་བཤད་པ།

2.般若波羅蜜多心經解說　　(83—4)

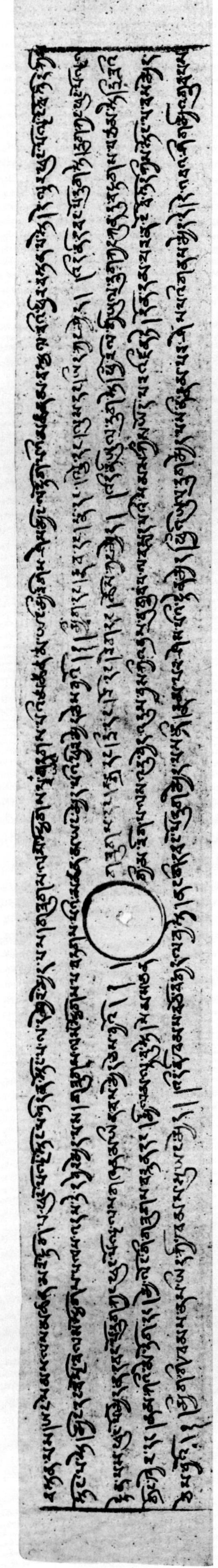

英 IOL.Tib.J.VOL.4　2.ཤེས་རབ་ཀྱི་ཕ་རོལ་ཏུ་ཕྱིན་པའི་སྙིང་པོ་བཤད་པ།

2.般若波羅蜜多心經解說　(83—5)

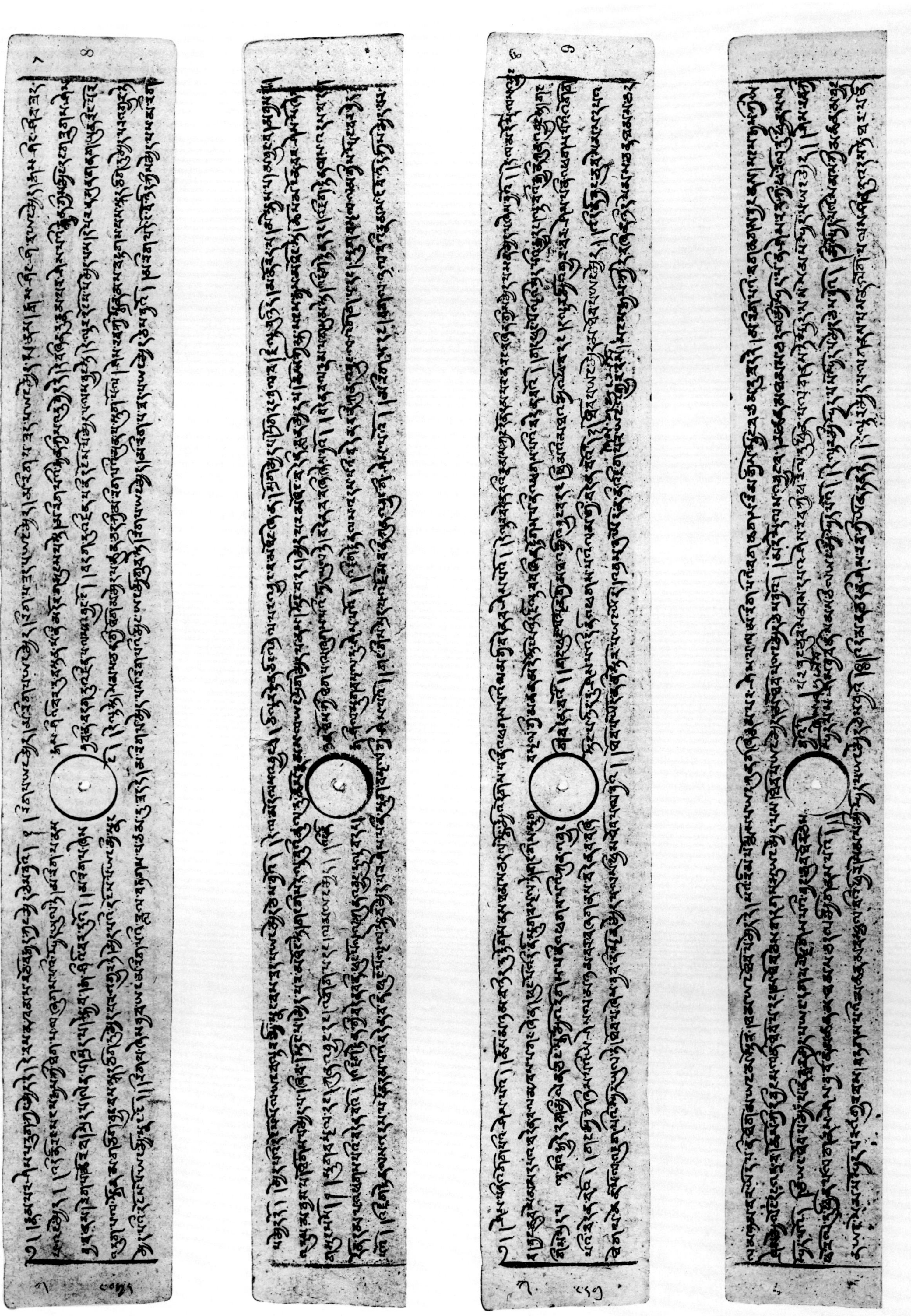

英 IOL.Tib.J.VOL.4　　2.ཤེས་རབ་ཀྱི་ཕ་རོལ་ཏུ་ཕྱིན་པའི་སྙིང་པོ་བཤད་པ།

2.般若波羅蜜多心經解說　　(83—6)

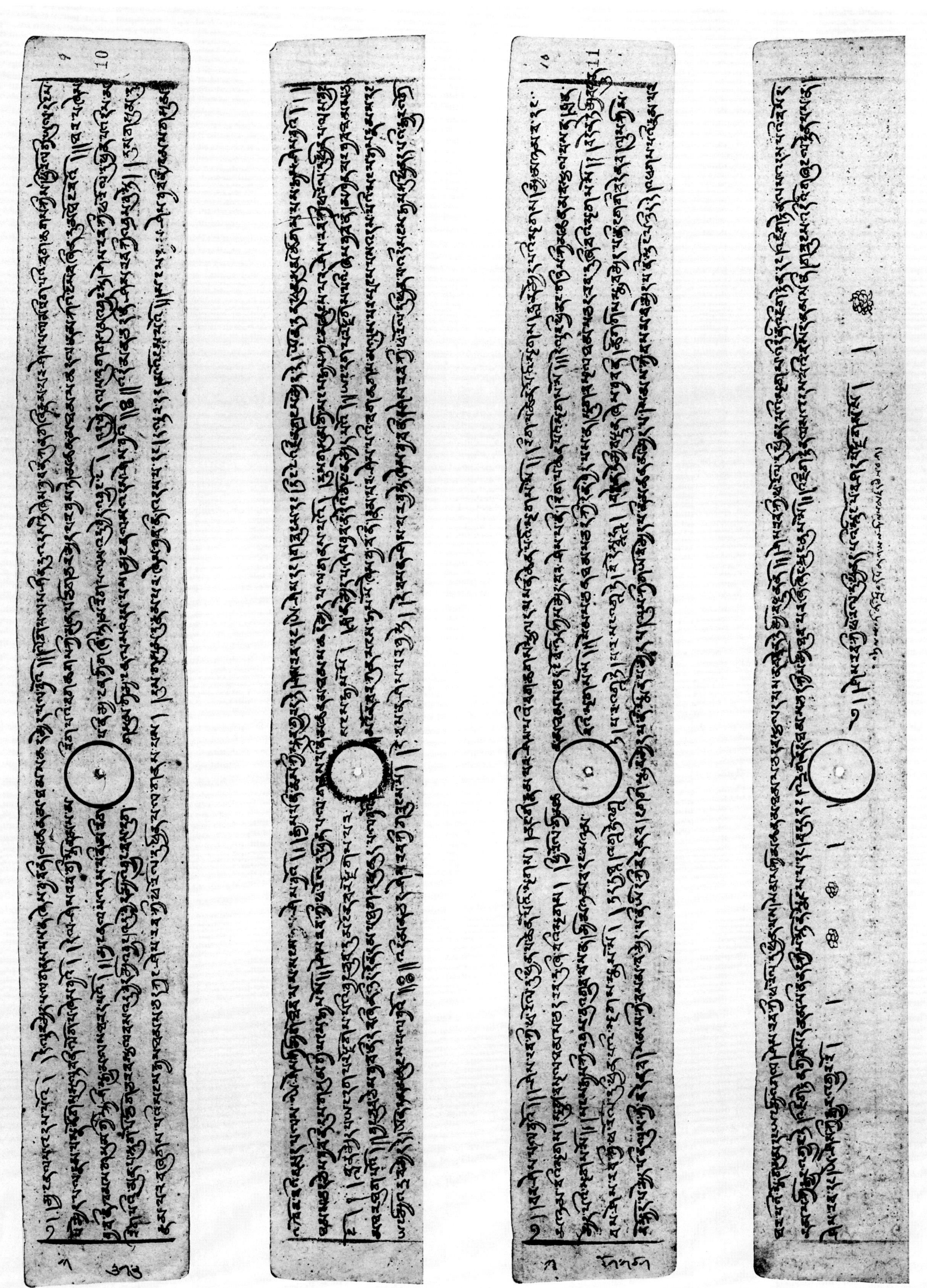

英 IOL.Tib.J.VOL.4　　2.ཤེས་རབ་ཀྱི་ཕ་རོལ་ཏུ་ཕྱིན་པའི་སྙིང་པོ་བཤད་པ།

2.般若波羅蜜多心經解說　　(83—7)

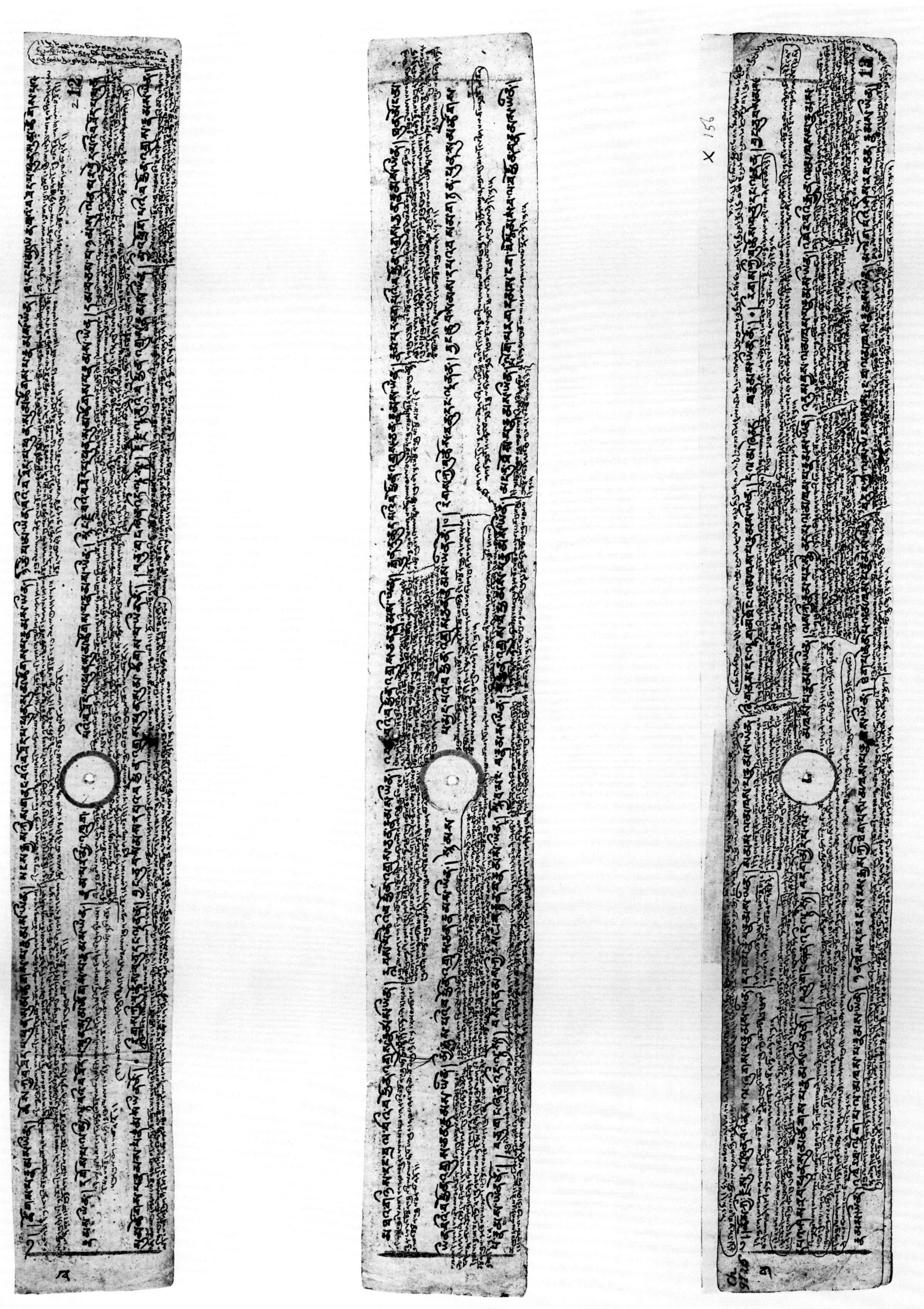

英 IOL.Tib.J.VOL.4　　3.དཀོན་མཆོག་སྤྲིན་གྱི་ནང་ནས་ཕ་རོལ་ཏུ་ཕྱིན་པ་བཅུ་ཉི་ཚེ་ལོག་ཤིག་ཏུ་མདོ་བཏུས་པ།
3.寶雲經波羅蜜多相關要義集　　(83—8)

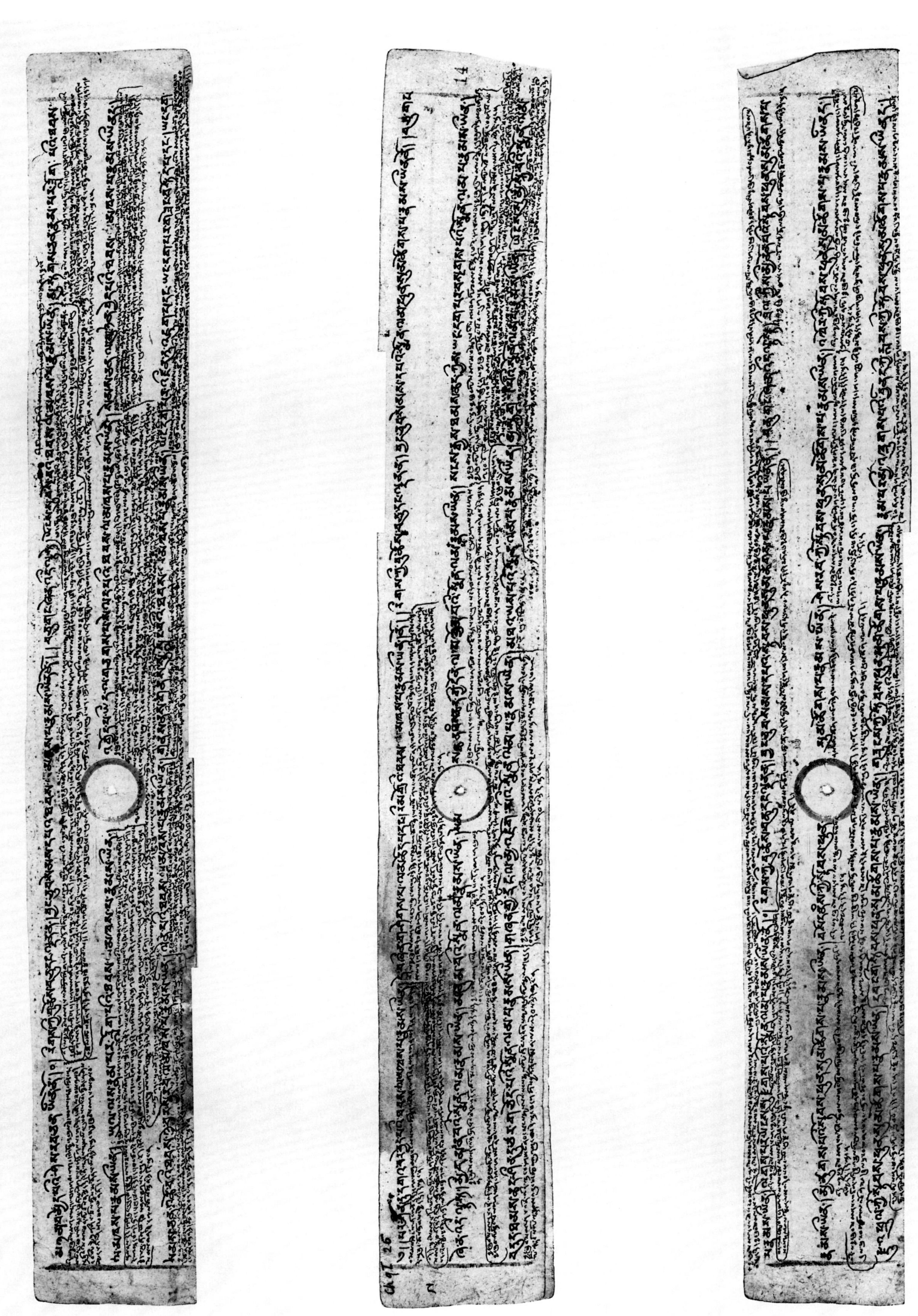

英 IOL.Tib.J.VOL.4　　3.དཀོན་མཆོག་སྤྲིན་གྱི་ནང་ནས་ཕ་རོལ་ཏུ་ཕྱིན་པ་བཅུ་ཉི་ཚེ་ལོག་ཤིག་ཏུ་མདོ་བཏུས་པ།
3.寶雲經波羅蜜多相關要義集　　(83—9)

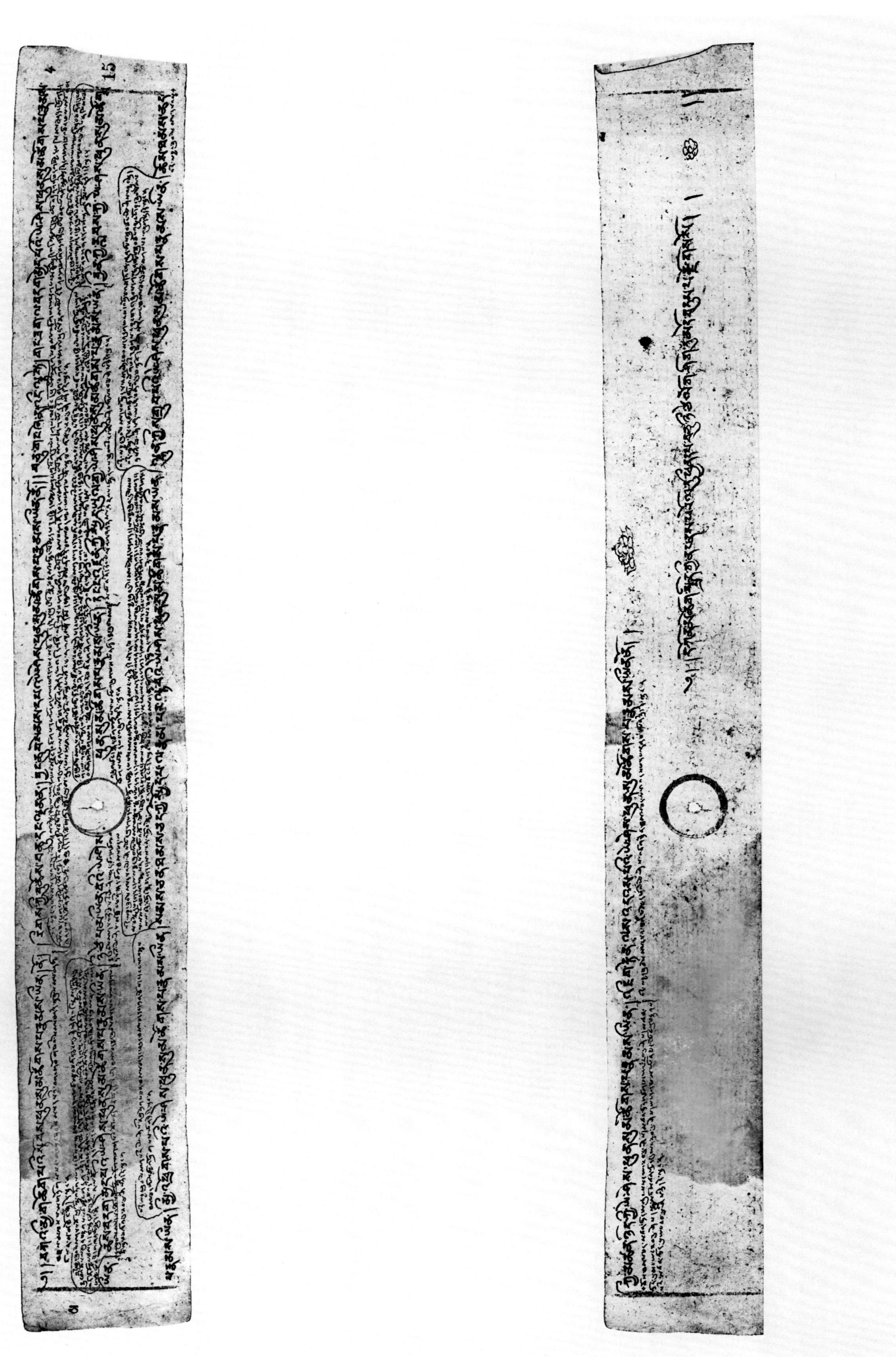

英 IOL.Tib.J.VOL.4　　3.དཀོན་མཆོག་སྤྲིན་གྱི་ནང་ནས་ཕ་རོལ་ཏུ་ཕྱིན་པ་བཅུ་ཉེ་ཚེ་ལོག་ཤིག་ཏུ་མདོ་བཏུས་པ།
3.寶雲經波羅蜜多相關要義集　　(83—10)

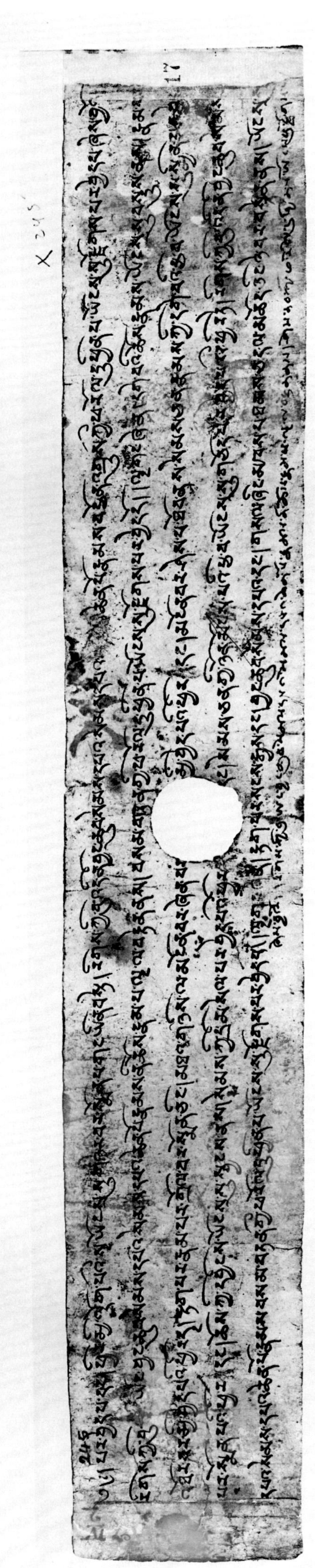

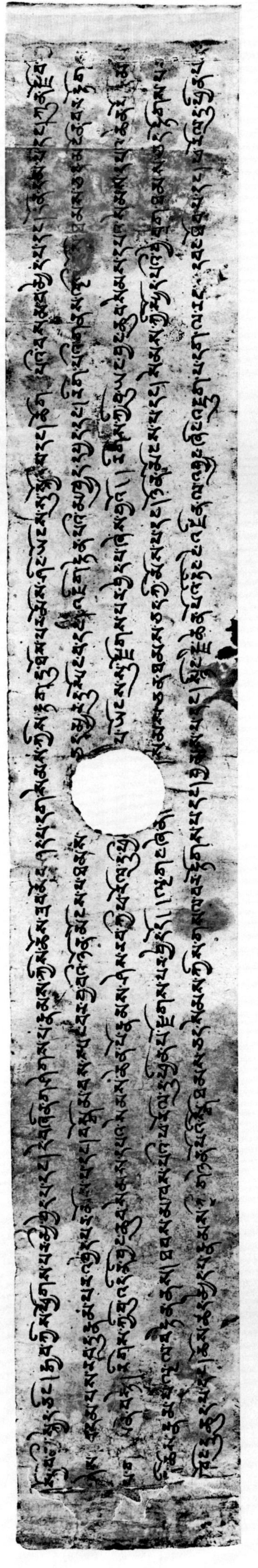

英 IOL.Tib.J.VOL.4　　4.དམ་ཆོས་ཐོར་བུ།
4.佛經　　(83—11)

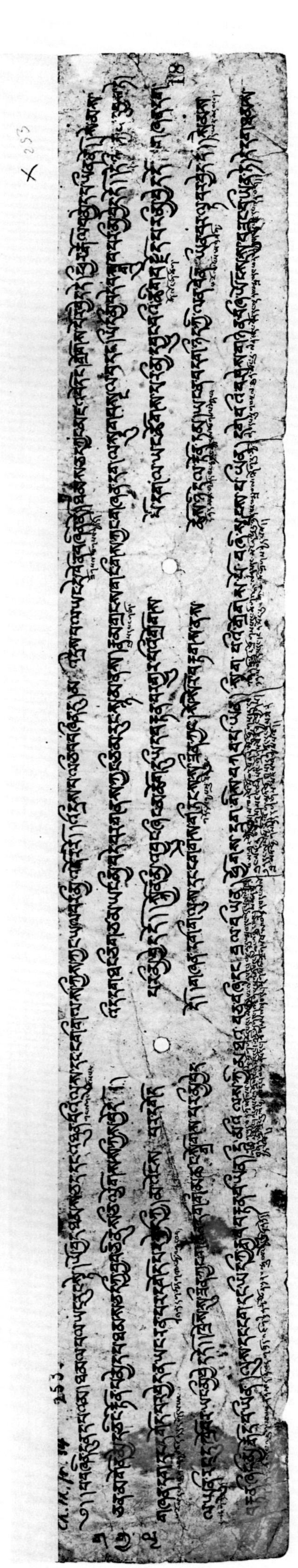

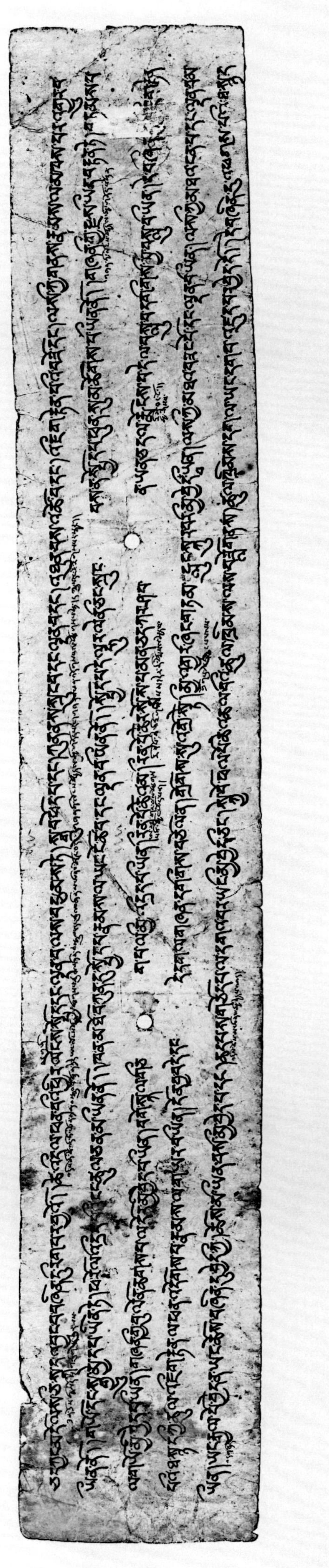

英 IOL.Tib.J.VOL.4　　5.དམ་ཆོས་ཐོར་བུ།

5.佛經論典　(83—12)

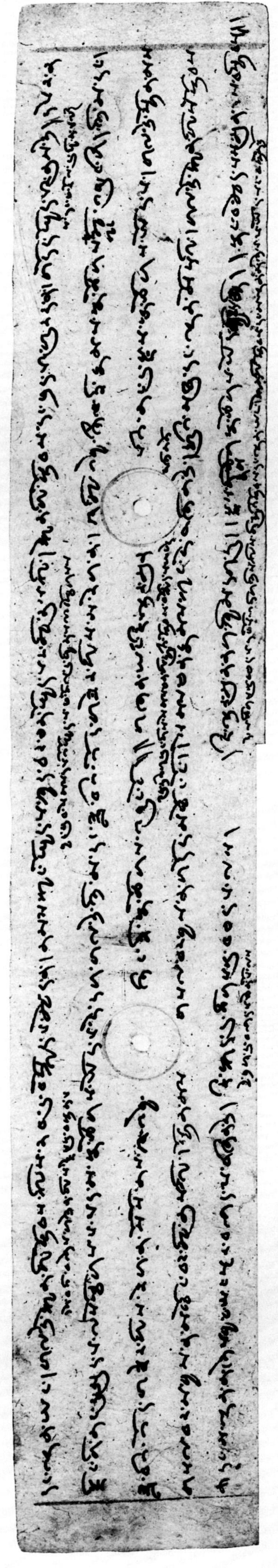

英 IOL.Tib.J.VOL.4 6.དམ་ཆོས་ཕྱོགས་བསྡུ།

6.佛經論典 (83—13)

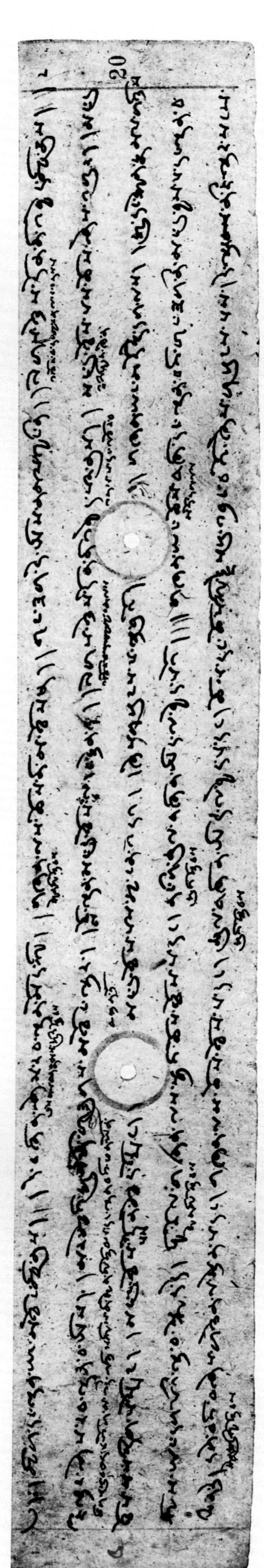

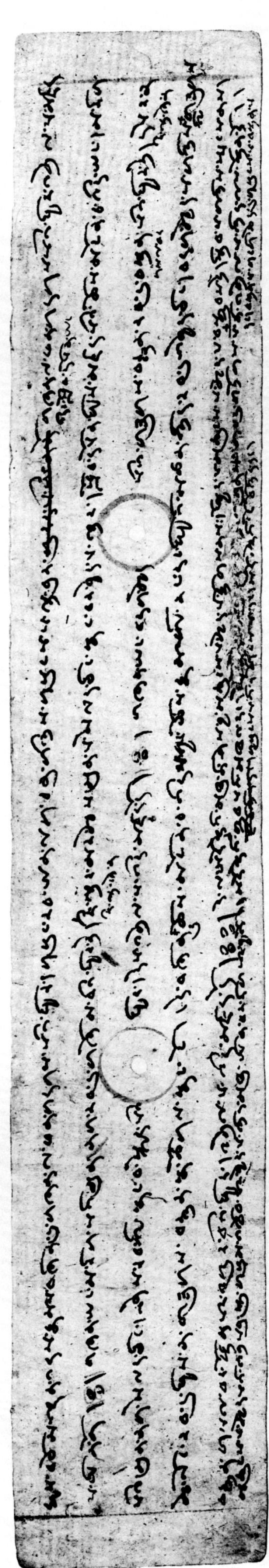

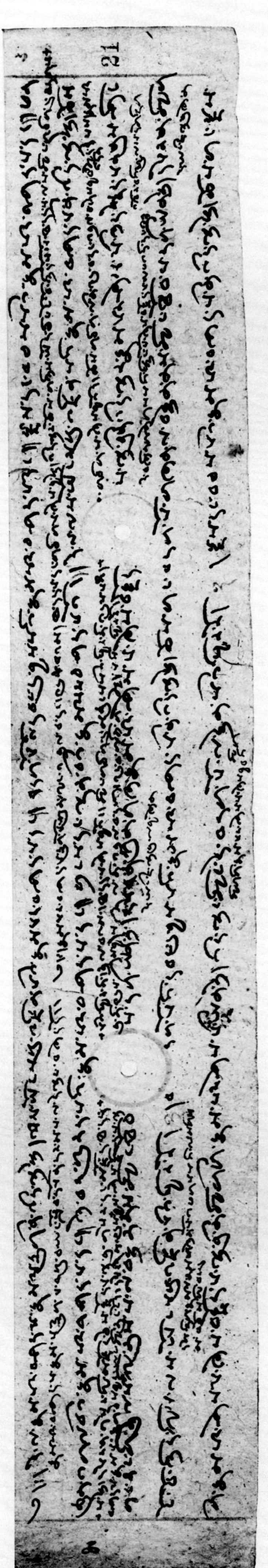

英 IOL.Tib.J.VOL.4　6.དམ་ཆོས་ཐོར་བུ།
6.佛經論典　(83—14)

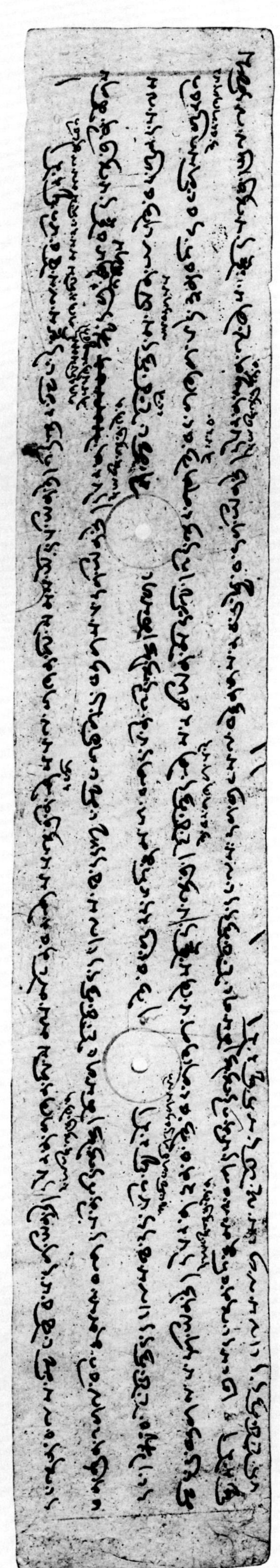

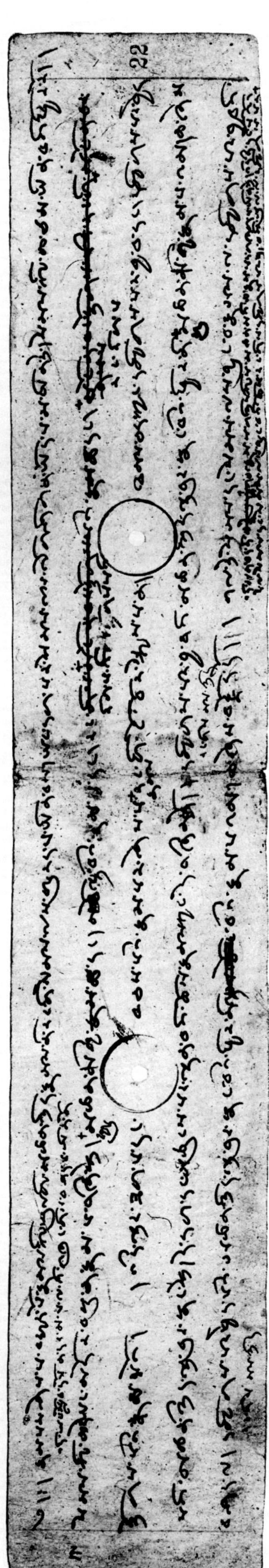

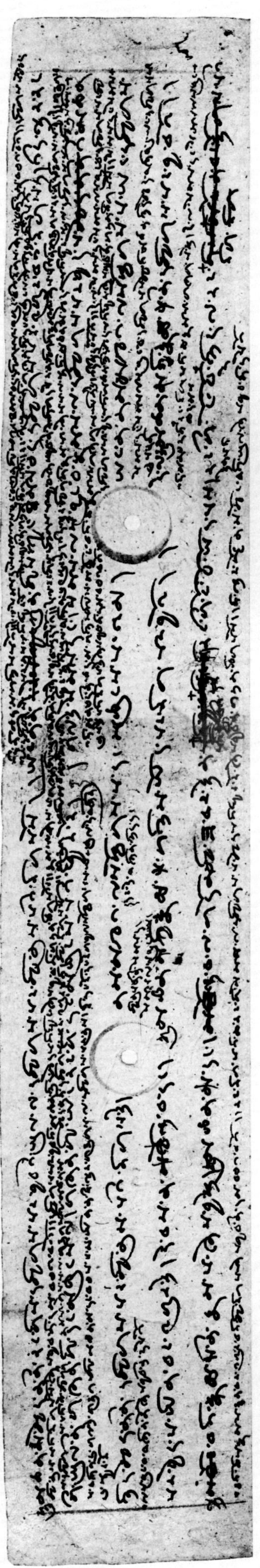

英 IOL.Tib.J.VOL.4　　6.དམ་ཆོས་ཐོར་བུ།

6.佛經論典　　(83—15)

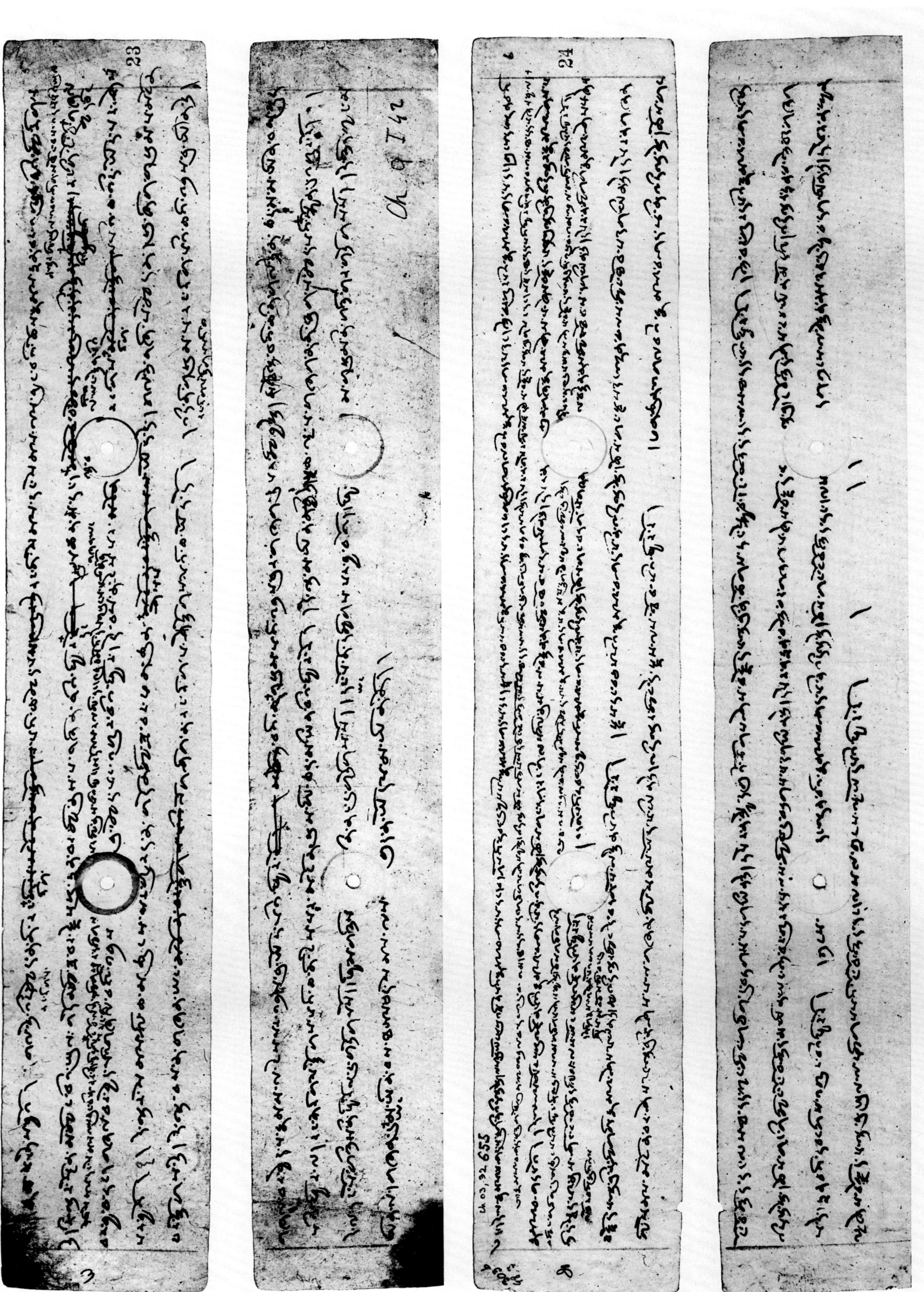

英 IOL.Tib.J.VOL.4　　6.དམ་ཆོས་ཐོར་བུ།

6.佛經論典　　(83—16)

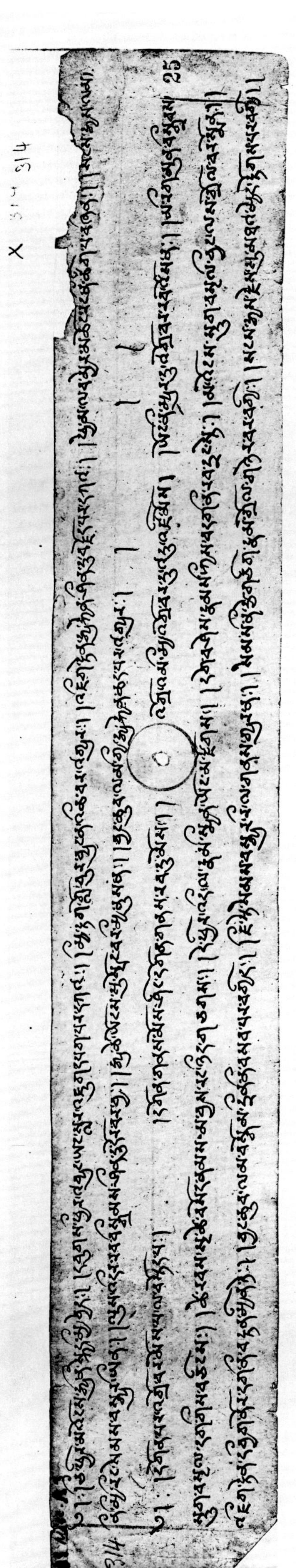

英 IOL.Tib.J.VOL.4　　7.དགོན་པར་འགྲོ་བ་མོས་པ་ལ་བསྟོད་པ།

7.往阿練若勝解贊　　(83—17)

英 IOL.Tib.J.VOL.4 8.སྤྱན་འདྲེན་ཁྲུས་གསོལ་སོགས་ཀྱི་གཟུངས་སྔགས།

8.向佛菩薩羅漢天王八部衆等獻供陀羅尼 (83—18)

英 IOL.Tib.J.VOL.4　　9.སྨོན་ལམ་གདབ་པ།

9.祈願文　　(83—19)

英 IOL.Tib.J.VOL.4　　9.སྨོན་ལམ་གདབ་པ།

9.祈願文　　(83—20)

英 IOL.Tib.J.VOL.4 9.སྨོན་ལམ་གདབ་པ།

9.祈願文 (83—21)

英 IOL.Tib.J.VOL.4　　9.སྨོན་ལམ་གདབ་པ།

9.祈願文　　(83—22)

英 IOL.Tib.J.VOL.4　　9.སྨོན་ལམ་གདབ་པ།
9.祈願文　　(83—23)

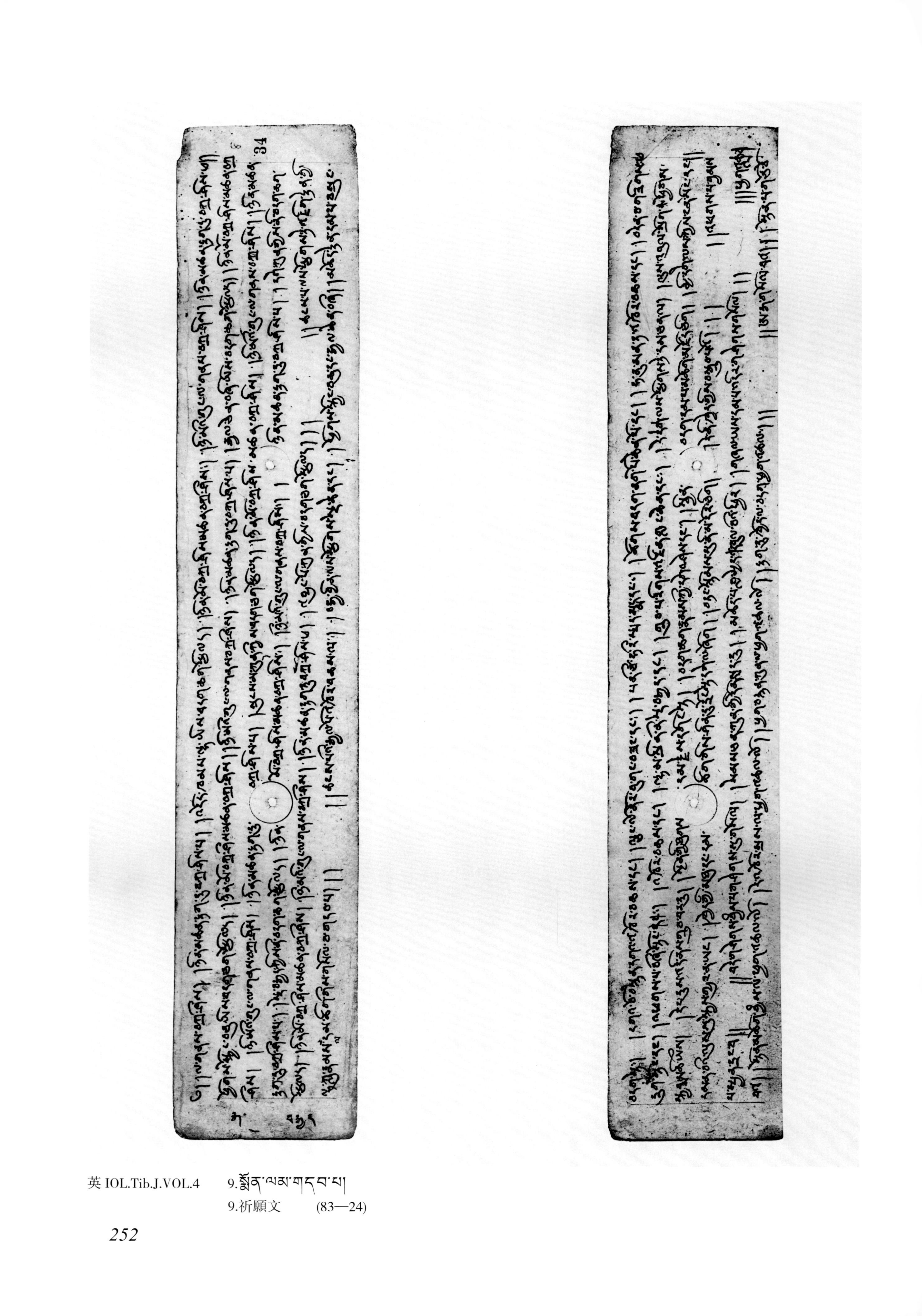

英 IOL.Tib.J.VOL.4　　9.སྨོན་ལམ་གདབ་པ།

9.祈願文　　(83—24)

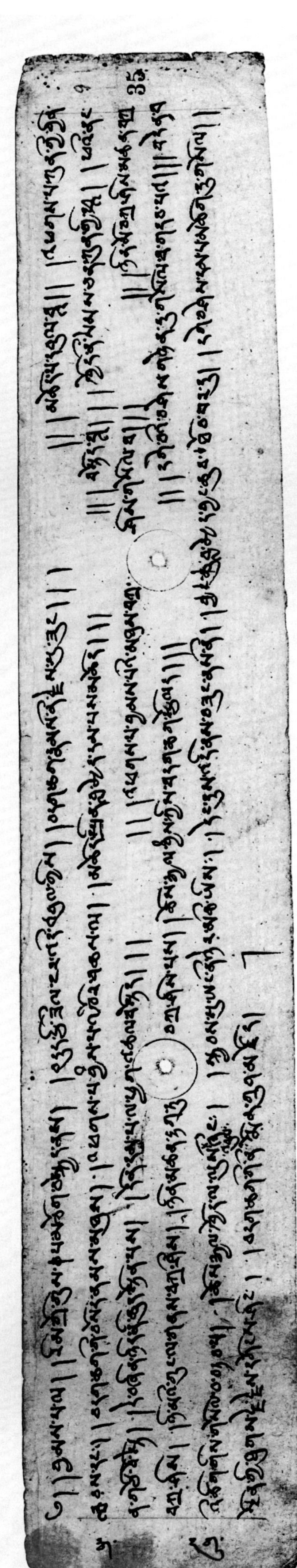

英 IOL.Tib.J.VOL.4　　9.སྨོན་ལམ་གདབ་པ།　　རྒྱབ་ཤོག

9.祈願文　封底　　(83—25)

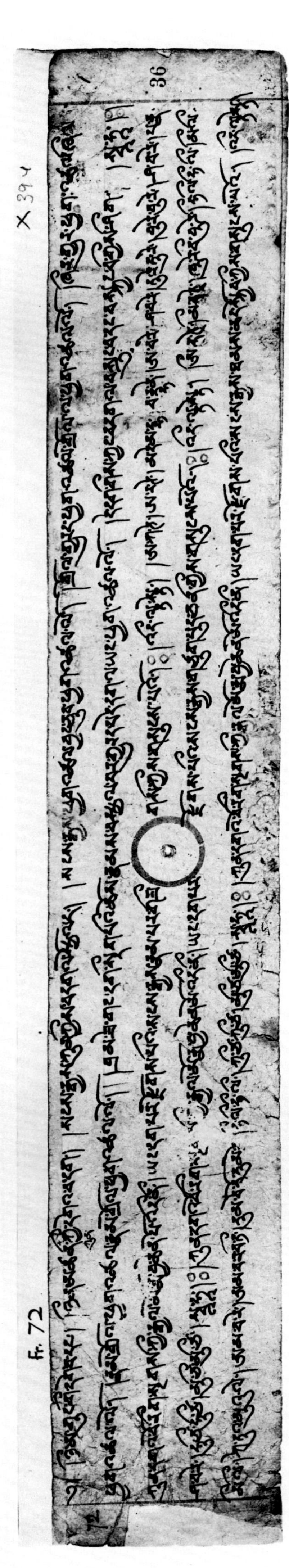

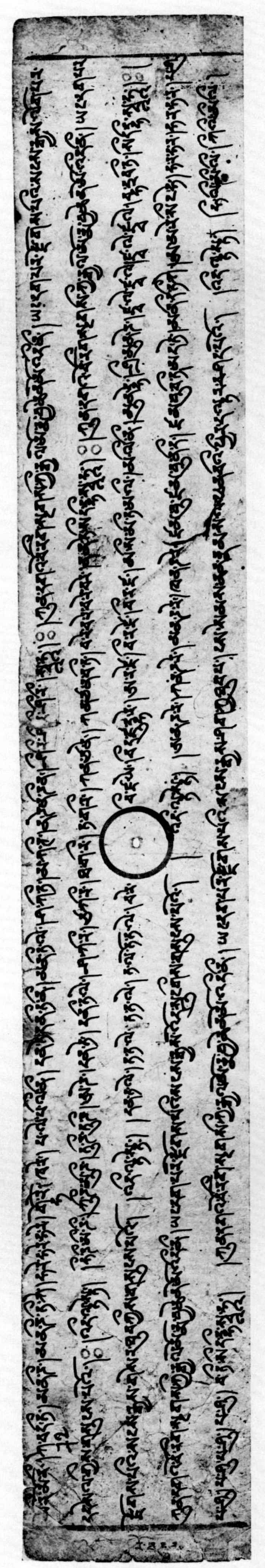

英 IOL.Tib.J.VOL4　　10.རིག་སྔགས་ཀྱི་རྒྱལ་མོ་རྨ་བྱ་ཆེན་མོ།

10.明咒王母大孔雀陀羅尼　　(83—26)

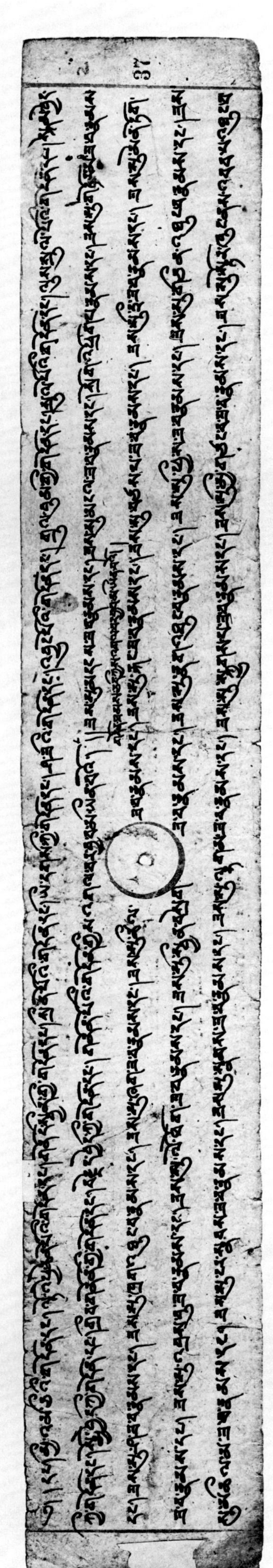

英 IOL.Tib.J.VOL.4　　10.རིག་སྔགས་ཀྱི་རྒྱལ་མོ་རྨ་བྱ་ཆེན་མོ།

10.明咒王母大孔雀陀羅尼　　(83—27)

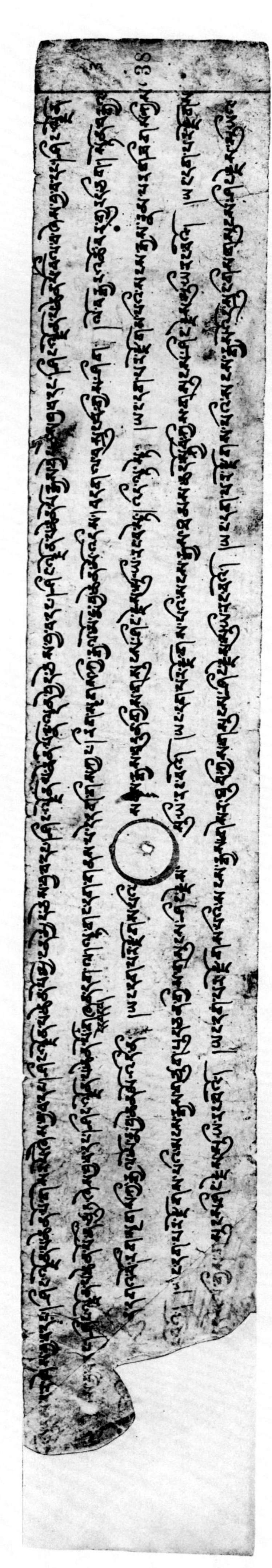

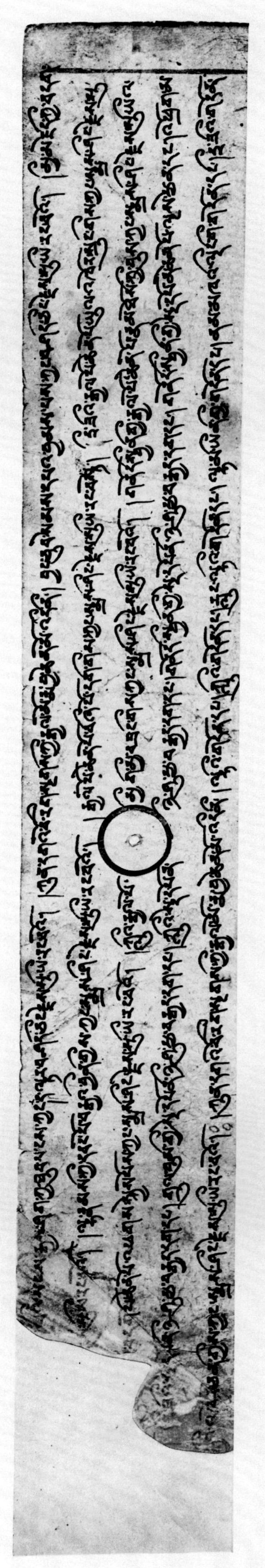

英 IOL.Tib.J.VOL.4　　10.རིག་སྔགས་རྒྱལ་མོ་རྨ་བྱ་ཆེན་མོ།

10.明咒王母大孔雀陀羅尼　　(83—28)

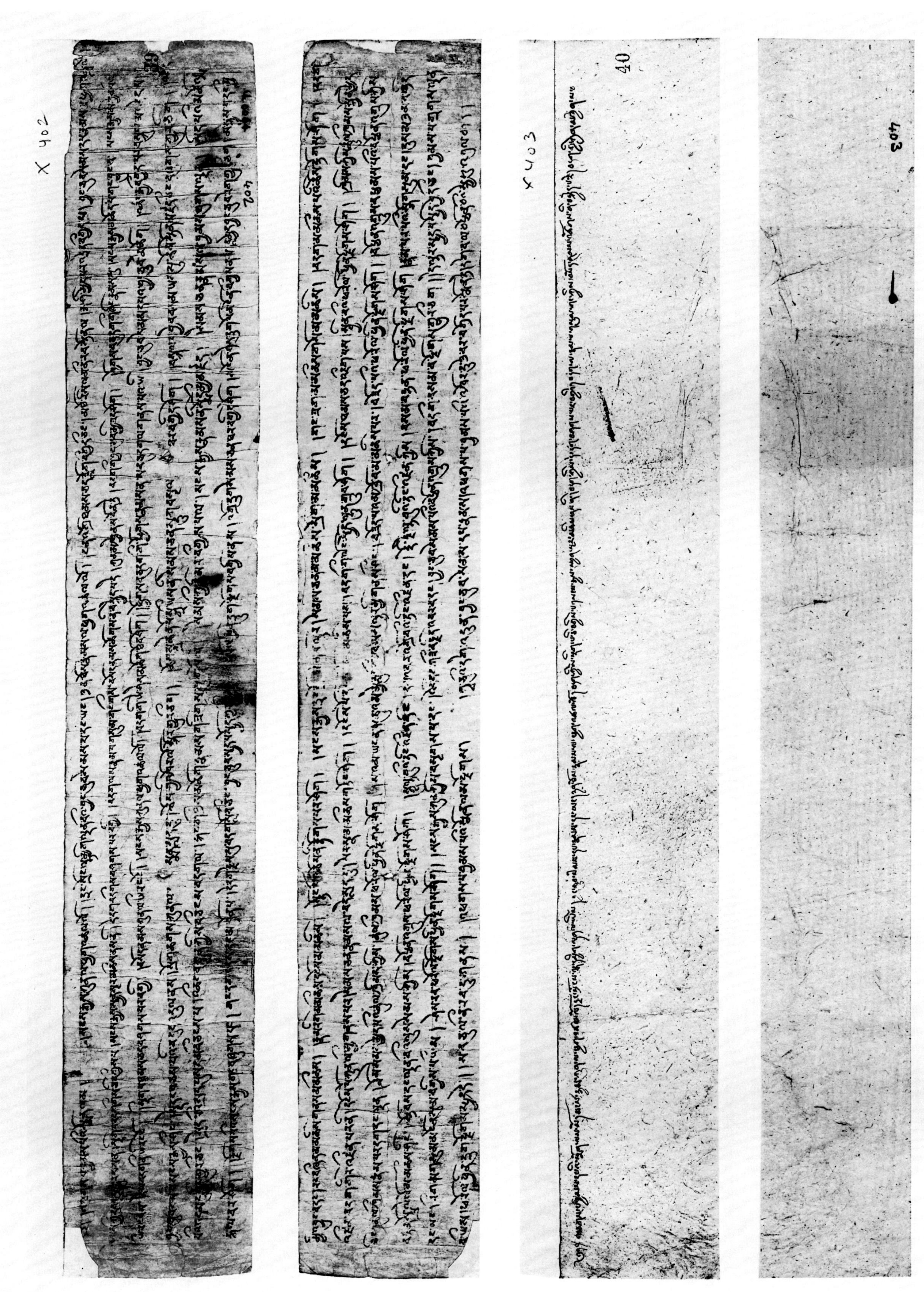

英 IOL.Tib.J.VOL.4　　11.འཕགས་པ་བྱམས་པའི་སྨོན་ལམ།　རྒྱབ་ཤོག
11.彌勒祈願文　封底　(83—29)

英 IOL.Tib.J.VOL.4　　12.འཕགས་པ་སྒོ་དྲུག་པའི་གཟུངས་ཀྱི་རྣམ་པར་བཤད་པ་རྒྱ་ཆེར་འགྲེལ་པ།

12.聖六門陀羅尼解説廣釋　　(83—30)

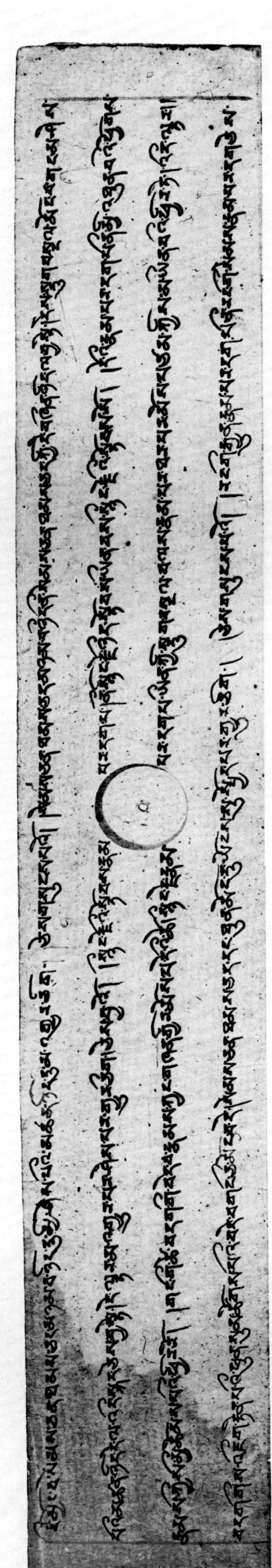

英 IOL.Tib.J.VOL.4　　12.འཕགས་པ་སྒོ་དྲུག་པའི་གཟུངས་ཀྱི་རྣམ་པར་བཤད་པ་རྒྱ་ཆེར་འགྲེལ་པ།

12.聖六門陀羅尼解說廣釋　　(83—31)

英 IOL.Tib.J.VOL.4　　12.འཕགས་པ་སྒོ་དྲུག་པའི་གཟུངས་ཀྱི་རྣམ་པར་བཤད་པ་རྒྱ་ཆེར་འགྲེལ་པ།
12.聖六門陀羅尼解說廣釋　　(83—32)

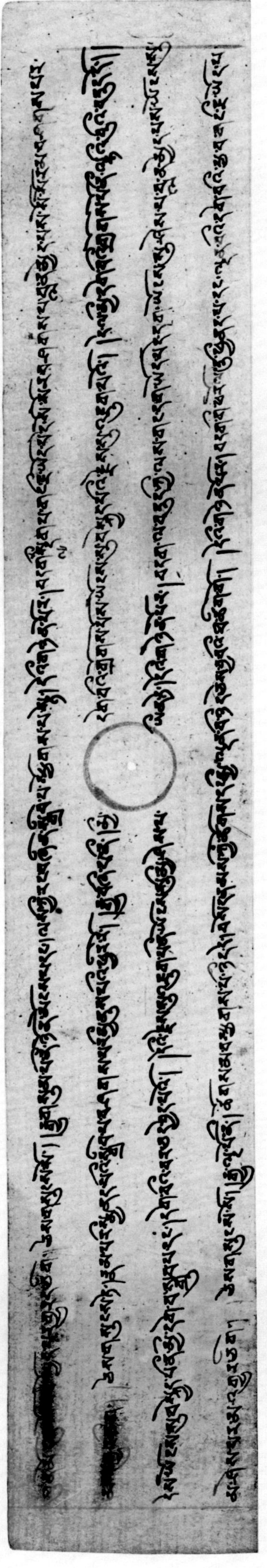

英 IOL.Tib.J.VOL.4　　12.འཕགས་པ་སྒོ་དྲུག་པའི་གཟུངས་ཀྱི་རྣམ་པར་བཤད་པ་རྒྱ་ཆེར་འགྲེལ་པ།

12.聖六門陀羅尼解說廣釋　　(83—33)

英 IOL.Tib.J.VOL.4　　12.འཕགས་པ་སྒོ་དྲུག་པའི་གཟུངས་ཀྱི་རྣམ་པར་བཤད་པ་རྒྱ་ཆེར་འགྲེལ་པ།

12.聖六門陀羅尼解說廣釋　　(83—34)

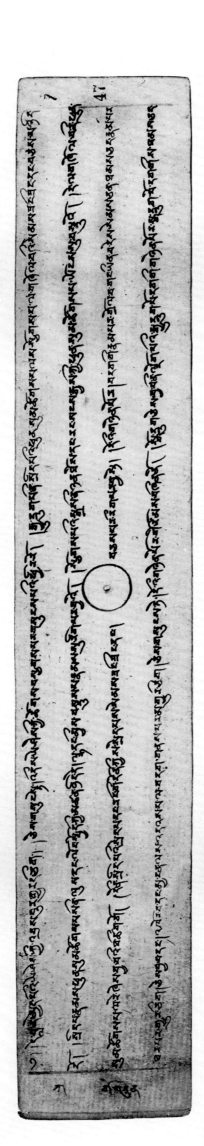

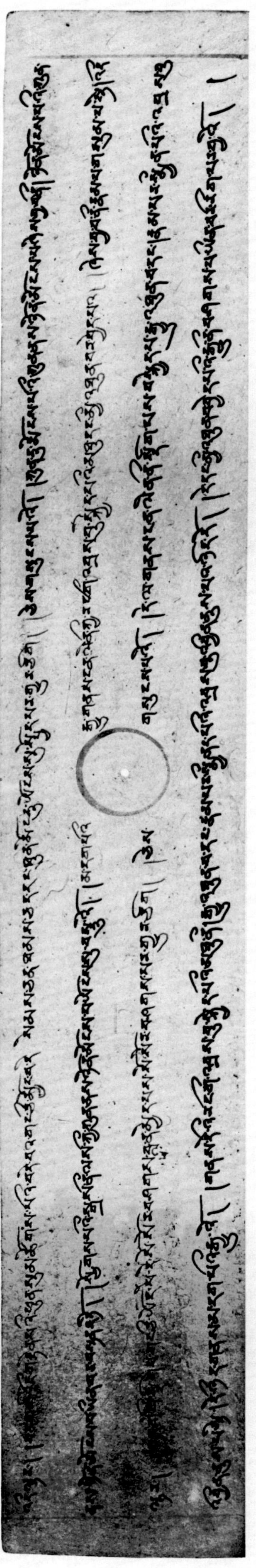

英 IOL.Tib.J.VOL.4　　12.འཕགས་པ་སྒོ་དྲུག་པའི་གཟུངས་ཀྱི་རྣམ་པར་བཤད་པ་རྒྱ་ཆེར་འགྲེལ་པ།

12.聖六門陀羅尼解說廣釋　　(83—35)

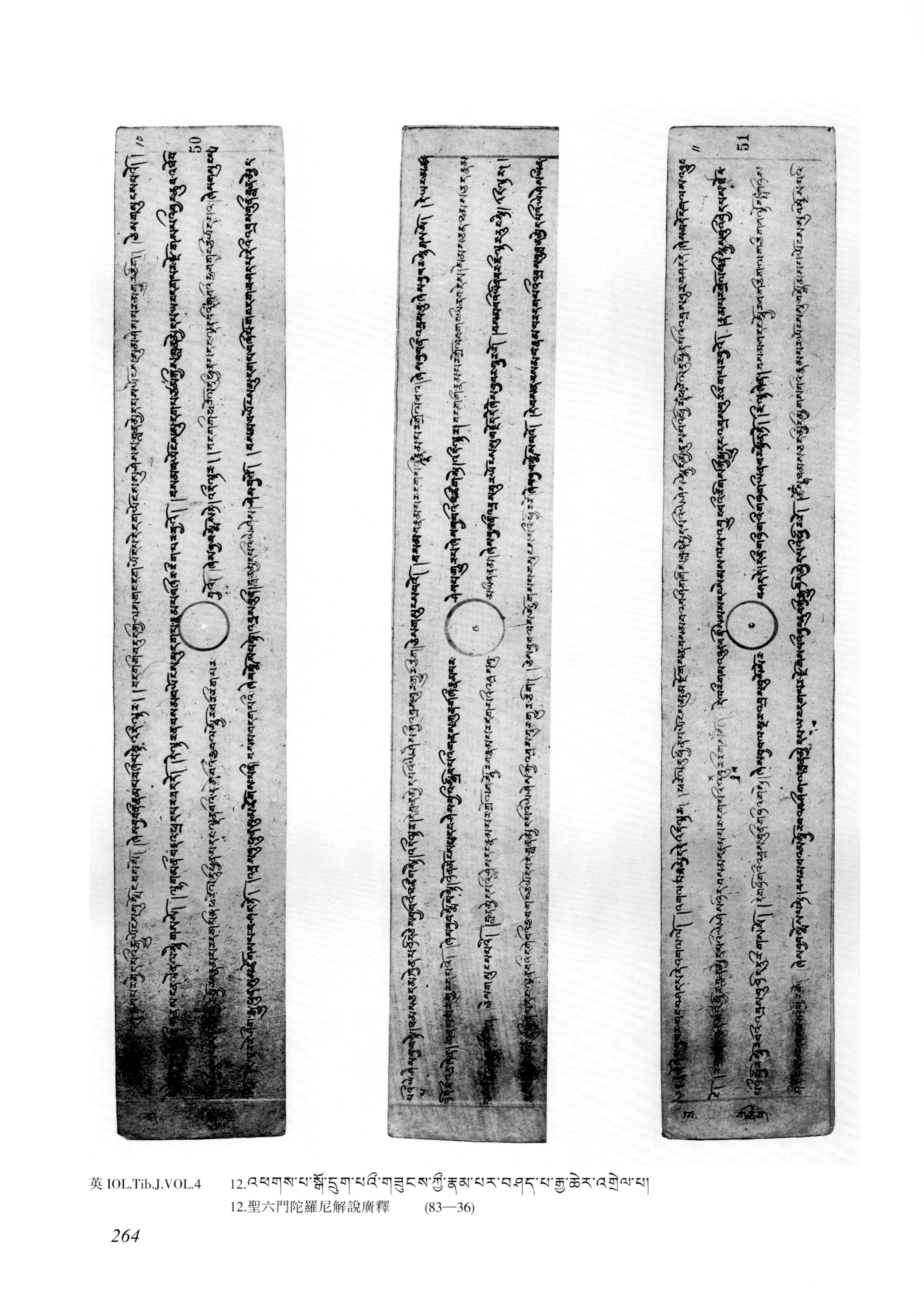

英 IOL.Tib.J.VOL.4　　12.འཕགས་པ་སྒོ་དྲུག་པའི་གཟུངས་ཀྱི་རྣམ་པར་བཤད་པ་རྒྱ་ཆེར་འགྲེལ་པ།

12.聖六門陀羅尼解說廣釋　　(83—36)

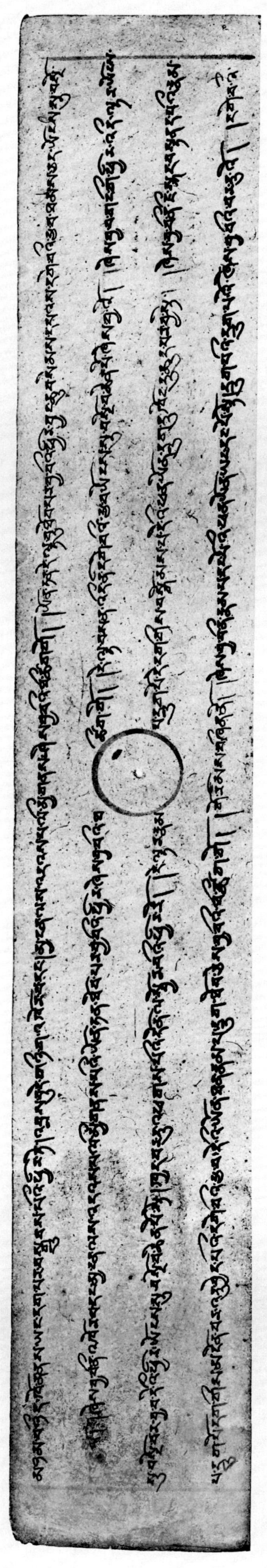

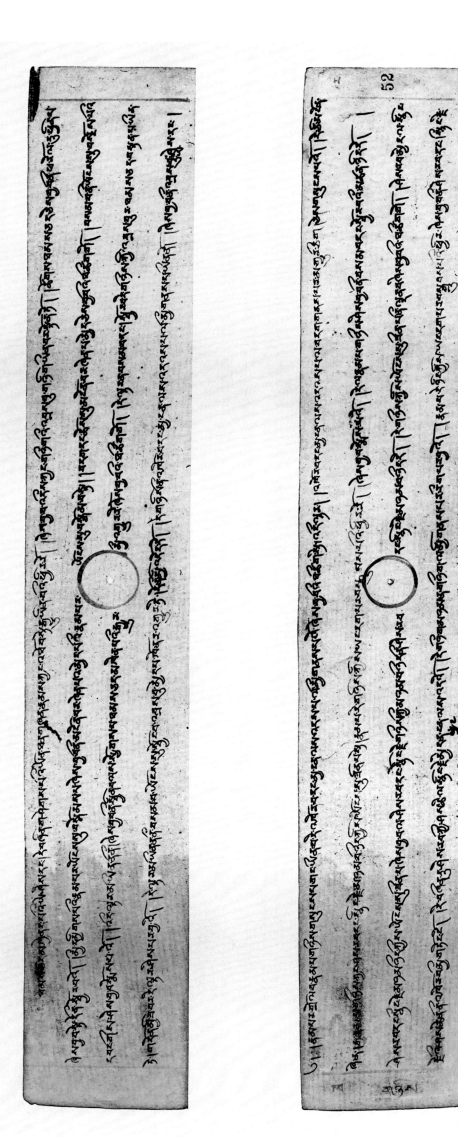

英 IOL.Tib.J.VOL.4　　12.འཕགས་པ་སྒོ་དྲུག་པའི་གཟུངས་ཀྱི་རྣམ་པར་བཤད་པ་རྒྱ་ཆེར་འགྲེལ་པ།

12.聖六門陀羅尼解說廣釋　　(83—37)

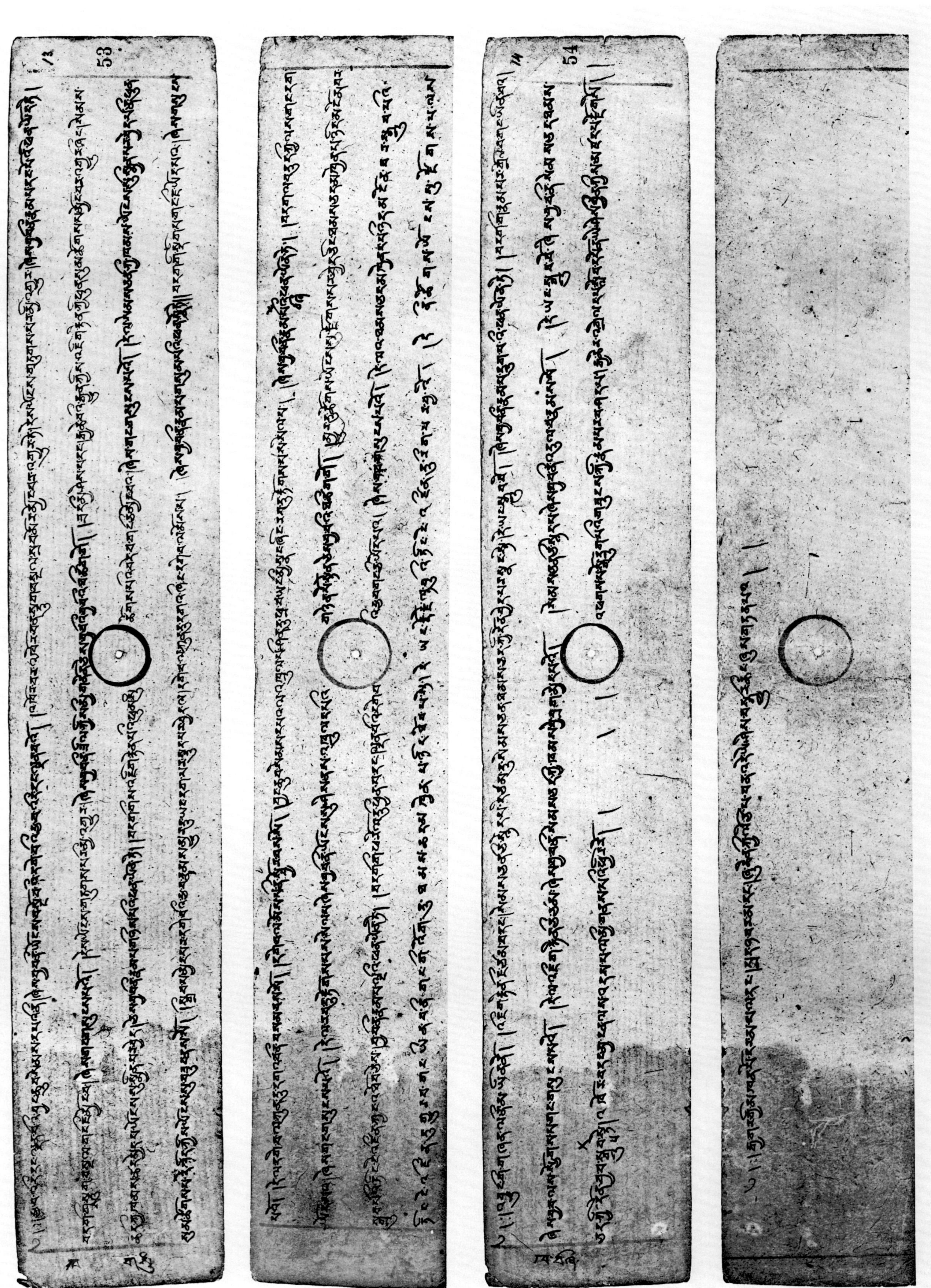

英 IOL.Tib.J.VOL.4　　12.འཕགས་པ་སྒོ་དྲུག་པའི་གཟུངས་ཀྱི་རྣམ་པར་བཤད་པ་རྒྱ་ཆེར་འགྲེལ་པ།
12.聖六門陀羅尼解説廣釋　　(83—38)

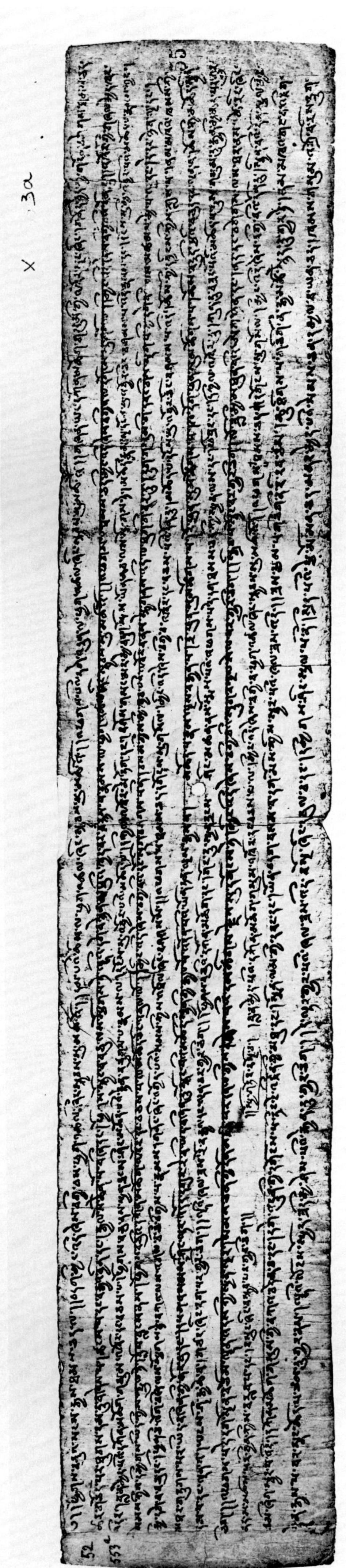

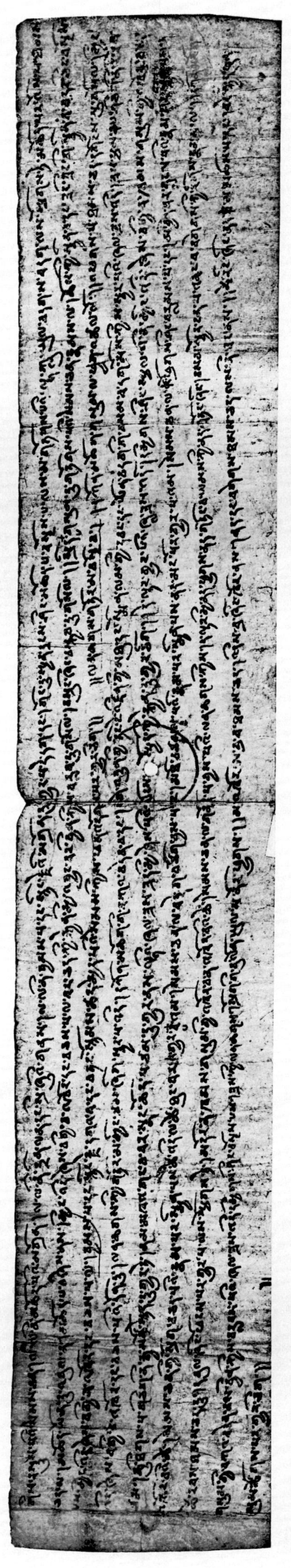

英 IOL.Tib.J.VOL.4　　13.སྦྱི་གཏོར་བསྔོ་བ།　　14.ལན་ཆགས་གཏོར་མ་བསྔོ་བ།
13.獻供回向文　　14.業債食子回向文　　(83—39)

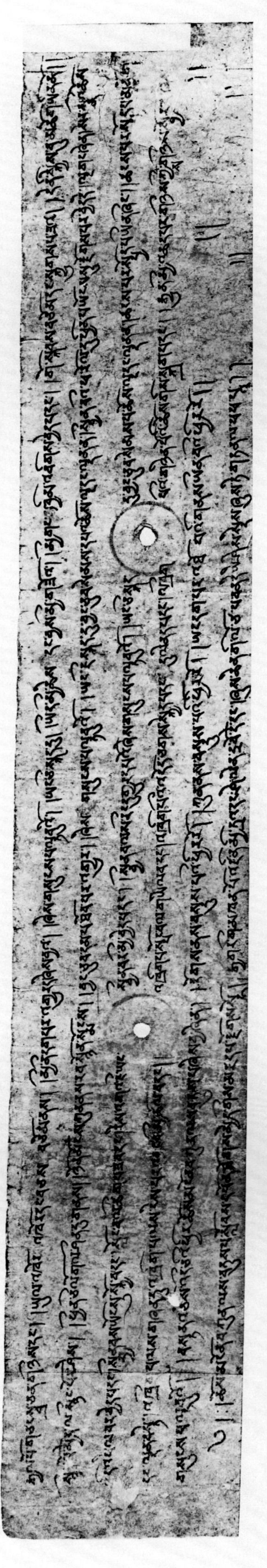

英 IOL.Tib.J.VOL.4　15.ཆོས་མངོན་པ་ཀུན་ལས་བཏུས་པ།　16.སེམས་འཁོར་བའི་ཚུལ་མདོ་ཙམ་དུ་བསྟན་པ།

15.阿毗達磨集論　16.心輪回要論　(83—40)

英 IOL.Tib.J.VOL.4　　16.སེམས་འཁོར་བའི་ཚུལ་མདོ་ཙམ་དུ་བསྟན་པ།

16.心輪回要論　　(83—41)

英 IOL.Tib.J.VOL.4　　16.སེམས་འཁོར་བའི་ཚུལ་མདོ་ཙམ་དུ་བསྟན་པ།

16.心輪回要論　　(83—42)

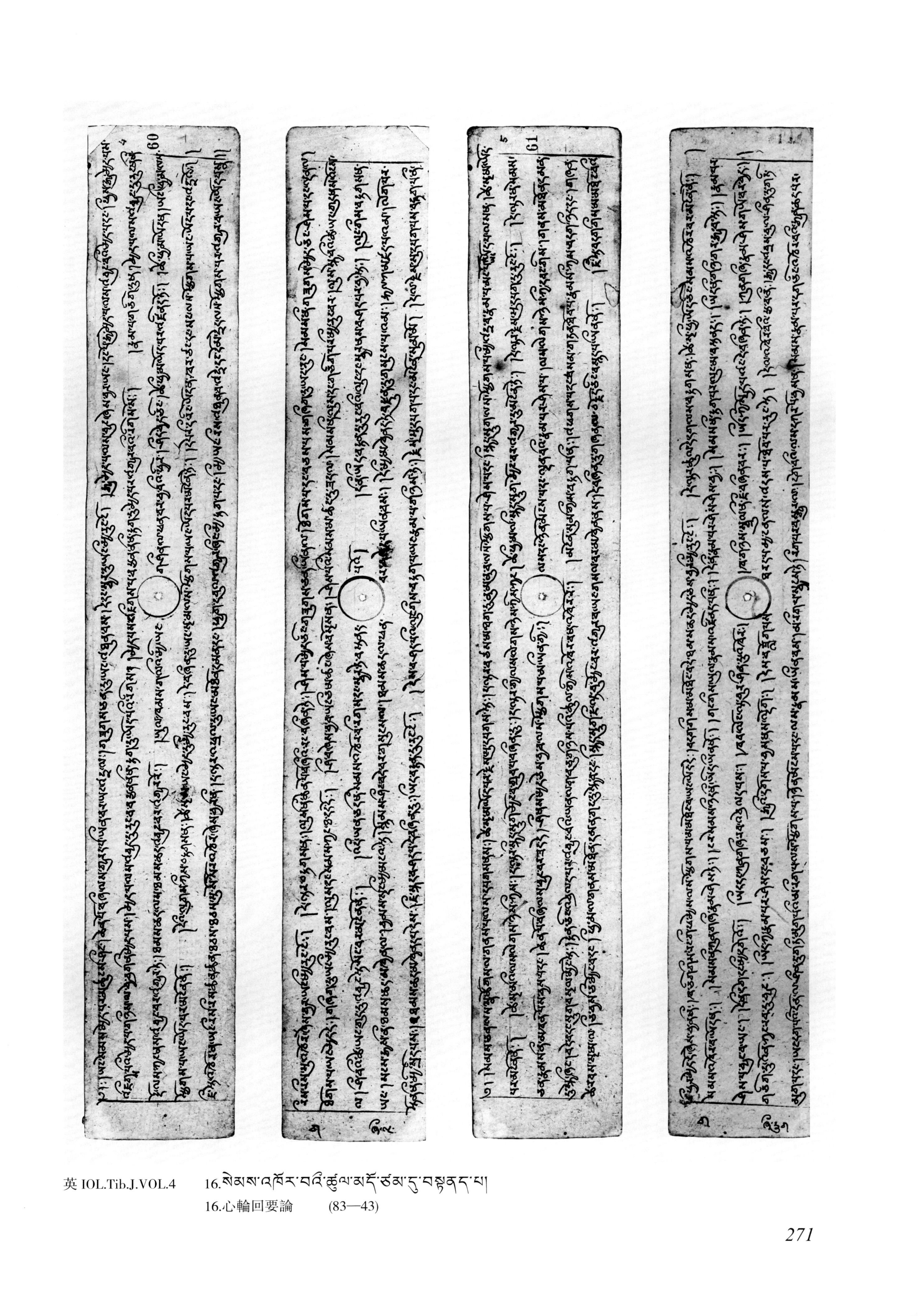

英 IOL.Tib.J.VOL.4　　16.སེམས་འཁོར་བའི་ཚུལ་མདོ་ཙམ་དུ་བསྟན་པ།

16.心輪回要論　　(83—43)

英 IOL.Tib.J.VOL.4 17.འཕགས་པ་རྣམས་སྤྱན་དྲང་ཞིང་མཆོད་པ།

17.啓請聖者並獻供文 (83—44)

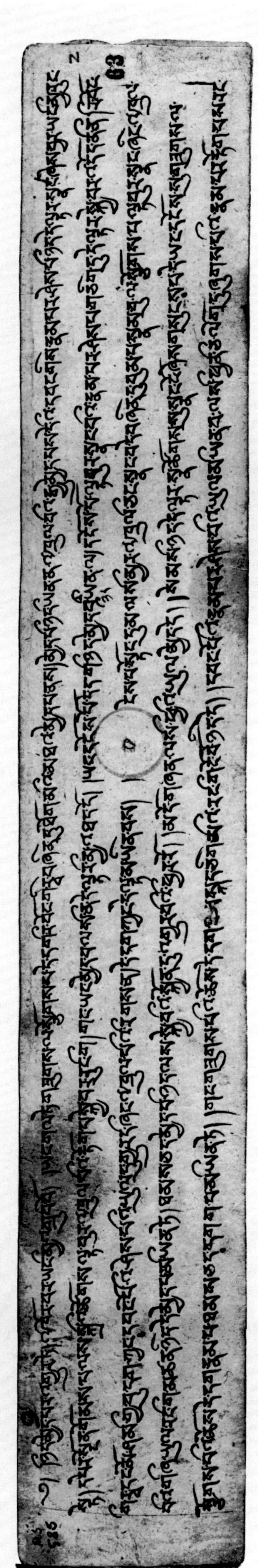

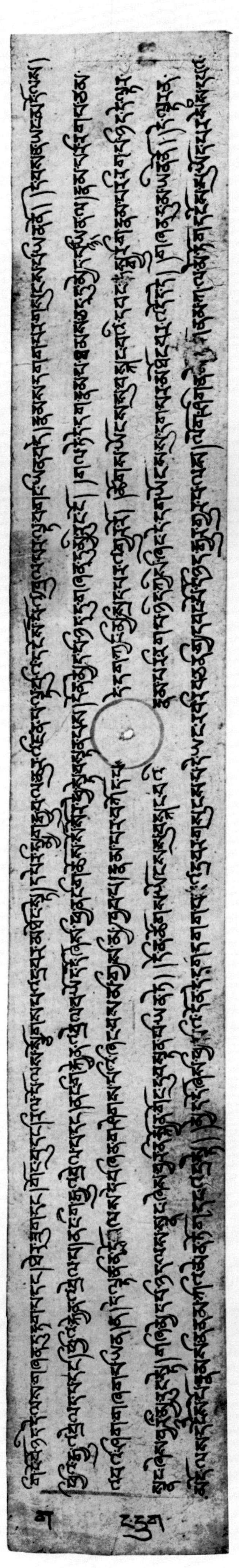

英 IOL.Tib.J.VOL.4　18.རྣལ་འབྱོར་བསྒོམ་བར་དང་པོར་སེམས་བསྐྱེད་པ་ལ་བསྟོད་པ།　19.ལྟ་བའི་རིམ་པ།

18.瑜伽修行初發心贊　19.見之次第　(83—45)

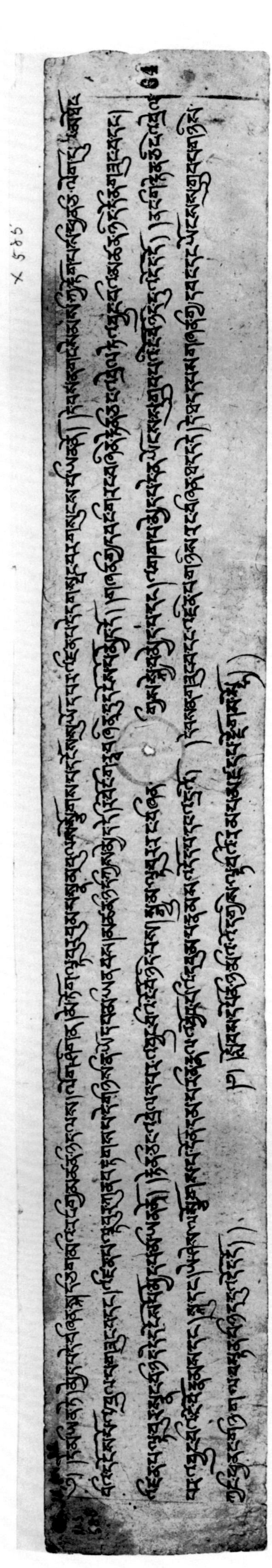

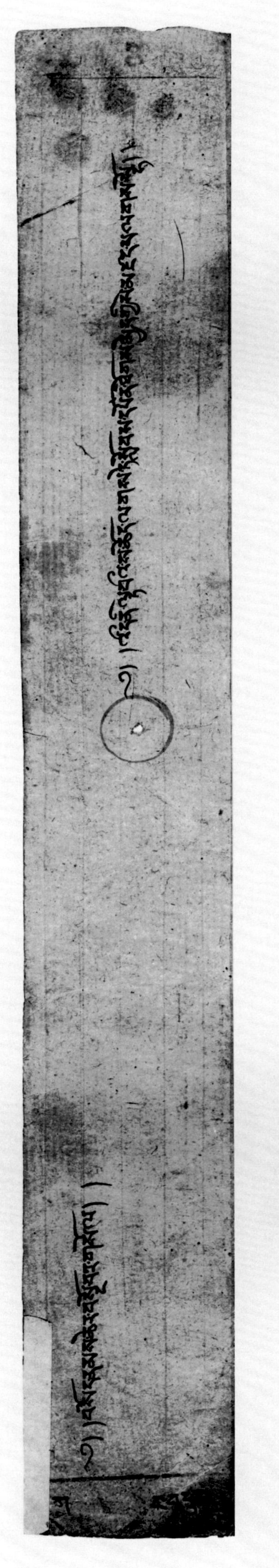

英 IOL.Tib.J.VOL.4　19.ལྟ་བའི་རིམ་པ།　20.ལྟ་བའི་ས་ཚོད།

19.見之次第　20.見地科判　(83—46)

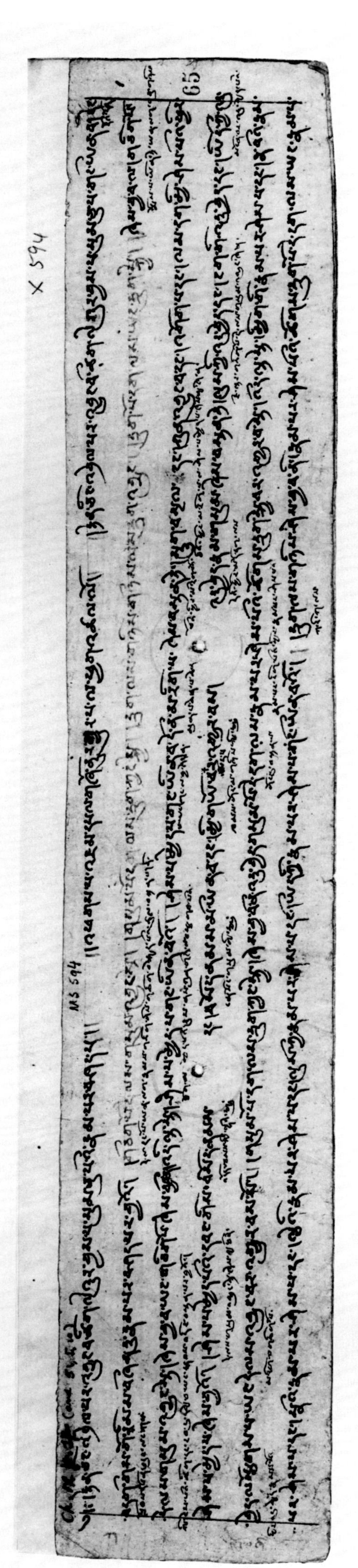

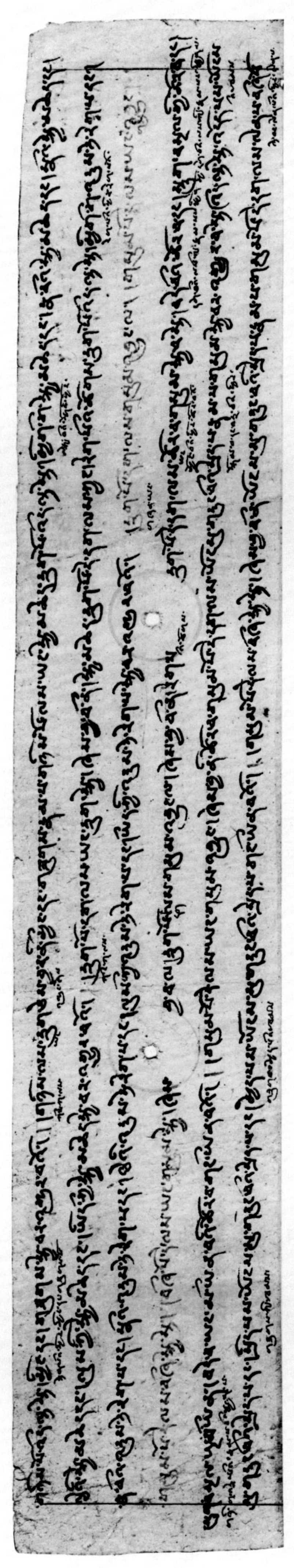

英 IOL.Tib.J.VOL.4　21.རྟེན་ཅིང་འབྲེལ་བར་འབྱུང་བ་ཚིག་ལེའུར་བྱས་པ་སུམ་ཅུ་པའི་རྣམ་པར་བཤད་པ།

21.緣起三十頌解說　(83—47)

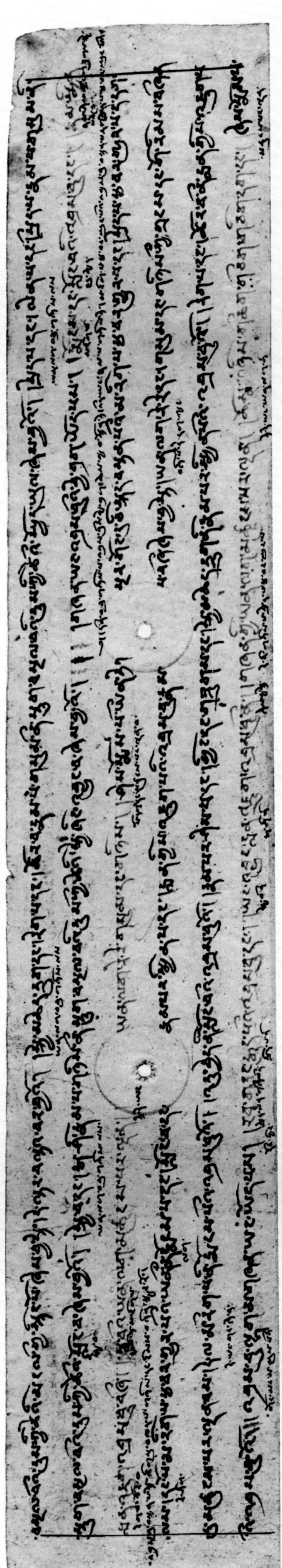

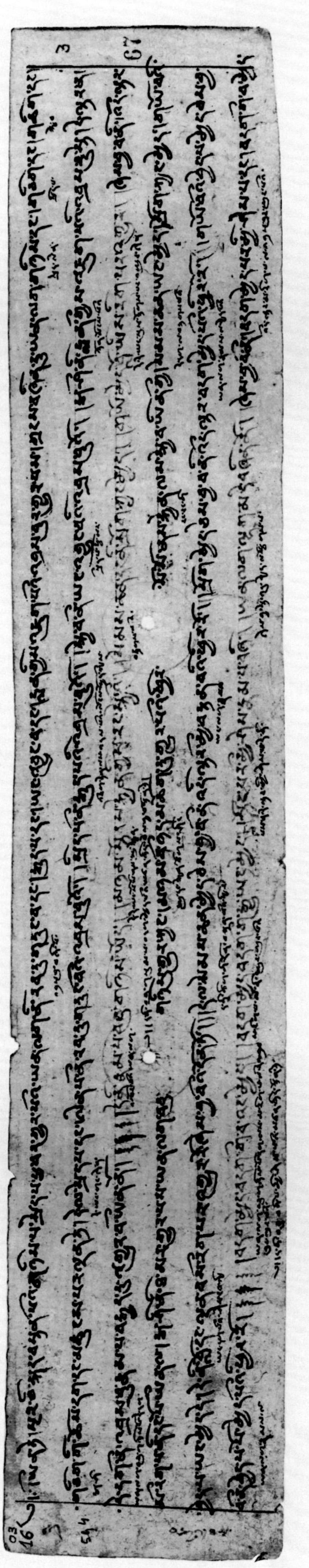

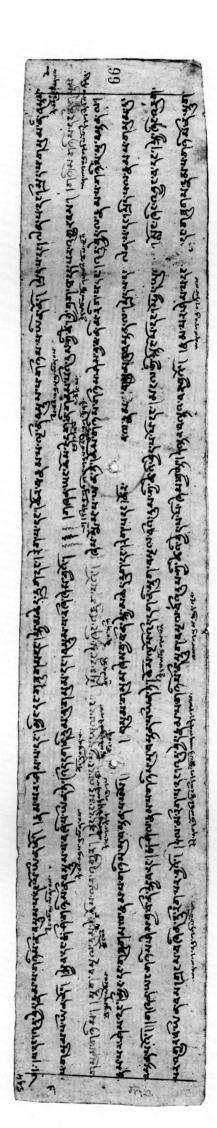

英 IOL.Tib.J.VOL.4　21.རྟེན་ཅིང་འབྲེལ་བར་འབྱུང་བ་ཚིག་ལེའུར་བྱས་པ་སུམ་ཅུ་པའི་རྣམ་པར་བཤད་པ།

21.緣起三十頌解說　(83—48)

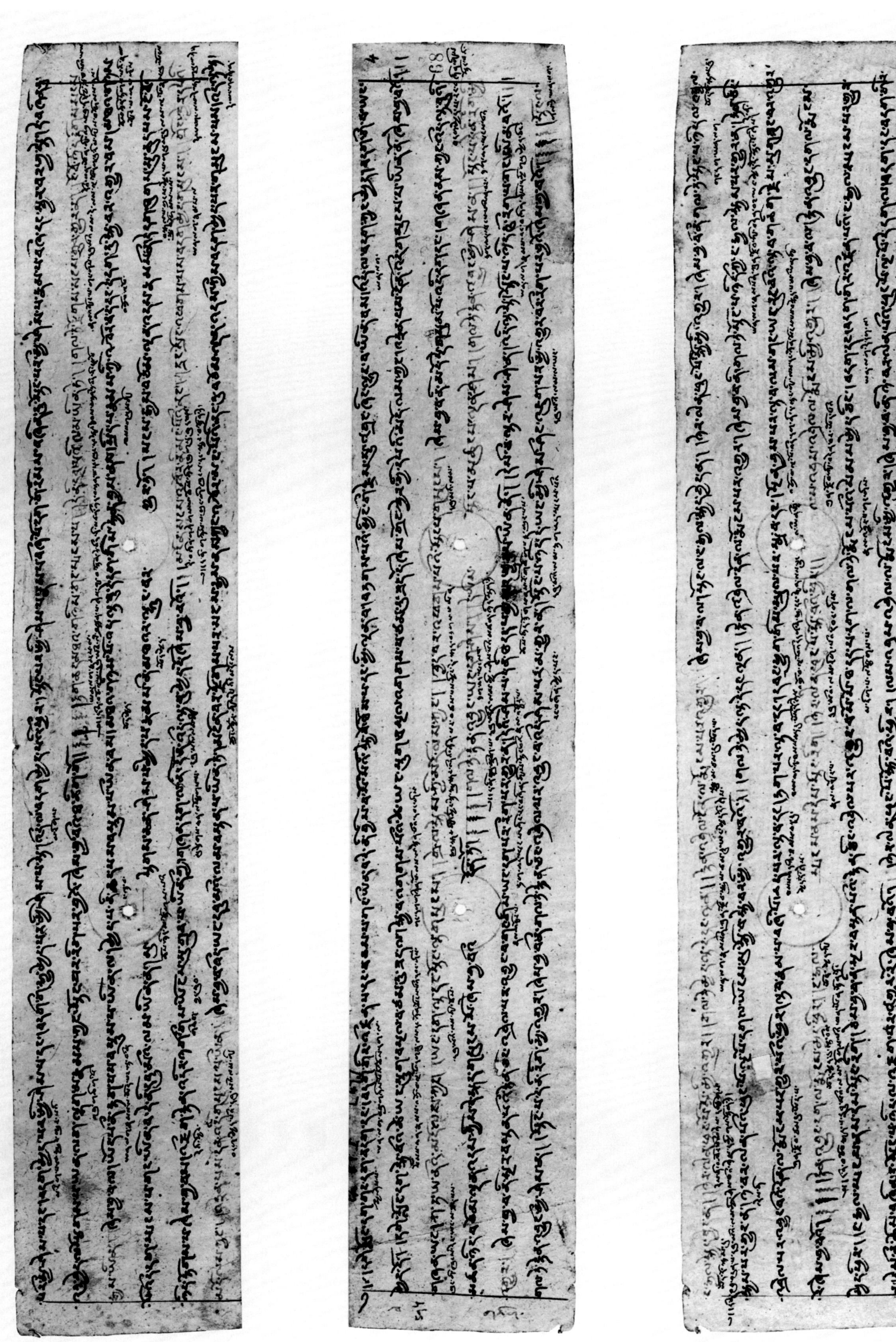

英 IOL.Tib.J.VOL.4　21.རྟེན་ཅིང་འབྲེལ་བར་འབྱུང་བ་ཚིག་ལེའུར་བྱས་པ་སུམ་ཅུ་པའི་རྣམ་པར་བཤད་པ།

21.緣起三十頌解說　(83—49)

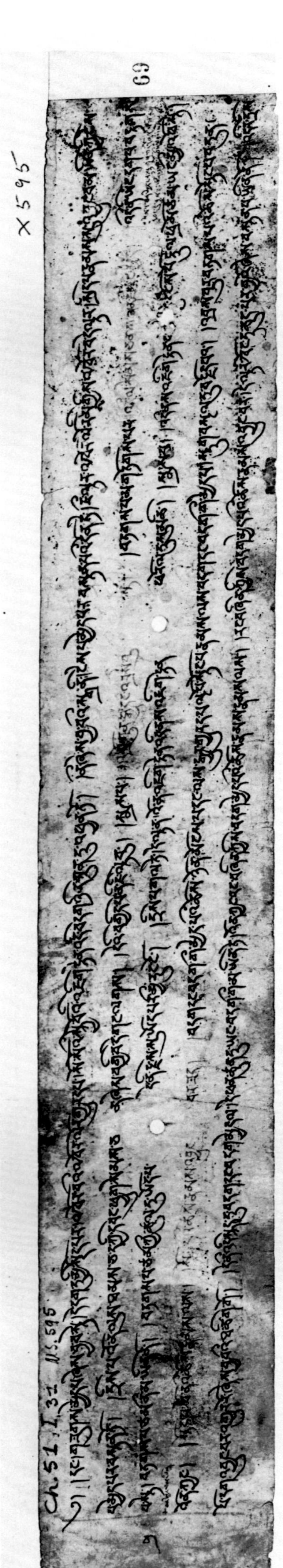
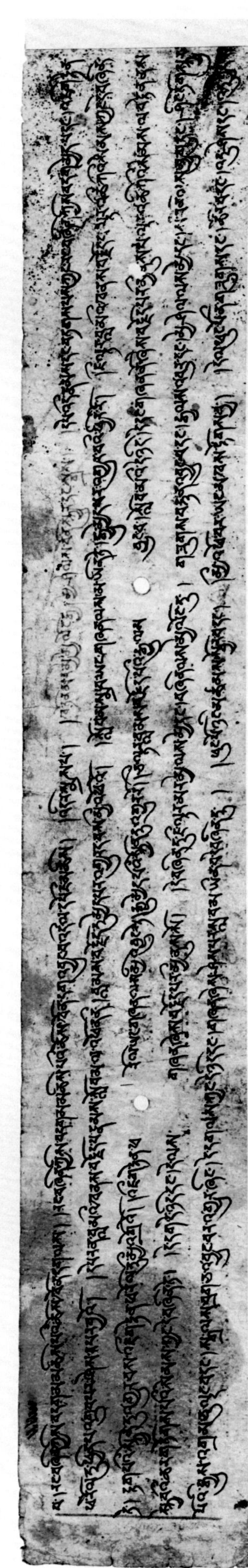
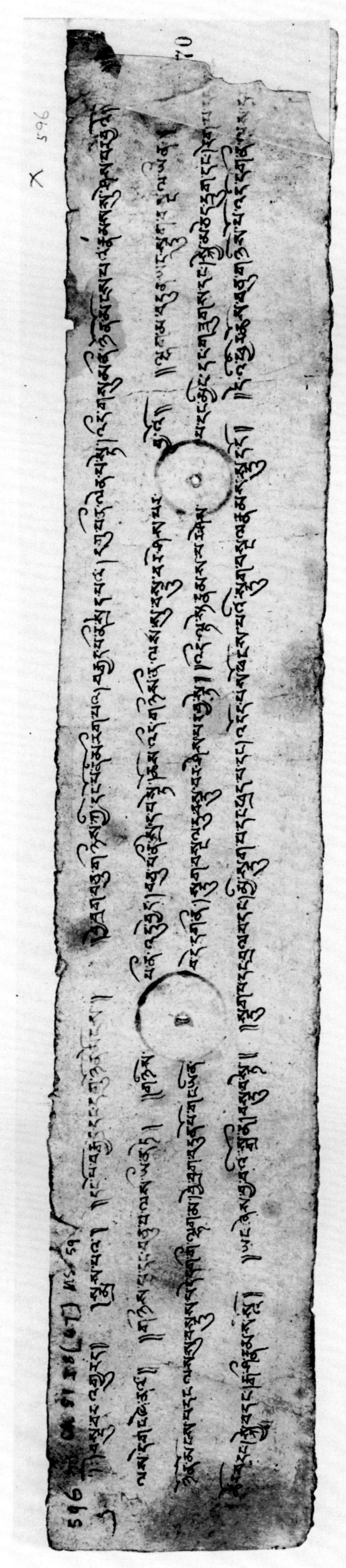

英 IOL.Tib.J.VOL.4　　22.རྟེན་ཅིང་འབྲེལ་བར་འབྱུང་བའི་སྙིང་པོ་རྣམ་པར་བཤད་པ།
22.緣起心要解說　　(83—50)

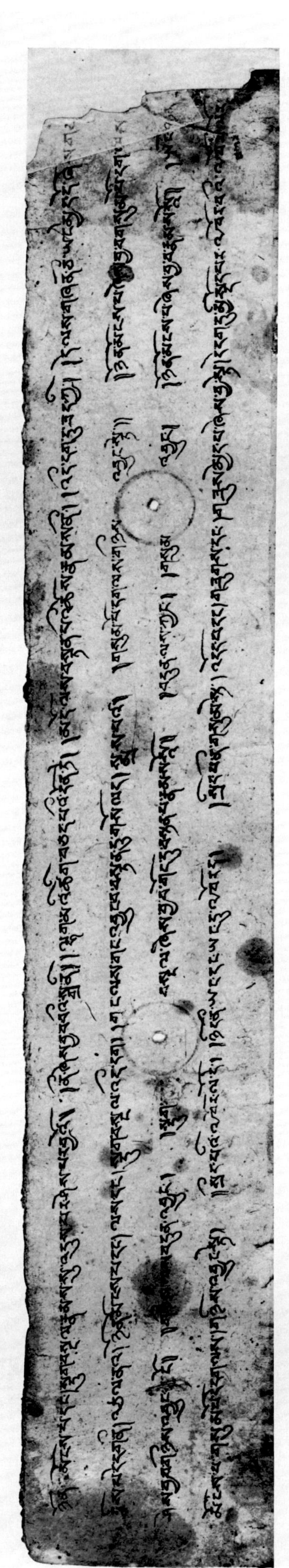

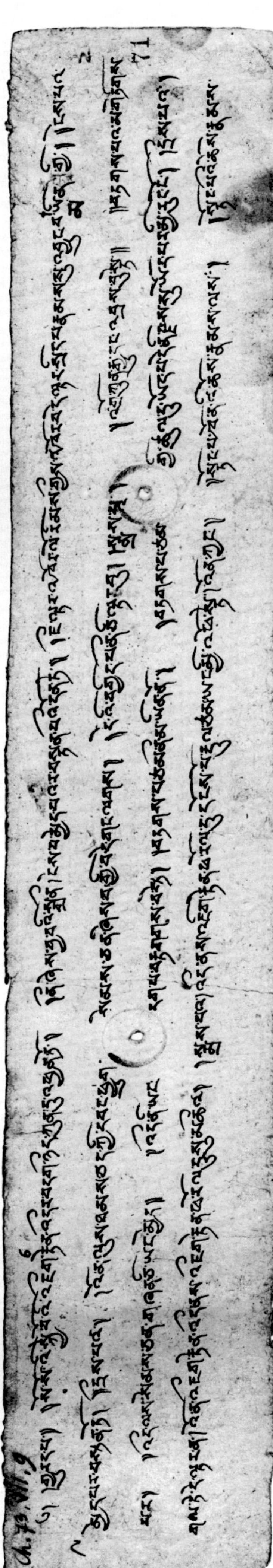

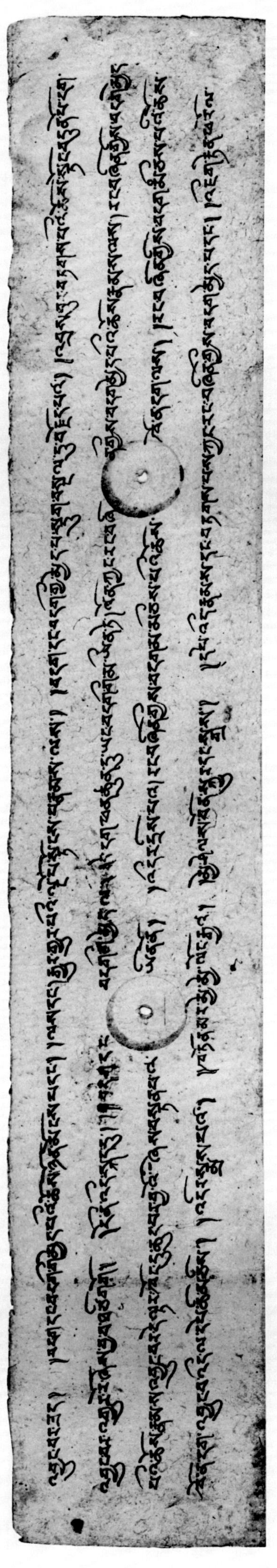

英 IOL.Tib.J.VOL.4　　22.རྟེན་ཅིང་འབྲེལ་བར་འབྱུང་བའི་སྙིང་པོ་རྣམ་པར་བཤད་པ།
22.緣起心要解説　(83—51)

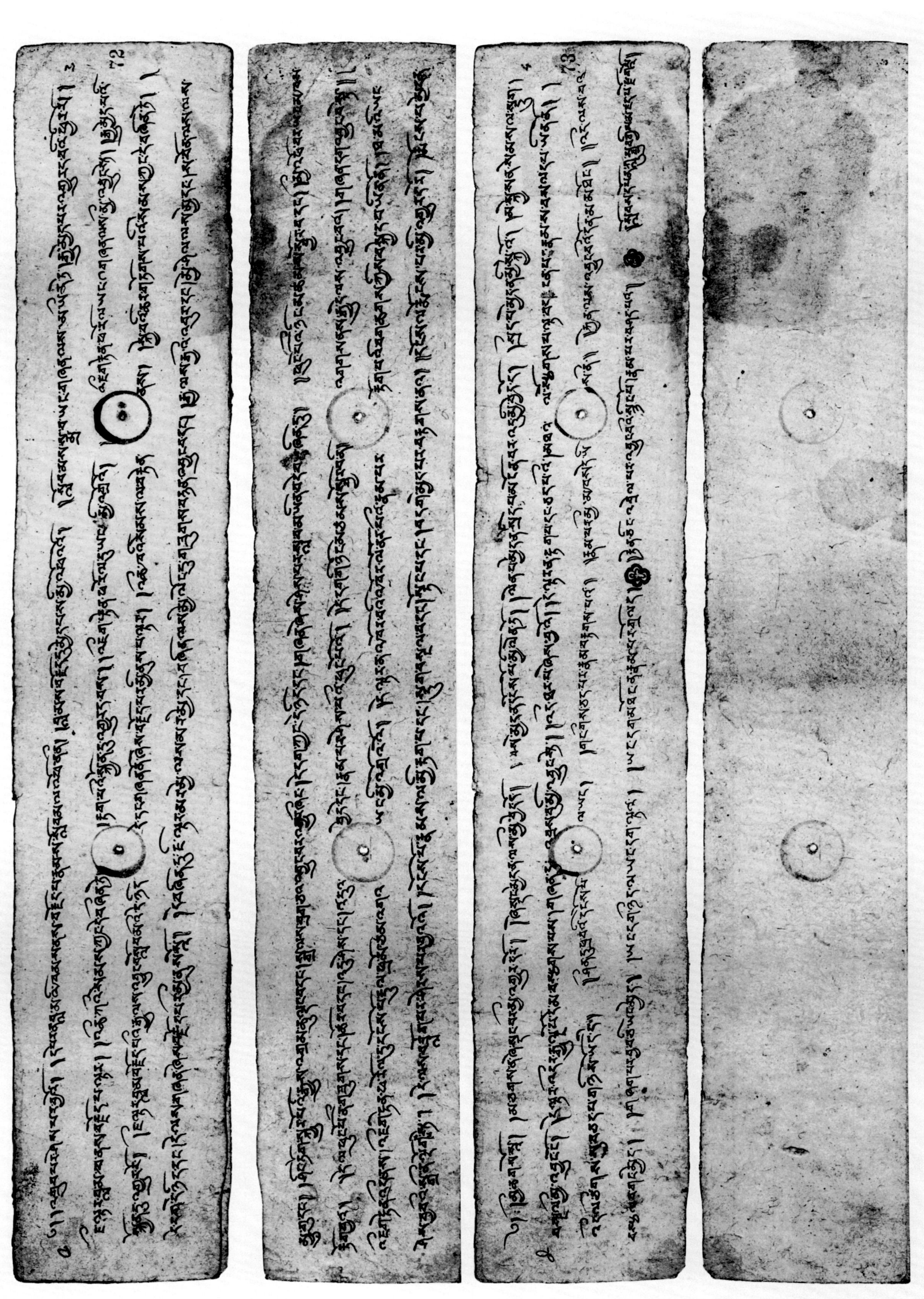

英 IOL.Tib.J.VOL.4　　22.རྟེན་ཅིང་འབྲེལ་བར་འབྱུང་བ་ཚིག་ལེའུར་བྱས་པ་སུམ་ཅུ་པའི་རྣམ་པར་བཤད་པ།　　རྒྱབ་ཤོག

22.緣起三十頌解說　封底　　(83—52)

英 IOL.Tib.J.VOL.4　　23.རྟེན་ཅིང་འབྲེལ་པར་འབྱུང་བའི་སྙིང་པོ་བཤད་པའི་བརྗེད་བྱང་།

23.緣起心要解說筆忘錄　　(83—53)

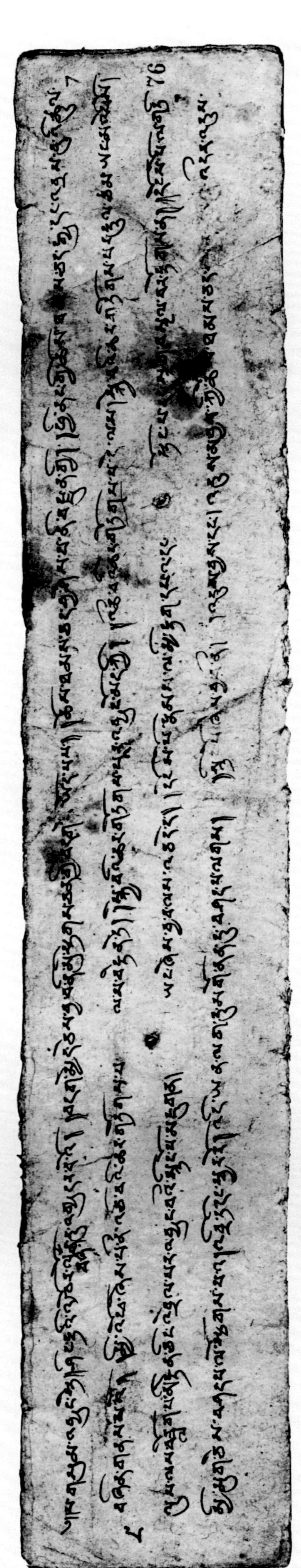

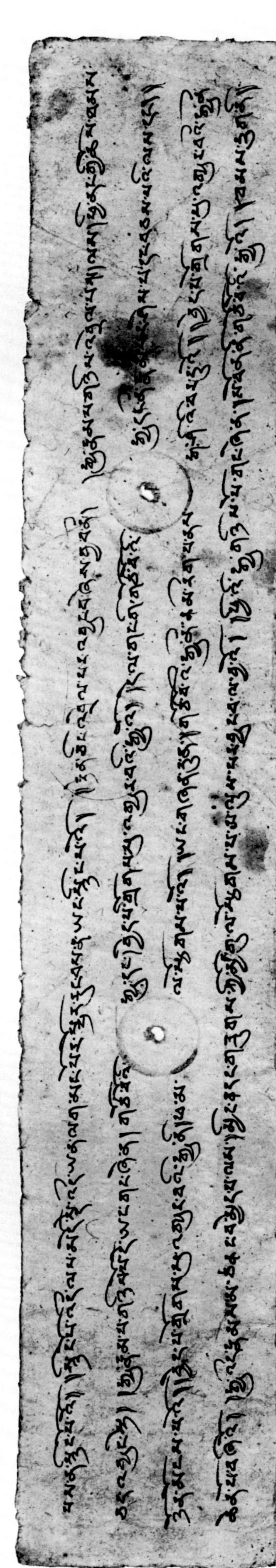

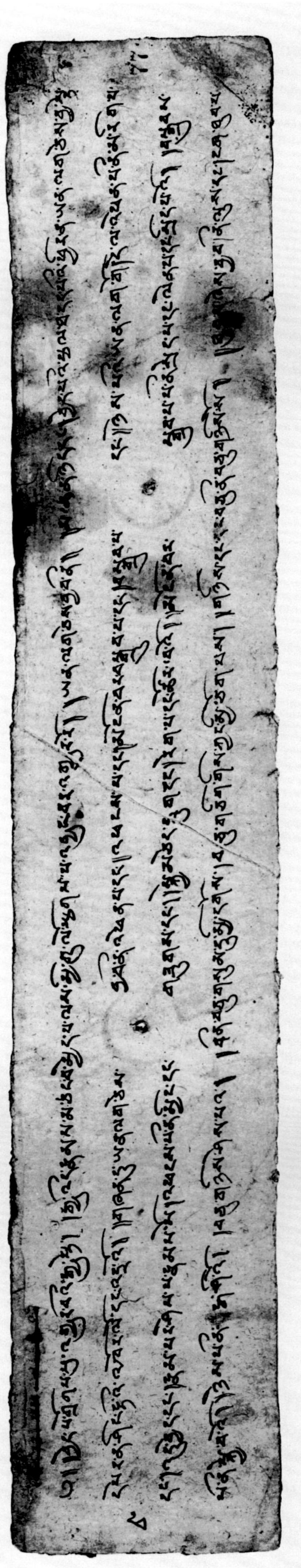

英 IOL.Tib.J.VOL.4　　23.རྟེན་ཅིང་འབྲེལ་པར་འབྱུང་བའི་སྙིང་པོ་བཤད་པའི་བརྗེད་བྱང་།

23.緣起心要解說筆忘錄　　(83—54)

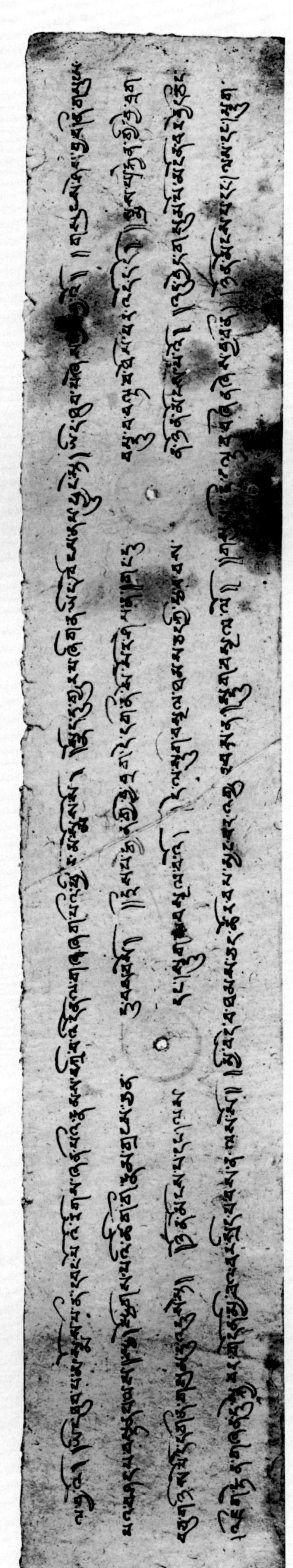

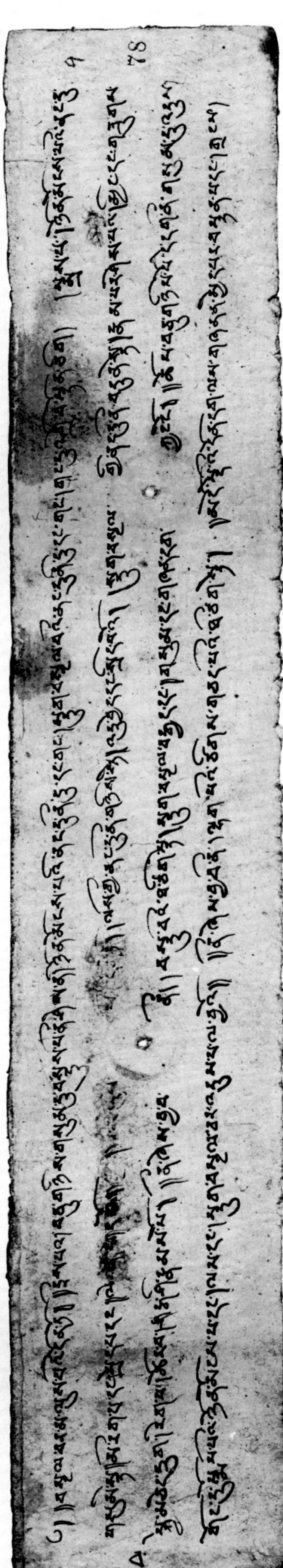

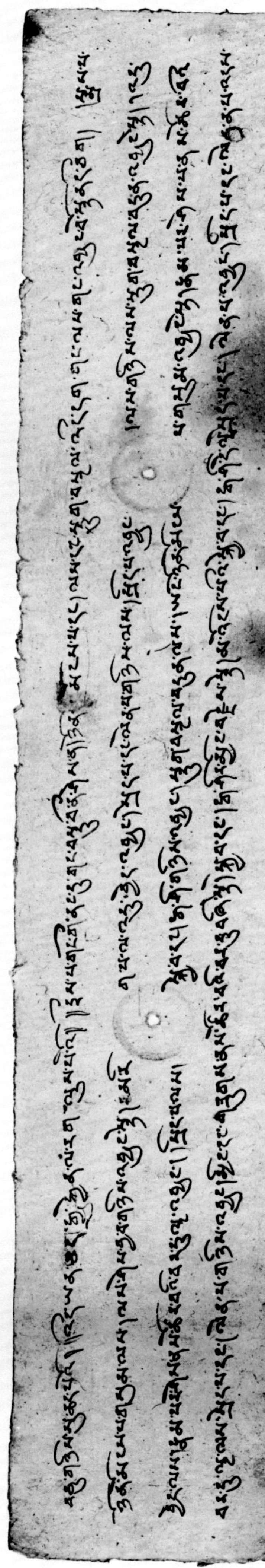

英 IOL.Tib.J.VOL.4　23.རྟེན་ཅིང་འབྲེལ་པར་འབྱུང་བའི་སྙིང་པོ་བཤད་པའི་བརྗེད་བྱང་།

23.緣起心要解説筆忘録　(83—55)

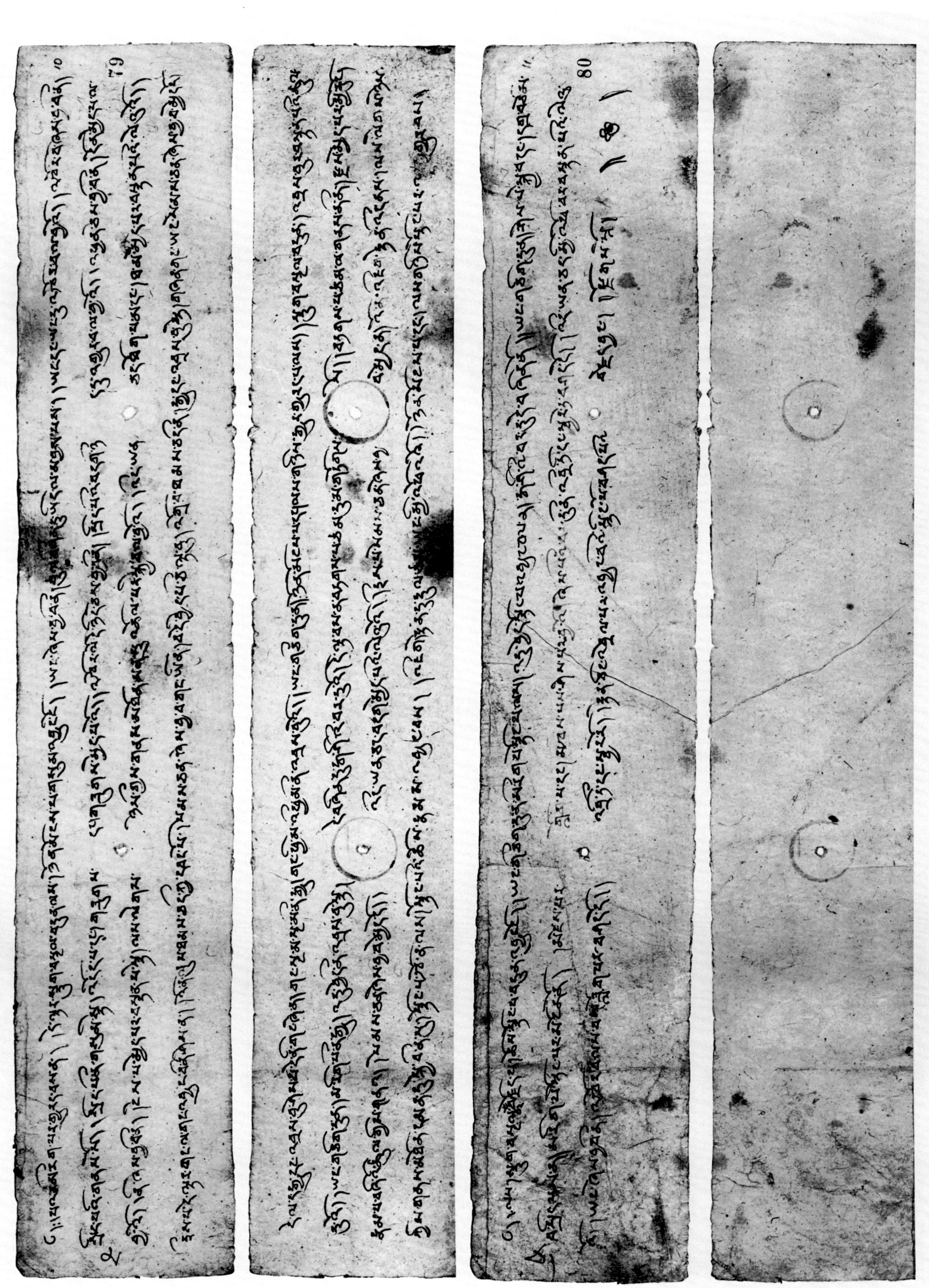

英 IOL.Tib.J.VOL.4　　23.རྟེན་ཅིང་འབྲེལ་པར་འབྱུང་བའི་སྙིང་པོ་བཤད་པའི་བརྗེད་བྱང་།　རྒྱབ་ཤོག

23.緣起心要解說筆忘錄　封底　(83—56)

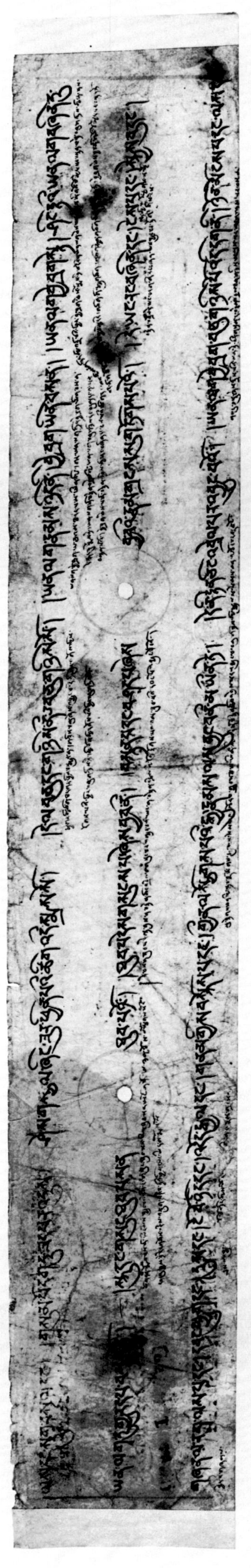

英 IOL.Tib.J.VOL.4　　24.རྟེན་ཅིང་འབྲེལ་བར་འབྱུང་བའི་སྙིང་པོ་རྣམ་པར་བཤད་པ།

24.緣起心要解說　　(83—57)

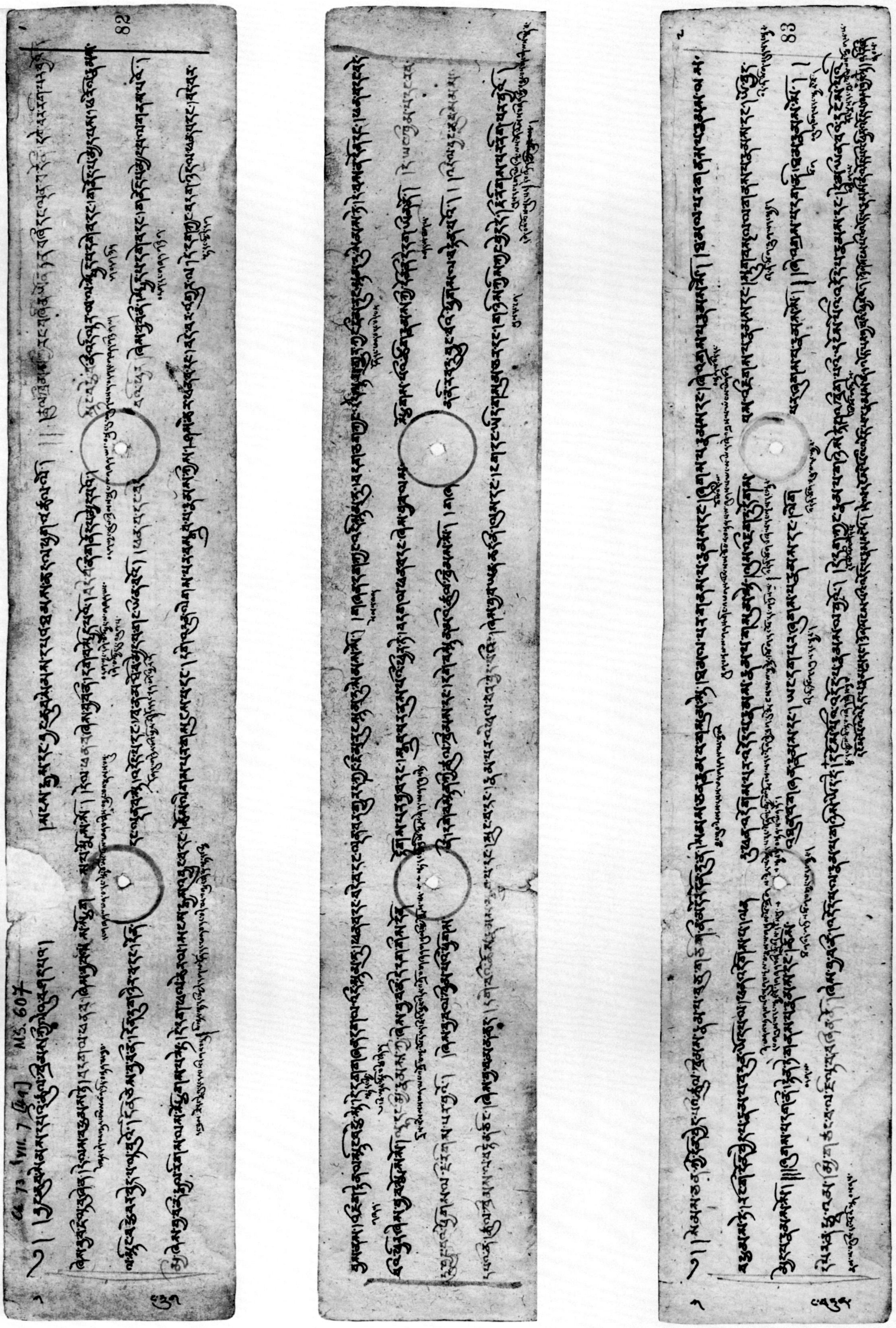

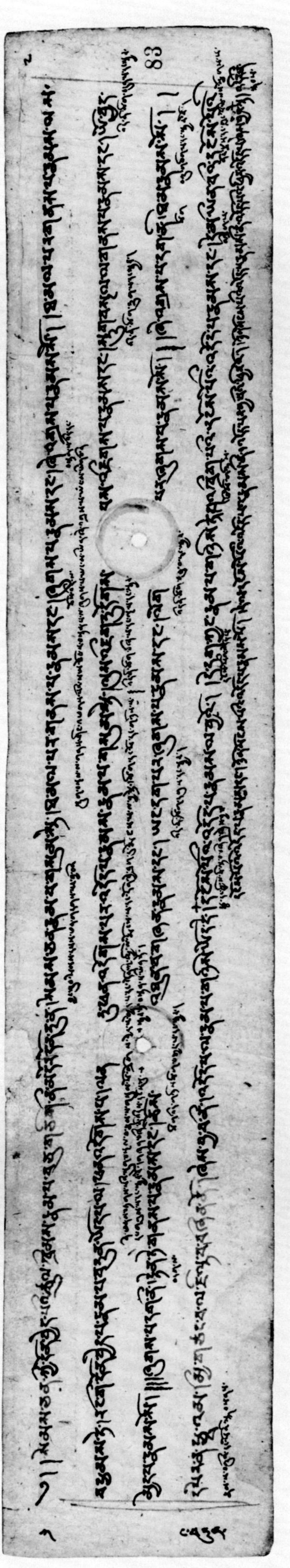

英 IOL.Tib.J.VOL.4　　25.བྱང་ཆུབ་སེམས་དཔའི་ཚུལ་ཁྲིམས་ཀྱི་ལེའུ་བཤད་པ།

25.菩薩戒品解說　　(83—58)

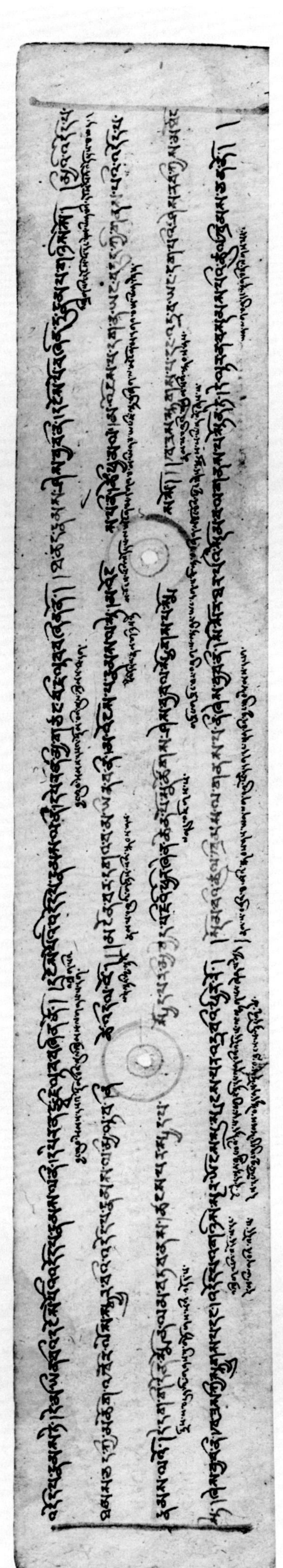

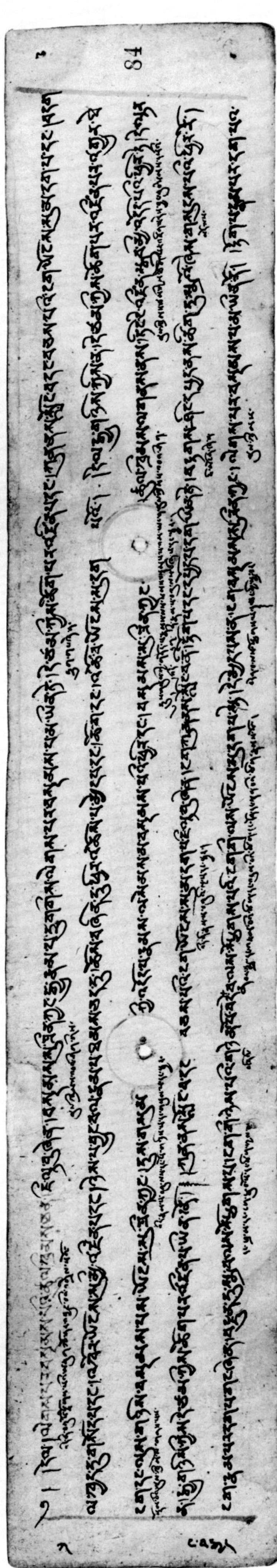

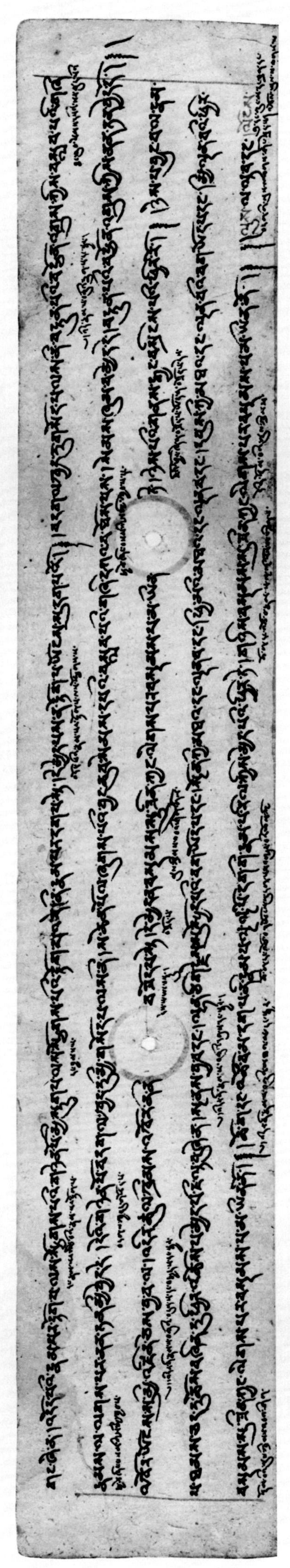

英 IOL.Tib.J.VOL.4　　25.བྱང་ཆུབ་སེམས་དཔའི་ཚུལ་ཁྲིམས་ཀྱི་ལེའུ་བཤད་པ།
25.菩薩戒品解說　　(83—59)

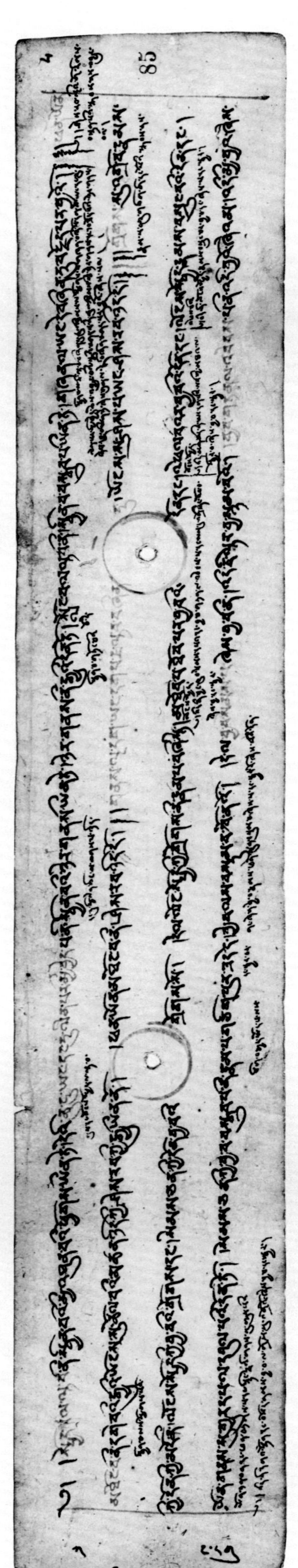
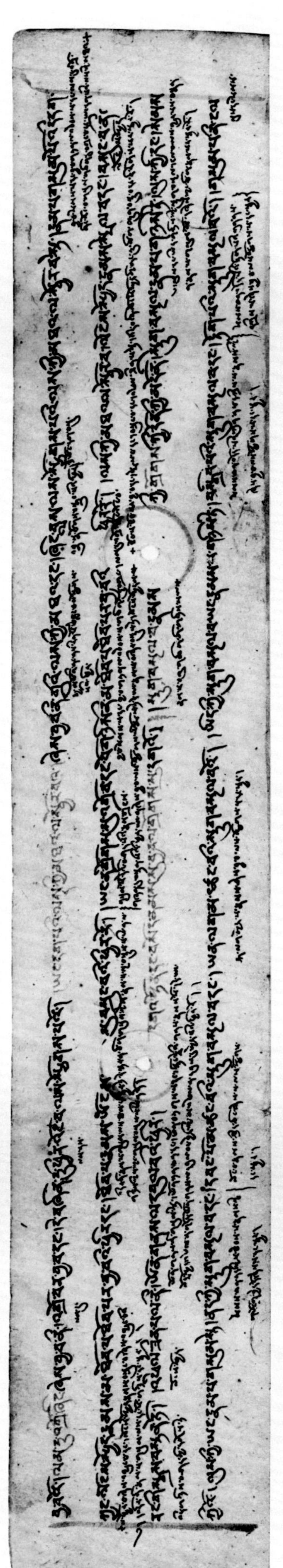
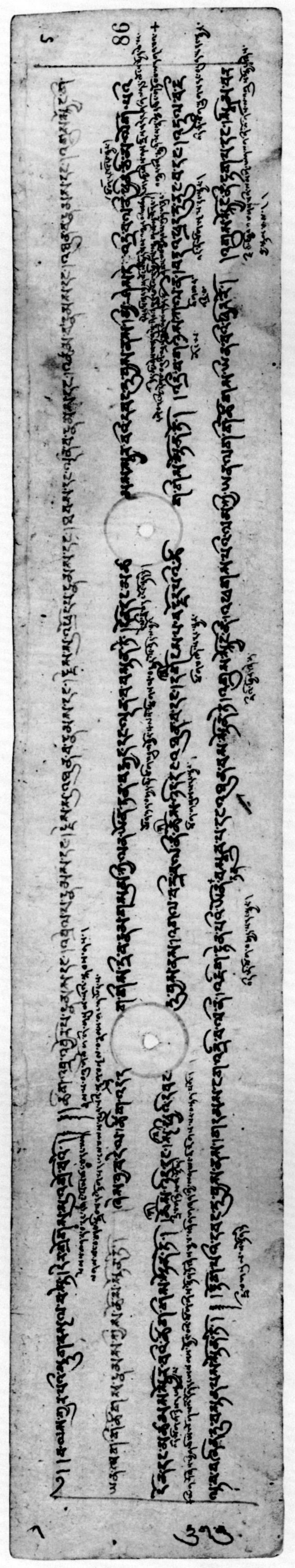

英 IOL.Tib.J.VOL.4　　25.བྱང་ཆུབ་སེམས་དཔའི་ཚུལ་ཁྲིམས་ཀྱི་ལེའུ་བཤད་པ།

25.菩薩戒品解說　　(83—60)

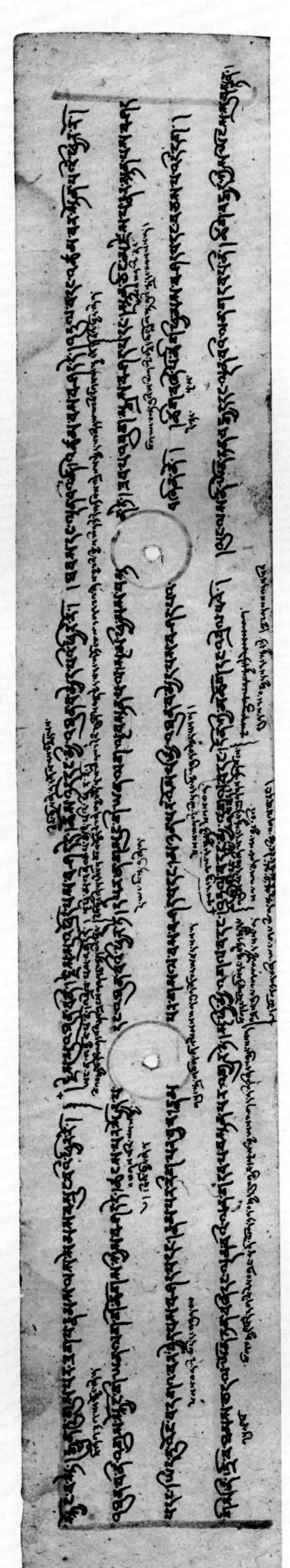
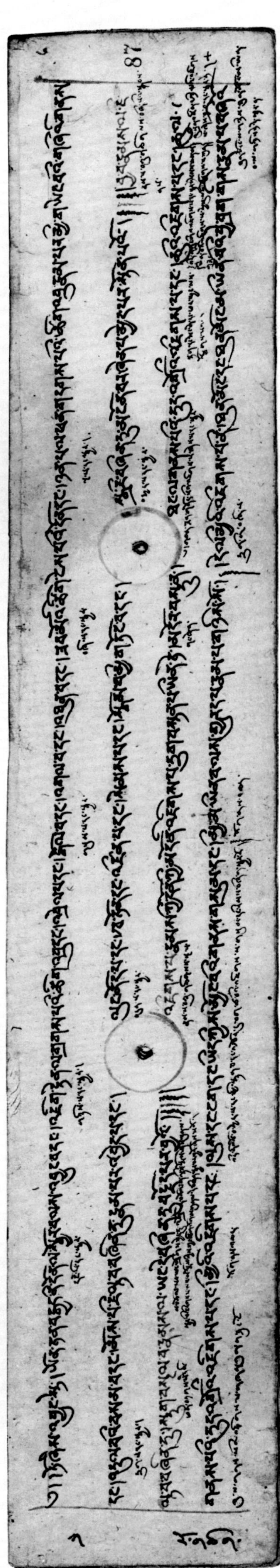
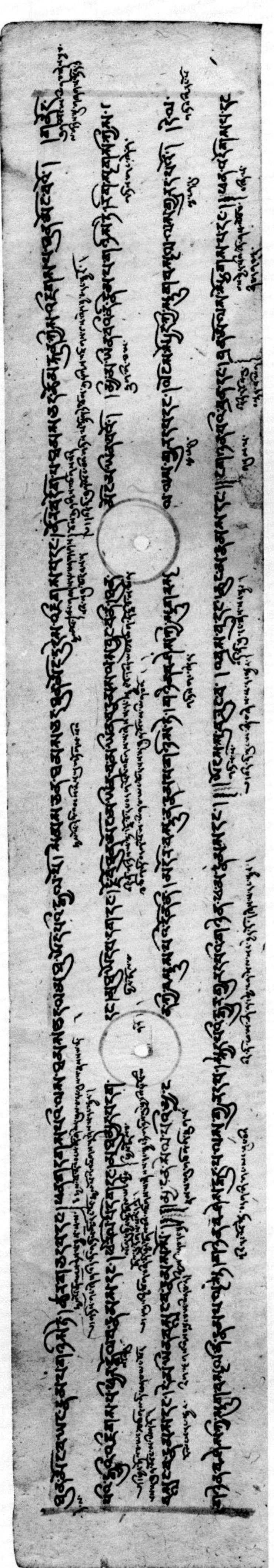

英 IOL.Tib.J.VOL.4　　25.བྱང་ཆུབ་སེམས་དཔའི་ཚུལ་ཁྲིམས་ཀྱི་ལེའུ་བཤད་པ།
25.菩薩戒品解說　　(83—61)

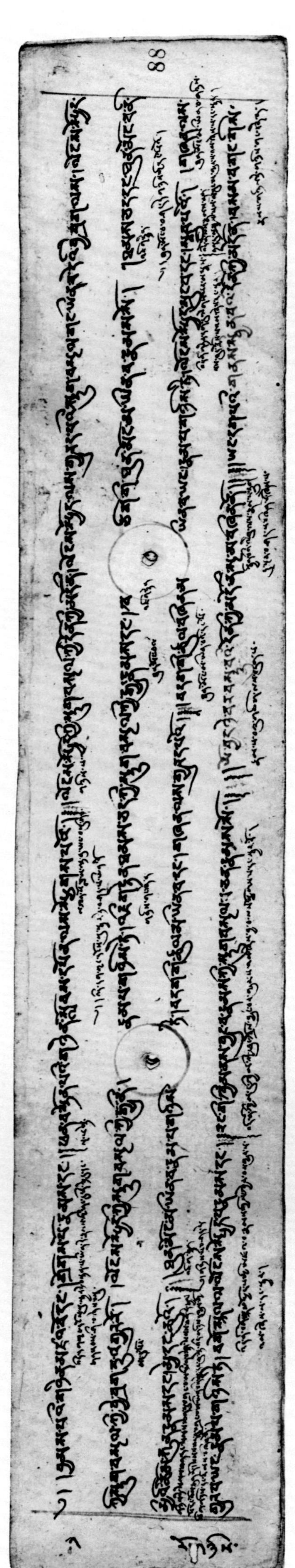

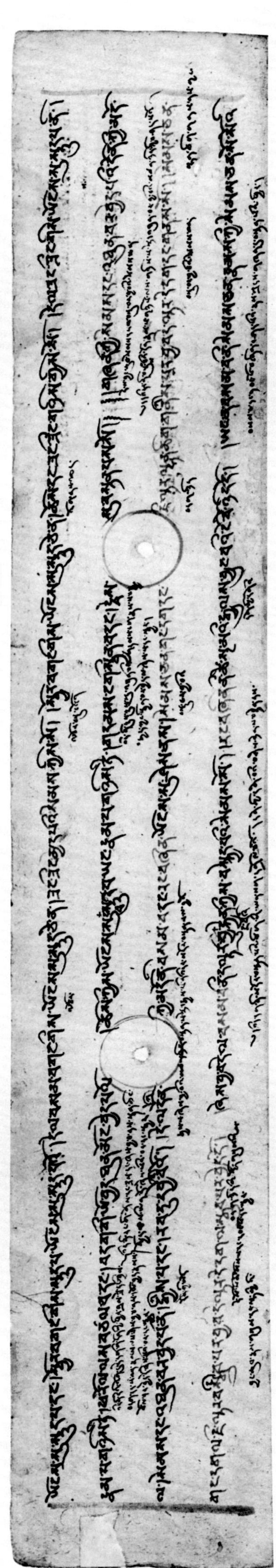

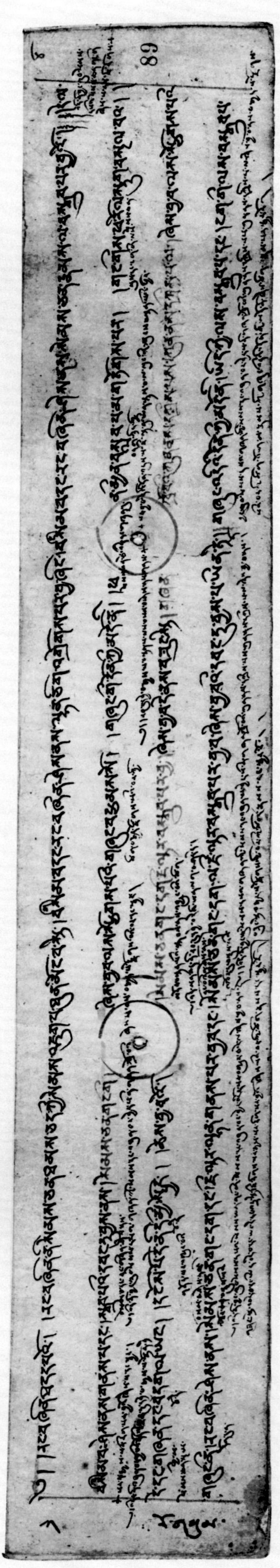

英 IOL.Tib.J.VOL.4　　25.བྱང་ཆུབ་སེམས་དཔའི་ཚུལ་ཁྲིམས་ཀྱི་ལེའུ་བཤད་པ།

25.菩薩戒品解說　　(83—62)

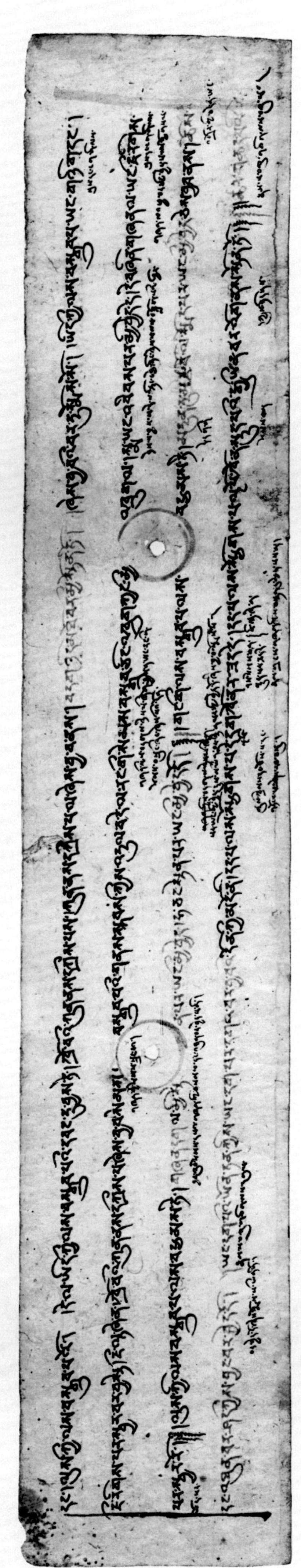
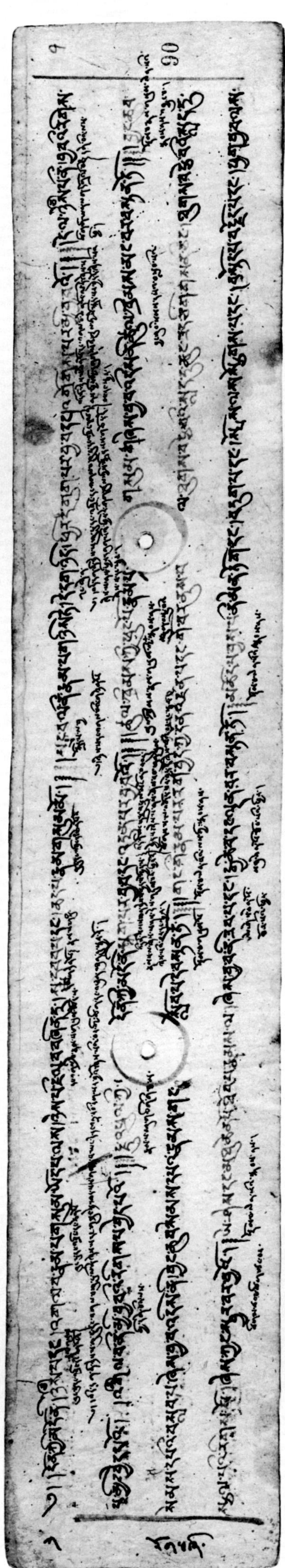
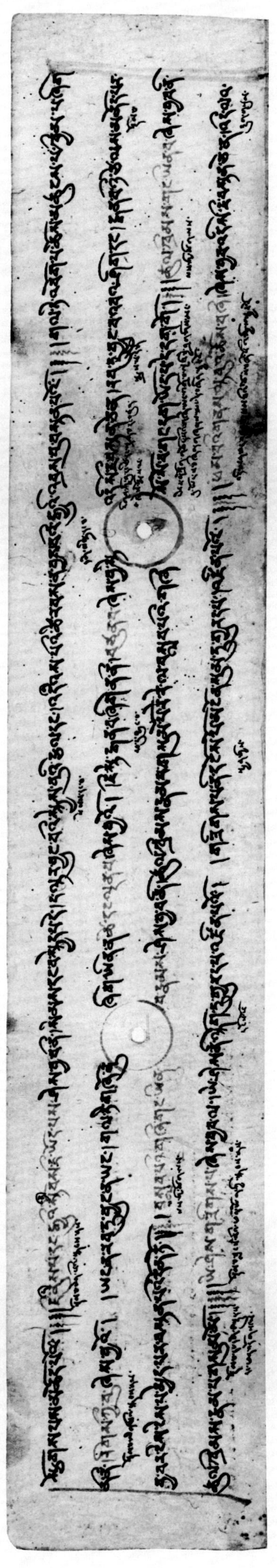

英 IOL.Tib.J.VOL.4　　25.བྱང་ཆུབ་སེམས་དཔའི་ཚུལ་ཁྲིམས་ཀྱི་ལེའུ་བཤད་པ།

25.菩薩戒品解說　　(83—63)

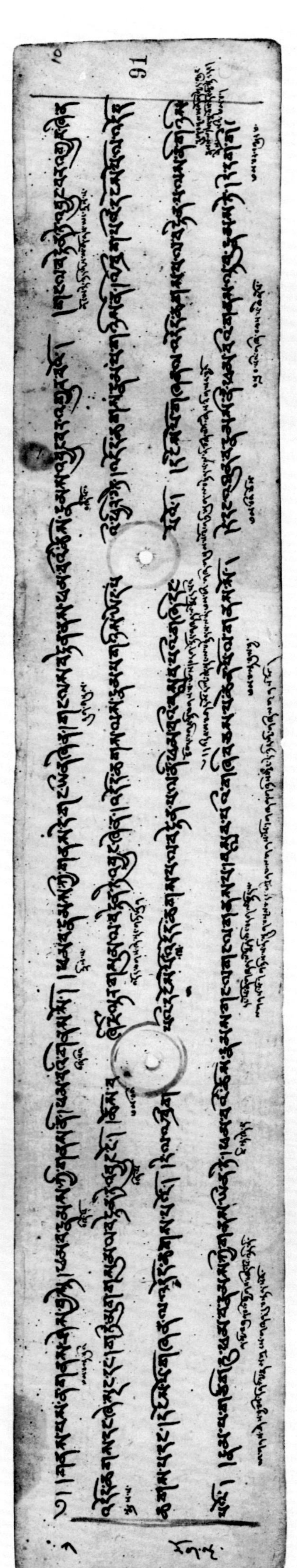

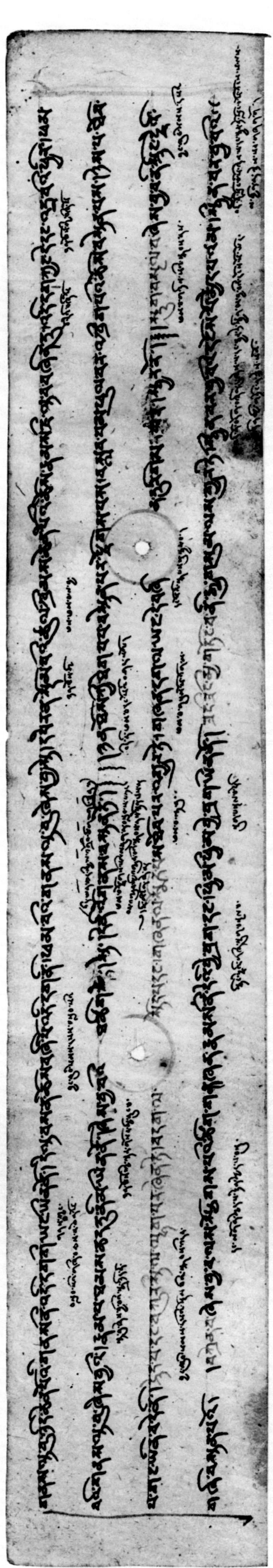

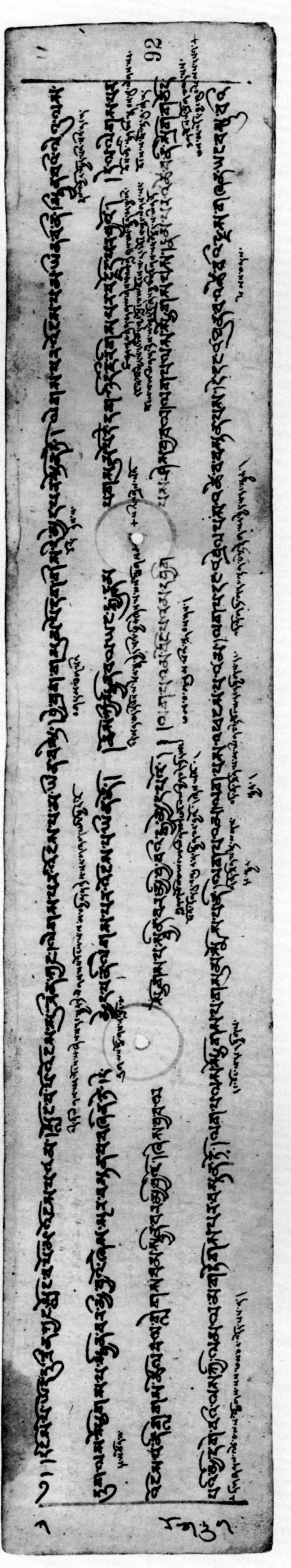

英 IOL.Tib.J.VOL.4　　25.བྱང་ཆུབ་སེམས་དཔའི་ཚུལ་ཁྲིམས་ཀྱི་ལེའུ་བཤད་པའ།
25.菩薩戒品解說　　(83—64)

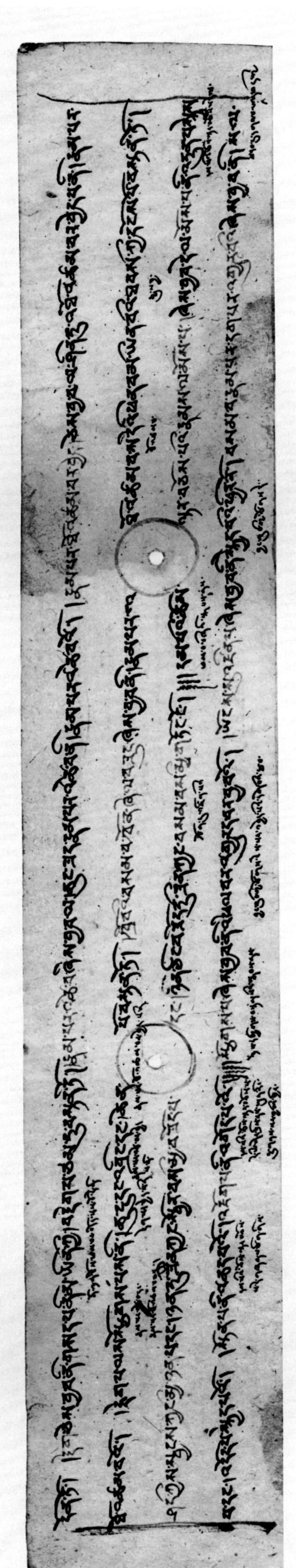
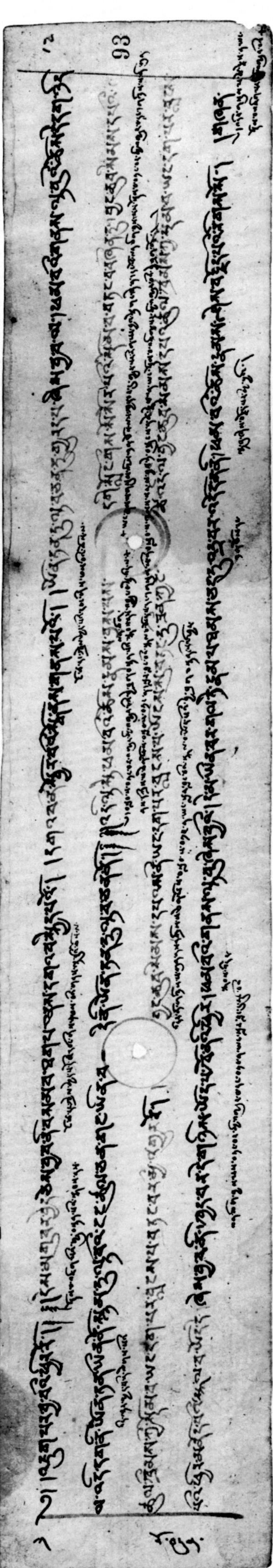
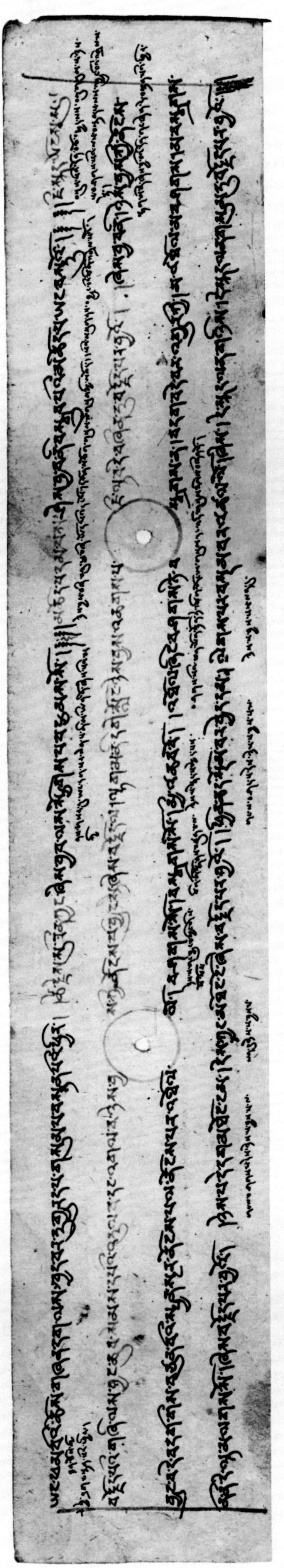

英 IOL.Tib.J.VOL.4　　25.བྱང་ཆུབ་སེམས་དཔའི་ཚུལ་ཁྲིམས་ཀྱི་ལེའུ་བཤད་པ།
25.菩薩戒品解説　(83—65)

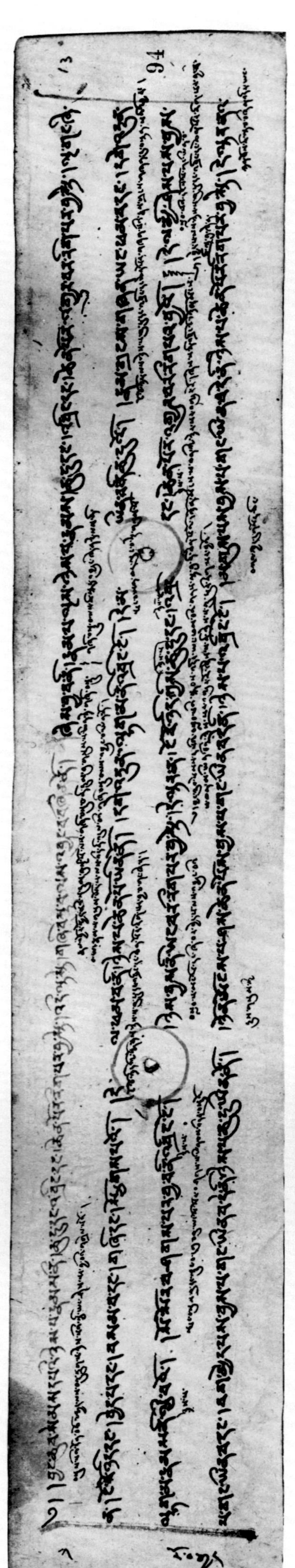

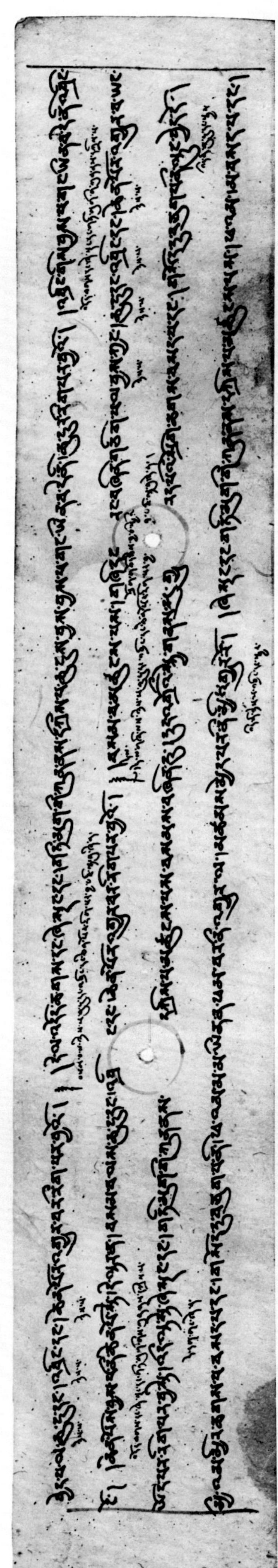

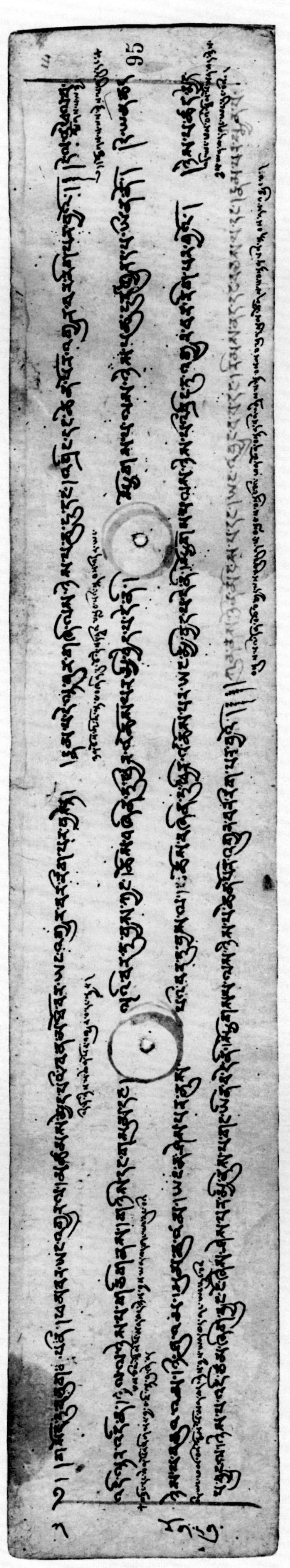

英 IOL.Tib.J.VOL.4 25.བྱང་ཆུབ་སེམས་དཔའི་ཚུལ་ཁྲིམས་ཀྱི་ལེའུ་བཤད་པ།
25.菩薩戒品解說 (83—66)

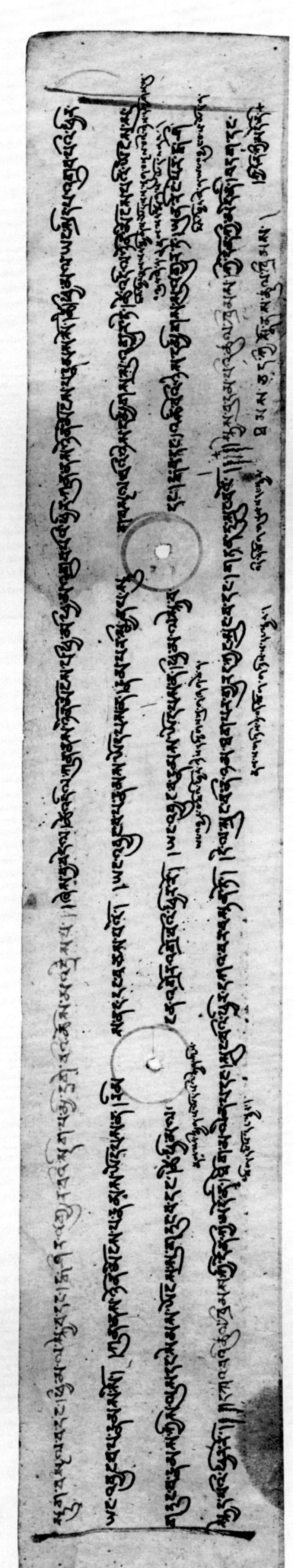

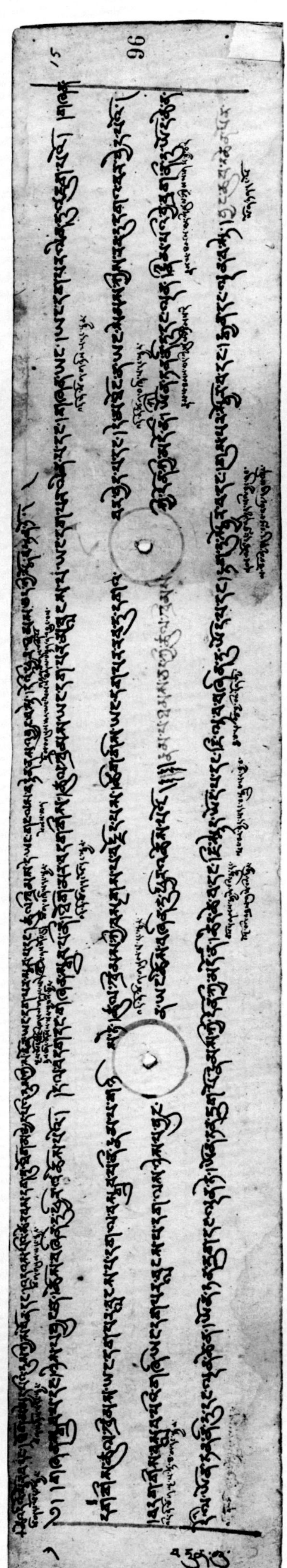

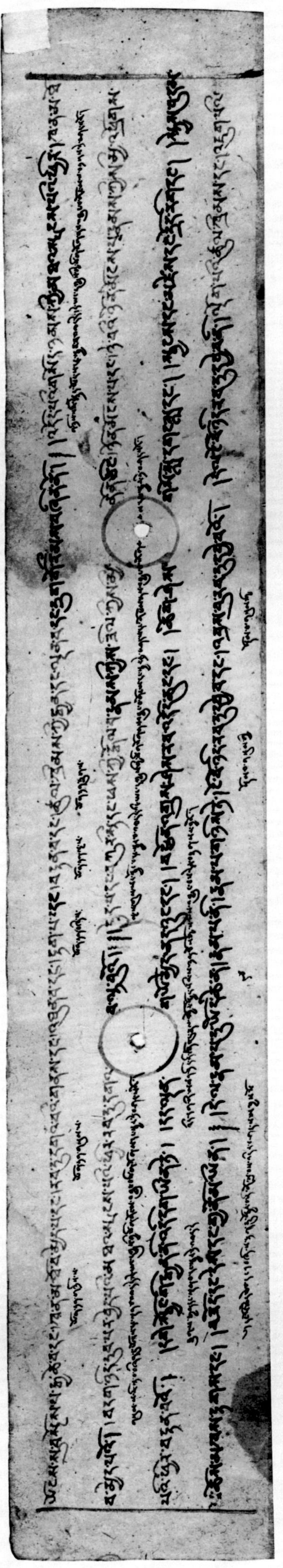

英 IOL.Tib.J.VOL.4　　25.བྱང་ཆུབ་སེམས་དཔའི་ཚུལ་ཁྲིམས་ཀྱི་ལེའུ་བཤད་པ།

25.菩薩戒品解說　　(83—67)

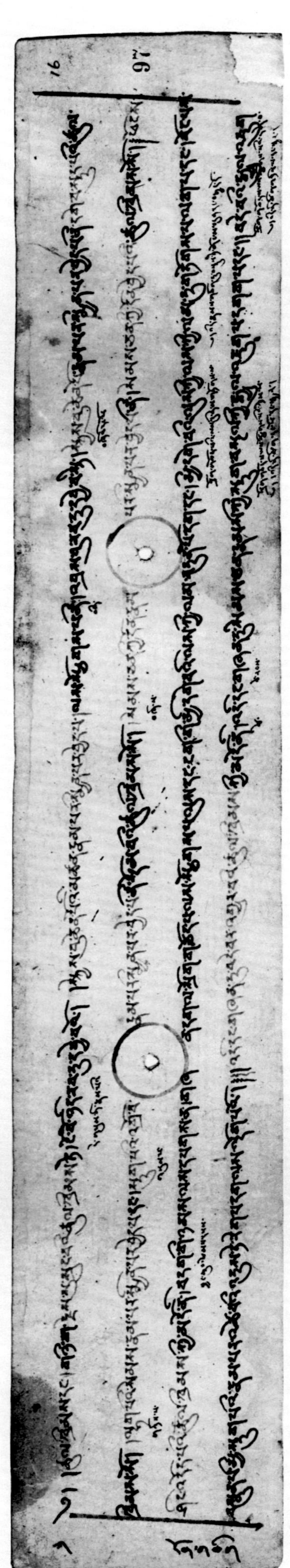

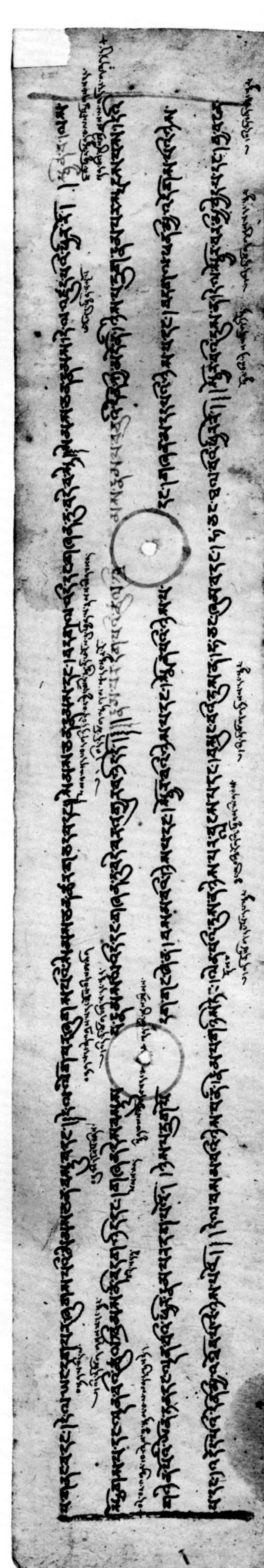

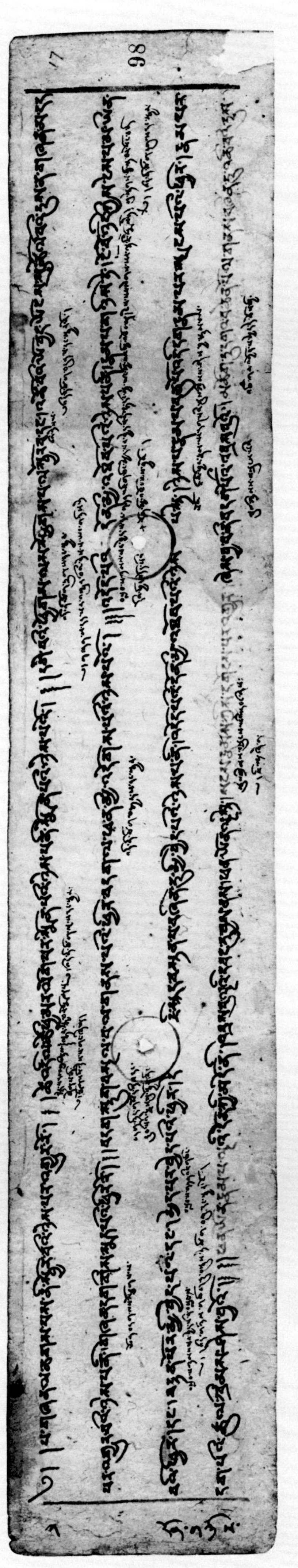

英 IOL.Tib.J.VOL.4　　25.བྱང་ཆུབ་སེམས་དཔའི་ཚུལ་ཁྲིམས་ཀྱི་ལེའུ་བཤད་པ།

25.菩薩戒品解說　　(83—68)

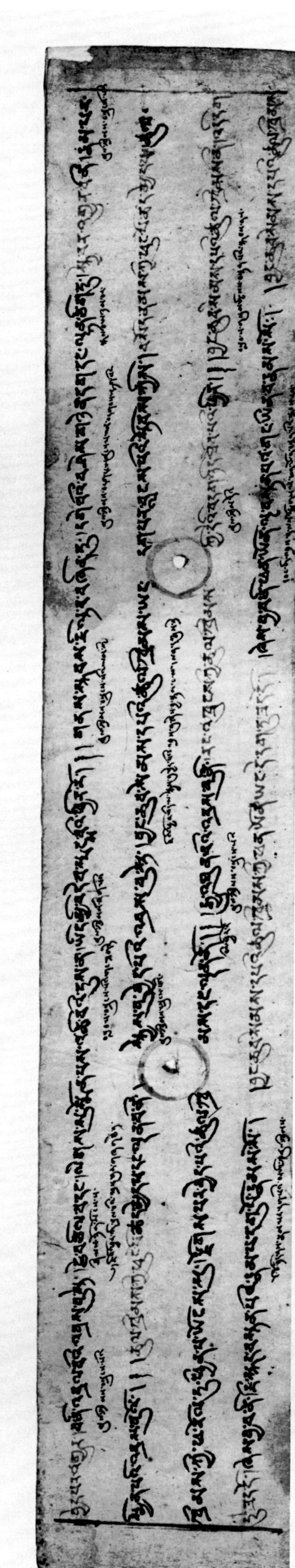

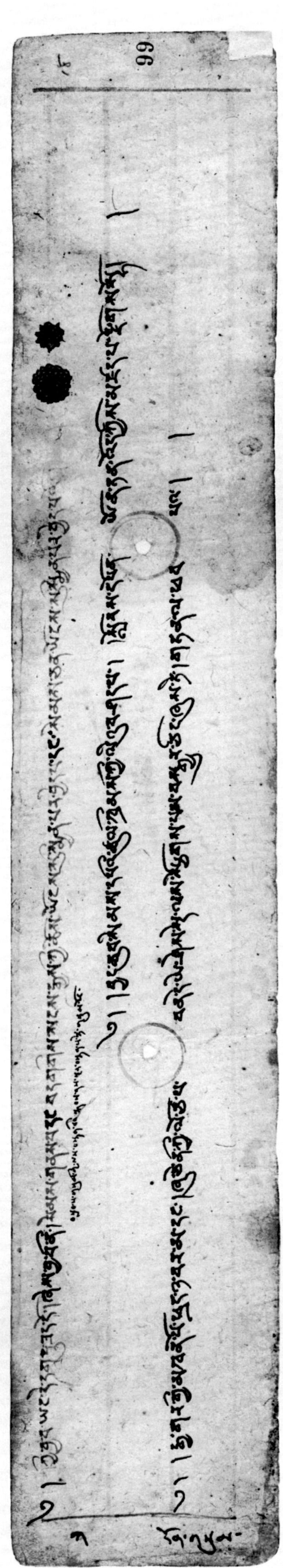

英 IOL.Tib.J.VOL.4　　25.བྱང་ཆུབ་སེམས་དཔའི་ཚུལ་ཁྲིམས་ཀྱི་ལེའུ་བཤད་པ།　　རྒྱབ་ཤོག

25.菩薩戒品解說　封底　　(83—69)

英 IOL.Tib.J.VOL.4　　26.དབུས་དང་མཐའ་རྣམ་པར་འབྱེད་པའི་ཚིག་ལེའུར་བྱས་པ།
26.辨中邊論頌　　(83—70)

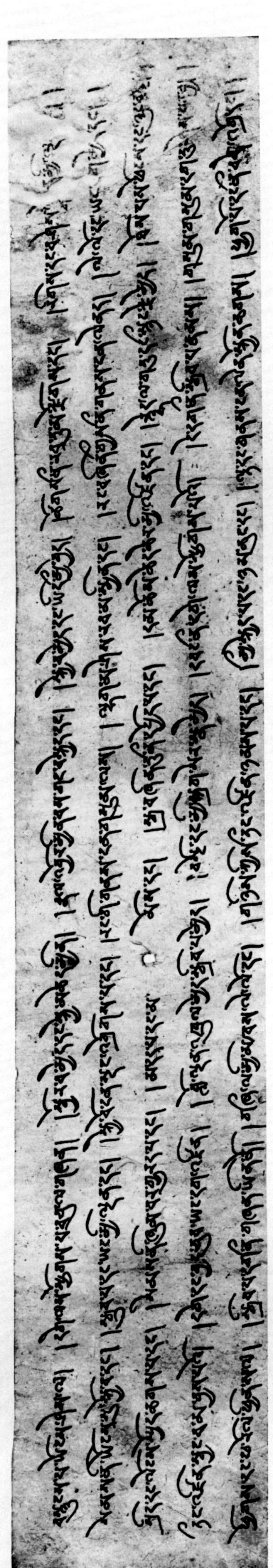

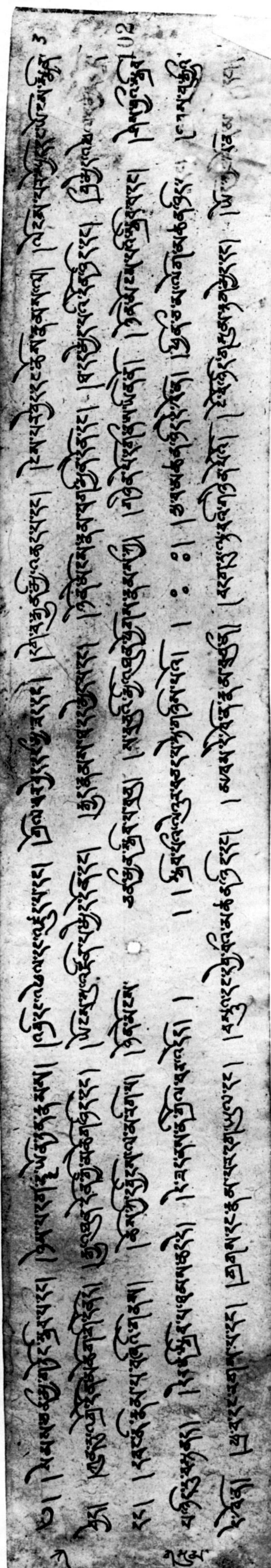

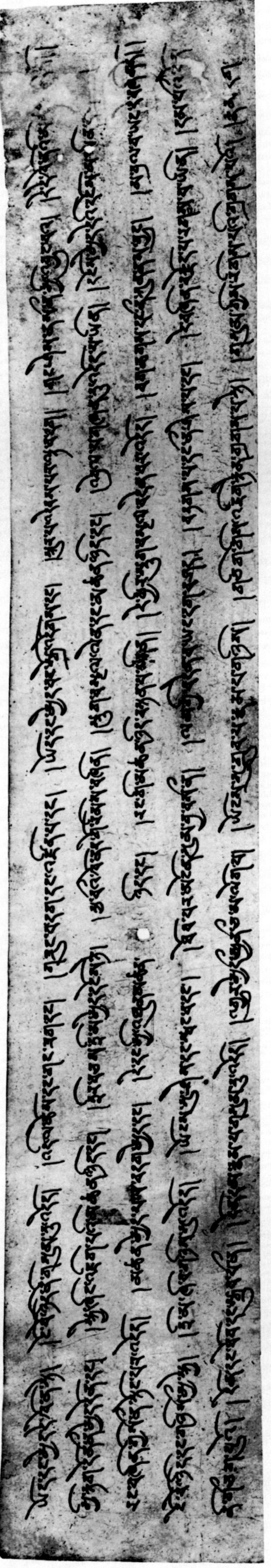

英 IOL.Tib.J.VOL.4　　26.དབུས་དང་མཐའ་རྣམ་པར་འབྱེད་པའི་ཚིག་ལེའུར་བྱས་པ།

26.辨中邊論頌　　(83—71)

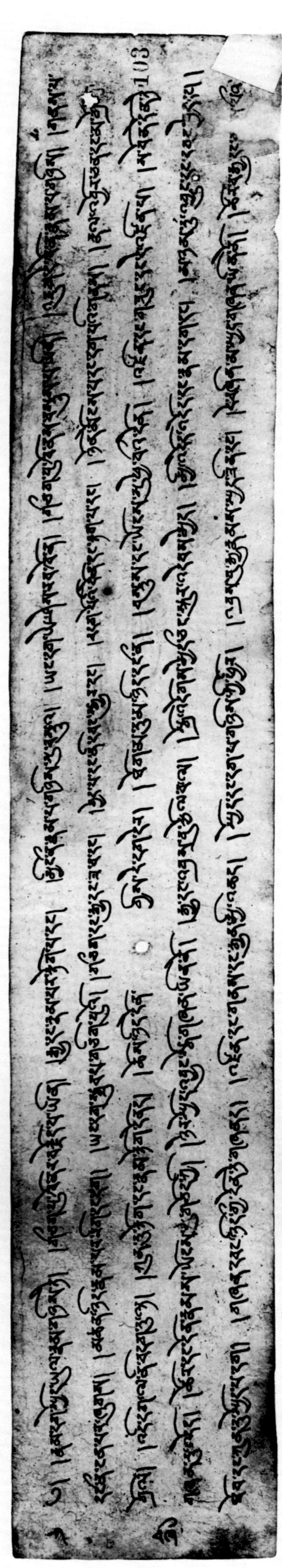

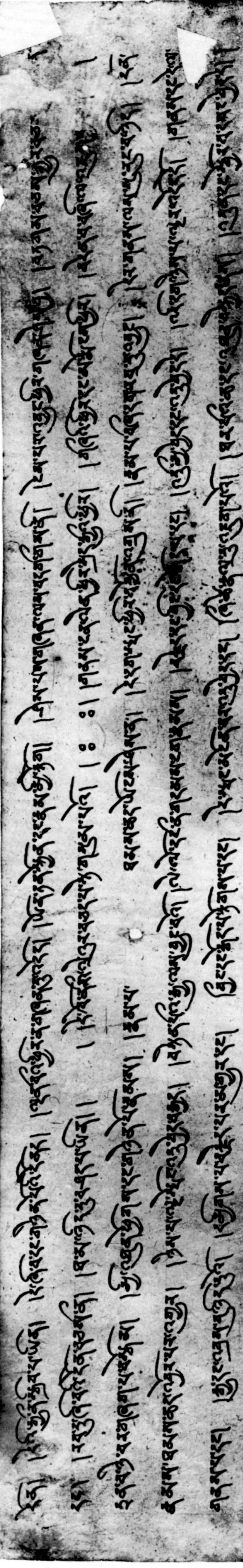

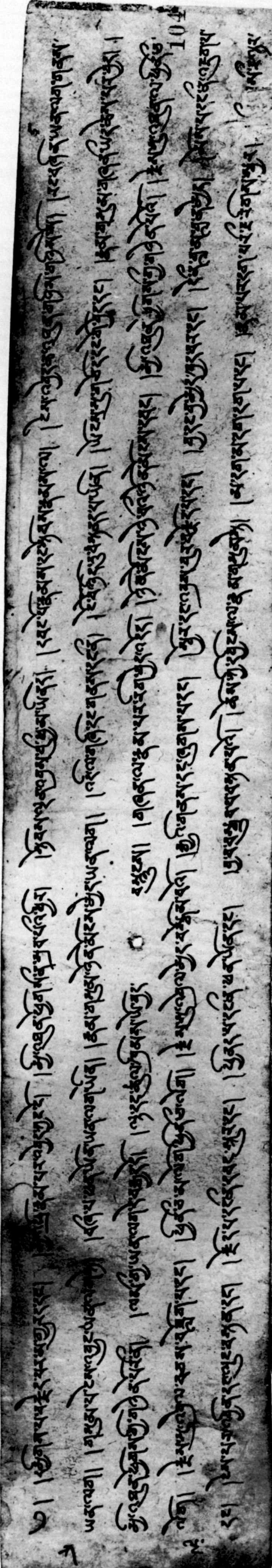

英 IOL.Tib.J.VOL.4　　26.དབུས་དང་མཐའ་རྣམ་པར་འབྱེད་པའི་ཚིག་ལེའུར་བྱས་པ།

26.辨中邊論頌　　(83—72)

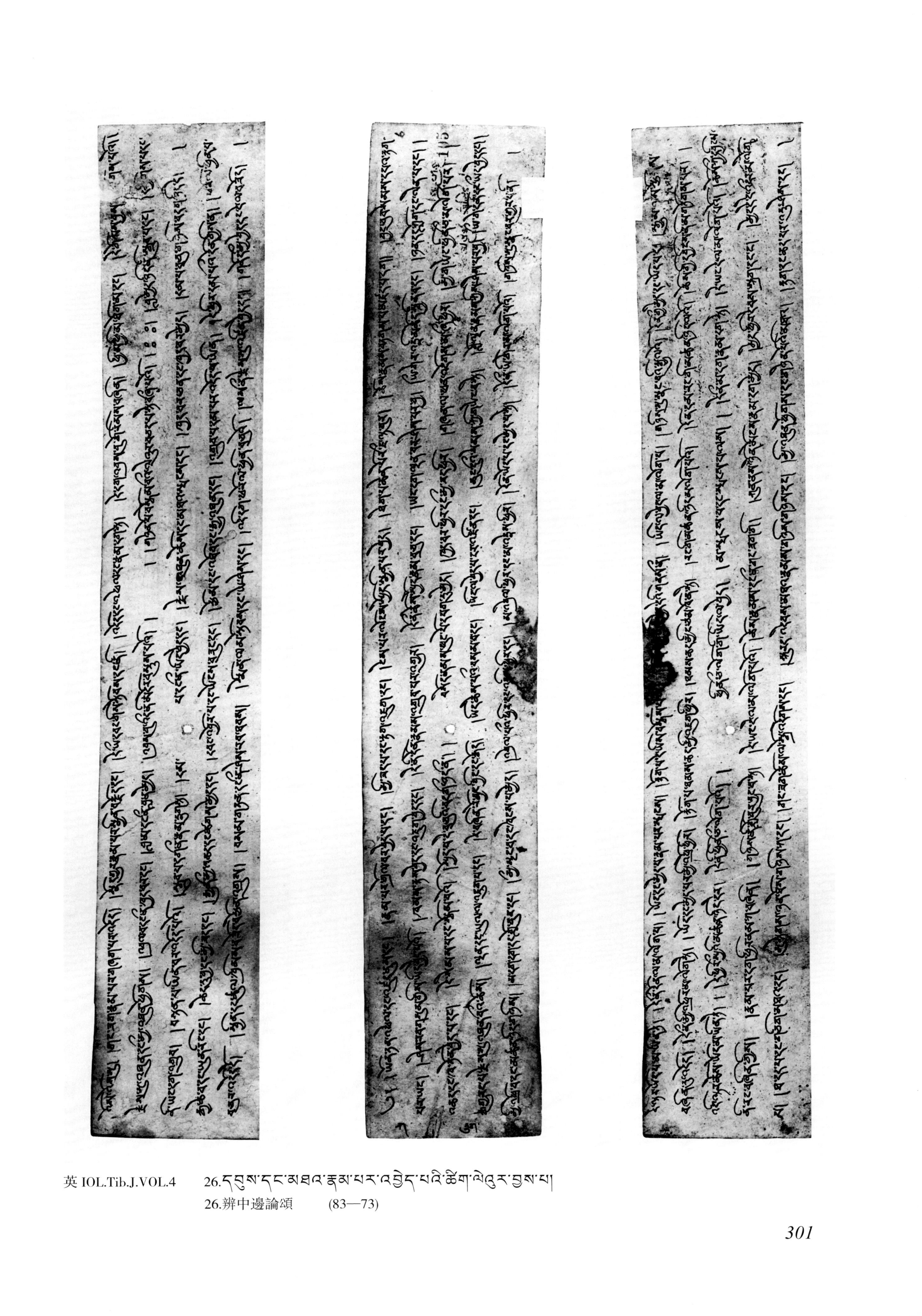

英 IOL.Tib.J.VOL.4　　26.དབུས་དང་མཐའ་རྣམ་པར་འབྱེད་པའི་ཚིག་ལེའུར་བྱས་པ།

26.辨中邊論頌　　(83—73)

英 IOL.Tib.J.VOL.4　　26.དབུས་དང་མཐའ་རྣམ་པར་འབྱེད་པའི་ཚིག་ལེའུར་བྱས་པ།　རྒྱབ་ཤོག　ཤོག་སྟོང་།

26.辨中邊論頌　封底　空白頁　(83—74)

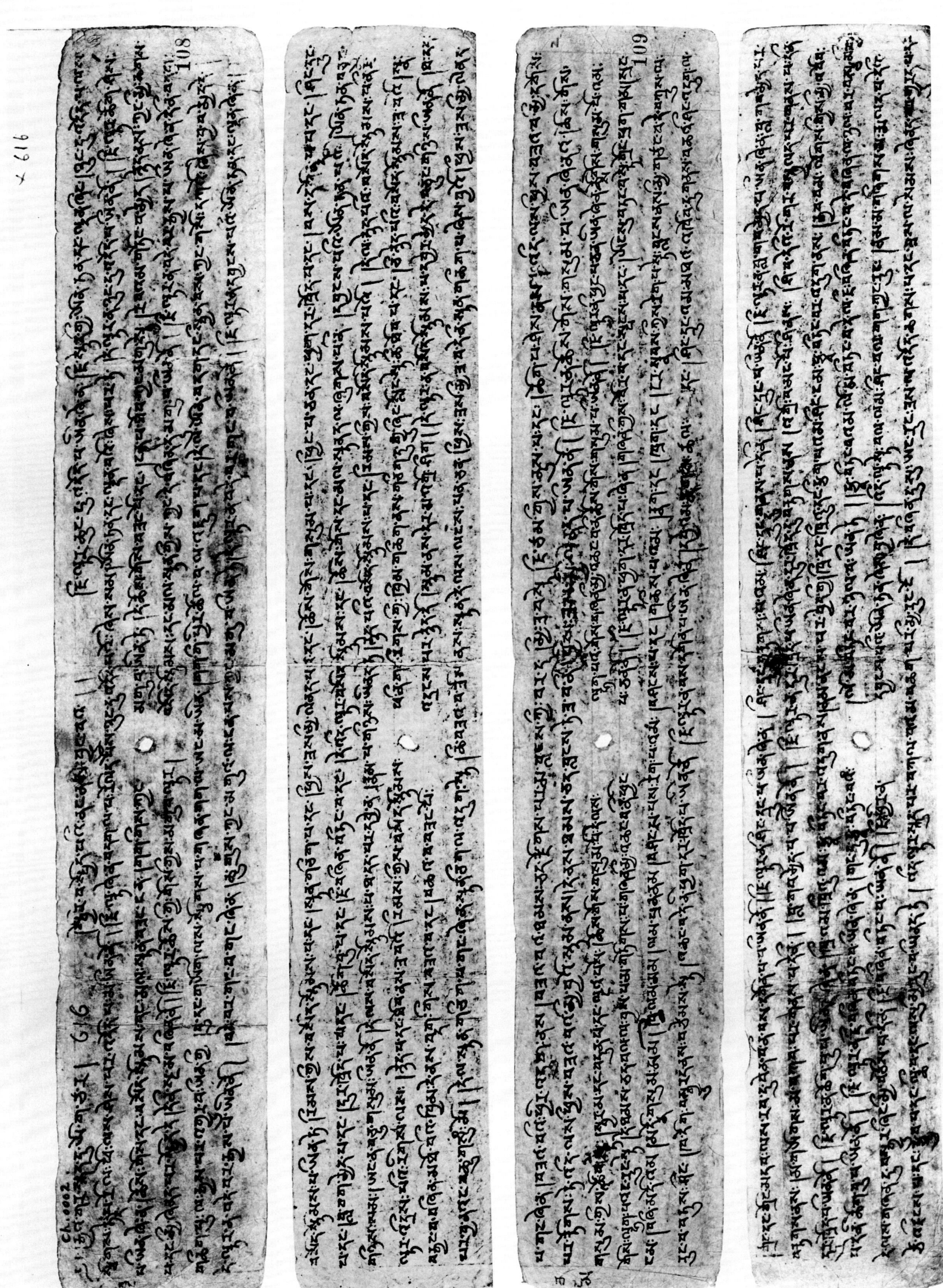

英 IOL.Tib.J.VOL.4　　27.སྦྱོར་བ་སྦྱོད་པ།

27.加行論　　(83—75)

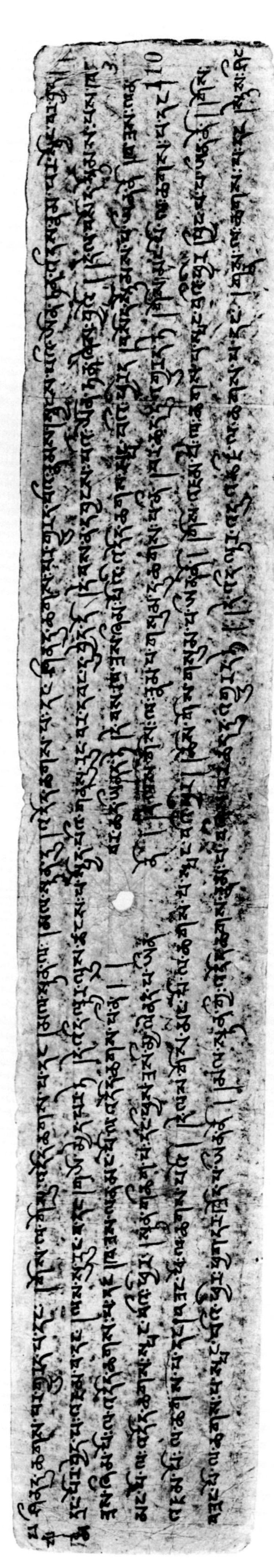

英 IOL.Tib.J.VOL.4　　27.སྦྱོར་བ་སྦྱོད་པ།
27.加行論　　(83—76)

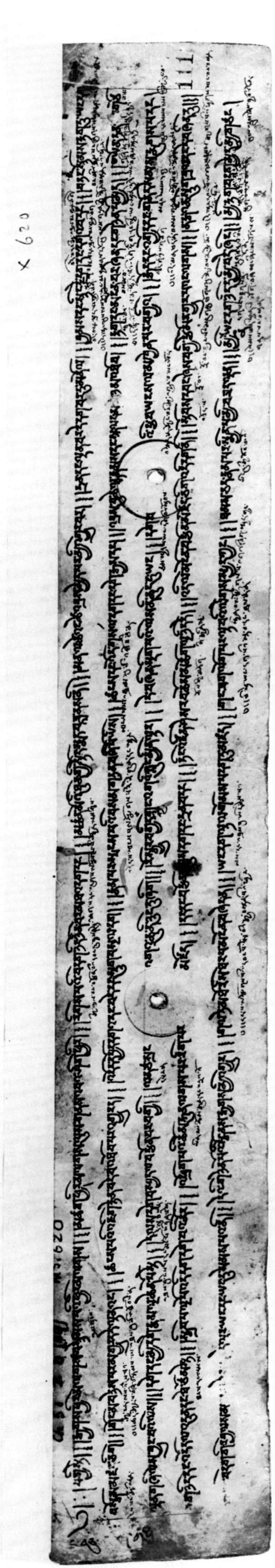

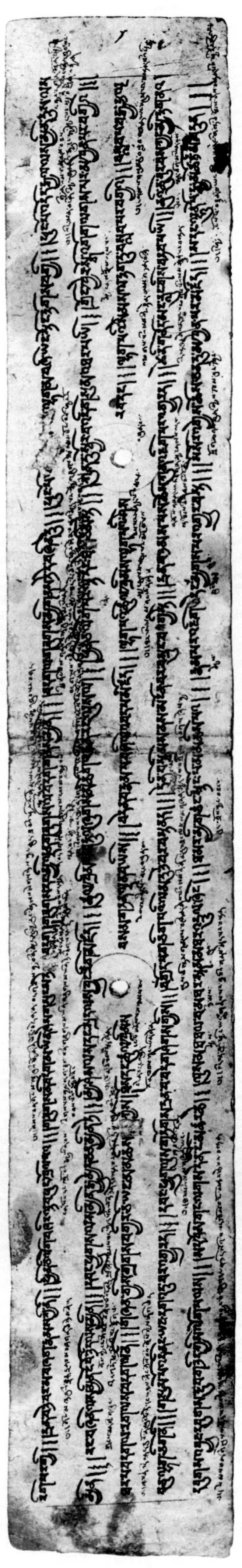

英 IOL.Tib.J.VOL.4　28.བཤེས་པའི་སྤྲིན་ཡིག
28.親友書　(83—77)

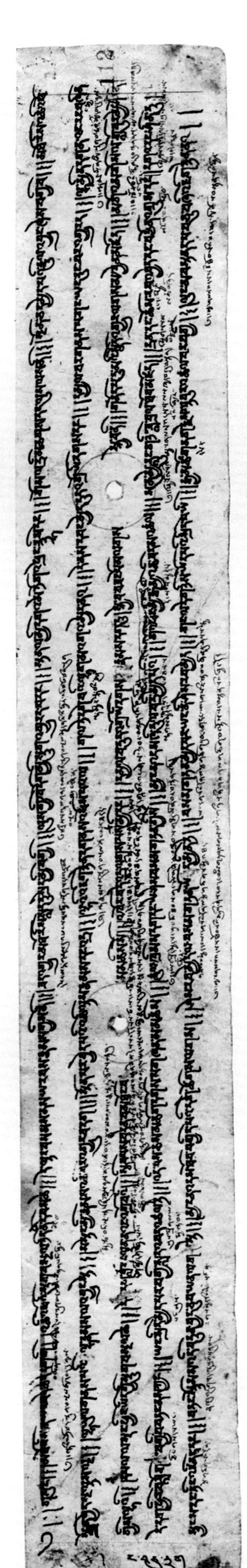

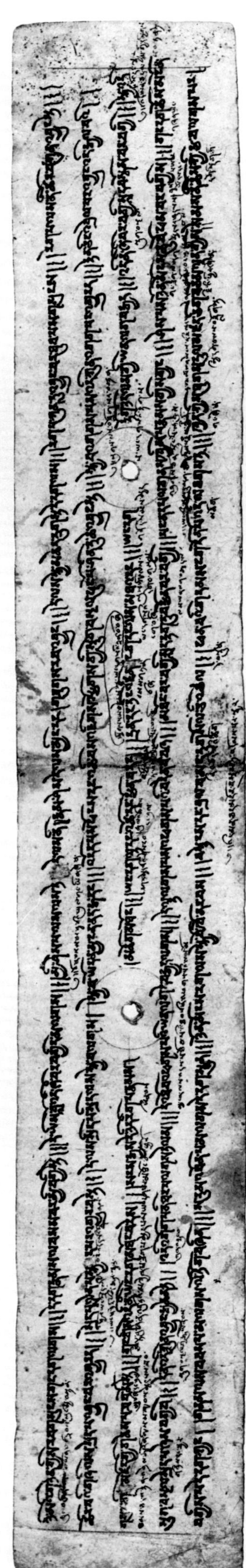

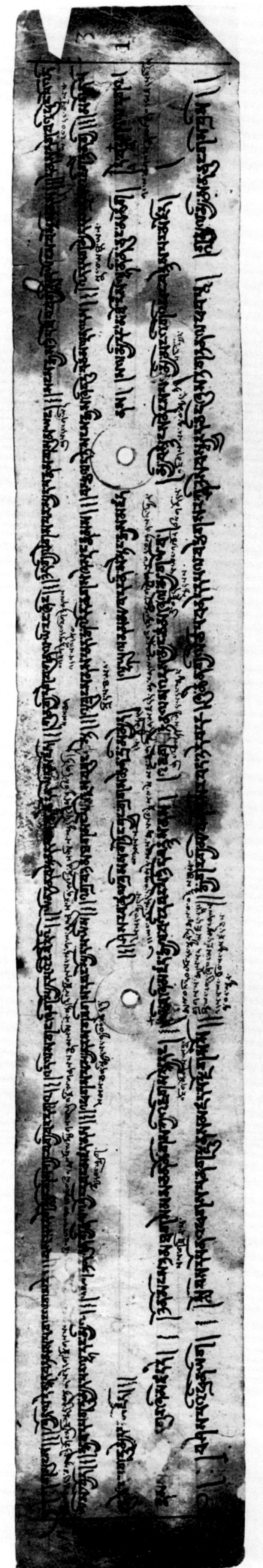

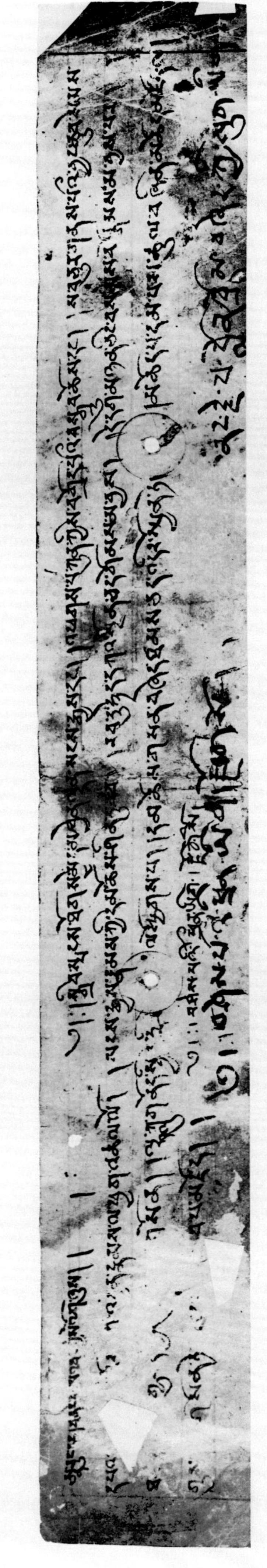

英 IOL.Tib.J.VOL.4　　28.བཤེས་པའི་སྤྲིན་ཡིག

28.親友書　　(83—78)

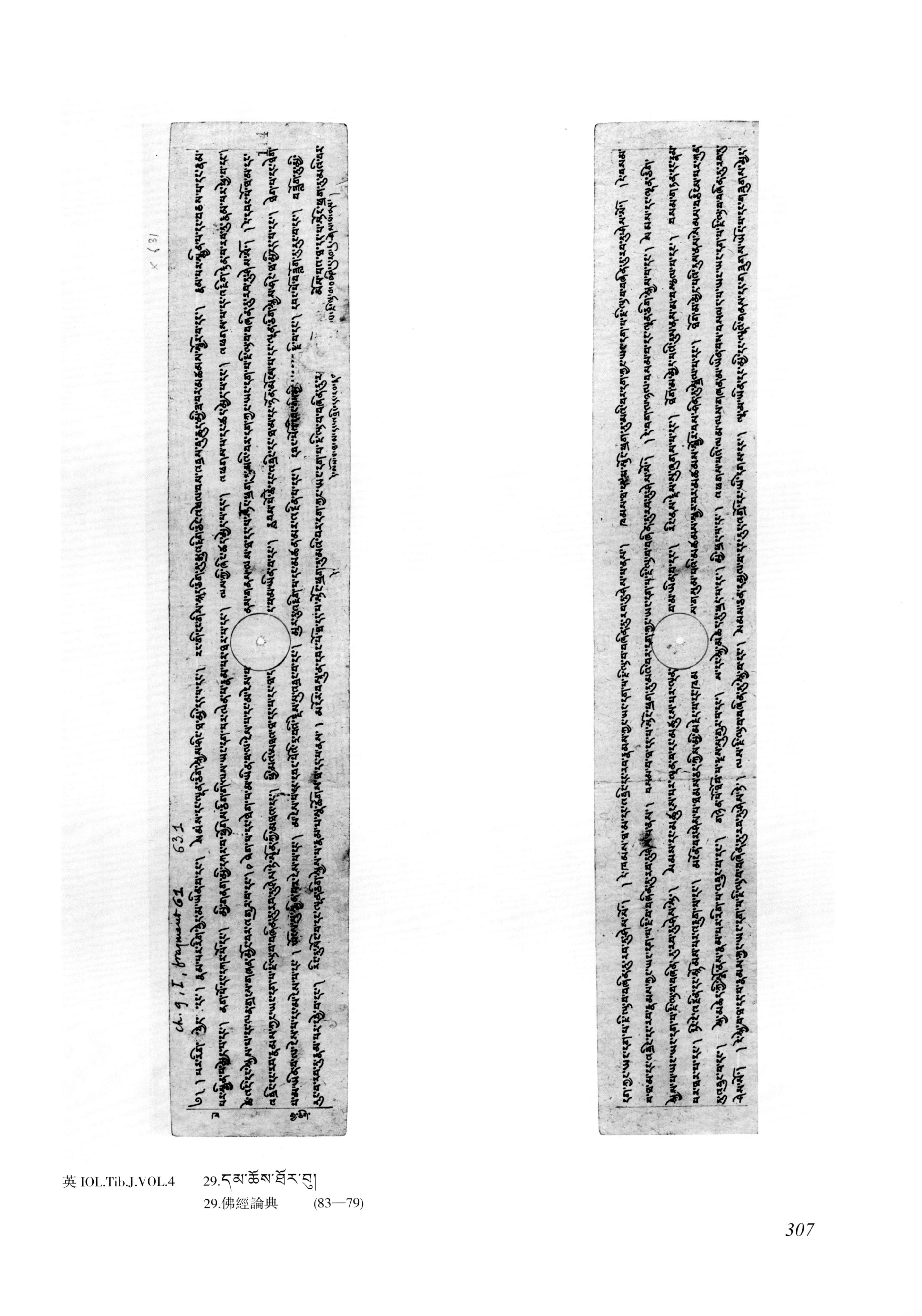

英 IOL.Tib.J.VOL.4　　29.དམ་ཆོས་ཕྱོར་བུ།

29.佛經論典　　(83—79)

英 IOL.Tib.J.VOL.4　　30.ཐེག་པ་གསུམ་གྱི་དོན་བཤད་པ།

30.三乘解說　　(83—80)

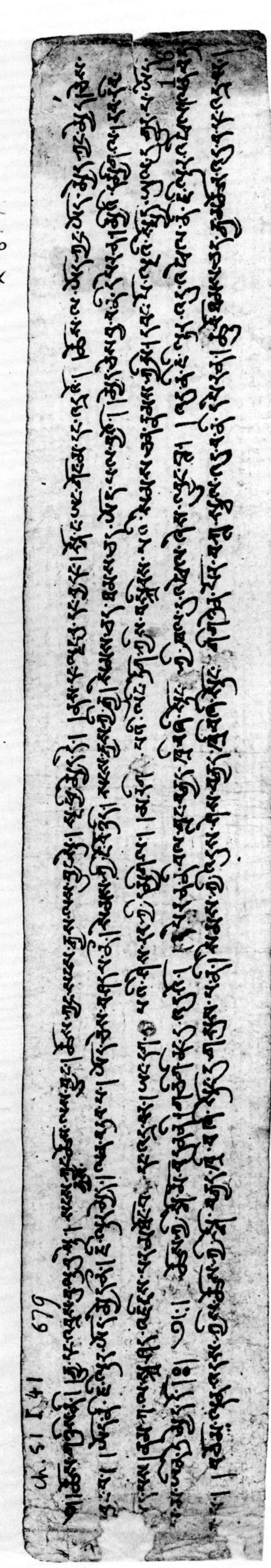

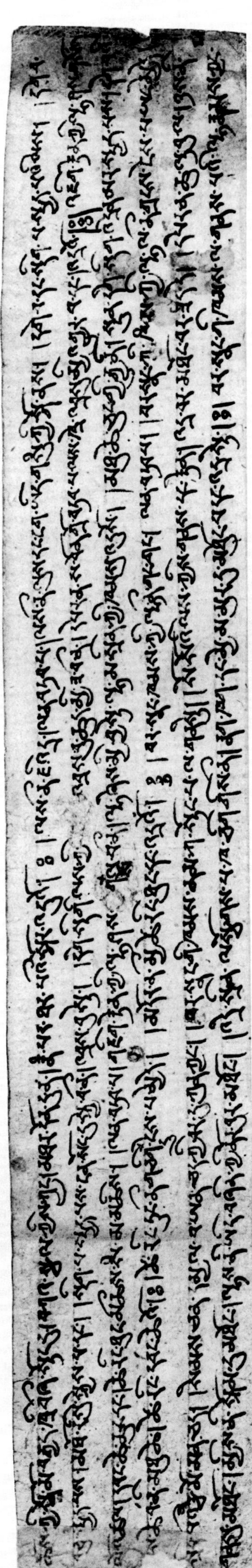

英 IOL.Tib.J.VOL.4　　31.དམ་ཆོས་དྲིས་ལན།

31.佛教術語問答　　(83—81)

英 IOL.Tib.J.VOL.4　　31.དམ་ཆོས་དྲིས་ལན།

31.佛教術語問答　　(83—82)

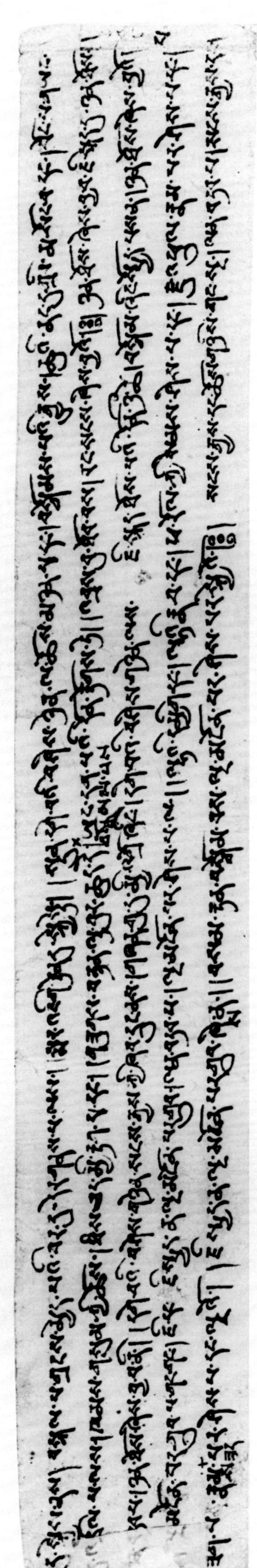

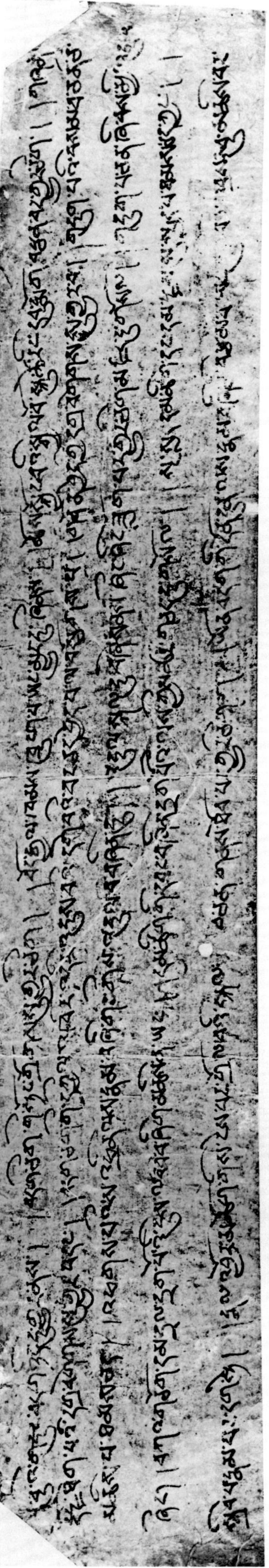

英 IOL.Tib.J.VOL.4　31.དམ་ཆོས་དྲིས་ལན།

31.佛教術語問答　(83—83)

英 IOL.Tib.J.VOL.5

1.དེ་བཞིན་གཤེགས་པ་དགྲ་བཅོམ་པ་ཡང་དག་པར་རྫོགས་པའི་སངས་རྒྱས་ངན་སོང་ཐམས་ཅད་ཡོངས་སུ་སྦྱོང་བ་གཟི་བརྗིད་ཀྱི་རྒྱལ་པོའི་རྟོག་པ། 2.བསྒོམ་ཐབས། 3.ཚིག་ཐོར་བུ།

1.如來應供正等覺淨治一切惡趣榮光王品 2.觀修法 3.雜寫 (32—1)

༄། །དེ་དག་གི་སྒྲིབ་པ་དང་། སྡིག་པའི་ལས་ཀྱི་ཕ་ཐམས་ཅད་མ་ལུས་པར་ཡོངས་སུ་རྡོ་རྗེ་ཕྱོགས་སུ་སྨིན་བའི་སེམས་
གཞན་གིས་ལུས་ལ་རེག་པར་གྱུར་དང་། །དེ་དག་གི་

3

英 IOL.Tib.J.VOL.5 4.དམ་ཆོས་ཁ་ཐོར། རྒྱབ་ཤོག

4.佛經 封底 (32—2)

x 165 a

165 a

英 IOL.Tib.J.VOL.5　　5.འཕགས་པ་ཤེས་རབ་ཀྱི་ཕ་རོལ་ཏུ་ཕྱིན་པ་རྡོ་རྗེ་གཅོད་པ་ཞེས་བྱ་བ་ཐེག་པ་ཆེན་པོའི་མདོ།

5.金剛經　　(32—3)

英 IOL.Tib.J.VOL.5

6.འཕགས་པ་བྱང་ཆུབ་སེམས་དཔའ་སྤྱན་རས་གཟིགས་དབང་ཕྱུག་ཕྱག་སྟོང་སྤྱན་སྟོང་དང་ལྡན་པ་ཐོགས་པ་མི་མངའ་བའི་ཐུགས་རྗེ་ཆེན་པོའི་སེམས་རྒྱ་ཆེར་ཡོངས་སུ་རྫོགས་པ་ཞེས་བྱ་བའི་གཟུངས།

6.聖觀自在菩薩具千手千眼無礙大悲心廣大圓滿陀羅尼 (32—4)

英 IOL.Tib.J.VOL.5　　7.དམ་ཆོས་ཁ་ཕྱོར།　རྒྱབ་ཤོག

7.佛經　封底　　(32—5)

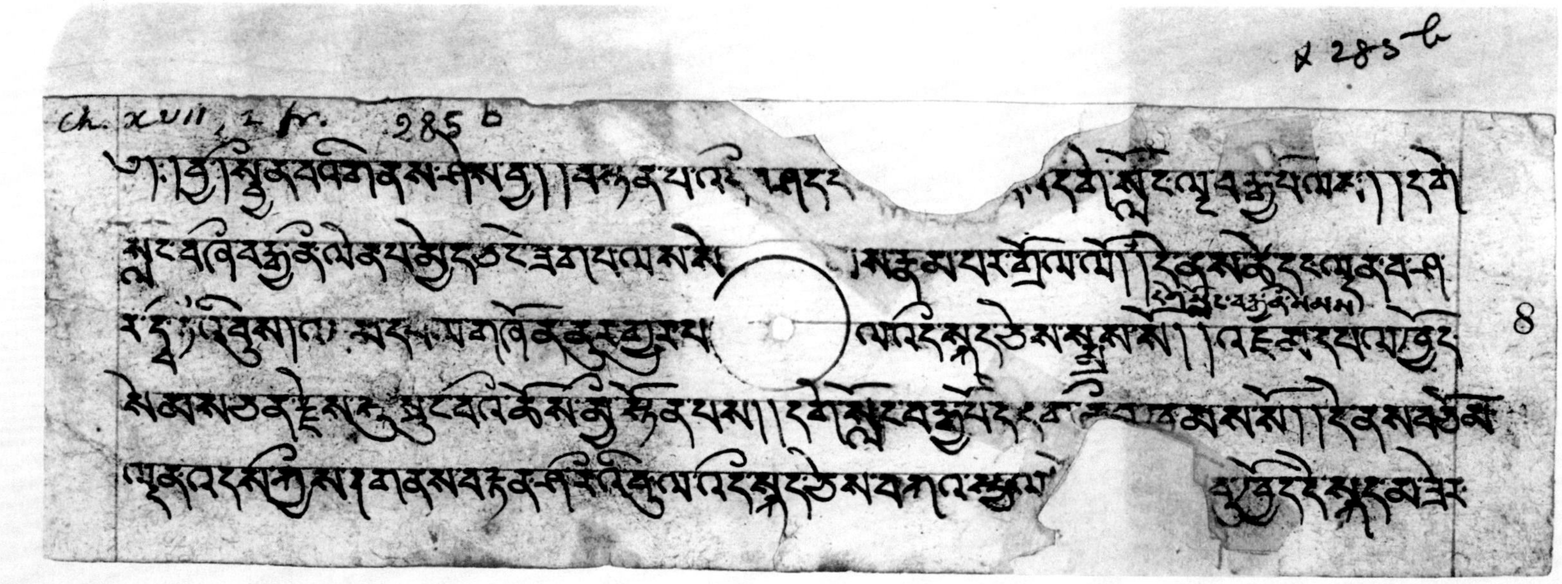

英 IOL.Tib.J.VOL.5　　8.དམ་ཆོས་ཁ་ཐོར།
8.佛經　　(32—6)

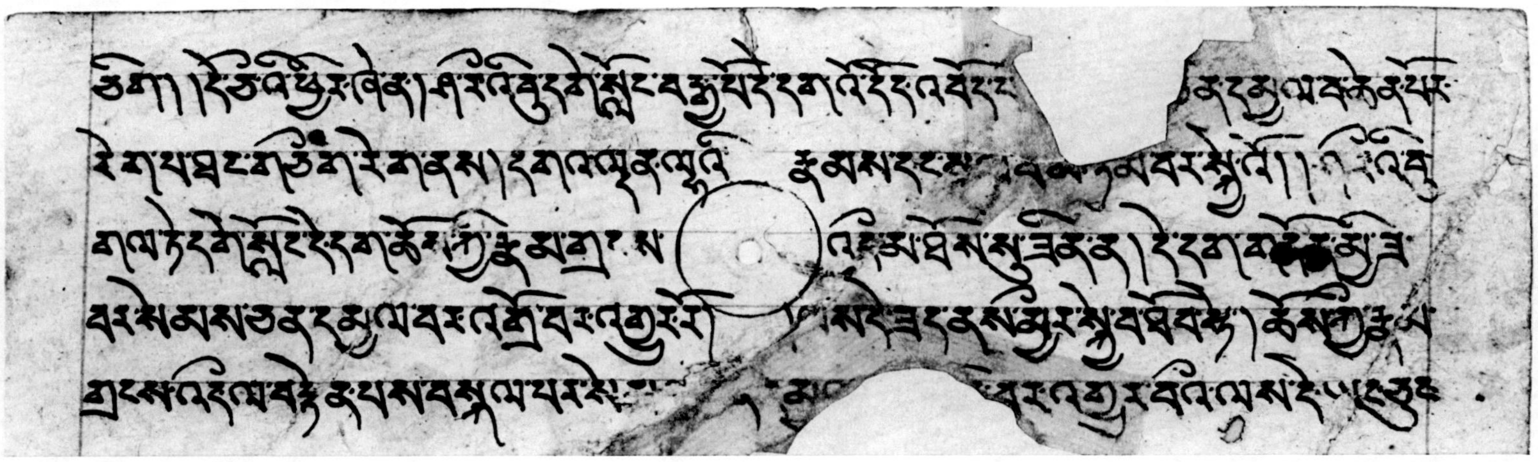

x 315

Ch. ix, fr. 41 316

༄། །འཕགས་པ་སྤྱན་རས་གཟིགས་དབང་ཕྱུག་ལ་བསྟོད་པ༎ །སྤྱན་རས་གཟིགས
དབང་ཕྱུག་ཇི་ལྟར་མཆིས། །ཀུན་ལ་ཐམས་པ་བུ་ཅིག་བཞིན། །སྙིང་རྗེས་བརྩམས་འཛུམས་ཆིས
ཀྱི་བདག། །ཚད་མེད་བཞི་ལ་ལོངས་སྤྱོད་མཛད་དོ༎ །སྐྱེ་འདྲེན་གས་བཞི་འཆིང་ཀྱི་ཕ་རོལ༎ 9
པ་རོལ་ཕྱིན་བཅུས་འགྲོ་བ་སྐྱོང་། །བྱང་ཆུབ་སེམས་ཀྱིས་སེམས་ཅན་གྲོལ། ༎ །
བསྒྲལ་པའི་མཐར་སྨིམས་སེམས་ཅན་དོན། །སྣམ་ཀྱིས་སྤྱི་བོར་ཐབས་ལ་གནས། ༎

མ་ཆགས་དགེ་པ་པད་མ་བཞིན༎ །ཐམས་མཁྱེན་དཀའ་བཞེངས་མ་ཐོབ་འདྲ༎ །གཏིང་
ཚོད་ལམ་པ་རྒྱ་མཚོ་བཞིན། །དེ་བས་བསྐྱེན་ཅིང་ཕྱག་འཚལ་བསྟོད༎ ༎ ༎

英 IOL.Tib.J.VOL.5 9.འཕགས་པ་སྤྱན་རས་གཟིགས་དབང་ཕྱུག་ལ་བསྟོད་པ།
9.聖觀自在菩薩贊 (32—7)

XL.6 x353

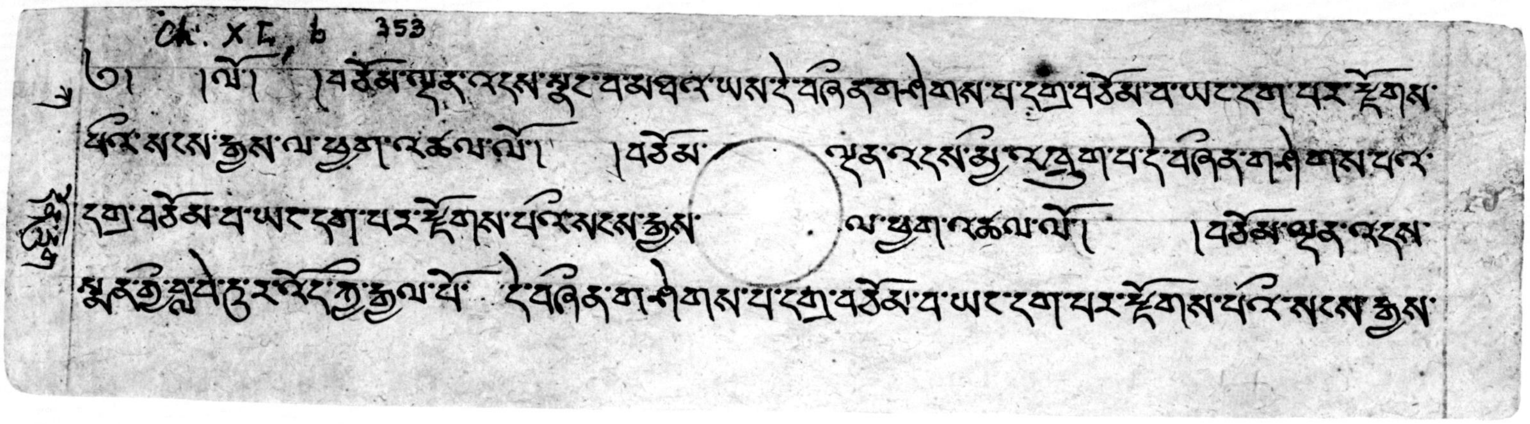

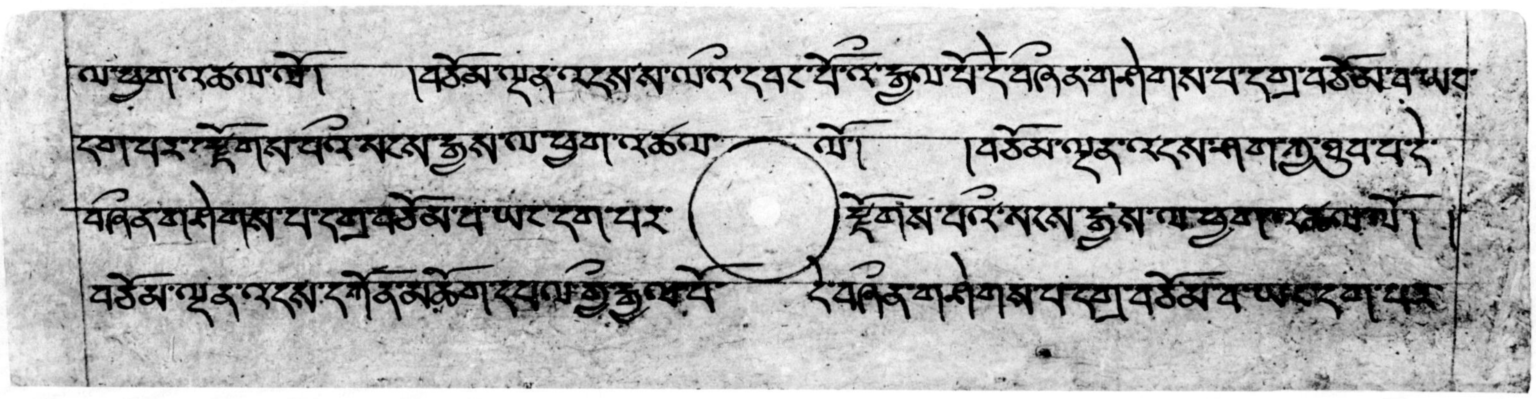

Ch. XL. 6 353

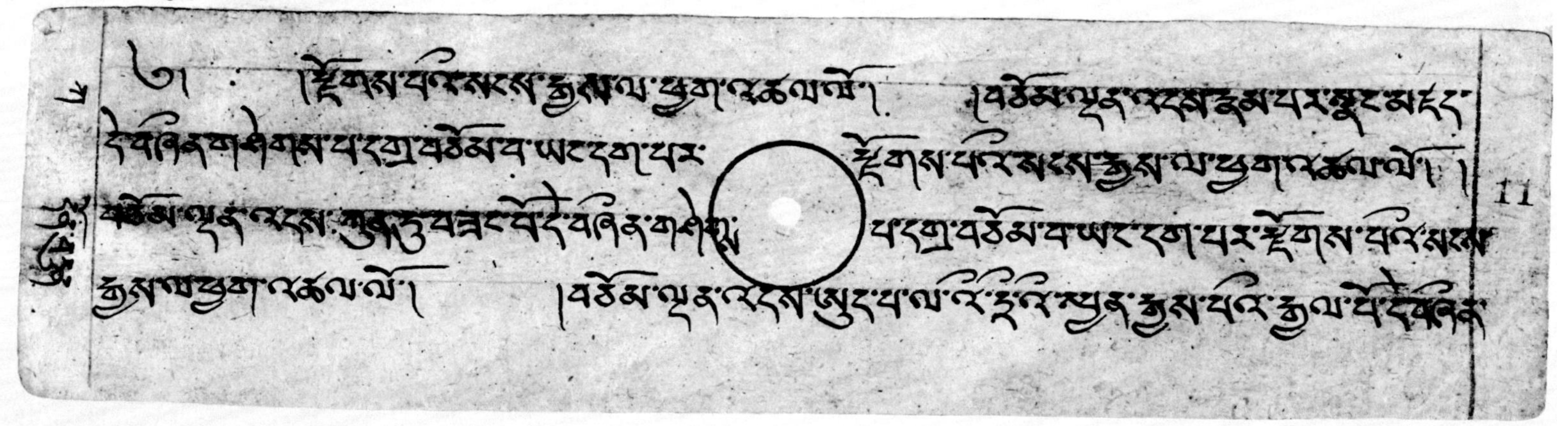

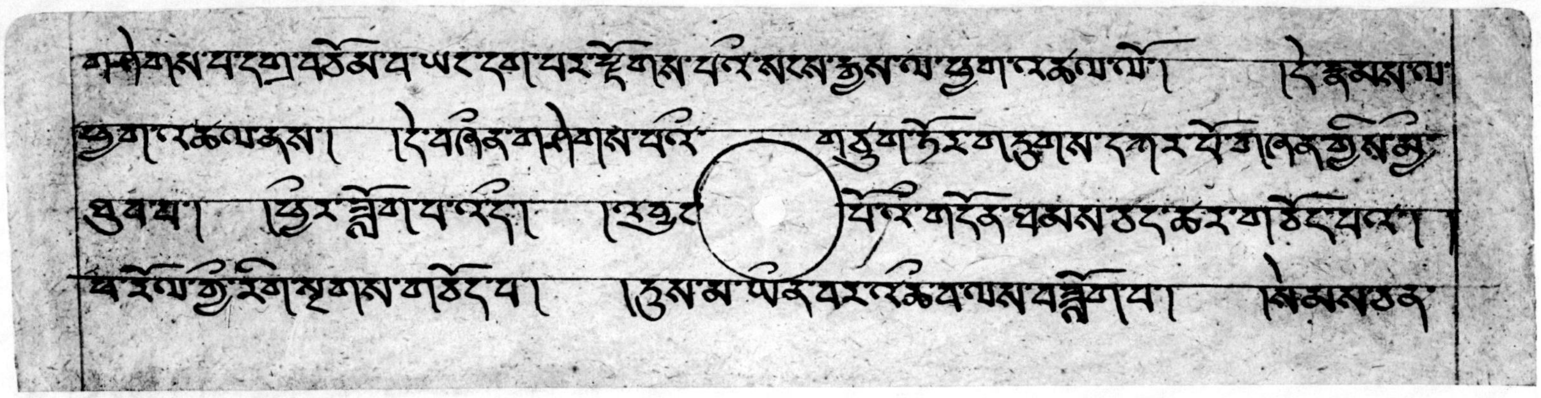

Ch. XL. 6

11

Ch. XL. 6



10.འཕགས་པ་དེ་བཞིན་གཤེགས་པའི་གཙུག་ཏོར་ནས་བྱུང་བའི་གདུགས་དཀར་པོ་ཅན་གཞན་གྱིས་མི་ཐུབ་པ་ཞེས་བྱ་བའི་གཟུངས།

10.聖如來頂髻中出白傘蓋餘無能敵陀羅尼　(32—8)

(1) ༄།། ལྷ་ཀླུ་ཆེན་པོ་རྣམས་སྤྱན་དྲང་བ།། བླ་མའི་བླ་མ་བླ་མེད་དཀོན་མཆོག་གསུམ།། ཆེ་བའི་ཆེ་མ་མཆོག་
དབང་མཆོག་དམ་པ་ལ།། གུས་པར་ཕྱག་འཚལ་དང་བས་སྐྱབས་སུ་མཆི། །མང་ལྷ་ས་མངའ་བདག
སྐྱེ་དགུ་ལོངས་སྤྱོད་གཞི།། སྟོན་པ་དམ་པ་ཆོས་ཀྱི་ མགོན་མཛད་པ།། ཚངས་པ་བརྒྱ་བྱིན་རྒྱལ་ཆེན་ལྷ་ 12
དང་ཀླུ།། གནོད་སྦྱིན་ཌི་ཀྲི་ལྟོ་འཕྱེ་ལྷ་མ་ཡིན།། ཞེས་རྣམ་དབང་གྲུལ་བུམ་སྲིན་པོ་སྤྲུལ་མ་ཙ་ལས་སྐྱོབས།།
སེམས་ཅན་གང་རྣམས་བདེ་གཤེགས་སྤྱན་རྣམ་སྔར་དང་།། འཁོར་བཅུན་ཕྱུན་གསུམ་དཔལ་བཞེར་ཀུན་གསོན་

ཅིག།། སངས་རྒྱས་བཅོམ་ལྡན་འདས་ཀྱི་ཡོན་ཏན་བསམ་མི་ཁྱབ།། དམ་པ་ཆོས་ཀྱི་ཡོན་ཏན་བསམ་
མི་ཁྱབ།། འཕགས་པའི་དགེ་འདུན་ཡོན་ཏན་བསམ་མི་ཁྱབ།། དཀོན་མཆོག་བསམ་མི་ཁྱབ་ལ་མངོན་དད་
པའི།། རྣམ་སྨིན་བླ་ན་མེད་པ་འང་བསམ་མི་ཁྱབ།། བསྐལ་པ་བྱེ་བ་ཁྲག་ཁྲིག་འགྲངས་པར་ཡང་།།
དཀོན་མཆོག་མཚན་ཐོས་ཙམ་ཡང་རྙེད་དཀའ་བས།། བརྒྱ་ལམ་ལན་ཅིག་ཐོས་ལྡན་ལུས་རྙེད་རྣམས།།
རྫུ་འཕྲུལ་དད་པའི་ཐུགས་ཀྱིས་འདིར་གཤེགས་ཏེ།། རྣམ་པར་གྲོལ་བའི་དོན་ཅན་ལྷ་ཚོགས་བྱོན།། ཟབ

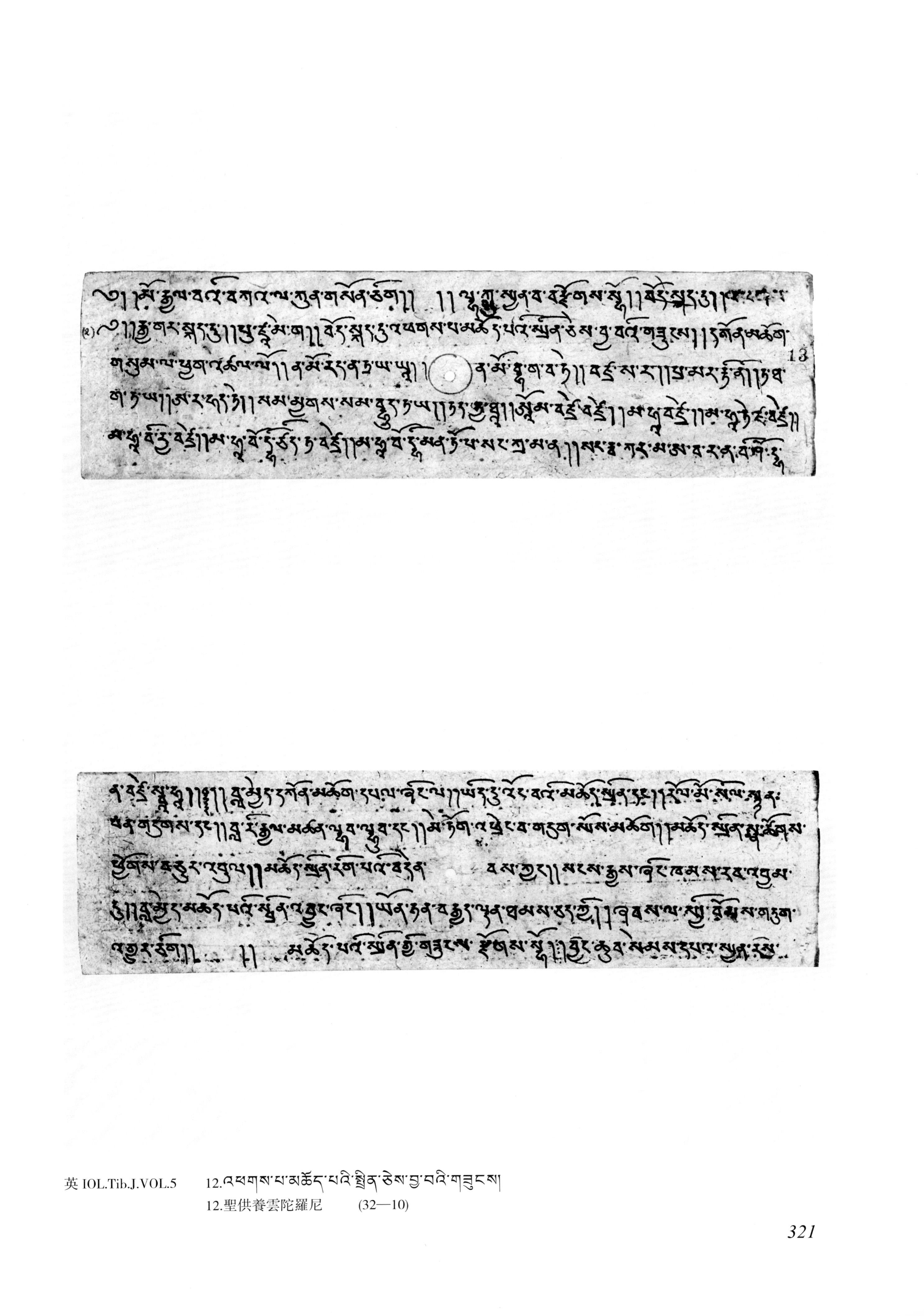

英 IOL.Tib.J.VOL.5　　12.འཕགས་པ་མཆོད་པའི་སྤྲིན་ཅེས་བྱ་བའི་གཟུངས།
12.聖供養雲陀羅尼　　(32—10)

英 IOL.Tib.J.VOL.5　13.བྱང་ཆུབ་སེམས་དཔའ་སྤྱན་རས་གཟིགས་དབང་ཕྱུག་ཡིད་བཞིན་འཁོར་ལོ་ལ་བསྟོད་པ།
14.འཕགས་པ་འཇམ་དཔལ་ལ་བསྟོད་པ།
13.聖觀自在菩薩如意輪贊　14.聖文殊贊　(32—11)

英 IOL.Tib.J.VOL.5　　15.བསྒྲུབ་ཐབས།　　རྒྱབ་ཤོག
15.修習法　　封底　　(32—12)

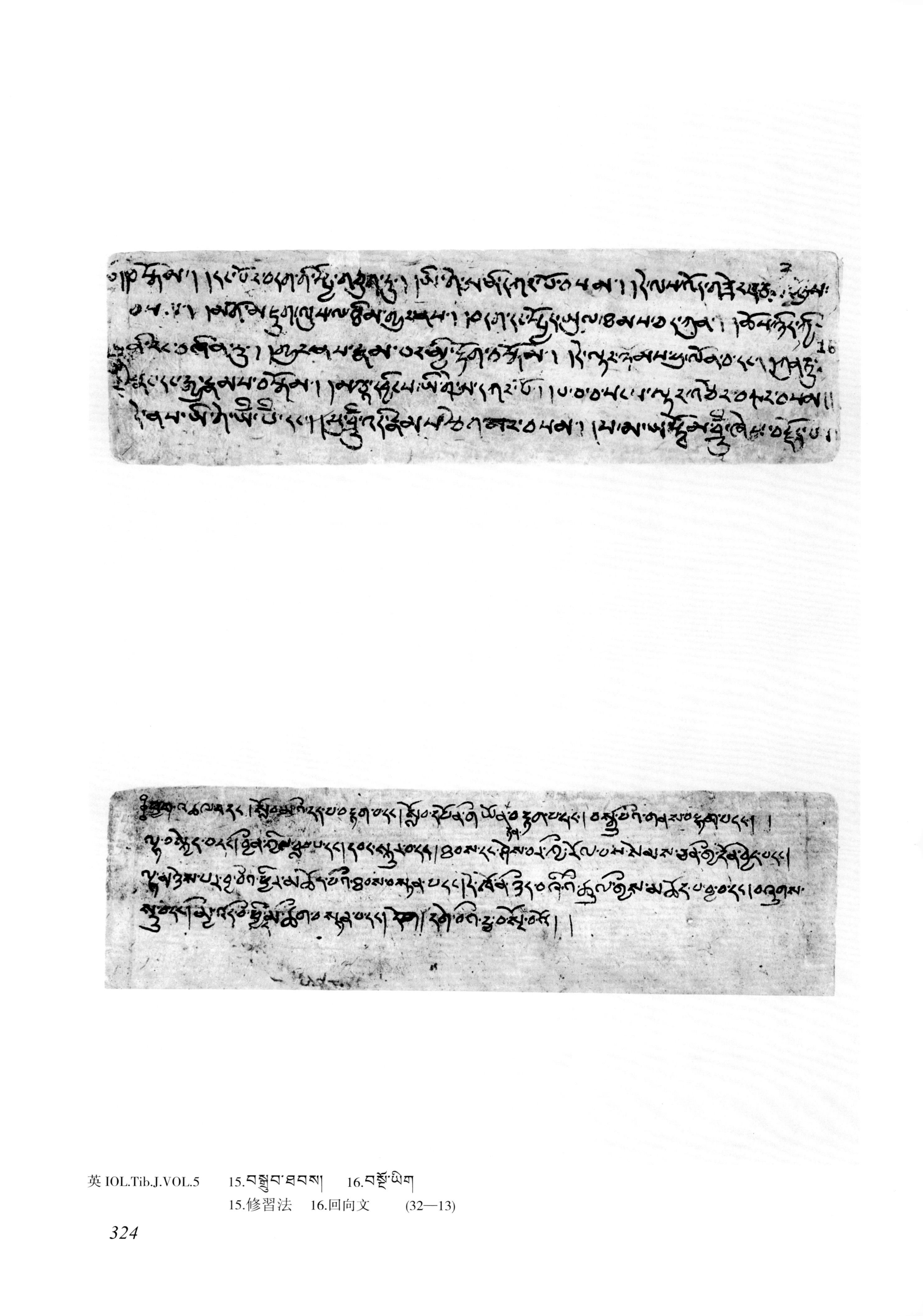

英 IOL.Tib.J.VOL.5　　15.བསྒྲུབ་ཐབས།　　16.བསྔོ་ཡིག

15.修習法　16.回向文　　(32—13)

英 IOL.Tib.J.VOL.5　　17.སྐལ་བསྐྱེད་ཅེས་བྱ་བ་བསྒྲུབ་པའི་ཐབས།　18.བསྒྲུབ་ཐབས།

17.福緣生起觀修法　18.修習法　　(32—14)

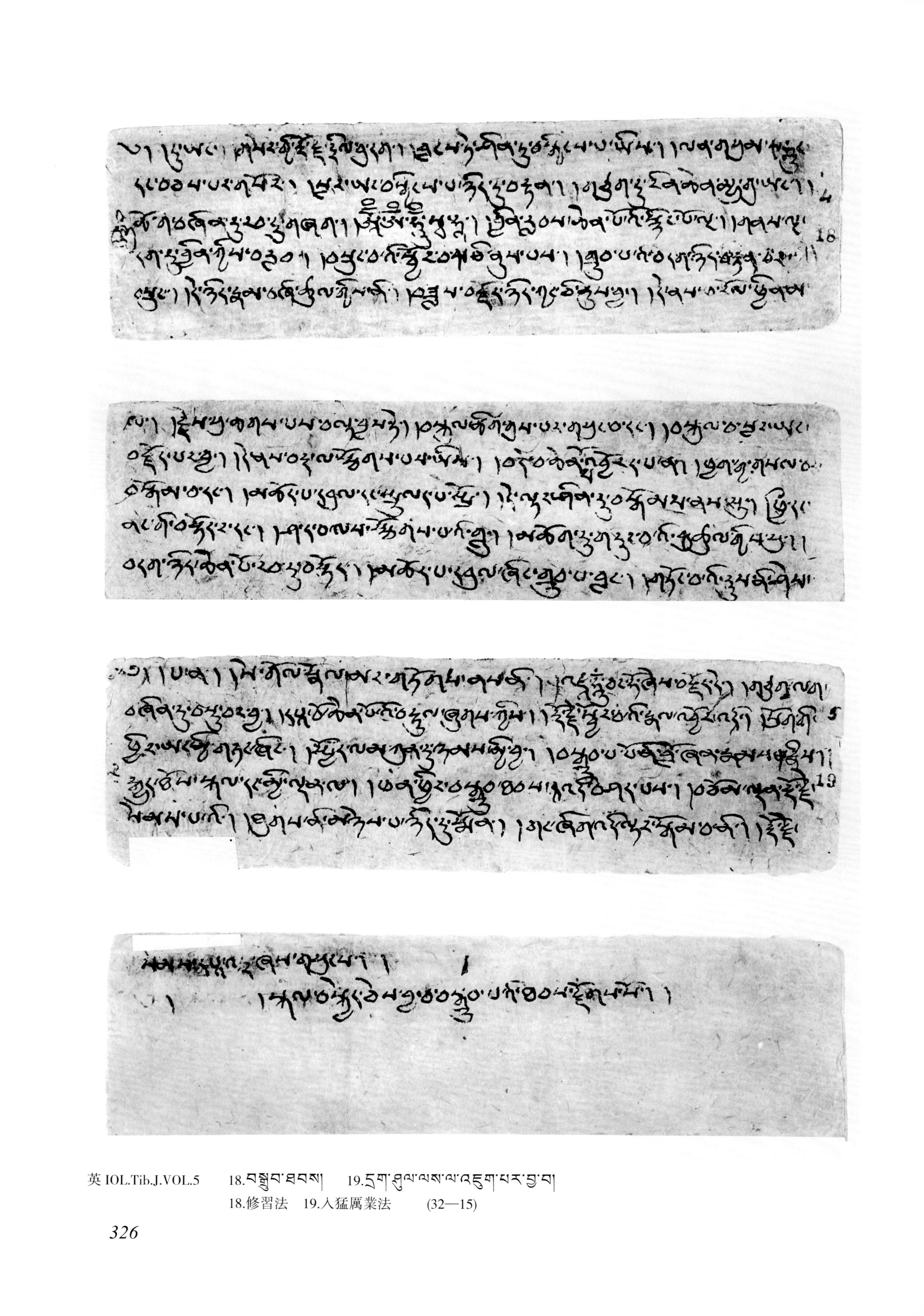

英 IOL.Tib.J.VOL.5　　18.བསྒྲུབ་ཐབས།　　19.དྲག་ཤུལ་ལས་ལ་འཇུག་པར་བྱ་བ།

18.修習法　19.入猛厲業法　　(32—15)

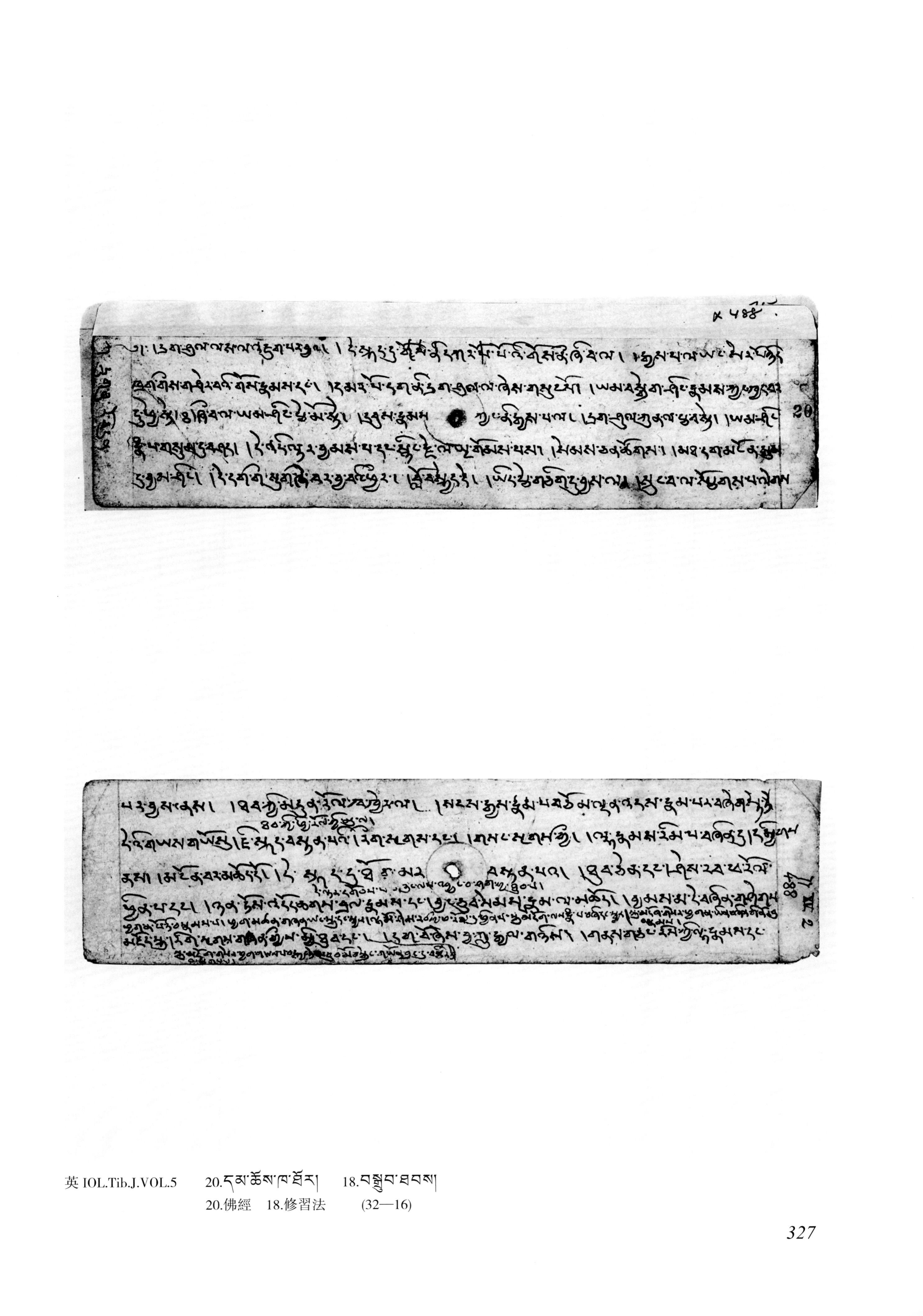

英 IOL.Tib.J.VOL.5　　20.དམ་ཆོས་ཁ་ཐོར།　　18.བསྒྲུབ་ཐབས།

20.佛經　18.修習法　　(32—16)

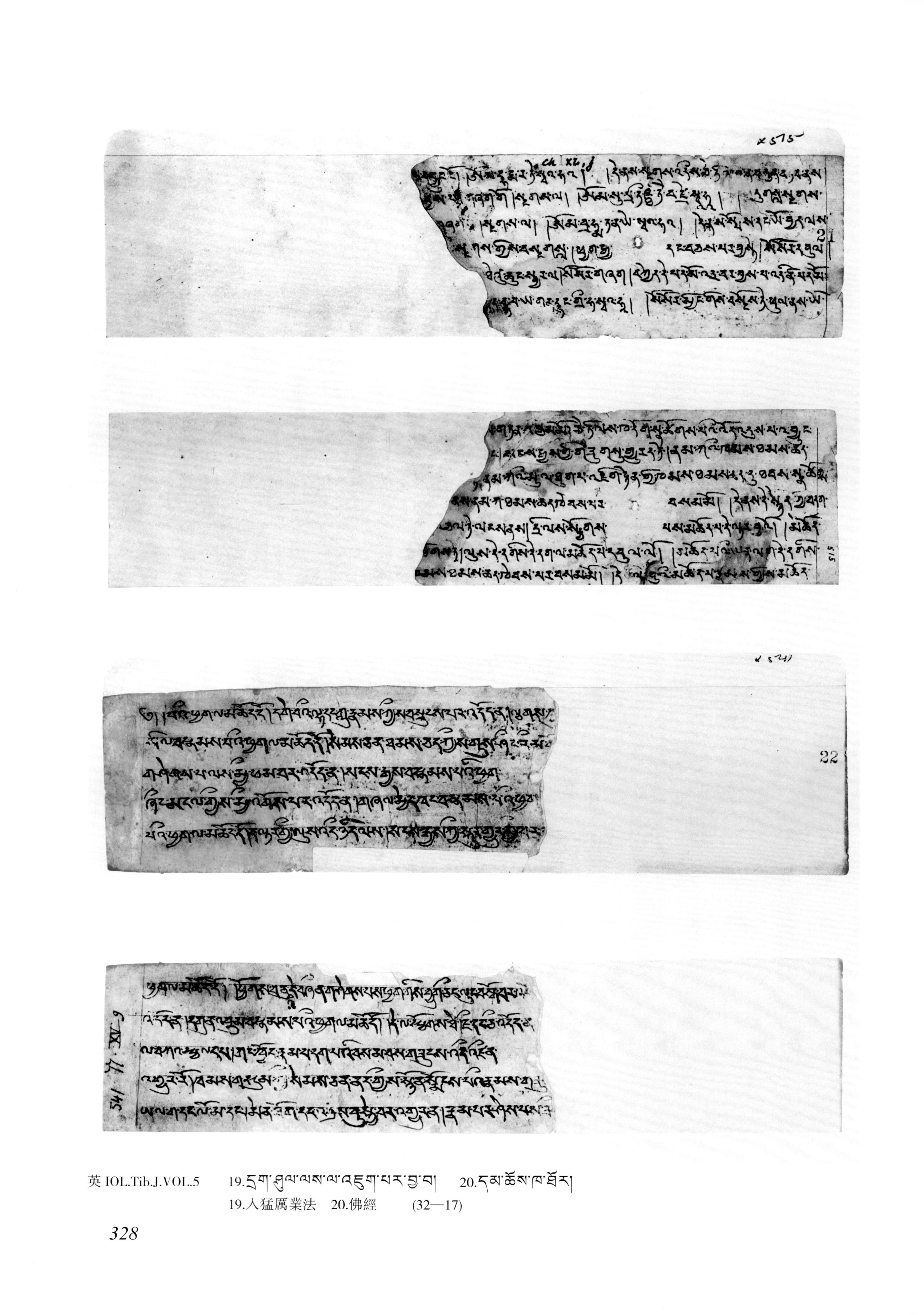

21

22

英 IOL.Tib.J.VOL.5　　19.དྲག་ཤུལ་ལས་ལ་འཇུག་པར་བྱ་བ།　　20.དམ་ཆོས་ཁ་ཐོར།

19.入猛厲業法　20.佛經　　(32—17)

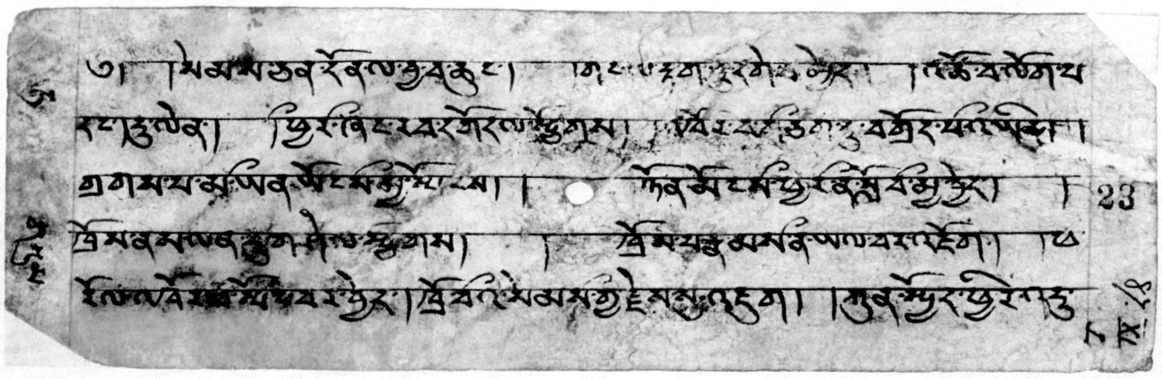

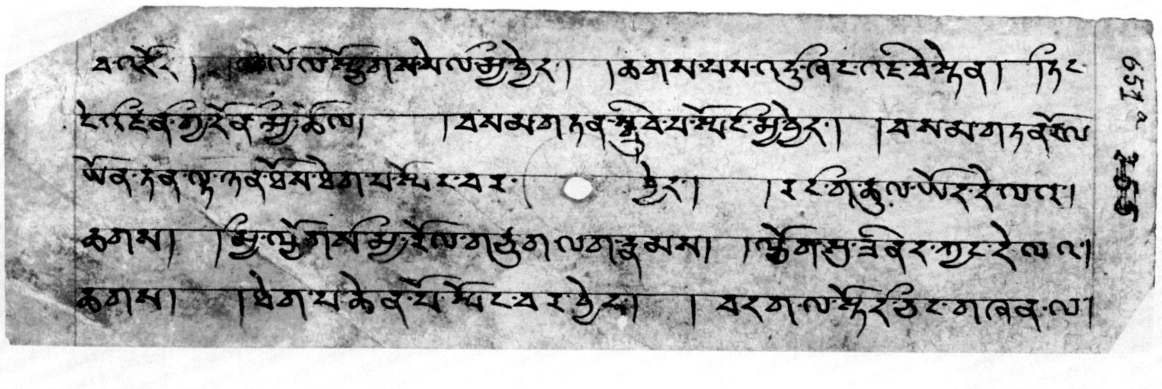

英 IOL.Tib.J.VOL.5　　20.དམ་ཆོས་ཁ་ཐོར།
20.佛經　　(32—18)

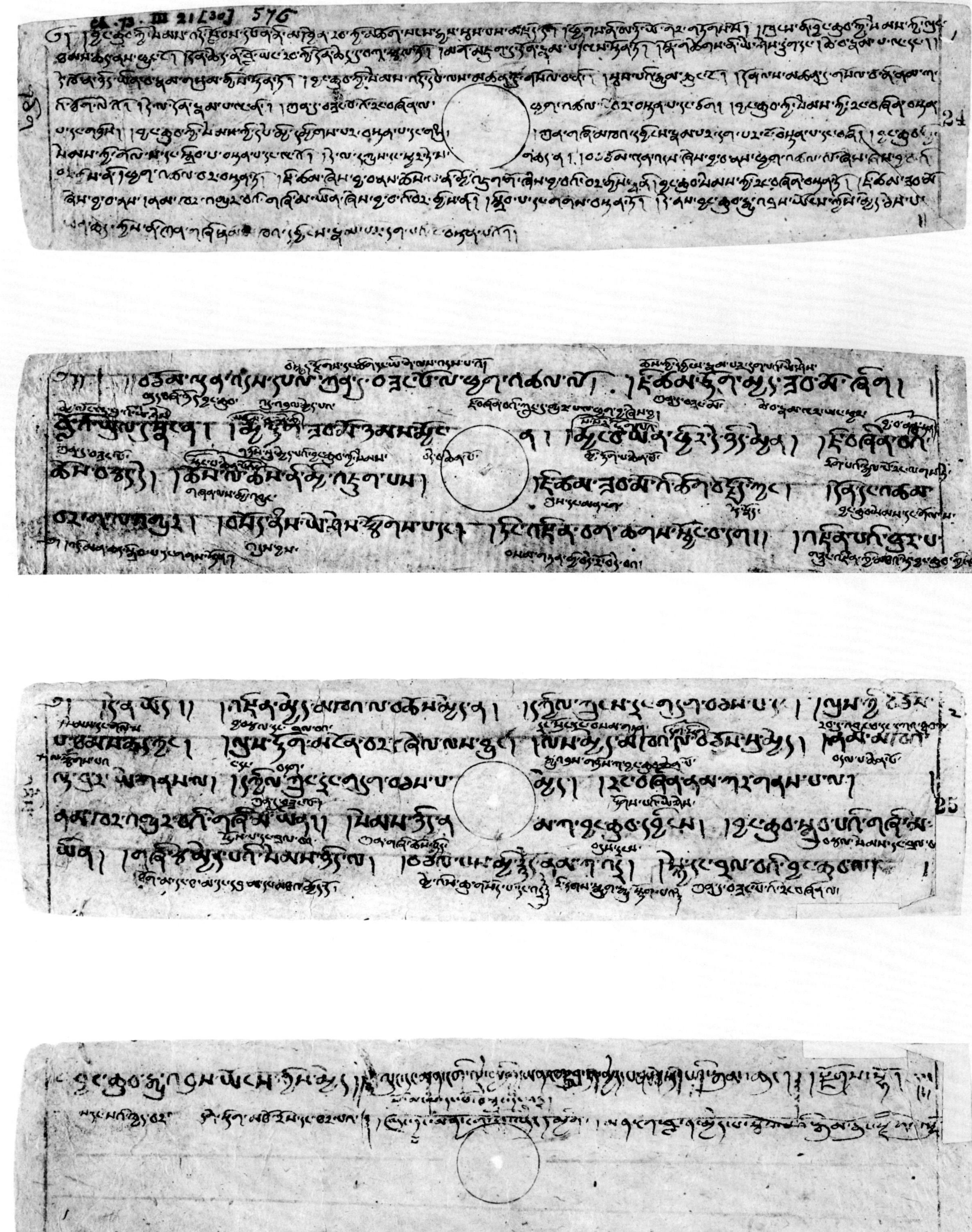

英 IOL.Tib.J.VOL.5　　21.ལུང་དང་མན་ངག་གི་ལྡེ་མིག་མན་ངག་བླ་ན་མེད་པ་སྦས་པའི་རྒྱུད་ཆུང་ཞེས་བྱ་བའི་འགྲེལ་བ།
22.ལུང་དང་མན་ངག་གི་ལྡེ་མིག་མན་ངག་བླ་ན་མེད་པ་སྦས་པའི་རྒྱུད་ཆུང་།
21.教與秘訣之鑰匙無上秘訣隱秘甘露釋　22.教與秘訣之鑰匙無上秘訣隱秘甘露　(32—19)

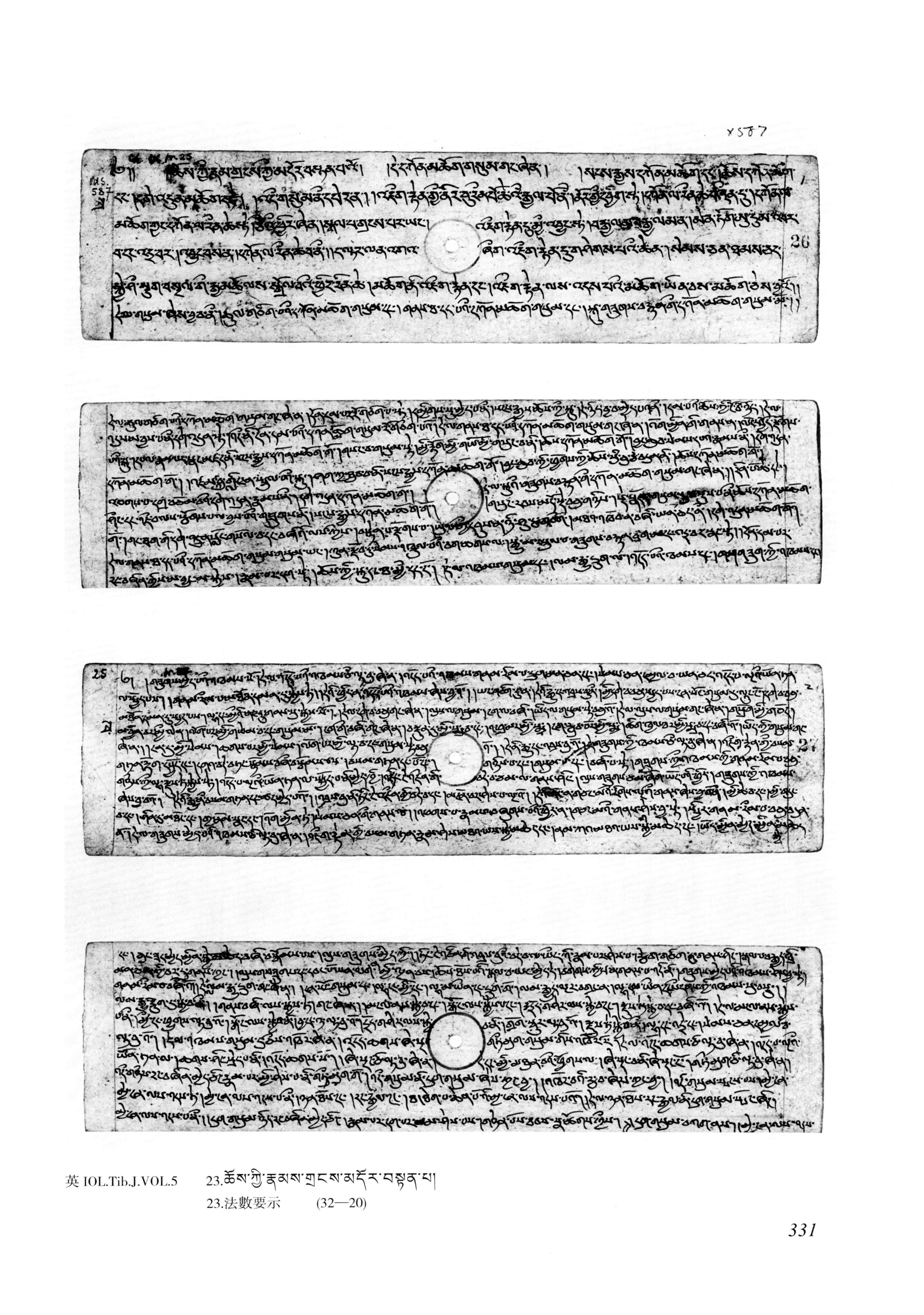

英 IOL.Tib.J.VOL.5　　23.ཆོས་ཀྱི་རྣམ་གྲངས་མདོར་བསྟན་པ།

23.法數要示　　(32—20)

英 IOL.Tib.J.VOL.5　　23.ཆོས་ཀྱི་རྣམ་གྲངས་མདོར་བསྟན་པ།

23.法數要示　　(32—21)

英 IOL.Tib.J.VOL.5　　24.མི་དགེ་བ་བཅུའི་ཉེས་དམིགས་བསྟན་པ།

24.開示非十善法之罪過　　(32—22)

x 646

31

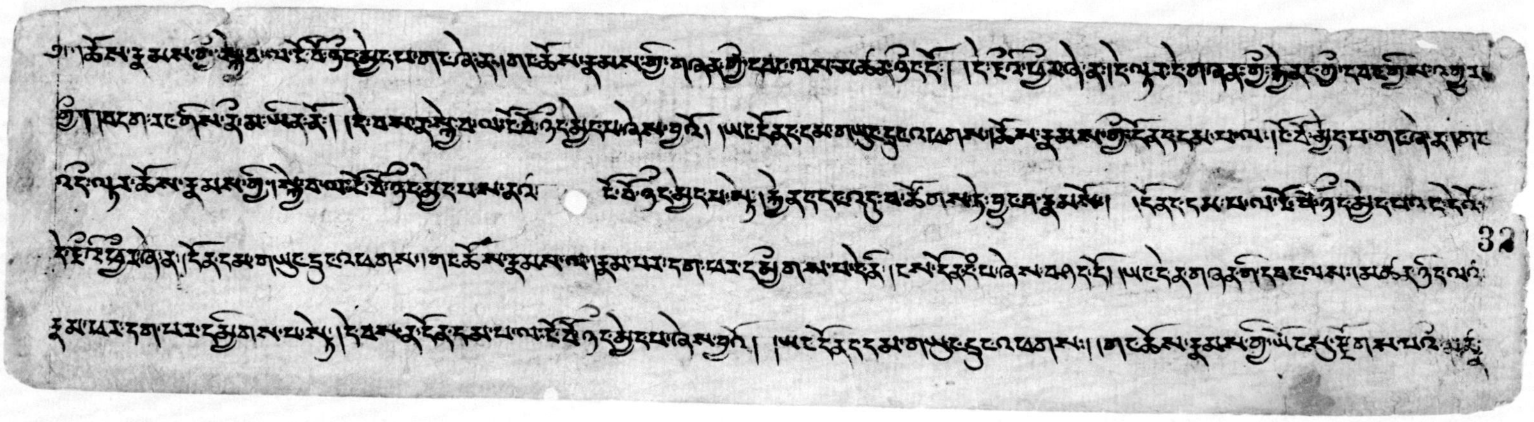

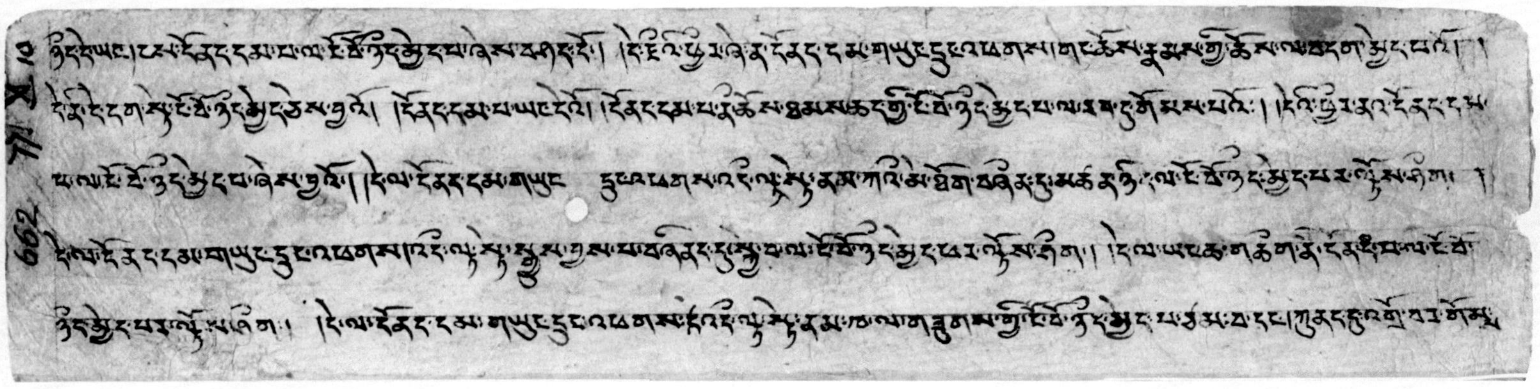

×662

32

英 IOL.Tib.J.VOL.5 26.འཕགས་པ་དགོངས་པ་ངེས་པར་འགྲེལ་པ་ཞེས་བྱ་བ་ཐེག་པ་ཆེན་པོའི་མདོ་ལས་དོན་དམ་ཡང་དག་འཕགས་ཀྱི་ལེའུ།

26.解深密經勝義諦相品 (32—24)

英 IOL.Tib.J.VOL.5　　27.དམ་ཆོས་ཁ་བྱོར།

27.佛經　　(32—25)

英 IOL.Tib.J.VOL.5　　28.ཚིག་ཐོར་བུ།　རྒྱབ་ཤོག

28.雜寫　封底　(32—26)

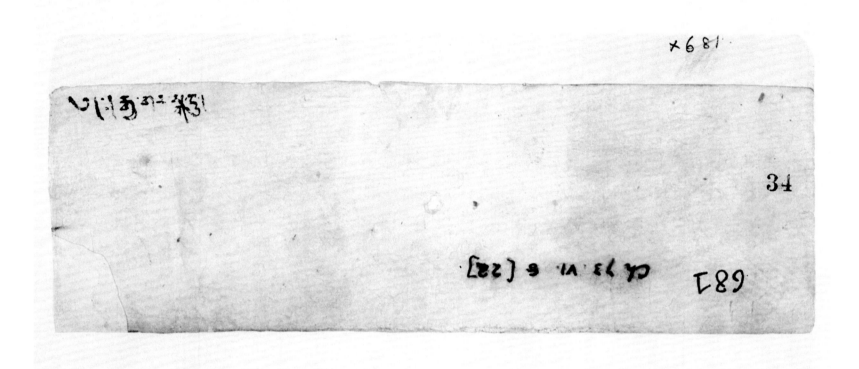

35

英 IOL.Tib.J.VOL.5　　29.སྐྱབས་འཇུག　30.ཚིག་ཐོར་བུ།

29.皈依辭　30.雜寫（倒置）　　(32—27)

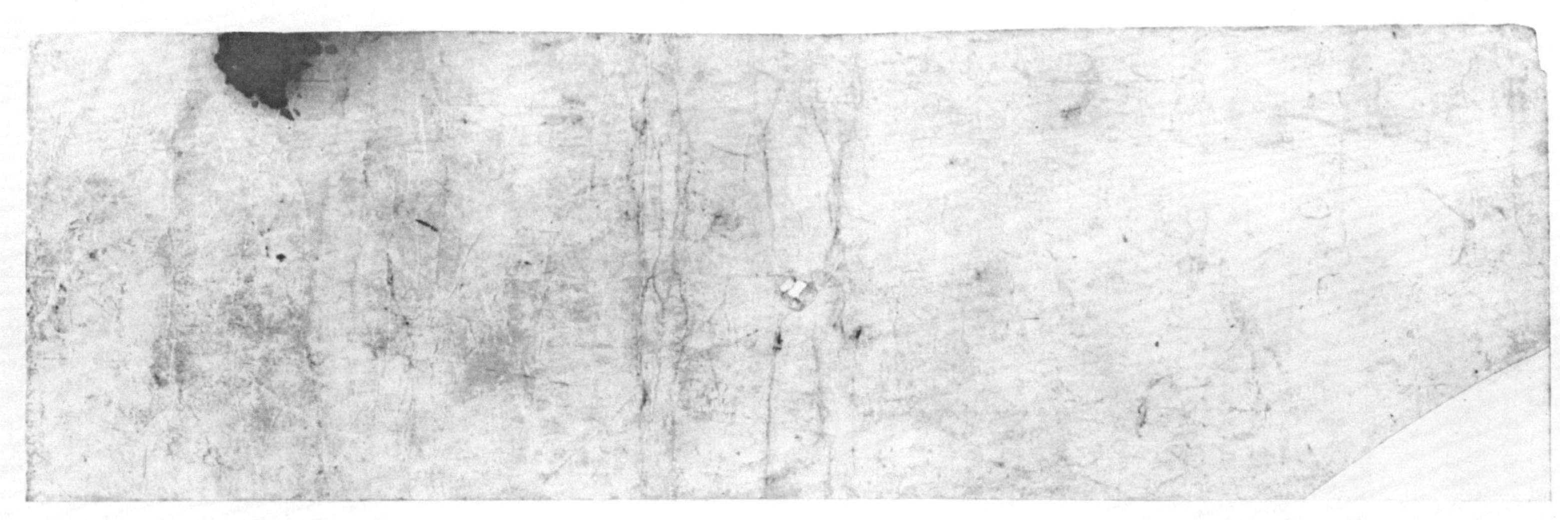

英 IOL.Tib.J.VOL.5　　31.དར་མ་མདོ་སྡེ་ལས་འབྱུང་བ་སེམས་ཅན་ཀུན་གྱི་ཆོས།　རྒྱབ་ཤོག

31.經中所出一切有情之法　封底　　(32—28)

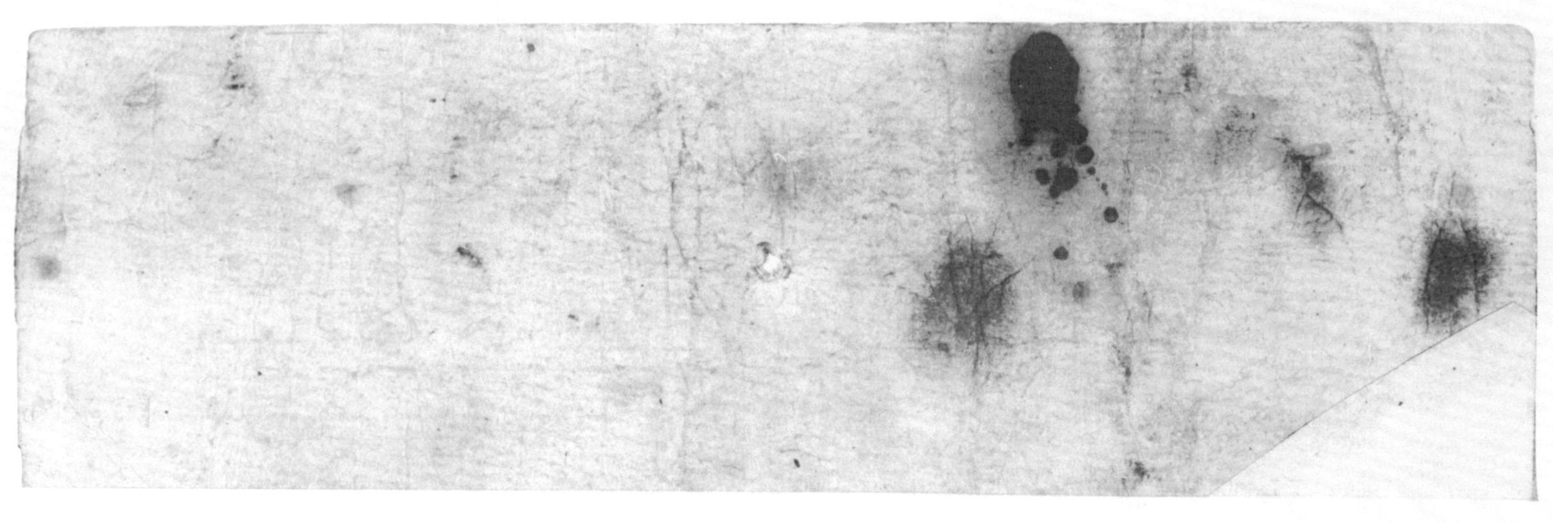

英 IOL.Tib.J.VOL.5　　31.དར་མ་མདོ་སྡེ་ལས་འབྱུང་བ་སེམས་ཅན་ཀུན་གྱི་ཆོས།　རྒྱབ་ཤོག

31.經中所出一切有情之法　封底　　(32—29)

英 IOL.Tib.J.VOL.5　　31.དར་མ་མདོ་སྡེ་ལས་འབྱུང་བ་སེམས་ཅན་ཀུན་གྱི་ཆོས།

31.經中所出一切有情之法　　(32—30)

英 IOL.Tib.J.VOL.5　　31.དར་མ་མདོ་སྡེ་ལས་འབྱུང་བ་སེམས་ཅན་ཀུན་གྱི་ཆོས།　རྒྱབ་ཤོག
31.經中所出一切有情之法　封底　(32—31)

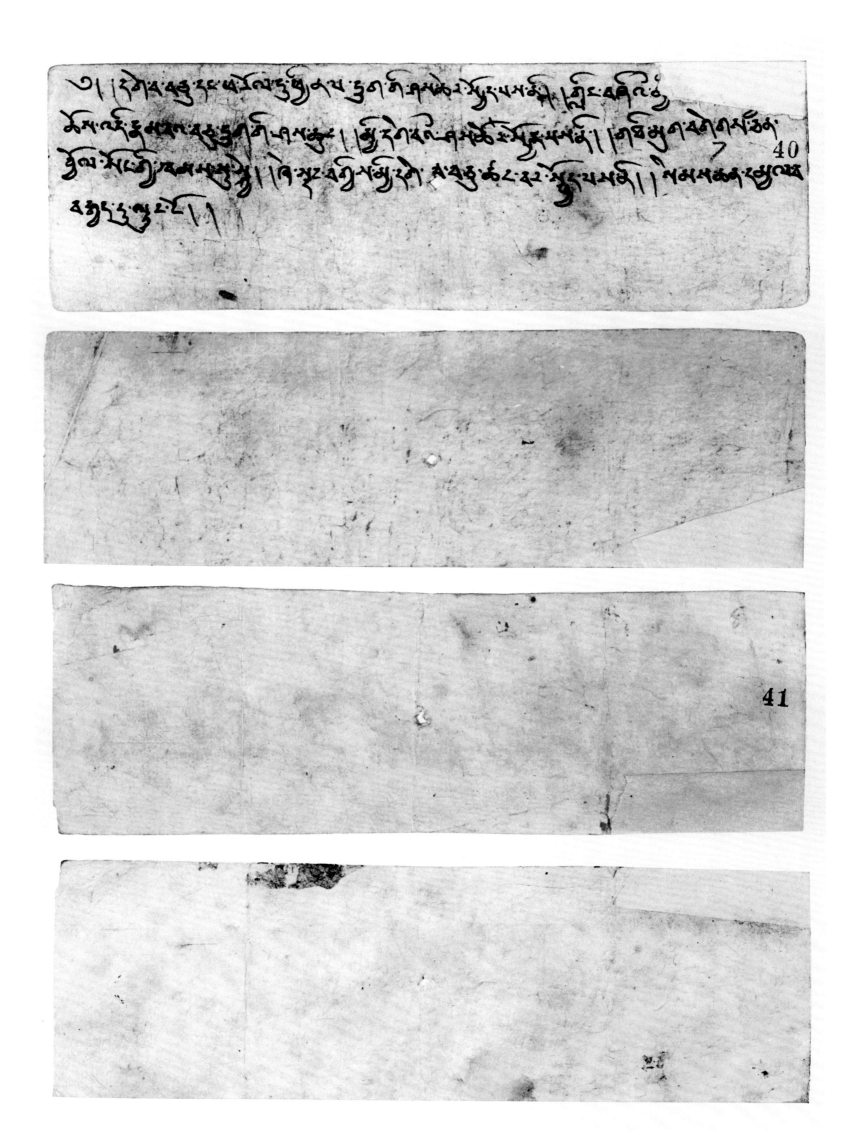

x 690

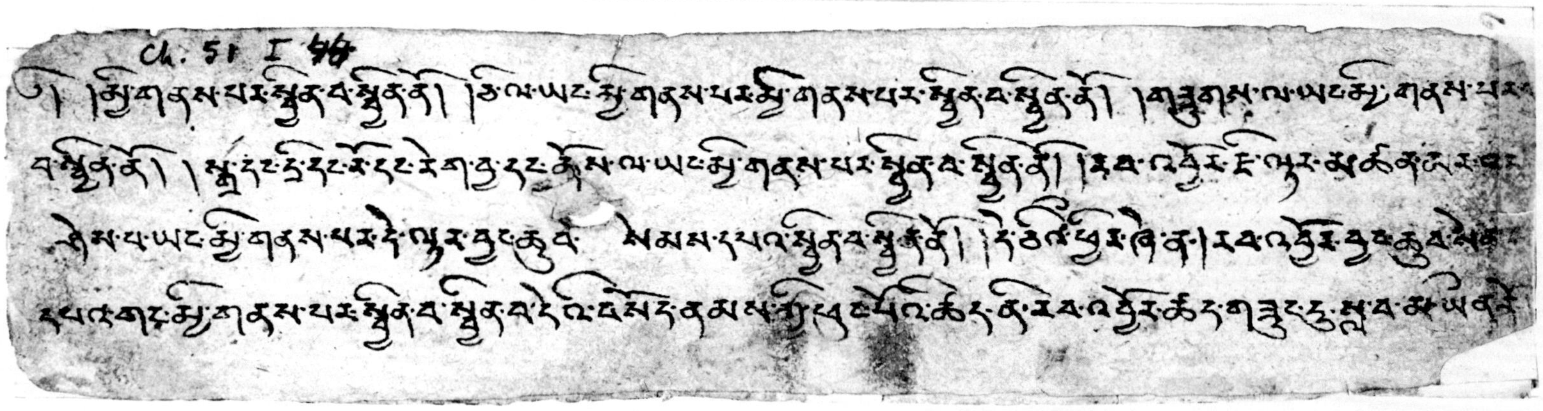

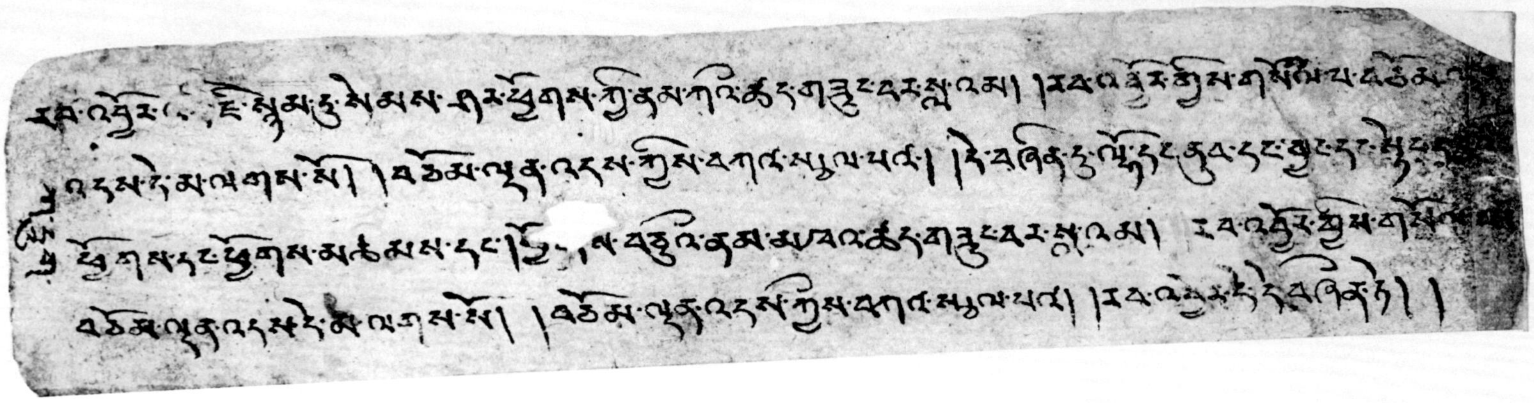

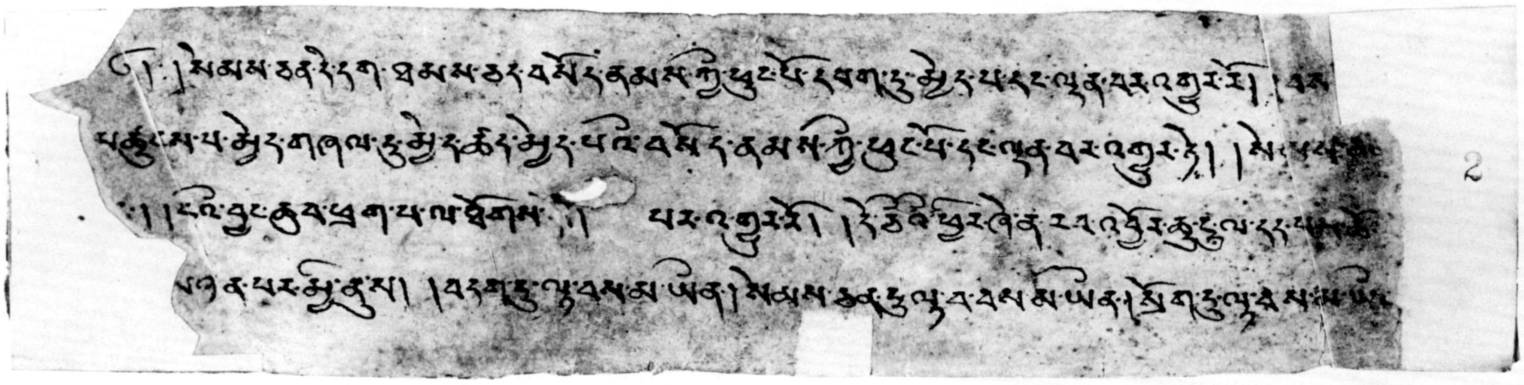

Ch. 51 I 44

Ch. 51 I 44

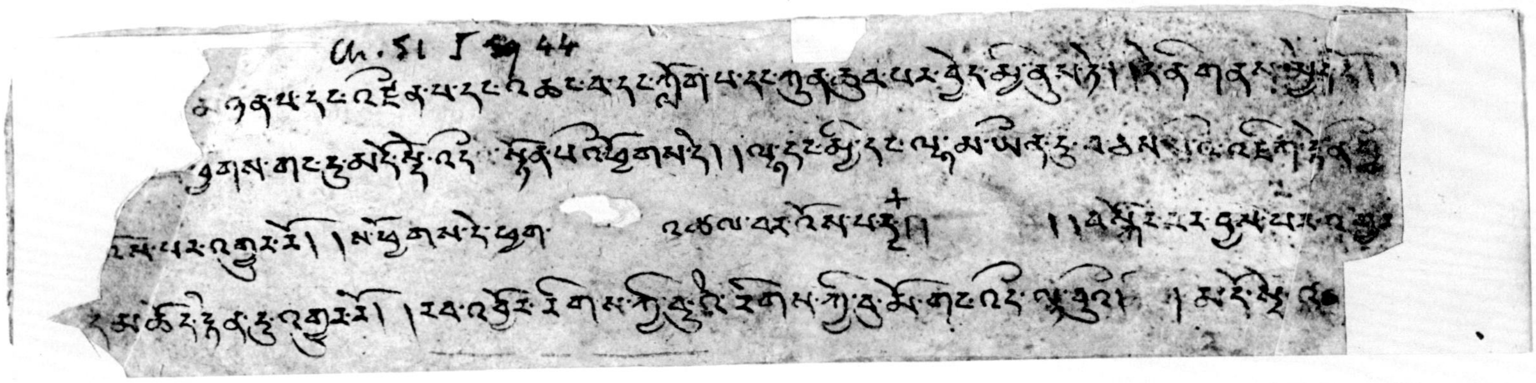

英 IOL.Tib.J.VOL.6　　1.འཕགས་པ་ཤེས་རབ་ཀྱི་ཕ་རོལ་ཏུ་ཕྱིན་པ་རྡོ་རྗེ་གཅོད་པ་ཞེས་བྱ་བ་ཐེག་པ་ཆེན་པོའི་མདོ།

1.金剛經　　(34—1)

英 IOL.Tib.J.VOL.6　　1.འཕགས་པ་ཤེས་རབ་ཀྱི་ཕ་རོལ་ཏུ་ཕྱིན་པ་རྡོ་རྗེ་གཅོད་པ་ཞེས་བྱ་བ་ཐེག་པ་ཆེན་པོའི་མདོ།

1.金剛經　　(34—2)

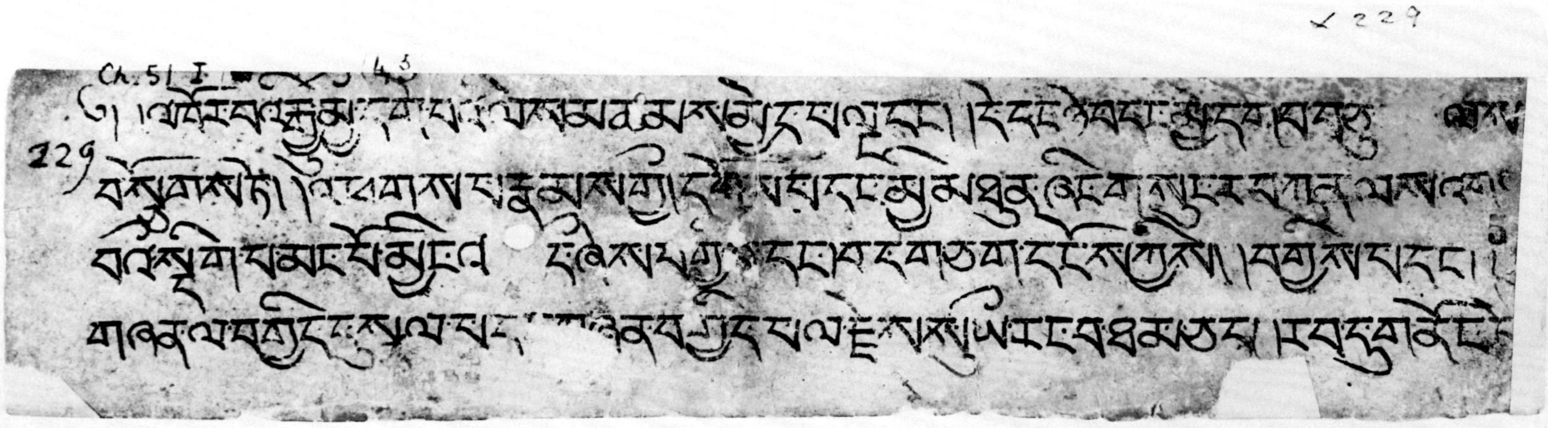

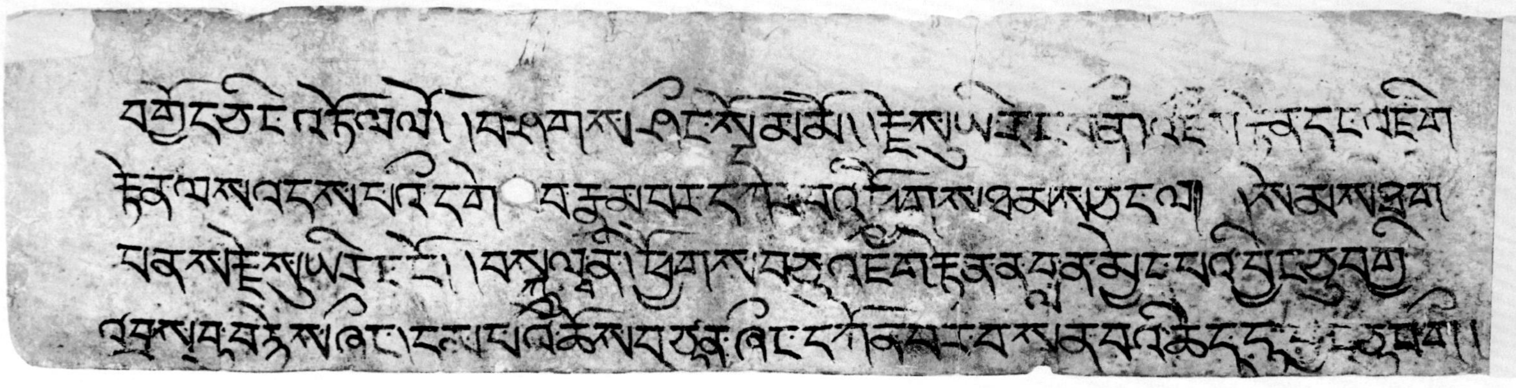

Ch. 51 I ... 43

229

229

[illegible]

[illegible]

[illegible]

[illegible]

[illegible]

[illegible]

[illegible]

[illegible]

英 IOL.Tib.J.VOL.6　2.འགྱོད་བཤགས།
2.懺悔文　(34—3)

英 IOL.Tib.J.VOL.6　　3.ཡི་དྭགས་ཁ་ནས་(མེ)འབར་བ་ལ་སྐྱབས་མཛད་པའི་གཟུངས།

3.救助餓鬼焰口陀羅尼　　(34—4)

英 IOL.Tib.J.VOL.6　3.ཡི་དྭགས་ཁ་ནས་(མེ)འབར་བ་ལ་སྐྱབས་མཛད་པའི་གཟུངས།

3.救助餓鬼焰口陀羅尼　(34—5)

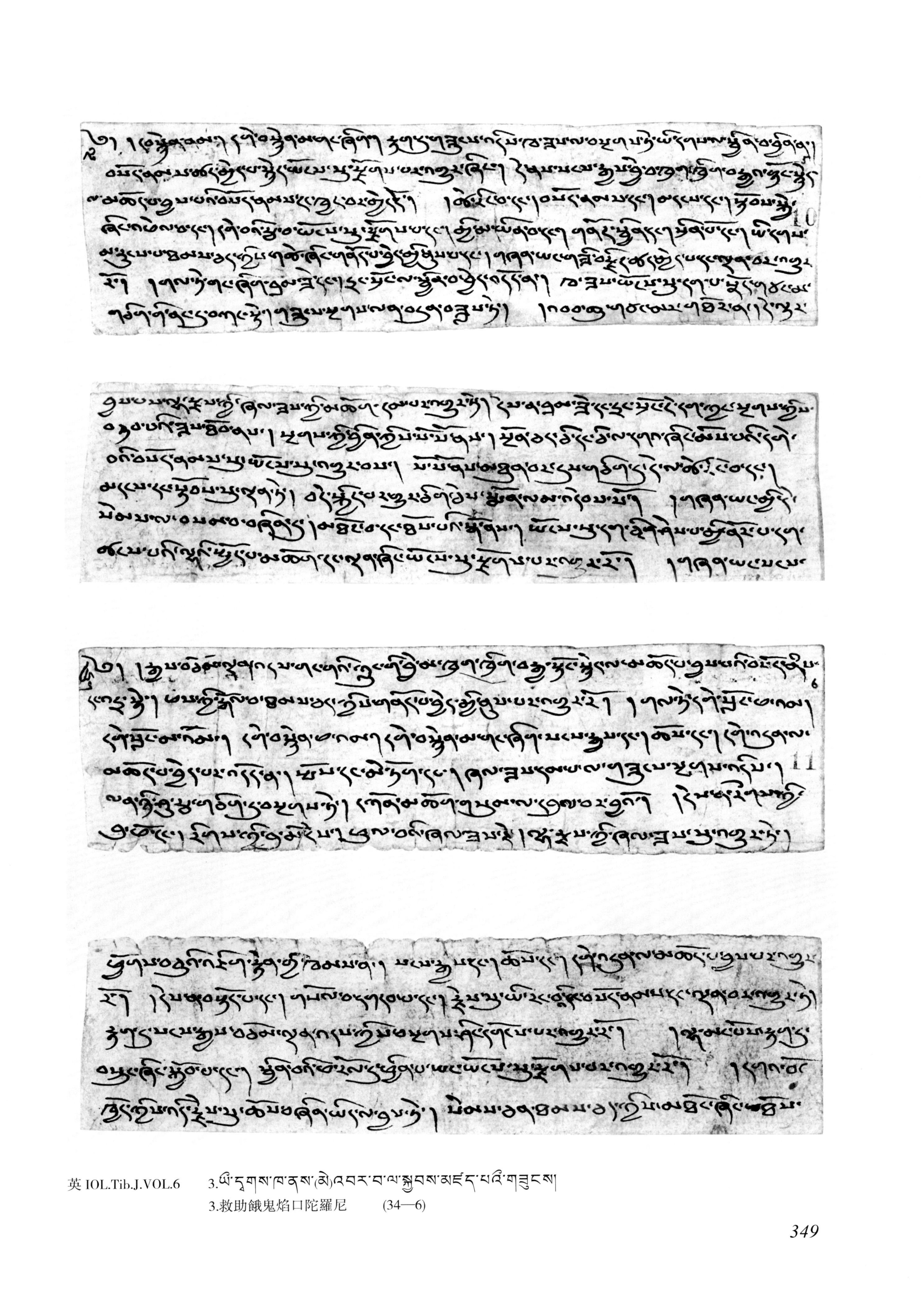

英 IOL.Tib.J.VOL.6　3.ཡི་དྭགས་ཁ་ནས་(མེ)འབར་བ་ལ་སྐྱབས་མཛད་པའི་གཟུངས།

3.救助餓鬼焰口陀羅尼　(34—6)

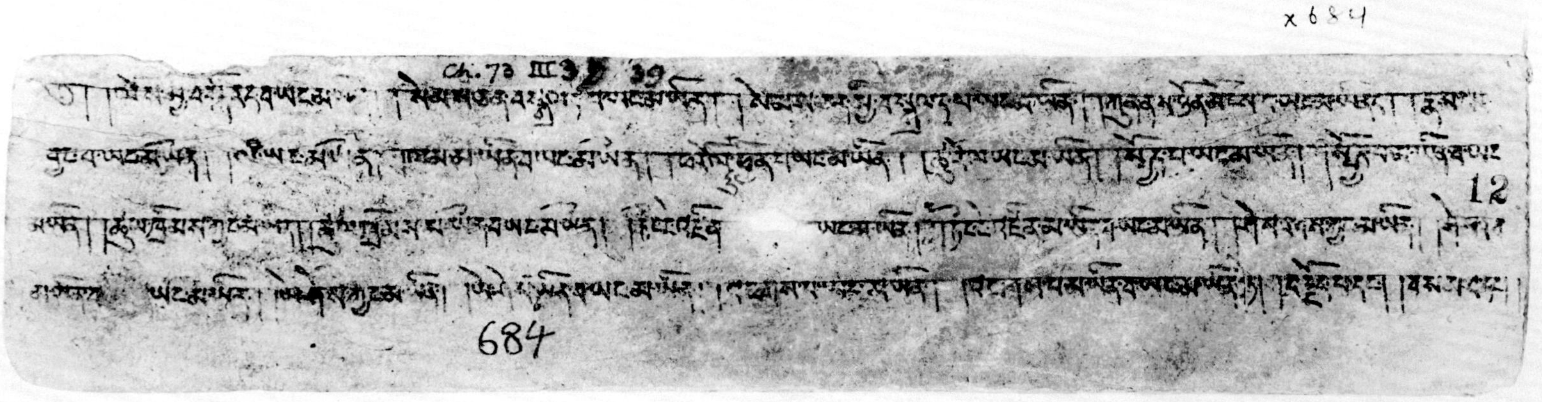

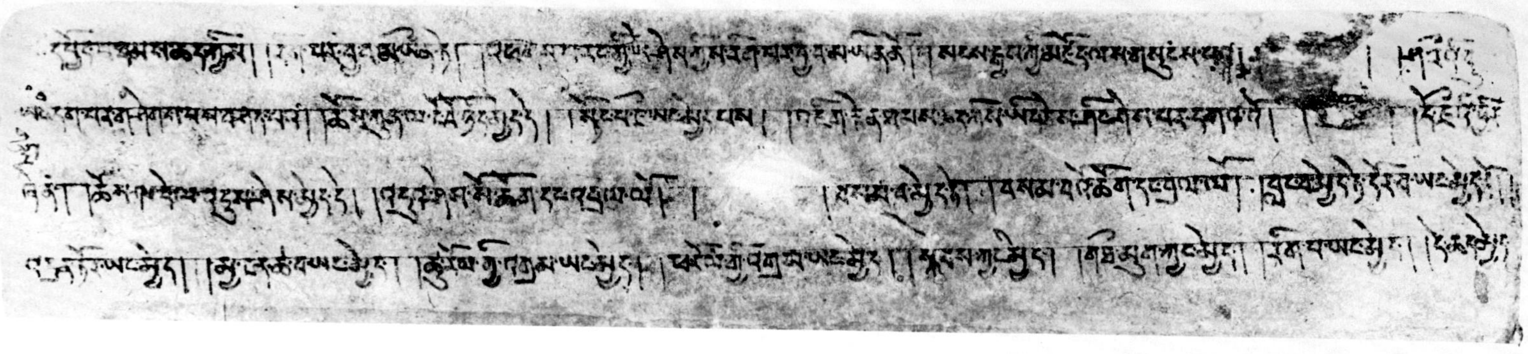

༄། །ནི་ར་བདག་ཆེན་པོ་འདི་ཉིད་དུ་ཐུན་པས་ཀྱི་ཆུང་པ་དང་། ཆུང་ཆེན་པོས་ཕྱིན་ཀྱི་ཚིགས་མ་ང་པོ་གཏེར་ཐབ་ཞིན་དུ་ཕྱིན་ཅི
ལོག་གི་རྟོག་པ་ཡང་ནམ་ཡང་དུ་ཁྱབ་ཞིང་འགྲིབ་འགྱུར་རོ། །རྣལ་འབྱོར་ཆེན་པོ་ལ་འཇུག་པས། །སེམས་ཀྱི་ངོ་བོ་ཉིད
རང་བཞིན་གྱིས་ཀྱི་སྐྱོ་མི་འཇིག་པ་རང་རང་གིས་རིག་སྟེ། །རྟོག་པ་འདི་དག་ཞུལ་ཡས་བདག་ས་པ་ཙམ་དུ་ཤེས་ན། ། 13
རྟོག་པའི་ལྷ་ག་ས་ས་ཉི་ཞིག་ཐུས་ཏེ། །སེམས་ནི་སེམས་ཉིད་ཀྱི་སྦྱང་གི་ཅིག་ཅར་སྦྱང་ངོ། །དེ་ལ་ཉན་ཐོས་དབང་པོ་རྣུལ་པའི

མཚན་མའི་ཐབས་ལ་རྟེན་ཏོ། །ཁ་དབྱུས་དང་ཐབས་ཐ་ལ་སྦྱོགས་པ་ལའོ། །བྱང་ཆུབ་སེམས་དཔའ་མཚན་མ་མེད་པའི་ཐབས
ལ་རྟེན་ཏོ། །ནམ་པར་ཐར་པའི་སྒོ་གསུམ་ལ་སྦྱོགས་ཏེ། ། །གཉེན་པོ་གཅིག་གིས་མཚན་མ་ཐམས་ཅད་ཟིལ
གྱིས་གནོན་དུ་ར། །གཉེན་པོ་དེ་ཉིད་དབྱིངས་ཀྱི་ཡིད་ཡིན་ནོ། ། །དེ་བཞིན་ག་ཤེགས་པའི་རྣལ་འབྱོར་ཆེན་པོ་ལ་འཇུག
པའོ། ། །ཡེ་ཤེས་ཀྱི་དབང་དུ་བྱས་ན། ། །འདུ་ཤེས་སྦྱིན་གཉིས་དང་། །འདུ་བ་ནི་གནས་ཀྱི་དང་དེ། །བདག་ས་པའི་ཚིས

༄། །སྐྱེ་སྐྱོ། །སྐྱེ་སྐྱོ་བས་ན་མི་འཇིག་གོ། །དཔེར་ན་གཉན་ཐ་མ་དང་། རང་ས་དང་ས་རྒྱས་ཀྱི་ཡེ་ཤེས་ནི་ཀྱི་འོད་ཟེར་ཐབས་ཀྱིས་བསྒྲགས་པ
ལྟ་བུ། །བྱང་ཆུབ་སེམས་དཔའི་ཡེ་ཤེས་ནི་སྒྲུ་འོད་ཟེར་བཀྲིས་པ་ལྟ་བུ། །ས་ང་ས་རྒྱས་ཀྱི་ཡེ་ཤེས་ནི་ཀྱི་འོད་ཟེར་ཐབས
སྐྱེད་པ་དང་འདྲ་སྟེ། །འབྱུག་པ་ལ་ང་ཀྱི་མང་ཆ་ལ་ཉི་པ་ཏེ་ཏ་ཧྃ་ཅེ་ཀྱིས་ཁ་ང་ས་བསྒྲུ་ཐབས་པས་ན་ར་ང་གི་ཡིན་ནས 14
ཡང་ཀྱི་འགོག་ལ། ། །སེམས་ཅན་ལ་ཕན་པའི་དོན་ཀྱང་ལྷུན་གྱིས་གྲུབ་པོ། །བསྒོམ་བའི་དོན་དུ་ཀྱི་ཀུང་བའི་སྐྱེན

དུ་གྱིས་ཟུར་བཅལ་ཞུན། ། །དོན་གཅིག་ལ་བསྒོམ་ཡང་མི་མིའི་སེམས་ཀྱི་འཕྲུན་ཏེ། ལ་ནི་བདེ། ལ་ནི་ཉེ། ། །ལ་ནི་རྒྱགས། །
ལ་ནི་འཛིན་མར་འགྱུར་གས་པ་ཡིན་ནོ། །དེ་ལ་ཐབས་ཀྱིས་བཅོས་ན། །གཅིག་གིས་ཀུན་དང་འཐད་པར་ཀྱི་འགྱུར་ཏེ། །
གཉེན་པོ་གྲངས་ཀྱི་དཔག་མེད། །སེམས་ཅན་གྱི་སེམས་ལ་འབྱུང་ངོ་ཅིག། །ཅི་ག་ཙམ་ཕྲིས་ཀྱི་རྟོགས་ནི། །
ལ་ལ་ལ་དགོས། ། །ལ་ལ་ལ་ཀྱི་དགོས་པ། ། །ལ་ལ་ལ་དགོས་པ་ཡང་ཡིན་ནོ། ། །ཡང་བ་ཤད་པའི་སྐྱ་མང་ས་ན། །

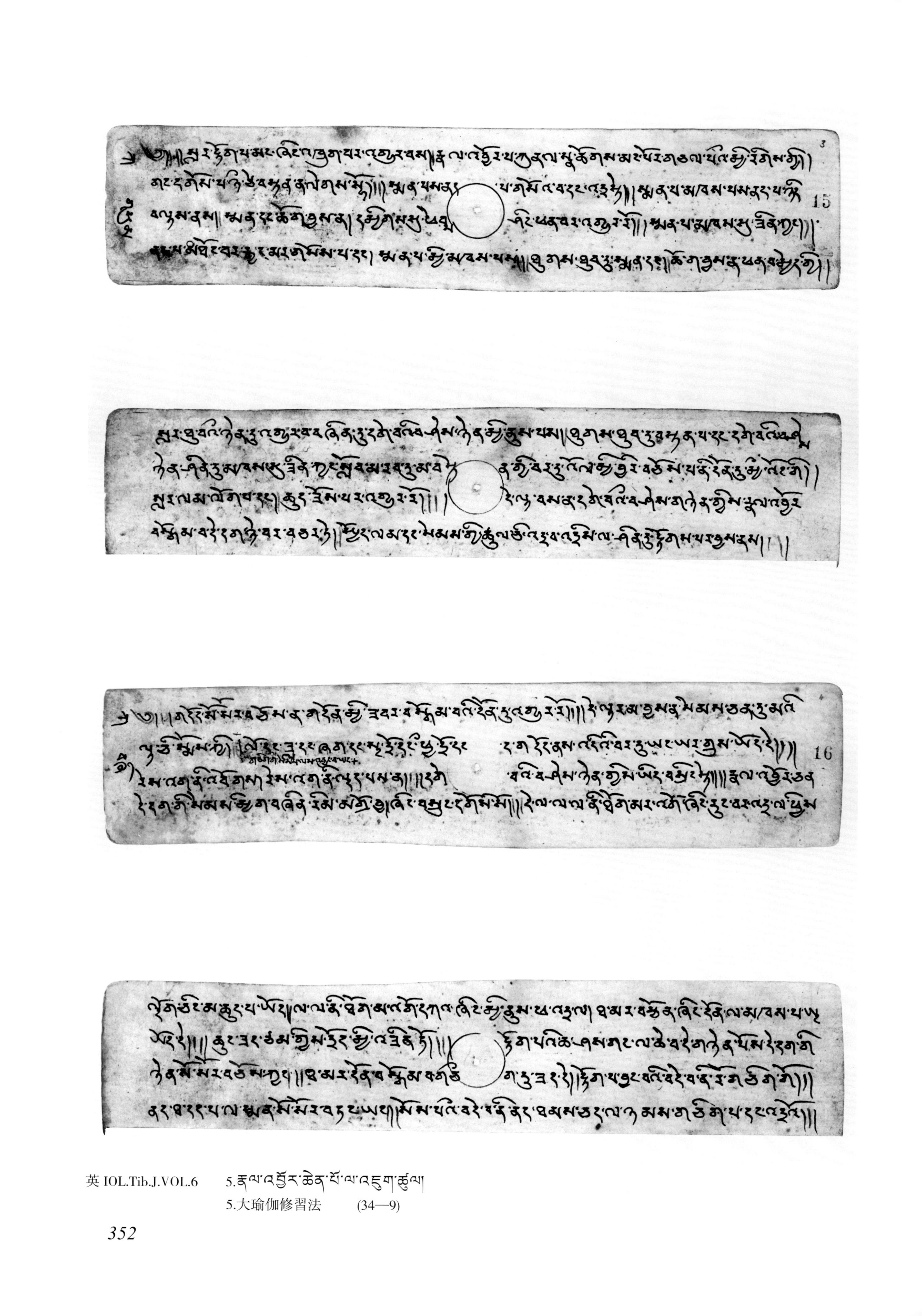

15

16

英 IOL.Tib.J.VOL.6　　5.རྣལ་འབྱོར་ཆེན་པོ་ལ་འཇུག་ཚུལ།

5.大瑜伽修习法　　(34—9)

༄། །འོན་ཀྱང་ཐབས་ཀྱིས་བཅོམ་པ་ནི་རྟོག་པ་གཅིག་ཡོངས་སུ་གྱུར་དུ་ཟིན་ཀྱང་། དེ་མ་ཡིན་བའི་རྟོག་པ་གཞུ
རིམས་ཀྱིས་སྦྱང་ངེས་པས་ཐམས་གདན་བརྒྱད་ལྟ་ བུ་ཡང་གཅིག་གིས་གྱི་འགྲུབ་སྟེ། །མཐར་ཀྱིས། 17
འཇུག་པ་ཡིན། །རྟོག་པ་སྣ་ཚོགས་ལ་གཉིས་ན་ མ་སྦྱང་བཏིམས་ཆེན་པོའི་དོན་རྩལ་ཕྲ་མོ་འཇམ་བཀྲང
བདང་། མཆུང་ངས་སོ། །ཡང་སེམས་ཀྱི་ངོ་བོ་ཉིད་ང་རྟེ་འཛིན་བས་རིག་པར་གཉེན་པོ་གཅིག་གིས་ཅིག་ཅར་བཀག

པ་ནི་ཀྱི་ཕན་ཉེ་ཉན་ཐོས་དང་རང་། སངས་རྒྱས་ཀྱི་འགོག་པའི་ཏིང་ངེ་འཛིན་ཀྱིས་སེམས་ཅན་ལོང་དེངས་ཚོམ་སུ
བཀབ་ཀྱང་བག་ཆགས་ཕྲ་མོ་བས་ཀྱིས་ཀྱི་ཐབ་པ་ རྒྱུ་བཞིན་བས་ན། །སྤྱོད་ཤེས་ཟང་པ་ཡིན་ནོ། །
ཉན་ཐོས་སེམས་ལ་དེངས་པོ་ཡོད་པར་འདོད་པ་ལྟ་ རྩལ་ཕྲ་མོ་བརྒྱད་ཆ་གཅིག་ཀྱང་རྒྱུ་སྟེ། །གང་ལ་དམིགས་
པ་དེས་གཞན་ཐབས་ཅང་ཡོད་པར་རྒྱུ་པའི་ཕྱིར་རོ། །དེ་ནི་གཟུགས་ཡོད་པས་གཞན་ལ་བསྒྲིབས་པས་ཡིན་ཀྱི། །
མཚན་མ

༄། །སེམས་ནི་གཅིག་ལས་གཉིས་སུ་ཕྱེད་པས་ན། །གང་ལ་དམིགས་པ་དེའི་ཚེ། གཞན་ལ་དམིགས་པར་མི
འགྱུར་བའི་ཕྱིར་རོ། །དེ་སྟོང་པ་ཉིད་ལ་དམིགས་ན་ཡང་ སྟོང་པ་དེ་སྤྱིར་དང་མཚན་མ་གཞན་ལ་བསྒྲིབ་རྒྱུ་ཀྱང་། 18
དེ་ཉིད་མཚན་མ་སྟོང་པ་ཡིན་བས་མཚན་མ་སྟོང་པ་ལ་ བསྒྲིབ་ཀྱི་རྒྱུ་པས་ན། །མཚན་མ་ནི་ཡོད་པར་མཐོང
བའི་སྒྲིབ་པ། །སྟོང་པ་ནི་སྟོང་པར་མཐོང་བའི་སྒྲིབ་པ་སྟེ། །བྱང་ཆུབ་དང་ཉན་ཐོས་རྣམས་ཀྱི་མཆོག་གི་ཡེ་ཤེས་ལ་བར་དུ

གཅོད་པའོ། །རིམས་ཀྱིས་སྦྱང་བ་ནི་ཕྱི་རོལ་གྱི་ཡུལ་སྟོང་པར་བྱ་བ་ནས། །ནང་གི་སེམས་མཚན་མ་སྤོང་བ་ནས་རིམས
ཀྱིས་ཡས་ན། །ཐ་མ་མཚན་མ་སྟོང་པ་ལ་ཞུགས་པར་བྱ་བ་ ཡང་དང་གིས་རིག་པའི་སྣང་བ་ཐོབ་ཀྱི་བར་དུ་འདེ་ལྟ་བསྒྲི
ཆུར་སྦྱང་རྟུང་མི་རིག །ཡུལ་དེ་ཡི་ནས་འགག་པས་བདུ་ གས་པའི་གྲངས་མང་མ་ལ་སྤྱོང་བ་ནི་ཉིད་ཀྱང་དང་དུང
སེམས་ལ་རྟོག་པས་འདི་ཉིད་བཀག་པ་པའི་མཐའ་ཞིག་ན་ཟང་ཐང་ན། །དེའི་བར་དུ་ལུང་བའི་དག་ཡོད་པས་གཉེན་ཟས་ནི། །

19

20

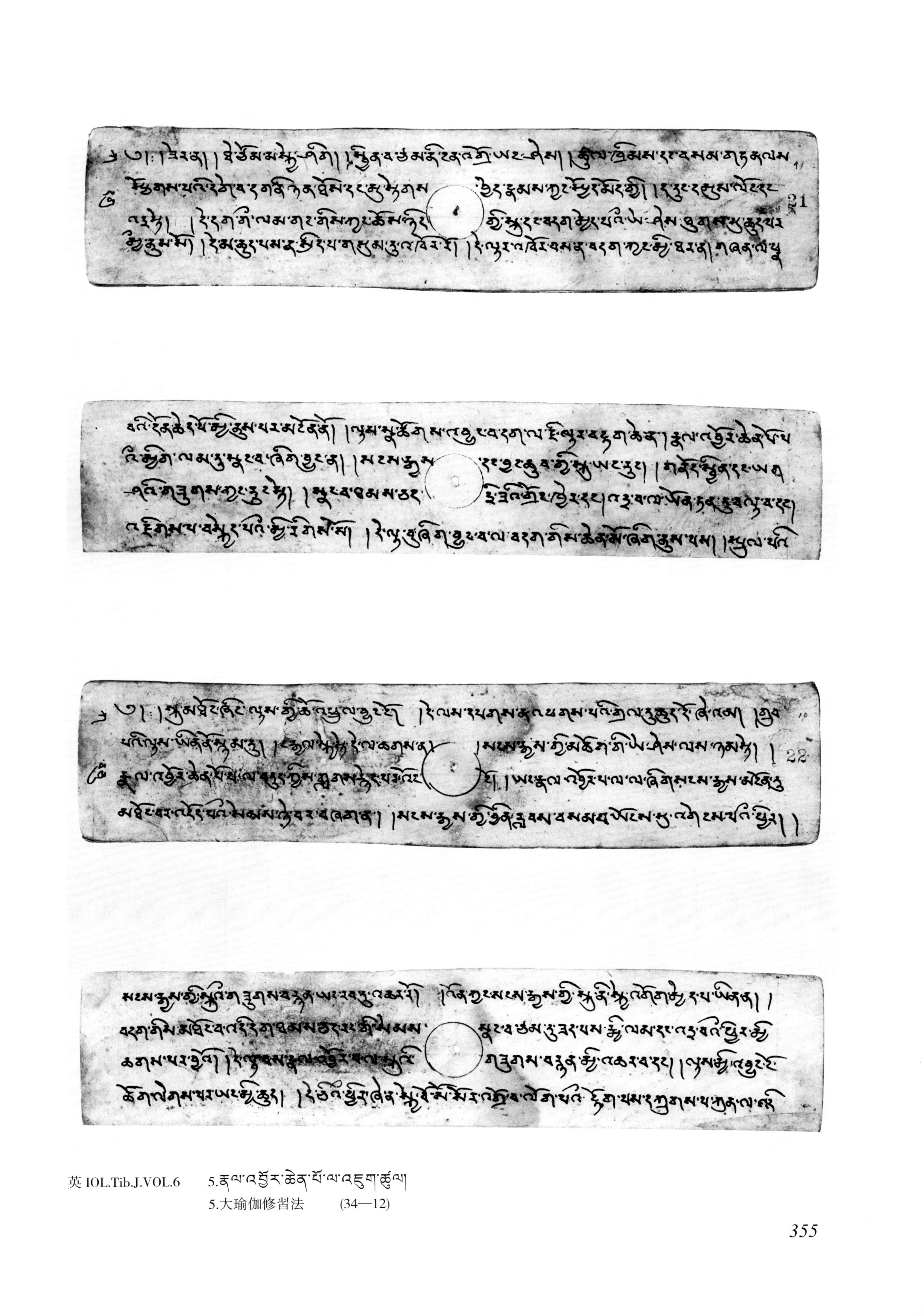

英 IOL.Tib.J.VOL.6　　5.རྣལ་འབྱོར་ཆེན་པོ་ལ་འཇུག་ཚུལ།

5.大瑜伽修習法　　(34—12)

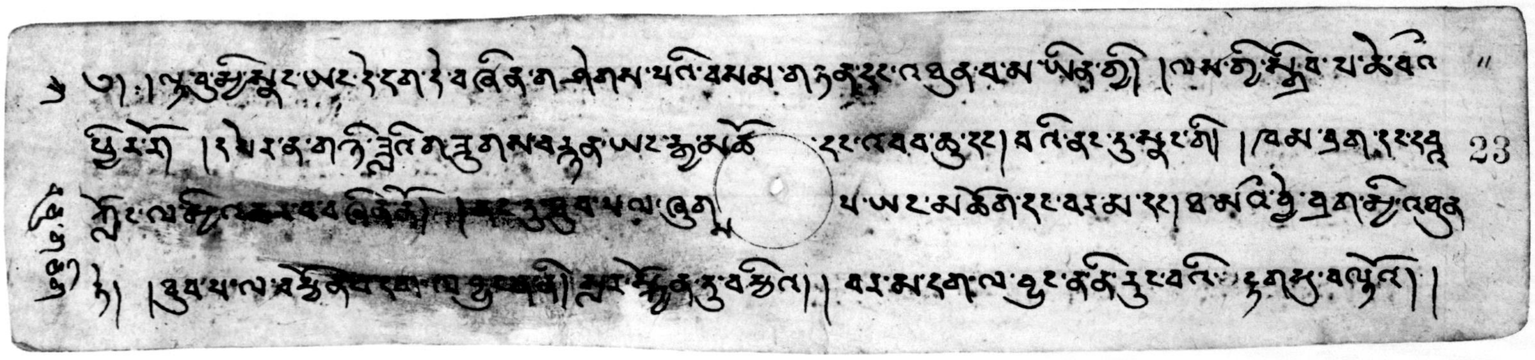

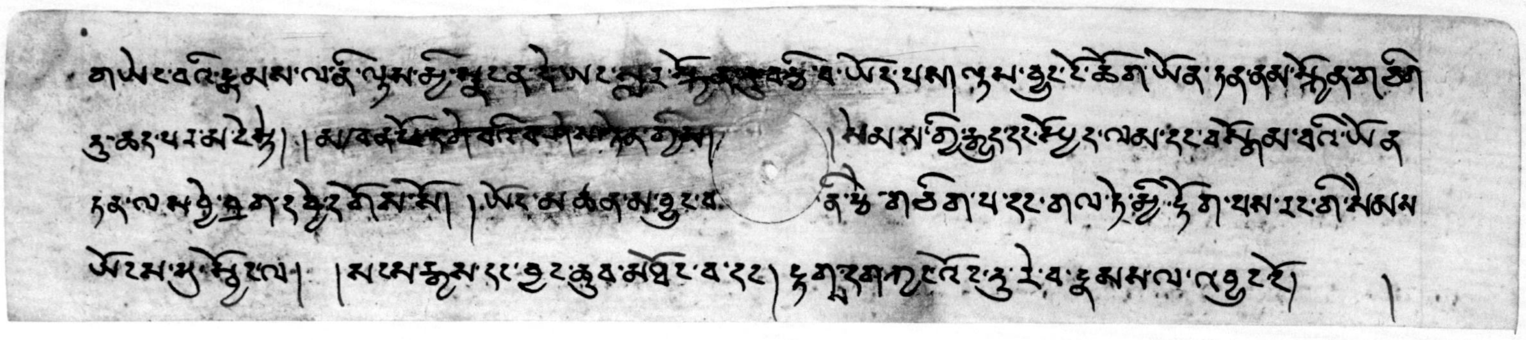

23

24

英 IOL.Tib.J.VOL.6　　5.རྣལ་འབྱོར་ཆེན་པོ་ལ་འཇུག་ཚུལ།

5.大瑜伽修習法　　(34—13)

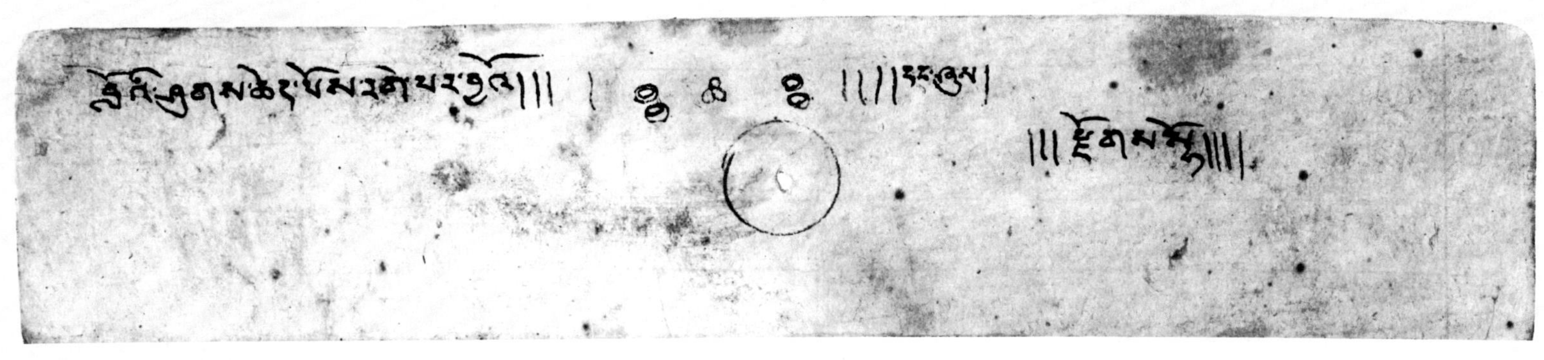

英 IOL.Tib.J.VOL.6　　5.རྣལ་འབྱོར་ཆེན་པོ་ལ་འཇུག་ཚུལ།

5.大瑜伽修習法　　(34—14)

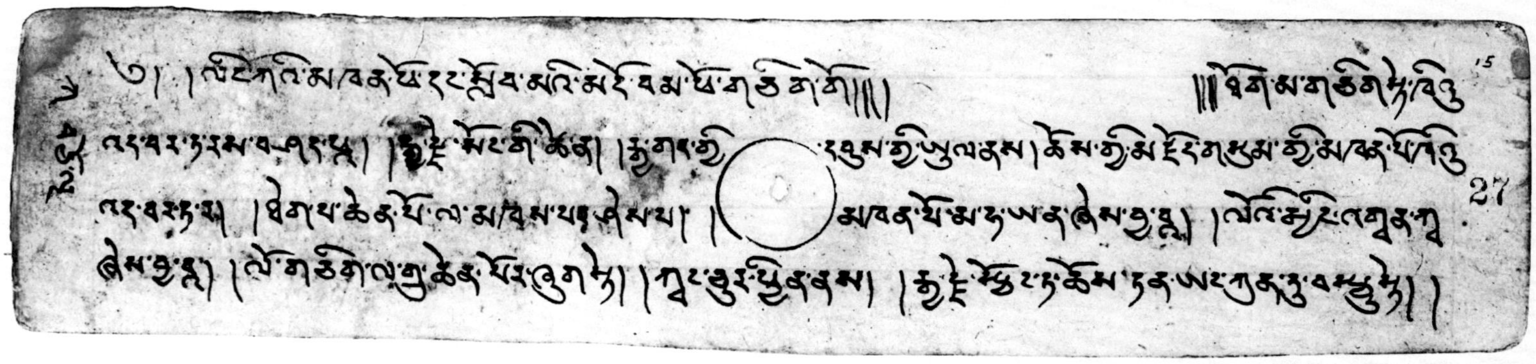

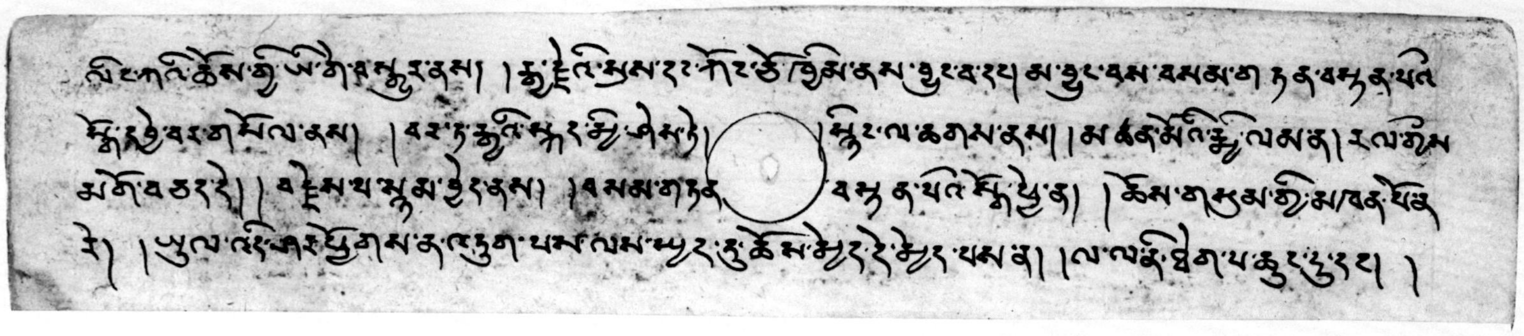

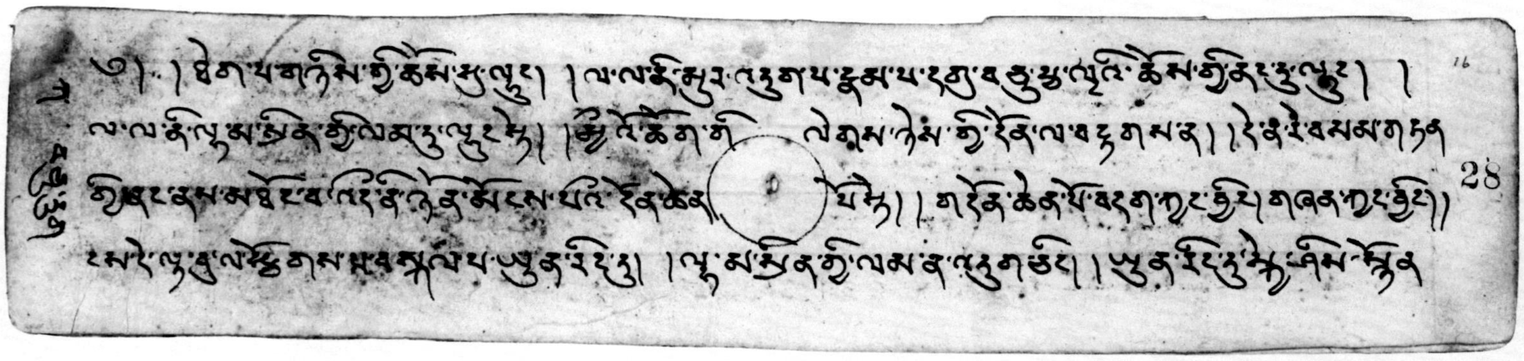

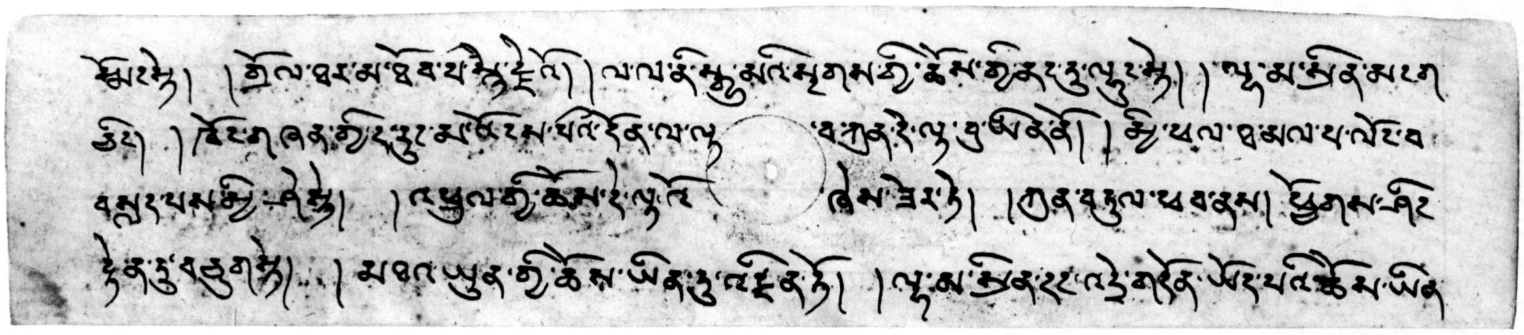

27

28

英 IOL.Tib.J.VOL.6　　6.ལིང་ཀའི་མཁན་པོ་དང་སློབ་མའི་མདོ་བམ་པོ་གཅིག

6.楞伽師資記一卷　　(34—15)

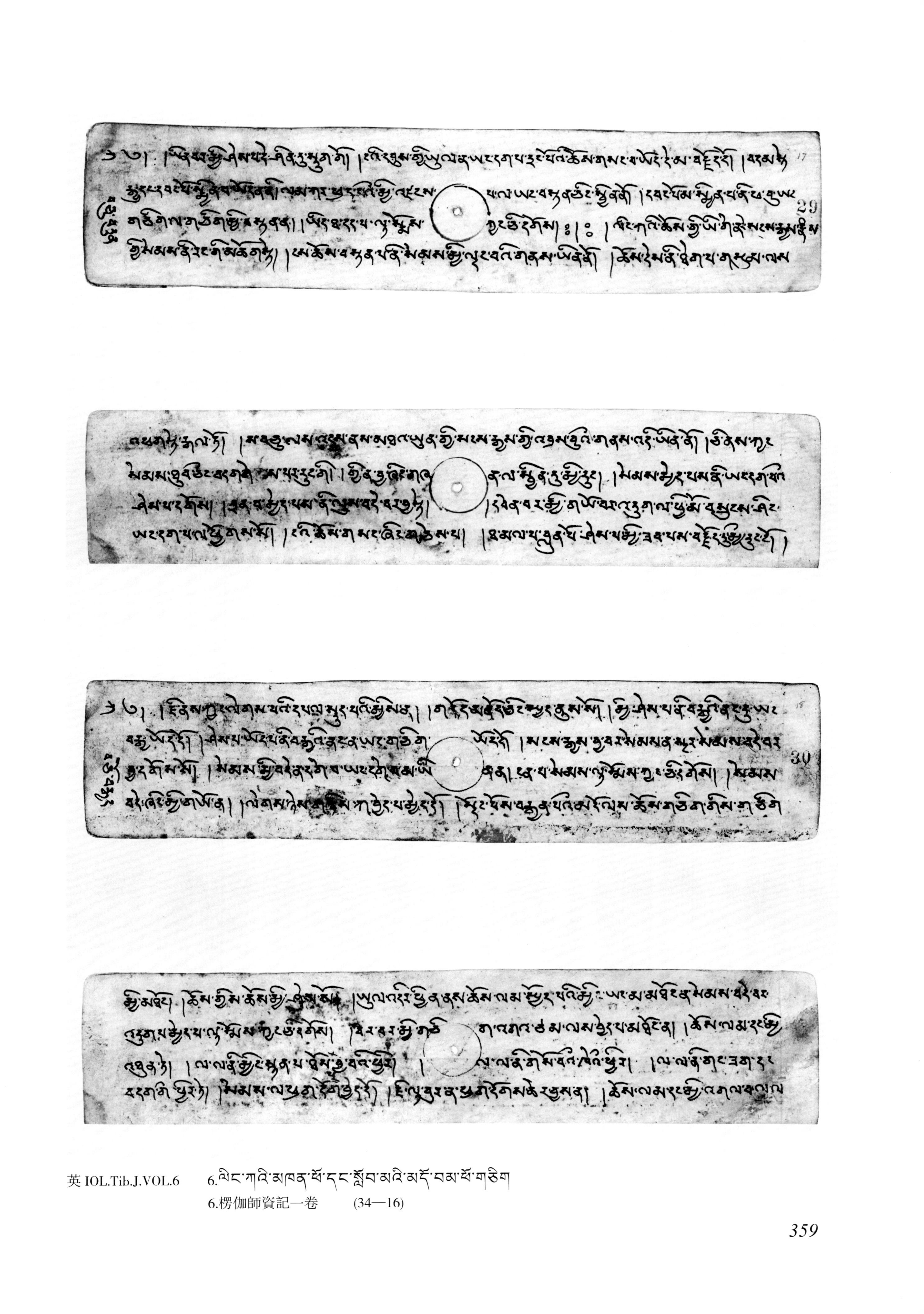

英 IOL.Tib.J.VOL.6　　6.ལིང་ཀའི་མཁན་པོ་དང་སློབ་མའི་མདོ་བམ་པོ་གཅིག

6.楞伽師資記一卷　　(34—16)

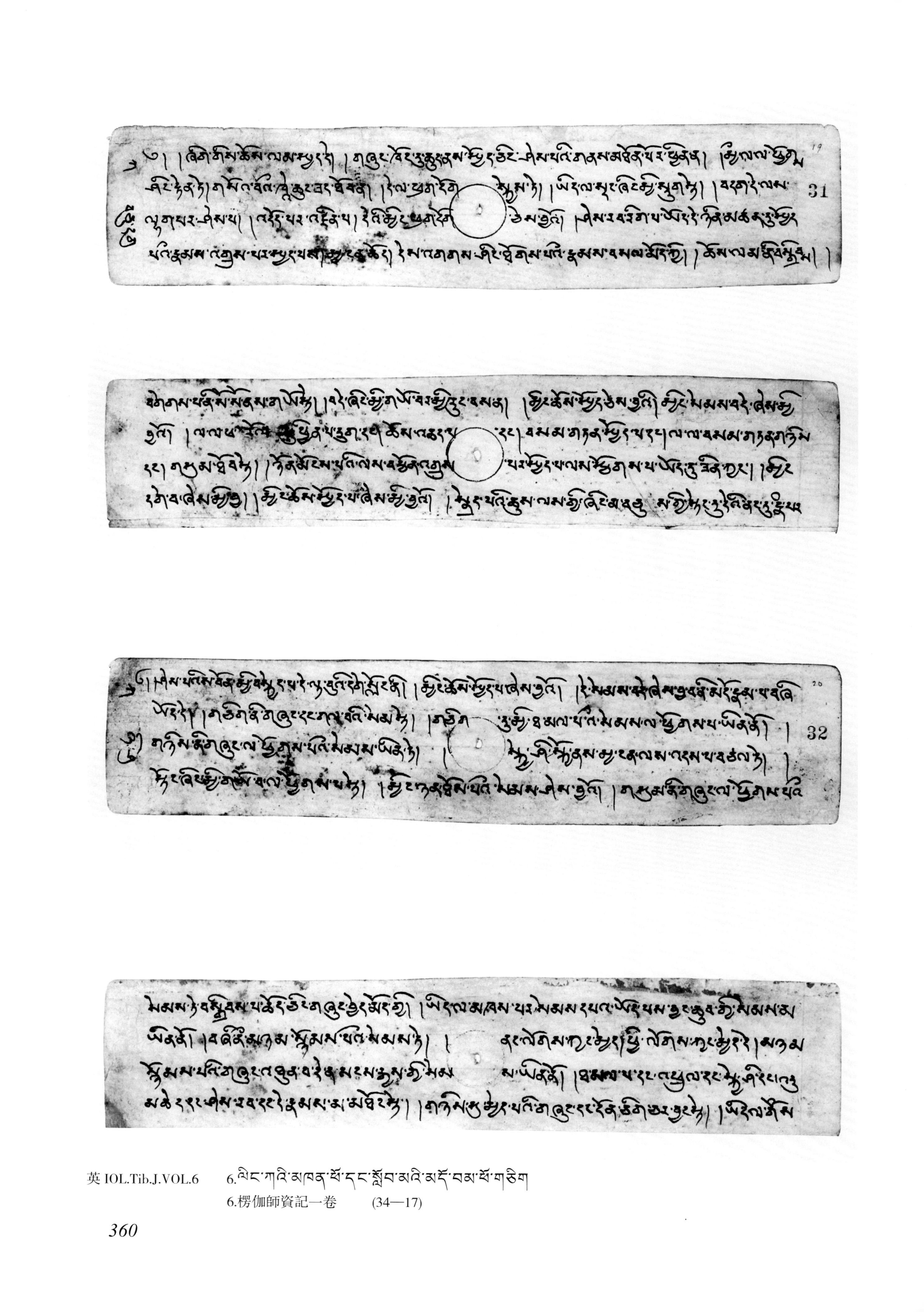

31

32

英 IOL.Tib.J.VOL.6　　6.ལིང་ཀའི་མཁན་པོ་དང་སློབ་མའི་མདོ་བམ་པོ་གཅིག

6.楞伽師資記一卷　　(34—17)

英 IOL.Tib.J.VOL.6　6.ལིང་ཀའི་མཁན་པོ་དང་སློབ་མའི་མདོ་བམ་པོ་གཅིག

6.楞伽師資記一卷　(34—18)

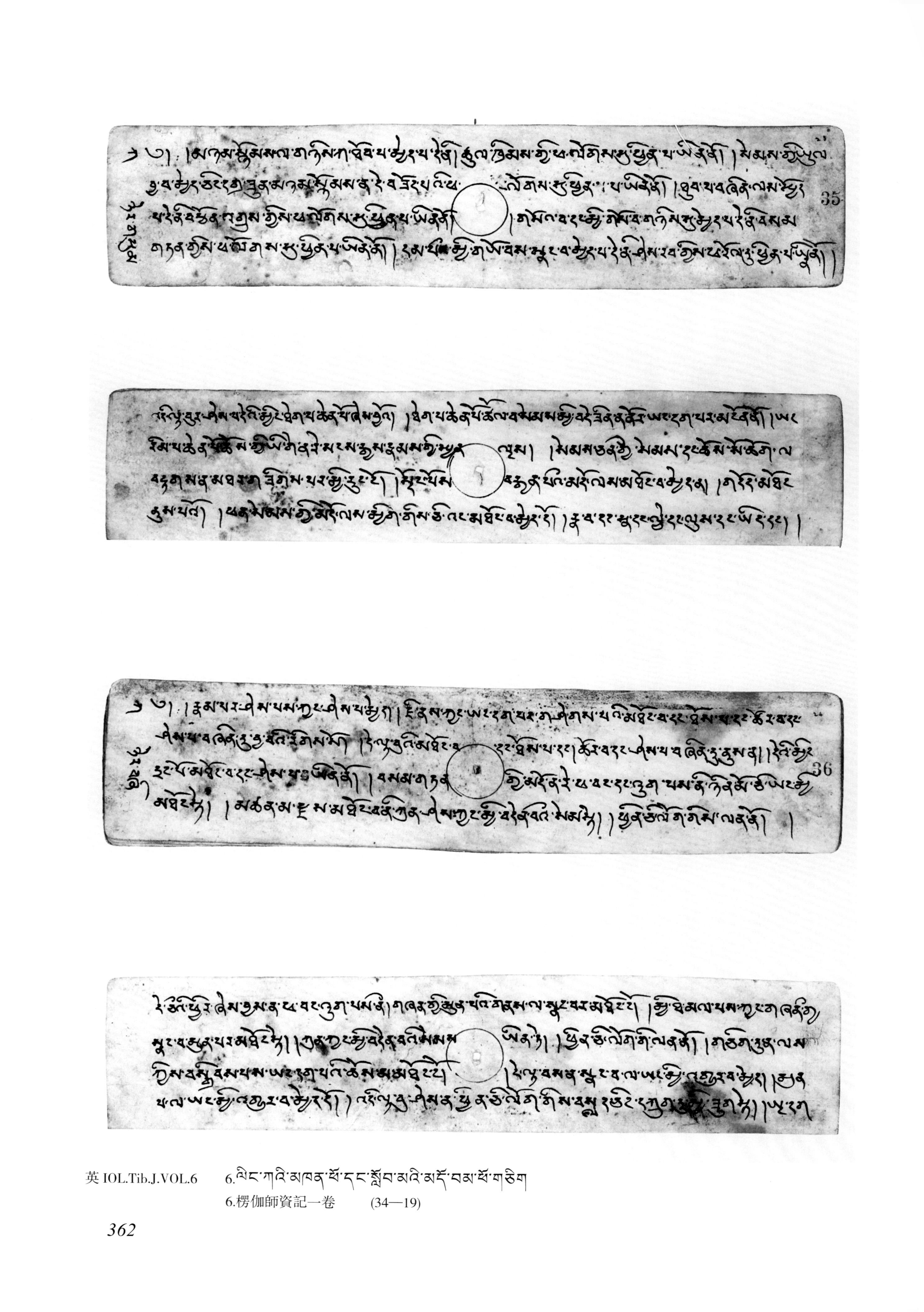

35

36

英 IOL.Tib.J.VOL.6　　6.ལིང་ཀའི་མཁན་པོ་དང་སློབ་མའི་མདོ་བམ་པོ་གཅིག

6.楞伽師資記一卷　　(34—19)

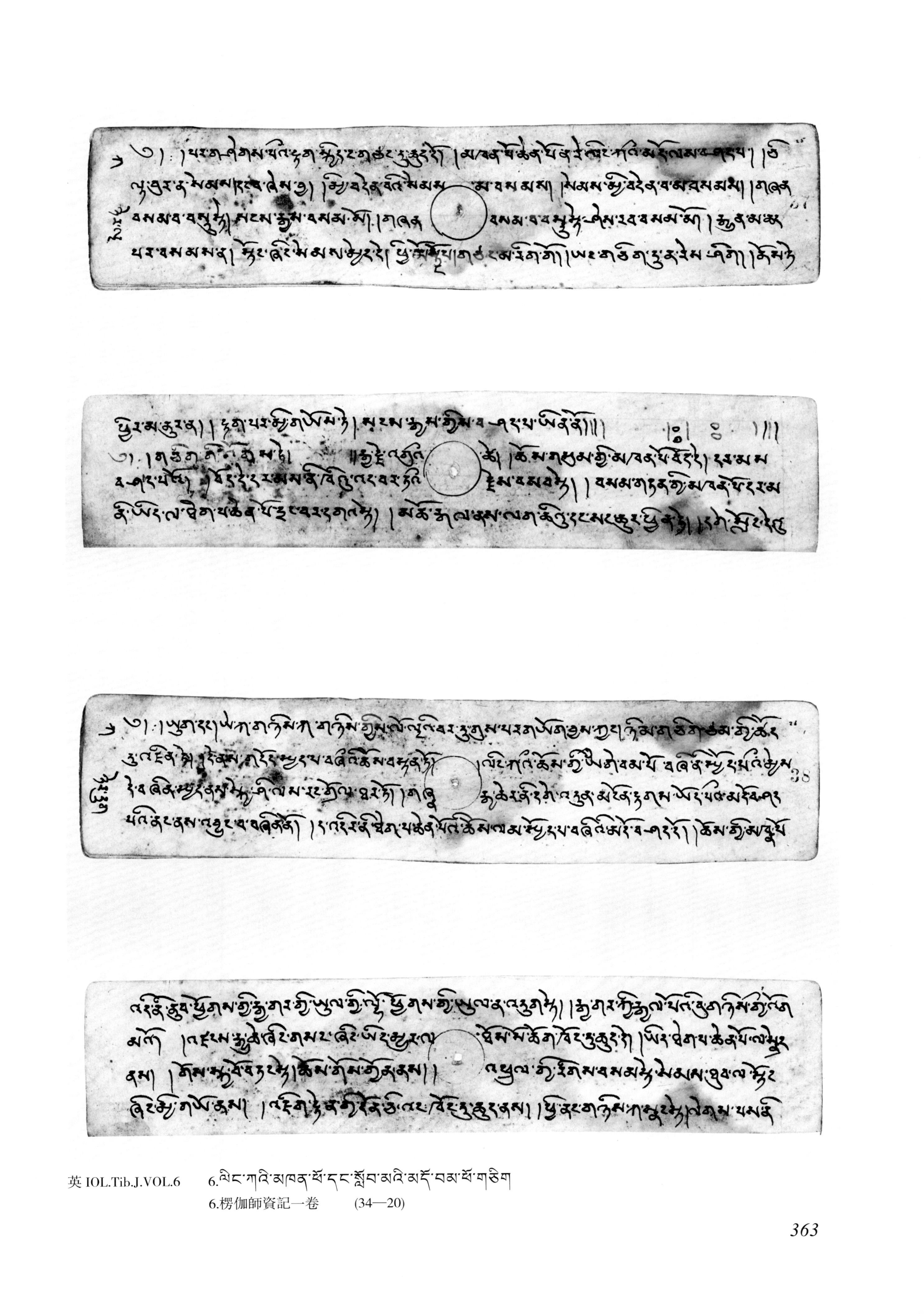

英 IOL.Tib.J.VOL.6　　6.ལིང་ཀའི་མཁན་པོ་དང་སློབ་མའི་མདོ་བམ་པོ་གཅིག

6.楞伽師資記一卷　　(34—20)

英 IOL.Tib.J.VOL.6　6.ལིང་ཀའི་མཁན་པོ་དང་སློབ་མའི་མདོ་བམ་པོ་གཅིག

6.楞伽師資記一卷　(34—21)

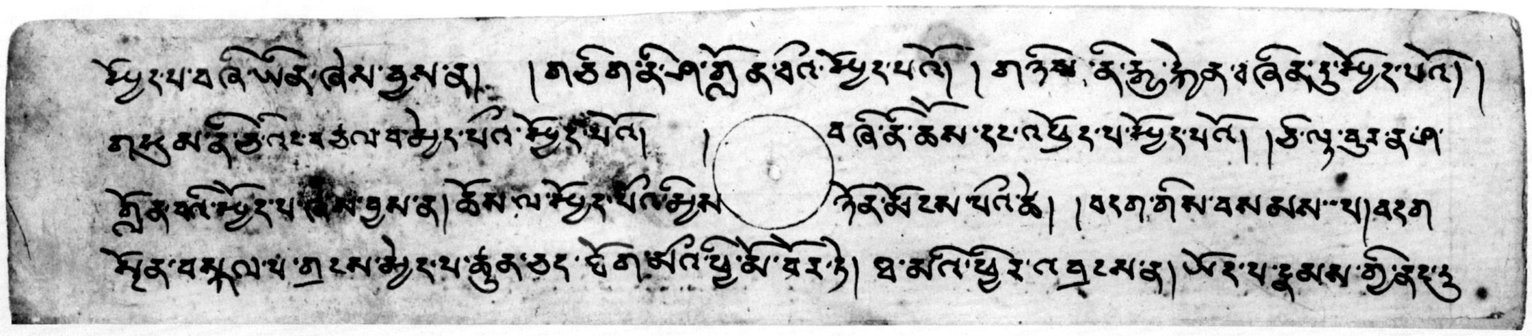

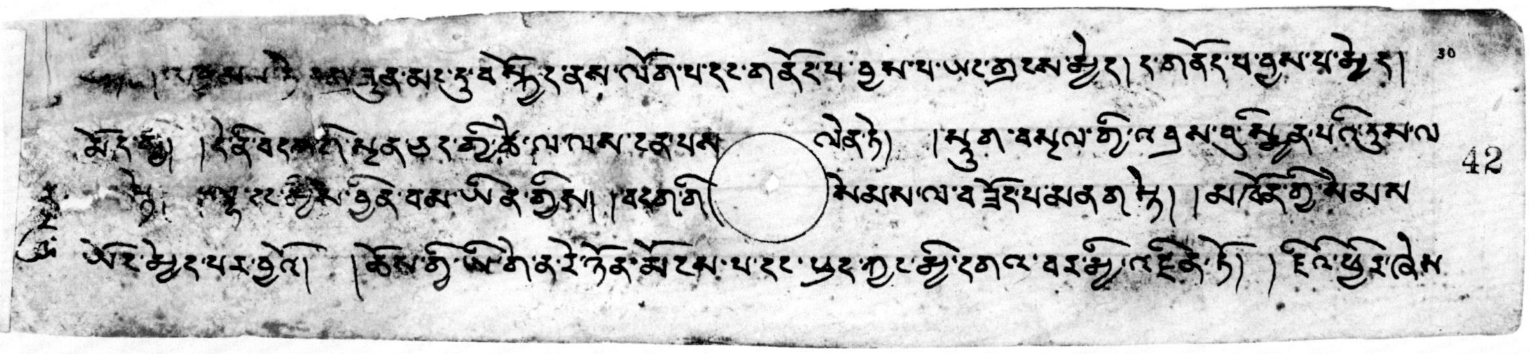

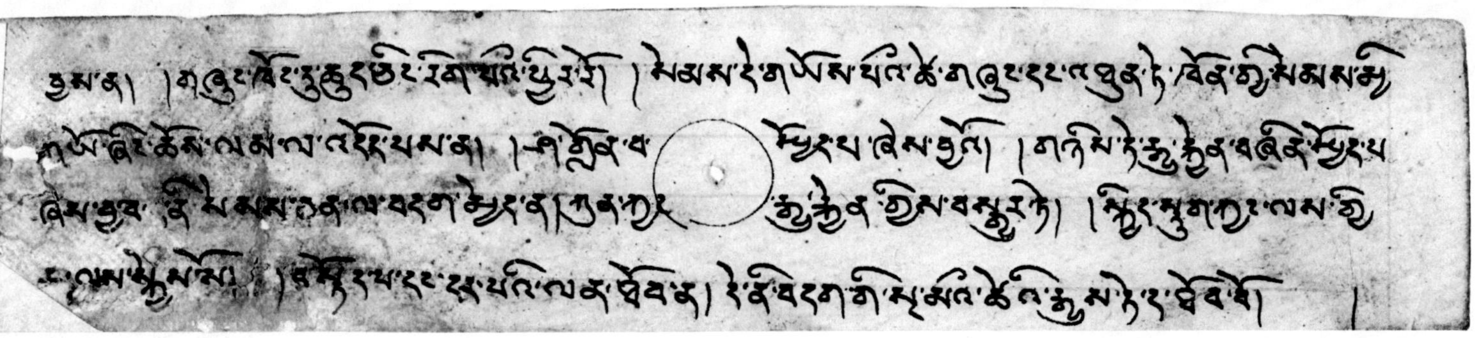

41

42

英 IOL.Tib.J.VOL.6　　6.ལིང་ཀའི་མཁན་པོ་དང་སློབ་མའི་མདོ་བམ་པོ་གཅིག

6.楞伽師資記一卷　　(34—22)

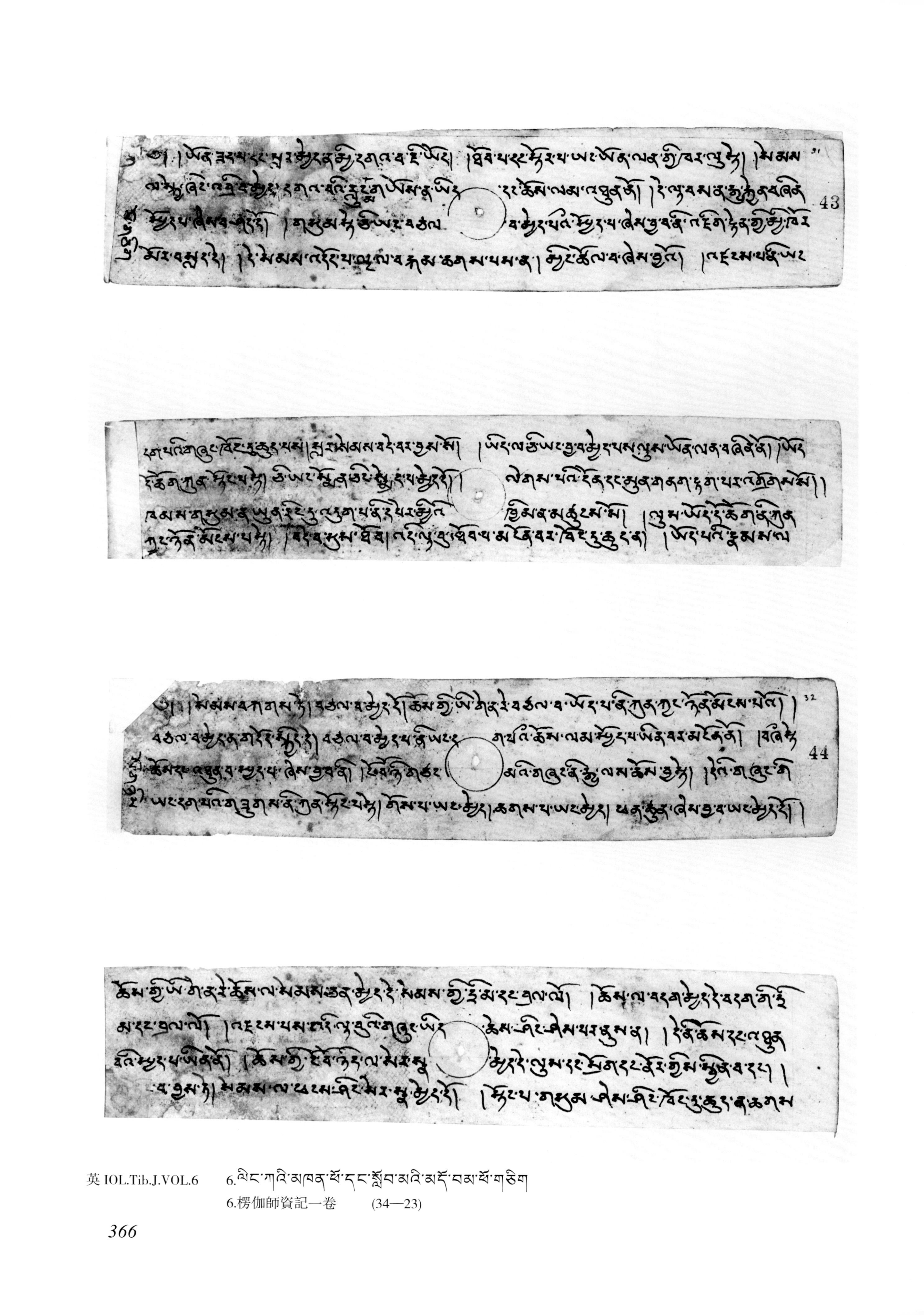

43

44

英 IOL.Tib.J.VOL.6　　6.ལིང་ཀའི་མཁན་པོ་དང་སློབ་མའི་མདོ་བམ་པོ་གཅིག

6.楞伽師資記一卷　　(34—23)

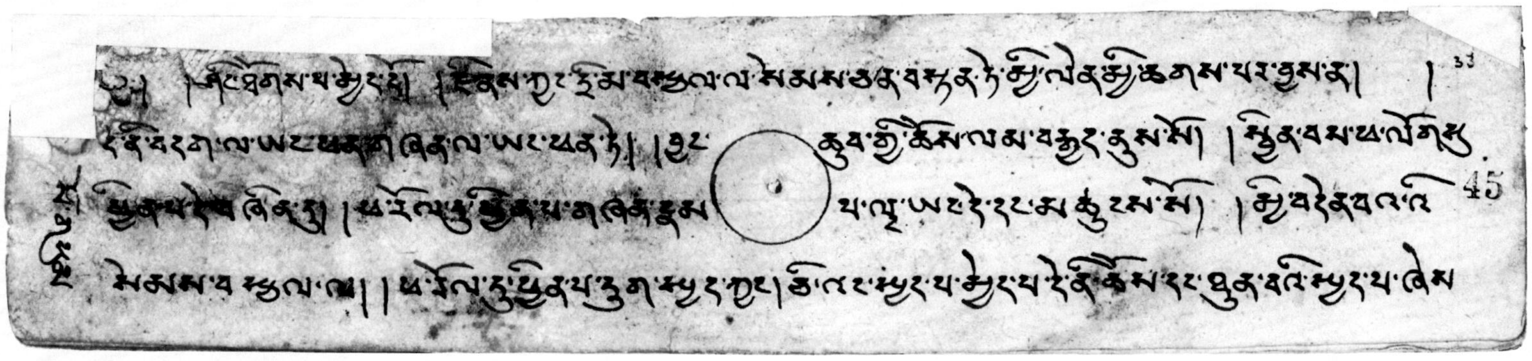

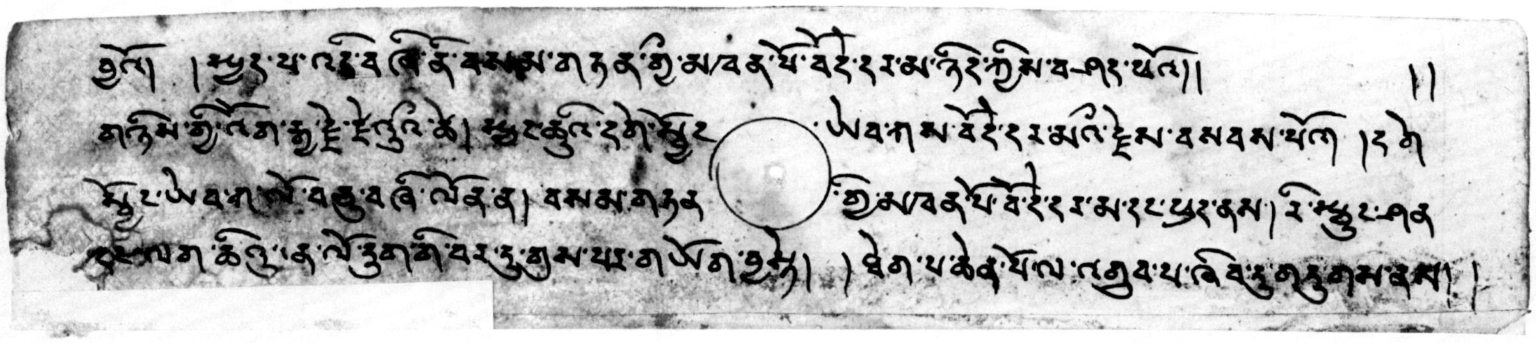

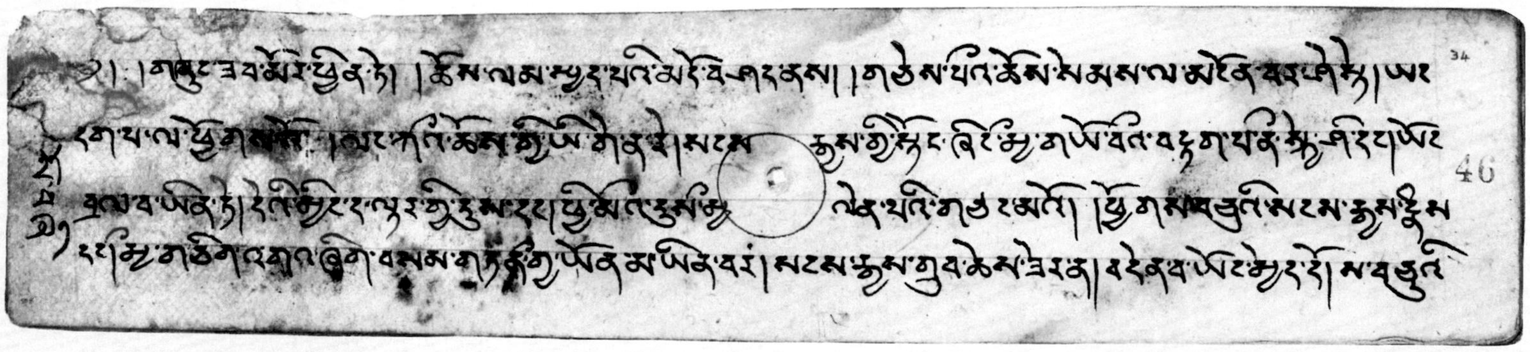

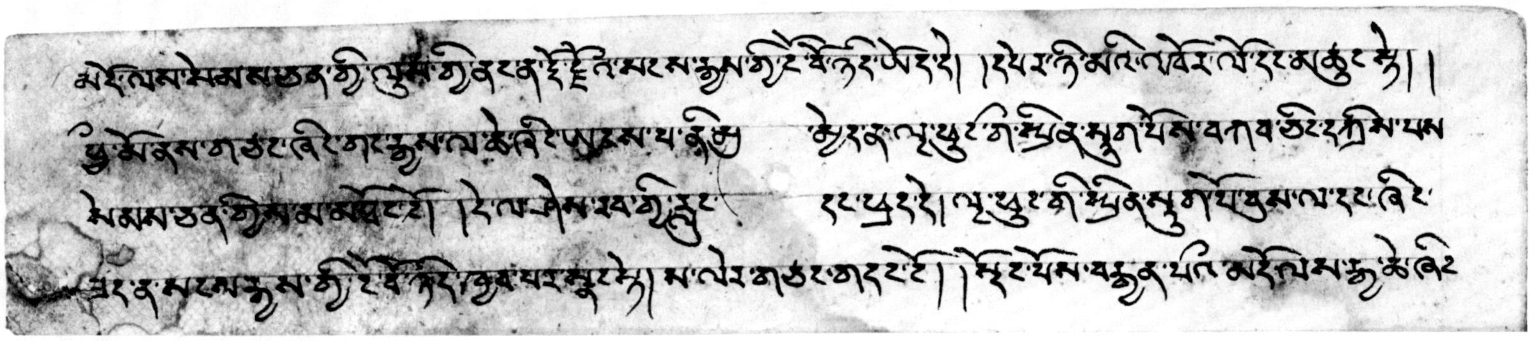

英 IOL.Tib.J.VOL.6　6.ལིང་གའི་མཁན་པོ་དང་སློབ་མའི་མདོ་བམ་པོ་གཅིག

6.楞伽師資記一卷　(34—24)

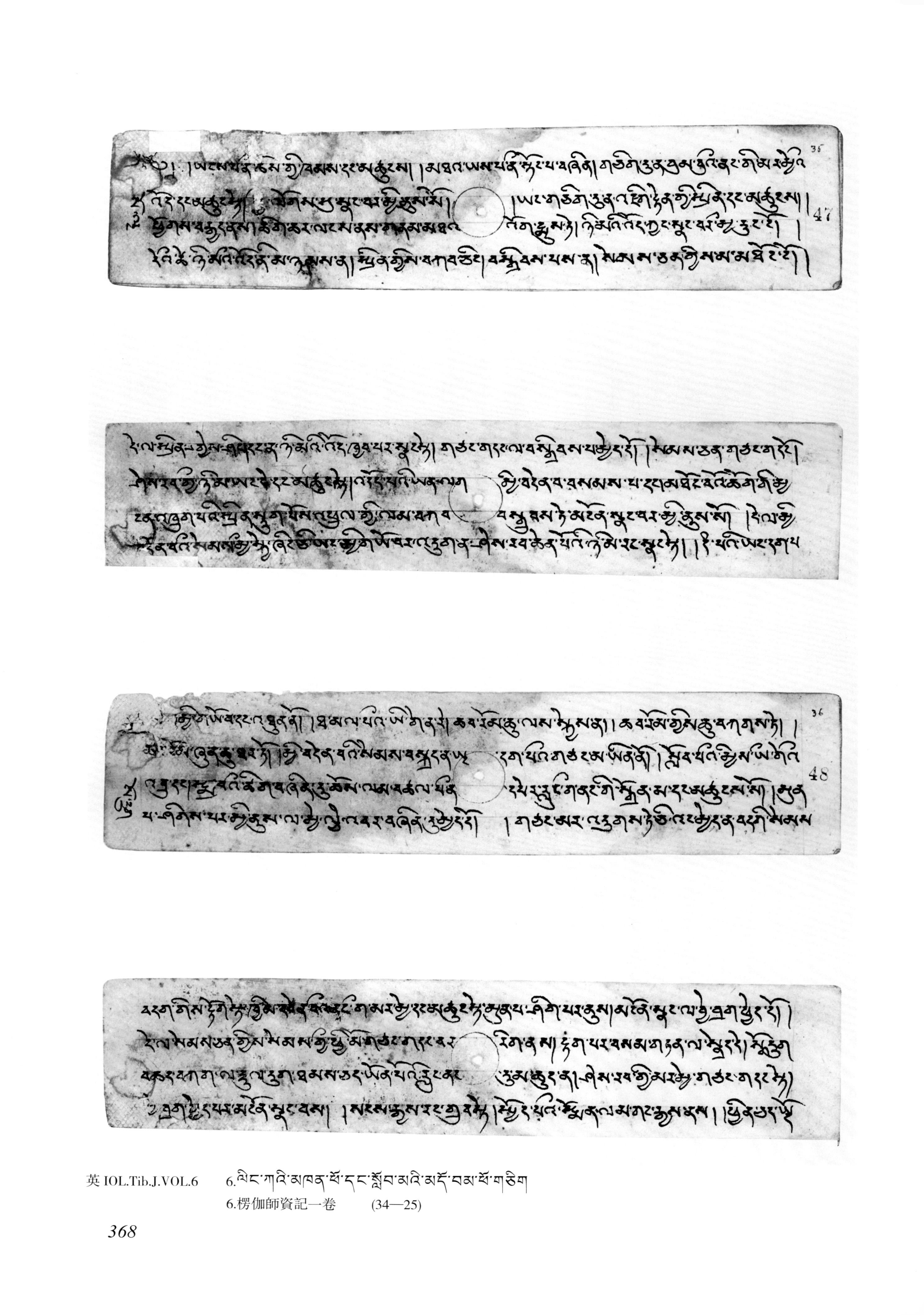

35

47

36

48

英 IOL.Tib.J.VOL.6　　6.ལིང་ཀའི་མཁན་པོ་དང་སློབ་མའི་མདོ་བམ་པོ་གཅིག

6.楞伽師資記一卷　　(34—25)

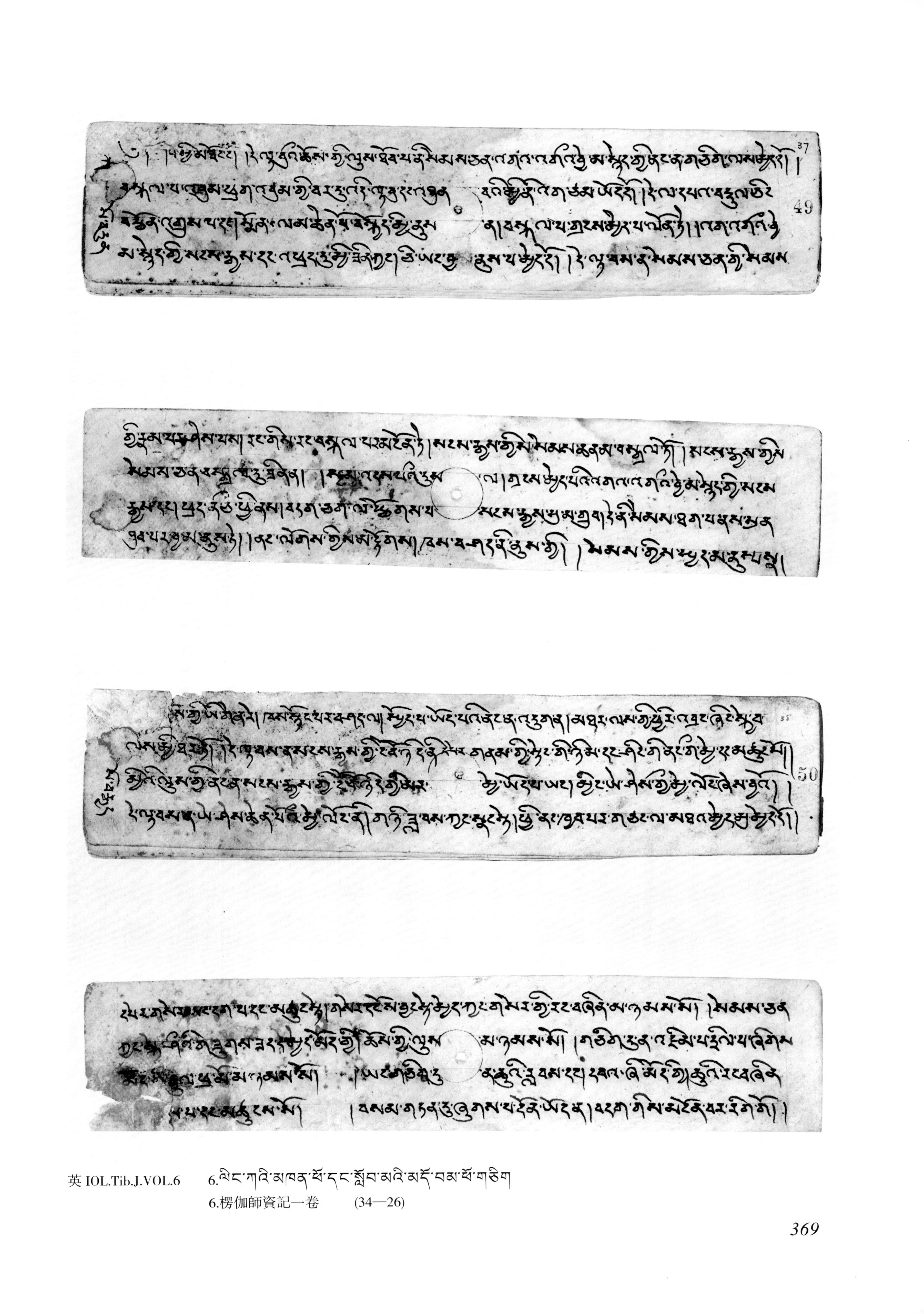

英 IOL.Tib.J.VOL.6　　6.ལིང་ཀའི་མཁན་པོ་དང་སློབ་མའི་མདོ་བམ་པོ་གཅིག

6.楞伽師資記一卷　　(34—26)

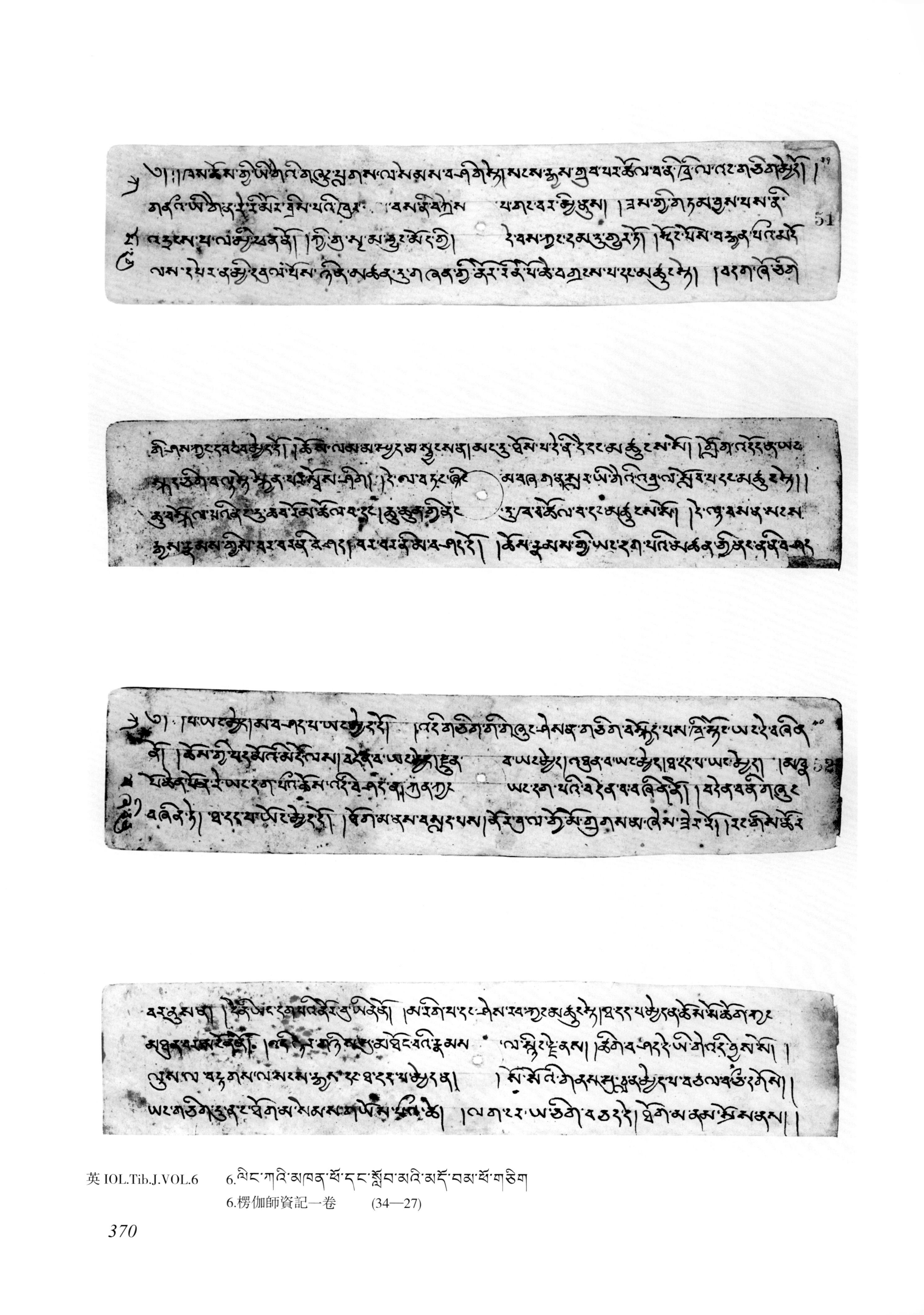

英 IOL.Tib.J.VOL.6 6.ལིང་ཀ་འི་མཁན་པོ་དང་སློབ་མའི་མདོ་བམ་པོ་གཅིག

6.楞伽師資記一卷 (34—27)

英 IOL.Tib.J.VOL.6　　6.ལིང་ཀའི་མཁན་པོ་དང་སློབ་མའི་མདོ་བམ་པོ་གཅིག

6.楞伽師資記一卷　　(34—28)

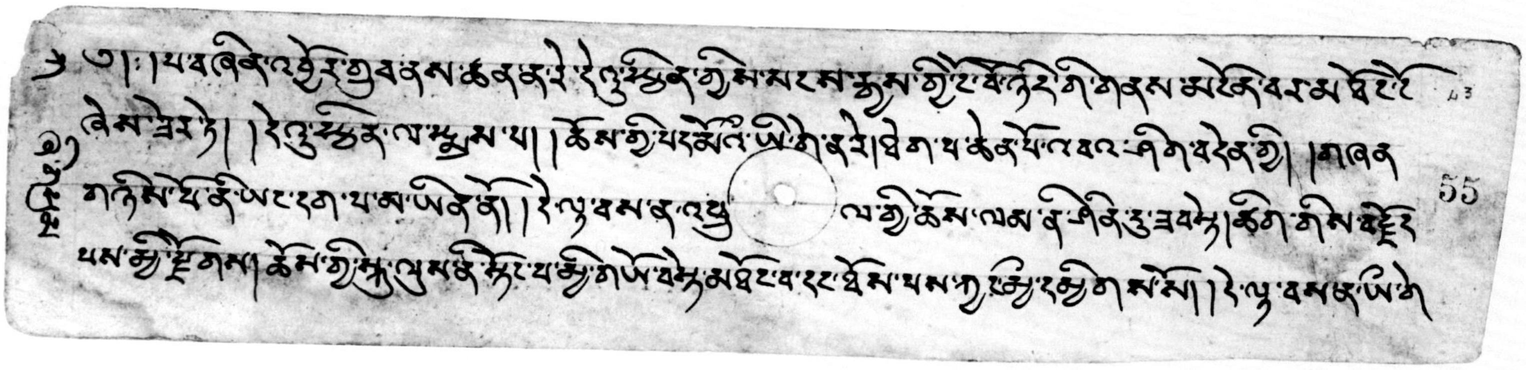

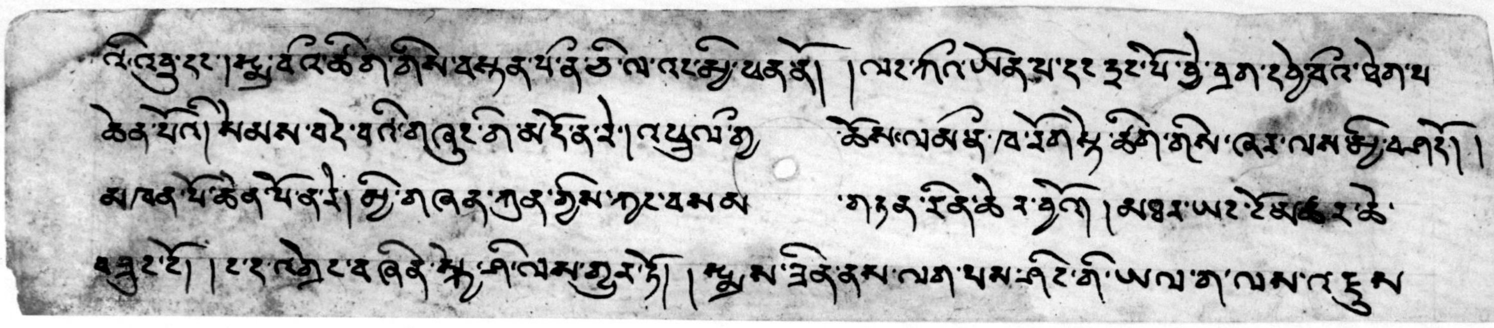

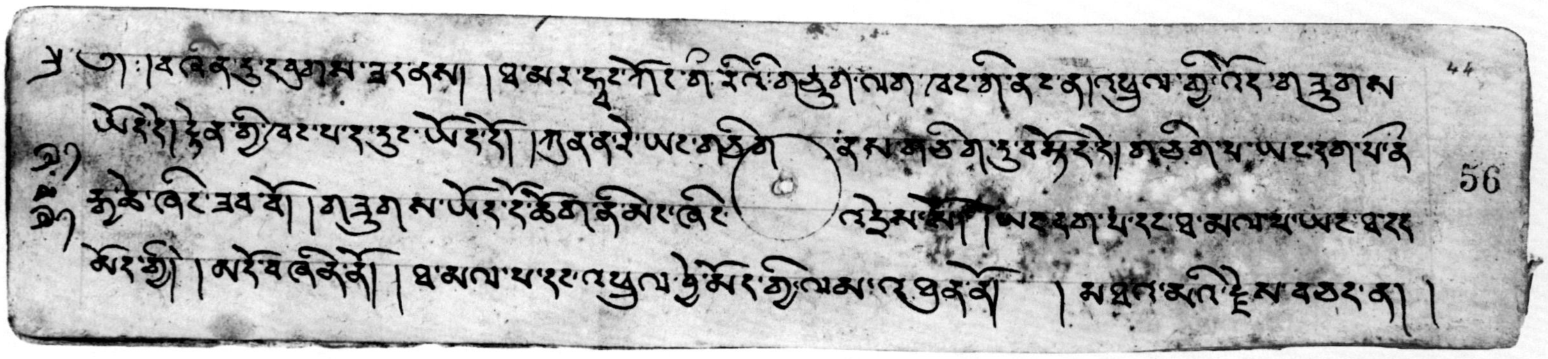

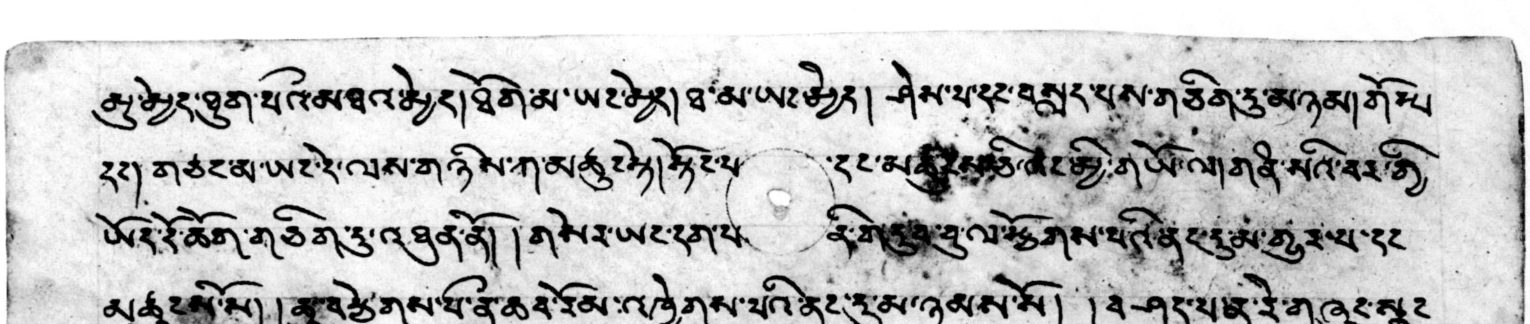

55

56

英 IOL.Tib.J.VOL.6　　6.ལིང་ཀའི་མཁན་པོ་དང་སློབ་མའི་མདོ་བམ་པོ་གཅིག

6.楞伽師資記一卷　　(34—29)

英 IOL.Tib.J.VOL.6　　6.ལིང་ཀའི་མཁན་པོ་དང་སློབ་མའི་མདོ་བམ་པོ་གཅིག

6.楞伽師資記一卷　　(34—30)

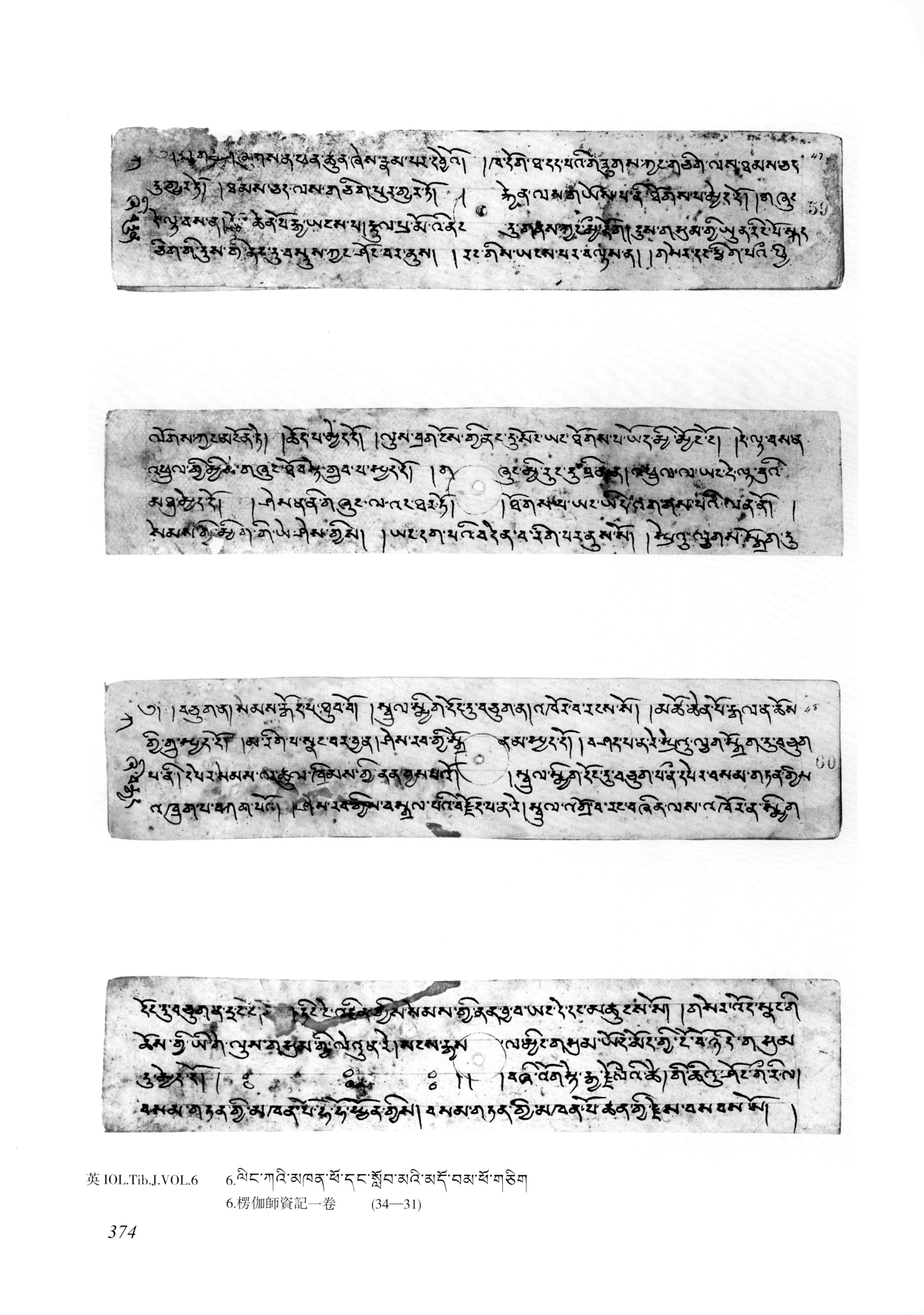

59

60

英 IOL.Tib.J.VOL.6　　6.ལིང་ཀའི་མཁན་པོ་དང་སློབ་མའི་མདོ་བམ་པོ་གཅིག

6.楞伽師資記一卷　　(34—31)

༄། །ཐམས་ཀྲན་ཀྱིས་བཙན་པོ་ཞ་ཐོ་སྨོན་ཀྱིས་ཐམས་ཀྲན་ཀྱི་སློབ་མ་བསྟན་ནོ། ཕྱི་ནས་ཀ་ནམ་མཐའ 49
ལེགས་སུ་ཕྱིན་པར་བཀྲམ་མོ། །བྱང་ཆུབ་སེམས་དཔའི་སྤྱོད་པའི་ཆོས་དཔལ་གཅིག་དང་ལམ་དུ་འཇུག་པའི་སེམས་བདེ 61
བར་བྱ་བའི་ཐབས་ཀྱི་ཆོས་ཀྱི་སྒོ་མ་གཅིག་པ་ཡིན་ནོ། །རྒྱུན་ཡིད་ཅིང་དབང་པོ་རྣོ་བ་ལ་བཤད་དོ། །ངའི་གཅིག
པའི་ཆོས་འདི། ལང་ཀའི་ཆོས་ཀྱི་ཡི་གེ་བཞིན་ནོ། །སངས་རྒྱས་ཀྱིས་ཐེག་ཆེ་གི་ཆོས་ཀྱི་མཆོག་གོ། །གཅིག་ཏུན

འཇམ་དཔལ་གྱིས་ཤེས་རབ་ཀྱི་ཆོས་ཀྱི་ཡི་གེ་གཅིག་སྤྱོད་པའི་ཏིང་ངེ་འཛིན་བཤད་པ་བཞིན་ནོ། །སངས་རྒྱས་ཐམས་ཅད་པའི
སེམས་ཉིད་སངས་རྒྱས་ཡིན། །ཐམས་ཅད་བརྗོད་ན། ཐལ ཐམས་ལ་པའོ། །འཇམ་དཔལ་གྱིས་ཤེས་རབ་ཀྱི་ཆོས
ཀྱི་ཡི་གེ་བཤད་པ་ནི། །འཇམ་དཔལ་གྱིས་ཞུས་པ། །བཅོམ་ལྡན་འདས་ཅི་ལྟ་བུའི་སྐྱིད་གཅིག་སྤྱོད་པའི
ཏིང་ངེ་འཛིན་ཅེས་བགྱི། །སངས་རྒྱས་ཀྱིས་གསུངས་པ། །ཆོས་ཀྱི་རྒྱུན་དང་ཆོས་ཀྱི་ཁམས་མཉམ་སྐྱིད་གཅིག

༄། །སྤྱོད་པའི་ཏིང་ངེ་འཛིན་ཅེས་བྱའོ། །ཆགས་པའི་རྒྱུན་མཚན་མ་གཅིག་དང་། །ཆོས་ཀྱི་ཁམས་ཀྱི་མཚན་མ་གཅིག་ནི 50
སྐྱིད་གཅིག་སྤྱོད་པའི་ཏིང་ངེ་འཛིན་ཅེས་བྱའོ། །ཡི་དག་བ དང་མི་དགེ་བ་གཅིག་སྤྱོད་པའི་ཏིང་ངེ་འཛིན་དུ་འཇུག་པར
འདོད་ན། །སྟོང་ཞེས་པ་རབ་གྱིས་པ་ལོགས་སུ་ཕྱིན་པ རྣམས་སོ། །བཤད་པ་བཞིན་དུ་བསླབ་པར་གྱི། །ག་དང་གཅིག 62
སྤྱོད་པའི་ཏིང་ངེ་འཛིན་དུ་འཇུག་ནུས་སོ། །ཆོས་ཀྱི་ཁམས་ཀྱི་རྒྱུན་བཞིན་དུ། །ཀྱི་ཏུ་ར་ཀྱི་འཇིག་ཅིང་། །ཐམས་ཅད་ཀྱིས་ཀྱི

ཕྱིན་ལ་ཕྱོགས་པ་རྒྱུད་མཚན་མ་མེད་དོ། །ཡི་དག་བ་མི་དགེ་བ་གཅིག་སྤྱོད་པའི་ཏིང་ངེ་འཛིན་དུ་འཇུག་འདོད་ན། །སྟོང
དབེན་བར་གནས་ཏེ། །འཁྲུལ་པའི་ཡིད་རྣམས་བསྐྱུང་སྟེ། མཚན་ མ་གཟུགས་ཀྱི་བླང་བར་སངས་རྒྱས་གཅིག་གི་མཚན
བཟང་ཤིག་ཐམས་ཅད་ནི། །སངས་རྒྱས་དེའི་ཕྱོགས་ཀྱི་ནང ས་ལོགས་སུ་ལུས་དྲང་པོར་བསྲུང་སྟེ། །ཕྱོགས་ལ
སངས་རྒྱས་གཅིག་གི་མཚན། །སེམས་བ་ཞིན་དུ་གཅིག་གིས་གཅིག་མཐུད་ནས་ན། །སེམས་དེའི་ནང་ནས་འདས་པ

英 IOL.Tib.J.VOL.6 6.ལིང་ཀའི་མཁན་པོ་དང་སློབ་མའི་མདོ་བམ་པོ་གཅིག
6.楞伽師資記一卷 (34—32)

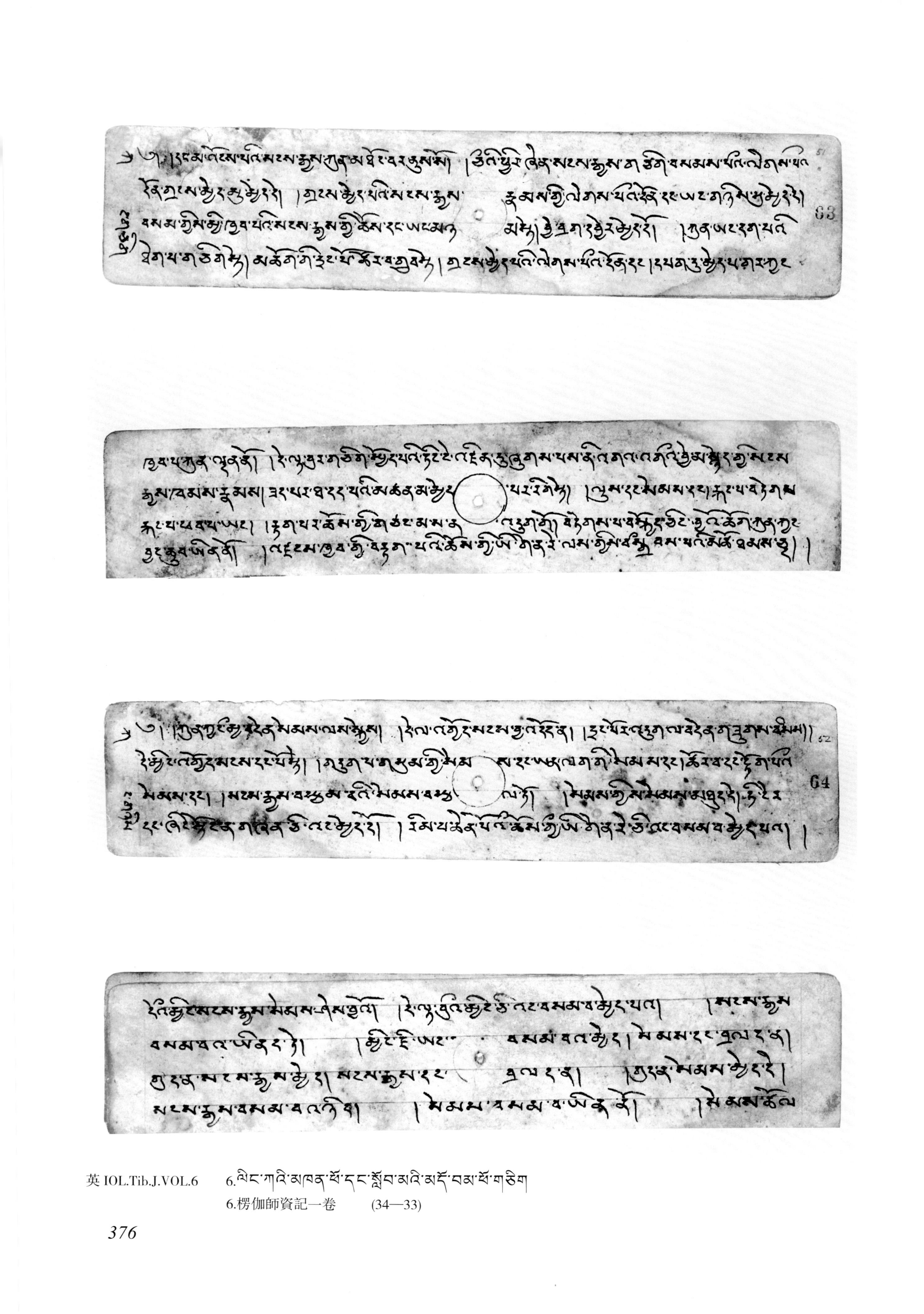

英 IOL.Tib.J.VOL.6　　6.ཤིང་ཀའི་མཁན་པོ་དང་སློབ་མའི་མདོ་བམ་པོ་གཅིག

6.楞伽師資記一卷　　(34—33)

英 IOL.Tib.J.VOL.6　　6.ལིང་ཀའི་མཁན་པོ་དང་སློབ་མའི་མདོ་བམ་པོ་གཅིག　　7.དམ་ཆོས་ཁ་ཕྱོར།

6.楞伽師資記一卷　7.佛經　　(34—34)

ཧྥ་རན་སིའི་རྒྱལ་གཉེར་དཔེ་མཛོད་ཁང་དུ་ཉར་བའི་ཏུན་ཧོང་བོད་ཡིག་ཡིག་ཚགས། ①

སྒྲིག་སྦྱོར་མཁན།
ནུབ་བྱང་མི་རིགས་སློབ་གྲྭ་ཆེན་མོ།
ཧྲང་ཧེ་དཔེ་རྙིང་དཔེ་སྐྲུན་ཁང་།
ཧྥ་རན་སིའི་རྒྱལ་གཉེར་དཔེ་མཛོད་ཁང་བཅས་ཀྱིས་བསྒྲིགས།
པར་སྐྲུན་མཁན།
ཧྲང་ཧེ་དུས་རབས་པར་སྐྲུན་མ་རྐང་ཚད་ཡོད་ཀུང་སི།
ཧྲང་ཧེ་དཔེ་རྙིང་དཔེ་སྐྲུན་ཁང་།
ཧྲང་ཧེ་གྲོང་ཁྱེར་ཧོ་ཅིན་ལམ་ཨང་རྟགས་༡༥༩པའི་ཐོག་ཁངAཔའི་ཚོགས་ལྔ་པ།
སྦྲག་ཨང་། 201101　བརྙན་སྐྱེལ་གློག་འཕྲིན། (86—21) 53201888
www.guji.com.cn　www.ewen.co　guji1@guji.com.cn
དཔར་ཁང་།
ཧྲང་ཧེ་ཧྲི་ཅི་ཙ་ཅིན་གྲངས་འབོར་ཆ་འཕྲིན་ལག་རྩལ་ཚད་ཡོད་ཀུང་སི།

དེབ་ཚད། 787×1092　1/8　དཔར་ཤོག 47.5　བར་བཙུག 40
2010 ལོའི་ཟླ་12 བར་པར་གཞི་དང་པོ་བསྒྲིགས།　2022 ལོའི་ཟླ་ 6 པར་དཔར་ཐེངས་གསུམ་པ་བཏབ།
དཔེ་རྟགས། ISBN 978-7-5325-5774-5/K.1347
རིན་གོང་། སྒོར་ 2200

TIBETAN DOCUMENTS FROM
DUNHUANG AND OTHER CENTRAL ASIAN
IN THE BRITISH LIBRARY
①

**Participating Institutions**
The British Library
Northwest University for Nationalities
Shanghai Chinese Classics Publishing House
**Publisher**
Shanghai Century Publishing Co., Ltd.
Shanghai Chinese Classics Publishing House
Building A,5F,159 Haojing Road,Shanghai, China 201101　Fax （86 —21） 53201888
www.guji.com.cn
guji1@guji.com.cn
www.ewen.co
**Printer**
Shanghai C-PRO Digital Information Tech. Corp.Limited

8 mo 787×1092mm
printed sheets 47.5　insets 40
First Edition: Dec. 2010　Third Printing: Jun. 2022
ISBN　978-7-5325-5774-5/K.1347
RMB 2200.00

圖書在版編目（CIP）數據

英國國家圖書館藏敦煌西域藏文文獻.1/
西北民族大學，上海古籍出版社，英國國家圖書館編纂.
—上海：上海古籍出版社，2010.12（2022.6 重印）
ISBN 978-7-5325-5774-5

Ⅰ.①英… Ⅱ.①西… ②上… ③英… Ⅲ.敦煌學—文獻—藏語 Ⅳ.①K870.6

中國版本圖書館 CIP 數據核字（2010）第 230156 號

**本書出版得到國家古籍整理出版專項資助**



英國國家圖書館藏敦煌西域藏文文獻 ①

**編 纂**

西北民族大學 上海古籍出版社 英國國家圖書館

**出 版**

上海世紀出版股份有限公司
上海古籍出版社
**上海市閔行區號景路 159 弄 1-5 號 A 座 5F**
**郵編 201101 傳真（86－21）53201888**
網址：www.guji.com.cn
電子郵件：guji1@guji.com.cn
易文網：www.ewen.co

**印 刷**

上海世紀嘉晉數字信息技術有限公司

開本：787×1092 1/8 印張：47.5 插頁：40
版次：2010 年 12 月第 1 版 印次：2022 年 6 月第 3 次印刷
ISBN 978-7-5325-5774-5/K.1347
定價：2200.00 元

མངའ་རིས་གུ་གེའི་རྒྱལ་རབས་དུས་ཀྱི་དགོན་སྡེ།
阿里古格王朝寺廟群

ཏུན་ཧོང་མོ་ཀོ་ཁུའུ་ཡི་ནུབ་ཁུལ་བྲག་ཕུག
敦煌莫高窟北區石窟

བྱམས་པ་འབུམ་གླིང་དུ་བཞུགས་པའི་ཐང་རྒྱལ་རབས་དུས་ཀྱི་རྒྱལ་བ་བྱམས་པ།
永靖炳靈寺唐代彌勒大佛